Fichtes Werke

herausgegeben von
Immanuel Hermann Fichte

Band IV

Zur Rechts- und Sittenlehre II

Walter de Gruyter & Co.

Berlin 1971

Band IV:

Diese Ausgabe von Fichtes Werken ist ein fotomechanischer Nachdruck von:

Johann Gottlieb Fichtes sämmtliche Werke. Herausgegeben von I. H. Fichte. 8 Bände. Berlin, Veit & Comp., 1845/1846

Johann Gottlieb Fichtes nachgelassene Werke. Herausgegeben von I. H. Fichte. 3 Bände. Bonn, Adolph-Marcus, 1834/1835

Ein Inhaltsverzeichnis aller Bände wurde Band I neu beigegeben.

ISBN 3—11—006486—3 (Gesamtausgabe)
ISBN 3—11—006490—1

Alle Rechte, auch die des auszugsweisen Nachdrucks, der fotomechanischen Wiedergabe, der Herstellung von Mikrofilmen und der Übersetzung vorbehalten.

Umschlagentwurf: Rudolf Hübler, Berlin.

Printed in Germany.

Vorrede des Herausgebers.

Der gegenwärtige vierte Band der Werke umfasst das *„System der Sittenlehre"* (1798) und die „Vorlesungen über die Staatslehre oder das Verhältniss des Urstaates zum Vernunftreiche (1813), welche zuerst im J. 1820 aus dem Nachlasse veröffentlicht wurden. Als Anhang zu letzterer ist sodann eine gleichfalls früher abgedruckte Rede hinzugefügt worden, deren Inhalt recht eigentlich in das Lehrganze des zuletzt genannten Werkes gehört. Endlich muss noch erwähnt werden, dass die kleine, im J. 1815 erschienene Schrift: *„über den Begriff des wahrhaften Krieges,"* ursprünglich ein Bruchstück der Vorträge über die Staatslehre war, welches, hier in das Ganze und seinen eigentlichen Zusammenhang aufgenommen, von S. 401—430 als zweite Abtheilung jener Vorlesungen wieder abgedruckt ist.

Was nun die beiden ersten Werke betrifft, so könnte es bei dem nächsten Ueberblicke erscheinen, als wenn sie ebenso durch ihren Inhalt, wie durch die Zeit ihrer Abfassung geschieden seyen, dass sie demnach in der Reihenfolge der Werke eher zu trennen, als so nahe zusammenzustellen wären. Dennoch stehen beide, genauer erwogen, in tiefer Beziehung zu einander und mit den im vorigen Bande enthaltenen Werken zur praktischen Philosophie; so wie ihrerseits die „Staatslehre" wiederum in die Werke über Religionsphilosophie und Philosophie der Geschichte (Bd. V. und VII.) überleiten kann.

Ueber diesen Zusammenhang und den allgemeinen Charakter jener beiden Schriften hier daher einige einleitende Worte, die sich jedoch, anders, wie bei den vorhergehenden Bänden, aller polemischen Beziehungen enthalten können. Fichte's Sittenlehre hat nemlich, vielleicht mehr als irgend ein anderes seiner Werke, im Ganzen der philosophischen Fortbildung ihre volle, unverkümmerte Wirkung geübt, und so sind hier wenigstens keine Berichtigungen weitverbreiteter und offenbar unzulänglicher Urtheile nöthig. Fast dasselbe gilt von dem zweiten Werke, nur aus dem entgegengesetzten Grunde, indem es, mit Ausnahme einzelner, für die Bedeutung des Ganzen untergeordneter Partien (wie seine Charakteristik Napoleons, des französischen Nationalcharakters u. dgl., wo diese Beachtung gleichfalls nur im Kreise geistreicher Laien, nicht der Fachgenossen stattfand), seit seiner Bekanntmachung wenig Aufmerksamkeit erregt zu haben scheint, und so nun, in den Zusammenhang der sämmtlichen Schriften eingefügt, wohl einem nicht kleinen Theile der Leser einer völlig neuen Schrift gleich erscheinen möchte.

In diesem Zusammenhange ist die Sittenlehre besonders aus *dem* Gesichtspuncte zu betrachten, wie sie einen integrirenden Theil des ganzen Systemes in seiner ersten Gestalt ausmacht. Wirklich bleibt ohne dies Werk eine wesentliche

Lücke im Bilde desselben zurück; aber gerade in diesem Betrachte ist es am Wenigsten benutzt worden, und früherhin hat nur Herbart etwa es bestimmt ausgesprochen, dass ohne dasselbe geradezu der Gipfel und Abschluss dieser idealistischen Weltansicht unerkannt bleibe und sein Verständniss im Ganzen unzulänglich sey.

Wir versetzen uns dafür auf den Standpunct zurück, auf welchen uns das System in den vorigen Bänden durch seinen theoretischen Theil und durch die Rechtslehre gefördert hatte.

Das Princip der ganzen Weltansicht ist die *Identität des Subjectiven und Objectiven*, früher reines oder unendliches Ich, auch Vernunft genannt, in den späteren Darstellungen (seit der Wissenschaftslehre von 1801) als reines oder absolutes Wissen bezeichnet. (Vergl. Sämmtl. Werke Bd. I. Vorrede S. XVIII. ff.).

Dies Princip aber, das allgemeine Licht oder Grundwesen aller Intelligenz, um wirkliches Ich oder „Bewusstseyn" zu werden, bedarf der inneren Begrenzung, daher des ursprünglichen Fixirtseyns in einem unmittelbaren, ebenso begrenzten Bildinhalte innerhalb der Unendlichkeit seines Bildens. Es ist das *Gefühl,* das ursprünglichste Zusammenfallen des Ich und des Nichtich, der factische Ausgangspunct alles Bewusstseyns und der Grund des, ebendarum endlichen, in seiner Unmittelbarkeit durchaus bestimmt und gebunden sich findenden Ich. Hiermit ist der in der ersten Darstellung der Wissenschaftslehre bloss „postulirte" Anstoss des Nichtich auf das Ich abgeleitet und jene Lücke der Theorie ausgefüllt: so gewiss jene allgemeine Möglichkeit der Intelligenz nemlich zu wirklichem Bewusstseyn sich fortbestimmt, — oder um an die Terminologie der Wissenschaftslehre von 1801 anzuknüpfen: so gewiss die absolute Freiheit des absolut Realen, des Urseyenden in allem Wissen, sich zu wirklichem Wissen zu vollziehen vermag; so kann sich dies wirkliche Bewusstseyn *zunächst* nur in irgend einer urfactischen, nicht weiter erklärbaren Qualitätsbestimmtheit (die Grundqualitäten der Natur und des empfindenden Ich) ergreifen und den Process alles weiteren Wissens daran entzünden. Durch diesen ursprünglichen Selbstverwirklichungsact des reinen oder absoluten Ich wird es zum endlichen, das (endliche) Ich aber in einem als Nichtich Gefühlten fixirt, damit zugleich jedoch das absolute, seiner inneren Realität nach *unendliche* Ich in ein *System* von endlichen Ichen (Bewusstseyns- oder Individualitäts-Puncten) zerschlagen. — So weit die Principien des theoretischen Bewusstseyns, von *hier* aus betrachtet.

Aber ebenso unmittelbar wohnt dem endlichen Ich das Bewusstseyn der *Selbstständigkeit* bei, die aus seinem Ursprunge stammt, dem absoluten Ich. Es ist der *Trieb,* welcher es dem Gefühlten entgegen-, aber auch, als der ursprünglichere und wesenhaftere in seiner Unmittelbarkeit, über alles dergleichen hinausführt; der indess durchaus ebenso unwillkürlich und individuell ist, und aus demselben Grunde, wie das Gefühl. Das endliche Ich ist unmittelbar daher Einheit von Gefühl und Trieb, und dies erst der vollständige Ausgangspunct, wie die überall ineinanderwirkenden Grundlagen alles Bewusstseyns. Das Princip des Praktischen ist in unabtrennbarer Verflechtung mit dem Theoretischen nachgewiesen worden.

Hieraus ergiebt sich sogleich ein weiterer Wendepunct: damit ist nemlich das endliche Ich „herausgesetzt aus dem reinen," ihm ungleich oder unangemessen geworden, indem es weder im Gefühle, noch in der Unmittelbarkeit des Triebes (der Naturform der Freiheit), anders sich findet, denn als ein durchaus begrenztes, endliches, in unbegreiflichen Schranken befangenes. Dennoch vermag es nicht anders sich zu finden; dies fordert die nothwendig verendlichende *Form* des Bewusstseyns überhaupt.

Die Unmittelbarkeit des Ich (der Iche) führt zugleich daher bei sich ihre Unangemessenheit gegen die eigene Idee: sie haben sich zu dieser erst in eigener Entwickelung, durch eigentliche Freiheit, zu erheben: der Mensch *ist* nicht, er besteht nur durch stätige, ununterbrochene Freiheitsthat; einer der folgenreichsten Sätze für praktische Philosophie, wie für alle Einsicht in das Wesen geistiger Dinge. In dieser einfachen Schärfe und umfassenden Geltung hat ihn zuerst, unseres Wissens, dieses System ausgesprochen, wiewohl er im innersten Geiste jedes Idealismus und namentlich auch der Kantschen Philosophie liegt. Bei Fichte ist er der eigentliche Quellpunct seiner ganzen Philosophie, Urtheils- und Denkweise geblieben, wenn auch im allgemeinen Interesse der Wissenschaft zu erinnern ist, dass der theoretische Grund, woraus er jenen Satz herleitet, die absolute *Form* des Bewusstseyns, nicht als der richtige, wenigstens nicht der ausreichende, erscheinen könne. Er selbst besass und erkannte ihn in ursprünglicher Evidenz, denn er war Ausdruck seines Charakters und geistigen Lebens, wie jeder von den Ideen wahrhaft Ergriffene ihn in seinem Selbstbewusstseyn bezeugt und bestätigt findet. Zu seiner umfassenden wissenschaftlichen Begründung dagegen bedarf er einer metaphysisch ausgebildeten Ideenlehre und darauf gegründeten erschöpfenden Psychologie; und hier wird der Kundige und Unbefangene gestehen müssen, dass auch keines der nachher herrschend gewordenen Systeme bis jetzt einer solchen Aufgabe genügt hat. —

Hiermit ist nun überhaupt das Gebiet der praktischen Philosophie eröffnet, in dem erst das wahre Ich gefunden wird. Schon in der Rechtslehre hat sich gezeigt: nur das praktische Ich ist das *reale;* nur der Wille ist der ursprüngliche Ausdruck der *Vernunft,* dasjenige, wodurch das unendliche Ich sich darstellt im endlichen.

Wie nun die Iche, in der unmittelbar factischen Theilung ihres Principes, als freie Individuen und mit gleichgeltender individueller Freiheit, neben einander bestehen können, wie ein *rechtliches* Gemeinwesen dadurch gefordert sey, hat die Rechtslehre gezeigt. Aber darin ist die Freiheit das Trennende vielmehr, als das Verbindende; unmittelbar wirken die Freien gegeneinander; das Recht soll sie auseinanderhalten.

Daher hat erst die Sittenlehre jenen Begriff zu seiner Wahrheit zu führen: die durch rechtliche Freiheit getrennten Individuen wieder zum Bewusstseyn ihrer Einheit und Gemeinschaft *in* der Freiheit zurückzuleiten, das „reine Ich," welches anfangs als allgemeines Princip und Grund der Iche gezeigt wurde, jetzt auch in seiner Selbstrealisation *durch* die Individuen nachzuweisen. Hier kann daher auch die transscendentale Theorie des Bewusstseyns erst vollendet werden; die Sittenlehre ist der Schluss und das Ziel derselben, indem in ihr die Entstehung des empirischen Ich aus dem reinen vollständig gezeigt, aber auch jenes in dieses völlig zurückgeführt wird. (Vgl. Sittenlehre S. 254, 55.) Das Ineinsfallen des reinen und des empirischen Ich, wiewohl nur unter der Gestalt einer unendlichen Annäherung, ist allein nemlich in der *Sittlichkeit* möglich. (Wie die Religion in dieser Auffassung sich verhalte, und was noch weiter bei jenem Begriffe zu bedenken sey, wird sich im Nachfolgenden ergeben.)

Diese Aeusserung und Darstellung des reinen im individuellen Ich ist nun das *Sittengesetz*. Im Inhalte seiner unmittelbaren Selbstanschauung nemlich, als jener Einheit individuellen Gefühles und Triebes, erhebt sich das Ich nirgends über seine natürlichen Antriebe und Regungen; auch der *Trieb* daher, die Naturform der Freiheit, kann in seiner Unmittelbarkeit nur auf das Individuum zurücklaufen, *dies* zu seinem Zwecke setzend. Deshalb vermag die Sittlichkeit, der allgemeine Wille, dieser unmittelbaren Selbstanschauung gegenüber, nur als Gebot, Gesetz, zu erscheinen; er kann nur in der Forderung einer unbedingten Unterwerfung des Triebes unter sich bestehen: — der kategorische Imperativ Kants, dessen Form hierdurch abgeleitet worden. (Vergl. Sittenl. S. 233, 34. 254, 55.)

Hiernach ist auch der allgemeine Inhalt des Sittengesetzes zu bestimmen. Das Object, der absolute Zweck desselben, kann überhaupt an sich nichts Individuelles seyn, sondern die *Vernunft schlechthin*. Aber empirisch anschaubar vom individuellen Standpuncte eines jeden Ich ist diese nur in der Gesammtheit aller übrigen Iche; ebenso, wenn ich die Vernunft zum höchsten Objecte meines Handelns machen soll, kann ich sie nur *ausser* mir setzen, d. h. die anderen Iche zum Zwecke meines Handelns machen, niemals mich selbst. Für mich, von meinem *empirischen* Standpuncte, ist das reine Ich, die Vernunft, nur in den übrigen Ichen vorhanden, die praktische Darstellung desselben nur im Handeln für diese Iche möglich.

Hierdurch wird die *Form* und der *Inhalt* des Sittengesetzes auch im Besonderen bestimmt. Das sittliche Ich, jedes in seiner eigenen Selbstanschauung, kann sich nur als Mittel, schlechthin niemals als letzten Zweck seines Handelns erblicken: — dies ist die ausschliessende *Form,* das allgemeine Kriterium des sittlichen Selbstbewusstseyns. Dem *Inhalte* nach kann der sittliche Wille nur darin bestehen, die Vernunft zu realisiren, zunächst in sich, damit wir Werkzeug derselben werden (nur insofern, nur mittelbar, ist jeder Mensch sich selbst Zweck); sodann in Anderen, indem wir ihre Sittlichkeit fördern. Dies also ist die letzte wahre Bestimmung des sittlichen Ich auf empirischem Standpuncte, sich als Mittel für die Sittlichkeit aller Anderen zu wissen. Indem es aber solchergestalt nirgends und in keinerlei Weise sich zum Zwecke seines Handelns macht, sondern die Anderen, indem es jeden auf sich selbst gerichteten Willen aufgiebt, wird es, wenn auch nicht der Macht, doch dem Vorsatze nach, gleich dem reinen Ich; denn nur dies ist, zufolge der absoluten Form des Bewusstseyns, die Weise, wie es in factischer Selbstanschauung jenem sich gleichmachen kann.

So ist einestheils — theoretisch — „durch mich, als *Intelligenz,*" das reine Ich, oder die Vernunft, „ausser mich gesetzt:" ich schaue es an in der gesammten Gemeine vernünftiger Wesen. Anderentheils — praktisch — suche ich im Willen und dessen Selbstentäusserung Eins zu werden mit ihm. „Jeder wird gerade dadurch, dass seine ganze Individualität verschwindet und vernichtet wird, reine Darstellung des Sittengesetzes in der Sinnenwelt; eigentliches reines Ich, durch freie Wahl und Selbstbestimmung" (S. 256.). Eine sehr ausgeführte Pflichtenlehre (§§. 20—33.) ist weitere Analyse dieses Begriffes.

Diese Vergessenheit seiner selbst kann nemlich nur in rüstigem Handeln stattfinden: "diejenigen irren sich, welche die Vollkommenheit in fromme Betrachtungen, in ein andächtiges Brüten über sich selbst setzen und von daher die Vernichtung ihrer Individualität und ihr Zusammenfliessen mit der Gottheit erwarten. Sie wollen nur *sich* vollkommen machen. Die wahre Tugend besteht aber im Handeln, im Handeln für die Gemeine, wobei man sich selbst gänzlich vergesse." (Sittenl. S. 256. Vgl. S. 150, 51.)

Jenes „reine Ich" nemlich ist die *Gottheit,* — nicht etwa nur: es tritt dem Systeme an die Stelle der Gottheit; denn es kann behauptet werden, dass überhaupt keine reinere und tiefere Grundlage für die Idee Gottes zu finden sey, denn die, wo er als Princip aller sittlichen Freiheit und praktischen Begeisterung gedacht wird, sofern nemlich dieser zunächst noch unbestimmte Begriff nach seinen weiteren Bedingungen erschöpft und metaphysisch ausgebildet wird, — was von dem Systeme auch späterhin freilich nicht ausreichend geschehen ist. Immerhin ist in ihm jedoch einer der wichtigsten und belehrendsten Ausgangspuncte gegeben, für eine erschöpfende Ausführung der Idee Gottes von hier aus.

Auch dies dürfte für diese Auffassung nicht irren, Gott als die „absolute Vernunftform" (S. 151.) bezeichnet zu sehen, indem damit eben die in allem endlichen Ich sich verwirklichende (personificirende) reine Vernunft, Form der Subject-Objectivität bezeichnet werden soll, welche zugleich daher alle Fülle geistiger Realität und Begabung in sich schliesst. In demselben Begriffe findet auch der Ausdruck seine Deutung: Jeder, der seinen Willen an das Sittengesetz entäussert habe, „werde Gott, so weit er es seyn darf, d. h. mit

Schonung der Freiheit der Individuen" (S. 256.). Das Göttliche, die absolute Vernunft, ist in ihm endliche Person geworden: er ist Eins mit Gott, aber er hat noch die Individuen sich gegenüber mit gleichem Rechte und für gleiche Bestimmung, und so ist auch seine göttliche Autorität an die Schonung ihrer Freiheit gebunden. Diese ist es daher, welche dem Zusammenfliessen der Individuen in die Eine Gottheit trennend entgegensteht, wodurch die „reine Vernunftform" in der Wirklichkeit immer in eine Mannigfaltigkeit von Ichen getheilt bleibt. Wenn auch die Freiheit Aller die göttliche geworden, so geht sie doch immer vom Mittelpuncte des Individuellen, des Selbstbewusstseyns und der Selbstbestimmung aus: dies ist die in der Wirklichkeit des Bewusstseyns, welche eben das Endliche erzeugt, durchaus unüberwindliche Form.

Von hier aus tritt Fichte daher auch dem möglichen Vorwurfe des Pantheismus entgegen (Sämmtl. Werke Bd. I. S. 416 Note): „Alle Individuen sind in der Einen grossen Einheit des reinen Geistes eingeschlossen. — Aber diese Einheit ist mir unerreichbares Ideal, letzter Zweck, der nie völlig verwirklicht wird." — Und anderswo: „Der Irrthum der Mystiker beruht darauf, dass sie das Unendliche, in keiner Zeit zu Erreichende, vorstellen, als erreichbar in der Zeit. Die gänzliche Vernichtung des Individuums und Verschmelzung desselben in die absolut reine Vernunftform oder in Gott ist allerdings letztes Ziel der endlichen Vernunft; nur ist sie in keiner Zeit möglich" (Sittenl. S. 151.).

So liegt der Endzweck des Vernunftwesens unvermeidlich in einer Unendlichkeit; es ist ein solcher, der nie völlig erreicht wird, aber von welchem es, zufolge seiner absoluten Bestimmung, frei zu seyn, nie ablassen kann. Die

Verwirklichung seiner Freiheit *breitet* sich ihm zu einer *Aufgabe ins Unendliche aus.*

Aber wie kann man überhaupt — fragt Fichte — einem unendlichen Ziele näher kommen? Und hier gelangen die seitdem bekanntgewordenen Bedenken gegen den Begriff eines Progresses ins Unendliche zur Erörterung. Er beantwortet und erledigt dieselben von seinen Prämissen aus völlig genugthuend (S. 150.): man rede hier von jener Unendlichkeit, wie von einem Dinge an sich, in äusserer, todter Objectivität. Doch ist sie überhaupt nichts äusserlich Existirendes oder abgesondert Vorhandenes; sie bildet sich dem Bewusstseyn des Ich, indem es stets neue, durchaus bestimmte Zwecke und Aufgaben der Freiheit sich setzt, und so eine unendliche Reihe derselben recht eigentlich aus dem eigenen, substantiell *ewigen* Wesen sich erzeugt. Und ohnehin ist ja in der Wissenschaftslehre schon nachgewiesen worden, wie das Ich aus der ewigen Grundform seines Daseyns und Bewusstseyns Zeit und eine unendliche Zeitreihe sich construiren müsse. Es erhellt daraus ebenso klar, als unwidersprechlich, was es überhaupt mit jener äusserlichen Unendlichkeit, in dieser, wie in allen ihren Formen, eigentlich auf sich habe. —

Ueberblicken wir nun von hier aus die ganze Weltansicht, wie weit sie das System in dieser Gestalt entwickelt hat: so lässt sich, was bei den Bestimmungen über die Idee Gottes und sein Verhältniss zum endlichen Ich in seiner sittlichen Verwirklichung, für den ursprünglichen Wahrheitssinn, selbst für das tiefere speculative Bedürfniss, ungenügend bleibt, — dennoch nicht gerade als ein bestimmt zu formulirender Irrthum bezeichnen, welchem man andere, berichtigende Sätze gegenüberzustellen hätte; eben weil der

Geist tiefsten sittlichen Erkennens auch hier die Grundlage und bewahrende Schranke geblieben ist, um jene verhängnissvollen Selbstüberhebungen abzuhalten, die aus analogen Prämissen eine spätere Zeit ausgeboren hat. Bei genauerem Erwägen ist es vielmehr das Unbestimmte, Unausgeführte des Grundgedankens, welches die mangelnde Befriedigung hier veranlasst, was daher auch die in ihm liegende Möglichkeit des Irrthums noch nicht von sich ausschliesst. Denn es ist zur richtigen Beurtheilung philosophischer Standpuncte und Principien nicht genug einzuschärfen, dass erst, wenn diese sich vollendet, durchaus fixirt und erschöpft haben, Wahrheit oder Irrthum an ihnen zur Krisis gelangen kann.

Im vorliegenden Falle hat nun Fichte selbst sein damaliges Princip noch um einen bedeutenden Schritt weitergeführt, — in seinen religions-philosophischen Abhandlungen aus der ersten Epoche, von welchen im folgenden Theile zu reden seyn wird. Dennoch ist — auch diese Weiterführung mit in Rechnung gebracht — zu bekennen, dass jenes Princip noch weit von seinem entschiedenen Abschlusse und seiner vollständigen Ausbildung geblieben sey. In wie unbestimmten Umrissen gehalten ist auch hier noch das Verhältniss des reinen zu dem individuellen Ich! Ist die Freiheit, die, als das Individualisirende seines Willens, dem letzteren beigelegt wird, in Wahrheit die *seinige,* oder lediglich die Selbstvollziehung des reinen Ich in ihm? Ebenso: factische Wirklichkeit kann das reine Ich nur erhalten in den individuellen; es ist deren Einheit. Diese Einheit ist zugleich jedoch erst von den individuellen Ichen in einer unendlichen Zeitreihe zu realisiren; also ist sie nie völlig verwirklicht. Aber wie vermag sie dann der substantielle Grund und der Träger jener individuellen Iche zu seyn? Oder wir werden im anderen Falle auf den Begriff einer *Transscendenz* des reinen Ich geführt, für welchen zwar die in den religionsphilosophischen Abhandlungen uns begegnende Idee einer „lebendigen moralischen Weltordnung" einen parallelen Gedanken und eine Bestätigung darbieten würde. Ja, beide Begriffe scheinen auf eine durchaus merkwürdige Art sich gegenseitig zu fordern und zu ergänzen, jeder nur durch den anderen vollkommen verständlich zu werden. Dennoch ist die Durchführung dieses Gedankens, die Ausbildung des Systemes von *hier* aus, auch später von Fichte unterlassen worden; sie hätte auf das System selbst, vielleicht sogar auf die Schicksale der ganzen nachfolgenden Philosophie nur eine völlig umgestaltende Wirkung üben können.

So greift dies Alles in das tiefere und umfassendere Problem zurück; — ob das Substante des endlichen Geistes lediglich ein Allgemeines, die Freiheit also in Wahrheit nicht die des Individuums, sondern des Absoluten sey, oder ob auch dem endlichen Geiste ein Mittelpunct der Substantialität und wahrhafter Aussichbestimmung zugestanden werden müsse? Ueberhaupt muss diese Frage irgend einmal, auf ihre tiefsten metaphysichen Prämissen zurückgeführt und alle ihre Consequenzen umfassend, vollständig erledigt werden; sie ist das Grundproblem der gegenwärtigen Metaphysik und Psychologie, an dessen richtige Lösung sich zugleich alle Hoffnungen einer neuen Zukunft der Philosophie knüpfen. Auf dem Standpuncte des ersten Systemes trat für Fichte die Frage noch gar nicht in ihrer scharfgeschiedenen Alternative hervor; ja sie war ihm eigentlich ohne Sinn, da sein Princip, das reine Ich, gewiss nicht das bloss thatsächliche, dennoch aber auf den Grund und die Anregung des thatsächlichen gebildet wurde, hier also beide Glieder der

Frage noch nicht so bestimmt sich ausschliessen konnten. In der späteren Sittenlehre (1812), von welcher wir sogleich noch mehr zu reden haben, fasst Fichte jene Alternative ins Auge, und seinem späteren Principe gemäss, dass nur Gott *sey* und seine dem Wesen nach Eine Erscheinung, giebt er die Antwort allerdings dahin (Nachgel. Werke Bd. III. S. 72 ff., S. 53 unten, S. 58): das empirische Ich sey nichtig, durch und durch nur formale Erscheinung, wie seine Freiheit; nur das sittliche Ich, der sittliche Wille ist der reale, hat einzig Gehalt und Bedeutung. Aber die Wiedergeburt zur Sittlichkeit und ihrer Freiheit wird nicht vom endlichen Ich selber vollbracht; sie ist Gottes That in seinem absoluten Erscheinen, und nur darum ist sie über die Endlichkeit und Wandelbarkeit hinweggerückt, in ewiger innerer Dauer gegründet, indem ein Göttliches umgestaltend sich der Kräfte des Endlichen bemächtigt. Gewiss ist dies die tiefste, speculativ allein gründliche, wie zugleich ächt sittliche Ansicht der Sache.

Dennoch wird damit eine Zwischenfrage nicht erledigt. Das Ich hat nicht bloss Naturfreiheit, sinnlichen Trieb und die aus ihm hervorbrechende Selbstbestimmung; diese als blosse Fortsetzung einer Gemeinkraft der Natur bis in das Ich hinein anzusehen, hat gewiss seine tiefe Berechtigung. Aber *jedes* Ich ist zugleich *anders* individualisirt durch eine Mannigfaltigkeit geistiger und gemüthlicher Triebe, die sich in ihrer Unmittelbarkeit nicht minder neutral zur Sittlichkeit verhalten, wie sie zugleich über den sinnlichen Trieb specifisch hinausliegen; in deren Einheit doch der wahre Mittelpunct des Ich liegt, seine Persönlichkeit. Ist auch hierin nichts wahrhaft Selbstständiges und Eigengeartetes, Alles nur die Regung allgemeiner Kräfte oder Gesetze?

Es ist denkwürdig zu sehen, dass Fichte, wie sehr er auch, gleich den später herrschend gewordenen Ansichten — wiewohl diese mehr durch Ignoriren und Umgehen jener scharfbestimmten Frage und durch die allgemeine Consequenz ihrer Principien, als durch ausdrückliches Verneinen sich zu dieser Ansicht bekennen — nach der Folgerichtigkeit seines Standpunctes zur letzteren Antwort hingedrängt wurde, dennoch stets sich enthalten hat, mit bewusster Ausschliesslichkeit sich für diese Seite zu entscheiden, und die entgegengesetzte zu verwerfen. Wir verweisen hierüber weit weniger an jene Vorträge über die Sittenlehre; bei Vorlesungen ist man genöthigt, in Betreff von Puncten, über die man noch in Untersuchung sich befindet, kurz abzuschliessen, und so ist es hier geschehen. Wesentlicher lassen uns die Mittheilungen aus seinem „Tagebuche über den animalischen Magnetismus vom Jahre 1813" (Nachgel. Werke Bd. III. S. 301—305, 323 ff. 339 ff.) einen Einblick thun in die lange noch nicht für ihn beendeten Erwägungen über diesen entscheidenden Punct seiner Weltansicht, aber auch in die gewissenhafte Strenge gegen sich selbst, mit welcher er das bereits Abgeschlossene von Neuem untersucht, und in der sich dem fast am Ende seiner Laufbahn Stehenden überall neue, umgestaltende Aussichten eröffnen.

Wir können das einzeln dort Angedeutete so zusammenfassen: Die Ichheit ist bloss formales Princip, durchaus in keiner Bedeutung qualitativ; absolute Form der Reflexibilität eines in sie eintretenden *Realen*. Aber nur das *Grundseyende* ist das wahrhaft Reale, *absolut* Objective. Nur da ist Freiheit, wo dieser Grund, schlechthin *als solcher*, ins Bewusstseyn tritt, im Bereiche des Ich, der Individualität, sich verwirklicht. Tritt er nicht *als* solcher, nur in jenem

Resultate, ins Bewusstseyn, dann fehlt die Freiheit, selbst wenn sie in einem Wollen und Vollbringen vorgestellt ist. Letzteres findet statt in der Sphäre der Natur und ihrer allgemeinen Gesetze; in ihr ist nichts wahrhaft Individualisirendes, sie reicht nicht bis zu jenem Gebiete des eigentlichen Grundseyns hinauf. Indem nun Fichte der dortigen Untersuchung gemäss, welche das Wesen der magnetischen Erscheinungen ergründen will, alles Hingegebenseyn des Ich an ein jenseits seiner bleibendes allgemeines Gesetz und dessen Kraft — nach einer tiefsinnigen Analogie überhaupt Somnambulismus nennt: fasst er dies Alles in dem Satze zusammen: „Der sinnliche Mensch ist nach mir im Somnambulismus. Das wahre Wachen ist das Leben in Gott, das Freiseyn in ihm, alles Andere ist Schlaf und Traum." — Nun aber muss er dem eigentlichen Somnambulismus eine grössere Sphäre und einen intensiveren Inhalt des Bewusstwerdens zugestehen, als die sind, welche ins gemeine Wachen fallen. Um dies zu erklären, fügt er die durchaus bedeutenden Worte hinzu: „Ohne Zweifel ist die Kraft der Somnambulisten ausser der Regel; gleichsam in einer *Vorwelt, einer diese Welt schaffenden Welt, — eben in der Welt der Gründe und Gestaltungen.* Wie dies möglich sey, ist freilich eine grössere Frage" (A. a. O. S. 323—24).

Hiermit muss er nun, durch eine merkwürdige Thatsache genöthigt, ein Gebiet von Gründen und Gestaltungen zugestehen, eine ideale Welt, die eben darum doch Grund alles Realen ist, in deren Wirkungssphäre die Wurzel des Ich hineinreicht und aus der ihm eine Quelle von Begabung und Eingebungen zufliesst, welche dennoch mit seiner Sittlichkeit und dem sittlichen Willen unmittelbar nichts zu thun haben, während zugleich darin ein Princip für das Ich gefunden ist, in welchem Fichte, zufolge der eben von ihm vernommenen Erklärung über das Princip der Freiheit, ihm zugestehen muss, *wahrhaft frei* zu seyn. Denn gewiss werden wir dies reiche und unerschöpfliche Gebiet nicht auf die krankhaften Formen somnambulistischer Eingebungen beschränken, sondern jede ursprünglich geistige Begabung, den Genius in weitestem Sinne, ihm zurechnen; zugleich aber dem tiefen und allein gründlichen Satze Fichte's uns anschliessen: dass nur in *dem* Bereiche das Ich als frei zu denken sey, worin es aus Gott — aus seiner ewigen Uranlage und Individualität heraus — existirt und wirkt. Er nennt dies Gebiet an einer anderen Stelle (S. 304) selber das der Genialität, und leitet aus der Uebermacht desselben in bestimmten Individuen die, selbst oft unwillkürliche, Einwirkung her, welche sie auf ihnen verwandte Individualitäten ausüben, zuerst ihre Freiheit bindend, aber weiterhin sie tiefer in sich lösend und befreiend, — „alles dies vorbildlich für das Hingeben und Sichvernichten vor Gott" (S. 302). — Und so wäre der Idealismus von hier aus um ein eigenthümliches Gebiet erweitert, aus welchem erst die volle Thatsache des endlichen Geistes begriffen werden kann, zugleich aber, wie eine solche Vermuthung von Fichte selbst in jenen Fragmenten ausgesprochen wird, eine wesentliche Umgestaltung und Fortbildung der Wissenschaftslehre nöthig geworden. Indess stehen wir mit der Frage nach dem wahren Grunde und Begriffe des endlichen Geistes vor einem Gegenstande, welcher auch der seitherigen Schulphilosophie jenseitig geblieben ist. Aber es zeigt sich, auch von Fichte's System aus, dass ohne gründliche Erledigung desselben nicht weiter zu gelangen ist.

Es bleibt noch übrig, das Verhältniss der älteren Sittenlehre zu den späteren Vorlesungen über dieselbe (1812: Nachgel. Werke Bd. III. S. 1. ff.) in den wesentlichsten Zügen anzugeben. Das erste Werk kann als vollständige Theorie des praktischen Geistes und erschöpfende Nachweisung von der Genesis des sittlichen Bewusstseyns gelten: der Begriff der Freiheit in ihrem Verhältnisse zur Nothwendigkeit wird umfassend untersucht (S. 32 ff. S. 37.); ebenso werden die grundlegenden praktischen Begriffe: Trieb, Sehnen, Begehren, Genuss, Naturtrieb und sittlicher Trieb, Freiheit und Sollen, im Systeme des Bewusstseyns abgeleitet, die Einheit des niederen und höheren Begehrungsvermögens nachgewiesen (S. 131.): welche Anführungen genügen können, den Fortschritt des Systems in seiner damaligen Gestalt gegen die fragmentarische Behandlung dieser Begriffe bei Kant zu bezeichnen.

Völlig anders, weit begrenzter und einfacher, fasst die zweite Sittenlehre ihre Aufgabe; sie setzt alle jene praktischen Bestimmungen schon voraus, weil sie auf die vorbegründenden „Thatsachen des Bewusstseyns" sich berufen konnte, und so vermag sie gleich Anfangs in den höchsten Mittelpunct der Betrachtung sich zu stellen.

Ihr ganzer Inhalt besteht in der Analyse des Satzes, in welchen zugleich der unterscheidende Charakter des Idealismus zusammengedrängt ist: „Der *Begriff* ist der Grund der Welt, mit dem *absoluten Bewusstseyn*, dass er dies sey." Der „*Begriff*" — die urbildliche Welt der Ideen — Grund der „Welt," nemlich der erst durch Freiheit zu realisirenden, da es dem Idealismus in Wahrheit eine *andere* Welt und Schöpfung gar nicht giebt. „Mit dem Bewusstseyn, dass er dies sey": — der Begriff erschafft sich selbst die Form des Bewusstseyns und seine factische Wirklichkeit in dem vom sittlichen Ideale ergriffenen Ich, dessen natürliche Kräfte und Willen völlig umgestaltend zu seinem Organe, und keinen anderen Antrieb in ihm übrig lassend. Und so besteht die ganze Aufgabe der Sittenlehre lediglich darin: dies von dem Begriffe, von der sittlichen Idee erfüllte Bewusstseyn nach allen seinen Grundzügen und Merkmalen darzustellen. Es ist dies — wie wir bei einer anderen Gelegenheit ausführlicher zeigen konnten, — die Ethik von dem *Standpuncte des Tugendbegriffes* dargestellt, wenn die Kantische, und auch grossentheils noch die ältere Fichtesche, vorzugsweise von dem des *Pflichtbegriffes* aus entworfen waren. Das Ich soll sicher scheinen, als durchaus nichts Anderes, denn als Leben des absoluten Begriffes; — lediglich dies sittliche Bewusstseyn hat die Ethik zu schildern (Nachg. W. Bd. III. S. 37.); und in weiterer Analyse desselben entwirft sie die unterscheidenden Grundmerkmale seiner Gesinnung und seines Thuns, den Begriff der Cardinaltugenden (S. 86 ff.): — eine Ausführung, welche durch die reine Höhe ihrer Betrachtung und den einfachen Adel ihrer strengen und klaren Begeisterung wohl dem Trefflichsten sich anreiht, was seit Platon und Spinoza in ethischen Darstellungen dieser Art gegeben worden ist.

Aber Fichte schärft ein, dass die Sittenlehre über den bezeichneten Standpunct nicht hinauszugehen habe: sie solle sich enthalten, jenen „Begriff" selbst tiefer zu ergründen, als „Bild Gottes" erkennen zu wollen, — genau entsprechend dem von ihm geschilderten Standpuncte der sittlichen Gesinnung, welche eben über das schlichte Handeln nicht hinübergreift oder in theoretische Fragen sich einlässt, von *Woher* seine

Aufgaben ihm stammen, sondern ihrer idealen Natur, dessen ursprünglich gewiss ist, dass sie schlechthin seyn *sollen*. Die Sittenlehre kann von Gott Nichts wissen, indem ihr Reflexionspunct nur bis zum Begriffe, als dem Absoluten reicht, sagt Fichte (S. 5.). Dies mag richtig seyn aus dem bezeichneten Grunde, sofern es nur auf Analyse des sittlichen Bewusstseyns in seiner specifisch abgegrenzten Eigenthümlichkeit ankommt: anders stellt sich die Frage, wenn das allgemeine Princip der Sittlichkeit und ihr objectiver Grund im ganzen Systeme des Wissens begründet werden soll. Die Immanenz der Idee, die Idealwelt im Bewusstseyn zu erklären, ist unmöglich, ohne auf die Idee Gottes selbst sie zurückzuführen und in ihr zu gründen. Indess hat Fichte nur darum jene Bemerkung gemacht, um zu zeigen, „dass Sittenlehre nicht Philosophie sey, und dass eine Philosophie (wie bei Kant), deren höchstes Princip nur die Sittlichkeit ist, nicht zu Ende gekommen sey;" — er bestätigt darum, dass das Sittliche selbst auch nach ihm auf ein Höheres hinweise, gerade also, wie er sich in einem seiner späteren Werke („Anweisung zum seligen Leben:" fünfte Vorlesung) über dies Verhältniss erklärt, wo er den Standpunct der eigentlichen Sittlichkeit — im Unterschiede von der blossen Legalität — unmittelbar sich aufgeben und seine wahre Form empfangen lässt von dem der Religion. —

Dies Verhältniss zwischen Sittlichkeit und Religion, insofern sie im Menschengeschlechte als objective, weltgeschichtliche Mächte hervortreten, daher auch zwischen Staat und Kirche, zwischen Autorität der Vernunft und des Glaubens, behandelt nun ausführlich das *zweite* Werk des vorliegenden Bandes: „Die Staatslehre oder über das Verhältniss des Urstaates zum Vernunftreiche," welches wir aus diesem

Grunde hier angereiht haben, während es in anderem Betrachte die Schriften über Philosophie der Geschichte eröffnen könnte. Nach seiner wahren Stellung im Systeme gehört es aber hierher, indem der Anfang seiner Untersuchungen gerade bei dem Puncte einsetzt, wo Rechts- und Sittenlehre den Faden fallen liessen, bei der Frage: wie die Allgemeinheit, das *Reich*, des Rechtes und der Sittlichkeit objectiv verwirklicht werden könne? Daher auch der Titel: „*Staatslehre,*" den die ersten Herausgeber für jene Vorlesungen wählten, während Fichte selbst in der Ankündigung sie nur als „Vorträge verschiedenen Inhalts aus der angewandten Philosophie" bezeichnet hatte.

Im ersten einleitenden Abschnitte derselben führt er in tiefgreifenden Umrissen das wahre Verhältniss des Theoretischen und Praktischen aus, und was es heisse: Philosophie anwenden? Die Wissenschaftslehre verweist in ihrem Schlusse an das Leben, nicht an das empirische, sondern an das in den Ideen, welches die höheren Bilder einführt in die Wirklichkeit, das die *Geschichte* erfüllende. Anwendung der Philosophie ist ein schöpferisch sittliches Leben (S. 389.); — wiederum aber nicht in unklaren, das Wirkliche überspringenden Begeisterungen, sondern stets bestimmte Aufgaben lösend und anknüpfend an die realen Bedingungen gegebener Zustände. Und so hat der Praktische, Ideenschaffende zugleich die Pflicht, die Geschichte philosophisch zu verstehen, aus ihrem Begriffe seine Zeit sich zu deuten und was künftig aus ihr werden soll. Angewandte Philosophie ist, als *Lehre,* der philosophische Begriff der Geschichte und das Verständniss der Gegenwart aus diesem. Wir verweisen aus dem ersten Abschnitte nur an zwei Stellen, die, wiewohl im Jahre 1813 gesprochen, doch noch eigentlicher für unsere Zeit gesprochen zu seyn scheinen: die eine (S. 393.), wo er die besonnene Milde der Gesinnung schildert, mit welcher der über die wahren Bedürfnisse der Zeit Erleuchtete ihre Mängel und Unzulänglichkeiten beurtheilt, wie er überhaupt Nichts willkürlich verfrühend, nichts Historisches überspringend, einzuwirken habe; — die andere, wo er einen Blick der Wehmuth und des Mitleids wirft auf das Loos der Fürsten und Staatslenker, „die durch die geschichtlichen Verhältnisse gedrängt werden, die Schicksale der Völker zu leiten und auf sich zu nehmen, ohne dass es doch in ihnen vollkommen hell und klar ist; denen sich wohl oft die Einsicht aufdrängen muss, dass sie des Rathes bedürfen, und die doch ausser sich keinen finden, der ihnen Genüge thut" (S. 397, 98.).

Im zweiten Abschnitte: „über den Begriff des wahrhaften Krieges," wird die unmittelbare Gegenwart und die nächste Geschichte Deutschlands und Frankreichs gedeutet, bei deren Schilderung er den Gründen ihrer Nationalität bis in die tiefsten geschichtlichen Wurzeln nachspürt. Diese, so wie die Charakteristik Napoleons haben früher schon die verdiente Aufmerksamkeit erregt. Die Beurtheilung der damaligen nächsten Vergangenheit Deutschlands wird in den später mitzutheilenden Fragmenten über deutsche Geschichte weiteren Anhalt finden: und an diese schliesst sich eigentlich die „Rede" an, welche wir am Schlusse des Bandes hinzugefügt haben.

Der dritte Abschnitt giebt endlich eine philosophische Construction der Weltgeschichte und ihres Fortgangs bis zum irdischen Ziele des Menschengeschlechts. Die Entwikkelung verläuft in grossen, klar durchgeführten Zügen, das Mannigfaltigste, Auseinanderliegende, wird unter einfache Gesichtspuncte gefasst, welche auch hier mit unabgelenkter Consequenz verfolgt werden; und indem so das Alte, Längstbekannte in neuem Lichte betrachtet wird, kann es auch die erregen, welche diesen Sinn und das ganze Princip nicht anerkennen. Ueberhaupt kann man auch im Einzelnen über Manches anders denken; dass jedoch der Grundbegriff, welcher hier der Geschichte und ihrer Zukunft untergelegt wird, in seiner Allgemeinheit der einzig wahre und richtige sey, kann nur der bezweifeln, welcher überhaupt in der Geschichte das blosse Spiel leerer Zufälligkeiten erblickt, oder der da wenigstens einen *Begriff*, eine Philosophie derselben, zu den unlösbaren, überschwänglichen Aufgaben rechnet. Aber damit läugnet er mehr noch die Möglichkeit aller Philosophie, d. h. alles gründlichen Selbstverständnisses des Menschen.

In dieser Rücksicht geben diese Vorlesungen nun noch einen charakteristischen Zug in Fichte's Denkweise kund. Er verbirgt nicht seine entschiedenste Ueberzeugung, dass nur die Wissenschaftslehre zu richtigem Verständnisse der Geschichte sich erheben könne, eben weil in ihr die Selbsterkenntniss des menschlichen Geistes aus dem Begriffe der Vernunft bis in seine Wurzel vollendet, damit auch der Schlüssel zum Verständniss alles menschlichen Treibens und Wirkens gegeben sey. Aus gleichem Grunde vermag aber auch nur sie der Geschichte das Element einer besonneren Leitung durch freie Vernunftkunst einzufügen, und so die Menschheit zum ersten Male völlig mündig zu machen, das Princip ihrer Entwickelung und Erziehung bis ans Ende hin in ihre eigene Hand zu legen. Indem sie aber zugleich im Durchdringen der absoluten Verstandesform bis auf ihren Kern, die innere Nichtigkeit alles Empirischen, der gegebenen Facticität als solcher, aufdeckt: wird der „Zwang" auf uns ausgeübt, uns in die Realität hinüberzuretten, in die Welt der Freiheit: die Wissenschaftslehre, allgemeine Ueberzeugung geworden, schliesst die unwiderstehlichste Bildung zur Sittlichkeit in sich. „Der Mensch erkennt (in ihr), dass er, ohne diese Ergebung seines Willens in den göttlichen, Nichts ist; dies sieht er lebendig ein, so dass er von dem Gefühle dieses Nichts ergriffen ist. Aber Niemand will Nichts seyn: an dem Seyn halten wir Alle. — *Wir* sind durchaus das Entgegengesetzte eines solchen Zustandes: zerflossen und der Realität beraubt in der Wurzel; ermangelnd der Anschauung, wie sie die alte Welt hatte, des lebendigen Begriffs, wie die geschilderte ihn haben wird, leben wir nur in einem problematischen und probirenden Begreifen, so dass es uns sogar schwer wird, einen solchen bessern Zustand uns zu bilden" (Staatslehre S. 588.). — Daher nun sein festes Vertrauen auf die weltgeschichtliche Bedeutung seiner Lehre, „die freilich noch ringt und vielleicht noch Jahrhunderte ringen wird um ihr Verständniss und ihre Anerkennung unter den Gelehrten" (S. 589.).

Man hat in solchen und ähnlichen Bezeugungen Anmaassung gesehen, und völlige Ueberschätzung persönlicher Ansichten, wie er denn dieses übeln Scheines sich vollständig bewusst war. (Man vergl. in den Nachgel. Werk. Bd. III. S. 251 ff., überhaupt die beiden Dialogen, denen diese Stelle angehört.) Aber man verständige sich nur über den wahren Sinn solcher Behauptungen. Die Philosophie, wenigstens die eigentliche, der Idealismus, war von jeher nicht zweifelhaft oder uneinig, oder vertrat nur persönliche Ansichten in dem, was sie bejahend aufstellte und principiell behauptete: nur die verschiedene Reife und Ausbildung dieser Principien ist es, was in ihr den Widerstreit und dann gegenseitige

Negationen herbeiführt. Und so darf noch jetzt getrost behauptet werden, dass auch in Fichte's Weltanschauung das Bejahende wahr ist und fortleben wird, wie es vor ihm schon lebte in anderer Gestalt. Ebenso ist auch die Zuversicht auf diese Dauer die natürlichste und unabweisbarste; denn sie ist nur Zeugniss von der Evidenz, die jeder Wahrheit innewohnt, und es ist nicht der einzelne Urheber, sondern die Philosophie selbst, welche durch ihn diese Zuversicht zu ihrer inneren Kraft ausspricht, — und ohne Zweifel hat sie Recht daran.

Ist sie zugleich jedoch irgend einmal bis zu der Vollendung gelangt, den Menschen zum völligen Selbstverständniss über sich erheben zu können in seiner Geschichte und im höchsten Ziele derselben: so wird sie damit auch den Anspruch verbinden, ihn durch besonnene Kunst, durch Vernunfterziehung zu diesem Ziele zu leiten. Und wie thatsächlich nur die Philosophie und Wissenschaft das Dunkel der Barbarei allmählig zerstreut hat, welches auf dem Mittelalter ruhte: so muss sie irgend einmal dieser Bestimmung, als einer selbst philosophisch zu behandelnden und stufenweis zu lösenden *Aufgabe,* klar sich bewusst werden. In der neueren deutschen Philosophie — wir sehen mit Absicht von den beiden anderen philosophirenden Nationen ab, denen die praktische Richtung und Einwirkung ihrer philosophischen Studien nie so abhanden kam — in der deutschen Philosophie hat Fichte zuerst diese Bedeutung derselben entschieden ausgesprochen und als mitbestimmendes Glied in das System aufgenommen. Aber schon seit **Kant** kündigte sich in unwillkürlichen Wirkungen diese alleingreifende, weltumgestaltende Macht derselben an, eben weil sie mit ihm wieder auf den Menschen sich richtete und seine

Freiheit zum Mittelpuncte machte. Hat aber die Philosophie sich überhaupt einmal zu dieser Höhe der Selbstanforderung erhoben: so wüssten wir nicht, wie sie dies eigene Ziel und das der Menschheit, anders oder kräftiger aussprechen könnte, als wie es in diesen Vorlesungen geschehen ist, ob sie sich dabei nun als „Wissenschaftslehre" bezeichne, oder in der Gestalt irgend eines anderen idealistischen — den Begriff der Freiheit und die Ideen anerkennenden Systemes.

Zudem hat jede mit sich zum Abschluss gekommene Philosophie, wie wir anderswo umfassender zeigen konnten, nicht minder, wie jede Religion, auch ihre prophetischen Lehren; ja diese bezeichnen erst ihren wahren Charakter in dem, was sie als die Zukunft, die höchste Bestimmung des Menschengeschlechts erkennen: über diesen Theil von Fichte's System ist nun eben die „Staatslehre" die ergiebigste Quelle. Mögen die Umrisse der Zukunft, welche sie giebt, auch in manchem Betreff abstract oder lückenhaft bleiben, mag manches wichtige Element des Geistes dabei gar nicht in Rechnung gebracht seyn, so lässt sich doch kein höheres und grösseres Ziel denken, als was von hier aus am Schlusse der Menschheit gezeigt wird.

Und bei diesem Puncte musste das System von Neuem und noch entschiedener, als in anderen Theilen, an die christliche Religion, nicht als Doctrin von gewissem Inhalte, sondern als geschichtliche, weltumgestaltende Macht, anknüpfen und in ihrem Verständniss sich versuchen. Welchen Charakter es darin trage, auch im Verhältniss zu anderen Systemen, wird sich zur Einleitung in die Werke des folgenden Bandes umfassender zeigen lassen. In Betreff dieses letzten Theils der Vorlesungen bemerken wir nur noch, dass die hier und da in den Noten angeführten Stellen des Neuen Testaments Zusätze eines der früheren Herausgeber sind, die wir nicht völlig tilgen wollten, wo sie das im Texte Gesagte zu erläutern oder zu bestätigen schienen. In diesem Sinne nehme man sie mit Nachsicht auf, als eine Zugabe, die nur wir zu vertreten haben.

Inhaltsanzeige
des vierten Bandes.

                                                                   Seite

1) System der Sittenlehre nach den Principien der Wissenschaftslehre, 1798. . . . . 1—365
2) Die Staatslehre, oder über das Verhältniss des Urstaates zum Vernunftreiche, in Vorlesungen, 1813. . . . . . 369—600
3) Rede an seine Zuhörer, am 19. Februar 1813. . . . . 603—610

Inhalt.

	Seite
Einleitung	1—12

Erstes Hauptstück.
Deduction des Princips der Sittlichkeit . . . . 13—62

Zweites Hauptstück.
Deduction der Realität und Anwendbarkeit dieses Princips 63—156

Drittes Hauptstück.
Systematische Anwendung desselben, oder die Sittenlehre im engeren Sinne.

Erster Abschnitt.
Von den formalen Bedingungen der Moralität unserer Handlungen . . . . 157—205

Zweiter Abschnitt.
Ueber das materiale des Sittengesetzes, oder systematische Uebersicht unserer Pflichten . . . . 206—253

Dritter Abschnitt.
Die eigentliche Pflichtenlehre . . . . 254—259

Uebersicht der allgemeinen und besonderen *bedingten* Pflichten . . . . 259—274

Uebersicht der allgemeinen, *unmittelbaren* und *unbedingten* Pflichten . . . . 275—325

Uebersicht der besonderen unmittelbaren Pflichten . 325—327

und zwar

der Pflichten des Menschen nach seinem natürlichen Stande . . . . 327—343

der Pflichten des Menschen nach seinem besonderen Berufe . . . . 343—365

Das
System der Sittenlehre

nach

den Principien der Wissenschaftslehre.

Von

Johann Gottlieb Fichte.

Erste Ausgabe: Jena und Leipzig, bei Christian Ernst Gabler. 1798.

Einleitung.

1.

Wie ein objectives jemals zu einem subjectiven, ein Seyn für sich zu einem vorgestellten werden möge — dass ich an diesem bekannteren Ende die Aufgabe aller Philosophie fasse — wie es, sage ich, mit dieser sonderbaren Verwandlung zugehe, wird nie jemand erklären, welcher nicht einen Punct findet, in welchem das objective und subjective überhaupt nicht geschieden, sondern ganz Eins sind. Einen solchen Punct nun stellt unser System auf, und geht von demselben aus. Die Ichheit, die Intelligenz, die Vernunft, — oder wie man es nennen wolle, ist dieser Punct.

Diese absolute Identität des Subjects und Objects im Ich lässt sich nur schliessen, nicht etwa unmittelbar als Thatsache des wirklichen Bewusstseyns nachweisen. Wie ein wirkliches Bewusstseyn entsteht, sey es auch nur das Bewusstseyn unserer selbst, erfolgt die Trennung. Nur inwiefern ich mich, das bewusstseyende von mir, dem Gegenstande dieses Bewusstseyns, unterscheide, bin ich mir meiner bewusst. *Auf den mancherlei Ansichten dieser Trennung des subjectiven und objectiven, und hinwiederum der Vereinigung beider, beruht der ganze Mechanismus des Bewusstseyns.*

2.

Das subjective und objective wird vereinigt, oder als harmonirend angesehen, zuvörderst so, dass das subjective aus dem objectiven erfolgen, das erstere sich nach dem letzteren richten soll: *ich erkenne*. Wie wir zu der Behauptung einer solchen Harmonie kommen, untersucht die *theoretische* Philosophie. — Beides wird als harmonirend angesehen so, dass das objective aus dem subjectiven, ein Seyn aus meinem Begriffe (dem Zweckbegriffe) folgen soll: *ich wirke*. Woher die Annahme einer solchen Harmonie entspringe, hat die *praktische* Philosophie zu untersuchen.

Der erste Punct, wie wir dazu kommen mögen, die Uebereinstimmung unserer Vorstellungen mit unabhängig von ihnen vorhanden seyn sollenden Dingen zu behaupten, ist denn allenfalls in Frage gekommen. Was den zweiten anbelangt, wie es möglich sey, einige unserer Begriffe zu denken, als darstellbar, und zum Theil wirklich dargestellt in der ohne unser Zuthun bestehenden Natur, darüber hat bisher die Philosophie sich auch nicht einmal gewundert. Man hat es ganz natürlich gefunden, dass wir auf die Welt wirken können. Wir thun es ja alle Augenblicke, wie jedermann weiss; es ist dies Thatsache des Bewusstseyns; und damit gut.

3.

Die Sittenlehre ist praktische Philosophie. Sowie die theoretische Philosophie das System des nothwendigen Denkens, dass unsere Vorstellungen mit einem Seyn übereinstimmen, darzustellen hat; so hat die praktische das System des nothwendigen Denkens, dass mit unseren Vorstellungen ein Seyn übereinstimme, und daraus folge, zu erschöpfen. Es kam uns daher zu, uns auf die zuletzt aufgeworfene Frage einzulassen und zu zeigen, theils, wie wir überhaupt dazu kommen, einige unserer Vorstellungen für den Grund eines Seyns zu halten, theils, woher insbesondere uns das System derjenigen Begriffe entstehe, aus welchen ein Seyn schlechthin nothwendig folgen soll.

Was hierüber in der folgenden Untersuchung ausführlich vorgetragen worden, unter einem einzigen Gesichtspuncte kurz zusammenzufassen, ist der Zweck dieser Einleitung.

4.

Ich finde mich, als wirkend in der Sinnenwelt. Davon hebt alles Bewusstseyn an; und ohne dieses Bewusstseyn meiner Wirksamkeit ist kein Selbstbewusstseyn; ohne dieses kein Bewusstseyn eines anderen, das nicht ich selbst seyn soll. Wer einen Beweis dieser Behauptung begehrt, der findet denselben ausführlich in dem folgenden zweiten Hauptstücke. Hier wird sie nur aufgestellt, als unmittelbare Thatsache des Bewusstseyns, um daran unser Räsonnement anzuknüpfen.

Welches Mannigfaltige ist in dieser Vorstellung meiner Wirksamkeit enthalten; und wie mag ich zu diesem Mannigfaltigen kommen?

Möge man auch vorläufig annehmen, dass die Vorstellung des bei meiner Wirksamkeit fortdauernden und durch sie schlechthin nicht zu verändernden *Stoffes*, die Vorstellung der *Beschaffenheiten* dieses Stoffes, die durch meine Wirksamkeit verändert werden, die Vorstellung dieser *fortschreitenden Veränderung*, bis die Gestalt dasteht, die ich beabsichtigte; dass alle diese in der Vorstellung von meiner Wirksamkeit enthaltenen Vorstellungen mir von aussen *gegeben* werden, welchen Ausdruck ich freilich nicht verstehe; dass es *Erfahrung* ist, oder wie man etwa diesen Nichtgedanken noch ausdrückt: so liegt doch noch etwas in der Vorstellung von meiner Wirksamkeit, was mir schlechthin nicht von aussen kommen kann, sondern in mir selbst liegen muss, was ich nicht erfahren und lernen kann, sondern unmittelbar wissen muss; dies, dass *ich selbst* der letzte Grund der geschehenen Veränderung seyn soll.

Ich bin der Grund dieser Veränderung, heisst: dasselbe, und kein anderes, welches um die Veränderung *weiss,* ist zugleich auch das wirkende; das Subject des Bewusstseyns und das Princip der Wirksamkeit sind Eins. Was ich aber beim Ursprunge alles Wissens vom Subjecte des Wissens selbst aussage, was ich weiss, dadurch, dass ich überhaupt weiss, kann ich aus keinem anderen Wissen gezogen haben; ich weiss es unmittelbar, ich setze es schlechthin.

Demnach, sowie ich überhaupt nur weiss, weiss ich, dass ich thätig bin. In der blossen Form des Wissens überhaupt ist das Bewusstseyn meiner selbst, und meiner selbst, als eines thätigen, enthalten und dadurch unmittelbar gesetzt.

Nun könnte es wohl seyn, dass, wenn auch nicht unmittelbar, dennoch vermittelst des soeben aufgezeigten Unmittelbaren, in derselben blossen Form des Wissens alles übrige Mannigfaltige, das in der oben berührten Vorstellung meiner Wirksamkeit liegt, gleichfalls enthalten wäre. Sollte es sich so finden, so würden wir der mislichen Annahme, dass es von aussen komme, schon dadurch überhoben, dass wir es auf eine andere und natürlichere Weise zu erklären vermöchten. Es würde durch diese Erklärung die oben aufgeworfene Frage beantwortet, wie wir dazu kämen, uns eine Wirksamkeit in einer Sinnenwelt ausser uns zuzuschreiben; indem die Nothwendigkeit einer solchen Annahme unmittelbar aus dem vorausgesetzten Bewusstseyn überhaupt abgeleitet würde.

Wir wollen versuchen, ob eine solche Ableitung möglich sey. Ihr Plan ist folgender: Was in der Vorstellung von unserer Wirksamkeit liege, haben wir soeben gesehen. Die Voraussetzung ist, dass dasselbe im Bewusstseyn überhaupt enthalten, und mit demselben nothwendig gesetzt sey. Wir gehen daher aus von der Form des Bewusstseyns überhaupt, leiten ab von ihr; und unsere Untersuchung ist geschlossen, wenn wir auf dem Wege der Ableitung wieder zur Vorstellung unserer sinnlichen Wirksamkeit zurückkommen.

5.

Ich setze mich als thätig, heisst nach obigem: ich unterscheide in mir ein wissendes, und eine reelle Kraft, die als solche nicht *weiss,* sondern *ist;* sehe aber beides als schlechthin Eins an. Wie komme ich zu dieser Unterscheidung; wie gerade zu dieser Bestimmung der Unterschiedenen? Die zweite

Frage dürfte wohl durch Beantwortung der ersten zugleich mit beantwortet werden.

Ich weiss nicht, ohne *etwas* zu wissen; ich weiss nicht von mir, ohne eben durch dieses Wissen mir zu Etwas zu werden; oder, welches dasselbe heisst, ein **subjectives in mir, und ein objectives zu trennen**. Ist ein Bewusstseyn gesetzt, so ist diese Trennung gesetzt, und es ist ohne sie gar kein Bewusstseyn möglich. Durch diese Trennung aber ist unmittelbar zugleich das Verhältniss des subjectiven und objectiven zu einander gesetzt. Das letztere soll bestehen ohne Zuthun des subjectiven, und unabhängig von ihm, durch sich selbst; das erstere soll abhängig seyn vom letzteren, und seine materielle Bestimmung nur daher erhalten. Das Seyn ist durch sich selbst, das Wissen aber hängt ab vom Seyn; so muss uns beides erscheinen, so gewiss uns überhaupt etwas erscheint; so gewiss wir Bewusstseyn haben.

Die wichtige Einsicht, welche wir dadurch erhalten, ist folgende. Wissen und Seyn sind nicht etwa ausserhalb des Bewusstseyns und unabhängig von ihm getrennt, sondern nur im Bewusstseyn werden sie getrennt, weil diese Trennung Bedingung der Möglichkeit alles Bewusstseyns ist; und durch diese Trennung entstehen erst beide. Es giebt kein Seyn, ausser vermittelst des Bewusstseyns, sowie es ausser demselben auch kein Wissen, als bloss subjectives und auf sein Seyn gehendes, giebt. Um mir nur sagen zu können: Ich, bin ich genöthigt, zu trennen; aber auch lediglich dadurch, dass ich dies sage, und indem ich es sage, geschieht die Trennung. Das Eine, welches getrennt wird, das sonach allem Bewusstseyn zum Grunde liegt, und zufolge dessen das subjective und objective im Bewusstseyn unmittelbar als Eins gesetzt wird, ist absolut $= X$, kann, als einfaches, auf keine Weise zum Bewusstseyn kommen.

Wir finden hier eine unmittelbare Uebereinstimmung zwischen dem subjectiven und objectiven: ich weiss von mir, dadurch, dass ich bin, und bin, dadurch, dass ich von mir weiss. Es wäre möglich, dass alle andere Uebereinstimmung beider, ob nun das objective aus dem subjectiven folgen solle, wie beim Zweckbegriffe, oder das subjective aus dem objectiven, wie beim Erkenntnissbegriffe, nichts anderes wäre, als nur eine besondere Ansicht jener unmittelbaren Uebereinstimmung; und sollte sich dies wirklich nachweisen lassen, so wäre, — da diese unmittelbare Trennung und Uebereinstimmung die Form des Bewusstseyns selbst ist; jene andere Trennungen und Uebereinstimmungen aber den gesammten Inhalt alles möglichen Bewusstseyns erschöpfen, — zugleich erwiesen, dass alles, was im Bewusstseyn nur vorkommen kann, durch die blosse Form desselben gesetzt sey. Wie es sich damit verhalte, wird sich ohne Zweifel im Verlaufe unserer Untersusuchung ergeben.

6.

Ich setze mich als thätig, heisst in dem zu untersuchenden Gemüthszustande keinesweges, ich schreibe mir Thätigkeit überhaupt, sondern, ich schreibe mir eine *bestimmte,* gerade eine solche, und keine andere Thätigkeit zu.

Das subjective wird, wie wir soeben gesehen haben, durch seine blosse Trennung vom objectiven ganz abhängig, und durchaus gezwungen; und der Grund dieser seiner materiellen Bestimmtheit, seiner Bestimmtheit in Rücksicht des *Was,* liegt keinesweges in ihm, sondern in dem objectiven. Das subjective erscheint, als ein blosses Erkennen eines ihm vorschwebenden, keinesweges und in keiner Rücksicht als ein thätiges Hervorbringen der Vorstellung. So muss es beim Ursprunge alles Bewusstseyns, wo die Trennung des subjectiven und objectiven vollkommen ist, nothwendig seyn. Im Fortgange des Bewusstseyns erscheint, aber vermittelst einer Synthesis, das subjective auch als frei und bestimmend, indem es als *abstrahirend* erscheint; und dann vermag es z. B. auch Thätigkeit überhaupt, und als solche, zwar nicht wahrzunehmen, aber doch frei zu beschreiben. Hier aber stehen wir beim Ursprunge alles Bewusstseyns, und die zu untersuchende Vorstellung ist daher nothwendig eine Wahrnehmung, d. h. das subjective erscheint in ihr als ganz und durchgängig, und ohne sein eigenes Zuthun, bestimmt.

Was heisst nun das: eine *bestimmte* Thätigkeit, und wie wird sie zur bestimmten? Lediglich dadurch, dass ihr ein Widerstand entgegengesetzt wird; entgegengesetzt durch ideale Thätigkeit, gedacht und eingebildet, als ihr gegenüberstehend. Wo und inwiefern du Thätigkeit erblickst, erblickst du nothwendig auch Widerstand; denn ausserdem erblickst du keine Thätigkeit.

Zuvörderst lasse man sich hierbei dies nicht entgehen: dass ein solcher Widerstand erscheint, ist lediglich Resultat der Gesetze des Bewusstseyns, und der Widerstand lässt sich daher füglich als ein Product dieser Gesetze betrachten. Das Gesetz selbst, nach welchem er für uns da ist, lässt sich ableiten aus der nothwendigen Trennung eines subjectiven von einem objectiven, und aus dem schlechthin gesetzten Verhältnisse des ersteren zum letzteren, wie es soeben geschehen ist. Aus diesem Grunde ist das Bewusstseyn des Widerstandes ein vermitteltes, keinesweges ein unmittelbares Bewusstseyn, vermittelt dadurch, dass ich mich als bloss *erkennendes*, und in dieser Erkenntniss von der Objectivität ganz abhängiges Subject betrachten muss.

Dann entwickele man die Merkmale dieser Vorstellung von einem Widerstande aus ihrer Entstehungsweise. Dieser Widerstand wird als das Gegentheil der Thätigkeit vorgestellt; also als etwas nur bestehendes, ruhig und todt vorliegendes, das da bloss *ist*, keinesweges aber *handelt*, das nur zu bestehen strebt, und daher allerdings mit einem Maasse von Kraft zu bleiben, was es ist, der Einwirkung der Freiheit auf seinem eigenen Boden widersteht, nimmermehr aber dieselbe auf ihrem Gebiete anzugreifen vermag; kurz, *blosse Objectivität*. So etwas heisst mit seinem eigenthümlichen Namen *Stoff*. — Ferner, alles Bewusstseyn ist bedingt durch das Bewusstseyn meiner selbst, dieses ist bedingt durch die Wahrnehmung meiner Thätigkeit, diese durch das Setzen eines Widerstandes, als eines solchen. Also der Widerstand mit dem soeben angegebenen Charakter erstreckt sich nothwendig durch die ganze Sphäre meines Bewusstseyns; dauert neben demselben fort, und die Freiheit kann nie gesetzt werden, als das geringste über ihn vermögend, weil dadurch sie selbst, und alles Bewusstseyn, und alles Seyn wegfiele. — Die Vorstellung eines durch meine Wirksamkeit schlechthin nicht zu verändernden Stoffes, die wir oben in der Wahrnehmung unserer Wirksamkeit enthalten fanden, ist aus den Gesetzen des Bewusstseyns abgeleitet.

Die eine der aufgeworfenen Hauptfragen ist beantwortet: wie wir nemlich dazu kommen, ein subjectives, einen Begriff, anzunehmen, der aus einem objectiven, einem Seyn, folgen und dadurch bestimmt seyn soll. Es ist dies, wie wir gesehen haben, die nothwendige Folge davon, dass wir ein subjectives und ein objectives in uns im Bewusstseyn trennen, und doch als Eins ansehen; das bestimmte Verhältniss aber, dass das subjective durch das objective bestimmt seyn soll, nicht aber umgekehrt, entsteht aus dem schlechthin gesetzten Verhältnisse des subjectiven, als solchen, zu dem objectiven, als solchen. Und so ist das Princip und die Aufgabe aller theoretischen Philosophie abgeleitet.

7.

Ich setze mich als thätig. Vom subjectiven und objectiven in diesem Setzen, seiner Trennung, seiner Vereinigung, und dem ursprünglichen Verhältnisse beider zu einander ist zur Genüge gesprochen; nur das Prädicat, welches dem Einen und unzertrennlichen Ich zugeschrieben wird, haben wir noch nicht untersucht. Was heisst doch das, *thätig* seyn, und was setze ich eigentlich, wenn ich mir Thätigkeit zuschreibe?

Das Bild der Thätigkeit überhaupt, einer Agilität, Beweglichkeit, oder wie man es in Worten ausdrücken mag, wird bei dem Leser vorausgesetzt, und lässt sich keinem andemonstriren, der es nicht in der Anschauung seiner selbst findet. Diese innere Agilität lässt dem objectiven, als solchem, schlechthin sich nicht zuschreiben, wie wir soeben gesehen haben; es besteht nur, und ist nur und bleibt, wie es ist. Nur dem subjectiven, der Intelligenz als solcher, kommt sie der Form ihres Handelns nach zu. Der Form nach, sage ich; denn das materielle der Bestimmung soll, wie wir oben gesehen haben, in einer anderen Beziehung durch das objective bestimmt seyn.

Das Vorstellen, seiner Form nach, wird angeschaut, als freieste innere Bewegung. Nun soll *ich*, das Eine, untheilbare Ich, thätig seyn; und das, was auf das Object wirkt, ist ohne allen Zweifel dies objective in mir, die reelle Kraft. Dies alles bedacht, lässt meine Thätigkeit sich nur so setzen, dass sie ausgehe vom subjectiven, als bestimmend das objective; kurz, als eine Causalität des blossen Begriffs auf das objective, welcher Begriff insofern nicht wieder durch ein anderes objectives bestimmt werden kann, sondern absolut in und durch sich selbst bestimmt ist.

Es ist jetzt auch die zweite der oben aufgeworfenen Hauptfragen beantwortet: wie komme ich dazu, anzunehmen, dass ein objectives aus einem subjectiven, ein Seyn aus einem Begriffe, erfolge? und es ist dadurch das Princip der ganzen praktischen Philosophie abgeleitet. Diese Annahme kommt nemlich daher, weil ich mich absolut als thätig setzen muss; aber, nachdem ich ein subjectives in mir und ein objectives unterschieden habe, diese Thätigkeit nicht anders beschreiben kann, denn als eine Causalität des Begriffs. — Absolute Thätigkeit ist das eine, schlechthin und unmittelbar mir zukommende Prädicat; Causalität durch den Begriff ist die durch die Gesetze des Bewusstseyns nothwendig gemachte, und einzig mögliche Darstellung desselben. In dieser letzten Gestalt nennt man die absolute Thätigkeit auch *Freiheit*. Freiheit ist die sinnliche Vorstellung der Selbstthätigkeit, und dieselbe entsteht durch den Gegensatz mit der Gebundenheit des Objects, und unserer selbst als Intelligenz, inwiefern wir dasselbe auf uns beziehen.

Ich setze mich frei, inwiefern ich ein sinnliches Handeln, oder ein Seyn aus meinem Begriffe, der dann Zweckbegriff heisst, erkläre. Das oben aufgestellte Factum: ich finde mich wirkend, ist daher nur unter der Bedingung möglich, inwiefern ich einen von mir selbst entworfenen Begriff voraussetze, nach welchem die Wirksamkeit sich richten, und durch ihn sowohl *formaliter* begründet, als *materialiter* bestimmt seyn soll. Wir erhalten sonach hier ausser den schon oben aufgestellten mannigfaltigen Merkmalen in der Vorstellung unserer

Wirksamkeit noch ein neues, welches oben zu bemerken nicht nöthig war, und das hier zugleich mit abgeleitet worden. Aber es ist wohl zu merken, dass das vorhergegangene Entwerfen eines solchen Begriffs nur *gesetzt* werde, und lediglich zur sinnlichen Ansicht unserer Selbstthätigkeit gehöre.

Der Begriff, aus welchem eine objective Bestimmung erfolgen soll, der Zweckbegriff, wie man ihn nennt, ist, wie soeben erinnert worden, nicht selbst wieder durch ein objectives bestimmt, sondern er ist absolut durch sich selbst bestimmt. Denn wäre er dies nicht, so wäre ich nicht absolut thätig, und würde nicht unmittelbar so gesetzt, sondern meine Thätigkeit wäre abhängig von einem Seyn, und durch dasselbe vermittelt, welches gegen die Voraussetzung läuft. Im Verlauf des angeknüpften Bewusstseyns zwar erscheint der Zweckbegriff, als durch die Erkenntniss eines Seyns, obwohl nicht bestimmt, doch bedingt; so aber ist hier, beim Ursprunge alles Bewusstseyns, wo von der Thätigkeit *ausgegangen* wird, und dieselbe absolut ist, die Sache nicht anzusehen. — Das wichtigste Resultat hieraus ist dieses: *es giebt eine absolute Unabhängigkeit und Selbstständigkeit des blossen Begriffs* (das kategorische in dem sogenannten kategorischen Imperativ), zufolge der Causalität des subjectiven auf das objective; ebenso wie es ein absolutes durch sich selbst gesetztes *Seyn* (des materiellen Stoffs) geben soll, zufolge der Causalität des objectiven auf das subjective; und wir haben sonach die beiden Enden der ganzen Vernunftwelt an einander geknüpft.

(Wer nur wenigstens diese Selbstständigkeit des Begriffs gehörig fasst, dem wird damit das vollkommenste Licht über unser ganzes System, und mit ihm die unerschütterlichste Ueberzeugung von der Wahrheit desselben entstehen.)

8.

Aus dem Begriffe erfolgt ein objectives. Wie ist dies möglich, und was kann es heissen? Nichts anderes, als dass der Begriff selbst mir als etwas objectives erscheine. Aber der Zweckbegriff, objectiv angesehen, wird ein *Wollen* genannt, und die Vorstellung eines Willens ist gar nichts anderes, als diese nothwendige Ansicht des, selbst nur um unserer Thätigkeit bewusst zu werden, gesetzten Zweckbegriffs. Das geistige in mir, unmittelbar als Princip einer Wirksamkeit angeschaut, wird mir zu einem Willen.

Nun aber soll *ich* auf den schon oben seiner Entstehung nach beschriebenen Stoff wirken. Aber es ist mir unmöglich, eine Wirkung auf ihn zu denken, ausser durch das, was selbst Stoff ist. Wie ich mich daher, wie ich muss, wirkend denke auf ihn, werde ich mir selbst zu Stoff; und inwiefern ich so mich erblicke, nenne ich mich einen *materiellen Leib*. Ich, als Princip einer Wirksamkeit in der Körperwelt angeschaut, bin ein articulirter Leib; und die Vorstellung meines Leibes selbst ist nichts anderes, denn die Vorstellung meiner selbst, als Ursache in der Körperwelt, mithin mittelbar nichts anderes, als eine gewisse Ansicht meiner absoluten Thätigkeit.

Nun soll aber doch der Wille Causalität, und zwar eine unmittelbare Causalität haben auf meinen Leib; und nur soweit, als diese unmittelbare Causalität des Willens geht, geht der Leib, als Werkzeug, oder die Articulation. (Bis zur Ansicht meines Leibes, als einer *Organisation*, erstreckt sich diese vorläufige Uebersicht nicht.) Der Wille wird daher vom Leibe auch unterschieden; erscheint daher nicht als dasselbe. Aber diese Unterscheidung ist nichts anderes, denn eine abermalige Trennung des subjectiven und objectiven, oder noch bestimmter, eine besondere Ansicht dieser ursprünglichen Trennung. Der Wille ist in diesem Verhältnisse das subjective, und der Leib das objective.

9.

Aber meine wirkliche Causalität, die Veränderung, die dadurch in der Sinnenwelt erfolgen soll, die durch diese Causalität veränderliche Sinnenwelt, was sind sie?

Indem ein subjectives in mir selbst sich in ein objectives, der Zweckbegriff in einen Willensentschluss, und dieser in eine gewisse Modification meines Leibes verwandeln soll, stelle ich ja offenbar mich selbst vor, als verändert. Aber das letzte, was ich zu mir rechne, mein körperlicher Leib, soll in Verbindung mit der gesammten Körperwelt stehen; wie daher der erste als verändert angeschaut wird, wird nothwendig auch die letzte so erblickt.

Das durch meine Wirksamkeit veränderliche Ding, oder die *Beschaffenheit* der Natur ist ganz dasselbe, was das unveränderliche oder die blosse Materie ist; nur angesehen von einer anderen Seite: ebenso wie oben die Causalität des Begriffs auf das objective, von zwei Seiten angesehen, als Wille und als Leib erschien. Das veränderliche ist die Natur, subjectiv, und mit mir, dem thätigen in Verbindung, angesehen; das unveränderliche, dieselbe Natur, ganz und lediglich objectiv angesehen, und unveränderlich, aus den oben angezeigten Gründen.

Alles in der Wahrnehmung unserer sinnlichen Wirksamkeit liegende Mannigfaltige ist gegenwärtig aus den Gesetzen des Bewusstseyns abgeleitet, wie gefordert wurde; wir finden als letztes Glied unserer Folgerungen dasselbe, wovon wir ausgingen, unsere Untersuchung ist in sich selbst zurückgelaufen, und also geschlossen.

Das Resultat derselben ist kürzlich folgendes. Das einzige absolute, worauf alles Bewusstseyn und alles Seyn sich gründet, ist reine Thätigkeit. Diese erscheint, zufolge der Gesetze des Bewusstseyns, und insbesondere zufolge seines Grundgesetzes, dass das thätige nur als vereinigtes Subject und Object (als Ich) erblickt werden kann, als *Wirksamkeit auf etwas ausser mir*. Alles, was in dieser Erscheinung enthalten ist, von dem mir absolut durch mich selbst gesetzten Zwecke an, an dem einen Ende, bis zum rohen Stoffe der Welt, an dem anderen, sind vermittelnde Glieder der Erscheinung, sonach selbst auch nur Erscheinungen. **Das einige rein wahre ist meine Selbstständigkeit.**

Erstes Hauptstück.

Deduction des Princips der Sittlichkeit.

Vorerinnerung zu dieser Deduction.

Es wird behauptet, dass im Gemüthe des Menschen sich eine Zunöthigung äussere, einiges ganz unabhängig von äusseren Zwecken zu thun, schlechthin, bloss und lediglich, damit es geschehe; und einiges, ebenso unabhängig von Zwecken ausser ihm, zu unterlassen, bloss und lediglich, damit es unterbleibe. Man nennt die Beschaffenheit des Menschen, inwiefern eine solche Zunöthigung in ihm sich nothwendig äussern soll, so gewiss er ein Mensch ist, *die moralische oder sittliche Natur* desselben überhaupt.

Die *Erkenntniss* des Menschen kann zu dieser seiner moralischen Natur sich auf zweierlei Weise verhalten. Entweder bleibt er, wenn die behauptete innere Zunöthigung, als Thatsache, in seiner Selbstbeobachtung sich finden sollte, — wie denn allerdings angenommen wird, dass sie bei aufmerksamer Selbstbeobachtung sich sicher finden werde — bei der Thatsache, als solcher, stehen. Er begnügt sich gefunden zu haben, dass es *so ist,* ohne zu fragen, *auf welche Weise* und aus *welchen Gründen* es so werde. Er entschliesst sich auch wohl aus Neigung mit Freiheit, dem Ausspruche jener inneren Zunöthigung unbedingten *Glauben* zuzustellen, wirklich als seine höchste Bestimmung zu *denken,* was durch sie ihm als solche vorgestellt wird, und auch wohl unverbrüchlich diesem Glauben gemäss zu *handeln.* Dadurch entsteht ihm die *gemeine* Erkenntniss, sowohl seiner moralischen Natur überhaupt, als auch, wenn er in den besonderen Lagen seines Lebens auf die Aussprüche seines Gewissens sorgfältig merkt, seiner bestimmten Pflichten insbesondere; welche Erkenntniss auf *dem Standpuncte des gemeinen Bewusstseyns* möglich, und für die Erzeugung einer pflichtmässigen Gesinnung und Betragens hinlänglich ist.

Oder der Mensch bleibt mit seinen Gedanken nicht bei der Thatsache stehen, begnügt sich nicht mit der unmittelbaren Wahrnehmung, sondern fordert die Gründe des Wahrgenommenen zu wissen; befriedigt sich nicht mit der factischen Erkenntniss, sondern verlangt eine genetische, will nicht bloss wissen, dass eine solche Zunöthigung in ihm ist, sondern er will zusehen, wie sie entstehe. Würde er die gewünschte Erkenntniss erhalten, so wäre dies eine *gelehrte* Erkenntniss, und um sie zu erhalten, müsste er sich über den Standpunct des gemeinen Bewusstseyns zu einem höheren erheben. — Wie soll nun die erwähnte Aufgabe gelöst, wie sollen *die Gründe* der moralischen Natur des Menschen oder des sittlichen Princips in ihm gefunden werden? — Das einige, was alle Frage nach einem höheren Grunde schlechthin ausschliesst, ist dies, dass wir *Wir* sind; ist die *Ichheit* in uns, oder unsere vernünftige Natur, welches letztere Wort jedoch die Sache bei weitem nicht so ausdrückend bezeichnet, als das erstere. Alles übrige, was entweder *in* uns ist, wie die erwähnte Zunöthigung, oder *für* uns, wie eine Welt, die wir ausser uns annehmen, ist deswegen in uns und für uns, weil wir jenes sind, wie im Allgemeinen gar leicht zu beweisen ist; die bestimmte Einsicht aber in die Weise, wie etwas in oder für uns mit jener Vernünftigkeit zusammenhänge, und aus ihr nothwendig hervorgehe, ist die gelehrte und wissenschaftliche Erkenntniss der Gründe dieses Etwas, von der wir hier sprechen. Die Darlegung dieser Gründe ist, da durch sie etwas von dem höchsten, und absoluten Princip, dem der Ichheit, abgeleitet, und als aus ihm nothwendig erfolgend nachgewiesen wird, eine Ableitung oder Deduction. So haben wir hier eine Deduction der moralischen Natur des Menschen, oder des sittlichen Princips in ihm, zu geben. — Statt die Vortheile einer solchen Deduction ausführlich aufzuzählen, ist es hier genug anzumerken, dass durch sie erst eine Wissenschaft der Moralität entsteht, Wissenschaft aber von allem, wo sie möglich ist, Zweck an sich ist.

In Beziehung auf ein wissenschaftliches Ganzes der Philosophie hängt die hier vorzutragende besondere Wissenschaft der Sittenlehre durch diese Deduction mit einer Grundlage der gesammten Wissenschaftslehre zusammen. Die Deduction wird aus Sätzen der letzteren geführt, und in ihr geht die besondere Wissenschaft von der allgemeinen aus, und wird besondere philosophische Wissenschaft. — Für die richtige Würdigung dieser Deduction ist nur noch folgendes zu erinnern. — Wenn, wie behauptet wird, aus unserer Vernünftigkeit die Moralität unserer Natur nach nothwendigen Gesetzen erfolgt, so ist die erwähnte Zunöthigung für die Wahrnehmung selbst ein erstes und unmittelbares; sie äussert sich ohne unser Zuthun, und wir können an dieser Aeusserung durch die Freiheit nicht das geringste verändern. Dadurch, dass wir durch eine Deduction Einsicht in ihre Gründe erhalten, erhalten wir nicht etwa die Kraft, etwas in derselben zu ändern, weil soweit zwar unser Wissen, aber nicht unsere Kraft reicht, und das ganze Verhältniss nothwendig — unsere eigene unveränderliche Natur selbst ist. Die Deduction erzeugt sonach nichts weiter, und man muss von ihr nichts weiter erwarten, als theoretische Erkenntniss. So wenig man nach erlangter Einsicht in die Gründe dieses Verfahrens die Gegenstände auf andere Weise in Raum und Zeit setzt, als vor dieser Einsicht, ebensowenig äussert nach ihrer Deduction die Moralität sich anders im Menschen, als vor derselben. Auch die Sittenlehre ist nicht *Weisheitslehre*, — dergleichen überhaupt unmöglich ist, indem die Weisheit mehr für eine Kunst zu halten ist, als für eine Wissenschaft, — sondern, wie die gesammte Philosophie, *Wissenschaftslehre;* sie insbesondere *Theorie des Bewusstseyns* unserer moralischen Natur überhaupt, und unserer bestimmten Pflichten insbesondere.

Soviel über die Bedeutung und den Zweck der angekündigten Deduction. Jetzt noch eine vorläufige Anmerkung zum richtigen Verständnisse derselben, welche lediglich die noch immer sehr weit verbreitete Unbekanntschaft mit der Natur der transscendentalen Philosophie nothwendig macht.

Der Weg der Deduction wird dieser seyn. Wir werden uns aufgeben, uns selbst unter einer gewissen vorgezeichneten Bedingung zu denken, und zu sehen, *wie* wir unter dieser Bedingung uns zu denken genöthigt sind. Aus dieser unserer auf diese Weise gefundenen Beschaffenheit nun werden wir die erwähnte moralische Zunöthigung, als nothwendig, ableiten. Zuvörderst erscheint es willkürlich, dass wir gerade unter dieser bestimmten Bedingung uns denken. Aber wer die gesammte Philosophie und den Zusammenhang der einzelnen philosophischen Wissenschaften im System übersieht, dem ist diese Bedingung nothwendig: ein anderer mag dies Verfahren vorläufig für einen Versuch ansehen, eine Sittenlehre als Wissenschaft aufzustellen, der mislingen kann, oder gelingen; bis ihm die Richtigkeit dieses Verfahrens daraus sich beweiset, dass die begehrte Wissenschaft durch dasselbe wirklich zu Stande kommt. Diese Bedenklichkeit sonach ist die geringste.

Wichtiger, und durch ihre Lösung belehrender ist die folgende. — Ihr werdet euch selbst *denken,* könnte jemand sagen. Nun müsst ihr als kritische Philosophen doch wohl wissen, oder könnt ausserdem gar leicht überwiesen werden, dass alles euer Denken nach gewissen inneren Gesetzen desselben geschieht; dass sonach das Gedachte durch die Weise des Denkens modificirt wird, und dass euch etwas unter den Händen so wird, wie es für euch ist, darum, weil ihr es denkt. Ohne Zweifel wird es sich im vorliegenden Falle nicht anders verhalten; ihr selbst werdet euch, indem ihr auf euch euer Denken richtet, in diesem Denken modificirt werden; und ihr müsst sonach ja nicht sagen: *so bin ich an und für mich;* welches ihr nie wissen könnt, so ihr nicht etwa ein ander Mittel habt, euch zu erkennen, ausser durchs Denken; sondern nur: *so muss ich mich nothwendig denken.*

Wenn ihr euch nun nur dieser wahren Bedeutung eueres Resultates stets bewusst bleibt, und euch auf sie einschränkt, so ist gegen euer Verfahren nichs zu sagen, und was dadurch gewonnen wird, darüber mögt ihr selbst zusehen. Aber ihr schränkt euch, so wie es das Ansehen hat, auf diese Bedeutung eures Resultates keinesweges ein. Ihr wollt daraus jene sich in uns allen äussernde Zunöthigung erklären, sonach aus Gedanken etwas Wirkliches herleiten; ihr wollt aus der Region des Denkens in die davon ganz unterschiedene Region des wirklichen Seyns übergehen.

Wir antworten hierauf: das thun wir keinesweges, wir bleiben in der Region des Denkens; und darin eben besteht das noch immer fortdauernde Misverstehen der Transscendental-Philosophie, dass man einen solchen Uebergang noch für möglich hält, ihn noch fordert, ein Seyn an sich noch denkbar findet. Jene Zunöthigung in uns, was ist sie selbst denn anderes, als ein sich uns aufdringendes Denken, ein nothwendiges Bewusstseyn? Können wir denn etwa hier aus dem Bewusstseyn des blossen Bewusstseyns zum Gegenstande selbst gelangen? Wissen wir denn etwa über diese Anforderung etwas weiteres, als — dass wir nothwendig denken müssen, es ergehe eine solche Anforderung an uns? — Was wir in der Deduction durch unsere Schlüsse folgern, ist ein Denken: und was unabhängig von allen Schlüssen als ein erstes unmittelbares in uns ist, ist auch ein Denken. Der Unterschied ist bloss der, dass wir uns beim letzteren der Gründe desselben nicht bewusst sind, sondern es sich uns mit unmittelbarer Nothwendigkeit aufdringt, und *dadurch* das Prädicat der Realität, der Wahrnehmbarkeit, erhält; dagegen das erstere in einer Reihe von Gründen liegt, deren wir uns bewusst werden. Eben das ist die Absicht aller Philosophie, dasjenige im Gange unserer Vernunft, was auf dem Gesichtspuncte des gemeinen Bewusstseyns uns unbekannt bleibt, zu entdecken. Von einem Seyn, als Seyn an sich, ist gar nicht die Rede, und kann nie die Rede seyn; denn die Vernunft kann nicht aus ihr selbst herausgehen. Es giebt kein Seyn für die (Intelligenz), und da es nur für sie ein Seyn giebt, es giebt überhaupt kein Seyn, ausser einem nothwendigen Bewusstseyn. Diese Nothwendigkeit des Bewusstseyns dringt auf dem gemeinen Gesichtspuncte sich *unmittelbar* auf: auf dem transscendentalen werden die *Gründe* derselben untersucht. Die folgende Deduction, so wie unser ganzes darauf aufzubauendes Moralsystem liefert nichts anderes, denn einen Theil dieses nothwendigen Bewusstseyns; und wer die erstere oder das letztere für etwas anderes ansehen würde, der würde es sehr unrichtig ansehen.

---

§. 1.

Aufgabe.

Sich selbst, bloss als sich selbst, d. i. abgesondert von allem, was nicht wir selbst ist, zu denken.

Auflösung:

1) *Lehrsatz.* Ich finde mich selbst, als mich selbst, nur wollend.

Erklärung.

a. Was heisst: ich finde *mich?*

Die leichteste Weise, jemand zu leiten, dass er den Begriff: Ich, bestimmt denken und verstehen lerne, ist diese. Denke dir, würde ich ihm sagen, irgend einen Gegenstand, z. B. die Wand vor dir, deinen Schreibtisch u. dgl. Du nimmst ohne Zweifel zu diesem Denken ein Denkendes an, dieses Denkende bist du selbst; du bist unmittelbar deines Denkens in diesem Denken dir bewusst. Der gedachte Gegenstand aber soll nicht der Denkende selbst, nicht identisch mit ihm, sondern etwas demselben Entgegengesetztes seyn, welches Entgegensetzens in diesem Denken du dir gleichfalls unmittelbar bewusst bist. — Jetzt denke dich. So gewiss du dies thust, setzest du das Denkende und das Gedachte in diesem Denken nicht, wie vorher, entgegen; es soll beides nicht zweierlei, — sondern eins und ebendasselbe seyn, wie du dir unmittelbar bewusst bist. Der Begriff Ich also wird gedacht, wenn das Denkende und das Gedachte im Denken als dasselbe genommen wird; und umgekehrt, was in einem solchen Denken entsteht, ist der Begriff des Ich.

Dies auf unseren Fall angewendet; ich finde mich, würde heissen: ich nehme das Gefundene für Einerlei an mit mir dem Findenden; das Gefundene soll etwas*) anderes, als das Findende selbst seyn.

b. Was heisst: ich *finde* mich?

Das Gefundene ist hier entgegengesetzt dem durch uns selbst Hervorgebrachten; und insbesondere soll das Findende findend seyn, d. h. ich, inwiefern ich finde, bin keiner Thätigkeit, ausser der des blossen *Auffassens,* mir bewusst: das Aufgefasste aber soll durch das Auffassen weder hervorgebracht, noch auf irgend eine Weise modificirt seyn; es soll überhaupt *seyn,* und *so seyn, wie es ist,* unabhängig von dem Auffassen. Es war, ohne aufgefasst zu seyn, und würde, wie es war, geblieben seyn, wenn ichs auch nicht aufgefasst hätte; mein Auffassen ist ihm schlechterdings zufällig, und verändert nicht das mindeste im Wesen desselben. — So nemlich erscheine ich mir selbst im Finden; es ist hier nur um eine Exposition der blossen Thatsache des Bewusstseyns, keinesweges aber darum zu thun, wie es sich in der Wahrheit, d. i. von dem höchsten Standpuncte der Speculation aus, verhalten möge. — Es wird, wie man es sehr ausdrückend bezeichnet hat, dem Wahrnehmenden etwas *gegeben.* — Kurz, der Findende soll lediglich passiv seyn: und es soll in unserem Falle sich ihm etwas aufdringen, das er für sich selbst anerkennt.

c. Was heisst: ich finde mich *wollend;* und *nur als* wollend kann ich mich finden?

Was *wollen* heisse, wird als bekannt vorausgesetzt. Dieser Begriff ist keiner Realerklärung fähig, und er bedarf keiner. Jeder muss in sich selbst, durch intellectuelle Anschauung, innewerden, was er bedeute, und er wird es ohne alle Schwierigkeit vermögen. Die durch die oben-

---

*) *nicht* etwas anderes (?)

stehenden Worte angedeutete Thatsache ist folgende: Ich werde eines Wollens bewusst. Ich denke zu diesem Wollen etwas bestehendes, unabhängig von meinem Bewusstseyn vorhandenes hinzu, welches das Wollende seyn soll in diesem Wollen, welches diesen Willen *haben,* in welchem er inwohnen soll. (*Wie* es mit diesem Hinzudenken eines solchen Substrats zugehe, und welches die Gründe desselben seyen, davon ist hier nicht die Rede, sondern nur davon, *dass* es geschehe; und hiervon muss jeder durch eigene Selbstbeobachtung sich überzeugen.) — Ich werde mir dieses Wollens *bewusst,* nehme es wahr, sagte ich. Dieses Bewusstseyns, dieses Wahrnehmens werde ich mir nun gleichfalls bewusst, und beziehe es gleichfalls auf eine Substanz. Diese bewusstseyende Substanz ist mir ebendieselbe, welche auch will; und darum finde ich als das wollende Mich selbst; oder finde *mich* wollend.

Nur als wollend finde ich mich. Zuvörderst, ich nehme nicht etwa die Substanz unmittelbar wahr. Das Substantielle ist überhaupt kein Gegenstand der Wahrnehmung, sondern es wird zu einem Wahrgenommenen nur hinzugedacht. Nur etwas, das eine Aeusserung der Substanz seyn soll, kann ich unmittelbar wahrnehmen. Nun giebt es nur zwei Aeusserungen, die unmittelbar jener Substanz zugeschrieben werden: *Denken* (im weitesten Sinne des Wortes, Vorstellen oder Bewusstseyn überhaupt) und *Wollen.* Das erstere ist ursprünglich und unmittelbar für sich gar nicht Object eines besonderen neuen Bewusstseyns, sondern das Bewusstseyn selbst. Nur inwiefern es auf ein anderes objectives geht, und demselben entgegengesetzt wird, wird es in *dieser Entgegensetzung* selbst objectiv. Es ist sonach als ursprünglich objective Aeusserung jener Substanz nur das letztere, das Wollen übrig; welches auch immer *nur objectiv* bleibt, nie selbst ein Denken, sondern immer nur die gedachte Aeusserung der Selbstthätigkeit ist. — Kurz: die Aeusserung, welche allein ich mir ursprünglich zuschreibe, ist das Wollen; nur unter der Bedingung, dass ich eines solchen mir bewusst werde, werde ich mir meiner selbst bewusst.

Dies zusammengenommen ist der (Sinn) des obenstehenden Satzes.

Beweis.

Anmerkung. Es ist dieser Beweis schon im Naturrechte des Vf. (§. 1.) geführt worden. Dessenohngeachtet überheben wir uns auch hier desselben nicht, sondern stellen ihn unabhängig von den dort genommenen Wendungen und Ausdrücken von neuem dar: überzeugt, dass durch den Vortrag derselben Wahrheit zu verschiedenen Zeiten und in verschiedenen Verbindungen die Klarheit der Einsicht sowohl beim Verfasser als beim Leser sehr viel gewinne.

Der Beweis gründet sich 1) *auf den Begriff: Ich.* Die Bedeutung dieses Begriffes ist soeben durch seine Genesis nachgewiesen worden. Dass er wirklich auf die angezeigte Art verfahre, wenn er sich sich selbst denke; und dass umgekehrt durch ein solches Verfahren ihm nichts anderes zu Stande komme, als der Gedanke seiner selbst: dies muss jeder in sich selbst finden, und es lässt sich ihm darüber kein besonderer Beweis führen. 2) Auf die Nothwendigkeit *der ursprünglichen Entgegengesetztheit eines subjectiven und eines objectiven* im Bewusstseyn. In allem Denken ist ein Gedachtes, das nicht das Denken selbst ist, in allem Bewusstseyn etwas, dessen man sich bewusst ist, und das nicht das Bewusstseyn selbst ist. Auch dieser Behauptung Wahrheit muss jeder in der Selbst-Anschauung seines Verfahrens finden, und sie lässt sich ihm nicht aus Begriffen beweisen. — Hinterher zwar wird man seines Denkens, *als* eines solchen, d. i. als eines Thuns, im Denken selbst sich bewusst, und macht es insofern zum Objecte, und die Leichtigkeit und natürliche Tendenz zu diesem Bewusstseyn ist philosophisches Genie, ohne welches keiner die Bedeutung der transscendentalen Philosophie fasst. Aber selbst dies ist nur dadurch möglich, dass man unvermerkt jenem Denken ein bloss Gedachtes unterlegt, sey es auch ganz unbestimmt, sey es auch nur die Form eines Objectes überhaupt; denn nur unter dieser Bedingung denkt man wirklich ein Denken. 3) Auf den *Charakter des ursprünglich objectiven,* dass es etwas vom Denken unabhängig vorhandenes, also etwas *reelles,* für sich und durch sich selbst bestehendes seyn soll. Auch hiervon muss man sich durch die innere Anschauung überzeugen; ohnerachtet dieses Verhältniss des objectiven zum subjectiven in einer Wissenschaftslehre allerdings erörtert, keinesweges aber aus ihren Begriffen, die selbst erst durch diese Beobachtung möglich werden, erwiesen wird.

Der Beweis kann so geführt werden: Der Charakter des Ich ist der, *dass ein Handelndes und eins, worauf gehandelt wird, Eins sey, und ebendasselbe.* So ist es, wie wir eben gesehen haben, wenn das Ich gedacht wird. Nur inwiefern das Gedachte dasselbe seyn soll, als das Denkende, wird das Gedachte für mich selbst gehalten.

Nun aber ist das Denken hier ganz aus dem Spiele zu lassen. Da das Gedachte mit dem Denkenden identisch ist, bin der Denkende allerdings ich selbst; aber, zufolge des aufgestellten Satzes, soll das *gedachte, objective, bloss für sich, und ganz unabhängig vom Denken, Ich seyn,* und für Ich erkannt werden; denn es soll *als Ich gefunden* werden.

Sonach müsste im Gedachten, als solchem, d. i. inwiefern es bloss das objective seyn und nie das subjective werden kann, also das ursprünglich objective ist, eine Identität des handelnden und des behandelten stattfinden: — so, dass es nur Object seyn könnte, sagte ich, also ein *reelles* Handeln auf sich selbst — nicht ein blosses Anschauen seiner selbst, wie die ideale Thätigkeit es ist — sondern *ein reelles Selbstbestimmen seiner selbst durch sich selbst.* Ein solches aber ist nur das Wollen; und umgekehrt, das Wollen denken wir nur so. Der Satz: *sich* finden, ist sonach absolut identisch mit dem sich wollend finden; nur inwiefern ich mich wollend finde, finde ich *mich,* und inwiefern ich mich finde, finde ich mich nothwendig *wollend.*

Corollarium.

Man sieht ein, dass dem jetzt erwiesenen Satze: wenn ich mich finde, finde ich mich nothwendig, als wollend, um aus ihm etwas kategorisch darzuthun, ein anderer vorhergehen müsse, der: ich finde nothwendig mich selbst, werde nothwendig meiner selbst mir bewusst. Dieses Selbstbewusstseyn wird, nicht zwar als Factum, denn als solches ist es unmittelbar, aber in seinem Zusammenhange mit allem übrigen Bewusstseyn, als wechselseitig bedingend dasselbe, und bedingt durch dasselbe, in einer Grundlage der gesammten Wissenschaftslehre nachgewiesen; sonach wird der jetzt erwiesene Satz, und alles, was aus ihm noch abgeleitet werden wird, selbst nothwendige Folge sowohl, als Bedingung des Selbstbewusstseyns. Es lässt sich von ihm und allen seinen Folgen sagen: so gewiss Ich Ich bin, oder meiner selbst mir bewusst bin, so gewiss ist jenes und dieses für mich gewiss, und nothwendig in mir und für mich vorhanden: und so steht die hier von uns aufzustellende Wissenschaft der Sittenlehre mit der gesammten Philosophie auf dem gemeinschaftlichen Grunde fest.

2) Aber das Wollen selbst ist nur unter Voraussetzung eines vom Ich verschiedenen denkbar.

In der philosophischen Abstraction zwar lässt sich von einem Wollen *überhaupt,* das eben darum unbestimmt ist, sprechen: alles wirklich *wahrnehmbare* Wollen aber, dergleichen hier gefordert wird, ist nothwendig ein bestimmtes Wollen, in welchem *etwas* gewollt wird. Etwas wollen heisst fordern, dass ein bestimmtes Object, welches im Wollen nur als *möglich* gedacht wird (denn ausserdem würde es nicht gewollt, sondern wahrgenommen), wirklicher Gegenstand einer Erfahrung werde; und durch diese Forderung wird dasselbe ja ausser uns versetzt. In allem Wollen liegt sonach das Postulat eines Objectes ausser uns, und es wird in seinem Begriffe etwas gedacht, das wir selbst nicht sind.

Nicht allein aber dies; sondern die Möglichkeit im Wollen

etwas ausser uns zu postuliren, setzt schon in uns den Begriff eines „ausser uns" überhaupt voraus, und dieser ist nur durch Erfahrung möglich. Diese Erfahrung aber ist gleichfalls eine Beziehung unserer selbst auf etwas ausser uns. — Mit anderen Worten: Das, was ich will, ist nie etwas anderes, als eine Modification eines Objectes, das ausser mir wirklich befindlich seyn soll. Alles mein Wollen ist sonach durch die Wahrnehmung eines Objectes ausser mir bedingt: und ich bin mir im Wollen nicht wahrnehmbar, wie ich an und für mich bin, sondern nur, wie ich in einer gewissen Beziehung mit ausser mir befindlichen Dingen werden kann.

3) Mithin muss ich, um mein wahres Wesen zu finden, jenes fremdartige im Wollen wegdenken. Was dann übrigbleibt, ist mein reines Seyn.

Die aufgestellte Behauptung ist die unmittelbare Schlussfolge aus den obenstehenden Sätzen. Was allein noch zu untersuchen ist, ist, was nach der geforderten Abstraction übrigbleiben möge. Das Wollen, als solches, ist ein erstes, absolut in sich selbst, und in nichts ausser ihm, gegründetes. Wir machen diesen Begriff, der nur *negativ* gefasst und erklärt werden kann (denn ein erstes heisst nichts weiter, als ein von keinem anderen abgeleitetes, und ein durch sich selbst begründetes nichts weiter, als ein durch kein anderes begründetes), und auf welchem hier alles beruht, deutlicher. — Alles abhängige, durch ein anderes bedingte und begründete lässt sich, inwiefern es dies ist, auch *mittelbar,* aus der Erkenntniss des begründenden, erkennen. Wenn z. B. eine Kugel durch einen Stoss fortbewegt wird, so kann ich freilich unmittelbar die Kugel sich bewegen sehen, den Punct, von welchem sie ausgeht, und den Punct, in welchem sie stillestehet, sowie die Schnelligkeit, mit der sie sich bewegt, wahrnehmen; aber ich könnte dieses alles auch, wenn mir nur sonst die Bedingungen, unter denen die Kugel für sich selbst steht, bekannt sind, ohne unmittelbare Wahrnehmung, aus der Kraft, mit welcher sie angestossen ist, schliessen. Darum wird die Bewegung der Kugel als etwas abhängiges, zweites, betrachtet. Ein erstes, und durch sich selbst begründetes müsste demnach so seyn, dass es schlechthin nicht durch ein anderes mittelbar, sondern nur durch sich selbst unmittelbar erkannt werden könnte. Es ist, wie es ist, weil es so ist.

Inwiefern sonach das Wollen ein absolutes und erstes ist, ist es schlechthin nicht aus dem Einflusse eines Etwas ausser dem Ich, sondern lediglich aus dem Ich selbst zu erklären; und *diese Absolutheit* desselben wäre es, die nach Abstraction von allem fremdartigen übrigbliebe.

Anmerkung. Dass das Wollen in der erklärten Bedeutung als absolut *erscheine,* ist Factum des Bewusstseyns: jeder wird es in sich selbst finden, und es lässt sich keinem von aussen beibringen, der es nicht schon weiss. Daraus aber folgt nicht, dass diese Erscheinung nicht selbst weiter erklärt und abgeleitet werden müsse, wodurch die erscheinende Absolutheit selbst weiter erklärt würde, und aufhörte, Absolutheit zu seyn, und die Erscheinung derselben sich in Schein verwandelte: — gerade so, wie es allerdings auch erscheint, dass bestimmte Dinge in Raum und Zeit unabhängig von uns da sind, und diese Erscheinung in einer transscendentalen Philosophie doch weiter erklärt (nur nicht, wovon die Gründe nicht hierher gehören, in Schein verwandelt) wird. Es wird zwar nie jemand eine solche Erklärung des Wollens aus etwas anderem zu geben, noch irgend ein verständliches Wort zu diesem Behufe beizubringen vermögen; wenn er aber behauptet, dasselbe könne dennoch einen uns freilich unbegreiflichen Grund ausser uns haben, so hat eine solche Behauptung freilich nicht den geringsten Grund für sich, es ist aber auch kein theoretischer Vernunftgrund dagegen. Wenn man sich nun doch entschliesst, diese Erscheinung nicht weiter zu erklären, und sie für absolut unerklärbar, d. i. für Wahrheit, und für unsere einige Wahrheit zu halten, nach der alle andere Wahrheit beurtheilt und gerichtet werden müsse, — wie denn eben auf diese Entschliessung unsere ganze Philosophie aufgebaut ist — so geschieht dies nicht zufolge einer theoretischen Einsicht, sondern zufolge eines praktischen Interesse: ich *will* selbstständig seyn, darum halte ich mich dafür. Ein solches Fürwahrhalten aber ist ein *Glaube*. Sonach geht unsere Philosophie aus von einem Glauben, und weiss es. Auch der Dogmatismus, der, wenn er consequent ist, die angeführte Behauptung macht, geht gleichfalls von einem Glauben (an das *Ding an sich*) aus; nur weiss er es gewöhnlich nicht. (Vergl. die Einleitung in die neue Darstellung der Wissenschaftslehre im Phil. Journ. Bd. V. S. 23.)*) Man macht in unserem Systeme sich selbst zum Boden seiner Philosophie, daher kommt sie demjenigen als bodenlos vor, der dies nicht vermag; aber man kann ihn im voraus versichern, dass er auch anderwärts keinen Boden finden werde, wenn er sich diesen nicht verschaffe, oder mit ihm sich nicht begnügen wolle. Es ist nothwendig, dass unsere Philosophie dieses recht laut bekenne, damit sie doch endlich mit der Zumuthung verschont werde, den Menschen von aussen anzudemonstriren, was sie selbst in sich erschaffen müssen.

Wie wird nun dieses absolute im Wollen gedacht?

Um bei diesem Begriffe, welcher in der Abstraction, die er hier erhalten muss, wohl der schwierigste in der ganzen Philosophie seyn dürfte; der aber, da die ganze hier aufzustellende Wissenschaft es eigentlich nur mit seiner weiteren Bestimmung zu thun hat, in der Zukunft ohne Zweifel die höchste Klarheit erhalten wird, doch gleich anfangs etwas denken zu lassen, heben wir die Erörterung desselben mit einem Beispiele an.

Man denke sich eine Stahlfeder, welche niedergedrückt wird. Es ist an ihr ohne Zweifel ein Streben, das drückende zurückzustossen; welches Streben in ihr also nach aussen geht. Dies wäre das Bild eines wirklichen Wollens, als *Zustandes* des Vernunftwesens; und davon rede ich hier

---

*) Sämmtl. Werke Bd. I. S. 434, 35.

nicht. Welches ist denn nun der nächste *Grund* (nicht
etwa die Bedingung) dieses Strebens, als wirklich bestimmter Aeusserung der Stahlfeder? Ohne Zweifel eine innere
Wirkung derselben auf sich selbst, eine Selbstbestimmung.
Im drückenden Körper ausser der Stahlfeder liegt doch
wahrhaftig nicht der Grund, dass ihm entgegengewirkt
wird. Diese Selbstbestimmung wäre, was bei dem Vernunftwesen der blosse *Act* des Wollens ist. Aus beiden
würde, wenn die Stahlfeder sich selbst anschauen könnte,
in ihr das Bewusstseyn eines Willens entstehen, das drükkende zurückzustossen. Aber alles das angezeigte wäre
nur unter der Bedingung möglich, dass auf sie wirklich
ein Druck von aussen geschähe. Ebenso kann nach der
obigen Argumentation das Vernunftwesen sich nicht zu einem wirklichen Wollen bestimmen, ohne mit etwas ausser
ihm (so nemlich *erscheint* sich das Vernunftwesen) in Wechselwirkung zu stehen. Davon soll nun hier abstrahirt werden; es ist sonach von dem zuletzt angezeigten Momente
hier ebensowenig die Rede, als vom ersten. Wenn nun,
dass ich zum Beispiele zurückkehre, von dem äusseren
Drucke ganz abstrahirt wird, bleibt denn doch etwas übrig,
wodurch noch immer die Stahlfeder, als solche, gedacht
wird; und was ist das übrigbleibende? Offenbar dasjenige, zufolge dessen ich urtheile, dass die Stahlfeder, sobald ein Druck darauf geschehen wird, demselben entgegenstreben wird; sonach die eigene innere Tendenz derselben, sich zu einem Gegenstreben zu bestimmen, als eigentliches Wesen der Elasticität und letzter nicht weiter
zu erklärender Grund aller Erscheinungen derselben, wenn
die Bedingungen ihrer Aeusserung eintreten. — Der sehr
wesentliche Unterschied dieser ursprünglichen Tendenz in
der Stahlfeder von derselben im Vernunftwesen wird sich
in den folgenden Untersuchungen ergeben.

Wie wir in dem zum Beispiele aufgestellten Begriffe absonderten, so haben wir jetzt in dem durch sein Wollen begriffenen Ich abzusondern.

Zuvörderst ist der *Form* nach die Aufgabe die, das Ich in

der geforderten Abstraction, als ein *bestehendes*, fixirtes zu denken; daraus folgt, dass dasjenige, wodurch es begriffen und charakterisirt wird, ein dauerndes und wesentliches seyn müsse. Die Aeusserungen und Erscheinungen desselben können sich ändern, weil die Bedingungen, unter denen es sich äussert, sich ändern; aber das unter allen diesen Bedingungen sich äussernde bleibt stets dasselbe. (Dass dieses Denken eines bestehenden selbst auf unsere Denkgesetze sich gründe, dass sonach hier nur das Wesen des Ich für das Ich, keinesweges aber das Wesen desselben an sich, als *Dinges* an sich, gesucht werde, wird aus der Bekanntschaft mit dem Geiste der transscendentalen Philosophie vorausgesetzt.)

Dann soll der *Materie* nach das zu denkende der Grund eines absoluten Wollens seyn (alles Wollen nemlich ist absolut). Was ist es nun? Jeder muss vom Anfange an das geforderte wirklich mit uns gedacht, die vorgeschriebene Abstraction darin wirklich vorgenommen haben, und jetzt innerlich sich anschauen, was ihm übrigbleibe; was das sey, das er noch immer denkt. Nur so erhält er die beabsichtigte Kenntniss. Der Name kann nichts deutlich machen, denn der ganze Begriff ist bisher so gut als nicht gedacht, vielweniger bezeichnet. Damit er nun aber doch einen Namen habe, wollen wir das begriffene nennen: *absolute Tendenz zum absoluten;* absolute Unbestimmbarkeit durch irgend etwas ausser ihm, Tendenz sich selbst absolut zu bestimmen, ohne allen äusseren Antrieb. Es ist nicht nur blosse *Kraft* oder *Vermögen;* denn ein Vermögen ist nichts wirkliches, sondern nur dasjenige, was wir der Wirklichkeit vorher denken, um sie in eine *Reihe* unseres Denkens aufnehmen zu können; was wir aber hier zu denken haben, soll etwas wirkliches, das Wesen des Ich constituirendes, seyn. Doch liegt der Begriff des Vermögens mit darin. Auf die wirkliche Aeusserung, die nur unter Bedingung eines gegebenen Objectes möglich ist, bezogen, ist es in dieser Beziehung das Vermögen derselben. Ebensowenig ist es ein *Trieb,* wie man den Grund der Elasticität in der zum Beispiele angeführten Stahlfeder nennen könnte; denn der Trieb wirkt, wenn die Bedingungen seiner Wirksamkeit eintreten, nothwendig, und auf eine materiell bestimmte Weise. Vom Ich wissen wir über diesen Punct noch nichts, und dürfen durch voreilige Bestimmung der künftigen Untersuchung nicht vorgreifen.

Resultat. Der wesentliche Charakter des Ich, wodurch es sich von allem, was ausser ihm ist, unterscheidet, besteht in einer Tendenz zur Selbstthätigkeit um der Selbstthätigkeit willen; und diese Tendenz ist es, was gedacht wird, wenn das Ich an und für sich ohne alle Beziehung auf etwas ausser ihm gedacht wird.

Anmerkung. Man vergesse nicht, dass das Ich hier lediglich *als Object* betrachtet wird; nicht aber als *Ich überhaupt.* Unter der letzteren Voraussetzung wäre der aufgestellte Satz ganz falsch.

§. 2.

Es ist soeben gezeigt worden, was das Ich an und für sich selbst *sey;* oder sorgfältiger ausgedrückt: wie das Ich, wenn es lediglich als Object gedacht wird, nothwendig *gedacht* werden müsse.

Aber — ein Satz, den wir aus einer Grundlage der gesammten Wissenschaftslehre als bekannt und erwiesen voraussetzen könnten — das *Ich* ist etwas nur insofern, inwiefern es sich selbst als dasselbe setzt (anschaut und denkt), und es ist nichts, als was es sich nicht setzt.

Nur einige Worte zur Erläuterung dieses Satzes. Dadurch eben unterscheidet sich ein Ding und das ihm ganz entgegengesetzte Ich (Vernunftwesen), dass das erstere bloss *seyn* soll, ohne selbst von seinem Seyn das geringste zu wissen; im Ich aber, als Ich, Seyn und Bewusstseyn zusammenfallen soll, kein Seyn desselben stattfinden soll, ohne Selbstbewusstseyn desselben, und umgekehrt, kein Bewusstseyn seiner selbst, ohne ein Seyn desjenigen, dessen es sich bewusst ist. Alles Seyn bezieht sich auf ein Bewusstseyn, und selbst die Existenz *eines Dinges* lässt sich nicht denken, ohne eine Intelligenz dazu zu denken, die von dieser Existenz wisse: nur wird dieses Wissen nicht in das Ding selbst verlegt, welches ist, sondern in eine Intelligenz ausser ihm; das Wissen vom Seyn des Ich aber wird in dieselbe Substanz verlegt, welche auch *ist;* und nur inwiefern diese unmittelbare Verbindung des Bewusstseyns mit dem Seyn gesetzt ist, kann man sagen: das Ich sey dieses oder jenes.

Dies auf unseren gegenwärtigen Fall angewendet: so gewiss das im vorhergehenden aufgestellte, Wesen des Ich ist, muss dasselbe davon wissen. Es giebt sonach sicher ein Bewusstseyn der beschriebenen absoluten Tendenz.

Es kann vielleicht von Wichtigkeit seyn, dies nicht bloss im Allgemeinen zu wissen, sondern dieses Bewusstseyn selbst noch besonders zu beschreiben. Wir gehen an dieses Geschäft.

Aufgabe.

Des Bewusstseyns seines ursprünglichen Seyns sich bestimmt bewusst zu werden.

Zur Erläuterung.

Es versteht sich, dass man dessen sich bewusst ist, wovon man redet, und dass beim Philosophiren es sich nicht anders verhalten werde. So wurden wir im vorigen §. uns allerdings etwas bewusst. Das Object unseres Bewusstseyns war hervorgebracht durch freie Selbstbestimmung unseres Denkvermögens, vermittelst einer willkürlichen Abstraction.

Nun wird behauptet, dass dasselbe Object *ursprünglich,* d. h. vor allem freien Philosophiren, für uns vorhanden sey, und sich uns, so gewiss wir nur überhaupt zum Bewusstseyn kommen, nothwendig aufdringe. Ist dies wahr, so ist auch ein ursprüngliches Bewusstseyn desselben vorhanden, nicht gerade als eines einzelnen Objects, in derselben Abstraction, in der wir es soeben aufgestellt haben. Es kann gar wohl in und mit einem anderen Gedanken vorkommen, als Bestimmung desselben.

Ist denn nun dieses ursprüngliche Bewusstseyn anders beschaffen, als dasjenige, was wir soeben als Philosophen in uns hervorgebracht haben? Wie könnte es doch, da es dasselbe zum Objecte haben soll, und da der Philosoph, als solcher, doch wohl auch keine andere subjective Denkform besitzt, als die gemeinsame und ursprüngliche aller Vernunft.

Warum suchen wir denn also, was wir schon haben? Wir haben es, ohne davon zu wissen; jetzt wollen wir bloss das Wissen davon in uns hervorbringen. Das Vernunftwesen ist so eingerichtet, dass indem es denkt, es in der Regel sein Denken nicht betrachtet, sondern nur das gedachte, sich selbst, als das Subject, im Objecte verliert. Doch liegt der Philosophie alles daran, das Subject als solches zu kennen, um seine Einflüsse auf die Bestimmung des Objects zu beurtheilen. Dies kann nur dadurch geschehen, dass die blosse Reflexion zum Objecte einer neuen Reflexion gemacht werde. — Es mag dem Unphilosophen sonderbar, und vielleicht lächerlich vorkommen, dass man eines Bewusstseyns sich bewusst werden solle. Er beweist dadurch weiter nichts, als seine Unkunde der Philosophie und seine gänzliche Unfähigkeit zu derselben.

Genetische Beschreibung des angezeigten Bewusstseyns.

1) Das Ich hat das absolute Vermögen der Anschauung, denn dadurch eben wird es Ich. Dieses Vermögen kann nicht weiter abgeleitet werden, und es bedarf keiner weiteren Ableitung. Wie ein Ich gesetzt ist, ist dieses Vermögen gesetzt. — Ferner, das Ich kann ohne weiteres anschauen, und muss ohne weiteres anschauen, was es selbst ist. Die besondere Bestimmung des Vermögens anzuschauen überhaupt, welche hier postulirt wird, bedarf sonach ebensowenig einer Ableitung, oder Vermittelung durch Gründe

ausser ihm. Das Ich schaut sich an, schlechthin weil es sich anschaut. — Soviel über das Factum, als solches. Jetzt

2) zur Bestimmung dieses Factums: bei welcher wir bei einem jeden auf die selbstthätige Erzeugung dessen, wovon die Rede ist, und auf das innige Anschauen dessen, was ihm in derselben entstehen wird, rechnen.

Das anschauende (intelligente), welches eben durch den postulirten Act zum intelligenten wird, setzt die oben beschriebene Tendenz zur absoluten Thätigkeit zufolge des Postulats, als — *sich selbst;* verstehe, als identisch mit *sich, dem intelligenten.* Jene Absolutheit des reellen Handelns wird sonach *hierdurch* Wesen einer *Intelligenz,* und kommt unter die *Botmässigkeit des Begriffs;* und dadurch erst wird sie eigentliche *Freiheit:* Absolutheit der Absolutheit, absolutes Vermögen, sich selbst absolut zu machen. — Durch das Bewusstseyn seiner Absolutheit reisst das Ich sich selbst — von sich selbst — los, und stellt sich hin als selbstständiges.

Es reisst sich selbst von sich selbst los, sagte ich; und ich erkläre zuvörderst diesen Ausdruck. — Alle Anschauung, als solche, soll auf etwas gehen, das unabhängig von ihr da ist, und so da ist, wie es nun einmal angeschaut wird. Nicht anders verhält es sich mit der Anschauung, von welcher wir hier reden, da sie ja doch Anschauung ist. Das Ich, als absolutes, soll daliegen und dagelegen haben, ehe es in die Anschauung aufgefasst wurde; diese Absolutheit soll sein von aller Anschauung unabhängiges Seyn und Bestehen ausmachen. Wo nun das angeschaute etwas ausser dem Wesen des anschauenden seyn soll, da bleibt der Intelligenz, als solcher, nur das leidende Zusehen. So soll es hier nicht seyn. Das angeschaute ist selbst das anschauende; nicht zwar als solches,*) aber es ist mit ihm Ein Wesen, Eine Kraft und Substanz. Die Intelligenz hat sonach hier nicht bloss das Zusehen, sondern sie selbst,

---

*) *unmittelbar* als solches — (*Marg. des Verf.*).

als Intelligenz, *wird* — für sich (wie sich dies versteht, denn nach einem anderen Seyn wird hoffentlich niemand fragen) absolute reelle Kraft des Begriffes.*) Das Ich, als absolute Kraft mit Bewusstseyn, reisst sich los — vom Ich, als *gegebenem* absoluten, ohne Kraft und Bewusstseyn.

Es ist nöthig, bei diesem Hauptgedanken, der vielen schwierig vorkommen wird, von dessen richtigem Verständniss jedoch die Möglichkeit des Verständnisses unseres ganzen Systemes abhängt, noch ein wenig zu verweilen.

Denke dir, würde ich den Leser anreden, noch einmal jene Stahlfeder, der wir uns im vorigen §. als eines Beispiels bedienten. Es liegt allerdings in ihr selbst das Princip einer eigenthümlichen Bewegung, welche ihr keinesweges von aussen kommt, sondern vielmehr der Richtung, die sie von aussen erhält, widersteht. Dennoch würdest du Bedenken tragen, das, was du bisher immer **Freiheit** genannt hast, und was du wohl mit vollem Rechte so nennen magst, der Stahlfeder zuzuschreiben. Woher diese Bedenklichkeit? Solltest du etwa antworten: der Widerstand erfolge aus der Natur der Stahlfeder, und aus der Bedingung, unter die sie gesetzt ist, dass ein Druck von aussen auf sie geschehe, ohne Ausnahme, nach einem nothwendigen Gesetze; wenn die ersten beiden Data gesetzt seyen, so könne man auf einen Widerstand der Feder im voraus sicher rechnen und ihn vorhersehen; und darin möge der dir verborgene Grund liegen, warum du es nicht über dich erhalten könnest, der Stahlfeder Freiheit zuzuschreiben: solltest du so antworten, so will ich dieses Hinderniss entfernen. Ich will dir erlauben, diese Nothwendigkeit und Gesetzmässigkeit in der Stahlfeder wegzudenken, und anzunehmen, dass einmal, man weiss nicht warum, sie dem Drucke nachgebe, ein andermal, man weiss ebensowenig warum, sie demselben entgegenstrebe. Willst du nun die so gedachte Stahlfeder *frei* nennen? Ich erwarte dies keinesweges. Weit entfernt, dass dir die Verknüpfung des Begriffes der

---

*) Es werden *Augen* eingesetzt dem Einen — (*Marg. des Verf.*)

Freiheit mit ihrem Begriffe erleichtert wäre, ist dir etwas absolut undenkbares angemuthet — das blinde Ohngefähr; und du bleibst dabei, dass du zwar nicht wissest, wodurch die Stahlfeder zum Widerstande bestimmt sey; dass sie aber denn doch dazu bestimmt *sey*, keineswegs *sich selbst* dazu *bestimme,* mithin nicht für frei zu achten sey.

Was magst du denn doch bei deinem bestimmt *seyn*, im Gegensatze eines *sich selbst bestimmens* denken, und was magst du für die Möglichkeit des letzteren doch eigentlich fordern? Wir wollen uns dies deutlich zu machen suchen. — Da du mit dem zuletzt versuchten Gedanken eines freien Dinges, als eines von dem blinden Ohngefähr abhängigen Dinges, überhaupt nicht umgehen, und dir dabei in der That gar nichts denken konntest, ohne dass dir dadurch die Beilegung der Freiheit erleichtert wurde, so wollen wir bei dem zuerst aufgestellten stehen bleiben. In diesem Falle, sagst du, ist die Stahlfeder zum Widerstande gegen den auf sie geschehenen Druck *bestimmt durch ihre Natur*. Was heisst dies? Wir fordern nemlich hier nicht von dir, dass du eine ausser dir liegende Kenntniss haben, oder durch weitschreitende Folgerung entfernte Resultate finden sollst. Worauf es hier ankommt, das denkst du wirklich schon in diesem Augenblicke, und hast es von jeher gedacht, ehe du dich zum Philosophiren entschlossest; du sollst dir nur klar machen, was du wirklich denkst, bloss dich selbst verstehen lernen. — Die Natur des Dinges ist sein festgesetztes Bestehen, ohne innere Bewegung, ruhend und todt, und so etwas setzest du nothwendig, wenn du ein Ding und eine Natur desselben setzest; denn ein solches Setzen ist eben das Denken eines Dinges. In diesem ruhenden, unwandelbaren Bestehen hast du es nun schon mitbegriffen, es liegt in ihm als prädestinirt, dass unter einer gewissen Bedingung eine gewisse Veränderung erfolge, denn — du hast ja, wie du sagtest, gleich anfangs ein *festgesetztes unwandelbares* gedacht. Dies ist die Natur des Dinges, die gar nicht von ihm abhängt; denn das Ding ist ja selbst seine Natur, und die Natur desselben ist ja das Ding; so wie du das eine denkst, denkst du nothwendig das andere mit, und du wirst hoffentlich nicht das Ding vor seiner Natur *vorher* seyn lassen, damit es selbst seine Natur bestimme. — Hast du aber einmal die Natur desselben gesetzt, so gehest du in deinem Denken von einem Seyn (der Natur) zu einem Seyn (ihrer Aeusserung unter einer gewissen Bedingung) durch lauter Seyn, eine stätige Reihe hindurch; oder, wenn man die Sache subjectiv ansieht und die Bestimmung deines Denkens dabei beobachtet, deine Anschauung ist immerfort gebunden, und bleibt gebunden, sie hat fortdauernd nur das Zusehen, und es ist kein Moment in der Reihe, da sie sich zum selbstthätigen Hervorbringen erheben dürfte; und dieser Zustand deines Denkens eben ist es, den du den Gedanken *der Nothwendigkeit* nennst, und durch den du dem Gedachten alle Freiheit absprichst.

Es ist sonach der Grund gefunden, warum du in unserem und ähnlichen Fällen schlechterdings keine Freiheit zu denken vermochtest. Objectiv ausgedrückt: alles Seyn, das selbst aus einem Seyn herfliesst, ist ein nothwendiges Seyn, keinesweges aber ein Product der Freiheit; oder subjectiv: durch Anknüpfung eines Seyns an ein anderes Seyn entsteht uns der Begriff eines nothwendigen Seyns. Hieraus kannst du nun auch durch Gegensatz schliessen, was du eigentlich forderst, um Freiheit zu denken, die du doch denken kannst, und von jeher wirklich gedacht hast. Du forderst ein Seyn — nicht ohne allen Grund, denn so etwas kannst du gar nicht denken; sondern dessen Grund nur nicht wieder in einem Seyn, sondern in etwas anderem liege. Nun giebt es ausser dem Seyn für uns nichts anderes, als das Denken. Das Seyn, das du als Product der Freiheit zu denken vermöchtest, müsste sonach etwa aus einem Denken hervorgehen. Wir wollen sehen, ob unter dieser Voraussetzung die Freiheit begreiflicher werde Wenn etwas nicht bestimmt *sey*, sondern sich *bestimme,* so wolltest du es für frei gelten lassen. Ist dieses thätige Bestimmen, unter der Voraussetzung, dass die Bestimmung durch ein *Denken* geschehe, begreiflich? Ohne Zweifel; wenn man nemlich nur fähig ist, das Denken selbst zu denken, und nicht etwa den Begriff zu einem Dinge macht. Denn dasjenige, was die Ableitung eines freien aus einem Seyn unmöglich machte, dass nemlich ein fixirtes Bestehen gesetzt war, fällt hier gänzlich weg. Das Denken wird gar nicht als etwas bestehendes, sondern als Agilität, und bloss als Agilität der Intelligenz gesetzt. — Es müsse etwas sich *selbst* bestimmen, um als frei gedacht werden zu können, fordertest du; nicht etwa nur nicht von aussen, sondern auch durch seine Natur nicht, bestimmt seyn. Was bedeutet dieses *selbst*? Es wird dadurch offenbar eine Doppelheit gedacht. Das Freie soll seyn, ehe es bestimmt ist, — ein von seiner Bestimmtheit unabhängiges Daseyn haben. Darum kann ein Ding nicht gedacht werden, als sich selbst bestimmend, weil es nicht eher ist, als seine Natur, d. i. der Umfang seiner Bestimmungen. Wie soeben gesagt, was *sich selbst* bestimmen sollte, müsste in einer gewissen Rücksicht seyn, ehe es ist; ehe es Eigenschaften, und überhaupt eine Natur hat. Dies lässt nur unter unserer Voraussetzung, unter ihr aber sich sehr wohl denken. Das Freie ist als Intelligenz mit dem Begriffe seines reellen Seyns vor dem reellen Seyn vorher, und in dem ersteren liegt der Grund des zweiten. Der Begriff eines gewissen Seyns geht diesem Seyn vorher, und der letztere ist vom ersteren abhängig.

Unsere Behauptung ist sonach die, dass nur *die Intelligenz* als *frei* gedacht werden könne, und dass sie bloss dadurch, dass sie sich als Intelligenz fasst, frei werde; denn nur dadurch bringe sie ihr Seyn unter etwas, das höher ist, als alles Seyn, unter den Begriff. Es dürfte jemand einwenden: es sey ja sogar in unserer eigenen Argumentation, im vorhergehenden §., die Absolutheit, als ein Seyn, und gesetztes, vorausgesetzt, und die Reflexion, die jetzt so grosse Dinge thun solle, sey ja offenbar selbst durch jene Absolutheit bedingt, habe sie zum Object, und sey weder Reflexion überhaupt, noch diese Reflexion, ohne

Voraussetzung eines Objectes, und dieses Objectes. Aber es wird sich an seinem Orte ergeben, dass selbst diese Absolutheit zur Möglichkeit einer Intelligenz überhaupt erfordert werde, und aus derselben hervorgehe; dass sonach der soeben aufgestellte Satz sich auch umkehren lasse, und man sagen könne: nur ein *freies* kann als *Intelligenz* gedacht werden, eine Intelligenz ist nothwendig frei.

Wir gehen zurück zu unserem Vorhaben.

Indem, zufolge des Postulats, das Ich jene Tendenz zur absoluten Thätigkeit als sich selbst anschaut, setzt es sich als frei, d. h. als Vermögen einer Causalität durch den blossen Begriff.

Die Freiheit ist, nach Kant, das Vermögen, einen Zustand (ein Seyn und Bestehen) absolut anzufangen. Dies ist eine vortreffliche Nominal-Erklärung. Doch scheint im allgemeinen die Einsicht dadurch nicht viel gewonnen zu haben; denn es sind über die Freiheit noch immer beinahe lauter falsche Begriffe im Umlaufe. Es war nemlich die noch höhere Frage zu beantworten, *wie* denn ein Zustand schlechthin angefangen werden könne, oder wie sich denn das absolute Anfangen eines Zustandes denken lasse, welches einen genetischen Begriff der Freiheit gegeben, — diesen Begriff vor unseren Augen erzeugt hätte. Dies ist von uns soeben geleistet worden. Der schlechthin angefangene Zustand wird nicht schlechthin an nichts angeknüpft; denn das endliche vernünftige Wesen denkt nothwendig nur vermittelnd und anknüpfend so lange fort, bis er *das Denken* selbst ergreift. Nur wird er nicht an ein anderes Seyn angeknüpft, sondern an ein Denken.

Um aber den Begriff so aufzustellen, muss man freilich den Weg der Wissenschaftslehre gehen, und zu gehen vermögen, von allem Seyn, als solchem (von der Thatsache), abstrahiren, und von dem, was höher ist, denn alles Seyn, von dem Anschauen und Denken (von dem Handeln der Intelligenz überhaupt) ausgehen. Derselbe Weg, der in der theoretischen Philosophie allein zum Ziele führt, das Seyn (es versteht sich, für uns) zu erklären, macht auch allein eine praktische Philosophie möglich. Hierdurch wird auch der oben gebrauchte Ausdruck: das Ich stellt sich selbst selbstständig hin, noch klarer. Die erste Ansicht dieses Satzes: das Ich nimmt alles, was es ursprünglich ist (es ist aber ursprünglich nichts, als frei), in die Anschauung, und den Begriff seiner selbst auf, ist schon vollkommen erklärt. Es liegt aber in ihm noch mehr. Alles nemlich, was es in der *Wirklichkeit* seyn kann, wo der Begriff Erkenntnissbegriff wird, und der Intelligenz nur das Zusehen bleibt, hängt doch ursprünglich vom Begriffe ab. Was es je werden soll, dazu muss es sich selbst durch den Begriff machen, und was es je seyn wird, dazu wird es sich durch ihn gemacht haben. Es ist in jeder Rücksicht sein eigener Grund, und *setzt,* auch in praktischer Bedeutung *sich selbst* schlechthin.

Es setzt sich aber auch nur als ein Vermögen.
Dies muss streng erwiesen werden, und es ist des strengsten Beweises fähig. — Nemlich, die Tendenz zur absoluten Thätigkeit fällt, wie wir gesehen haben, in die Botmässigkeit eines Intelligenten. Das Intelligente aber, als solches, ist (*wie jeder in der Anschauung seiner selbst als Intelligenz finden muss, und keinem erwiesen werden kann*) absolut sich selbst bestimmend, blosse *reine Thätigkeit,* im Gegensatze alles *Bestehens und Gesetztseyns*, wie fein es auch gedacht werden möge; sonach keiner Bestimmung durch seine etwanige Natur und Wesen, keiner Tendenz, Triebes, Inclination, oder dess etwas fähig. Mithin ist eine solche Inclination, wie fein sie auch gedacht werden möge, auch nicht in der Thatkraft möglich, die in der Botmässigkeit einer Intelligenz ist, inwiefern sie in derselben ist; sondern diese Thatkraft wird dadurch ein blosses reines *Vermögen,* d. h. lediglich ein solcher Begriff, an welchen eine Wirklichkeit, als an ihren Grund, im Denken sich anknüpfen lässt; ohne das mindeste in ihm liegende Datum, *was für eine* Wirklichkeit dies seyn werde.

Das Resultat unserer gegenwärtigen Untersuchung ist

in den obenstehenden Sätzen bestimmt enthalten, und bedarf keiner besonderen Auszeichnung.

§. 3.

Es muss im vorhergehenden §. befremdet haben, dass aus der Reflexion auf eine Tendenz ein Bewusstseyn abgeleitet worden, welches gar nichts einer Tendenz ähnliches bei sich führt; und dass der eigentliche Charakter dieser vorher aufgestellten Tendenz ganz bei Seite gesetzt zu werden scheint. — Das letztere darf nicht geschehen. Das Ich ist, nach dem Grundsatze, worauf unser Räsonnement im vorhergehenden §. sich gründete, nur das, als was es sich setzt. Das Ich soll ursprünglich eine Tendenz seyn. Dies heisst gar nichts gesagt, und ist in sich selbst widersprechend, wenn es nicht *für sich selbst* diesen Charakter haben, sich desselben nicht bewusst seyn soll. Es ist sonach gar nicht die Frage: *ob* ein solches Bewusstseyn im Ich vorkommen werde; wohl aber bedarf dies einer sorgfältigen Untersuchung, *wie* dieses Bewusstseyn seiner Form nach beschaffen seyn möge? Wir werden die geforderte Einsicht am zweckmässigsten dadurch uns erwerben, dass wir dieses Bewusstseyn unter unseren Augen entstehen lassen.

Sonach ist unsere Aufgabe folgende:

Zu sehen, auf welche Weise das Ich seiner Tendenz zur absoluten Selbstthätigkeit, als einer solchen, sich bewusst werde.

Vorerinnerung.

Im vorigen §. gingen wir so zu Werke, dass wir eine Reflexion auf das vorliegende objective Ich schlechthin postulirten, wozu wir das unstreitige Recht hatten, da ja das Ich nothwendig Intelligenz, und sich selbst unbedingt anschauende Intelligenz ist. Wir, die philosophirenden, waren blosse Zuschauer einer Selbstanschauung des ursprünglichen Ich; was wir aufstellten, war nicht unser eigener Gedanke, sondern ein Gedanke des Ich; der Gegenstand unserer Reflexion war selbst eine Reflexion.

Wir rechnen im gegenwärtigen §. gleichfalls, wenn wir nur unsere Aufgabe zu lösen vermögen, bei einer solchen ursprünglichen Reflexion des Ich anzukommen; nur können wir mit ihr nicht anheben. Denn durch das blosse Postulat einer Reflexion kommt nichts anderes zu Stande, als was wir schon haben, und womit wir aus dem vorher angezeigten Grunde uns nicht begnügen können: das Bewusstseyn eines blossen Vermögens, keinesweges aber einer Tendenz oder Triebes. — Dass ich den Unterschied zwischen beiden Reflexionen kurz angebe: die vorher beschriebene Reflexion war schlechthin möglich;. die gegenwärtig aufzuzeigende ist ihrer Möglichkeit nach erst zu begründen; und diese Begründung geschieht eben durch unser Philosophiren, welches (wenigstens vorläufig) für nichts anderes, als für ein Philosophiren gelten soll.

Wir gehen an die Lösung unserer Aufgabe.

1) **Die gesetzte Tendenz äussert sich nothwendig als Trieb, auf das ganze Ich.**

So denkt nicht das ursprüngliche Ich; so denkt der Philosoph, indem er seine obigen Sätze sich selbst klar entwickelt.

Eines besonderen Beweises bedarf diese Behauptung nicht; sie ergiebt sich durch blosse Analyse dessen, was §. **1.** festgesetzt worden. — Die Tendenz ist gesetzt als Wesen des Ich; sie gehört sonach, auch als solche, nothwendig zum Ich, und in das Ich, und kann nicht weggedacht werden, ohne dass das Ich selbst aufgehoben werde. Aber sie ist, als blosse Tendenz, *Trieb:* reeller innerer Erklärungsgrund einer wirklichen Selbstthätigkeit. Ein Trieb aber, der als wesentlich, bestehend, unaustilgbar gesetzt wird, treibt; und dieses ist seine Aeusserung: beide Ausdrücke sagen ganz dasselbe.

Wenn wir nun das Ich, in welchem der Trieb ist, und auf

welches er sich äussert, **bloss objectiv** denken, so ist die
Wirkung des Triebes ohne weiteres verständlich; er wird,
sobald nur die äusseren Bedingungen eintreten, eine Selbstthätigkeit bewirken; gerade wie es bei der Stahlfeder auch
ist. Die Handlung wird aus dem Triebe erfolgen, wie das
bewirkte aus seiner Ursache. — Ja, denken wir selbst die
Intelligenz zu ihm hinzu, doch so, dass sie abhängig sey
von der objectiven Beschaffenheit, diese aber nicht von ihr,
so wird der Trieb von einem Sehnen, die That von einem
Entschlusse begleitet werden, welches alles, wenn die Bedingungen gegeben sind, mit derselben Nothwendigkeit erfolgt, mit welcher die That erfolgte.

Wir können das Ich in Beziehung auf den Trieb so objectiv
denken, und werden es zu seiner Zeit so denken müssen;
an diesem Orte aber würde diese wiederholte Absonderung in einem Begriffe, den wir schon zusammengesetzt
haben, nur zerstreuen, und zu nichts dienen. Der systematische Gang erfordert, das zuletzt gefundene, so wie es
gefunden ist, weiter zu bestimmen; und sonach ist das
Ich hier nicht objectiv, sondern, so wie es im vorigen §.
aufgestellt ist, subjectiv und objectiv zugleich zu denken.
Dies bedeutet die Benennung des **ganzen** Ich, der wir uns
im obenstehenden Satze bedienten. — Die Thatkraft ist in
die Botmässigkeit der Intelligenz gekommen, durch die Reflexion, wie wir erwiesen haben; umgekehrt, die Möglichkeit der Reflexion hängt wieder ab von dem Vorhandenseyn einer Thatkraft, und ihrer Bestimmtheit; dies war es,
was wir voraussetzten. Diesen Begriff seiner selbst kann
man nun zwar *theilweise* fassen, wie er soeben aufgestellt
worden, so dass man nur das objective denke, als abhängig vom subjectiven, dann das subjective denke, als abhängig vom objectiven; aber nimmermehr kann man ihn
ganz fassen als Einen Begriff.

Es ist nöthig, hierüber sich noch etwas weiter zu verbreiten; besonders da wir auch sonst nirgends über diesen
Punct uns ausgelassen haben: (ausser einem Winke im

Phil. Journal. B. V. S. 374.*) „Man könnte hier noch weiter erklären wollen, entweder die Beschränktheit u. s. w."). Die Ichheit bestehet in der absoluten Identität des subjectiven und des objectiven (absoluter Vereinigung des Seyns mit dem Bewusstseyn, und des Bewusstseyns mit dem Seyn), wird gesagt. Nicht das subjective, noch das objective, sondern — eine Identität ist das Wesen des Ich; und das erstere wird nur gesagt, um die leere Stelle dieser Identität zu bezeichnen. Kann nun irgend jemand diese Identität, als sich selbst, denken? Schlechterdings nicht; denn um sich selbst zu denken, muss man ja eben *jene Unterscheidung zwischen subjectivem und objectivem vornehmen,* die in diesem Begriffe *nicht* vorgenommen werden soll. Ohne diese Unterscheidung ist ja überhaupt kein Denken möglich. — So denken wir nie beides zusammen, sondern *neben* einander und *nach* einander; und machen durch dieses *Nacheinanderdenken* wechselseitig eins von dem anderen abhängig. So kann man sich allerdings nicht wohl enthalten zu fragen: *bin* ich denn darum, weil *ich mich denke,* oder *denke ich mich* darum, weil ich *bin*? Aber ein solches weil, und ein solches darum findet hier gar nicht statt; du bist keins von beiden, weil du das andere bist; du bist überhaupt nicht zweierlei, sondern absolut einerlei; und dieses undenkbare Eine bist du, schlechthin weil du es bist.

Dieser Begriff, der nur als die Aufgabe eines Denkens zu beschreiben, nimmermehr aber zu denken ist, deutet eine leere Stelle in unserer Untersuchung an, die wir mit X bezeichnen wollen. Das Ich kann sich selbst an und für sich, aus dem aufgezeigten Grunde, nicht begreifen: es ist schlechthin = X.

Dieses ganze Ich nun, inwiefern es nicht Subject ist, und nicht Object, sondern Subject-Object (welches selbst nichts anderes bedeutet, als eine leere Stelle des Denkens), hat in sich eine Tendenz zu absoluter Selbstthätigkeit, welche, wenn sie von der Substanz selbst abgesondert, und als

---
*) Sämmtl. Werke. Bd. I. S. 489.

Grund ihrer Thätigkeit gedacht wird, ein Trieb ist, der sie treibt. — Sollte jemand über unsere Befugniss, diesen Trieb auf das ganze Ich zu beziehen, noch einigen Zweifel haben, so lässt sich derselbe, durch eine hier allerdings verstattete Theilung des Ich, leicht heben. Nemlich: indem das Ich, nach dem vorhergehenden §., auf sich reflectirt, setzt es das in seiner Objectivität liegende als sich selbst; auch inwiefern es reflectirend oder subjectiv ist. Nun ist im objectiven ohne allen Zweifel ein Trieb; dieser wird durch die Reflexion auch ein Trieb auf das subjective; und, da das Ich in der Vereinigung von beiden besteht, ein Trieb auf das ganze Ich.

Wie aber dieser Trieb auf das ganze Ich sich äussere, lässt hier sich schlechthin nicht bestimmen; um so weniger, da ja dasjenige selbst, worauf er geht, absolut unbegreiflich ist. Nur negativ lässt sich soviel sagen, dass er nicht mit Nothwendigkeit und mechanischem Zwange treiben könne, da ja das Ich, als subjectives, welche Subjectivität zum Ganzen ja wohl mitgehört, seine Thatkraft unter die Botmässigkeit des Begriffes gebracht hat, der Begriff aber schlechthin nicht durch einen Trieb, noch durch irgend etwas ihm ähnliches, sondern nur durch sich selbst bestimmbar ist.

2) Aus dieser Aeusserung des Triebes erfolgt keinesweges ein Gefühl, wie man der Regel nach erwarten sollte.

Das Gefühl überhaupt ist die blosse unmittelbare Beziehung des objectiven im Ich auf das subjective desselben, des Seyns desselben auf sein Bewusstseyn, und das Gefühlsvermögen der eigentliche Vereinigungspunct beider; jedoch, wie aus unserer obigen Beschreibung hervorgehet, nur insofern, inwiefern das subjective betrachtet wird, als abhängig vom objectiven. (Inwiefern umgekehrt das objective betrachtet wird, als abhängig vom subjectiven, ist der *Wille* der Vereinigungspunct beider.)

Man kann sich dies so deutlicher machen: Das objective im Ich wird, ohne alles sein Zuthun durch Freiheit, bewegt, bestimmt, verändert, gerade so wie das blosse Ding auch verändert wird. Da nun aber das Ich gar nicht bloss objectiv ist, sondern in demselben Einen und ungetheilten Wesen mit ihm das subjective vereinigt ist, so entsteht nothwendig mit der Veränderung des ersteren zugleich auch eine Veränderung des zweiten, also ein Bewusstseyn dieses Zustandes, welches Bewusstseyn aber als ebenso mechanisch hervorgebracht erscheint, wie der Zustand selbst. Von der Vorstellung, in welcher da, wo das vorgestellte ein wirkliches Seyn ist, das anschauende sich gleichfalls bloss leidend findet, ist das *Gefühl* dadurch unterschieden, dass beim letzteren gar kein Bewusstseyn des Denkenden, der inneren Agilität ist, welches bei der ersteren in Absicht der Form des Vorstellens allerdings stattfindet. In der Vorstellung bringe ich allerdings nicht das Vorgestellte, wohl aber das Vorstellen hervor; in dem Gefühle weder das Gefühlte, noch das Fühlen. — Schärfer lassen sich diese Unterschiede durch Begriffe nicht bestimmen, und selbst die hier gegebenen Bestimmungen sind ohne Sinn, wenn man sie sich nicht durch Anschauung seiner selbst in diesen verschiedenen Zuständen deutlich macht. Dergleichen Beschreibungen sollen nicht etwa die Selbstanschauung ersetzen, sondern nur sie leiten.

Nun wird tiefer unten sich allerdings eine Bestimmung des bloss objectiven Ich durch den Trieb der absoluten Selbstthätigkeit zeigen, und aus dieser Bestimmung auch ein Gefühl abgeleitet werden. Hier aber soll nach obigem gar nicht von der Bestimmung des bloss objectiven, sondern von Bestimmung des *ganzen* Ich = X geredet werden. Kann nun aus dieser Bestimmung ein Gefühl entstehen?

Zu einem Gefühle wird, unserer Beschreibung zufolge, vorausgesetzt, theils die Abhängigkeit des bloss objectiven von einem Antriebe, theils die Abhängigkeit des subjectiven von diesem objectiven. Hier ist die letztere Abhängigkeit gar nicht als möglich gesetzt, denn beide, das subjective und objective, sollen gar nicht als verschieden, sondern sie sollen als absolut Eins betrachtet werden, und sind als absolut Eins bestimmt. Was nun dieses Eine sey, und was seine Bestimmung sey, verstehen wir nicht, wie schon oben erinnert und der Grund davon angegeben worden. Um nun doch etwas zu verstehen, bleibt uns nichts übrig, als von einem der beiden Theile, in welche wir zufolge unserer Schranken uns selbst nothwendig zertrennen, anzufangen. Am schicklichsten fangen wir, besonders da wir bei dem Ich stehen, inwiefern das objective in der Botmässigkeit des subjectiven seyn soll, bei dem subjectiven an.

Sonach, das Ich als Intelligenz wird ganz sicher durch den Trieb unmittelbar bestimmt. Eine Bestimmung der Intelligenz ist ein Gedanke.

Also

3) Es erfolgt aber aus der Aeusserung des Triebes nothwendig ein Gedanke.

Sollte gegen den soeben angegebenen Grund dieser Behauptung erinnert werden, was wir oben selbst sagten: die Intelligenz ist, als solche absolute Agilität, gar keiner Bestimmung fähig, sie *bringt* ihre Gedanken hervor, aber es können keinesweges Gedanken in ihr hervorgebracht *werden;* so müssen wir auf das folgende verweisen, wo der Satz, auf den sich unsere gegenwärtige Behauptung gründet, eingeschränkt werden, und sich zeigen wird, dass beide sehr wohl nebeneinander bestehen können. Es leidet sonach keinen Zweifel, *dass* überhaupt ein solcher Gedanke statthabe, und wir haben es nur damit zu thun, ihn selbst genau und bestimmt kennen zu lernen.

a. Wir untersuchen ihn zuvörderst seiner *Form* nach.

Ein *bestimmtes* Denken, dergleichen ja das hier zu beschreibende ist, erscheint als bestimmt *entweder* durch ein Daseyn, wenn das gedachte ein wirkliches Object seyn soll. Der Gedanke fällt dann unserem Bewusstseyn nach so aus, wie er ausfällt, weil das Ding so beschaffen ist. *Oder* das bestimmte Denken ist bestimmt durch ein anderes Denken. Dann sagen wir, es erfolge aus diesem anderen Denken, und wir bekommen Einsicht in eine Reihe von Vernunftgründen.

Keiner von beiden Fällen hat hier statt. Der erste nicht,

weil ja überhaupt keine objective Bestimmung, nicht einmal die des objectiven Ich, sondern die des ganzen Ich gedacht wird, welches wir zwar freilich nicht begreifen, doch aber davon soviel wissen, dass es nicht als lediglich objectiv zu betrachten sey. Der zweite nicht, weil in diesem Denken das Ich sich selbst denkt, und zwar nach seinem Grundwesen, nicht etwa mit Prädicaten, die aus diesem abgeleitet sind; der Gedanke vom Ich aber, und besonders in dieser Rücksicht, durch kein anderes Denken bedingt ist, sondern selbst alles andere Denken bedingt.
Sonach ist dieser Gedanke durch gar nichts ausser sich, weder durch ein Seyn, noch durch ein Denken, sondern absolut durch sich selbst bedingt und bestimmt. Es ist ein erstes, unmittelbares Denken. — So befremdend eine solche Behauptung auf den ersten Anblick vorkommen mag, so richtig folgt sie aus den aufgestellten Prämissen, und so wichtig ist sie, sowohl für die besondere philosophische Wissenschaft, die wir hier aufstellen, als für die ganze Transscendental-Philosophie; sie ist daher sorgfältig einzuschärfen. — Zuvörderst wird dadurch überhaupt das Denken seiner Form nach absolut; wir erhalten eine Reihe, die schlechthin mit einem Gedanken anhebt, welcher selbst auf nichts anderes gegründet und an nichts anderes angeschlossen wird. Denn dass wir soeben im Philosophiren diesen Gedanken weiter, durch einen Trieb, begründet haben, hat keinen Einfluss auf das *gemeine* Bewusstseyn, welches mit ihm anhebt, und keinesweges ein Bewusstseyn der aufgestellten Gründe ist; wie wir auch nachgewiesen haben. Wir wissen auf diesem Standpuncte weiter nichts, als dass wir eben so denken. — So musste es sich denn auch verhalten in einer Verbindung, in welcher das Seyn vom Denken abhängig, und die reelle Kraft unter der Botmässigkeit des Begriffes stehen soll. Es ist dabei noch dies anzumerken, dass dieses Verhältniss des subjectiven zum objectiven wirklich das ursprüngliche Verhältniss im Ich sey, und dass das entgegengesetzte, wo der Gedanke von dem Seyn abhängen soll, sich erst auf

dieses gründe, und davon abgeleitet werden müsse; welches in anderen Theilen der Philosophie nachgewiesen wird, und auch in unserer Wissenschaft tiefer unten in Anregung wird gebracht werden müssen. — Dann ist insbesondere der hier zu beschreibende Gedanke seinem Inhalte nach absolut; es wird so gedacht, schlechthin weil so gedacht wird. Dies ist von besonderer Wichtigkeit für unsere Wissenschaft, damit man nicht, wie es so oft geschehen ist, verleitet werde, das Bewusstseyn, dass wir Pflichten haben, — denn als dieses wird der zu beschreibende Gedanke sich zeigen — weiter zu erklären und aus Gründen ausser ihm ableiten zu wollen; welches unmöglich ist, und der Würde und der Absolutheit des Gesetzes Eintrag thut.

Kurz: dieses Denken ist das absolute Princip unseres Seyns; durch dasselbe constituiren wir schlechthin unser Wesen, und in ihm besteht unser Wesen. Unser Wesen ist nemlich nicht ein materielles Bestehen, wie das der leblosen Dinge, sondern es ist ein Bewusstseyn, und zwar ein *bestimmtes* Bewusstseyn; das gegenwärtig aufzuzeigende.

Dass wir so denken, wissen wir unmittelbar; denn Denken ist ja eben unmittelbares Bewusstseyn der Bestimmung seiner selbst, als Intelligenz; und hier insbesondere der Intelligenz, lediglich und rein als einer solchen. Ein unmittelbares Bewusstseyn heisst *Anschauung*; und da hier kein materielles Bestehen vermöge eines Gefühls, sondern die Intelligenz unmittelbar als solche, und nur sie angeschaut wird, heisst diese Anschauung mit Recht *intellectuelle Anschauung*. Sie ist aber auch die einzige in ihrer Art, welche *ursprünglich* und *wirklich*, ohne Freiheit der philosophischen Abstraction, in jedem Menschen vorkommt. Die intellectuelle Anschauung, welche der Transscendental-Philosoph jedem anmuthet, der ihn verstehen soll, ist die blosse Form jener *wirklichen* intellectuellen Anschauung; die blosse Anschauung der inneren absoluten Spontaneität, mit Abstraction von der Bestimmtheit derselben. Ohne die wirkliche wäre die philosophische nicht möglich; denn es wird ursprünglich nicht abstract, sondern bestimmt gedacht.

b. Wir beschreiben den zu untersuchenden Gedanken seinem *Gehalte* nach.

Das ganze Ich ist bestimmt durch den Trieb der absoluten Selbstthätigkeit, und diese Bestimmung ist es, welche in diesem Denken gedacht wird. Aber das ganze Ich lässt sich nicht begreifen, und eben darum auch nicht unmittelbar eine Bestimmtheit desselben. Nur durch wechselseitige Bestimmung des subjectiven durch das objective, und umgekehrt, lässt der Bestimmtheit des ganzen sich annähern; und diesen Weg wollen wir einschlagen.

Zuvörderst, denke man das Subjective durch die Objectivität bestimmt. Das Wesen der Objectivität ist ein absolutes, unveränderliches Bestehen. Dies auf das Subjective angewandt, giebt ein beharrliches unveränderliches, oder mit einem anderen Worte, ein gesetzlich nothwendiges Denken. Nun ist der bestimmende Trieb der zur absoluten Selbstthätigkeit. Als Inhalt des abgeleiteten Gedankens ergäbe sich sonach dies, dass die Intelligenz sich selbst das unverbrüchliche Gesetz der absoluten Selbstthätigkeit geben müsste.

Jetzt denke man sich das objective bestimmt durch das subjective. Das subjective ist das im vorhergehenden §. beschriebene Setzen eines absoluten, aber völlig unbestimmten Vermögens der Freiheit. Dadurch ist das beschriebene objective bestimmt, hervorgebracht, bedingt; der angezeigte Gedanke ist nur unter der Bedingung möglich, dass das Ich sich als frei denke. Beides durch einander bestimmt: jene Gesetzgebung äussert sich nur unter der Bedingung, dass man sich als frei denke; denkt man sich aber als frei, so äussert sie sich nothwendig. — Hierdurch ist denn auch die oben zugestandene Schwierigkeit, eine Bestimmtheit des denkenden als solchen zuzugeben, gehoben. Der beschriebene Gedanke dringt sich nicht unbedingt auf, denn dann hörte das Denken auf, ein Denken zu seyn, und das subjective würde in ein objectives verwandelt;

sondern er dringt sich nur auf, inwiefern mit absoluter Freiheit etwas, nemlich die Freiheit selbst, gedacht wird. Dieser Gedanke ist eigentlich nicht ein besonderer Gedanke, sondern nur die *nothwendige Weise*, unsere Freiheit zu denken *). So verhält es sich mit aller übrigen Denknothwendigkeit. Sie ist nicht absolute Nothwendigkeit, dergleichen es überhaupt nicht geben kann, da ja alles Denken von einem freien Denken unserer selbst ausgeht, sondern dadurch, dass überhaupt gedacht werde, bedingt. Noch ist zu bemerken, dass dieser Gedanke, zwar nicht mit unserem Bewusstseyn, aber zufolge der soeben geschehenen Ableitung desselben, sich auf einen Trieb gründe, sonach den Charakter des Triebes beibehalten müsse. Dieser Charakter aber ist der eines Postulats. — Der Inhalt des abgeleiteten Gedankens lässt sonach kürzlich sich so beschreiben: wir sind genöthigt zu denken, dass wir schlechthin durch Begriffe mit Bewusstseyn, und zwar nach dem Begriffe der absoluten Selbstthätigkeit, uns bestimmen sollen: und dieses Denken ist eben das gesuchte Bewusstseyn unserer ursprünglichen Tendenz zu absoluter Selbstthätigkeit.

Der Strenge nach ist unsere Deduction geendigt. Der eigentliche Endzweck derselben war, wie bekannt ist, der, den Gedanken, dass wir auf eine gewisse Weise handeln sollen, aus dem System der Vernunft überhaupt als nothwendig abzuleiten; nachzuweisen, dass, wenn überhaupt ein vernünftiges Wesen angenommen werde, zugleich angenommen werde, dass dasselbe einen solchen Gedanken denke. Dies wird für die Wissenschaft eines Vernunftsystems, welche selbst ihr eigener Zweck ist, schlechterdings erfordert.

Es werden aber durch eine solche Deduction auch noch mancherlei andere Vortheile erreicht. Abgerechnet, dass man nichts ganz und recht versteht, als dasjenige, was man aus

---

*) Dies ist sehr bedeutend. — (*Margin. d. Verf.*)

seinen Gründen hervorgehen sieht, und dass sonach nur durch eine solche Ableitung die vollkommenste Einsicht in die Moralität unseres Wesens hervorgebracht wird; wird auch durch die Begreiflichkeit, die der sogenannte kategorische Imperativ dadurch erhält, der Anschein einer verborgenen Eigenschaft (*qualitas occulta*), den er bisher, freilich ohne *positive* Veranlassung des Urhebers der Vernunftkritik, trug, am besten entfernt, und die dunkle Region für allerhand Schwärmereien, die sich dadurch darbot (z. B. eines durch die Gottheit lebhaft angeregten Sittengesetzes, u. dergl.), am sichersten vernichtet. Es ist sonach um desto nöthiger, die Dunkelheit, welche etwa auf unserer eigenen Deduction ruhen möchte, und welche wir, solange wir in den Fesseln des systematischen Vortrages gingen, nicht füglich heben konnten, durch freiere und mannigfaltige Ansichten vollends zu zerstreuen.

Man kann den Hauptinhalt unserer soeben gegebenen Deduction so fassen. Das vernünftige Wesen, *als solches betrachtet*, ist absolut, selbstständig, schlechthin der Grund seiner selbst. Es *ist* ursprünglich, d. h. ohne sein Zuthun, schlechthin nichts: was es *werden* soll, dazu muss es selbst sich machen, durch sein eigenes Thun. — Dieser Satz wird nicht bewiesen, und ist keines Beweises fähig. Es wird jedem vernünftigen Wesen schlechthin angemuthet, sich selbst so zu finden und anzunehmen.

So also, wie ich es jetzt beschrieben habe, denkst du dich, würde ich den Leser anreden. Was denkst du denn nun da eigentlich, wenn du das beschriebene denkst? Ich muthe dir nemlich nicht an, aus dem gesetzten und zugestandenen Begriffe herauszugehen, sondern durch blosse Analyse dir denselben nur deutlich zu machen.

Das vernünftige Wesen soll alles, was es je wirklich seyn wird, *selbst* hervorbringen. Du musst ihm sonach vor allem wirklichen (objectiven) Seyn und Bestehen eine Art von Existenz beimessen; wie wir dies schon oben gesehen haben. Diese Art zu existiren, kann keine andere seyn, ausser die als Intelligenz in und mit Begriffen. Du musst sonach in deinem vorliegenden Begriffe das Vernunftwesen als Intelligenz gedacht haben. Du musst ferner dieser Intelligenz das Vermögen beigelegt haben, durch ihren blossen Begriff ein Seyn hervorzubringen; da du sie ja gerade darum als Intelligenz voraussetztest, um einen Grund des Seyns zu finden. Mit einem Worte: du hast in deinem Begriffe vom Vernunftwesen dasjenige gedacht, was wir §. 2. unter der Benennung der Freiheit abgeleitet haben.

Wieviel hast du denn nun — auf diese Ueberlegung kommt hier alles an — dadurch gewonnen, um deinen Begriff vom Vernunftwesen begreiflich zu finden? Hast du durch die beschriebenen Merkmale die Selbstständigkeit gedacht, als Wesen der Vernunft? Keinesweges; sondern lediglich ein leeres unbestimmtes Vermögen der Selbstständigkeit. Dies macht dir den Gedanken eines selbstständigen Seyns bloss möglich, nicht aber wirklich; wie du ihn doch allerdings gedacht hast. Ein Vermögen ist so etwas, an welches, als an seinen Grund, du ein wirkliches Seyn bloss anknüpfen *kannst*, wenn es dir etwa ausserdem gegeben wäre, nicht aber *daraus herleiten musst*. Es liegt in diesem Begriffe nicht das geringste Datum, *dass* eine Wirklichkeit und *was für eine* zu denken sey. Jenes Vermögen der Selbstständigkeit könnte ja vielleicht gar nicht gebraucht werden, oder es könnte nur zuweilen gebraucht werden, und so erhieltest du entweder gar keine, oder doch nur eine unterbrochene, keinesweges aber eine dauernde (das *Wesen* ausmachende) Selbstständigkeit.

So dachtest du die Selbstständigkeit des Vernunftwesens nicht in dem zu analysirenden Begriffe. Du hast dieselbe nicht bloss problematisch, sondern kategorisch gesetzt, als *Wesen* der Vernunft. Was das heisse: etwas als wesentlich setzen, ist in dem bisherigen zur Genüge erklärt; es heisst, dasselbe setzen, als nothwendig und unabtrennlich im Begriffe liegend, als in demselben schon selbst mitgesetzt und prädestinirt. Sonach würdest du *Selbstständigkeit*, und *Freiheit* als *Nothwendigkeit* gesetzt haben; was ohne Zweifel sich widerspricht, und du daher unmöglich gedacht haben kannst. Du musst sonach dies Festgesetztseyn so gedacht haben, dass das Denken der Freiheit dabei doch auch möglich blieb. Deine Bestimmtheit war eine Bestimmtheit der freien Intelligenz; eine solche aber ist ein *nothwendiges Denken* (durch die Intelligenz) der Selbstständigkeit, als Norm, wonach sich selbst frei zu bestimmen sie sich anmuthete. — Es liegt demnach in deinem Begriffe der Selbstständigkeit beides, das Vermögen und das Gesetz, dieses Vermögen unverrückt zu brauchen; du kannst jenen Begriff nicht denken, ohne dieses beides vereinigt zu denken. — Wie es sich mit dir verhält, der du dich jetzt frei entschlossest, mit uns zu philosophiren, so verhält es sich, da du nach allgemeinen Vernunftgesetzen philosophirtest, nothwendig mit jedem vernünftigen Wesen, und insbesondere auch mit demjenigen, das wir uns hier als Repräsentanten der Vernunft überhaupt, unter der Benennung des ursprünglichen Ich denken, und dessen Gedankensystem wir aufzustellen haben. Denkt es sich nur als selbstständig — und von dieser Voraussetzung gehen wir ja aus — so denkt es sich nothwendig als frei, und, worauf es uns hier eigentlich ankommt, es denkt diese seine Freiheit unter das Gesetz der Selbstständigkeit. Dies ist die Bedeutung unserer Deduction.

Hier wurde vom Hauptpuncte ausgegangen. Man kann noch auf eine andere Weise von der Nothwendigkeit des deducirten Gedankens sich überzeugen. — Das Vernunftwesen denke sich frei, in der oben erklärten bloss formalen Bedeutung des Wortes. Aber es ist endlich, und jedes Object seiner Reflexion wird ihm durch die blosse Reflexion beschränkt oder bestimmt. So wird ihm auch seine Freiheit ein bestimmtes. Was ist denn nun eine Bestimmtheit der Freiheit, als solcher? Wir haben es soeben gesehen.

Oder, dass ich es aus der Tiefe des ganzen Systems der Transscendental-Philosophie herausnehme, und am umfassendsten und entschiedensten ausdrücke. — Ich bin Identität des Subjects und Objects = X. So kann ich mich nun, da ich nur Objecte zu denken vermag, und dann ein subjectives von ihnen absondere, nicht denken. Ich denke sonach mich, als Subject *und* Object. Beides verbinde ich dadurch, dass ich es gegenseitig durch einander bestimme (nach dem Gesetze der Causalität). Mein objectives, durch mein subjectives bestimmt, giebt den Begriff der Freiheit, als eines Vermögens der Selbstständigkeit. Mein subjectives, durch mein objectives bestimmt, giebt im subjectiven den Gedanken der Nothwendigkeit, mich durch meine Freiheit nur nach dem Begriffe der Selbstständigkeit zu bestimmen, welcher Gedanke, da er der meiner Urbestimmung ist, ein unmittelbarer, erster, absoluter Gedanke ist. — Nun soll weder mein objectives als abhängig vom subjectiven, wie im ersten Falle, noch mein subjectives als abhängig vom objectiven, wie im zweiten Falle, sondern beides soll als schlechthin Eins gedacht werden. Ich denke es als Eins, indem ich es in der angeführten Bestimmtheit wechselseitig durch einander bestimme (nach dem Gesetze der Wechselwirkung), die Freiheit denke, als bestimmend das Gesetz, das Gesetz, als bestimmend die Freiheit. Eins wird ohne das andere nicht gedacht, und wie das eine gedacht wird, wird auch das andere gedacht. Wenn du dich frei denkst, bist du genöthigt, deine Freiheit unter ein Gesetz zu denken; und wenn du dieses Gesetz denkst, bist du genöthigt, dich frei zu denken; denn es wird in ihm deine Freiheit vorausgesetzt, und dasselbe kündigt sich an, als ein Gesetz für die Freiheit.

Dass ich bei dem letzten Gliede des soeben aufgestellten Satzes noch einen Augenblick verweile. Die Freiheit folgt nicht aus dem Gesetze, ebensowenig als das Gesetz aus der Freiheit folgt. Es sind nicht zwei Gedanken, deren einer als abhängig von dem anderen gedacht würde, sondern es ist Ein und ebenderselbe Gedanke; es ist, wie wir es auch betrachtet haben, eine vollständige Synthesis (nach dem Gesetze der Wechselwirkung). Kant leitet in mehreren Stellen die Ueberzeugung von unserer Freiheit aus dem Bewusstseyn des Sittengesetzes ab. Dies ist so zu verstehen. Die Erscheinung der Freiheit ist unmittelbares Factum des Bewusstseyns, und gar keine Folgerung aus einem anderen Gedanken. Man könnte aber, wie schon oben erinnert worden, diese Erscheinung weiter erklären wollen, und würde sie dadurch in Schein verwandeln. Dass man sie nun nicht weiter erkläre, dafür giebt es keinen theoretischen, wohl aber einen praktischen Vernunftgrund: den festen Entschluss, der praktischen Vernunft das Primat zuzuerkennen, das Sittengesetz für die wahre letzte Bestimmung seines Wesens zu halten, und nicht etwa durch Vernünftelei darüber hinaus, welches der freien Imagination allerdings möglich ist, dasselbe in Schein zu verwandeln. Wenn man aber darüber nicht hinausgeht, so geht man auch über die Erscheinung der Freiheit nicht hinaus, und dadurch wird sie uns zur Wahrheit. Nemlich, der Satz: ich *bin* frei, Freiheit ist das einzige wahre Seyn, und der Grund alles anderen Seyns; ist ein ganz anderer, als der: *ich erscheine* mir als frei. Der Glaube *an die objective Gültigkeit* dieser Erscheinung sonach ist es, der aus dem Bewusstseyn des Sittengesetzes abzuleiten ist. *Ich bin wirklich frei,* ist der erste Glaubensartikel, der uns den Uebergang in eine intelligible Welt bahnt, und in ihr zuerst festen Boden darbietet. Dieser Glaube ist zugleich der Vereinigungspunct zwischen beiden Welten, und von ihm geht unser System aus, das ja beide Welten umfassen soll. Das Thun ist nicht aus dem Seyn abzuleiten, weil das erstere dadurch in Schein verwandelt würde, aber ich *darf* es nicht für Schein halten; vielmehr ist das Seyn aus dem Thun abzuleiten. Durch die Art der Realität, die dann das erstere erhält, verlieren wir nichts für unsere wahre Bestimmung, sondern gewinnen vielmehr. Das Ich ist nicht aus dem Nicht-Ich, das Leben nicht aus dem Tode, sondern umgekehrt, das Nicht-Ich aus dem Ich abzuleiten: und darum muss von dem letzteren alle Philosophie ausgehen.

Man hat den deducirten Gedanken *ein Gesetz, einen kategorischen Imperativ* genannt; man hat die Weise, wie in ihm etwas gedacht wird, zum Gegensatze des Seyns als ein *Sollen* bezeichnet, und der gemeine Verstand findet in diesen Benennungen sich überraschend wohl ausgedrückt. Wir wollen sehen, wie dieselben Ansichten auch aus unserer Deduction hervorgehen.

Wir können, wie sich gezeigt hat, die Freiheit denken, als schlechthin unter keinem Gesetze stehend, sondern den

Grund ihrer Bestimmtheit, der — Bestimmtheit eines Denkens, das hinterher als Grund eines Seyns gedacht wird, bloss und lediglich in sich selbst enthaltend: und so müssen wir sie denken, wenn wir sie richtig denken wollen, da ja ihr Wesen im Begriffe beruht, der Begriff aber absolut unbestimmbar ist durch irgend etwas ausser ihm selbst. Wir können eben darum, weil sie Freiheit, also auf alle mögliche Weisen bestimmbar ist, sie auch unter eine feste Regel denken, deren Begriff allerdings nur die freie Intelligenz selbst sich entwerfen, nur sie selbst mit eigener Freiheit sich nach derselben bestimmen könnte. So könnte die Intelligenz sich sehr verschiedene Regeln oder Maximen, z. B. die des Eigennutzes, der Faulheit, der Unterdrükkung anderer, u. dergl. machen, und dieselben unverrückt und ohne Ausnahme, immer mit Freiheit, befolgen. Nun nehme man aber an, dass der Begriff einer solchen Regel sich ihr aufdringe, d. h. dass sie unter einer gewissen Bedingung des Denkens genöthigt sey, eine gewisse Regel, und nur diese, als Regel ihrer Bestimmungen durch Freiheit zu denken. So etwas lässt sich füglich annehmen, da ja das Denken der Intelligenz, obwohl dem blossen Acte nach es absolut frei ist, dennoch der Art und Weise nach unter bestimmten Gesetzen steht.

Auf diese Weise würde die Intelligenz ein gewisses Handeln, als der Regel gemäss, ein anderes, als gegen sie streitend, denken. Das wirkliche Handeln zwar bleibt immer von der absoluten Freiheit abhängig, und das Handeln der freien Intelligenz ist nicht in der Wirklichkeit bestimmt, nicht mechanisch nothwendig, als wodurch die Freiheit der Selbstbestimmung aufgehoben würde, sondern es ist nur in dem nothwendigen Begriffe davon bestimmt. Wie ist denn nun diese Nothwendigkeit im blossen Begriffe, die doch keinesweges eine Nothwendigkeit in der Wirklichkeit ist, füglich zu bezeichnen? Ich sollte meinen, nicht schicklicher, als so: ein solches Handeln *gehöre* und *gebühre* sich, es *solle* seyn: das entgegengesetzte gebühre sich nicht, und solle nicht seyn.

Nun ist der Begriff einer solchen Regel, wie schon oben gezeigt worden, ein schlechthin erster, unbedingter, keinen Grund ausser sich habender, sondern absolut sich selbst begründender Begriff. Sonach soll jenes Handeln nicht seyn aus diesem oder jenem Grunde, nicht darum, weil etwas anderes gewollt wird, oder seyn soll, sondern es soll seyn, schlechthin, weil es seyn soll. Dieses Sollen ist sonach ein absolutes kategorisches Sollen; und jene Regel ein ohne Ausnahme gültiges Gesetz, da ja seine Gültigkeit schlechthin keiner möglichen Bedingung unterworfen ist.

Denkt man in das absolute Sollen noch das gebieterische, jede andere Neigung niederschlagende hinein, so kann dieses Merkmal hier noch nicht erklärt werden, da wir das Gesetz lediglich auf die absolute Freiheit beziehen, in welcher keine Neigung, oder dess etwas denkbar ist.

Man hat, gleichfalls sehr treffend, diese Gesetzgebung *Autonomie,* Selbstgesetzgebung, genannt. Sie kann in dreifacher Rücksicht so heissen. — Zuvörderst, den Gedanken des Gesetzes überhaupt schon vorausgesetzt, und das Ich lediglich als freie Intelligenz betrachtet, wird das Gesetz *überhaupt* ihr nur dadurch zum Gesetze, dass sie darauf reflectirt, und mit Freiheit sich ihm unterwirft, d. i. selbstthätig es zur unverbrüchlichen Maxime alles ihres Wollens macht; und hinwiederum, was in jedem *besonderen* Falle dieses Gesetz erfordere, muss sie erst — wie wohl von selbst sich verstehen sollte, aber da es bei vielen sich nicht von selbst versteht, unten scharf erwiesen werden wird — muss, sage ich, die Intelligenz durch die Urtheilskraft finden, und abermals frei sich die Aufgabe geben, den gefundenen Begriff zu realisiren. Sonach ist die ganze moralische Existenz nichts anderes, als eine ununterbrochene Gesetzgebung des vernünftigen Wesens an sich selbst; und wo diese Gesetzgebung aufhört, geht die Unmoralität an. — Dann, was den Inhalt des Gesetzes anbelangt, wird nichts gefordert, als absolute Selbstständigkeit, absolute Unbestimmbarkeit durch irgend etwas ausser dem Ich. Die materielle Bestimmung des Willens nach dem Gesetze wird sonach lediglich aus uns selbst hergenommen; und alle *Heteronomie,* Entlehnung der Bestimmungsgründe von irgend etwas ausser uns, ist geradezu gegen das Gesetz. — Endlich, der ganze Begriff unserer nothwendigen Unterwerfung unter ein Gesetz entsteht lediglich durch absolut freie Reflexion des Ich auf sich selbst in seinem wahren Wesen, d. h. in seiner Selbstständigkeit. Der abgeleitete Gedanke dringt sich, wie nachgewiesen ist, nicht etwa unbedingt auf, welches völlig unbegreiflich wäre, und den Begriff einer Intelligenz aufhöbe, noch vermittelst eines Gefühles oder dess etwas, sondern er ist die Bedingung, die nothwendige *Weise* eines freien Denkens. Sonach ist es das Ich selbst, das sich in dieses ganze Verhältniss einer Gesetzmässigkeit bringt, und die Vernunft ist sonach in jeder Rücksicht ihr eigenes Gesetz.

Hier lässt sich auch klar, wie mir es scheint, einsehen, wie die Vernunft *praktisch* seyn könne, und wie diese praktische Vernunft gar nicht das so wunderbare und unbegreifliche Ding sey, für welches sie zuweilen angesehen wird, gar nicht etwa eine zweite Vernunft sey, sondern dieselbe, die wir als theoretische Vernunft alle gar wohl anerkennen.

Die Vernunft ist nicht ein Ding, das *da sey* und *bestehe,* sondern sie ist Thun, lauteres, reines Thun. Die Vernunft schaut sich selbst an: dies kann sie und thut sie, eben weil sie Vernunft ist; aber sie kann sich nicht anders finden, denn sie ist: als ein Thun. Nun ist sie *endliche* Vernunft, und alles, was sie vorstellt, wird ihr, indem sie es vorstellt, endlich und bestimmt; sonach wird auch, lediglich durch die Selbstanschauung und das Gesetz der Endlichkeit, an welches diese gebunden ist, ihr ihr Thun ein bestimmtes. Aber Bestimmtheit eines reinen Thuns, als solchen, giebt kein Seyn, sondern ein Sollen. So ist die Vernunft *durch sich selbst bestimmend ihre Thätigkeit;* aber — *eine Thätigkeit bestimmen,* oder *praktisch seyn,* ist ganz dasselbe. — In einem gewissen Sinne ist es von jeher der Vernunft zugestanden worden, dass sie praktisch sey; in dem Sinne, dass sie die *Mittel* für irgend einen ausser ihr, etwa durch unser Naturbedürfniss oder durch unsere freie Willkür, gegebenen Zweck finden müsse. In dieser Bedeutung heisst sie *technisch-praktisch.* Von uns wird behauptet, dass die Vernunft schlechthin aus sich selbst und durch sich selbst einen *Zweck* aufstelle; und insofern ist sie *schlechthin* praktisch. Die praktische Dignität der Vernunft ist ihre *Absolutheit* selbst;

ihre Unbestimmbarkeit durch irgend etwas ausser ihr, und vollkommene Bestimmtheit durch sich selbst. Wer diese Absolutheit nicht anerkennt — man kann sie nur in sich selbst durch Anschauung finden —, sondern die Vernunft für ein blosses Räsonnir-Vermögen hält, welchem erst Objecte von aussen gegeben seyn müssten, ehe es sich in Thätigkeit versetzen könne; dem wird es immer unbegreiflich bleiben, wie sie schlechthin praktisch seyn könne, und er wird nie ablassen zu glauben, dass die Bedingungen der Ausführbarkeit des Gesetzes vorher erkannt seyn müssen, ehe das Gesetz angenommen werden könne.

(Die Aussichten auf ein Ganzes der Philosophie, welche sich von hieraus darbieten, sind mannigfaltig. Ich kann mir nicht versagen, wenigstens eine derselben anzuzeigen. — Die Vernunft bestimmt durch sich selbst ihr Handeln, weil sie sich selbst anschauend, und endlich ist. Dieser Satz hat eine doppelte Bedeutung, da das Handeln der Vernunft von zwei Seiten angesehen wird. In einer Sittenlehre wird er nur auf das vorzugsweise so genannte Handeln bezogen, das von dem Bewusstseyn der Freiheit begleitet ist, und daher selbst auf dem gemeinen Gesichtspuncte für ein Handeln anerkannt wird; das *Wollen* und *Wirken*. Aber der Satz gilt ebensowohl von dem Handeln, welches man als ein solches nur auf dem transscendentalen Gesichtspuncte findet, dem Handeln *in der Vorstellung*. Das Gesetz, welches die Vernunft ihr selbst für das erstere giebt, das Sittengesetz, wird von ihr selbst nicht nothwendig befolgt, weil es sich an die Freiheit richtet; dasjenige, welches sie sich für das letztere giebt, das Denkgesetz, wird nothwendig befolgt, weil die Intelligenz in Anwendung desselben, obwohl thätig, doch nicht freithätig ist. Das ganze System der Vernunft sonach, sowohl in Ansehung dessen, das da seyn *soll,* und dessen, das zufolge dieses Sollens als seyend schlechthin postulirt wird, nach der ersteren Gesetzgebung; als in Ansehung dessen, das als seyend unmittelbar gefunden wird, nach der letzteren Gesetzgebung, ist durch die Vernunft selbst, als nothwendig, im voraus bestimmt. Was aber die Vernunft selbst, nach ihren eigenen Gesetzen zusammengesetzt hat, sollte sie ohne Zweifel nach denselben Gesetzen auch wieder auflösen können: oder die Vernunft erkennt nothwendig sich selbst vollständig, und es ist eine Analyse ihres gesammten Verfahrens, oder ein System der Vernunft möglich. — So greift in unserer Theorie alles ineinander, und die nothwendige Voraussetzung ist nur unter Bedingung solcher Resultate, und keiner anderen, möglich. Entweder, alle Philosophie muss aufgegeben, oder die absolute Autonomie der Vernunft muss zugestanden werden. Nur unter dieser Voraussetzung ist der Begriff einer Philosophie vernünftig. Alle Zweifel oder alles Abläugnen der Möglichkeit eines Vernunft-Systems gründen sich auf die Voraussetzung einer *Heteronomie;* auf die Voraussetzung, dass die Vernunft durch etwas ausser ihr selbst bestimmt seyn könne. Aber diese Voraussetzung ist schlechthin vernunftwidrig; — ein Widerstreit gegen die Vernunft.)

Beschreibung des Princips der Sittlichkeit nach dieser Deduction.

Das Princip der Sittlichkeit ist der nothwendige Gedanke der Intelligenz, dass sie ihre Freiheit nach dem Begriffe der Selbstständigkeit, schlechthin ohne Ausnahme, bestimmen solle.

Es ist ein *Gedanke,* keinesweges ein Gefühl oder eine Anschauung, wiewohl dieser Gedanke sich auf die intellectuelle Anschauung der absoluten Thätigkeit der Intelligenz gründet: ein *reiner* Gedanke, dem nicht das geringste von Gefühl oder von sinnlicher Anschauung beigemischt seyn kann, da er der unmittelbare Begriff der reinen Intelligenz von sich selbst, als solcher, ist; ein *nothwendiger* Gedanke, denn er ist die Form, unter welcher die Freiheit der Intelligenz gedacht wird; der *erste* und *absolute* Gedanke, denn da er der Begriff des denkenden selbst ist, so gründet er sich auf keinen anderen Gedanken, als Folge auf seinen Grund, und ist durch keinen anderen bedingt.

Der Inhalt dieses Gedankens ist, dass das freie Wesen *solle;* denn *Sollen* ist eben der Ausdruck für die Bestimmtheit der Freiheit; dass es seine Freiheit unter ein *Gesetz* bringen solle; dass dieses Gesetz kein anderes sey, als *der Begriff der absoluten Selbstständigkeit* (absolute Unbestimmbarkeit durch irgend etwas ausser ihm); endlich, dass dieses Gesetz *ohne Ausnahme* gelte, weil es die ursprüngliche Bestimmung des freien Wesens enthält.

Transscendentale Ansicht dieser Deduction.

Wir sind in unserem Räsonnement ausgegangen von der Voraussetzung, dass das Wesen des Ich in seiner Selbstständigkeit, oder, da diese Selbstständigkeit nur unter gewissen noch nicht aufgezeigten Bedingungen als etwas wirkliches gedacht werden kann, in seiner Tendenz zur Selbstständigkeit bestehe. Wir haben untersucht, wie unter dieser Voraussetzung das sich selbst denkende Ich sich werde denken müssen. Wir gingen sonach aus von einem objectiven Seyn des Ich. Ist denn nun das Ich, an sich etwas objectives, ohne Beziehung auf ein Bewusstseyn? War denn z. B. das von uns §. 1. aufgestellte auf kein Bewusstseyn bezogen? Ohne Zweifel wurde es auf das unserige bezogen, die wir philosophirten. Jetzt beziehe man dasselbe auf das Bewusstseyn des ursprünglichen Ich; und nur zufolge dieser Beziehung sieht man unsere Deduction aus dem richtigen Gesichtspuncte an. Sie ist nicht dogmatisch, sondern transscendental-idealistisch. Wir wollen nicht etwa ein Denken aus einem Seyn an sich folgern; denn das Ich ist nur für sein Wissen, und in seinem Wissen. Es ist vielmehr von einem ursprünglichen Systeme des Denkens selbst, einer ursprünglichen Verkettung der Vernunftaussprüche unter sich selbst und mit sich selbst die Rede. — Das Vernunftwesen setzt sich absolut selbstständig, weil es selbstständig ist, und es ist selbstständig, weil es sich so setzt; es ist in dieser Beziehung Subject-Object = X. Wie es sich nun so setzt, setzt es sich theils frei, in der oben bestimmten Bedeutung des Wortes, theils ordnet es seine Freiheit unter, dem Gesetze der Selbstständigkeit. Diese Begriffe sind der Begriff seiner Selbstständigkeit, und der Begriff der Selbstständigkeit enthält diese Begriffe: beides ist völlig Eins und dasselbe.

Gewisse Misverständnisse und Einwendungen machen noch die folgende Erinnerung nöthig. — Es wird nicht etwa behauptet, dass wir auf dem gemeinen Gesichtspuncte uns des Zusammenhanges des abgeleiteten Gedankens mit seinen Gründen bewusst würden. Es ist ja bekannt, dass die Einsicht in die Gründe der Thatsachen des Bewusstseyns lediglich der Philosophie angehöre, und nur vom transscendentalen Gesichtspuncte aus möglich sey. — Es wird ebensowenig behauptet, dass dieser Gedanke mit der Allgemeinheit und in der Abstraction, als wir ihn abgeleitet haben, unter den Thatsachen des gemeinen Bewusstseyns vorkomme; dass man sich, ohne weiteres Zuthun des freien Nachdenkens, eines solchen Gesetzes für seine *Freiheit überhaupt* bewusst werde. Lediglich durch philosophische Abstraction erhebt man sich zu dieser Allgemeinheit; und man nimmt diese Abstraction vor, um die Aufgabe bestimmt aufstellen zu können. Im gemeinen Bewusstseyn kommt ja lediglich ein bestimmtes, keinesweges aber ein abstractes Denken als Thatsache vor; indem ja alle Abstraction ein freies Handeln der Intelligenz voraussetzt. Es wird daher lediglich dies behauptet: wenn man *bestimmte* Handlungen — es versteht sich reelle, nicht etwa lediglich ideale — als frei denke, werde sich uns damit zugleich der Gedanke aufdringen, dass sie auf eine gewisse Art eingerichtet werden *sollten.* Ja gesetzt auch, man komme nie in die Lage, diese Erfahrung beim Denken seiner *eigenen* Handlungen zu machen, weil man immer durch Leidenschaften und Begierden getrieben, und seiner Freiheit nie recht inne werde; so werde man wenigstens bei Beurtheilung der frei gedachten Handlungen anderer dieses Princip in sich entdecken. Wenn sonach jemand für seine Person das Bewusstseyn des Sittengesetzes, als Thatsache seiner inneren Erfahrung von sich selbst, abläugnet, so kann derselbe gegen einen sich selbst nicht genug verstehenden Verfechter dieser Thatsache völlig rechthaben, wenn etwa ein allgemein ausgedrücktes Sittengesetz unter jener Thatsache verstanden werden soll, dergleichen seiner Natur nach schlechterdings nicht unmittelbare Thatsache seyn kann. Sollte er aber das, was wir behaupteten, bestimmte Aussprüche dieses Gesetzes über einzelne freie Handlungen, abläugnen, so würde sich ihm gar leicht, wenigstens bei der Beurtheilung anderer, wenn er gerade unbefangen ist und an sein philosophisches System nicht denkt, ein Widerspruch seines Verfahrens mit seiner Behauptung nachweisen lassen. Er wird z. B. doch nicht unwillig, und erzürnt sich nicht über die Flamme, die sein Haus verzehrte, wohl aber über den, der sie anlegte oder verwahrlosete. Wäre er nicht ein Thor, sich über ihn zu erzürnen, wenn er nicht voraussetzte, dass derselbe auch anders hätte handeln können, und dass er anders hätte handeln sollen?

Zweites Hauptstück.

Deduction der Realität und Anwendbarkeit des Princips der Sittlichkeit.

Vorerinnerung zu dieser Deduction.

1) Was heisst denn überhaupt die Realität oder Anwendbarkeit eines Princips, oder, welches in diesem Zusammenhange gleichgeltend ist, eines Begriffes? Und welche Realität insbesondere kann dem Begriffe der Sittlichkeit zukommen?

Ein Begriff hat Realität und Anwendbarkeit, heisst: unsere Welt, — es versteht sich für uns, die Welt unseres Bewusstseyns — wird durch ihn in einer gewissen Rücksicht bestimmt. Er gehört unter diejenigen Begriffe, durch welche wir Objecte denken, und es giebt in diesen für uns gewisse Merkmale, darum, weil wir sie durch diesen Begriff, durch diese Denkweise, denken. Die *Realität* eines Begriffes aufsuchen, heisst sonach: untersuchen, wie und auf welche Weise durch ihn Objecte bestimmt werden. — Ich will dies durch einige Beispiele deutlicher machen.

Der Begriff der *Causalität* hat Realität, denn durch ihn entsteht in den mannigfaltigen Objecten meiner Welt ein bestimmter Zusammenhang, zufolge dessen im Denken von einem zum anderen fortzugehen ist; von dem bewirkten, als solchem, auf die Ursache, von dem als Ursache bekannten, auf das bewirkte zu schliessen ist; das Denken des einen im Gedanken des anderen in gewisser Rücksicht schon mitgedacht wird. Der Begriff des *Rechts* hat Realität. Ich denke in dem unendlichen Umfange der Freiheit (des *Freiseyns*, als eines objectiven, denn nur unter dieser Bedingung befinde ich mich auf dem Gebiete des Rechtsbegriffs) meine Sphäre nothwendig beschränkt, denke sonach Freiheit oder freie Wesen ausser mir, mit welchen ich durch die gegenseitige Beschränkung in Gemeinschaft komme. Durch jenen Begriff sonach entstehet mir erst eine Gemeinschaft freier Wesen.

Nun findet sich aber in der Bestimmung unserer Welt durch die beiden angeführten Begriffe ein merkwürdiger Unterschied, auf welchen ich sogleich aufmerksam machen will; indem die Frage, um deren Beantwortung es uns hier eigentlich zu thun ist, dadurch vortrefflich vorbereitet wird. Es fliesst aus beiden Begriffen ein apodiktisch gültiger theoretischer Satz: jede Wirkung hat ihre Ursache — alle Menschen, als solche, haben Rechte, von Rechtswegen nemlich. Aber auf meine Praxis bezogen, kann mir gar nicht einfallen, eine Wirkung ihrer Ursache zu berauben; ich kann mir dieses weder denken, noch es wollen, noch vermag ich es. Einen Menschen hingegen wider sein Recht zu behandeln, kann ich mir gar wohl denken, ich kann es wollen, und habe sehr oft dazu auch das physische Vermögen. — Man bemerke wohl: ich kann die theoretische Ueberzeugung, dass der andere denn doch, ohnerachtet meiner rechtswidrigen Behandlung, Rechte habe, nicht verläugnen, noch mich ihrer entledigen, aber diese Ueberzeugung führt keinen praktischen Zwang bei sich: da hingegen die Ueberzeugung, dass jede Wirkung ihre Ursache habe, alle ihr entgegengesetzte Praxis gänzlich aufhebt.

Gegenwärtig ist vom Principe oder Begriffe der *Sittlichkeit* die Rede. Dieser ist nun schon, an und für sich, als bestimmte Denkform, als die einzig mögliche Weise unsere Freiheit zu denken, abgeleitet worden; es ist sonach allerdings schon jetzt etwas in unserem Bewusstseyn durch ihn bestimmt, das Bewusstseyn unserer Freiheit. Aber dies ist nur sein unmittelbar bestimmtes. Nun könnte vermittelst dieses Begriffes der Freiheit noch einiges andere mittelbar durch ihn bestimmt werden; und davon eben ist hier die Frage.

Der Begriff der Sittlichkeit bezieht, zufolge seiner Deduction, sich gar nicht auf etwas, das da ist, sondern auf etwas, das da seyn soll. Er geht rein aus dem Wesen der Vernunft hervor, ohne alle fremde Beimischung, und fordert nichts, als Selbstständigkeit; nimmt auf keine Erfahrung Rücksicht, und widerstreitet vielmehr aller Bestimmung durch irgend etwas aus der Erfahrung geschöpftes. Wenn von seiner Realität geredet wird, so kann dies nicht, — wenigstens nicht *vors erste*, — die Bedeutung haben, dass durch sein blosses Denken zugleich in der Welt der Erscheinungen etwas realisirt werde. Das Object dieses Begriffes, d. h. dasjenige, was durch das Denken nach ihm uns entsteht (S. die Einleitung in unser Naturrecht), kann nur eine *Idee* seyn; ein blosser Gedanke *in uns*, von welchem gar nicht vorgegeben wird, dass ihm in der wirklichen Welt *ausser uns* etwas entspreche. Es entstünde sonach vors erste die Frage: welches ist denn nun diese Idee; oder, da ja Ideen nicht aufgefasst werden können, welches ist die Art und Weise, sie zu beschreiben? (Ich setze als bekannt voraus, dass Ideen unmittelbar nicht gedacht werden können, so wie oben das Ich als Subject-Object = X nicht gedacht werden konnte: aber dass allerdings die Art und Weise angegeben werden kann, wie man im Denken verfahren sollte, aber eben nicht vermag, um sie zu fassen: so wie oben allerdings angegeben werden konnte, dass man Subject und Object schlechterdings als Eins denken sollte. Ideen sind *Aufgaben* eines Denkens; und nur, inwiefern wenigstens die Aufgabe begriffen werden kann, kommen sie in unserem Bewusstseyn vor.) Oder, es entsteht, um das obige populär auszudrücken, die Frage: wir sollen schlechthin, sagt man uns: *was* sollen wir denn nun schlechthin?

2) Das zufolge des Begriffes der Sittlichkeit gedachte oder das durch ihn bestimmte Object, ist die Idee dessen,

was wir thun sollen. Aber wir können nichts thun, ohne ein Object unserer Thätigkeit in der Sinnenwelt zu haben. Woher dieses Object, und wodurch wird es bestimmt?

Ich *soll* etwas, heisst: ich soll dasselbe ausser mir hervorbringen; oder, wenn ich auch, da es ohne Zweifel mir ein unendliches Ziel setzt, indem es nie *ist,* sondern immer nur *seyn soll,* es nie vollständig realisiren könnte, so soll ich doch immer so wirken, dass ich mich auf dem Wege der Annäherung zu meinem Ziele befinde. Ich soll also doch manches, das auf diesem Wege liegt, wirklich hervorbringen.

Aber ich muss immer einen Stoff meiner Thätigkeit haben, weil ich endlich bin; oder, was dasselbe heisst: ich kann das, was von mir gefordert wird, nicht aus Nichts hervorbringen.

Mithin müsste es etwas in der Sinnenwelt geben, *auf welches* ich zu handeln hätte, um der Realisation jener an sich unendlichen und unerreichbaren Idee mich anzunähern. Welches ist denn nun dieses Gebiet der Sinnenwelt, auf welches die Anforderungen des Sittengesetzes an mich sich beziehen? Wie soll ich dieses Gebiet überhaupt erkennen, und systematisch erkennen? Wie soll ich insbesondere erkennen, *wie* ich nach dem Gesetze jedes bestimmte Object in diesem Gebiete, — wie ich gerade dieses A und dieses B u. s. f. zu bearbeiten habe?

Soviel ergiebt sich zuvörderst unmittelbar, dass dasjenige, was ich bearbeiten soll, von mir muss bearbeitet werden *können,* dass ich physisches Vermögen zu der geforderten Bearbeitung haben muss. — Was von dem transscendentalen Gesichtspuncte aus physisches Vermögen überhaupt heissen möge, davon tiefer unten. Hier zuvörderst nur soviel:

Das freie Wesen handelt als Intelligenz, d. i. nach einem vor der Wirkung vorher von der Wirkung entworfenen Begriffe. Das zu bewirkende muss daher wenigstens so beschaffen seyn, dass es überhaupt durch die Intelligenz gedacht werden könne, und insbesondere, dass es als seyend oder nichtseyend (als zufällig seinem Seyn nach) gedacht werde, unter welchem Seyn oder Nicht-Seyn desselben dann die freie Intelligenz bei Entwerfung ihres Zweckbegriffes wähle. Hierdurch ist uns schon eine Sphäre angezeigt, in welcher allein wir das durch unsere Causalität physisch mögliche aufzusuchen haben, indem ein beträchtlicher Theil des seyenden durch die gemachte Bemerkung ausgeschlossen wird, Nemlich einiges in unserer Welt erscheint uns als nothwendig: und wir können es nicht anders denken, mithin auch, da das Wollen an die Denkgesetze gebunden ist, und ihm ein Begriff vorhergeht, auch nicht anders wollen. Einiges hingegen erscheint uns in seinem Seyn als zufällig. Ich kann z. B. nichts ausser allem Raume setzen wollen, denn ich kann ausser dem Raume nichts denken; wohl aber kann ich ein Ding an einem *anderen* Orte im Raume denken, als dem, den es gegenwärtig wirklich einnimmt, und ebenso kann ich auch den Ort desselben verändern *wollen*.

Eine gründliche und vollständige Philosophie hat den Grund aufzuzeigen, warum auf diese Weise einiges uns als zufällig erscheine; wodurch denn auch zugleich die Grenze und der Umfang dieses zufälligen bestimmt wird. Freilich sind bis jetzt diese Fragen nicht einmal aufgeworfen, vielweniger beantwortet.

Was uns in dieser Forschung leiten kann, ist die Bemerkung, dass das Merkmal der Zufälligkeit sonst ein Zeichen ist, dass etwas als Product unserer Freiheit gedacht werde; wenigstens alle Producte unserer Freiheit als zufällig gedacht werden (wie denn in unserer Wissenschaftslehre dieser Satz aufgestellt, und erwiesen ist). So wird z. B. die Vorstellung in Beziehung auf das Seyn des vorgestellten als zufällig gedacht; das letztere könnte, meinen wir, immer seyn, wenn es auch nicht vorgestellt würde; und dies darum, weil wir die Vorstellung ihrer Form nach als ein Product der absoluten Freiheit des Denkens, ihrer Materie nach als ein Product der Nothwendigkeit desselben finden.

Es dürfte sich etwa nach dieser Analogie ergeben, dass *alles* zufällige in der Welt der Erscheinungen in einem gewissen Sinne aus dem Begriffe der Freiheit herzuleiten, und als ihr Product zu betrachten sey. Wenn dieser Satz sich bestätigen sollte, was könnte er wohl bedeuten? Keinesweges bloss soviel, dass diese Objecte durch die ideale Thätigkeit der Intelligenz, in ihrer Function als productiver Einbildungskraft, gesetzt würden; denn dies wird in einer Sittenlehre aus der Grundlage aller Philosophie als bekannt vorausgesetzt, und gilt nicht nur für die als zufällig, sondern auch für die als nothwendig gedachten Objecte unserer Welt. Keinesweges aber auch dieses, dass sie als Producte unserer *reellen* praktischen Wirksamkeit in der Sinnenwelt gesetzt würden; denn dies widerspricht ja der Voraussetzung, dass sie als wirklich ohne unser Zuthun vorhandene Dinge angesehen werden. Der problematisch aufgestellte Satz müsste sonach etwa diese in der Mitte liegende Bedeutung haben, dass unsere Freiheit selbst *ein theoretisches Bestimmungsprincip unserer Welt wäre.* Wir sagen einige Worte zur Erläuterung. Unsere Welt ist schlechthin nichts anderes, als das Nicht-Ich, ist gesetzt, lediglich um die Beschränktheit des Ich zu erklären, und erhält sonach alle ihre Bestimmungen nur durch Gegensatz gegen das Ich. Nun soll unter anderen, oder vielmehr vorzugsweise, dem Ich das Prädicat der Freiheit zukommen; es muss sonach ja wohl auch durch dieses Prädicat das Entgegengesetzte des Ich, die Welt, bestimmt werden. Und so gäbe der Begriff des *Freiseyns* ein theoretisches Denkgesetz ab, das mit Nothwendigkeit herrschte über die ideale Thätigkeit der Intelligenz.

Beispiele dieser Art der Bestimmung unserer Objecte haben wir schon in einer anderen Wissenschaft gefunden, in der Rechtslehre. Weil ich frei bin, setze ich die Objecte meiner Welt als modificabel, schreibe ich mir einen Leib zu, der durch meinen blossen Willen nach meinem Begriffe in Bewegung gesetzt wird, nehme ich Wesen meines gleichen ausser mir an, u. dergl. Nur müsste hier die Untersuchung weiter zurückgeführt, und die Beweise jener Behauptung noch tiefer geschöpft werden, da wir hier gerade bei dem letzten, ursprünglichsten aller Vernunft stehen.

Wenn sich diese Muthmaassung, dass ein Theil unserer vorgefundenen Welt durch die Freiheit, als theoretisches Princip, bestimmt sey, bestätigen, und es sich finden sollte, dass gerade dieser Theil die Sphäre der Objecte unserer Pflichten ausmachte, so würde das Gesetz der Freiheit, als praktisches Gesetz an das Bewusstseyn gerichtet, nur fortsetzen, was dasselbe, als theoretisches Princip, ohne Bewusstseyn der Intelligenz selbst angefangen hätte. Es hätte sich selbst durch sich selbst die Sphäre, in welcher es herrschte, bestimmt; es könnte nichts aussagen in seiner jetzigen Qualität, was es nicht schon ausgesagt hätte in seiner vorigen. Dieses Gesetz bestimmte zuerst etwas schlechthin, dieses Etwas würde durch dasselbe, als so oder so beschaffen *gesetzt:* dann *erhielte* es dasselbe auch im Fortgange der Zeit in derselben Beschaffenheit, vermittelst unserer unter seinem Gebiete stehenden praktischen Freiheit; und der Inhalt desselben in seiner praktischen Function liesse sich auch so ausdrücken: handle deiner Erkenntniss von den ursprünglichen Bestimmungen (den Endzwecken) der Dinge ausser dir gemäss. Z. B. theoretisch fliesst aus dem Begriffe meiner Freiheit der Satz: jeder Mensch ist frei. Derselbe Begriff, praktisch betrachtet, gäbe das Gebot: du sollst ihn schlechthin als freies Wesen behandeln. Oder, der theoretische Satz heisst: mein Leib ist Instrument meiner Thätigkeit in der Sinnenwelt; derselbe, als praktisches Gebot betrachtet, würde so heissen: behandle deinen Leib nur als Mittel zum Zwecke deiner Freiheit und Selbstthätigkeit, keinesweges aber als selbst Zweck, oder als Object eines Genusses.

Und so erhielte denn, wenn nemlich dieses alles sich bestätigte, das Princip der Sittlichkeit noch eine ganz andere Realität und objective Bedeutung, als die vorher angeführte; und die oben angezeichnete Frage: woher denn die Objecte für die geforderte Thätigkeit, und welches ist denn das Erkenntniss-Princip derselben, wäre beantwortet. Das Princip der Sittlichkeit selbst wäre zugleich ein theoretisches Princip, das als solches sich die *Materie,* den bestimmten Inhalt des Gesetzes, und als praktisches sich die *Form* des Gesetzes, das Gebot gäbe. Dieses Princip ginge in sich selbst zurück, stünde mit sich selbst in Wechselwirkung; und wir erhielten ein vollendetes, befriedigendes System aus Einem Puncte. Es hätte etwas ausser uns diesen Endzweck, darum, weil wir es so behandeln sollten; und wir sollten es so behandeln, darum, weil es diesen Endzweck hätte. Wir hätten die gesuchte *Idee* dessen, *was wir sollten,* und das *Substrat, in welchem* wir uns der Realisation dieser Idee annähern sollten, zugleich gefunden.

3) Was bedeutet überhaupt der Begriff eines physischen Vermögens zu einer Wirksamkeit auf Objecte; und wie entsteht uns dieser Begriff?

Zuvörderst: wessen sind wir uns denn eigentlich bewusst, wenn wir uns unseres Wirkens in der Sinnenwelt bewusst zu seyn glauben? Was kann in diesem unmittelbaren Bewusstseyn liegen, und was kann nicht in ihm liegen? — Wir sind uns unmittelbar bewusst unseres Begriffes vom Zwecke, des eigentlichen Wollens; einer absoluten Selbstbestimmung, wodurch gleichsam das ganze Gemüth auf einen einzigen Punct zusammengefasst wird. Wir werden uns ferner unmittelbar bewusst der Realität und wirklichen Empfindung des vorher nur im Zweckbegriffe gedachten Objectes, als eines in der Sinnenwelt wirklich gegebenen. (Es dürfte jemand vorläufig einreden: auch der *Arbeit* des Hervorbringens, die zwischen dem Entschlusse des Willens und seiner Realisation in der Sinnenwelt in die Mitte fällt, sind wir uns bewusst. Ich antworte: dies ist kein besonderes Bewusstseyn, sondern lediglich das schon angezeigte allmähliche Bewusstseyn unserer Befriedigung. Von der Fassung des Entschlusses geht diese an, und successiv fort, indem das Wollen successiv fortgesetzt wird, bis zur *vollständigen* Ausführung unseres Zweckbegriffes. Also — dieses Bewusstseyn ist nur die synthetische Vereinigung der aufgezeigten beiden Arten des Bewusstseyns, des Wollens, und des gewollten, als eines wirklichen.)

Keinesweges bewusst sind wir uns *des Zusammenhanges* zwischen unserem Wollen und der Empfindung der Realität des gewollten. — Unserer Behauptung zufolge soll unser Wille die Ursache dieser Realität seyn. Wie mag dieses zugehen? Oder, wenn wir, wie es sich gebührt, die Frage transscendental ausdrücken: wie mögen wir dazu kommen, diese sonderbare Harmonie zwischen einem Zweckbegriffe und einem wirklichen Objecte ausser uns anzunehmen, deren Grund keinesweges im letzteren, sondern im ersteren liegen soll? — Dass ich die Frage selbst durch Gegensetzung deutlicher mache. Der Erkenntnissbegriff soll seyn ein *Nachbild* von etwas ausser uns; der *Zweckbegriff* ein *Vorbild* für etwas ausser uns. Gleichwie dort billigerweise die Frage entsteht nach dem Grunde, nicht der Harmonie *an sich,* — denn dieses hätte keinen Sinn, indem Einheit und Harmonie zwischen Entgegengesetzten nur insofern ist, inwiefern sie gedacht wird durch eine Intelligenz, — sondern der *Annahme* einer solchen Harmonie *des Begriffes als zweitem, mit dem Dinge als erstem;* so wird hier umgekehrt gefragt nach dem Grunde der Annahme einer Harmonie *des Dinges als zweitem, mit dem Begriffe als erstem.*

Dort wurde die Frage so beantwortet: beide sind Eins und ebendasselbe; nur angesehen von verschiedenen Seiten: der Begriff, wenn er nur ein der Vernunft nothwendiger ist, ist selbst das Ding, und das Ding nichts anderes, als der nothwendige Begriff von ihm. Wie wenn wir hier eine ähnliche Antwort erhielten, — und dasjenige, was wir ausser uns hervorgebracht zu haben glauben, nichts anderes wäre, als unser Zweckbegriff selbst, angesehen von einer gewissen Seite; nur, dass diese Harmonie lediglich unter einer gewissen Bedingung stattfände, und wir von dem, was unter dieser Bedingung steht, sagten: dieses können wir; von dem was nicht darunter steht, sagten: dieses können wir nicht?

Was ich wollte, ist, wenn es wirklich wird, Object einer Empfindung. Es muss sonach ein *bestimmtes Gefühl* vorhanden seyn, zufolge dessen es gesetzt wird, da alle Realität für mich nur unter dieser Bedingung stattfindet. Mein *Wollen* wäre sonach in diesem Falle von einem, auf das Gewollte sich beziehenden *Gefühle* begleitet; durch welche Ansicht wir soviel gewinnen, dass die Sphäre unserer Untersuchung lediglich in das Ich fällt; wir nur von dem zu reden haben, was in uns selbst vorgeht, keineswegs von dem, was ausser uns vorgehen soll.

Gefühl ist immer der Ausdruck unserer *Begrenztheit;* sonach auch hier. Nun ist in unserem Falle insbesondere ein Uebergang von einem Gefühle, bezogen auf das Object, wie es ohne unser Zuthun seyn sollte, zu einem anderen Gefühle, bezogen auf dasselbe Object, wie es durch unsere Wirksamkeit modificirt seyn soll. Es ist sonach, da das letztere Product unserer Freiheit seyn soll, ein Uebergang aus einem begrenzten zu einem minder begrenztem Zustande.

Und jetzt können wir unsere Aufgabe bestimmter so ausdrücken: *wie hängt mit einer Selbstbestimmung durch Freiheit (einem Wollen) eine wirkliche Erweiterung unserer Grenzen zusammen;* oder, transscendental ausgedrückt: *wie kommen wir dazu, eine solche Erweiterung anzunehmen?*

Jene Annahme einer neuen Realität ausser mir ist eine weitere Bestimmung meiner Welt; eine Veränderung derselben in meinem Bewusstseyn. Nun wird meine Welt bestimmt durch den Gegensatz mit mir, und zwar meine ursprünglich gefundene, ohne mein Zuthun vorhandenseyn sollende Welt durch den Gegensatz mit mir, wie ich mich nothwendig finde, nicht etwa, wie ich mich mit Freiheit mache: mithin müsste einer Veränderung — (einer veränderten Ansicht) meiner Welt, eine Veränderung (eine veränderte Ansicht) meiner selbst zum Grunde liegen.

Wenn ich sonach durch meinen Willen etwas in mir selbst verändern könnte, so würde dadurch nothwendig auch meine Welt verändert; und indem die Möglichkeit des ersteren angegeben wäre, wäre zugleich auch die Möglichkeit des zweiten erklärt. *Meine Welt* wird verändert, heisst: *Ich* werde verändert; *meine Welt* wird weiter bestimmt, heisst: *Ich* werde weiter bestimmt.

Jetzt ist die aufgeworfene Frage so zu fassen: was mag das heissen, und wie mag es sich denken lassen: *Ich verändere mich?* Ist nur diese Frage beantwortet, so ist die andere: wie mag ich meine Welt verändern können, ohne Zweifel schon mit beantwortet. — Indem ich überhaupt nur *will,* bestimme ich mich selbst, concentrire ich mein gesammtes Wesen von allem unbestimmten und lediglich bestimmbaren in einem einzigen bestimmten Puncte, wie soeben erinnert worden. Also: *ich* verändere *mich;* aber nicht aus allem Wollen erfolgt das Geschehen des gewollten. Sonach muss das durch jeden Willensact zu verändernde Ich, und dasjenige Ich, durch dessen Veränderung sich zugleich unsere Ansicht der Welt verändert, verschieden seyn, und aus der Bestimmung des ersteren die Bestimmung des letzteren nicht nothwendig folgen. Welches ist denn nun das Ich in der ersteren Bedeutung? Es ist aus dem obigen (§. 2) bekannt: dasjenige, welches durch die absolute Reflexion auf sich selbst sich losgerissen hat von sich selbst, und selbstständig hingestellt; das lediglich von seinem Begriffe abhängende. Was nur gedacht werden kann, dadurch*) kann das Ich in dieser Bedeutung bestimmt werden, da es in dieser Bedeutung ja ganz und lediglich unter der Botmässigkeit des Begriffs steht. — Ist denn nun noch ein anderes Ich da? Nach den oben gegebenen Erörterungen, ohne allen Zweifel: dasjenige, *von welchem* das jetzt beschriebene Ich, in welchem die Intelligenz als solche die Obergewalt hat, sich losgerissen, um sich selbstständig hinzustellen; das *objective*, strebende und treibende Ich. Nehme man an, dieses Streben gehe auf gewisse bestimmte Willensbestimmung aus, wie es ohne Zweifel muss, da es ja nur als ein bestimmtes Streben zu denken ist. Setze man eine Willensbestimmung durch Freiheit, die mit jenem Streben nicht zusammenfällt, durch dasselbe nicht gefordert wird; dergleichen Willensbestimmung man allerdings annehmen kann, da die Freiheit des Willens absolut unter keiner Bedingung steht, ausser der der Denkmöglichkeit, und von dem Einflusse des Triebes ausdrücklich sich losgerissen hat. In diesem Falle bliebe, dass ich mich so ausdrücke, die Ichheit getheilt, wie sie eben getheilt wurde; der Trieb fiele mit dem Willen nicht zusammen, und ich wäre lediglich meines Wollens, meines blossen leeren Wollens, mir bewusst. Ein Theil des Ich wäre verändert, der Zustand des Willens, nicht aber das ganze Ich; das treibende bliebe in demselben Zustande, in welchem es war; es bliebe unbefriedigt, da es ja ein solches Wollen, wie das hervorgebrachte, gar nicht, sondern ein ganz anderes gefordert hätte. Setze man im Gegen-

---

*) *nur* dadurch — *(Marg. des Verf.)*

theil, dass die Willensbestimmung dem Triebe gemäss sey, so findet jene Trennung nicht mehr statt; das ganze vereinigte Ich wird verändert, und nach dieser Veränderung ist auch unsere Welt anders zu bestimmen.

Um alle hier erhaltenen Ansichten zu vereinigen, thun wir einen Rückblick auf das oben gesagte. Nach dem soeben erwähnten ursprünglichen Streben, oder der Freiheit selbst als einem theoretischen Princip, könnte wohl, wie wir vermutheten, unsere Welt selbst in gewisser Rücksicht bestimmt werden. Wonach aber ein anderes bestimmt werden soll, das muss selbst bestimmt seyn. Es ist sonach in jenem Zusammenhange von der Freiheit, als einem objectiven, die Rede, sonach ganz richtig von dem ursprünglichen und wesentlichen Streben des Vernünftigen. Durch dieses sonach, als theoretisches Princip, wäre ursprünglich unsere Welt bestimmt, und es käme insbesondere durch dieses Princip in dieselbe die Zufälligkeit, also die Ausführbarkeit freier Entschliessungen.

Das Resultat alles problematisch aufgestellten würde sonach dieses seyn: der Grund des Zusammenhanges der Erscheinungen mit unserem Wollen ist der Zusammenhang unseres Wollens mit unserer Natur. Wir können dasjenige, wozu unsere Natur uns treibt, und können nicht, wozu sie uns nicht treibt, sondern wozu wir uns mit regelloser Freiheit der Einbildungskraft entschliessen. — Auch ist wohl zu bemerken, dass hier die Möglichkeit, dem Sittengesetze Genüge zu thun, nicht durch ein fremdes ausser ihm liegendes Princip (heteronomisch), sondern durch das Sittengesetz selbst (autonomisch) sich bestimmt finde.

Zur Vermeidung alles Misverständnisses ist noch dieses zu erinnern: dass jenes Treiben unserer Natur, welches unser physisches Vermögen bestimmt, nicht eben das Sittengesetz selbst seyn muss. Wir vermögen ja auch unmoralische Entschliessungen auszuführen. Es dürfte sonach hierin noch eine neue Grenzlinie zu ziehen seyn. Soviel aber lässt sich behaupten, dass dasjenige, was das letztere gebietet, innerhalb der Sphäre des ersteren fallen müsse; und somit ist gleich anfangs der Einwurf, dass es ja wohl unmöglich seyn könne, dem Sittengesetz Genüge zu leisten, abgewiesen.

Die Absicht dieser Vorerinnerung war die, zu sehen, was die gegenwärtig angekündigte Deduction zu leisten habe. Dieser Zweck ist erreicht. Es ist klar, dass in ihr folgende Hauptsätze zu erweisen seyen.

1) Das Vernunftwesen, welches nach dem vorigen Hauptstücke sich selbst als absolut frei und selbstständig setzen soll, kann dieses nicht, ohne zugleich auch seine Welt theoretisch auf eine gewisse Weise zu bestimmen. Jenes Denken seiner selbst, und dieses Denken seiner Welt geschehen durch denselben Act, und sind absolut Ein und ebendasselbe Denken; beides integrirende Theile einer und ebenderselben Synthesis. — Die Freiheit ist ein theoretisches Princip.

2) Die Freiheit, die auch als praktisches Gesetz im vorigen Hauptstück erwiesen wurde, bezieht sich auf jene Weltbestimmungen, und fordert, dieselben zu erhalten und zur Vollendung zu bringen.

§. 4.
Deduction eines Gegenstandes unserer Thätigkeit überhaupt.

Erster Lehrsatz.

Das Vernunftwesen kann sich kein Vermögen zuschreiben, ohne zugleich etwas ausser sich zu denken, worauf dasselbe gerichtet sey.

Vorerinnerung.

Alle in unserem ersten Hauptstücke aufgestellten Sätze sind lediglich formal, ohne alle materiale Bedeutung. Wir sehen ein, *dass* wir sollen; aber begreifen weder, *was* wir sollen, noch *worin* wir das gesollte darzustellen haben. Dies entsteht uns eben dadurch, wodurch überhaupt alles lediglich formale Philosophiren entsteht: wir haben abstracte Gedanken aufgestellt, und keinesweges concrete, wir haben eine Reflexion, als solche überhaupt, beschrieben, ohne sie zu bestimmen, d. i. ohne die Bedingungen ihrer Möglichkeit anzugeben. Dies war kein Fehler, da wir nach den Gesetzen des systematischen Vortrags so zu verfahren hatten, es selbst gar wohl wussten, dass wir so verführen, und nach Aufstellung dieser bloss formalen Sätze unsere Untersuchung keinesweges zu schliessen gedenken, als ob nunmehr alles geschehen sey.

Diese Bemerkung weist uns auch bestimmt unser gegenwärtiges Geschäft an: wir haben die Bedingungen der Möglichkeit der im vorigen Hauptstücke aufgestellten Reflexion anzugeben. Es wird sich finden, dass die zunächst aufzuzeigende Bedingung derselben wieder unter ihrer Bedingung stehe, und diese wieder unter der ihrigen u. s. f.; dass wir sonach eine ununterbrochene Kette von Bedingungen erhalten werden, die wir in eine Reihe von Lehrsätzen aufstellen wollen.

Dadurch ergiebt sich auch, dass, ohnerachtet wir mit diesem Hauptstücke auf einen anderen Boden kommen, dieses dennoch nicht etwa durch einen Sprung, sondern durch gleichmässiges Fortschreiten des systematischen Räsonnements geschieht, und dass wir gegenwärtig den Faden gerade da wieder aufheben, wo wir ihn zu Ende des vorigen Hauptstücks fallen liessen. Wir schreiben uns, so gewiss wir uns unserer selbst bewusst werden, ein absolutes Vermögen der Freiheit zu, wurde dort behauptet. Wie ist dieses möglich, wird gegenwärtig gefragt: und so knüpfen wir die aufzuzeigenden Bedingungen an das Bewusstseyn der Freiheit, und vermittelst desselben an das unmittelbare Selbstbewusstseyn; welche letztere Verknüpfung eben das Wesen einer philosophischen Deduction ausmacht.

Nun ist man auch, wie sich bald zeigen wird, bei den hier zu führenden Beweisen der inneren Anschauung seiner Thätigkeit, durch welche die zu untersuchenden Begriffe zu Stande gebracht werden, keinesweges überhoben. Wir hätten sonach, da die Beobachtung unserer Selbstthätigkeit allerdings in Anspruch genommen wird, unsere Sätze in diesem Hauptstücke ebensowohl als Aufgaben aufstellen und den oben stehenden Lehrsatz auch so ausdrücken können: das Vermögen der Freiheit bestimmt zu denken u. dergl. Aber, ohnerachtet schon die Absicht, die Freiheit der Methode zu zeigen, und unser System vor einem einförmigen Zuschnitte vor der Hand noch zu verwahren, uns hinlänglich entschuldigen könnte, hatten wir bei dieser Art der Aufstellung auch noch den Zweck, den Punct, auf welchen bei Bestimmung jenes Gedankens die Aufmerksamkeit zu richten ist, genau anzugeben; da es ja, wie sich zeigen wird, mehrere Bedingungen und Bestimmungen desselben giebt.

Erklärung.

Ohne Zweifel wird jederman, der die obenstehenden Worte vernimmt, sie so verstehen: Es ist schlechterdings unmöglich, dass jemand sein Vermögen der Freiheit denke, ohne zugleich etwas objectives sich einzubilden, auf welches er mit dieser Freiheit handele; sey es auch etwa kein bestimmter Gegenstand, sondern nur die blosse Form der Objectivität, eines Stoffes, auf den das Handeln gehe, überhaupt. So sind diese Worte denn auch allerdings zu verstehen, und sie bedürfen in dieser Rücksicht keiner Erklärung. In einer anderen Beziehung aber ist sowohl über die Form unserer Behauptung, der Bedingung, unter der sie gelten soll, als über die Materie, den Inhalt derselben, einige Erläuterung nöthig.

Was das erstere anbelangt, dürfte jemand sagen: Es ist ja soeben im ersten Hauptstücke gefordert worden, das blosse leere Vermögen der Freiheit, ohne alles Object zu denken, und wenn wir dieses nicht auch wirklich gekonnt hätten, so wäre bis hierher aller Unterricht, der uns angedeihen sollte, verloren gewesen. Ich antworte: ein anderes ist das abstracte Denken in der Philosophie, dessen Möglichkeit selbst durch die vorhergegangene Erfahrung bedingt ist: wir fangen unser Leben nicht an beim Speculiren, sondern wir fangen es eben beim Leben selbst an. Ein anderes ist das ursprüngliche und bestimmte Denken auf dem Gesichtspuncte der Erfahrung. Der Begriff der Freiheit, wie wir ihn oben hatten, kam für uns durch Abstraction, durch Analyse, zu Stande; wir hätten ihn aber so gar nicht zu Stande bringen können, wenn wir ihn nicht schon vorher gehabt hätten, als *gegeben* und zu seiner Zeit *gefunden*. Von diesem letzteren Zustande, als einem Zustande des *ursprünglichen,* nicht des *philosophirenden* Ich ist hier die Rede; und unsere Meinung ist die: du kannst dich nicht frei *finden,* ohne zugleich in demselben Bewusstseyn ein Object zu finden, auf welches deine Freiheit gehen solle.

Dann, es wird behauptet eine absolute Synthesis des Denkens, eines Vermögens und eines Objects; also eine *gegenseitige* Bedingtheit eines Denkens durch das andere. Es ist zuvörderst nicht etwa in der Zeit eins eher als das andere, sondern beides ist der Gedanke desselben Moments: es ist sogar, wenn man nur darauf sieht, dass beide *gedacht* werden, keine Abhängigkeit des einen Denkens vom anderen anzunehmen, sondern von jedem wird das Bewusstseyn zum anderen unwiderstehlich fortgetrieben. Sieht man aber darauf, *wie* beide gedacht werden, so ist das Denken der Freiheit ein unmittelbares Denken zufolge einer intellectuellen Anschauung, das Denken des Objects ein mittelbares. Das erstere wird nicht durch das letztere hindurch erblickt; wohl aber umgekehrt das letztere durch die erstere hindurch. Die Freiheit ist unser Vehiculum für die Erkenntniss der Objecte; nicht aber umgekehrt die Erkenntniss der Objecte das Vehiculum für die Erkenntniss unserer Freiheit.

Endlich: es ist zweierlei behauptet worden, theils, dass ein Object, das *ausser* der freien Intelligenz liegen solle, gedacht, theils, dass das freie Handeln darauf **bezogen** werde, und zwar so, dass nicht das Handeln durch das Object, sondern dass umgekehrt das Object durch das Handeln bestimmt werden solle. Es ist sonach in unserem Beweise zweierlei darzuthun: theils die Nothwendigkeit der *Entgegensetzung,* theils die der *Beziehung,* und zwar dieser *bestimmten* Beziehung.

B e w e i s.

1) Das Vernunftwesen kann sich kein Vermögen der Freiheit zuschreiben, ohne mehrere wirkliche und bestimmte Handlungen, als durch seine Freiheit möglich, zu denken.

Der letztere Satz sagt, was der erstere; beide sind identisch. Ich schreibe mir Freiheit zu, heisst eben: ich denke mehrere unter sich verschiedene Handlungen, als durch mich gleich möglich. Es bedarf zur Einsicht in die Wahrheit dieser Behauptung nichts weiter, als dass man seinen Begriff eines Vermögens der Freiheit analysire.

Ein Vermögen ist, nach obigem, schlechterdings nichts weiter, als ein Product des blossen Denkens, um an dasselbe, da die endliche Vernunft nur discursiv und vermittelnd denken kann, eine nicht ursprünglich gesetzte, sondern erst in der Zeit entstehende Wirklichkeit anknüpfen zu können. Wer unter dem Begriffe des Vermögens etwas anderes denkt, als ein solches blosses Mittel der Anknüpfung, der versteht sich selbst nicht. — Nun soll hier nicht etwa erst aus der Wirklichkeit auf das Vermögen

zurückgeschlossen werden, wie es wohl in anderen Fällen
häufig geschieht, sondern das Denken soll vom Vermögen,
als erstem und unmittelbarem, anheben. Dennoch lässt
auch unter dieser Bedingung das Vermögen sich nicht
denken, ohne dass zugleich auch die Wirklichkeit gedacht
werde, da beides synthetisch vereinigte Begriffe sind, und
ohne das Denken der letzteren kein Vermögen und überhaupt gar nichts gedacht würde. Ich sage ausdrücklich:
die Wirklichkeit muss *gedacht* werden, nicht etwa unmittelbar *wahrgenommen;* nicht etwa, — dass ich mich so
ausdrücke, — als *wirklich,* sondern lediglich als möglich
durch eine bloss ideale Function der Einbildungskraft,
entworfen werden. Wirklichkeit ist Wahrnehmbarkeit, Empfindbarkeit; diese wird nothwendig gesetzt, nicht etwa
ihrem Wesen nach, sondern nur ihrer Form nach: es wird
dem Ich das Vermögen zugeschrieben, Empfindbarkeit
hervorzubringen; aber auch nur das Vermögen, nicht etwa
die That. — Wie die Vernunft ursprünglich zu dieser
blossen Form kommen möge, diese Frage, die weiter unten zur Genüge erörtert werden wird, wird man uns hier
erlassen. Genug, *wir* können diese Form denken, und
vermittelst ihrer ein blosses Vermögen.

Nun soll hier ferner ein *freies* Vermögen gedacht werden,
keinesweges etwa ein bestimmtes, dessen Art der Aeusserung in seiner Natur liegt, wie etwa bei den Objecten.
Wie verfährt das Vernunftwesen, um sich ein solches zu
denken? Wir können dieses Verfahren lediglich beschreiben, und müssen jedem überlassen, durch eigene innere
Anschauung von der Richtigkeit dieser unserer Beschreibung sich selbst zu überzeugen.

Das Ich setzt sich selbst — (nur *idealiter,* es stellt sich
selbst nur so vor, ohne dass es wirklich und in der That
so ist, oder sich so *findet*) — das Ich setzt sich, als mit
Freiheit wählend unter entgegengesetzten Bestimmungen
der Wirklichkeit. Dieses Object = A, das etwa schon
ohne unser Zuthun bestimmt ist, könnte auch bestimmt
seyn = X, oder auch = — X, oder auch noch anders,

und so ins unendliche fort; — so führt das Ich sich gleichsam redend ein: — welche von diesen Bestimmungen ich wähle, oder ob ich überhaupt keine wähle, sondern A lasse, wie es ist, hängt lediglich ab von der Freiheit meines Denkens. Welche ich aber wählen werde, wird, wenn ich mich durch den Willen bestimme, sie hervorzubringen, wirklich für meine Wahrnehmung in der Sinnenwelt entstehen. — Nur inwiefern ich so mich setze, setze ich mich als frei, d. h. denke ich die Wirklichkeit als abhängig von meiner unter der Botmässigkeit des blossen Begriffs stehenden reellen Kraft; wie jeder, der diesen Gedanken bestimmt denken will, sich bald überzeugen wird.

Man bemerke, es ist in diesem Denken nicht etwa ein bestimmtes = X gedacht, das hervorgebracht werden solle, sondern es ist nur die Form der Bestimmtheit überhaupt gedacht, d. h. das blosse Vermögen des Ich, aus dem Zufälligen dieses oder jenes herauszugreifen und zum Zwecke sich zu setzen.

2) Das Vernunftwesen kann keine Handlung als wirklich denken, ohne etwas ausser sich anzunehmen, worauf diese Handlung gehe.

Man werfe noch einen aufmerksamen Blick auf die soeben beschriebene Weise, die Freiheit bestimmt zu denken. Ich denke in diesem Begriffe mich selbst, als wählend, sagte ich. Man richte jetzt seine Aufmerksamkeit lediglich auf dieses, als wählend vorgestellte Ich. Es ist ohne Zweifel denkend, *nur* denkend, also es wird ihm in dieser Wahl nur ideale Thätigkeit zugeschrieben. Aber es denkt ohne Zweifel etwas, schwebt über etwas, wodurch es gebunden ist; wie wir gewöhnlich dieses Verhältniss ausdrükken: es ist da ein *objectives,* denn nur vermittelst einer solchen Beziehung ist das Ich subjectiv und ideal. — Dieses objective ist nicht das Ich selbst, und kann nicht zum Ich gerechnet werden; weder zum *intelligenten,* als solchem, denn diesem wird es ja ausdrücklich entgegengesetzt, noch zum *wollenden* und *realiter thätigen,* denn dieses ist ja noch gar nicht in Action gesetzt, indem noch nicht gewollt, sondern nur die Wahl für den Willen beschrieben wird. Es ist nicht Ich, und dennoch auch nicht Nichts, sondern Etwas (Object der Vorstellung überhaupt, über seine wahre Realität oder Empfindbarkeit sind wir noch unentschieden); dieses heisst mit anderen Worten: es ist Nicht-Ich, es ist etwas ausser mir ohne mein Zuthun vorhandenes.

Dieses vorhandene wird nothwendig gesetzt, als fortdauernd und unveränderlich in allen Modificationen, deren Vermögen dem Ich durch den Begriff der Freiheit beigemessen wird. — Der Begriff der Freiheit beruht darauf, dass ich mir das Vermögen zuschreibe, X oder — X zu realisiren; also, *dass ich diese entgegengesetzten Bestimmungen, als entgegengesetzte, in einem und ebendemselben Denken* vereinige. Aber dies ist nicht möglich, wenn nicht in dem Denken der entgegengesetzten doch auch *dasselbe,* als dauernd im entgegengesetzten Denken, gedacht wird, an welchem die Identität des Bewusstseyns sich anhefte. Dieses identische nun ist nichts anderes, als dasjenige, wodurch das Denken selbst seiner Form nach möglich wird, *die Beziehung auf Objectivität überhaupt*; also gerade das nachgewiesene Nicht-Ich. Es wird als unverändert in allen denkbaren Bestimmungen durch Freiheit gedacht; denn nur unter dieser Bedingung lässt die Freiheit selbst sich denken. Es ist daher ein *ursprünglich gegebener* (d. i. durch das Denken seiner Form nach selbst gesetzter), ins unendliche modificirbarer *Stoff* ausser uns: dasjenige, worauf die Wirksamkeit geht; d. h. *was* in ihr (der Form nach) verändert wird, und selbst doch bleibt (der Materie nach).

Endlich: dieser Stoff wird auf die reelle Wirksamkeit bezogen, wie sie auf ihn: und er ist eigentlich nichts, als das Mittel, sie selbst zu denken. Die reelle Wirksamkeit wird durch ihn in der That eingeschränkt auf das blosse Formiren; ausgeschlossen aber vom Erschaffen oder Vernichten der Materie; und daher kommt ihm selbst, sowie

allem die reelle Wirksamkeit beschränkenden, Realität zu.
— *Es ist ein reelles Object unserer Thätigkeit ausser uns.*
Es ist sonach erwiesen, was erwiesen werden sollte.

---

§. 5.

Zweiter Lehrsatz.

Ebensowenig kann das Vernunftwesen sich ein Vermögen der Freiheit zuschreiben, ohne eine wirkliche Ausübung dieses Vermögens oder ein wirkliches freies Wollen in sich zu finden.

Vorerinnerung.

Noch steht unsere Deduction an derselben Stelle und bei demselben Gliede, bei welchem sie anhub. Wir schreiben uns ein Vermögen der Freiheit zu, ist oben erwiesen. Wie ist dieses Zuschreiben, diese Beilegung selbst möglich, ist die gegenwärtig zu beantwortende Frage. Die eine, *äussere* Bedingung dieser Beilegung, dass nemlich ein Object des freien Handelns gesetzt werde, ist aufgewiesen. Noch ist eine *innere* Bedingung derselben aufzuzeigen, die unseres eigenen Zustandes, in welchem allein sie möglich ist.

Einer Erklärung bedarf der obenstehende Satz nicht. Die Worte desselben sind deutlich; und sollten sie ja noch einige Zweideutigkeit übriglassen, so werden sie durch den Beweis selbst zur Genüge erklärt werden. Dass unter der in diesem, und allen künftigen Lehrsätzen behaupteten Verbindung eine synthetische Verbindung in Einem und ebendemselben Denken verstanden, und hier z. B.

gesagt werde: das Vermögen kann gar nicht gedacht werden, und wird nicht gedacht, ohne dass in einem und ebendemselben Zustande des Denkenden eine wirkliche Ausübung desselben gefunden werde, ist aus dem vorhergehenden vorauszusetzen, und wird von nun an immer vorausgesetzt werden.

B e w e i s.

Der Begriff eines Vermögens der Freiheit ist, wie bekannt, der Begriff, die lediglich ideale Vorstellung eines freien Wollens. Nun wird hier behauptet, diese lediglich ideale Vorstellung sey nicht möglich, ohne die *Wirklichkeit* und *Wahrnehmung* eines Wollens; es wird sonach die nothwendige Verbindung einer blossen Vorstellung mit einem Wollen behauptet. Wir können die Verbindung nicht verstehen, ohne die Verschiedenheit beider genau zu kennen. Es ist sonach zuvörderst der charakteristische Unterschied beider, des Vorstellens und des Wollens überhaupt anzugeben; dann, da ja auch das wirkliche Wollen zum Bewusstseyn kommen muss, der Unterschied der blossen idealen Vorstellung von der Wahrnehmung eines Wollens; und dann erst wird der Beweis möglich seyn, dass die erstere nicht möglich sey ohne die letztere.

Wie sich verhält Subjectivität überhaupt und Objectivität, so verhält sich blosses Vorstellen, als solches, und Wollen. Ich finde mich ursprünglich als Subject und Object zugleich; und was das eine sey, lässt sich nicht begreifen, ausser durch Entgegensetzung und Beziehung mit dem anderen. Keins ist durch sich bestimmt, sondern das beiden gemeinschaftliche absolut bestimmte ist Selbstthätigkeit überhaupt; inwiefern sie verschieden sind, sind sie nur mittelbar bestimmbar: das subjective ist, was auf das objective sich bezieht, dem das objective vorschwebt, das auf dasselbe geheftet ist, u. dergl.; das objective dasjenige, worauf das subjective geheftet ist, u. dergl. Nun bin ich absolut freithätig, und darin besteht mein Wesen: meine freie Thätigkeit, unmittelbar als solche, wenn sie objectiv ist, ist mein *Wollen;* dieselbe meine freie Thätigkeit, wenn sie subjectiv ist, ist mein *Denken* (das Wort in der weitesten Bedeutung für alle Aeusserungen der Intelligenz, als solcher, genommen). Daher lässt das Wollen sich nur durch Gegensatz mit dem Denken, und das Denken sich nur durch Gegensatz mit dem Wollen begreifen. Eine genetische Beschreibung des Wollens, als eines aus dem Denken hervorgehenden, — und so muss es allerdings beschrieben werden, wenn es als frei vorgestellt wird, — lässt demnach sich so geben. — Dem Wollen wird vorhergedacht ein freithätiges Begreifen des Zwecks; d. h. ein absolutes Hervorbringen des Zwecks durch den Begriff. In diesem Hervorbringen des Zweckbegriffs ist der Zustand des Ich lediglich ideal und subjectiv. Es wird vorgestellt; vorgestellt mit absoluter Selbstthätigkeit, denn der Zweckbegriff ist lediglich Product des Vorstellens; vorgestellt in Beziehung auf ein künftiges Wollen, denn sonst wäre der Begriff kein *Zweckbegriff:* aber auch nur vorgestellt, keinesweges gewollt. In dem gehe ich über zum *wirklichen Wollen;* ich *will* den Zweck, welchen Zustand ein jeder im gemeinen Bewusstseyn gar wohl unterscheidet vom blossen Vorstellen dessen, was er etwa wollen könne. Was ist denn nun im Wollen? Absolute Selbstthätigkeit, wie im Denken auch; aber mit einem anderen Charakter. Welches ist denn nun dieser Charakter? Offenbar die Beziehung auf ein Wissen. Mein Wollen soll nicht selbst ein Wissen seyn; aber ich soll *mein Wollen wissen.* Also, der Charakter der blossen Objectivität ist es. Das vorher subjective wird jetzt objectiv; wird es dadurch, dass ein neues subjective dazu kommt, und gleichsam aus der absoluten Fülle der Selbstthätigkeit hervorspringt.

Man bemerke hierbei die veränderte Ordnung der Reihenfolge. Ursprünglich ist das Ich, wie oben erörtert worden, weder subjectiv, noch objectiv, sondern beides; aber diese Identität beider können wir nicht denken, wir denken daher sie nach einander, und machen durch dieses Denken eins abhängig von dem anderen. So soll in der Erkenntniss ein objectives, das Ding, zu einem subjectiven, einem vorgestellten, geworden seyn; denn der Erkenntnissbegriff wird, wie wir oben uns ausdrückten, angesehen als das Nachbild einer Existenz. Umgekehrt soll der Zweckbegriff das Vorbild einer Existenz seyn: also das subjective in ein objectives sich verwandeln, und diese Verwandlung muss schon im Ich, dem einzigen unmittelbaren Gegenstande unseres Bewusstseyns, anheben. — So viel über den Unterschied des Vorstellens und des Wollens.

Die blosse Vorstellung eines Wollens ist dieselbe Vorstellung, die wir soeben in uns selbst hervorgebracht haben; die Vorstellung eines absoluten (durch absolute Selbstthätigkeit bewirkten) Uebergehens des subjectiven ins objective; denn dieses eben ist die allgemeine Form alles freien Wollens.

Wie ist nun diese bloss ideale Vorstellung eines Wollens von der Wahrnehmung eines wirklichen Wollens zu unterscheiden? In der ersteren bringt die ideale Thätigkeit selbst mit Freiheit jene Form des Wollens hervor; und ich bin der Handlung dieses Hervorbringens mir bewusst. In der letzteren setzt die ideale Thätigkeit sich nicht, als diese Form hervorbringend, sondern sie findet das Wollen, als ein gegebenes; und sich selbst in der Vorstellung desselben gebunden. — Hierbei noch diese Bemerkung. Die Wahrnehmung des wirklichen — nemlich wirklich existirenden Objects — geht sonst aus von einem Gefühle, zufolge dessen erst durch die productive Einbildungskraft etwas gesetzt wird. So ist es nicht bei der Wahrnehmung eines wirklichen Wollens; ich kann nicht sagen, dass ich mein Wollen fühle, wiewohl man Philosophen, die es mit ihren Ausdrücken nicht genau nehmen, so sagen hört: denn ich fühle nur die Beschränktheit meiner Thätigkeit, mein Wollen aber ist die Thätigkeit selbst. Was für eine Art des Bewusstseyns ist denn sonach dieses Bewusstseyn des Wollens? Offenbar unmittelbare Anschauung seiner eigenen Thätigkeit; aber, als Objects des subjectiven, nicht als das subjective selbst, welches letztere sonach nicht als selbstthätig angeschaut wird. Kurz, dieses Bewusstseyn ist intellectuelle Anschauung.

Nach diesen Erklärungen lässt der Beweis der obigen Behauptung sich leicht führen.

Das subjective ist ursprünglich nicht ohne ein objectives, zufolge des Begriffs vom Ich: nur unter dieser Bedingung ist ja das subjective ein subjectives. Das Bewusstseyn hebt nothwendig von dieser Verbindung beider an. Aber in der blossen Vorstellung eines Wollens kommt nur ein subjectives vor; das objective desselben, oder bestimmter, die blosse Form des objectiven wird selbst erst dadurch producirt. Dies ist allerdings möglich, wenn die Intelligenz einen ihrer bestimmten Zustände reproducirt, also wenn der wirkliche Zustand schon vorausgesetzt wird, in der philosophischen Abstraction; aber ursprünglich ist es nicht möglich. Es muss schon producirt gewesen seyn, wenn eine Reproduction möglich seyn soll. Also, die ursprüngliche Vorstellung unseres Vermögens der Freiheit ist nothwendig von einem wirklichen Wollen begleitet.

Der Strenge nach ist unser Beweis zu Ende; aber es ist, damit wir nicht verlieren, was wir durch die vorhergehenden Untersuchungen gewonnen haben, wohl einzuschärfen, dass auch umgekehrt die Wahrnehmung eines Wollens nicht möglich ist, ohne die ideale Vorstellung eines Vermögens der Freiheit, oder, was ganz dasselbe bedeutet, der Form des Wollens: dass sonach die synthetische Vereinigung beider soeben unterschiedener Gedanken behauptet wird. Dies lässt so sich leicht einsehen: ich soll eines Wollens mir bewusst werden; aber dasselbe ist ein Wollen lediglich, inwiefern es als frei gesetzt wird, dies aber wird es lediglich, inwiefern die Bestimmtheit desselben abgeleitet wird von einem frei entworfenen Zweckbegriffe. Die Form alles Wollens muss diesem Wollen zugeschrieben, dasselbe gleichsam durch jene hindurch gesehen werden.

Nur so bin das Wollende Ich; und das Subject des Wollens ist mit dem Subjecte des Wahrnehmens dieses Wollens identisch.

Man lasse sich nicht etwa dadurch irre machen, dass dann die Entwerfung des Zweckbegriffs in einen dem Wollen vorhergehenden Moment gesetzt werden müsse; welches eben aufgezeigtermaassen nicht möglich ist, indem vor der Wahrnehmung eines Wollens vorher ich gar nicht bin und nicht begreife. Diese Entwerfung des Begriffs geht nicht der Zeit nach vorher, sondern sie und das Wollen fällt schlechthin in denselben Moment; die Bestimmtheit des Wollens wird vom Begriffe abhängig nur *gedacht,* und es ist hier keine Zeitfolge, sondern nur eine Folge des Denkens.

Dass ich alles kurz zusammenfasse. Ich schaue ursprünglich meine Thätigkeit, als Object an, und insofern nothwendig als *bestimmt,* d. h. es soll nicht alle Thätigkeit seyn, die ich mir zuschreiben zu können wohl bewusst bin, sondern nur ein beschränktes Quantum derselben. Dieses angeschaute ists, was in allen menschlichen Sprachen ganz kurz *Wollen* heisst, und allen Menschen sehr wohl bekannt ist; und wovon, wie der Philosoph nachweist, alles Bewusstseyn ausgeht, und lediglich dadurch vermittelt wird. Nun aber ist es ein *Wollen,* und *mein* Wollen, und ein *unmittelbar* wahrzunehmendes Wollen, lediglich, inwiefern die angeschaute *Bestimmtheit* der Thätigkeit keinen Grund ausser mir haben, sondern schlechthin in mir *selbst* begründet seyn soll. Aber dann ist sie, zufolge der oben gegebenen Erörterungen (S. 49 u. f.), nothwendig durch mein *Denken* begründet, da ich ausser dem Wollen nur noch das Denken habe, und alles objective gar wohl aus einem Denken abgeleitet werden kann; und auf diese Weise wird die Bestimmtheit meines Wollens nothwendig gedacht, so gewiss überhaupt ein Wollen, als solches, wahrgenommen wird.

§. 6.
Deduction der wirklichen Causalität des Vernunftwesens.

Dritter Lehrsatz.

Das Vernunftwesen kann keine Anwendung seiner Freiheit, oder Wollen in sich finden, ohne zugleich eine wirkliche Causalität ausser sich sich zuzuschreiben.

Vorerinnerung.

Unsere Deduction rückt um einen Schritt weiter. Ich konnte mir kein Vermögen der Freiheit zuschreiben, ohne mich wollend zu finden. Aber ich kann auch dieses nicht, kann mich nicht als wirklich wollend finden, ohne noch etwas anderes in mir zu finden, wird hier behauptet. — Oder, was auch im Fortlaufe des Bewusstseyns, vermittelst vorhergegangener Erfahrung und freier Abstraction möglich seyn könne, so hebt doch ursprünglich das Bewusstseyn ebensowenig mit der Vorstellung eines blossen ohnmächtigen Wollens an, als es mit der Vorstellung unseres Vermögens zu wollen überhaupt anheben kann. Es hebt, soviel wir bis jetzt einsehen, an mit *einer Wahrnehmung unseres reellen Wirkens in der Sinnenwelt;* dieses Wirken leiten wir ab von unserem Wollen; und die Bestimmtheit dieses unseres Wollens von einem frei entworfenen Zweckbegriffe.

Sonach zeigt sich, dass der Begriff der Freiheit mittelbar durch die jetzt abzuleitende Wahrnehmung einer wirklichen Causalität bedingt sey, und da der erstere das Selbstbewusstseyn bedingt, dieses Selbstbewusstseyn gleichfalls durch die letztere bedingt sey. Alles sonach, was wir bis jetzt aufgezeigt haben, und etwa noch in der Zukunft aufzeigen möchten, ist ein und ebendasselbe synthetische

Bewusstseyn, dessen einzelne Bestandtheile zwar allerdings in der philosophischen Abstraction getrennt werden können, keinesweges aber im ursprünglichen Bewusstseyn getrennt sind. Es sey genug, dieses einmal auch mit für das künftige erinnert zu haben.

B e w e i s.

Ich finde mich wollend, nur inwiefern meine Thätigkeit durch einen bestimmten Begriff von ihr in Bewegung gesetzt seyn soll. Meine Thätigkeit im Wollen ist nothwendig eine bestimmte, wie oben zur Genüge erwiesen worden. Aber in der blossen Thätigkeit, als solcher, als reiner Thätigkeit, ist schlechthin nichts zu unterscheiden, oder zu bestimmen. Thätigkeit ist die einfachste Anschauung; blosse innere Agilität, und schlechthin nichts weiter.

Die Thätigkeit ist durch sich selbst nicht zu bestimmen, muss aber dennoch, wenn Bewusstseyn überhaupt möglich seyn soll, bestimmt werden, heisst nichts anderes, als: sie ist durch und vermittelst *ihres Entgegengesetzten* zu bestimmen; also durch die Weise ihrer Beschränktheit, und nur in dieser Rücksicht ist ein Mannigfaltiges der Thätigkeit, mehrere und besondere Handlungen, denkbar.

Aber die Art meiner Beschränktheit kann ich nicht absolut durch mich selbst intellectuell anschauen, sondern nur in sinnlicher Erfahrung *fühlen*. Aber soll eine Thätigkeit beschränkt seyn, und die Beschränktheit derselben gefühlt werden, so muss sie selbst, es versteht sich für mich, nicht etwa an sich, statthaben. Nun ist alles sinnlich anschaubare nothwendig ein Quantum, vorläufig nur ein einen Zeitmoment füllendes Quantum. Aber das einen Zeitmoment füllende ist selbst ein ins unendliche theilbares Mannigfaltige, sonach musste die wahrgenommene Beschränktheit selbst ein Mannigfaltiges seyn. Nun soll das Ich als thätig gesetzt werden; es würde sonach gesetzt, als ein Mannigfaltiges der Begrenzung und des Widerstandes in einer Succession (denn selbst im einzelnen Momente ist Succession, indem sonst aus der Zusammensetzung mehrerer einzelner Momente keine Zeitdauer entstehen würde) entfernend und durchbrechend; oder, was dasselbe heisst, *es würde ihm Causalität in einer Sinnenwelt ausser ihm zugeschrieben.*

Corollaria.

1) In dem Resultate unserer Untersuchung ist auch dieses nicht aus der Acht zu lassen: Die intellectuelle Anschauung, von der wir ausgegangen sind, ist nicht ohne eine sinnliche, und die letztere nicht ohne ein Gefühl möglich; und man würde uns gänzlich misverstehen, und den Sinn und die Hauptabsicht unseres Systems geradezu umkehren, wenn man uns die entgegengesetzte Behauptung zuschriebe. Aber ebensowenig ist die letztere möglich, ohne die erstere. Ich kann nicht seyn für mich, ohne Etwas zu seyn, und dieses bin ich nur in der Sinnenwelt; aber ich kann ebensowenig für mich seyn, ohne Ich zu seyn, und dieses bin ich nur in der intelligibeln Welt, die sich vermittelst der intellectuellen Anschauung vor meinen Augen aufschliesst. Der Vereinigungspunct zwischen beiden liegt darin, dass ich für mich nur durch absolute Selbstthätigkeit zufolge eines Begriffes bin, was ich in der ersteren bin. Unsere Existenz in der intelligibeln Welt ist das Sittengesetz, unsere Existenz in der Sinnenwelt die wirkliche That; der Vereinigungspunct beider die Freiheit, als absolutes Vermögen, die letztere durch die erstere zu bestimmen.

2) Das Ich ist als ein wirkliches zu setzen, lediglich im Gegensatze mit einem Nicht-Ich. Aber es ist für dasselbe ein Nicht-Ich lediglich unter der Bedingung, dass das Ich wirke, und in dieser seiner Wirkung Widerstand fühle; der jedoch überwunden werde, indem es ausserdem ja nicht wirken würde. Nur vermittelst des Widerstandes wird seine Thätigkeit ein empfindbares, eine Zeit hindurch dauerndes, da sie ohne dies ausser der Zeit seyn würde, welches wir nicht einmal zu denken vermögen.

3) Mithin — keine Causalität auf ein Nicht-Ich: überhaupt

kein Ich. Diese Causalität ist ihm nicht zufällig, sondern wesentlich zu ihm gehörend, sowie alles im Ich. — Man höre doch auf, die Vernunft aus zufällig verbundenen Stücken zusammenzusetzen, und gewöhne sich, sie als ein vollendetes Ganzes, gleichsam als eine organisirte Vernunft anzusehen. Das Ich ist entweder alles, was es ist, und wie es auf dem Gesichtspuncte des gemeinen Bewusstseyns von aller philosophischen Abstraction unabhängig sich erscheint, oder es ist Nichts, und ist überhaupt gar nicht. — Das Bewusstseyn hebt an mit sinnlicher Wahrnehmung, und diese ist durchgängig bestimmt; keineswegs hebt es an mit abstractem Denken. Dadurch, dass man das Bewusstseyn mit Abstractionen anheben wollte, wie die Philosophie allerdings anhebt, und das zu erklärende, das wirkliche Bewusstseyn, mit der Erklärung desselben, der Philosophie, verwechselte, ist die letztere ein Gewebe von Hirngespinnsten geworden.

4) Allein durch eine solche Vorstellung der Sache, wie die soeben gegebene, wird die Absolutheit des Ich, als der wesentliche Charakter desselben beibehalten. Unser Bewusstseyn geht aus von dem unmittelbaren Bewusstseyn unserer Thätigkeit, und erst vermittelst derselben finden wir uns leidend. Nicht das Nicht-Ich wirkt ein auf das Ich, wie man die Sache gewöhnlich angesehen hat, sondern umgekehrt. Nicht das Nicht-Ich dringt ein in das Ich, sondern das Ich geht heraus in das Nicht-Ich; wie wir nemlich durch sinnliche Anschauung dieses Verhältniss anzusehen genöthigt sind. Denn transscendental müsste dasselbe so ausgedrückt werden: wir finden uns als ursprünglich begrenzt nicht dadurch, dass unsere Begrenztheit sich einengte; denn dann würde mit Aufhebung unserer Realität zugleich das Bewusstseyn derselben aufgehoben werden, sondern dadurch, dass wir unsere Grenzen erweitern, und indem wir sie erweitern. — Ferner, um auch nur aus sich herausgehen zu können, muss das Ich gesetzt werden, als überwindend den Widerstand. So wird abermals, nur in einer höheren Bedeutung, behauptet das

Primat der Vernunft, inwiefern sie praktisch ist. Alles geht aus vom Handeln, und vom Handeln des Ich. Das Ich ist das erste Princip aller Bewegung, alles Lebens, aller That und Begebenheit. Wenn das Nicht-Ich auf uns einwirkt, so geschieht es nicht auf unserem Gebiete, sondern auf dem seinigen; es wirkt durch Widerstand, welcher nicht seyn würde, wenn wir nicht zuerst darauf eingewirkt hätten. Es greift nicht uns an, sondern wir greifen es an.

§. 7.
Bestimmung der Causalität des Vernunftwesens durch ihren inneren Charakter.

Vierter Lehrsatz.

Das Vernunftwesen kann sich keine Causalität zuschreiben, ohne dieselbe auf eine gewisse Weise durch ihren eigenen Begriff zu bestimmen.

Vorläufige Erläuterung.

Der aufgestellte Satz ist unverständlich und vieldeutig. Die Wirksamkeit des Vernunftwesens in der Sinnenwelt mag wohl, wie sich vorläufig vermuthen lässt, und tiefer unten sich klar ergeben wird, unter mancherlei Einschränkungen und Bedingungen stehen; und es lässt sich nicht auf den ersten Blick absehen, welche unter diesen durch die gewisse Weise der Bestimmtheit, von welcher hier geredet wird, gemeint seyn möge. Nun haben wir zwar an unserer Methode selbst das sicherste Mittel gegen alle Verwirrung. Diejenige Bestimmtheit, welche zunächst und unmittelbar die Wahrnehmung unserer Wirksamkeit bedingt, wird es seyn, von welcher wir hier zu reden haben; und welche dieses sey, wird durch eine Deduction sich ergeben. Diejenigen, wodurch hinwiederum diese Bestimmtheit bedingt ist, werden späterhin aufgezeigt werden.

Um jedoch gleich vom Anfange an zu wissen, wovon die Rede sey, und einen Leitfaden für die Richtung unserer Aufmerksamkeit zu haben, suchen wir vorläufig aus dem gemeinen Bewusstseyn zu errathen, welches diese Bestimmung seyn möge. — Es bedarf wohl nicht der Erinnerung, dass dadurch nichts erwiesen, sondern nur der Beweis vorbereitet werden solle.

Zuvörderst kann ich, wie schon oben erinnert worden, nichts gegen die nothwendigen Gesetze des Denkens wollen oder bewirken; weil ich das nicht einmal denken kann; kann nicht Materie hervorbringen oder vernichten, sondern nur dieselbe trennen oder verbinden; wovon auch der Grund an seinem Orte sich ergeben wird. Aber auch bei diesem Trennen und Verbinden der Materie, welche überhaupt allerdings in unserer Gewalt steht, sind wir an eine gewisse Ordnung gebunden: wir können in den meisten Fällen unseren Zweck nicht unmittelbar durch unser Wollen realisiren, sondern müssen verschiedene, einzig taugliche, im voraus und ohne unser Zuthun bestimmte Mittel gebrauchen, um zu demselben zu gelangen. Unser Endzweck sey = X. Anstatt X geradezu darzustellen, müssen wir etwa zuvörderst a realisiren, als einziges Mittel, um zu b zu gelangen, etwa b um zu c zu gelangen, und so fort, bis wir endlich durch eine successive Reihe einander bedingender Mittelzwecke bei unserem Endzwecke X ankommen. — Wir können eigentlich alles, was wir nur *wollen können;* nur können wir es meist nicht auf einmal, sondern nur in einer gewissen Ordnung. (Z. B. der Mensch kann nicht fliegen, sagt man. Warum sollte er es denn nicht können? Nur unmittelbar kann er es nicht, sowie er, wenn er gesund ist, unmittelbar gehen kann. Aber vermittelst eines Luftballons kann er allerdings in die Luft sich erheben, und mit einem Grade von Freiheit und Zweckmässigkeit sich in derselben bewegen. Und was etwa unser Zeitalter noch nicht kann, weil es die Mittel dazu noch nicht entdeckt hat; wer sagt denn, dass es *der Mensch* nicht könne? Ich will nicht hoffen, dass ein Zeitalter, wie das unserige, sich für die Menschheit halte.)

Die Aussage des gemeinen Bewusstseyns ist sonach die, dass wir bei der Ausführung unserer Zwecke an eine gewisse Ordnung von Mitteln gebunden seyen. Was heisst diese Aussage, wenn man sie aus dem transscendentalen Gesichtspuncte ansieht; bloss auf die immanenten Veränderungen und Erscheinungen im Ich sieht, mit gänzlicher Abstraction von ausser uns vorhandenen Dingen? — Nach den schon oben gegebenen vorläufigen Erörterungen *fühle* ich, wenn ich wahrnehme; und, ich nehme Veränderungen ausser mir wahr, heisst: der Zustand meiner Gefühle in mir verändert sich. Ich will ausser mir wirken, heisst: ich will, dass an die Stelle eines bestimmten Gefühles ein bestimmtes andere trete, das ich in meinem Zweckbegriffe fordere. Ich bin Ursache geworden, heisst: das geforderte Gefühl tritt wirklich ein. Demnach heisst dies: ich gehe durch Mittel zu meinem Zwecke hindurch, nichts anderes als: es treten zwischen dem Gefühle, von welchem aus ich zum Wollen fortging, und zwischen dem in meinem Wollen geforderten noch andere Gefühle ein. Dieses Verhältniss ist nothwendig, heisst: ein bestimmtes begehrtes Gefühl folgt auf ein bestimmtes andere nur unter der Bedingung, dass bestimmte Mittelgefühle, bestimmt ihrer Art, ihrer Menge und ihrer Folge nach, dazwischen eintreten.

Aber jedes Gefühl ist Ausdruck meiner Beschränktheit; und ich habe Causalität, heisst allemal: ich erweitere meine Schranken. Sonach wird behauptet, dass diese Erweiterung nur in einer gewissen Reihe des Fortgehens geschehen könne, indem behauptet wird, dass unsere Causalität auf den Gebrauch gewisser Mittel in der Erreichung des Zweckes eingeschränkt sey. Diese soeben beschriebene Bestimmung und Einschränkung unserer Causalität nun ist es, von welcher wir hier, wie durch unsere Deduction sich ergeben wird, zu reden haben. — Dieser Theil der Deduction ist Fortschritt in der Reihe der Bedingungen. Ich kann mich nicht frei setzen, ohne mir eine wirkliche Causalität ausser mir beizulegen, ist der zuletzt erwiesene Satz. Aber unter welchen Bedingungen ist denn wiederum die Beilegung dieser Causalität möglich? Dies ists, was wir gegenwärtig zu untersuchen haben.

Beweis.

1) Meine Causalität wird wahrgenommen als ein Mannigfaltiges in einer steten Reihe.

Die Wahrnehmung meiner Causalität fällt, wie schon oben erinnert worden, als Wahrnehmung nothwendig in einen Zeitmoment. Nun entsteht durch Vereinigung mehrerer Momente eine Zeitdauer oder Erfüllung der Zeit; mithin muss auch der einzelne Moment eine Zeit erfüllen; denn es kann durch Vereinigung mehrerer einzelner von derselben Art nichts entstehen, das nicht in den einzelnen läge. Was heisst nun dies: der Moment *erfüllt* eine Zeit? Nichts anderes als, es *könnte* in ihm ein Mannigfaltiges unterschieden werden, und zwar bis ins unendliche unterschieden werden, wenn man diese Unterscheidung machen wollte: keinesweges, es *wird* unterschieden; denn nur dadurch, dass nicht unterschieden wird, ist es *ein* Moment: und der Moment wird als die Zeit erfüllend gesetzt, heisst, die Möglichkeit der eben beschriebenen Unterscheidung überhaupt wird gesetzt. — Was in der Wahrnehmung der Wirksamkeit vorkommt, ist die Synthesis unserer Thätigkeit mit einem Widerstande. Nun ist unsere Thätigkeit, als solche, wie aus dem obigen bekannt ist, kein Mannigfaltiges, sondern absolute reine Identität; und sie selbst ist nur durch Beziehung auf den Widerstand zu charakterisiren. Mithin müsste das zu unterscheidende Mannigfaltige ein Mannigfaltiges des Widerstandes seyn.

Dieses Mannigfaltige ist nothwendig ein Mannigfaltiges ausser einander, ein discretes Mannigfaltiges; denn nur unter dieser Bedingung erfüllt es eine Zeit; es wird gedacht, als eine Reihe. Wie verhält es sich nun mit der Folge dieses Mannigfaltigen in der Reihe; hängt diese Folge ab von der Freiheit der Intelligenz, als solcher, oder wird auch sie als ohne Zuthun derselben bestimmt angesehen? Wenn z. B. dieses Mannigfaltige wäre a b c; hätte es in der Freiheit des Denkens gestanden, dagegen auch b c a, oder c b a u. dergl. zu setzen; oder musste gerade in dieser Folge gesetzt werden, so dass b gar nicht zu setzen war, wenn nicht a vorausgesetzt war, u. s. f.? Es ist sogleich klar, dass der letztere Fall stattfindet; denn die wahrgenommene Wirksamkeit des Ich ist etwas wirkliches; in der Vorstellung des Wirklichen aber ist die Intelligenz durchaus der Materie der Vorstellung nach gebunden und niemals frei.

Ueberhaupt, dass wir die Sache im Allgemeinen ansehen, meine Wirksamkeit fällt nothwendig in die Zeit, da sie *meine* Wirksamkeit nicht seyn kann, ohne gedacht zu werden; alles mein Denken aber in der Zeit geschieht. Die Zeit aber ist eine bestimmte Reihe aufeinanderfolgender Momente, in welcher jeder einzelne Moment durch einen anderen bedingt ist, der nicht hinwiederum durch ihn bedingt ist, und einen anderen bedingt, der nicht hinwiederum ihn bedingt. Nur ist das Denken unserer Wirksamkeit Wahrnehmung eines Wirklichen; und in der Wahrnehmung hängt von dem Denkenden, als solchem, gar nichts ab. — Sonach wird meine Wirksamkeit vorgestellt, als eine Reihe, deren Mannigfaltiges ein **Mannigfaltiges des Widerstandes** ist, dessen Aufeinanderfolge **nicht durch** mein Denken bestimmt ist, sondern unabhängig von demselben bestimmt seyn soll.

2) Die Folge dieses Mannigfaltigen ist ohne mein Zuthun bestimmt; sonach selbst eine Begrenzung meiner Wirksamkeit.

Dass die Folge des Mannigfaltigen in meiner Wirksamkeit nicht durch mein Denken bestimmt werde, ist soeben erwiesen. Ebensowenig wird sie durch mein Handeln bestimmt, oder ist sie etwa selbst Product meiner Wirksamkeit; wie sogleich einleuchtet.

Der Widerstand ist nicht mein Handeln, sondern das Gegentheil desselben; ich bringe ihn nicht hervor, bringe sonach nicht das geringste hervor, was an ihm ist und zu ihm gehört. Was ich hervorbringe, ist meine Thätigkeit, und in ihr ist gar kein Mannigfaltiges und keine Zeitfolge, sondern reine Einheit. Ich will den Zweck und nichts, als den Zweck; die Mittel dazu will ich nur, weil der Zweck ohne sie nicht erreicht werden kann; dieses Verhältniss ist sonach selbst Begrenzung meiner Wirksamkeit.

Wir erklären uns jetzt deutlicher über das Resultat unserer gegenwärtigen Untersuchung.

1) Die Idee der deducirten Reihe ist folgende. Es muss zuvörderst einen Anfangspunct geben, in welchem das Ich aus seiner ursprünglichen Beschränktheit herausgeht, und zuerst und unmittelbar Causalität hat; welcher, wenn es aus irgend einem Grunde unmöglich seyn sollte, so weit zurück zu analysiren, auch wohl als eine *Mehrheit* von Anfangspuncten erscheinen könnte. Inwiefern es Anfangspuncte seyn sollen, ist in ihnen das Ich unmittelbar durch seinen Willen Ursache; es giebt keine Mittelglieder, um nur erst zu dieser Causalität zu gelangen. Solche erste Puncte musste es geben, wenn das Ich überhaupt je Ursache seyn sollte. Diese Puncte zusammengedacht nennen wir, wie sich tiefer unten ergeben wird, unseren articulirten Leib; und dieser Leib ist nichts anderes, als diese Puncte, durch Anschauung dargestellt und realisirt. Man nenne dieses System der ersten Momente unserer Causalität den Rang A.

An *jeden* dieser Puncte knüpfen sich nun mehrere andere Puncte an, in denen vermittelst der ersten das Ich auf mannigfaltige Weise Ursache werden kann. Ich sage an **Jeden Mehrere;** denn wenn von jedem aus nur auf *Eine* Weise gehandelt werden könnte, so würde von ihm aus nicht frei gehandelt, und es wäre überhaupt kein zweites Handeln, sondern nur das fortgesetzte erste. Man nenne dieses System den Rang B. An jedes Einzelne vom Range B sind wieder angeknüpft mehrere Puncte eines dritten Ranges C, und so wird, um ein Bild zu geben, um einen festen Mittelpunct eine unendliche Cirkelfläche beschrieben, in welcher jeder Punct als mit unendlich vielen grenzend gedacht werden kann.

Durch diese nothwendige Ansicht unserer Wirksamkeit entsteht uns die Welt überhaupt, und die Welt, als ein Mannigfaltiges. Alle Eigenschaften der Materie, — diejenigen, welche aus den Formen der Anschauung herkommen, allein abgerechnet, — sind nichts anderes, als die Beziehungen derselben auf uns, und insbesondere auf unsere Wirksamkeit, da es eine andere Beziehung für uns gar nicht giebt; oder um diesen Gedanken nach einem oben gegebenen Winke transscendental auszudrücken: es sind die Verhältnisse unserer bestimmten Endlichkeit zu unserer angestrebten Unendlichkeit.

Das Object X ist im Raume *um so weit von mir entfernt,* heisst *idealiter* angesehen: ich muss beim Durchlaufen des Raumes von mir aus bis zum Objecte erst diese und diese Gegenstände auffassen und setzen, um es setzen zu können; und *realiter* angesehen: ich muss erst durch soviel und soviel Raum als Hinderniss durchdringen, um den Raum von X mit dem, in welchem ich selbst mich befinde, für identisch zu halten.

Das Object Y ist hart, heisst: ich fühle in einer gewissen *Reihe des Handelns* zwischen zwei bestimmten Gliedern desselben einen bestimmten Widerstand. — Es wird weich, heisst: ich fühle in derselben Reihe an derselben Stelle den Widerstand verändert. Und so verhält es sich mit allen Prädicaten der Dinge in der Sinnenwelt.

2) Das *reale, thätige und fühlende* Ich beschreibt handelnd eine stätige Linie, in welcher gar kein Absatz oder dess etwas ist; eine Linie, in welcher unvermerkt zum entgegengesetzten fortgegangen wird, ohne dass im nächsten **Puncte, aber wohl**

etwa um einige Puncte hinaus, eine Veränderung erscheine. Das *reflectirende* Ich fasst beliebige Theile dieser fortschreitenden Linie auf, als einzelne Momente. Daher entsteht ihm eine Reihe, bestehend aus Puncten, die aussereinander liegen. Die Reflexion geht gleichsam *ruckweise,* die Empfindung ist *stätig.* Zwar die beiden äussersten Grenzpuncte der aufeinanderfolgenden Momente — wenn es in einer ins unendliche theilbaren Linie dergleichen geben könnte; aber nichts verhindert, sich die Sache indess so zu denken — diese beiden äussersten Grenzpuncte schliessen unvermerkt ineinander über, und insofern ist das, was in den beiden getrennten Momenten liegt, einander gleich; aber es wird nur reflectirt auf das entgegengesetzte, und so sind es verschiedene Momente, und es entsteht ein wechselndes Bewusstseyn. Dadurch, dass alles denn doch in einer gewissen Rücksicht auch gleich ist, wird Identität des Bewusstseyns möglich.

3) Diese Beschränktheit unserer Wirksamkeit auf den Gebrauch gewisser bestimmter Mittel, um einen bestimmten Zweck zu erreichen, muss von dem Gesichtspuncte des gemeinen Bewusstseyns erklärt werden, durch eine bestimmte Beschaffenheit der Dinge, durch bestimmte Naturgesetze, die nun einmal so sind. Mit dieser Erklärung aber kann man sich von dem transscendentalen Gesichtspuncte einer reinen Philosophie keinesweges genügen lassen, d. h. auf demjenigen Gesichtspuncte, wo man alles Nicht-Ich vom Ich abgesondert und das letztere rein gedacht hat. Von diesem Standpuncte aus erscheint es als völlig widersinnig, ein Nicht-Ich als Ding an sich mit Abstraction von aller Vernunft anzunehmen. Wie ist sie denn nun in diesem Zusammenhange zu erklären, nicht etwa ihrer *Form* nach, — d. h. warum *überhaupt* eine solche Beschränktheit gesetzt werden müsse, denn gerade diese Frage ist es, die wir gegenwärtig durch Deduction beantwortet haben, — sondern ihrem Materiale nach; d. h. warum diese Beschränktheit gerade so gedacht werde, wie sie gedacht wird; gerade solche Mittel zur Erreichung eines bestimmten Zweckes führen sollen, und keine andere? Da hier schlechthin nicht weder Dinge an sich, noch Naturgesetze als Gesetze einer Natur ausser uns ange-

nommen werden sollen, so lässt diese Beschränktheit sich nur so begreifen: dass das Ich selbst nun einmal sich so beschränke, und zwar nicht etwa mit Freiheit und Willkür, denn dann *wäre* es nicht beschränkt, sondern zufolge eines immanenten Gesetzes seines eigenen Wesens; durch ein Naturgesetz seiner eigenen (endlichen) Natur. Dieses bestimmte Vernunftwesen ist nun einmal so eingerichtet, dass es sich gerade so beschränken muss; und diese Einrichtung lässt sich darum, weil sie unsere ursprüngliche Begrenzung ausmachen soll, über die wir durch unser *Handeln* nicht, mithin auch durch unser *Erkennen* nicht hinausgehen können, nicht weiter erklären. Die Forderung einer solchen Erklärung würde im Widerspruche mit sich selbst stehen. Dagegen giebt es andere Bestimmungen des Vernunftwesens, deren Gründe nachzuweisen sind.

Wenn nun diese einzelnen Beschränkungen, die als solche nur *in der Zeit* vorkommen, zusammengefasst und als ursprüngliche Einrichtung *vor aller Zeit* und *ausser aller Zeit* gedacht werden, so werden *absolute Schranken* des Urtriebes selbst gedacht. Es ist ein Trieb, der nun einmal nur auf dieses, auf eine Wirksamkeit, bestimmt in einer solchen Reihe geht, und auf keine andere gehen kann; und so ist es schlechthin. Unsere ganze, sowohl innere als äussere Welt, inwiefern das erstere nur wirklich Welt ist, ist dadurch auf alle Ewigkeit hinaus für uns *prästabilirt*. Inwiefern es nur wirklich Welt, d. i. ein objectives in uns ist, sagte ich. Das bloss subjective, die Selbstbestimmung, ist nicht prästabilirt, darum sind wir freihandelnd.

§. 8.
Deduction einer Bestimmtheit der Objecte ohne unser Zuthun.

Fünfter Lehrsatz.

Das Vernunftwesen kann sich selbst keine Wirksamkeit zuschreiben, ohne derselben eine gewisse Wirksamkeit der Objecte vorauszusetzen.

Vorerinnerung.

Es ist schon oben (§. 4.) gezeigt worden, dass das Denken unserer Freiheit bedingt sey durch das Denken eines Objectes. Nur wurde daselbst diese Objectivität abgeleitet als blosser roher Stoff. Die gemeine Erfahrung lehrt, dass wir nie ein Object finden, das nur Stoff und nicht schon in gewisser Rücksicht formirt sey. Es scheint sonach, dass das Bewusstseyn unserer Wirksamkeit nicht bloss durch das Setzen eines Objectes überhaupt, sondern auch durch das Setzen einer bestimmten Form der Objecte bedingt sey. Ist denn nun aber die Erfahrung, auf welche wir allein hier fussen, allgemein und nothwendig, und wenn sie es ist, zufolge welcher Vernunftgesetze ist sie es? Die Beantwortung dieser Frage dürfte Einfluss auf unser System haben.

Dass jeder Stoff nothwendig mit einer bestimmten Form wahrgenommen werde; dieser allgemeine Satz würde sich gar leicht erweisen lassen. Aber es ist uns nicht bloss darum, sondern besonders um die Einsicht in die *bestimmte* Form, die wir den Objecten unserer Wirksamkeit vor unserer Wirksamkeit vorher zuschreiben müssen, zu thun; und diese dürfte nicht ohne tiefere Untersuchungen erreicht werden können. — Selbst die Worte des aufgestellten Lehrsatzes können hier noch nicht erklärt werden, sondern wir müssen den vollständigen Aufschluss über ihren Sinn gleichfalls von der folgenden Untersuchung erwarten.

I.

Thesis. Das Vernunftwesen hat keine Erkenntniss, ausser zufolge einer Beschränkung seiner Thätigkeit.

Den Beweis enthält alles bis jetzt gesagte; und diese Behauptung ist nichts anderes, als das Resultat der bisher angestellten Untersuchungen. Ich finde *mich selbst* nur als frei, und dieses nur in einer wirklichen Wahrnehmung einer bestimmten Selbstthätigkeit. Ich finde *das Object* nur als beschränkend, dennoch aber überwunden durch meine Selbstthätigkeit. Ohne Bewusstseyn einer Selbstthätigkeit ist überhaupt kein Bewusstseyn: diese Selbstthätigkeit aber vermag selbst nicht Gegenstand eines Bewusstseyns zu werden, sie sey denn beschränkt

Antithesis. Aber dem Vernunftwesen kommt, als solchem, keine Selbstthätigkeit zu, ausser zufolge einer Erkenntniss; wenigstens einer Erkenntniss eines Etwas in ihm selbst.

Dass etwas Product meiner Selbstthätigkeit sey, ist nicht wahrgenommen, und es kann gar nicht wahrgenommen werden, sondern es ist schlechthin gesetzt; und es wird auf diese Weise gesetzt, indem die Form der Freiheit gesetzt wird. (Man sehe §. 5. S. 87. zu S. 88.) Aber diese Form der Freiheit besteht darin, dass die materiale Bestimmtheit des Wollens sich gründe auf einen durch die Intelligenz frei entworfenen Begriff vom Zwecke. Hier nun davon abgesehen, dass die Möglichkeit eines Zweckbegriffes selbst durch die Erkenntniss eines Objectes ausser uns, und einer ohne unser Zuthun vorhandenen Form desselben bedingt zu seyn scheint, weil dies nur Aussage des gemeinen Bewusstseyns ist, und wir noch nicht wissen, inwiefern es sich bestätigen werde, — davon abgesehen, wird doch immer eine Erkenntniss meines Zweckbegriffes, als eines solchen, für die Möglichkeit der Wahrnehmung meines Wollens vorausgesetzt. Aber nur inwiefern ich mich wahrnehme, als wollend, frei wollend, ist die Wirksamkeit *meine* Wirksamkeit, als eines Vernunftwesens.

Die Bedingung ist, wie wir sehen, nicht möglich, ohne das bedingte, und das bedingte nicht ohne die Bedingung; welches ohne Zweifel ein Cirkel im Erklären ist, und anzeigt, dass wir durch das bisherige das Bewusstseyn unserer Freiheit, welches wir zu erklären hatten, noch nicht erklärt haben.

(Man könnte diese Schwierigkeit gar leicht durch die Vermuthung lösen, dass der erste Moment alles Bewusstseyns —

denn nur davon ist die Rede, indem im Fortgange des Bewusstseyns die Wahl durch Freiheit und ein Entwerfen des Zweckbegriffes vor dem Willensentschlusse vorher, vermittelst der vorhergegangenen Erfahrung, sich ohne Schwierigkeit denken lässt — dass, sage ich, der erste Moment alles Bewusstseyns in einer absoluten Synthesis der Entwerfung des Zweckbegriffes und der Wahrnehmung eines Wollens dieses Zweckes bestünde. Nemlich der Zweckbegriff würde nicht etwa vorher entworfen, sondern unmittelbar in und mit dem Wollen zugleich *nur gedacht, als* entworfen mit Freiheit, um das Wollen selbst als frei finden zu können. Es würde dabei nur die Frage entstehen: woher denn, da keine Wahl dem Wollen vorhergehen konnte, die Bestimmtheit des Zweckes, oder des Wollens, welches hier ganz einerlei ist, in der That komme, und wie sie durch den Philosophen zu erklären sey? — Denn dass das Ich selbst sie durch einen als vorher entworfen gedachten Zweckbegriff erkläre, haben wir gesehen. — Auf diese Weise wird denn auch wirklich die Schwierigkeit gelöst, und die letztere Frage zugleich mitbeantwortet werden. Uns aber nöthigen die Regeln des systematischen Vortrags sowohl, als die anderwärtigen Aufschlüsse, die wir hier erwarten, zu einer tieferen Begründung; und die gegenwärtige Anmerkung ist lediglich darum gemacht worden, um im voraus das Ziel unserer Untersuchung zu bezeichnen.)

II.

Nach den bekannten Regeln der synthetischen Methode ist die eben aufgestellte Antithesis zu lösen durch Synthesis des Bedingten und der Bedingung, so dass beide als Eins und ebendasselbe gesetzt würden: in unserem Falle, dass die Thätigkeit selbst als die gesuchte Erkenntniss, und die Erkenntniss selbst als die gesuchte Thätigkeit erscheine, und alles Bewusstseyn von etwas ausginge, das beide Prädicate absolut in sich vereinigte. Man denke sich die jetzt beschriebene Vereinigung, und der Widerspruch ist wirklich gelöst.

Aber darin besteht eben die Schwierigkeit — den angemutheten Gedanken nur zu verstehen, und bei demselben sich überhaupt etwas deutliches zu denken. Wir hätten sonach, nach den Regeln des synthetischen Vortrags, den aufgestellten synthetischen Begriff unmittelbar zu analysiren, bis wir ihn verstünden; der schwierigste Weg, da überhaupt die aufgestellte Synthesis eine der abstractesten ist, welche in der ganzen Philosophie vorkommen.

Es giebt eine leichtere Methode, und da es uns hier mehr um die Resultate selbst zu thun ist, als um die Erkenntniss des ursprünglichen synthetischen Verfahrens der Vernunft, welches ja anderwärts hinlänglich beschrieben und auch nach seiner höchsten Strenge (besonders in unserem Naturrechte) angewendet worden ist, so wollen wir uns dieser leichteren Methode bedienen. Es ist uns nemlich über jenen ersten Punct, von welchem alles Bewusstseyn ausgeht, schon anderwärtsher soviel bekannt, dass wir sehr füglich von diesen bekannten Merkmalen mit unserer Untersuchung ausgehen, und prüfen können, ob dadurch auch die gegenwärtige Schwierigkeit gelöst, und gleichfalls die eben beschriebene Synthesis in ihnen enthalten sey: welches nur der umgekehrte Weg ist.

III.

Wenn man das Ich ursprünglich objectiv denkt, — und so wird es vor allem anderen Bewusstseyn voraus gefunden, — so kann man seine Bestimmtheit nicht anders beschreiben, als durch eine Tendenz oder einen Trieb; wie gleich Anfangs zur Genüge dargethan worden. Die objective Beschaffenheit eines Ich ist keinesweges ein Seyn oder Bestehen; denn dadurch würde es zu seinem Entgegengesetzten, dem Dinge. Sein Wesen ist absolute Thätigkeit und nichts als Thätigkeit: aber Thätigkeit, objectiv genommen, ist *Trieb*.

Ich habe gesagt: wenn das Ich *überhaupt* objectiv gedacht wird; denn nachdem das Subjective in ihm abgesondert und nach unserer obigen Beschreibung (§. 2.) als absolutes Vermögen der Freiheit gedacht ist, ist das objective in dieser Beziehung auf die Freiheit Sittengesetz für dieselbe.

Nun ist das Ich schlechthin nicht bloss objectiv: denn dann wäre es eben kein Ich, sondern ein Ding. Seine ursprüngliche

Bestimmtheit ist sonach nicht nur Bestimmtheit eines Seyns, sondern auch eines Denkens; das letztere Wort in seiner weitesten Bedeutung für alle Aeusserungen der Intelligenz genommen. Aber blosse *Bestimmtheit* der Intelligenz ohne alles Zuthun ihrer Freiheit und Selbstthätigkeit, heisst ein *Gefühl;* so ist dieser Begriff auch hier (man sehe §. 3.) beiläufig bestimmt und abgeleitet worden. — Ein Ding *ist* etwas, und damit ist seine Bestimmtheit zu Ende. Das Ich *ist* nie bloss; es ist nichts, wovon es nicht wisse; sein Seyn bezieht sich unmittelbar und nothwendig auf sein Bewusstseyn. Diese blosse, im Seyn und in der Ichheit liegende Bestimmung, heisst Gefühl. Ist sonach das Ich ursprünglich mit einem Triebe, als objectiver Bestimmung desselben, gesetzt, so ist es nothwendig auch mit einem Gefühle dieses Triebes gesetzt. Und auf diese Weise erhielten wir ein nothwendiges und unmittelbares Bewusstseyn, an das wir die Reihe des übrigen Bewusstseyns anknüpfen könnten. Alles übrige Bewusstseyn, die Reflexion, die Anschauung, das Begreifen, setzt eine Anwendung der Freiheit voraus, und diese setzt wieder mancherlei anderes voraus. *Fühlend* aber bin ich bloss dadurch, dass ich *bin*. — Dieses Gefühl des Triebes insbesondere, was wir bloss im Vorbeigehen erinnern, nennt man ein *Sehnen,* eine unbestimmte (durch keinen Objectsbegriff bestimmte) Empfindung eines Bedürfnisses.

Dieses ursprüngliche Gefühl des Triebes ist nun gerade das synthetische Glied, welches wir oben beschrieben. Der Trieb ist eine Thätigkeit, der im Ich nothwendig Erkenntniss wird, und diese Erkenntniss ist nicht etwa ein Bild oder dess etwas von der Thätigkeit des Triebes; sie ist diese Thätigkeit selbst unmittelbar dargestellt. Ist die Thätigkeit gesetzt, so ist unmittelbar auch die Erkenntniss derselben gesetzt; und ist diese Erkenntniss gesetzt, ihrer Form nach, als Gefühl, so ist die Thätigkeit selbst gesetzt. — Das Objective bei eigentlichen Vorstellungen soll immer noch in einer gewissen Rücksicht unabhängig von der Vorstellung selbst existiren, entweder als wirkliches Ding, oder als Vernunftgesetz; denn nur dadurch wird es ein objectives, und nur dadurch ist die Unterscheidung eines subjectiven von ihm möglich. Im Gefühle ist beides absolut vereiniget; ein Gefühl ist ohne Zweifel nichts, ohne ein Fühlen, und ist das Fühlen selbst; ist immer etwas nur subjectives.

Durch dieses ursprüngliche Gefühl wird die oben aufgezeigte Schwierigkeit aus dem Grunde gelöst. Es liess sich keine Thätigkeit ohne Erkenntniss annehmen, denn es wurde ja jeder Thätigkeit ein frei entworfener Zweckbegriff vorausgesetzt. Aber hinwiederum liess sich keine Erkenntniss annehmen, ohne ihr Thätigkeit vorauszusetzen, indem alle Erkenntniss aus der Wahrnehmung unserer Beschränktheit im Handeln abgeleitet wurde. Jetzt aber zeigt sich etwas unmittelbar erkennbares; unser ursprünglicher Trieb, die erste Handlung ist Befriedigung desselben, und in Beziehung auf sie erscheint jener Trieb als frei entworfener Zweckbegriff; welches auch ganz richtig ist, indem das Ich selbst als absoluter Grund seines Triebes betrachtet werden muss.

IV.

Indem ich fuhle, bin Ich, wie gesagt, ganz und in jeder Rücksicht gebunden. Auch nicht einmal diejenige Freiheit findet statt, welche in jeder Vorstellung ist, nemlich dass ich von dem Gegenstande derselben auch abstrahiren könnte. Nicht ich selbst *setze* mich, sondern sowohl objectiv, als *getrieben* und subjectiv, als *fühlend* diesen Trieb, *bin* ich gesetzt. Wird nun aber bloss das mit Bewusstseyn freie und selbstthätige als Ich gesetzt — und dies geschieht auf dem Gesichtspuncte des gemeinen Bewusstseyns immer — so gehört insofern das Object und Subject des Triebes nicht zum Ich, sondern es wird ihm entgegengesetzt. Dagegen gehört mein Denken und mein Handeln zu mir, und ist Ich selbst.

Der Unterscheidungsgrund dieser meiner Prädicate in der angegebenen Rücksicht ist folgender: ich, inwiefern ich frei bin, bin nicht der Grund meines Triebes, und des durch denselben erregten Gefühles; es hängt nicht von der Freiheit ab, wie ich mich fühle oder nicht fühle: dagegen soll es bloss und lediglich von der Freiheit abhangen, wie ich denke und handle. Das erstere ist nicht Product der Freiheit, und die Freiheit hat darüber nicht die geringste Gewalt; das letztere ist bloss und lediglich Product der Freiheit, und ohne sie ist es überhaupt nicht. Auch soll der Trieb und das Gefühl desselben keine Causalität auf die Freiheit haben. Ohnerachtet des Triebes kann ich mich ihm zuwider bestimmen; oder bestimme ich mich auch ihm gemäss, so bin doch immer ich es selbst, das mich bestimmt, keinesweges ist es der Trieb.

Der Beziehungsgrund dieser Prädicate ist folgender: obgleich ein Theil dessen, das mir zukommt, nur durch Freiheit möglich seyn soll, und ein anderer Theil desselben von der Freiheit unabhängig und sie von ihm unabhängig seyn soll, so ist dennoch die Substanz, welcher beides zukommt, nur eine und ebendieselbe, und wird als eine und ebendieselbe gesetzt. Ich, der ich fühle, und ich, der ich denke; ich, der ich getrieben bin, und ich, der ich mit freiem Willen mich entschliesse, bin Derselbe.

Wenn auch, wie soeben erinnert wurde, meine erste Handlung keine andere seyn kann, als eine Befriedigung des Triebes, und der Zweckbegriff für sie durch den letzten gegeben ist, so wird er denn doch als Zweckbegriff mit einer anderen Bestimmung gesetzt, denn als Trieb: — in der letzten Rücksicht, als nun einmal so beschaffen und nicht anders seyn könnend, in der ersten als ein solcher, der auch anders hätte ausfallen können. Ich folge freilich dem Triebe, aber doch mit dem Gedanken, dass ich ihm auch nicht hätte folgen können. Nur unter dieser Bedingung wird die Aeusserung meiner Kraft zu einem *Handeln;* nur unter dieser Bedingung ist Selbstbewusstseyn und Bewusstseyn überhaupt möglich.

Wir haben schon oben diese objective Ansicht des Ich, inwiefern in demselben ursprünglich ein bestimmter Trieb gesetzt und aus ihm ein Gefühl abgeleitet wird, von einer anderen objectiven Ansicht desselben Ich, welche als Sittengesetz erscheint, unterschieden. Hier lässt dieser Unterschied sich noch deutlicher machen. Beides ist *materialiter* darin unterschieden, dass das Sittengesetz gar nicht von einer objectiven Bestimmtheit des Triebes, sondern lediglich von der Form des Triebes überhaupt, als Triebes eines Ich, der Form der absoluten Selbstständigkeit und Unabhängigkeit von allem ausser ihm, abgeleitet wird; in dem Gefühle des Triebes aber ein bestimmtes materielles Bedürfniss vorausgesetzt wird. *Formaliter* ist beides dadurch zu unterscheiden: das Sittengesetz dringt sich schlechthin nicht auf, wird gar nicht gefühlt und ist gar nicht unabhängig von der freien Reflexion vorhanden, sondern entsteht uns erst durch eine Reflexion auf die Freiheit, und durch die Beziehung jener Form alles Triebes überhaupt auf die letztere; das Gefühl des materiellen Triebes hingegen dringt sich auf. Endlich der *Relation* nach bezieht der jetzt erwähnte Trieb sich gar nicht auf die Freiheit, wohl aber bezieht auf sie sich das Sittengesetz, denn es ist Gesetz *für sie*.

Wir haben oben den Begriff eines ursprünglichen, bestimmten Systems unserer Begrenztheit überhaupt aufgestellt; die Aeusserung des Begrenzten und der Begrenztheit in uns ist eben Trieb und Gefühl; es giebt sonach ein ursprünglich bestimmtes System von Trieben und Gefühlen. — Was unabhängig von der Freiheit festgesetzt und bestimmt ist, heisst nach obigem *Natur*. Jenes System der Triebe und Gefühle ist sonach zu denken als Natur; und da das Bewusstseyn derselben sich uns aufdringt, und die Substanz, in welcher dieses System sich befindet, zugleich diejenige seyn soll, welche frei denkt und will, und die wir als uns selbst setzen — zu denken, als *unsere* Natur.

Ich bin selbst in gewisser Rücksicht, unbeschadet der Absolutheit meiner Vernunft und meiner Freiheit, *Natur;* und diese meine Natur ist ein *Trieb*.

V.

Aber nicht nur ich setze mich als Natur, sondern nehme ausser meiner Natur auch noch andere Natur an; theils, inwiefern ich genöthiget bin, meine Wirksamkeit überhaupt auf einen unabhängig von mir vorhandenen Stoff zu beziehen; theils, inwiefern dieser Stoff unabhängig von mir wenigstens diejenige Form haben muss, durch welche ich genöthiget bin, durch bestimmte Mittelglieder zu meinem Zwecke hindurchzugehen. Inwiefern nun beides Natur seyn soll, wird es nothwendig als *gleich* gedacht; inwiefern aber das eine *meine* Natur, das andere Natur ausser mir seyn soll, wird es einander *entgegengesetzt*. Also beides wird vermittelnd gedacht, eins durchs andere, welches das allgemeine Verhältniss ist aller entgegengesetzten, die in einem Merkmale gleich sind. Oder, mit anderen Worten, meine Natur muss ursprünglich erklärt, aus dem ganzen System der Natur abgeleitet und durch dasselbe begründet werden.

Ueber diese aus der übrigen Philosophie hinlänglich bekannte und sattsam erklärte Behauptung hier nur einige Worte. Es ist von einer Erklärung und Ableitung die Rede, die das Ich selbst auf dem Gesichtspuncte des gemeinen Bewusstseyns macht, keinesweges von der Erklärung des Transscendental-Philosophen. Der letztere erklärt alles, was im Bewusstseyn vorkommt, aus dem idealen Handeln der Vernunft als solcher. Das erstere setzt zur Erklärung Gegenstände ausser dem zu erklärenden. — Ferner wird das Ich seines Erklärens, als eines solchen, sich nicht bewusst, wohl aber der Producte dieses Erklärens; — oder anders ausgedrückt: es ist klar, dass die Wahrnehmung ausgeht von der Natur in mir, keinesweges aber von der Natur ausser mir, und dass die erste das vermittelnde, die letztere das vermittelte, zufolge der Erkenntniss des ersteren mittelbar erkannte oder zur Erklärung desselben gesetzte ist. Die Reihe des Realen geht umgekehrt von der Natur ausser uns aus; durch diese soll unsere Natur bestimmt seyn, in ihr soll der Grund liegen, dass das letztere so und nicht anders ist.

Wie wird nun unsere Natur erklärt; oder, was wird zufolge der Annahme einer Natur in uns noch anderes angenommen; oder, unter welchen Bedingungen ist es möglich, uns eine Natur zuzuschreiben? — Diese Untersuchung ist es, welche von jetzt an uns beschäftiget.

Meine Natur ist ein Trieb. Wie lässt ein Trieb als solcher überhaupt sich begreifen, d. h. wodurch wird das Denken desselben in lediglich discursiv und durch Vermittelung denkenden Wesen, wie wir sind, vermittelt?

Vermittelst der entgegengesetzten Denkweise können wir

diejenige, wovon hier die Rede ist, sehr einleuchtend machen. Was innerhalb einer Reihe von Ursachen und Effecten liegt, begreife ich sehr leicht nach dem Gesetze des Naturmechanismus. Jedem Gliede in der Reihe ist seine Thätigkeit mitgetheilt durch ein anderes ausser ihm; und es richtet diese seine Thätigkeit auf ein drittes ausser ihm. Es wird in einer solchen Reihe ein Quantum Kraft nur überliefert von Glied zu Glied, und geht gleichsam durch die ganze Reihe hindurch. Woher diese Kraft kommen möge, erfährt man nie, indem man bei jedem Gliede in der Reihe weiter aufwärts zu steigen genöthigt ist, und zu einer Urkraft nie kommt. Diese durch die Reihe durchgehende Kraft ist es, vermittelst welcher man die Thätigkeit eines jeden Gliedes in der Reihe und sein Leiden denkt. — Auf eine solche Weise lässt der Trieb sich nicht begreifen, demnach überhaupt nicht als Glied einer solchen Reihe sich denken. Man nehme eine Ursache von aussen auf das Substrat des Triebes an, so entsteht auch eine Wirksamkeit nach aussen auf ein drittes; oder wenn diese Ursache keine Gewalt über das Substrat des Triebes hat, so entsteht gar nichts. Der Trieb ist sonach etwas, das weder von aussen kommt, noch nach aussen geht: eine innere Kraft des Substrats auf sich selbst. *Selbstbestimmung* ist der Begriff, vermittelst dessen ein Trieb sich denken lässt.

Also meine Natur, inwiefern sie im Triebe bestehen soll, wird gedacht als sich selbst durch sich selbst bestimmend; denn nur so lässt ein Trieb sich begreifen. Dass aber überhaupt ein Trieb da sey, ist auf dem Gesichtspuncte des gemeinen Verstandes lediglich Thatsache des Bewusstseyns, über die er nicht hinausgeht. Nur der Transscendental-Philosoph geht darüber hinaus, um den Grund dieser Thatsache anzugeben.

Corollarium.

In dem ersten Verfahren ist die Urtheilskraft das, was Kant *subsumirend*, im zweiten, was derselbe *reflectirend* nennt. Der Unterschied ist der. Das Gesetz des Naturmechanism ist nichts anderes, als das Gesetz der Successionen der Reflexionen, und der Bestimmung der einen durch die andere selbst (wodurch uns überhaupt eine Zeit und Identität des Bewusstseyns im Fortgange der Zeit entsteht), auf die Objecte übertragen. Der Verstand geht in diesem Denken ganz mechanisch seinen angebornen Gang; und die freie Urtheilskraft hat nichts weiter zu thun, als nur zu reflectiren auf das, was sie als mechanischer Verstand wirklich thut, um es zum Bewusstseyn zu erheben. Es wird ohne alles Zuthun der Freiheit und Ueberlegung durch den blossen Mechanismus des Erkenntnissvermögens die Sache begriffen; und dieses Verfahren heisst mit Recht subsumiren. Im zweiten Falle geht das Begreifen nach diesem Mechanismus gar nicht von statten, es entsteht sonach ein Anstoss und Zweifel im Gemüthe, und daher eine sich aufdringende Reflexion darauf, dass es nicht von statten gehe. Aber es geht *so* nicht von statten, muss aber doch begriffen (der Einheit des Selbstbewusstseyns einverleibt) werden, heisst: die Weise des Denkens muss umgekehrt werden: (gleichwie der Satz: im Ich liegt der Grund nicht — da wo doch ein Grund seyn soll, heisst: im Nicht-Ich liegt der Grund). Die Function der reflectirenden Urtheilskraft tritt nur da ein, wo die Subsumtion nicht möglich ist; und die reflectirende Urtheilskraft *giebt sich selbst das Gesetz,* nemlich, das Gesetz der Subsumtion umzukehren.

VI.

Natur — vor der Hand zwar nur die *meinige,* die jedoch dem Wesen nach Natur ist — *bestimmt sich selbst.* Aber die Natur, als solche, ist durch Gegensatz mit der Freiheit charakterisirt: dadurch, dass alles Seyn der letzteren aus einem Denken, alles Seyn der ersteren aber selbst aus einem absoluten Seyn hervorgehen soll. Sonach kann die Natur als solche sich nicht bestimmen, wie ein freies Wesen, *durch einen Begriff.* Die Natur bestimmt sich selbst, heisst: sie *ist* bestimmt, sich zu bestimmen durch ihr Wesen: sie *ist* bestimmt, *formaliter* überhaupt sich zu bestimmen; sie kann nie unbestimmt seyn, wie ein freies Wesen gar wohl seyn kann: — sie ist bestimmt, *materialiter* sich *gerade so* zu bestimmen, und hat nicht etwa, wie das freie Wesen, die Wahl zwischen einer gewissen Bestimmung und ihrer entgegengesetzten.

Meine Natur ist nicht die ganze Natur. Es giebt noch Natur ausser ihr, und diese wird eben gesetzt, um die Bestimmung meiner Natur zu erklären. Nun ist meine Natur beschrieben als ein Trieb; dies muss aus der übrigen Natur erklärt werden und wird ursprünglich wirklich aus ihr erklärt; oder mit anderen Worten, die Bestimmtheit meiner Natur zu einem Triebe ist Resultat der Bestimmtheit der ganzen Natur. Mir kommt der Trieb zu, inwiefern ich *Natur* bin, nicht inwiefern ich Intelligenz bin; denn die Intelligenz, als solche, hat, wie wir gesehen haben, auf den Trieb nicht den mindesten Einfluss. Mit dem Begriffe der Natur sonach ist der Begriff des Triebes synthetisch vereiniget, und aus dem ersteren der letztere zu erklären; sonach wird alles, was durch den ersten Begriff gedacht wird, gedacht als Trieb. Alles sonach, was als Natur gedacht wird, wird gedacht als sich selbst bestimmend.

Sowie ich meine Natur von der übrigen Natur absondern muss, so kann ich, da die Natur überhaupt ein mannigfaltiges ist, auch andere Theile der Natur ausser mir von den übrigen absondern. Es wird nemlich hier bloss eine ideale Absonderung behauptet. Ob es noch einen anderen Grund derselben geben möge, als die Freiheit des beliebigen Denkens, d. h. *ob wirklich*, und unabhängig von unserem Denken, abgesonderte Theile der Natur seyn mögen, darüber wollen wir vorläufig nichts entscheiden.

Der so abgesonderte Theil wird zuvörderst durch sich selbst seyn, was er ist; davon aber, dass er sich selbst so bestimmt, liegt der Grund im Ganzen. Aber das Ganze ist nichts anderes als die Wechselwirkung der geschlossenen Summe aller Theile. — Oder noch deutlicher: abstrahire indessen von dir selbst, als Natur, weil bei deiner Natur ein charakteristischer Unterschied von der übrigen Natur, inwiefern sie bis jetzt gesetzt ist, eintritt, nemlich die Nothwendigkeit, sie gerade so zu begrenzen, gerade soviel, und nicht mehr noch weniger, zu ihr zu rechnen: und reflectire bloss auf die Natur ausser dir. Sondere von ihr ab, welchen Theil du willst. Dass du gerade dieses Quantum der Natur als einen abgesonderten Theil betrachtest, davon liegt der Grund lediglich in deiner freien Reflexion. Nenne diesen Theil X. In X ist Trieb, und ein bestimmter Trieb. Dass aber dieser Trieb gerade ein solcher ist, ist bestimmt dadurch, dass ausser X gerade noch soviel Natur vorhanden ist, welche Natur ausser ihm durch ihre Existenz den Trieb des X, alles zu seyn, beschränkt; ihm nur gerade ein solches Quantum der Realität, und für das übrige nur einen Trieb übriglässt. — Hätten wir die Natur überhaupt nicht durch einen Trieb charakterisiren müssen, so würde alles, was X nicht ist, in ihm nur als Negation zu setzen seyn; unter der gegenwärtigen Bedingung aber ist es als Trieb zu denken. Nemlich die Tendenz nach der Realität überhaupt ist über das Ganze ausgegossen und ist in jedem Theile desselben. Weil aber jedes nur ein Theil ist, darum geht ihm alle Realität der übrigen Theile ab, und für diese bleibt ihm nur ein Trieb. Dass dieses nur *Trieb* und gerade *ein solcher* Trieb ist, ist darin begründet, weil ausser dem Theile noch etwas, und gerade ein solches da ist.

Nun ist mir gegenwärtig gerade X besonderer Theil, lediglich darum, weil ich mit Freiheit des Denkens es dazu gemacht habe. Nichts verhindert, mit derselben Freiheit von ihm wieder einen Theil abzusondern = Y. Auch in ihm ist Trieb, bestimmt durch alles ausser ihm existirende; das mit eingeschlossen, was ich vorher zu X rechnete. Nichts verhindert, dass ich nicht wieder aus Y einen Theil absondere = Z. Dieses wird zu Y sich ebenso verhalten, wie Y sich zu X verhielt. — Kurz, es findet sich in diesem Verfahren schlechthin kein erstes und kein letztes. Ich kann jeden Theil wieder zu einem Ganzen, und jedes Ganze zu einem Theile machen.

Was so beschaffen ist, dass jedem Theile desselben Bestimmtheit durch sich selbst zugeschrieben werden muss, jedoch so, dass diese seine Bestimmtheit durch sich selbst hinwiederum das *Resultat sey von der Bestimmtheit aller Theile durch sich selbst*, heisst ein *organisches Ganze*. Jeder Theil desselben ins unendliche kann wieder betrachtet werden als ein organisches Ganzes, oder auch als ein Theil. Nur das höchste kann nicht betrachtet werden als Theil. — *Die Natur überhaupt ist sonach ein organisches Ganzes und wird als solches gesetzt.*

Wir können den Begriff, auf welchen es hier ankommt, noch von einer anderen Seite zeigen. Nach dem Begriffe des Naturmechanismus ist jedes Ding durch ein anderes, was es ist, und äussert sein Daseyn in einem Dritten. Nach dem Begriffe des Triebes ist jedes Ding durch sich selbst, was es ist, und äussert sein Daseyn auf sich selbst. Soll nun ein *freies* Wesen gedacht werden, so gilt dieser Begriff in seiner ganzen Strenge, ohne die mindeste Modification, zwar nicht als Begriff des Triebes, aber als Begriff der absoluten Freiheit. Die Freiheit ist dem Naturmechanism *direct entgegengesetzt,* und wird durch ihn auf keine Weise bestimmt. Ist aber die Rede von einem *Natur*triebe, so muss der Charakter der Natur überhaupt, der des Mechanismus, neben dem Charakter des Triebes beibehalten, sonach beides synthetisch vereinigt werden; wodurch wir ein Mittelglied zwischen Natur, als blossem Mechanismus (auch dem Causalitätsbegriffe), und Freiheit, als directem Gegensatze alles Mechanismus (auch dem Substantialitätsbegriffe), erhalten werden (dessen wir auch allerdings, um die Causalität der Freiheit in der Natur zu erklären, höchlich bedürfen).

Der Begriff dieser Synthesis würde kein anderer seyn, als der eben entwickelte. Es ist etwas, = A, allerdings durch sich selbst, was es ist, dass es aber gerade dieses durch sich selbst ist, ist begründet durch das andere (alles mögliche — A); dass aber dieses andere dies ist, und A gerade so bestimmt, ist wiederum begründet durch A selbst, indem ja auch umgekehrt — A durch A wird, was es ist. So ist Nothwendigkeit und Selbstständigkeit vereinigt, und wir haben nicht mehr den einfachen Faden der Causalität, sondern den geschlossenen Umkreis der Wechselwirkung.

VII.

Ich muss *meine Natur* setzen, als ein geschlossenes Ganze, zu dem gerade soviel und nicht mehr noch weniger gehört, laut der obigen Erklärung und des geführten Beweises. Der Begriff dieser Totalität lässt sich aus dem Gesichtspuncte des gemeinen Bewusstseyns, auf welchen wir das Ich in unserer ganzen Untersuchung versetzt haben, keinesweges erklären aus der Reflexion desselben, wie der Transscendental-Philosoph allerdings erklärt; sondern er selbst ist gegeben. Meine Natur ist nun einmal so bestimmt und festgesetzt, und diese Totalität selbst ist Natur.

Zuvörderst, wie begreife ich überhaupt und nach welchem Gesetze denke ich mir etwas in der Natur als ein reelles organisches Ganze, das doch selbst nur ein Theil der Natur überhaupt ist? — Diese Frage ist allerdings aufzuwerfen, denn wir haben bis jetzt nur die ganze Natur als ein reelles Ganze abgeleitet, keinesweges aber einen Theil derselben; und doch ist es Factum, dass wir wenigstens unsere Natur, die doch nur ein Theil des Naturganzen ist, selbst als ein geschlossenes Ganze denken.

Ich habe gesagt: ein *reelles* Ganze; und diese Bestimmung ist die Hauptsache. Ich erkläre zuvörderst diesen Begriff durch sein entgegengesetztes. — Wie wir soeben die Natur ansahen, hing es völlig von der Freiheit der Reflexion ab, jeden beliebigen Theil aufzufassen als ein Ganzes, diesen wieder beliebig zu theilen, und die Theile desselben als Ganze aufzufassen u. s. f. Ich hatte ein Ganzes, aber mein Ganzes war gerade dies, lediglich, weil ich selbst dies dazu gemacht hatte; und einen anderen Bestimmungsgrund der Grenzen desselben gab es nicht, ausser der Freiheit meines Denkens. Ich hatte ein ideales Ganze, eine collective Einheit, keinesweges eine reelle, ein Aggregat, kein Compositum. Soll mein Ganzes das letztere werden, so müssen die Theile selbst, und zwar gerade diese Theile ohne Zuthun meines Denkens sich zu einem Ganzen vereinigen.

Realität wird bestimmt durch einen Zwang der Reflexion; da im Gegentheil in der Vorstellung des Idealen sie frei ist. Jene Freiheit, das Ganze beliebig zu begrenzen, müsste aufgehoben und die Intelligenz genöthigt seyn, gerade soviel, nicht mehr oder weniger dazu zu rechnen, wenn uns ein reelles

Ganzes entstehen sollte. So verhielt es sich, wie gesagt, mit der Vorstellung *meiner* Natur, als eines geschlossenen Ganzen.

Durch welches Gesetz des Denkens sollte uns diese Nothwendigkeit der Grenzbestimmung entstehen? — Wo durch blosse Subsumtion nicht begriffen werden kann, tritt das Gesetz der reflectirenden Urtheilskraft ein, und das letztere ist die blosse Umkehrung des ersteren. Nun könnte es wohl kommen, dass die Urtheilskraft, einmal in dem Gebiete der Reflexion angelangt, selbst nach dem durch blosse Umkehrung des Subsumtionsgesetzes entstandenen Gesetze nicht begreifen könnte, und sie würde dann, aus dem oben angegebenen Grunde, auch dieses Gesetz wieder umkehren müssen; und wir würden ein zusammengesetztes Gesetz der Reflexion, eine Wechselwirkung der Reflexion mit sich selbst, erhalten. (Begriffen überhaupt muss werden; aber nach diesem Gesetze geht das Begreifen nicht von statten, heisst nothwendig: nach einem entgegengesetzten Gesetze geht es von statten.) Jeder Theil der Natur ist durch sich selbst und für sich selbst, was er ist; nach dem einfachen Reflexionsbegriffe. Nach dem durch Umkehrung und Zusammensetzung entstandenen Begriffe ist kein Theil durch und für sich selbst, was er ist, wohl aber sein Ganzes; jeder Theil des Ganzen ist sonach durch alle übrigen Theile desselben Ganzen bestimmt: und jedes geschlossene Ganze ist selbst zu betrachten, wie wir oben das Universum betrachteten; welches letztere aus einem Ganzen von Theilen sich in ein Ganzes von Ganzen, ein System reeller Ganzer, verwandelt.

Wir setzen jetzt diesen neuen Begriff noch mehr auseinander, und verbinden dadurch unser gegenwärtiges Räsonnement mit unserem obigen. — Nach dem zuerst aufgestellten Begriffe hatte jedes aufgefasste sein Maass Realität, und für das übrige Trieb. Trieb und Realität standen in Wechselwirkung und erschöpften sich gegenseitig. In keinem war ein Trieb nach einer Realität, die es hatte, noch ein Mangel, auf dessen Ersetzung nicht ein Trieb ginge. Diese Betrachtungsart konnten wir nach Belieben fortsetzen oder abbrechen; sie passte auf alles, was wir nur antreffen konnten, und alles war ganz gleichförmig.

Jetzt soll ein bestimmtes $= X$ gegeben seyn, das nach diesem Gesetze sich nicht begreifen lässt. Wie müsste es denn sonach beschaffen seyn? Fasse einen beliebigen Theil von X auf; er heisse A. Wenn in A Trieb und Realität sich nicht gegenseitig eins aus dem anderen erklären liessen; der Trieb auf eine Realität ausginge, die in A nicht fehlte, und zu ihm nicht gehörte; und hinwiederum er auf eine Realität nicht ausginge, die in A allerdings fehlte und zu ihm gehörte: so wäre A aus sich selbst nicht zu erklären und zu begreifen, und das Reflectiren würde weiter getrieben. Das Begreifen wäre nicht geschlossen; ich hätte nichts begriffen, und es wäre klar, dass ich den Theil A nicht willkürlich hätte abtrennen sollen von X. — Fasset auf das übrige von $X = B$. Wenn es sich nun mit B, an und für sich betrachtet, in Absicht seines Triebes und seiner Realität eben so verhielte, wie mit A: es fände sich aber, dass in B der Trieb auf die in A mangelnde Realität gehe; und dass auf die in B mangelnde Realität der Trieb in A gehe, so würde ich zuvörderst von meiner Betrachtung des B nach A zurückgetrieben, zur Untersuchung, ob in A wirklich diejenige Realität mangele, auf welche ich einen Trieb in B entdecke, und in ihm wirklich ein Trieb sey nach derjenigen Realität, deren Mangel ich in B entdecke. Ich müsste anhalten und die Sache noch einmal ansehen, also über mein Reflectiren reflectiren, und es dadurch begrenzen; es gäbe eine zusammengesetzte Reflexion, und da Nothwendigkeit obwaltet, ein zusammengesetztes Reflexions-*gesetz*. — Ferner könnte ich ja A nicht begreifen, ohne B dazu zu nehmen, und umgekehrt; also *ich müsste* beides synthetisch in einem Begriffe vereinigen, und X würde sonach ein **reelles,** nicht bloss ein ideales Ganze.

Nun aber ist, welches zur Vollständigkeit des zu erörternden Begriffs gehört, X doch überhaupt Natur und organische Natur, und das allgemeine Gesetz der letzteren muss sonach auch darauf passen. Insofern ist es theilbar ins unendliche. Ich kann sonach A theilen in b, c, d; b wieder in e, f, g, und so ins unendliche fort. Jeder Theil hat, als überhaupt Natur, Realität und Trieb, und insofern Selbstständigkeit; aber bei jedem ist es der Fall, dass das Verhältniss seiner Realität und seines Triebes nicht aus ihm selbst erklärt werden kann; denn ausserdem wäre er kein Theil des reellen Ganzen X. — Kein Theil kann erklärt werden, ehe nicht alle Theile von X aufgefasst sind. Jeder Theil strebt, das Bedürfniss aller zu befriedigen, und alle streben hinwiederum, das Bedürfniss dieses Einzelnen zu befriedigen. Dasjenige, welches nur auf die angezeigte Weise begriffen werden kann, heisse vorläufig ein reelles organisches Ganze, bis wir etwa einen passenderen Namen dafür finden.

Ich selbst wenigstens bin ein solches Naturganzes. Ob es ausser mir noch mehrere dieser Art giebt, ist vor der Hand nicht zu entscheiden. Die Entscheidung wird davon abhangen, ob ich mich selbst als ein solches Naturganzes begreifen kann, ohne andere Ganze ausser mir anzunehmen, oder nicht. — Hier ist nur davon die Frage, wie ein solches reelles Ganze sich aus der Natur erklären lasse, und welche neue Prädicate etwa durch diese Erklärung der Natur beigelegt werden.

Sowie gefordert wird, dass etwas aus der *Natur* erklärt werde, wird gefordert, dass es durch und aus einem Gesetze der physischen, keinesweges aber moralischen Nothwendigkeit erklärt werde. Es wird sonach durch die blosse Behauptung einer solchen Erklärbarkeit behauptet, dass es der Natur nothwendig sey, und in den ihr absolut zukommenden Eigenschaften liege, sich in reelle Ganze zu organisiren, und dass das vernünftige Wesen die Natur so, und schlechthin nicht anders zu denken genöthigt sey.

(Also man nehme nicht etwa in einem Argumente der faulen Vernunft seine Zuflucht zu einer Intelligenz, als Weltschöpfer oder Weltbaumeister; denn unter anderen auch ist es im ersten Falle schlechterdings undenkbar, dass eine Intelligenz Materie erschaffe; im zweiten ist noch nicht begreiflich, wie die Vernunft Einfluss haben könne auf die Natur, sondern dies eben haben wir im gegenwärtigen Hauptstücke zu erklären. Dann mag eine Intelligenz zusammensetzen und verknüpfen immerfort, so lange sie will, so entsteht daraus Aggregation, Alligation, aber nimmermehr Verschmelzung, welche letztere eine innere Kraft in der Natur selbst voraussetzt. Ebensowenig wolle man die Organisation aus mechanischen Gesetzen erklären. In ihnen liegt ein ewiges Fortstossen und Fortdrängen der Materie, Anziehung und Abstossung und weiter nichts. Jenes Gesetz ist ein immanentes Gesetz der Natur, welches das vernünftige Wesen in dem Begriffe derselben sich denken muss, um sich selbst erklären zu können; welches Gesetz selbst aber nicht weiter erklärt werden kann. Es weiter erklären, würde hier heissen, dasselbe aus dem Mechanismus ableiten. — Es versteht sich, dass nur auf dem Gesichtspuncte des gemeinen Bewusstseyns oder der Wissenschaft dieses Gesetz ein nicht weiter zu erklärendes und absolutes sey. Auf dem transscendentalen Gesichtspuncte oder dem der Wissenschaftslehre ist es gar wohl zu erklären, indem auf diesem ja die ganze Natur erklärt und aus dem Ich abgeleitet ird.)

Es fragt sich nur, was das für ein Gesetz seyn möge; welcher bestimmte Gang der Natur nothwendig dabei angenommen werden müsse? Nach dem oben aufgestellten Gesetze ist jedes Ding, das Naturding ist, durch sich selbst und für sich selbst, was es ist; keines ist irgend einem anderen irgend etwas, und kein anderes ist ihm etwas. Was eins ist, ist kein anderes. — Es ist dies das Princip der Substantialität; und das des Naturmechanism das Princip der Causalität. Nach dem gegenwärtigen Gesetze giebt es kein mögliches Element, auf welches jenes Princip passe: — ich sage *Element,* um mich nur ausdrücken zu können, verstehe aber dieses Wort *ideal* und keinesweges *real:* nicht als ob es an sich untheilbare Elemente gäbe, sondern weil man, um irgend etwas zu betrachten, aufhören muss zu theilen, — kein Element, sage ich, ist sich selbst genug, und für sich und durch sich selbstständig; es bedarf eines anderen, und dieses andere bedarf seiner. Es ist in jedem Trieb auf ein fremdes. — Verhält es sich so, zufolge eines allgemeinen Naturgesetzes, so ist der so bestimmte Trieb durch die ganze Natur verbreitet. Dieses Naturgesetz lässt demnach sich so ausdrücken: jeder Naturtheil strebt sein Seyn und sein Wirken mit dem Seyn und Wirken eines bestimmten anderen Naturtheils zu vereinigen, und wenn man die Theile in den Raum denkt, auch im Raume mit ihm zusammenzufliessen. Dieser Trieb heisst der *Bildungstrieb* im activen und passiven Sinne des Worts; der Trieb zu bilden und sich bilden zu lassen: und er ist nothwendig in der Natur; nicht etwa eine fremde Zuthat, ohne welche sie auch bestehen könnte. Nur denke man sich nicht seinen Sitz hier oder da, in diesem oder jenem Theile; oder, so Gott will, ihn selbst wohl gar als einen besonderen Theil. Er ist gar keine Substanz, sondern ein Accidens; und ein Accidens aller Theile.

Und so haben wir denn dadurch, dass wir die Organisation des Ich als Resultat eines Naturgesetzes gesetzt, soviel gewonnen, dass wir aufs mindeste den Trieb zur Organisation durch die ganze Natur verbreitet finden: denn ob dieser Trieb auch ausser uns bis jetzt Causalität gehabt habe, darüber soll hier noch nichts entschieden werden.

Aber in mir — und dies ist das zweite — hat dieser Trieb Causalität. Es haben gewisse Theile der Natur ihr Seyn und Wirken vereinigt zur Hervorbringung Eines Seyns und Eines Wirkens. In dieser Rücksicht kann man das, was wir bisher reelles Naturganze nannten, am füglichsten *organisirtes Naturproduct* nennen.

Es ist so etwas, denn ich selbst bin so etwas laut obigem. Von der Materialität im Raume, welche eine reelle Mannigfaltigkeit geben würde, ist hier noch gar nicht die Rede, wiewohl sie leicht deducirt werden könnte: aber wenigstens das ideale Mannigfaltige in mir stimmt zusammen zu Einem. Aber diese Zusammenstimmung ist Product der bildenden Kraft der Natur.

Das Resultat der gegenwärtigen Untersuchung ist sonach folgendes: so gewiss ich bin, so gewiss muss ich der Natur Causalität zuschreiben; denn ich kann mich selbst nur als ihr

Product setzen. Es ist sonach überhaupt erwiesen, obgleich bei weitem noch nicht vollständig analysirt, was erwiesen werden sollte.

§. 9.
Folgerung aus dem vorhergehenden.

I.

Ich finde mich selbst als ein organisirtes Naturproduct. Aber in einem solchen besteht das Wesen der Theile in einem Triebe, bestimmte andere Theile in der Vereinigung mit sich zu erhalten; welcher Trieb, dem Ganzen beigemessen, der Trieb der Selbsterhaltung heisst. Denn da das Wesen des Ganzen nichts anderes ist, als ein Vereinigen gewisser Theile mit sich selbst, so ist die Selbsterhaltung nichts anderes, als die Erhaltung dieses Vereinigens. Man überlege, um dies deutlicher einzusehen, folgendes: Jeder mögliche Theil strebt, andere bestimmte Theile mit sich zu vereinigen. Dieses Streben aber kann keine Causalität haben, wenn nicht einander unterstützende Theile vereinigt sind; denn nur unter dieser Bedingung ist ein organisirtes Ganze da. Nun ist das Ganze nichts anderes, als die Theile zusammengenommen. Es kann mithin in jenem nichts anderes seyn, als was in diesem ist: *ein Streben, bestimmte Theile in sich aufzunehmen;* und inwiefern ein vollendetes Ganze da seyn soll, muss dieses Streben Causalität haben. In einer Wechselwirkung dieses Strebens und dieser Causalität, die durch einander bedingt sind, besteht sein Wesen, denn es ist ein Ganzes, und das Begreifen desselben ist vollendet; und insofern tritt für dasselbe in Beziehung auf die übrige Natur der oben aufgestellte Begriff wieder ein. Es erhält *sich,* heisst, es erhält jene Wechselwirkung seines Strebens und seiner Causalität. Wird eins von beiden aufgehoben, so wird alles aufgehoben. Ein sich nicht mehr organisirendes Naturproduct hört auch auf, ein organisirtes zu seyn; denn der Charakter des organisirten besteht darin, dass die Bildung fortgehe.

Der Trieb der Selbsterhaltung ist nicht, wie man gewöhnlich anzunehmen scheint, ein solcher, der nur auf die blosse Existenz überhaupt, sondern der auf eine bestimmte Existenz ausgeht; ein Trieb des Dinges zu seyn und zu bleiben, was es ist. — Blosse Existenz ist ein abstracter Begriff, nichts concretes. Einen Trieb darnach giebt es in der ganzen Natur nicht: Ein vernünftiges Wesen will nie seyn, um zu seyn, sondern um dieses oder jenes zu seyn. Ebensowenig strebt und arbeitet ein vernunftloses Naturproduct überhaupt nur zu seyn, sondern gerade das zu seyn, was es ist; der Apfelbaum ein Apfelbaum, der Birnbaum ein Birnbaum zu seyn, und es zu bleiben. Bei den Wesen der letzteren Art ist der Trieb zugleich Effect. Und darum kann der erstere nie Birnen, noch der letztere Aepfel tragen. Umartung ist Hemmung der ganzen Organisation, und zieht früher oder später den Untergang nach sich.

So verhält es sich auch mit mir. Es ist in mir ein Trieb, entstanden durch Natur, und sich beziehend auf Gegenstände der Natur, um sie mit meinem Wesen zu vereinigen: nicht gerade sie in dasselbe aufzunehmen, sowie Speise und Trank durch die Verdauung, sondern sie überhaupt auf meine Naturbedürfnisse zu beziehen, sie in ein gewisses Verhältniss mit mir zu bringen; worüber in der Zukunft sich mehr ergeben wird. Dieser Trieb ist der Trieb der Selbsterhaltung in der angegebenen Bedeutung; der Erhaltung meiner, als dieses bestimmten Naturproducts. Die Beziehung der Mittel auf diesen Zweck geschieht **unmittelbar und absolut** ohne alle zwischenliegende Erkenntniss, Ueberlegung, Berechnung. Worauf dieser mein Trieb geht, gehört zu meiner Erhaltung, *weil* er darauf geht; und was zu meiner Erhaltung gehört, darauf geht er, *weil* es zu meiner Erhaltung gehört. Die Verbindung liegt nicht in der Freiheit, sondern in dem Bildungsgesetze der Natur.

Schon hier eine wichtige Bemerkung, deren Folgen sich weit erstrecken, und deren Vernachlässigung sowohl für die Philosophie überhaupt, als insbesondere für die Sittenlehre beträchtliche Nachtheile erzeugt hat. — Mein Trieb gehe auf das Object X. Geht etwa der Reiz, das Anziehende, aus von X, bemächtigt sich meiner Natur und bestimmt so meinen Trieb? Keinesweges. Der Trieb geht lediglich hervor aus meiner Natur. Durch diese ist schon im voraus bestimmt, was für mich da seyn soll, und mein Streben und Sehnen umfasst es, auch ehe es für mich wirklich da ist und auf mich gewirkt hat; würde es umfassen, wenn es auch gar nicht seyn könnte, und würde sich nicht befriedigen, ohne dasselbe. Aber *es ist* und *muss* seyn, zufolge der Vollendung der Natur in sich selbst, und darum, weil diese selbst ein organisirtes reelles Ganze ist. — Ich hungere nicht, weil Speise für mich da ist, sondern weil ich hungere, wird mir etwas zur Speise. Nicht anders ist es bei allen organisirten Naturproducten. Nicht durch das Vorhandenseyn der Materialien, die in seine Substanz gehören, wird das Gewächs gereizt, sie aufzunehmen; durch seine innere Einrichtung werden, unabhängig von ihrem wirklichen Vorhandenseyn, gerade diese Materialien gefordert; und wenn sie überhaupt nicht in der Natur wären, könnte auch das Gewächs nicht in der Natur seyn. — Es ist hier überall Harmonie, Wechselwirkung, nicht etwa blosser Mechanismus; denn der Mechanismus bringt keinen Trieb hervor. So gewiss ich Ich bin, geht mein Streben und Begehren auch sogar bei den thierischen Bedürfnissen nicht aus dem Objecte, sondern aus mir selbst hervor. Vernachlässigt man diese Bemerkung hier, so wird man sie an einer wichtigeren Stelle, bei Erörterung des Sittengesetzes, nicht begreifen können.

II.

Nun ist mir ferner dieser mein Trieb Gegenstand der Reflexion; und dies zwar nothwendig, sowie es oben beschrieben worden. So gewiss ich überhaupt reflectire, so gewiss bin ich genöthigt, diesen Trieb wahrzunehmen, und ihn als den meinigen zu setzen; von welcher Nothwendigkeit auf dem Gesichtspuncte, in welchem wir gegenwärtig stehen, kein Grund angegeben wird: vom transscendentalen aus haben wir diesen Grund schon angegeben. — So gewiss *ich reflectire,* sage ich; denn die Reflexion selbst ist kein Naturproduct, noch kann sie es seyn. Sie selbst ihrer Form nach geschieht mit absoluter Spontaneität: nur das Object derselben, und die Nothwendigkeit auf dieses Object zu merken, ist Effect der Natur.

Es entsteht durch diese Reflexion auf den Trieb zuvörderst ein *Sehnen* — Gefühl eines Bedürfnisses, das man selbst nicht kennt. Es fehlt uns, wir wissen nicht woran. Hierdurch schon, als durch das erste Resultat der Reflexion, ist das Ich unterschieden von allen anderen Naturproducten. Der Trieb in den letzteren wirkt entweder Befriedigung, wenn die Bedingungen derselben da sind; oder er wirkt nichts. Man wird nicht im Ernste behaupten, dass bei trockenem Wetter in den Pflanzen ein Sehnen sey, das von Mangel der Feuchtigkeit herrühre. Sie trinken oder verwelken; und es giebt kein drittes, das aus ihrem Naturtriebe folgte.

III.

Als Intelligenz und mit Intelligenz handelndes Wesen, demnach als Subject des Bewusstseyns, bin ich absolut frei und nur von meiner Selbstbestimmung abhängig. Dies ist mein. Charakter. Mithin muss auch meine Natur, inwiefern sie in dem angezeigten Sinne nothwendig zu mir gerechnet wird, d. i. inwiefern sie unmittelbares Object des Bewusstseyns ist, nur von der Selbstbestimmung abhängen.

Inwiefern wird sie *mir,* als *Subject des Bewusstseyns,* zugerechnet? Das Product der Wechselwirkung meiner Natur ist der *Trieb.* Zuvörderst, diese Wechselwirkung ist nicht *meine* Wirksamkeit, als Intelligenz; ich werde derselben unmittelbar mir gar nicht bewusst. Auch der Trieb selbst ist nicht mein Product, wie gesagt; er ist gegeben, und hängt schlechthin nicht von mir ab. Aber der Trieb kommt zum Bewusstseyn, und was er in dieser Region wirke, steht in meiner Gewalt;

oder bestimmter, *er* wirkt in dieser Region gar nicht, sondern *ich* wirke oder wirke nicht zufolge desselben. Hier liegt der Uebergang des Vernunftwesens zur Selbstständigkeit; hier die bestimmte scharfe Grenze zwischen Nothwendigkeit und Freiheit.

Die Befriedigung des Triebes in der Pflanze oder im Thiere geschieht nothwendig, wenn die Bedingungen dieser Befriedigung eintreten. Der Mensch wird durch den Naturtrieb gar nicht getrieben. — Verdauung, Verwandeln der Speisen in Nahrungssaft, Umlauf des Bluts u. s. w. stehen nicht in unserer Gewalt; es sind die oben angedeuteten Geschäfte der Natur in uns. Sie stehen nicht in *unserer* (der Intelligenz) Gewalt, weil sie nicht unmittelbar zum Bewusstseyn gelangen. Was der Arzneikundige über diese Functionen weiss, weiss er durch Schlüsse. Dagegen die Befriedigung unseres Hungers und Durstes steht in unserer Gewalt; denn der Trieb nach Speise und Trank kommt zum Bewusstseyn. Wer möchte behaupten, dass er mit derselben mechanischen Nothwendigkeit esse, mit welcher er verdaut?

Kurz, es steht nicht in meiner Gewalt, einen bestimmten Trieb zu empfinden oder nicht; aber es steht in meiner Gewalt, ihn zu befriedigen oder nicht.

IV.

Ich reflectire über mein Sehnen und erhebe dadurch zum deutlichen Bewusstseyn, was vorher nur eine dunkle Empfindung war. Aber ich kann nicht darauf reflectiren, ohne es zu bestimmen als ein Sehnen, laut des durchgängig gültigen Reflexionsgesetzes; d. h. ohne es von einem möglichen anderen Sehnen zu unterscheiden. Aber es kann von einem anderen Sehnen nur durch sein Object unterschieden werden. Ich werde sonach jetzt durch diese zweite Reflexion auch des Gegenstandes meines Sehnens mir bewusst; von dessen Realität oder Nichtrealität hier noch gar nicht die Rede ist. Er wird bloss gesetzt als ein angestrebtes. Aber ein durch seinen Gegenstand bestimmtes Sehnen heisst ein *Begehren*.

Das Mannigfaltige des Begehrens überhaupt in Einem Begriffe vereinigt, und als ein im Ich begründetes Vermögen betrachtet, heisst *Begehrungsvermögen*. Sollte sich noch ein anderes Begehren finden, dessen Mannigfaltiges wir gleichfalls in ein Begehrungsvermögen vereinigen könnten, so würde das gegenwärtig deducirte nach Kant mit Recht heissen das *niedere Begehrungsvermögen*.

Seine Form als solches, d. h. dass es ein Trieb mit Bewusstseyn ist, hat ihren Grund in dem freien Acte der Reflexion; dass überhaupt ein Trieb da ist, und dass der Trieb oder das Begehren gerade auf ein solches Object geht, hat seinen Grund in der Natur; aber, wie oben erinnert worden, keinesweges in fremder Natur, in der Natur der Objecte, sondern in meiner eigenen Natur: es ist ein immanenter Grund. — Sonach äussert sich schon beim Begehren die Freiheit; denn es fällt zwischen dasselbe und das Sehnen eine freie Reflexion. Man kann unordentliche Begierden gar wohl unterdrücken, dadurch, dass man nicht auf sie reflectirt, sie ignorirt, sich mit etwas anderem beschäftigt, besonders mit Geistesarbeiten; — dass man ihnen, wie die theologischen Sittenlehrer recht gut sagen, nicht nachhängt.

V.

Mein Begehren hat zum Objecte Naturdinge, um dieselben entweder unmittelbar mit mir zu vereinigen (wie Speise oder Trank), oder sie in ein gewisses Verhältniss mit mir zu setzen (freie Luft, weite Aussicht, heiteres Wetter u. dergl.).

Nun sind *zuvörderst* die Naturdinge für mich im Raume, wie aus der theoretischen Philosophie als bekannt vorausgesetzt wird. Das, womit sie vereinigt oder in ein bestimmtes Verhältniss gesetzt werden sollen, muss demnach gleichfalls im Raume seyn; denn es giebt keine Vereinigung des räumlichen und kein Verhältniss desselben, ausser zu dem, was gleichfalls im Raume ist: ausserdem bliebe es entweder nicht im Raume, welches absurd ist, oder es wäre kein Verhältniss, welches gegen die Voraussetzung läuft. Nun ist das, was im Raume ist und denselben ausfüllt, Materie. Ich bin sonach, als Naturproduct, Materie; und zwar nach dem obigen organisirte Materie, die ein bestimmtes Ganze ausmacht. *Mein Leib.*

Ferner, es soll in der Botmässigkeit meines Willens stehen, Naturdinge mit mir zu vereinigen, oder in ein Verhältniss mit mir zu bringen. Nun bezieht diese Vereinigung oder dieses Verhältniss sich auf Theile meines organisirten Leibes; und dieser mein Leib ist das unmittelbare Instrument meines Willens. Mithin müssen diese Theile unter der Herrschaft meines Willens stehen, und da hier vom Verhältniss im Raume die Rede ist, sie müssen als Theile, d. i. in Beziehung auf das Ganze meines Leibes, beweglich, und mein Leib selbst in Beziehung auf das Ganze der Natur beweglich seyn. Es muss, da diese Bewegung abhängen soll von einem frei entworfenen und ins unbestimmte modificirbaren Begriffe, eine mannigfaltige Beweglichkeit seyn. — Man nennt eine solche Einrichtung des Leibes *Articulation.* Soll ich frei seyn, so muss mein Leib articulirt seyn. (Man sehe hierüber meinen Grundriss des Naturrechts im ersten Theile.)

Anmerkung.

Es ist hier einer der Standpuncte, von welchen aus wir bequem um uns blicken können, ob es in unserer Untersuchung lichter geworden ist.

Es findet sich in uns ein Trieb nach Naturdingen, um dieselben mit unserer Natur in ein bestimmtes Verhältniss zu bringen; ein Trieb, der keinen Zweck ausser sich selbst hat, und der darauf ausgeht, sich zu befriedigen, lediglich damit er befriedigt sey. Befriedigung, um der Befriedigung willen, nennt man blossen *Genuss.*

Es liegt uns daran, dass man von dieser Absolutheit des Naturtriebes sich überzeuge. Jedes organisirte Naturproduct ist *sein eigener Zweck,* d. h. es bildet, schlechthin um zu bilden, und bildet *so,* schlechthin um so zu bilden. Es soll damit nicht bloss gesagt werden, das vernunftlose Naturproduct *denkt* sich selbst keinen Zweck ausser ihm; dies versteht sich ganz von selbst, indem es ja überhaupt nicht denkt: sondern auch, ein intelligenter Beobachter desselben kann ihm keinen äusseren Zweck beilegen, ohne inconsequent zu seyn und völlig unrichtig zu erklären. Es giebt nur eine innere, keinesweges eine *relative* Zweckmässigkeit in der Natur. Die letztere entsteht erst durch die beliebigen Zwecke, die ein freies Wesen in den Naturobjecten sich zu setzen, und zum Theil auch auszuführen vermag. — Nicht anders verhält es sich mit dem vernünftigen Wesen, inwiefern es blosse Natur ist: es thut sich Genüge, lediglich um sich Genüge zu thun; und ein bestimmter Gegenstand ist, der ihm Genüge thut, lediglich darum, weil eben dieser durch seine Natur gefordert wird. Da es seines Sehnens sich bewusst wurde, so wird es auch nothwendig der Befriedigung dieses Sehnens sich bewusst: diese gewährt Lust; und diese Lust ist sein letzter Zweck. Der natürliche Mensch isst nicht mit der Absicht, seinen Körper zu erhalten und zu stärken, sondern er isst, weil der Hunger ihn schmerzt, und die Speise ihm wohlschmeckt. — Hierbei folgende Bemerkung. Mehrere Analytiker der Gefühle, besonders Mendelssohn, haben das Vergnügen aus dem Gefühle einer Verbesserung unseres körperlichen Zustandes erklärt. Dies ist ganz richtig, wenn von blosser Sinnenlust geredet, und der körperliche Zustand bloss für den der Organisation genommen wird. Der jüngere Jerusalem *) wendet dagegen ein: auch bei offenbarer Verschlimmerung unseres körperlichen Zustandes, und bei dem unmittelbaren Gefühle dieser Verschlimmerung, werde Lust empfunden, z. B. vom Trinker im ersten Anfange der Betäubung. Man wird bei allen Beispielen dieser Art bemerken, dass die Verschlimmerung nur den Zustand der Articulation angehe, der Zustand der Organisation aber für das gegenwärtige allemal besser, das Spiel und die Wechselwirkung der einzelnen Theile unter einander vollkommener, die Communication mit der umgebenden Natur ungehinderter werde. Aber alle Sinnnenlust bezieht sich auf die Organisation, laut des geführten Beweises. Die Articulation, *als* solche, als **Werkzeug der Freiheit,** ist nicht eigentlich Product der Natur, sondern der Uebung durch Freiheit. Von den *Folgen* selbst für die Organisation ist nicht die Rede; denn das Zukünftige wird nicht unmittelbar empfunden. — Der Mensch ist hierin ganz

---

*) In seinen von Lessing herausgegebenen philos. Aufsätzen S. 61.

Pflanze. Wenn die Pflanze wächst, würde ihr, wenn sie reflectiren könnte, wohl seyn. Aber sie könnte sich auch überwachsen, und dadurch ihren Untergang herbeiführen, ohne dass dadurch das Gefühl ihres Wohlseyns würde gestört werden.

Diesem Triebe nach blossem Genusse überhaupt nachzugeben, oder nicht, steht in der Gewalt der Freiheit. Jede Befriedigung des Triebes, inwiefern sie mit Bewusstseyn geschieht, geschieht nothwendig mit Freiheit; und der Leib ist so eingerichtet, dass durch ihn mit Freiheit gewirkt werden könne.

Inwiefern der Mensch auf blossen Genuss ausgeht, ist er abhängig von einem *gegebenen*, nemlich dem Vorhandenseyn der Objecte seines Triebes; ist sonach sich selbst nicht genug, die Erreichung seines Zweckes hängt auch mit von der Natur ab. Aber inwiefern der Mensch nur überhaupt reflectirt und dadurch Subject des Bewusstseyns wird — er reflectirt *nothwendig* auf den Naturtrieb, laut obigem — wird er Ich, und es äussert sich in ihm die Tendenz der Vernunft, sich *schlechthin durch sich selbst, als* Subject des Bewusstseyns, als Intelligenz im höchsten Sinne des Wortes, zu bestimmen.

Zuvörderst eine wichtige Frage. Mein Trieb als Naturwesen, meine Tendenz als reiner Geist, sind es zwei verschiedene Triebe? Nein, beides ist vom transscendentalen Gesichtspuncte aus ein und ebenderselbe Urtrieb, der mein Wesen constituirt: nur wird er angesehen von zwei verschiedenen Seiten. Nemlich, ich bin Subject-Object, und in der Identität und Unzertrennlichkeit beider besteht mein wahres Seyn. Erblicke ich mich, als durch die Gesetze der sinnlichen Anschauung und des discursiven Denkens vollkommen bestimmtes *Object,* so wird das, was in der That mein einziger Trieb ist, mir zum Naturtriebe, weil ich in dieser Ansicht selbst Natur bin. Erblicke ich mich als *Subject,* so wird er mir zum reinen geistigen Triebe, oder zum Gesetze der Selbstständigkeit. Lediglich auf der Wechselwirkung dieser beiden Triebe, welche eigentlich nur die Wechselwirkung *eines und ebendesselben Triebes mit sich selbst* ist, beruhen alle Phänomene des Ich. — So wird zugleich die Frage beantwortet, wie so etwas ganz entgegengesetztes, als die beiden Triebe es sind, in einem Wesen, das absolut Eins seyn soll, vorkommen könne. Beide sind auch in der That Eins; aber darauf, dass sie als verschiedene erscheinen, beruht die ganze Ichheit. Die Grenzscheidung zwischen beiden ist die Reflexion.

Das Reflectirende ist zufolge der Anschauung der Reflexion höher als das Reflectirte, das erstere erhebt sich über das letztere und umfasst es: mithin heisst der Trieb des reflectirenden, des Subjects des Bewusstseyns, mit Recht *der höhere,* und ein durch ihn bestimmtes Begehrungsvermögen das *höhere Begehrungsvermögen.*

Nur das reflectirte ist Natur; das reflectirende ist ihm entgegengesetzt, sonach keine Natur und über alle Natur erhaben. Der höhere Trieb, als Trieb des reinen geistigen, geht auf absolute Selbstbestimmung zur Thätigkeit, um der Thätigkeit willen, und widerstreitet sonach allem Genusse, der ein blosses ruhiges Hingeben ist an die Natur.

Aber beide constituiren nur ein und ebendasselbe Ich; mithin müssen beide Triebe im Umfange des Bewusstseyns vereinigt werden. Es wird sich zeigen, dass in dieser Vereinigung von dem höheren die *Reinheit* (Nicht-Bestimmtheit durch ein Object) der Thätigkeit, von dem niederen der Genuss als Zweck aufgegeben werden müsse; so dass als Resultat der Vereinigung sich finde *objective* Thätigkeit, deren Endzweck absolute Freiheit, absolute Unabhängigkeit von aller Natur ist: — ein unendlicher nie zu erreichender Zweck; daher unsere Aufgabe nur diese seyn kann, anzugeben, *wie* gehandelt werden müsse, um jenem Endzwecke sich *anzunähern.* Sieht man nur auf das höhere Begehrungsvermögen, so erhält man bloss *Metaphysik der Sitten,* welche formal und leer ist. Nur durch synthetische Vereinigung desselben mit dem niederen erhält man eine *Sittenlehre,* welche reell seyn muss.

§. 10.

Ueber Freiheit und oberes Begehrungsvermögen.

I.

Die letzte Erzeugniss meiner Natur, als solcher, ist ein Trieb. *Ich* reflectire auf *mich,* d. h. auf diese meine *gegebene* Natur, die als unmittelbares Object meiner Reflexion nichts denn ein Trieb ist. Es kommt hier darauf an, dass wir diese Reflexion völlig bestimmen. Wir haben dabei zu sehen auf ihre *Form,* ihre *Materie* oder Gegenstand, und auf die *Verbindung* beider miteinander.

Zuvörderst, *dass* sie geschieht, oder ihre Form, ist absolut; sie ist kein Product der Natur, sie geschieht, schlechthin darum, weil sie geschieht, weil ich Ich bin. Was ihr Object anbelangt, bedarf es nicht der Erinnerung, dass unser Naturtrieb dieses Object sey, sondern nur davon ist die Frage: *inwieweit* unsere Natur unmittelbares Object jener Reflexion sey. Auch hierauf ist schon oben beiläufig die Antwort gegeben worden: insoweit, als ich *genöthigt* bin, etwas zu mir dem reflectirenden zu rechnen. Der Zusammenhang zwischen beiden ist der, dass beides dasselbe seyn soll. Ich Naturwesen, denn ein anderes Ich ist für mich nicht da, bin mir selbst zugleich auch das reflectirende. Jenes ist Substanz, und die Reflexion ist ein Accidens dieser Substanz, ist Aeusserung der Freiheit des Naturwesens. So wird gesetzt in der zu beschreibenden Reflexion. Nach dem Grunde dieses Zusammenhanges entsteht aus dem Gesichtspuncte des gemeinen Bewusstseyns gar nicht die Frage. Ich bin nun einmal, würde man aus diesem Gesichtspuncte sich erklären, ein solches Wesen mit dieser Natur und mit dem Bewusstseyn derselben. Dabei bleibt nun unbegreiflich, soll aber auch aus diesem Gesichtspuncte nicht begriffen werden, wie eine solche Zusammenstimmung zwischen völlig heterogenen und gegenseitig von einander unabhängigen auch nur möglich sey. Dass die Natur von ihrer Seite irgend etwas so beschränke und bestimme, wie meine Natur bestimmt seyn soll, lässt sich begreifen; dass die Intelligenz von der ihrigen sich eine Vorstellung bilde, und sie auf eine gewisse Weise bestimme, lässt sich gleichfalls einsehen: nicht aber, wie beide in ihrem gegenseitig unabhängigen Handeln übereinstimmen und auf *dasselbe* kommen sollten; indem ja weder die Intelligenz der Natur, noch die Natur der Intelligenz das Gesetz giebt. Die erste Behauptung würde einen Idealismus, die zweite einen Materialismus begründen. Auf nichts lässt sich ein die Hypothese der prästabilirten Harmonie, wie sie gewöhnlich genommen wird; aber es bleibt auch nach ihr die Frage ebenso unbeantwortet, als sie es vorher war. — Von dem transscendentalen Gesichtspuncte aus haben wir schon oben diese Frage beantwortet. Es giebt keine Natur an sich; meine Natur und alle andere Natur, die gesetzt wird, um die erste zu erklären, ist nur eine besondere Weise, mich selbst zu erblicken. Ich bin nur beschränkt in der intelligibeln Welt, und durch diese Beschränkung meines Urtriebes wird allerdings meine Reflexion auf mich selbst, und umgekehrt, durch meine Reflexion auf mich selbst mein Urtrieb beschränkt, *für mich;* und von einer anderen Beschränkung meiner Selbst als für mich kann gar nicht geredet werden. Wir haben auf jenem Gesichtspuncte gar nicht ein zwiefaches, von einander unabhängiges, sondern ein absolut einfaches; und es kann doch wohl da, wo es kein verschiedenes giebt, nicht von einer Harmonie geredet, noch nach einem Grunde derselben gefragt werden.

Jetzt jedoch stehen wir auf dem gemeinen Gesichtspuncte, und gehen auf ihm weiter. — Durch die beschriebene Reflexion reisst das Ich sich los von allem, was ausser ihm seyn soll, bekommt sich selbst in seine eigene Gewalt, und stellt sich absolut selbstständig hin. Denn das reflectirende ist selbstständig und nur von sich selbst abhängig; aber das reflectirte ist mit ihm eins und ebendasselbe. Es wird nicht etwa, wie jemand auf den ersten Anblick glauben könnte, bloss das gesagt, dass das Ich von diesem Puncte an sich selbst zusehe, aber auch nichts weiter habe, als das Zusehen. Vielmehr wird behauptet: es könne von diesem Puncte aus gar nichts im Ich erfolgen, ohne thätige Bestimmung der Intelligenz, als solcher. Reflectirendes und Reflectirtes sind vereinigt, und stellen eine einzige unzertrennbare Person dar. Das reflectirte bringt die reelle Kraft, das reflectirende bringt das Bewusstseyn in die Person. Sie kann von nun an nichts thun, ohne mit Begriffen, und nach Begriffen.

Realität, deren Grund ein Begriff ist, nennt man ein Product der Freiheit. Dem Ich kommt von dem angegebenen Puncte aus keine Realität zu, ausser zufolge seines eigenen Begriffes von ihr. Es ist daher von diesem Puncte aus frei, und alles, was durch dasselbe geschieht, ist Product dieser Freiheit.

Hierauf kommt es an; denn es ist gegenwärtig unser Vorsatz, die Lehre von der Freiheit mit kurzem ins Reine zu bringen. — Jedes Glied einer Naturreihe ist ein vorher bestimmtes; es sey nach dem Gesetze des Mechanismus oder dem des Organismus. Man kann, wenn man die Natur des Dinges und das Gesetz, nach welchem es sich richtet, vollständig kennt, auf alle Ewigkeit vorhersagen, wie es sich äussern werde. Was im Ich, von dem Puncte an, da es ein Ich wurde, und nur wirklich ein Ich bleibt, vorkommen werde, ist nicht vorher bestimmt, und ist schlechterdings unbestimmbar. Es giebt kein Gesetz, nach welchem freie Selbstbestimmungen erfolgten und sich vorhersehen liessen; weil sie abhangen von der Bestimmung der Intelligenz, diese aber als solche schlechthin frei, lautere reine Thätigkeit ist. — Eine Naturreihe ist stätig. Jedes Glied in derselben wirkt ganz, was es kann. Eine Reihe von Freiheitsbestimmungen besteht aus Sprüngen, und geht gleichsam ruckweise. Denkt euch ein Glied in einer solchen Reihe als bestimmt, und nennt es A. Es mag von A aus gar mancherlei möglich seyn: aber nicht alles mögliche, sondern nur der bestimmte Theil desselben = X erfolgt. Dort hängt alles zusammen, in einer strengen Kette; hier ist bei jedem Gliede der Zusammenhang abgebrochen. — In einer Naturreihe lässt sich jedes Glied erklären. In einer Reihe von Freiheitsbestimmungen lässt keins sich erklären; denn jedes ist ein erstes und absolutes. Dort gilt das Gesetz der Causalität, hier das der Substantialität, d. i. jeder freie Entschluss ist selbst substantiell, er ist, was er ist, absolut durch sich selbst.

Jenseits der angegebenen Reflexion kann ich durch Naturnothwendigkeit nicht weiter fortgetrieben werden, denn jenseits derselben bin ich nicht mehr ein Glied ihrer Kette. Das letzte Glied in derselben ist ein Trieb; aber auch nur ein *Trieb,* der ja als solcher im geistigen Wesen keine Causalität hat: und so lässt sich die Freiheit sogar von der Naturphilosophie aus begreiflich machen. Die Causalität der Natur hat ihre Grenze; über diese Grenze hinaus liegt, wenn doch auch da Causalität seyn soll, nothwendig einer anderen Kraft Causalität. Was auf den Trieb folgt, wirkt nicht die Natur, denn sie ist mit Erzeugung des Triebes erschöpft; ich wirke es, zwar mit einer Kraft, die von der Natur abstammt, die aber doch nicht mehr *ihre,* sondern *meine* Kraft ist, weil sie unter die Botmässigkeit eines über alle Natur hinausliegenden Princips, unter die des Begriffes, gefallen ist. Wir wollen die Freiheit in dieser Rücksicht nennen die *formale* Freiheit. Was ich nur mit Bewusstseyn thue, thue ich mit dieser Freiheit. Es könnte demnach jemand dem Naturtriebe ohne Ausnahme folgen, und er wäre, wenn er nur mit Bewusstseyn und nicht mechanisch handelte, dennoch frei in dieser Bedeutung des Wortes; denn nicht der Naturtrieb, sondern sein Bewusstseyn des Naturtriebes wäre der letzte Grund seines Handelns. — Es ist mir nicht bekannt, dass jemand den Begriff der Freiheit in dieser Rücksicht, in welcher sie doch die Wurzel aller Freiheit ist, sorgfältig behandelt hätte. Vielleicht sind gerade daher die mancherlei Irrthümer und die Klagen über die Unbegreiflichkeit dieser Lehre entstanden.

Corollarium.

Kein Gegner der Behauptung einer Freiheit kann läugnen, dass er solcher Zustände sich bewusst sey, für die er keinen Grund ausser ihnen angeben kann. Wir sind uns dann keinesweges bewusst, dass diese Zustände keinen äusseren Grund haben, sagen die Scharfsinnigeren, sondern nur, dass wir uns dieser Gründe nicht bewusst sind (wie es mit dem unmittelbaren Bewusstseyn der Freiheit sich verhalte, davon werden wir bald reden). Sie schliessen weiter: daraus, dass wir uns dieser Gründe nicht bewusst sind, folgt nicht, dass jene Zustände keine Ursachen haben. (Da werden sie zuvörderst transscendent. Wir sind schlechthin unvermögend, etwas zu setzen, heisst doch wohl für uns, dieses Etwas *ist* nicht. Was aber ein Seyn ohne ein Bewusstseyn bedeuten möge, davon hat die transscendentale Philosophie nicht nur keinen Begriff, sondern sie thut einleuchtend dar, dass so etwas keinen Sinn habe.) Da nun aber alles seine Ursache hat, fahren sie fort, so haben auch unsere freigeglaubten Entschliessungen die ihrigen, ohnerachtet wir derselben nicht bewusst sind. Hier nun *setzen* sie offenbar *voraus,* dass das Ich in die Reihe des Naturgesetzes gehöre, was sie doch *beweisen* zu können vorgaben. Ihr Beweis ist ein greiflicher Cirkel. Nun kann zwar von seiner Seite der Vertheidiger der Freiheit die Ichheit, in deren Begriffe es freilich liegt, dass sie nicht unter das Naturgesetz gehöre, auch nur voraussetzen: aber er hat über die Gegner theils den entschiedenen Vortheil, dass er wirklich eine Philosophie aufzustellen vermag, theils hat er die Anschauung auf seiner Seite, die jene nicht kennen. Sie sind nur discursive Denker, und es fehlt ihnen gänzlich an Intuition. Man muss gegen sie nicht disputiren, sondern man sollte sie cultiviren, wenn man könnte.

II.

Nach allem bisherigen *bin* ich frei, aber setze mich nicht als frei; bin frei, etwa für eine Intelligenz ausser mir, nicht aber für mich selbst. Aber *ich* bin etwas, nur inwiefern ich mich so setze.

Zuvörderst, was gehört dazu, um sich als frei zu setzen? Ich setze mich frei, wenn ich meines Uebergehens von der Unbestimmtheit zur Bestimmtheit mir bewusst werde. Ich, inwiefern ich ein Vermögen habe zu handeln, finde mich unbestimmt. In der Reflexion über diesen Zustand wird dies dadurch ausgedrückt, dass die Einbildungskraft zwischen entgegengesetzten Bestimmungen mitten inne schwebt. Dabei hebt die Wahrnehmung meiner Freiheit an. — Jetzt bestimme ich mich, und die

Reflexion wird zugleich mitbestimmt. *Ich* bestimme mich; welches ist dieses bestimmende Ich? Ohne Zweifel das Eine, aus der Vereinigung des reflectirenden und reflectirten entstandene Ich; und dasselbe ist in demselben ungetheilten Acte, und derselben Ansicht zugleich das bestimmte. Im Bewusstseyn der Freiheit sind Object und Subject ganz und völlig eins. Der (Zweck-) Begriff wird unmittelbar zur That, und die That unmittelbar zum (Erkenntniss-) Begriffe (meiner Freiheit). (Man sehe oben S. 85. u. f. zu S. 88.) Man hatte ganz Recht, wenn man läugnete, dass die Freiheit *Object* des Bewusstseyns seyn könne; sie ist allerdings nicht etwas, das sich entwickele, ohne Zuthun eines Bewusstseyenden, und wobei das letztere nur das Zusehen habe; sie ist nicht Object, sondern Subject-Object desselben. — In diesem Sinne wird man sich seiner Freiheit allerdings unmittelbar bewusst, durch die That, indem man selbstthätig aus dem Zustande des Schwankens sich losreisst, und einen bestimmten Zweck sich setzt, weil man ihn sich setzt, besonders, wenn dieser Zweck gegen alle unsere Neigungen läuft, und dennoch um der Pflicht willen gewählt wird. Aber es gehört Energie des Willens und Innigkeit der Anschauung zu diesem Bewusstseyn. Es giebt Individuen, die in der That nicht eigentlich wollen, sondern immer durch einen blinden Hang sich stossen und treiben lassen; die ebendeswegen auch kein eigentliches Bewusstseyn haben, da sie ihre Vorstellungen nie selbstthätig hervorbringen, bestimmen und richten, sondern bloss einen langen Traum träumen, bestimmt durch den dunkeln Gang der Ideen-Association. Mit ihnen wird nicht gesprochen, wenn vom Bewusstseyn der Freiheit gesprochen wird.

Also — Bewusstseyn meiner Unbestimmtheit ist die Bedingung des Bewusstseyns meines Selbstbestimmens durch freie Thätigkeit. Aber Unbestimmtheit ist nicht etwa nur Nicht-Bestimmtheit (= 0), sondern ein unentschiedenes Schweben zwischen mehreren möglichen Bestimmungen (= einer negativen Grösse); denn ausserdem könnte sie nicht gesetzt werden und wäre nichts. Nun lässt bis jetzt sich gar nicht einsehen, wie die Freiheit auf mehrere mögliche Bestimmungen gehen, und als auf sie gehend gesetzt werden sollte. Es findet sich gar kein anderes Object ihrer Anwendung, als der Naturtrieb. Wenn dieser eintritt, so ist gar kein Grund da, warum er durch die Freiheit nicht befolgt werden sollte, wohl aber Grund, dass er befolgt werde. Oder wollte man sagen: es mögen vielleicht mehrere Triebe auf einmal wirken, — welches anzunehmen wir jedoch auf dem gegenwärtigen Standpuncte auch keinen Grund haben, — so wird der Stärkere entscheiden; und es ist also abermals keine Unbestimmtheit möglich. (Der Trieb wird nicht Ursache seyn der Willensbestimmung; das vermag er schlechthin nicht nach dem obigen, aber die Freiheit wird stets gerade von demjenigen Ursache seyn, was der Naturtrieb hervorgebracht haben würde, wenn er Causalität hätte, sie wird ganz in seinen Diensten stehen und die Causalität der Natur fortpflanzen.) Inwiefern das freie Wesen in diesem Zustande ist, der zwar nicht als ein *ursprünglicher*, wohl aber als ein *zugezogener* nur zu wirklich seyn kann, schreibt man ihm zu *einen Hang*, welcher, da keine Reflexion, keine Unbestimmtheit vorhergeht, mit Recht genannt wird ein *blinder* Hang; ein Hang, dessen das freie Wesen, als eines solchen, sich nicht bewusst wird, noch werden kann.

Nun aber bin ich Ich, lediglich inwiefern ich meiner als Ich, das ist als frei und selbstständig, bewusst bin. Dieses Bewusstseyn meiner Freiheit bedingt die Ichheit. (Dadurch wird das, was wir deduciren werden, allgemeingültig; indem sich zeigt, dass ein vernünftiges Wesen, ohne alles Bewusstseyn dieser Freiheit, mithin auch ohne die Bedingungen desselben, und da unter diese das Bewusstseyn der Sittlichkeit gehört, ohne dieses Bewusstseyn überhaupt gar nicht möglich sey: dass also auch dieses keinesweges etwas zufälliges und eine fremde Zuthat ist, sondern wesentlich zur Vernünftigkeit gehört. Dass das Bewusstseyn der Freiheit und Sittlichkeit zuweilen, vielleicht grösstentheils, verdunkelt werde, und ein Mensch zur Maschine herabsinke, ist allerdings möglich, und der Grund davon wird tiefer unten sich zeigen. Hier wird nur behauptet, dass kein Mensch absolut ohne *alles* sittliche Gefühl seyn könne.)

Da alles, was im Ich ist, erklärt wird aus einem Triebe, so muss es einen Trieb geben (es muss im ursprünglichen Triebe des Ich liegen), dieser Freiheit sich bewusst zu werden; mithin auch einen Trieb nach den Bedingungen dieses Bewusstseyns. Aber die Bedingung eines solchen Bewusstseyns ist Unbestimmtheit. Unbestimmtheit ist nicht möglich, wenn das Ich lediglich dem Naturtriebe folgt. Mithin müsste daseyn ein Trieb, sich ohne alle Beziehung auf den Naturtrieb und ihm zuwider zu bestimmen; das Materiale der Handlung gar nicht aus dem Naturtriebe, sondern nur aus sich selbst herauszunehmen. Ein solcher Trieb wäre, da es um das Bewusstseyn der Freiheit zu thun ist, ein *Trieb nach Freiheit um der Freiheit willen.*

Ich will diese Art der Freiheit zum Unterschiede von der vorherbeschriebenen nennen die *materiale* Freiheit. Die erstere besteht lediglich darin, dass ein neues formales Princip, eine neue Kraft eintritt, ohne dass das Materiale in der Reihe der Wirkungen sich im mindesten ändere. Die Natur handelt nun nicht mehr, sondern das freie Wesen; aber das letztere bewirkt gerade dasselbe, was die erstere bewirkt haben würde, wenn sie noch handeln könnte. Die Freiheit in der zweiten Rücksicht besteht darin, dass nicht nur eine neue Kraft, sondern auch eine ganz neue Reihe der Handlungen ihrem Inhalte nach eintrete. Nicht nur die Intelligenz wirkt von nun an, sondern sie wirkt auch etwas ganz anderes, als die Natur je bewirkt haben würde.

Wir haben den angedeuteten Trieb abzuleiten, näher zu beschreiben und zu zeigen, wie er sich äussern möge.

III.

Zuvörderst, wir haben den Trieb abzuleiten. Es ist nemlich im vorhergehenden bewiesen, dass, wenn ein solcher Trieb nicht ist, Selbstbewusstseyn der Ichheit nicht möglich ist; weil dann das Bewusstseyn einer Unbestimmtheit, wodurch das erstere bedingt ist, nicht möglich ist. Dies war ein indirecter Beweis für einen solchen Trieb. Es muss, nicht eben um der Sicherheit, sondern um der Folgerungen willen, die daraus gemacht werden sollen, ein directer, d. h. ein genetischer Beweis, aus dem Begriffe des Ich selbst, geführt werden.

Ich habe oben gesagt: durch die absolut freie Reflexion auf sich selbst, als Naturwesen, bekommt das Ich sich selbst gänzlich in seine Gewalt. Ich brauche nur diesen Satz anschaulicher zu machen, und es ist geleistet, was gefordert wird.

Zuvörderst, jene Reflexion, als erste, ist eine schlechthin im Ich begründete Handlung; *Handlung,* sage ich. Der Naturtrieb aber, auf welchen reflectirt, und welcher allerdings zum Ich gerechnet wird, ist, in Beziehung auf jene Thätigkeit, ein Leiden; etwas gegebenes und ohne Zuthun der freien Thätigkeit vorhandenes. Man bedenke zuvörderst, dass, um das Bewusstseyn jener ersten Reflexion als einer Handlung zu erklären, man eine neue Reflexion auf das in ihr reflectirende setzen müsse, und überlege diese zweite Reflexion. Da von dem reflectirten, dem Naturtriebe, abstrahirt wird, so enthält sie nichts, als die reine absolute Thätigkeit, welche in der ersten Reflexion vorkam; und diese allein ist das eigentliche wahre Ich: ihr wird der Trieb entgegengesetzt, als etwas fremdes; zwar gehört er zum Ich, aber er *ist* nicht das Ich. Jene Thätigkeit ist das Ich. — Hierbei wolle man zuvörderst die soeben unterschiedenen beiden Reflexionen nicht als in der That von einander abgesondert denken, wie wir soeben, um uns nur ausdrücken zu können, sie haben absondern müssen. Sie sind dieselbe Handlung. Das Ich wird unmittelbar seiner absoluten Thätigkeit sich bewusst durch innere Selbstanschauung, ohne welche ein Ich sich überhaupt nicht verstehen lässt. Dann bemerke man dies: Durch die zweite Reflexion (ich muss wohl fortfahren, sie abzusondern) wird das, was ohnedies nur die bestimmte Thätigkeit des Reflectirens gewesen seyn würde, *Thätigkeit überhaupt,* da ja von dem Objecte derselben (erst durch das Object wird eine Reflexion eine solche) abstrahirt wird. Die Unterscheidung zwischen bloss *idealer* Thätigkeit, Reflexion auf ein gegebenes, und *realer,* absolutem Bestimmen eines etwas, das gegeben werden soll, geschieht später.

Dass ich es kürzer und dadurch vielleicht klarer fasse. Von der Reflexion aus tritt eine neue Kraft ein, die durch sich selbst die Tendenz der Natur fortpflanzt. So haben wir im vorigen gesehen. Nun soll diese neue Kraft eintreten *für mich,* ich soll, nach der gegenwärtigen Forderung, mir derselben bewusst seyn, als einer besonderen Kraft. Dies ist nur so möglich, dass ich sie von der Gewalt des Triebes losgerissen denke, d. h. dass ich annehme, sie könne demselben auch nicht folgen, sondern widerstehen. Dieses Widerstehen wird nun hier bloss gesetzt als ein Vermögen; und wenn man es doch als ein immanentes und wesentliches im Ich betrachtet, wie man muss, als ein *Trieb.* Ebendadurch (welches den Beweis auch noch von einer anderen Seite schärft), durch diesen entgegengesetzten Trieb, wird auch der Einfluss der Natur zum blossen *Triebe,* da er ausserdem Causalität seyn würde.

Wir wollen diesen Trieb des Ich, da er in ihm bloss als reinem enthalten ist, nennen den *reinen:* und der andere soll den Namen behalten, den er schon hat, den des Naturtriebes.

Wir dürfen nur das Verhältniss beider zu einander betrachten, so werden wir sehen, wie beide, und wie insbesondere der reine, um welchen es uns hier vorzüglich zu thun ist, sich äussere. Zuvörderst, der Naturtrieb, *als gerade so* bestimmter Trieb, ist dem Ich *zufällig.* Vom transscendentalen Gesichtspuncte aus gesehen, ist er das Resultat unserer Beschränkung. Nun ist es zwar nothwendig, dass wir überhaupt beschränkt seyen, denn ausserdem wäre kein Bewusstseyn möglich; aber es ist zufällig, dass wir *gerade so* beschränkt sind. Der reine Trieb hingegen ist im Ich wesentlich; er ist in der Ichheit, *als solcher,* gegründet. Ebendarum ist er in allen vernünftigen Wesen, und was aus ihm folgt, gültig für alle vernünftige Wesen. — Dann, der reine Trieb ist ein oberer Trieb; ein solcher, der mich meinem reinen Wesen nach über die Natur erhebt: und als empirischem Zeitwesen von mir fordert, dass ich mich selbst darüber erhebe. Nemlich die Natur hat Causalität und ist eine Macht auch in Beziehung auf mich; sie bringt in mir hervor einen Trieb, der, an die lediglich formale Freiheit gerichtet, sich äussert als *Hang.* Aber zufolge des oberen Triebes hat diese Macht keine *Gewalt* auf mich, und soll keine haben; ich soll mich ganz unabhängig vom Antriebe der Natur bestimmen. Dadurch werde ich von der Natur nicht nur abgetrennt, sondern auch über sie erhoben: ich bin nicht nur kein Glied in der Reihe derselben, sondern ich kann auch selbstthätig eingreifen in ihre Reihe. — Dadurch, dass ich die Macht der Natur unter mir erblicke, wird sie etwas, das ich nicht achte. Nemlich das, wogegen ich meine ganze Energie zusammenfassen muss, um ihm nur das Gleichgewicht zu halten, achte ich; wogegen es dieser Energie nicht bedarf, das achte ich nicht. So ist es mit der Natur. Ein Entschluss, und ich bin über sie erhaben. — Wenn ich mich hingebe, und ein Theil dessen werde, das ich nicht achten kann, so kann ich, von dem höheren Gesichtspuncte aus, mich selbst nicht achten. In Beziehung auf den Hang sonach, der mich in die Reihe der Natur-Causalität herabzieht, äussert sich der Trieb als ein solcher, der mir Achtung einflösst, der mich zur Selbstachtung auffordert, der mir eine Würde bestimmt, die über alle Natur erhaben ist. Er geht gar nicht auf einen Genuss, von welcher Art er auch seyn möge, vielmehr auf Geringschätzung alles Genusses. Er macht den Genuss als Genuss verächtlich. Er geht lediglich auf Behauptung meiner Würde, die in der absoluten Selbstständigkeit und Selbstgenügsamkeit besteht.

§. 11.

Vorläufige Erörterung des Begriffes eines Interesse.

Gegen unsere sonstige Gewohnheit wird es hier beinahe nothwendig, ausser der systematischen Ordnung die vorläufige Erörterung eines Begriffes beizubringen, durch welchen wir über die ebenso wichtige, als schwierige Untersuchung, zu der wir überzugehen haben, ein grösseres Licht zu verbreiten hoffen.

Es ist Thatsache, dass einige Begebenheiten uns ganz gleichgültig sind, andere uns interessiren; und es ist vorauszusetzen, dass jedem der soeben gebrauchte Ausdruck dieser Thatsache verständlich seyn werde. Was mir gleichgültig ist, hat dem ersten Anscheine nach gar keine, und da dies der Strenge nach nicht möglich ist, nur eine entfernte und durch mich nicht bemerkte Beziehung auf meinen Trieb. Was mich interessirt, muss im Gegentheil eine *unmittelbare* Beziehung auf meinen Trieb haben; denn das Interesse wird selbst unmittelbar empfunden, und lässt sich durch keine Vernunftgründe hervorbringen. Man kann nicht durch Demonstrationen dahin gebracht werden, sich über etwas zu freuen oder zu betrüben. Das mittelbare Interesse (Interesse an etwas als Mittel für einen gewissen Zweck brauchbare) gründet sich auf ein unmittelbares Interesse.

Was heisst das: es bezieht etwas unmittelbar sich auf einen Trieb? Der Trieb selbst ist nur Gegenstand des Gefühls; eine unmittelbare Beziehung darauf könnte sonach auch nur gefühlt werden. Also das Interesse für etwas ist unmittelbar, heisst: die Harmonie oder Disharmonie desselben mit dem Triebe wird gefühlt, vor allem Räsonnement und unabhängig von allem Räsonnement.

Aber ich fühle nur *mich;* sonach müsste diese Harmonie oder Disharmonie in mir selbst liegen, oder sie müsste nichts anderes seyn, als eine Harmonie oder Disharmonie meiner selbst mit mir selbst.

Um die Sache noch von einer anderen Seite anzusehen — alles Interesse ist vermittelt durch das Interesse für mich selbst, und ist selbst nur eine Modification dieses Interesse für mich selbst. Alles, was mich interessirt, bezieht sich auf mich selbst. In jedem Genusse geniesse ich, in jedem Leiden erleide ich mich selbst. Woher entsteht denn nur zuvörderst dieses Interesse für mich? Aus nichts anderem, denn aus einem Triebe, da alles Interesse nur daher entsteht, und zwar auf folgende Weise: mein Grundtrieb, als reines und empirisches Wesen, durch welchen diese zwei sehr verschiedenen Bestandtheile meiner selbst zu Einem werden, ist der nach Uebereinstimmung des *ursprünglichen,* in der blossen Idee bestimmten, mit dem *wirklichen* Ich. Nun ist der Urtrieb, d. h. der reine und der natürliche in ihrer Vereinigung, ein bestimmter, er geht auf einiges unmittelbar; trifft mein wirklicher Zustand mit dieser Forderung zusammen, so entsteht Lust, widerspricht er ihm, so entsteht Unlust: und beide sind nichts anderes, als das unmittelbare Gefühl der Harmonie oder Disharmonie meines wirklichen Zustandes mit dem durch den Urtrieb geforderten.

Das niedere Begehrungsvermögen geht aus von einem Triebe, der eigentlich nichts weiter ist, als der Bildungstrieb unserer Natur. Dieser Trieb richtet sich an das selbstständige Wesen, indem dasselbe genöthigt ist, ihn mit sich synthetisch zu vereinigen; *sich selbst* zu setzen als getrieben. Er äussert sich durch ein Sehnen. Wo liegt das Sehnen? Nicht in der Natur, sondern in dem Subjecte des Bewusstseyns, denn es ist reflectirt worden. Das Sehnen geht auf nichts anderes, als das, was im Naturtriebe liegt: auf ein materielles Verhältniss der Aussenwelt zu meinem Leibe. Setzet, dieses Sehnen werde befriediget; wir lassen unentschieden, ob durch freie Thätigkeit oder durch Zufall. Ohne Zweifel wird diese Befriedigung wahrgenommen. Warum fällen wir nun nicht bloss das kalte Erkenntnissurtheil: unser Leib wächst und gedeiht, wie wir etwa von einer Pflanze sprechen würden; sondern fühlen Lust?

Darum. Mein Grundtrieb geht unmittelbar auf ein solches Urtheil aus, und dieses erfolgt. Was ihn befriedigt und die Lust erzeugt, ist die Harmonie des wirklichen mit seiner Forderung.

Mit dem *reinen* Triebe verhält es sich ganz anders. Er ist ein Trieb zur Thätigkeit, um der Thätigkeit willen, der dadurch entsteht, dass das Ich sein absolutes Vermögen innerlich anschaut. Es findet sonach hier gar nicht ein blosses Gefühl des Triebes statt, wie oben, sondern eine Anschauung. Der reine Trieb kommt nicht vor als eine Affection; das Ich *wird* nicht getrieben, sondern es treibt *sich selbst,* und schaut sich an in diesem Treiben seiner Selbst; und nur insofern wird hier von einem Triebe gesprochen. (Man erinnere sich des oben S. 43 u. f. zu S. 88 gesagten.) Der beschriebene Trieb geht darauf aus, das handelnde Ich selbstständig und durch sich selbst bestimmt zu finden. Man kann nicht sagen, dieser Trieb sey, wie der aus dem Naturtriebe entstehende, *ein Sehnen;* denn er geht nicht aus auf etwas, das von der Gunst der Natur erwartet würde, und nicht von uns selbst abhinge. Er ist ein absolutes *Fordern*. Er tritt, dass ich mich so ausdrücke, stärker hervor im Bewusstseyn, weil er nicht auf ein blosses Gefühl, sondern auf eine Anschauung sich gründet.

Man versetze das Ich in Handlung. Es bestimmt sich, wie sich versteht, durch sich selbst, unabhängig vom Naturantriebe, oder der Forderung, denn es ist *formaliter* frei. Entweder nun es erfolgt eine Bestimmung, wie sie zufolge der Forderung erfolgen sollte; so sind beide, das Subject des Triebes, und das wirklich Handelnde, harmonisch; und es entsteht ein Gefühl der Billigung: es ist recht so, es ist geschehen was geschehen sollte; oder es erfolgt das Gegentheil, so entsteht ein Gefühl der Misbilligung, mit Verachtung verknüpft. Von Achtung lässt hierbei sich nicht sagen. Unsere höhere Natur und die Anforderung derselben müssen wir achten; in Absicht des empirischen ist es hinlänglich, wenn wir uns nur nicht verachten müssen. Positive Achtung kommt ihm nie zu, denn es kann sich nie über die Forderung erheben.

Hierbei noch dies. Gefühl entsteht aus einer Beschränkung, aus einer Bestimmtheit. Hier aber ist lauter That von beiden Seiten, sowohl in der Forderung, als in der Erfüllung derselben. Wie könnte sonach ein Gefühl erfolgen? Die Harmonie beider ist nicht That; sie, als solche, erfolgt ohne unser thätiges Mitwirken, ist ein bestimmter Zustand und wird gefühlt. Dadurch wird auch klar, dass man uns nicht so zu verstehen habe, als ob das Gefühl einer Anschauung behauptet würde, welches absolut widersinnig ist. Die Anschauung harmonirt mit der Forderung eines Triebes, und diese Harmonie beider wird gefühlt. (Diese Bemerkung ist nicht unwichtig. Wäre es nicht so, so würde auch kein ästhetisches Gefühl möglich seyn, als welches gleichfalls Gefühl einer Anschauung ist, und zwischen den beiden Gefühlen, die wir hier beschreiben, in der Mitte liegt.)

Könnte nun diese Billigung oder Misbilligung auch kalt, ein blosses Erkenntnissurtheil seyn; oder ist sie nothwendig mit Interesse verknüpft? Offenbar das letztere; denn jene Forderung der absoluten Selbstthätigkeit und der Uebereinstimmung des empirischen Ich damit, ist selbst *der Urtrieb*. Stimmt das letztere mit dem ersten zusammen, so wird ein Trieb befriedigt, stimmt es nicht damit überein, so bleibt ein Trieb unbefriedigt; daher ist jene Billigung nothwendig mit Lust, diese Misbilligung mit Unlust verknüpft. Es kann uns nicht gleichgültig seyn, ob wir uns verachten müssen. Diese Lust hat aber mit dem Genusse gar nichts zu thun.

Die Uebereinstimmung der Wirklichkeit mit dem Naturtriebe hängt nicht ab von mir selbst, inwiefern ich *Selbst*, d. i. frei bin. Die Lust sonach, die aus ihr entsteht, ist eine solche, die mich von mir selbst wegreisst, mich mir selbst entfremdet, und in der ich mich vergesse; es ist eine *unfreiwillige* Lust, durch welches letztere Merkmal dieselbe wohl am schärfsten charakterisirt wird. Ebenso verhält es sich mit dem Gegentheile, der sinnlichen Unlust oder dem Schmerze. — In Beziehung auf den reinen Trieb ist die Lust und der Grund der Lust nicht etwas fremdes, sondern etwas von meiner Freiheit abhängendes, etwas, das ich erwarten konnte nach einer Regel, wie ich das erste nicht erwarten konnte. Sie führt mich sonach nicht aus mir selbst heraus, sondern vielmehr zurück in mich. Sie ist *Zufriedenheit,* dergleichen zur Sinnenlust sich nie gesellt: weniger rauschend, aber inniger; zugleich ertheilt sie neuen Muth und neue Stärke. Das Gegentheil davon ist, ebendarum, weil es von unserer Freiheit abhing, *Verdruss,* innerlicher Vorwurf (dergleichen zum sinnlichen Schmerze, bloss als solchem, sich nie gesellt), verknüpft mit Selbstverachtung. Das Gefühl, uns selbst verachten zu müssen, würde unleidlich seyn, wenn nicht die fortdauernde Anforderung des Gesetzes an uns uns wieder erhöbe; wenn nicht diese Forderung, da sie aus uns selbst hervorkommt, uns wieder Muth und Achtung, für unseren höheren Charakter wenigstens, einflösste; wenn nicht der Verdruss selbst durch die Empfindung, dass wir seiner doch noch fähig sind, gemildert würde.

Das beschriebene Gefühlsvermögen, welches sehr wohl das *obere* heissen könnte, heisst das *Gewissen*. Es giebt eine *Ruhe* oder *Unruhe* des Gewissens, *Vorwürfe* des Gewissens, einen *Frieden* desselben; keinesweges aber eine *Lust* des Gewissens. Die Benennung *Gewissen* ist trefflich gewählt; gleichsam das unmittelbare Bewusstseyn dessen, ohne welches überhaupt kein Bewusstseyn ist, das Bewusstseyn unserer höheren Natur und absoluten Freiheit.

§. 12.
Princip einer anwendbaren Sittenlehre.

Der Naturtrieb geht aus auf etwas materiales, lediglich um der Materie willen; auf Genuss, um des Genusses willen: der reine Trieb auf absolute Unabhängigkeit des Handelnden, als eines solchen, von jenem Triebe; auf Freiheit um der Freiheit willen. Wenn er Causalität hat, so lässt vorläufig dieses sich nicht anders denken, als dass zufolge desselben bloss nicht geschehe, was der Naturtrieb fordert; sonach dass aus ihm bloss und lediglich eine *Unterlassung,* aber gar keine positive *Handlung* erfolgen könne, ausser der inneren Handlung, der Selbstbestimmung.

Alle, welche die Sittenlehre bloss *formaliter* behandelt haben, hätten, wenn sie consequent verfahren wären, auf nichts, als auf eine fortdauernde *Selbstverläugnung,* auf gänzliche Vernichtung und Verschwindung kommen müssen; wie die Mystiker, nach denen wir uns in Gott verlieren sollen (welchem Satze allerdings etwas wahres und erhabenes zu Grunde liegt, wie sich tiefer unten ergeben wird).

Aber sieht man die soeben aufgestellte Folgerung näher an, und will sie bestimmen, so sieht man sie sich unter den Händen in ein Nichts verschwinden. — Ich soll *mich* als frei setzen können, in einer Reflexion: wird durch den oben beschriebenen Trieb, der sich an das Subject des Bewusstseyns richtet, gefordert. Ich soll sonach meine Freiheit allerdings *setzen*, als etwas *positives*, als Grund einer wirklichen Handlung, keinesweges etwa einer blossen Unterlassung. Also ich, das reflectirende, soll eine gewisse Bestimmung des Willens auf *mich,* als das bestimmende, zu beziehen, und dieses Wollen lediglich aus der Selbstbestimmung abzuleiten genöthigt seyn. Das zu beziehende Wollen ist sonach etwas wahrnehmbares, objectives in uns. Aber alles objective kommt uns nur zu als sinnlichen und Naturwesen; durch das blosse Objectivisiren werden wir uns selbst in diese Sphäre gesetzt. — Oder dass ich diesen im allgemeinen hinlänglich bekannten und zur Genüge erwiesenen Satz in besonderer Beziehung auf den gegenwärtigen Fall vortrage: Alles wirkliche Wollen geht nothwendig auf ein Handeln; alles mein Handeln aber ist ein Handeln auf Objecte. In der Welt der Objecte aber handele ich nur mit Naturkraft; und diese Kraft ist mir nur gegeben durch den Naturtrieb, und ist nichts anderes, als selbst der Naturtrieb in mir; — die Causalität der Natur auf sich selbst, die sie nicht mehr in ihrer eigenen Gewalt hat, als todte und bewusstlose Natur, sondern die ich durch die freie Reflexion in *meine* (der Intelligenz) Gewalt bekommen habe. Daher ist schon das unmittelbarste Object alles möglichen Wollens nothwendig etwas empirisches: eine gewisse Bestimmung meiner sinnlichen Kraft, die durch den Naturtrieb mir verliehen ist; also etwas durch den Naturtrieb gefordertes, denn derselbe verleiht nur dadurch, dass er fordert. Jeder mögliche Zweckbegriff geht sonach auf Befriedigung eines Naturtriebes. (Alles wirkliche Wollen ist empirisch. Ein reiner Wille ist kein wirklicher Wille, sondern eine blosse Idee; ein absolutes aus der intelligiblen Welt, das nur als Erklärungsgrund eines Empirischen gedacht wird.)

Es wird nach allem bisher gesagten wohl kaum möglich seyn, uns so zu verstehen, als ob der Naturtrieb, als solcher, das Wollen hervorbrächte. *Ich* will, und nicht die Natur; der Materie nach aber kann ich nichts anderes wollen, als etwas, das dieselbe auch wollen würde, wenn sie wollen könnte.

Dadurch wird nun zwar nicht der *Trieb* nach absoluter

materialer Freiheit, aber die *Causalität* desselben wird ganz aufgehoben. Es bleibt in der Realität nichts, als *formale* Freiheit übrig. Ob ich gleich mich getrieben finde, etwas zu thun, das seinen materialen Grund lediglich in mir selbst habe, so thue ich doch wirklich nie etwas, und kann nie etwas thun, das nicht durch den Naturtrieb gefordert sey, weil durch ihn mein ganzes mögliches Handeln erschöpft ist.

Nun aber darf die Causalität des reinen Triebes nicht wegfallen; denn nur, inwiefern ich eine solche setze, setze ich mich als Ich.

Wir sind in einen Widerspruch gerathen, und derselbe ist um so merkwürdiger, da durch die beiden soeben erwähnten Sätze widersprechendes, als *Bedingung des Selbstbewusstseyns,* aufgestellt wird.

Wie ist dieser Widerspruch zu lösen? Den Gesetzen der Synthesis nach nur auf folgende Weise: die Materie der Handlung muss zugleich, in einem und ebendemselben Handeln, angemessen seyn dem reinen Triebe und dem Naturtriebe. Beide müssen vereinigt seyn. Wie im Urtriebe beide vereinigt sind, so in der Wirklichkeit des Handelns.

Dies lässt sich nur so begreifen. Die Absicht, der Begriff beim Handeln, geht auf völlige Befreiung von der Natur; dass aber die Handlung doch dem Naturtriebe angemessen ist und bleibt, ist nicht die Folge unseres frei entworfenen Begriffs von ihr, sondern die Folge unserer Beschränkung. Der einzige Bestimmungsgrund der Materie unserer Handlungen ist der, uns unserer Abhängigkeit von der Natur zu erledigen, ohnerachtet die geforderte Unabhängigkeit nie eintritt. Der reine Trieb geht auf absolute Unabhängigkeit, die Handlung ist ihm angemessen, wenn sie gleichfalls auf dieselbe ausgeht, d. i. *in einer Reihe liegt, durch deren Fortsetzung das Ich unabhängig werden müsste.* Nun kann, zufolge des geführten Beweises, das Ich nie unabhängig werden, so lange es Ich seyn soll; also liegt der Endzweck des Vernunftwesens nothwendig in der Unendlichkeit, und ist ein zwar nicht zu erreichender, aber ein solcher, dem es sich zufolge seiner geistigen Natur unaufhörlich annähern soll.

(Ich muss hier auf einen Einwurf Rücksicht nehmen, den ich nicht für möglich gehalten haben würde, wenn er nicht sogar von guten und in die Transscendental-Philosophie gehörig eingeweihten Köpfen wäre gemacht worden. Wie kann man einem unendlichen Ziele näher kommen? fragen sie; verschwindet denn nicht jede endliche Grösse gegen die Unendlichkeit in Nichts? — Man sollte meinen, es werde in dieser Bedenklichkeit von der Unendlichkeit, als einem Dinge an sich, geredet. *Ich* nähere an, *für mich*. Aber ich kann die Unendlichkeit nie fassen; ich habe sonach immer ein *bestimmtes* Ziel vor Augen, welchem ohne Zweifel ich näher kommen kann: obgleich nach Erreichung desselben, durch die dadurch erreichte Vervollkommnung meines ganzen Wesens, und also auch meiner Einsicht, mein Ziel um eben soviel weiter hinausgerückt seyn mag; und ich also in dieser *allgemeinen* Ansicht dem Unendlichen nie näher komme. — Mein Ziel liegt in der Unendlichkeit, weil meine Abhängigkeit eine unendliche ist. Die letztere aber fasse ich nie in ihrer Unendlichkeit, sondern nur einem bestimmten Umfange nach; und in diesem Umkreise kann ich ohne allen Zweifel mich freier machen.)

Es muss eine solche Reihe geben, bei deren Fortsetzung das Ich sich denken kann, als in Annäherung zur absoluten Unabhängigkeit begriffen; denn lediglich unter dieser Bedingung ist eine Causalität des reinen Triebes möglich. Diese Reihe ist nothwendig vom ersten Puncte an, auf welchen die Person durch ihre Natur gestellt wird, ins Unendliche hinaus, es versteht sich in der Idee, bestimmt; es ist sonach in jedem möglichen Falle bestimmt, was in demselben und unter allen diesen Bedingungen der reine Trieb fordere. Wir können diese Reihe nennen die sittliche Bestimmung des endlichen Vernunftwesens. Ohnerachtet nun diese Reihe selbst noch nicht bekannt ist, so ist doch soeben erwiesen, dass eine solche nothwendig stattfinden müsse. Wir können sonach auf diesen Grund sicher fussen; und müssen daher als Princip der Sittenlehre folgendes angeben: *Erfülle jedesmal deine Bestimmung;* wenngleich noch die Frage zu beantworten ist: *welches ist denn nun aber meine Bestimmung?* — Drückt man den Satz so aus: erfülle *überhaupt* deine Bestimmung, so liegt die Unendlichkeit des aufgegebenen Endzwecks gleich mit darin, denn die Erfüllung unserer ganzen Bestimmung ist in keiner Zeit möglich. (Der Irrthum der Mystiker beruht darauf, dass sie das unendliche, in keiner Zeit zu erreichende, vorstellen, als erreichbar in der Zeit. Die gänzliche Vernichtung des Individuums und Verschmelzung desselben in die absolut reine Vernunftform oder in Gott ist allerdings letztes Ziel der endlichen Vernunft; nur ist sie in keiner Zeit möglich.)

Die Möglichkeit, seine *jedesmalige* Bestimmung einzeln und in der Zeit zu erfüllen, ist allerdings durch die *Natur* selbst begründet, und in ihr gegeben. Das Verhältniss des Naturtriebes zu dem aufgestellten Princip ist dieses: In jedem Momente ist etwas unserer sittlichen Bestimmung angemessen; dasselbe wird zugleich durch den Naturtrieb (wenn er nur natürlich, und nicht etwa durch eine verdorbene Phantasie verkünstelt ist) gefordert: aber es folgt gar nicht, dass *alles*, was der letztere fordert, dem ersteren gemäss ist. Die Reihe des letzteren, bloss an sich betrachtet, sey = A, B, C u. s. f.; durch die sittliche Bestimmung des Individuums wird vielleicht aus B nur ein Theil herausgehoben und wirklich gemacht; wodurch, da das vorhergehende anders ist, als es durch blosse Natur seyn würde, auch der auf B folgende Naturtrieb anders seyn wird; aus welchem aber vielleicht selbst in dieser Gestalt durch die sittliche Bestimmung nur ein Theil herausgehoben wird: und so ins Unendliche. In jeder möglichen Bestimmung aber treffen beide Triebe zum Theil zusammen. So allein ist Sittlichkeit in der wirklichen Ausübung möglich.

Es ist zweckmässig, das gegenseitige Verhältniss beider Triebe zu einander noch deutlicher auseinanderzusetzen. — Zuvörderst, der höhere Trieb äussert sich als der jetzt beschriebene *sittliche*, keinesweges aber als *reiner* Trieb; nicht als ein solcher, der auf absolute Unabhängigkeit, sondern als ein solcher, der auf bestimmte Handlungen ausgeht, von welchen sich jedoch, wenn der Trieb zum deutlichen Bewusstseyn erhoben, und die geforderten Handlungen näher untersucht werden, zeigen lässt, dass sie in der beschriebenen Reihe liegen. Denn es ist ja soeben gezeigt worden, dass der Trieb, als *reiner*, als auf eine blosse Negation gehender Trieb, gar nicht zum Bewusstseyn kommen könne. Der Negation wird man sich ohnedies nicht bewusst, weil sie nichts ist. Dies beweist auch die Erfahrung: wir fühlen uns gedrungen, dies oder jenes zu thun, und machen uns Vorwürfe, etwas nicht gethan zu haben: — dies dient zur Berichtigung in Rücksicht derer, die kein Bewusstseyn des kategorischen Imperativs (wovon tiefer unten), und auch nicht eines reines Triebes zugeben. Es wird durch eine gründliche Transscendental-Philosophie ein solches Bewusstseyn auch nicht behauptet. Der reine Trieb ist etwas ausser allem Bewusstseyn liegendes, und blosser transscendentaler Erklärungsgrund von etwas im Bewusstseyn.

Der sittliche Trieb ist ein gemischter Trieb, wie wir gesehen haben. Er hat von dem Naturtriebe das materiale, worauf er geht, d. h. der mit ihm synthetisch vereinigte und in eins verschmolzene Naturtrieb geht auf dieselbe Handlung, auf welche er gleichfalls geht, wenigstens zum Theil. Die Form aber hat er lediglich vom reinen. Er ist absolut, wie der reine, und fordert etwas, schlechthin ohne allen Zweck ausser ihm selbst. Er geht absolut nicht auf irgend einen Genuss aus, von welcher Art er auch seyn möge. (Der Endzweck alles dessen, was er fordert, ist gänzliche Unabhängigkeit. Aber welches ist denn wieder der Zweck dieser gänzlichen Unabhängigkeit? Etwa ein Genuss, oder dess etwas? Schlechterdings nicht. Sie ist ihr eigener Zweck. Sie soll beabsichtigt werden, schlechthin weil sie es soll; weil ich Ich bin. Die innere Zufriedenheit, die man auf dem Wege dahin empfindet, ist etwas zufälliges. Der Trieb entsteht nicht aus ihr, sondern sie vielmehr entsteht aus dem Triebe.)

Er kündigt sich an der Achtung, und seine Befolgung oder Nichtbefolgung erregt Billigung oder Misbilligung, das Gefühl der Zufriedenheit mit sich selbst, oder der peinigendsten Selbstverachtung. Er ist *positiv*, treibt an zu irgend einem bestimmten Handeln. Er ist *allgemein*, und bezieht sich auf alle mögliche freie Handlungen; auf jede Aeusserung des Naturtriebes, die zum Bewusstseyn kommt, nach der oben scharf angegebenen Grenze. Er ist *selbstständig;* giebt sich selbst jedesmal seinen Zweck auf, geht aus auf eine *absolute Causalität,* und steht mit dem Naturtriebe in *Wechselwirkung*, indem er von ihm die Materie, aber auch nur als solche, und keinesweges als einen zu verfolgenden Zweck erhält, und von seiner Seite ihm die Form giebt. Endlich, er gebietet kategorisch. Was er fordert, wird als nothwendig gefordert.

§. 13.
Eintheilung der Sittenlehre.

Der sittliche Trieb fordert *Freiheit* — um *der Freiheit* willen. Wer sieht nicht, dass das Wort Freiheit in diesem Satze in zwei verschiedenen Bedeutungen vorkomme? In der letzteren Stelle ist die Rede von einem objectiven Zustande, der hervorgebracht werden soll; dem letzten absoluten Endzwecke, der völligen Unabhängigkeit von allem ausser uns: in der ersteren von einem Handeln, als solchem, und keinem eigentlichen Seyn, von einem rein subjectiven. Ich soll *frei handeln,* damit ich *frei werde.*

Aber selbst im Begriffe der Freiheit, wie er in der ersten Stelle vorkommt, ist wieder eine Unterscheidung zu machen. Es kann bei der freien Handlung gefragt werden, *wie* sie geschehen müsse, um eine freie zu seyn, und was geschehen müsse; nach der Form der Freiheit und nach ihrer Materie.

Aber die Materie derselben haben wir bis jetzt untersucht: die Handlung muss liegen in einer Reihe, durch deren Fortsetzung ins unendliche das Ich absolut unabhängig würde. Auf das *wie* oder die Form, wollen wir jetzt einen Blick werfen.

Ich soll handeln *frei,* d. h. ich als gesetztes Ich, als Intelligenz, soll mich bestimmen, also ich soll mit dem Bewusstseyn meiner absoluten Selbstbestimmung mit Besonnenheit und Reflexion handeln. Nur so handle ich als Intelligenz frei; ausserdem handle ich *blind,* wie das Ohngefähr mich treibt.

Ich soll als Intelligenz auf eine *bestimmte* Weise handeln, d. h. ich soll mir des Grundes bewusst werden, aus welchem ich gerade *so* handle. Dieser Grund nun kann kein anderer seyn, weil es kein anderer seyn darf, als der, dass die Handlung in der beschriebenen Reihe liege; oder — da dies nur eine *philosophische* Ansicht ist, keinesweges die des gemeinen Bewusstseyns — nur der, dass diese Handlung *Pflicht* sey. Also ich soll handeln lediglich nach dem Begriffe meiner Pflicht; nur durch den Gedanken mich bestimmen lassen, dass etwas Pflicht sey, und schlechthin durch keinen anderen.

Ueber das letztere einige Worte. — Auch der sittliche Trieb soll mich nicht bestimmen als blosser und blinder Trieb; wenn der Satz nicht schon in sich selbst widersprechend wäre, und es etwas sittliches, das nur Trieb wäre, geben könnte. Wir erhalten nemlich hier das schon oben gesagte wieder, nur viel weiter bestimmt. Oben zeigte sich: der Trieb zur Selbstständigkeit richtet sich an die Intelligenz, als solche; sie soll selbstständig seyn, *als* Intelligenz; aber eine solche ist selbstständig, nur inwiefern sie sich durch Begriffe, und schlechthin durch keinen Antrieb bestimmt. Der Trieb geht also darauf aus, Causalität zu haben, und auch keine zu haben; und er hat Causalität lediglich dadurch, dass er keine hat; denn er fordert: *sey frei.* Ist er Antrieb, so ist er lediglich Naturtrieb; als sittlicher Trieb kann er es nicht seyn; denn es widerspricht der Moralität und ist unsittlich, sich blind treiben zu lassen. (Z: B. die Triebe der Sympathie, des Mitleids, der Menschenliebe. Es wird zu seiner Zeit sich zeigen, dass diese Triebe Aeusserung des sittlichen Triebes sind, jedoch vermischt mit dem Naturtriebe, wie denn der sittliche Trieb stets gemischt ist. Aber wer zufolge dieser Triebe handelt, handelt zwar legal, aber schlechthin nicht moralisch, sondern *insofern* gegen die Moral.)

Hier erst entsteht ein kategorischer Imperativ; als welcher

ein *Begriff* seyn soll, und kein Trieb. Nemlich der Trieb ist nicht der kategorische Imperativ, sondern er treibt uns, uns selbst einen zu bilden; uns zu sagen, dass irgend etwas schlechthin geschehen solle. Er ist unser eigenes Product; *unser,* inwiefern wir der Begriffe fähige Wesen oder Intelligenzen sind.

Dadurch wird nun das vernünftige Wesen, der Form nach, in der Willensbestimmung, ganz losgerissen von allem, was es nicht selbst ist. Die Materie bestimmt es nicht, und es selbst bestimmt sich nicht durch den Begriff eines materialen, sondern durch den lediglich formalen und in ihm selbst erzeugten Begriff des absoluten Sollens. Und auf diese Weise erhalten wir denn in der Wirklichkeit das vernünftige Wesen wieder, wie wir es ursprünglich aufstellten, als absolut selbstständig: wie denn alles ursprüngliche, nur mit Zusätzen und weiteren Bestimmungen, sich in der Wirklichkeit wieder darstellen muss. — Nur die Handlung aus Pflicht ist eine solche Darstellung des reinen Vernunftwesens; jede andere Handlung hat einen der Intelligenz, als solcher, fremdartigen Bestimmungsgrund. (So sagt Kant [Grundlegung zur Metaphysik der Sitten]: dass nur durch die Anlage der Moralität das Vernunftwesen sich als etwas *an sich,* nemlich etwas selbstständiges, unabhängiges, schlechthin durch keine Wechselwirkung mit etwas ausser ihm, sondern bloss für sich bestehendes offenbare.) Daher auch das unaussprechlich erhabene der Pflicht, indem sie alles ausser uns tief unter uns setzt, und es gegen unsere Bestimmung in Nichts verschwinden lässt.

Es folgt sonach aus der Form der Sittlichkeit zweierlei:

1) Ich soll *überhaupt* mit Besonnenheit und Bewusstseyn, nicht blind und nach blossen Antrieben, und *insbesondere* mit dem Bewusstseyn der Pflicht handeln, so gewiss ich handle; nie handeln, ohne meine Handlung an diesen Begriff gehalten zu haben. — Es giebt sonach gar keine gleichgültigen Handlungen; auf alle, so gewiss sie nur wirklich Handlungen des intelligenten Wesens sind, bezieht sich das Sittengesetz, wäre es auch nicht *materialiter,* doch ganz sicher *formaliter.* Es soll nachgefragt werden

ob sich nicht etwa der Pflichtbegriff auf sie beziehe; um diese Nachfrage zu begründen, bezieht er sich ganz gewiss auf sie. Es lässt sich sogleich nachweisen, dass er sich auch *materialiter* auf sie beziehen müsse; denn ich soll nie dem sinnlichen Triebe, als solchem, folgen; nun aber stehe ich, laut obigem, bei jedem Handeln unter ihm: mithin muss bei jedem der sittliche Trieb hinzukommen: ausserdem könnte dem Sittengesetze zufolge gar keine Handlung erfolgen; welches gegen die Voraussetzung streitet.

2) *Ich soll nie gegen meine Ueberzeugung handeln.* Dies ist völlige Verkehrtheit und Bosheit. Was es sey im Menschen, das eine solche an sich unmöglich scheinende Verkehrtheit doch möglich mache und ihr wenigstens das schreckliche nehme, welches sie, in ihrer wahren Gestalt angesehen, für jeden unverdorbenen Menschensinn hat, werden wir tiefer unten sehen.

Beides, in Einen Satz zusammengefasst, würde sich ausdrükken lassen: *Handle stets nach bester Ueberzeugung von deiner Pflicht;* oder: *handle nach deinem Gewissen.* Dies ist die formale Bedingung der Moralität unserer Handlungen, die man auch vorzugsweise *die Moralität* derselben genannt hat. Wir werden über diese formalen Bedingungen der Sittlichkeit im ersten Abschnitte unserer eigentlichen Sittenlehre ausführlicher reden: und dann in einem zweiten Abschnitte die *materialen* Bedingungen der Moralität unserer Handlungen, oder die Lehre von der *Legalität* derselben, aufstellen.

Drittes Hauptstück.

Systematische Anwendung des Princips der Sittlichkeit,
oder
die Sittenlehre im engeren Sinne.

Erster Abschnitt.
Von den formalen Bedingungen der Moralität unserer Handlungen.

§. 14.
Ueber den Willen insbesondere.

Ich könnte sogleich an eine synthetisch-systematische Aufstellung der formalen Bedingungen der Moralität unserer Handlungen gehen. Da aber die formale Moralität, oder vorzugsweise sogenannte Moralität, auch *guter Wille* heisst, und ich selbst sie so zu charakterisiren gedenke, so bin ich vorher Rechenschaft schuldig über meinen Begriff vom Willen.

Es ist zwar alles, was zu dieser Erörterung gehört, schon unter anderen Namen vorgetragen, dennoch ist es auch darum nöthig, ausdrücklich unter dieser Benennung von der Sache zu reden, um meine Darstellung mit der bisher gewöhnlichen in Verbindung zu bringen.

Ein Wollen ist ein absolut freies Uebergehen von Unbestimmtheit zur Bestimmtheit, mit dem Bewusstseyn desselben. Diese Handlung ist oben zur Genüge beschrieben. — Man kann das objective, das von Unbestimmtheit zur Bestimmtheit übergehende Ich, und das subjective, das in diesem Uebergehen sich selbst anschauende Ich, in der Untersuchung von einander scheiden; im Wollen ist es vereinigt. Der Trieb, das Sehnen, das Begehren, ist nicht der Wille. Bei dem ersten ist ein Hang da und Neigung, bei dem letzteren auch Bewusstseyn des Objects der Neigung; aber keine Bestimmtheit des thätigen Ich, sondern Unbestimmtheit. Das Begehren möchte, dass sein Gegenstand ihm käme; selbst Hand und Fuss dafür rühren mag es nicht. Durch das Wollen erfolgt die Bestimmtheit.

Sieht man auf das *Vermögen* jenes Uebergehens mit Bewusstseyn überhaupt, — und ein solches *Vermögen* zur Aeusserung *hinzuzudenken,* ist man durch die Gesetze der theoretischen Vernunft genöthigt, — so erhält man den Begriff des *Willens* überhaupt, als eines Vermögens zu wollen. Es ist dies ein abstracter Begriff, nichts wahrzunehmendes wirkliches, nicht etwa eine Thatsache, wie einige sich ausdrücken. Nimmt man ein wirkliches bemerkbares Uebergehen, so hat man ein *Wollen.* Nun aber ist das Wollen nicht vollendet, und es ist überhaupt kein Wollen, wenn nicht Bestimmtheit da ist. Dann heisst es *ein* Wille, wie in der Redensart: das ist mein Wille; oder eine Wollung. Im gemeinen Leben macht man diesen Unterschied zwischen dem Willen überhaupt, als einem Vermögen, und zwischen *einem* Willen, einem bestimmten Willen, als bestimmter Aeusserung jenes Vermögens nicht, weil er da nicht nöthig ist; und in der Philosophie, wo er höchst nöthig wäre, hat man ihn auch nicht gemacht.

Der Wille ist frei in materialer Bedeutung des Worts. Das

Ich, inwiefern es will, giebt als Intelligenz sich selbst das Object seines Wollens, indem es aus den mehreren möglichen eins wählt, und die Unbestimmtheit, welche die Intelligenz anschaut und begreift, erhebt zu einer gleichfalls gedachten und begriffenen Bestimmtheit. — Diesem widerspricht nicht, dass das Object durch den Naturtrieb gegeben seyn könne. Es ist durch ihn gegeben als Object des Sehnens, des Begehrens; aber keinesweges des *Willens,* des bestimmten Entschlusses, dasselbe zu realisiren. In dieser Rücksicht giebt es absolut der Wille sich selbst. Kurz, der Wille ist schlechthin frei, und ein unfreier Wille ist ein Unding. Wenn nur der Mensch will, so ist er frei; und wenn er nicht frei ist, so will er nicht, sondern wird getrieben. — Die Natur bringt keinen Willen hervor; sie kann der Strenge nach auch kein Sehnen hervorbringen, wie wir schon oben gesehen haben, denn auch dieses setzt eine Reflexion voraus. Nur wird in dieser Reflexion das Ich seiner selbst, als eines reflectirenden, sich nicht bewusst; mithin muss es selbst annehmen, dass das in ihm vorhandene Sehnen Naturproduct sey; obwohl Beobachter ausser ihm, und wir selbst vom transscendentalen Gesichtspuncte aus, das Gegentheil finden.

Geht der Wille von der Unbestimmtheit zur Bestimmtheit — und dass dies die Bedingung des Bewusstseyns der Freiheit, und mit ihm des Ich, als eines solchen, sey, ist oben streng erwiesen; es ist sonach erwiesen, *dass ein Wille sey,* und dass er so bestimmt sey, wie wir ihn beschreiben — ist dies, sage ich, so, so ist der Wille stets ein Vermögen zu wählen, wie ihn Reinhold sehr richtig beschreibt. Es ist kein Wille ohne *Willkür.* Willkür nemlich nennt man den Willen, wenn man auf das soeben angegebene Merkmal sieht, dass er nothwendig unter mehreren gleich möglichen Handlungen eine Auswahl trifft.

(Einige Philosophen haben in der Behauptung, dass es der Freiheit gleich möglich sey, die entgegengesetzten Entschliessungen A oder — A zu ergreifen, einen Widerspruch gefunden; und andere Philosophen haben Mühe gehabt, den Cirkel, den man für einen Beweis dieses Widerspruchs ausgab, zu entblössen. Wir wollen doch einmal untersuchen, was die ersteren voraussetzen, ohne dass die letzteren es merken.

Setzen wir eine Naturkraft = X. Da sie Naturkraft ist, wirkt sie nothwendig mechanisch, d. i. sie bringt immer alles hervor, was sie vermöge ihrer Natur unter diesen Bedingungen hervorbringen kann. Die Aeusserung einer solchen Kraft ist, wenn sie = A ist, nothwendig = A, und es wäre widersprechend, statt jenes irgend ein — A anzunehmen.

Ist denn nun dieses Gesetz auf den Willen anwendbar? — Zuvörderst, worauf es vorzüglich ankommt, und was ich oben nicht ohne Grund eingeschärft habe: wo der Wille, wo überhaupt das Ich eintritt, ist die Naturkraft ganz am Ende. *Es ist durch sie weder A noch — A, es ist durch sie gar nichts möglich;* denn ihr letztes Product ist ein Trieb, und ein solcher hat keine Causalität. Also nicht einer Naturkraft, sondern dem ihr absolut entgegengesetzten Willen ist A und — A gleich möglich. Dann — wenn behauptet wird, dass der Wille frei sey, so wird behauptet, dass er erstes anfangendes Glied einer Reihe sey, also durch kein anderes bestimmt werde, mithin die Natur sein Bestimmungsgrund nicht seyn könne, wie ich dasselbe aus der Natur selbst erwiesen: also dass die Willensbestimmung keinen Grund ausser ihr selbst habe. Ferner wird behauptet, dass der Wille nicht wie eine mechanische Kraft alles wirke, was er könne, sondern in einem Vermögen bestehe, sich selbst durch sich selbst auf eine bestimmte Wirkung zu *beschränken;* dass also, wenn die ganze Sphäre wäre A — A, es in seiner Macht steht, sich zu dem ersten Theile oder zu dem letzteren zu bestimmen, ohne allen ausser ihm liegenden Grund. Auf diese Voraussetzung müssen die Gegner sich einlassen. Statt dessen setzen sie voraus, was man ihnen ja eben abläugnet, dass der Wille in der Reihe der Naturkräfte liege, und nichts sey, denn selbst eine Naturkraft; und unter dieser Voraussetzung ist ihre Folgerung richtig. Sie beweisen sonach, dass der Wille nicht frei sey, aus der Voraussetzung, dass er es nicht sey; und wenn sie richtig reden wollten, so sollten sie nicht sagen, die Behauptung, dass der Wille frei sey, widerspreche sich selbst, sondern nur, sie widerspreche *ihrer* Behauptung, dass er nicht frei sey: was man ihnen denn allerdings ohne Widerrede zugestehen muss.

Der wahre Widerspruch liegt höher, als sie selbst glauben. Es widerspicht ihrem gesammten individuellen Denkvermögen, sich eine andere Reihe, als die eines Naturmechanismus zu denken; sie haben zu den höheren Aeusserungen der Denkkraft sich noch gar nicht emporgehoben, daher ihre absolute Voraussetzung, über welche sie selbst für ihre Person allerdings nicht hinauskönnen. Alles geht mechanisch zu: ist ihr absoluter Grundsatz; weil in ihrem klaren Bewusstseyn allerdings nichts anderes, als bloss mechanisches vorkommt. — So ist es mit allem Fatalismus beschaffen. Auch wenn man den Grund unserer moralischen Entschliessungen in die intelligible Welt versetzt, wird es nicht anders. Der Grund unserer Willensbestimmung soll sodann in etwas liegen, das nicht sinnlich ist, das aber übrigens uns ebenso, wie physische Gewalt, bestimmt; dessen *bewirktes* unser Willensentschluss ist. Aber wie ist denn so etwas von der Sinnenwelt unterschieden? Nach Kant ist die Sinnenwelt diejenige, auf welche die Kategorien anwendbar sind, hier aber wird ja doch die Kategorie der Causalität angewendet auf etwas intelligibles; dasselbe hört sonach auf, ein Glied der intelligiblen Welt zu seyn, und fällt in das Gebiet der Sinnlichkeit herab.)

Nun wird diese als nothwendig zuzugestehende Wahl des Willens weiter so bestimmt, dass sie sey eine Wahl zwischen der Befriedigung des eigennützigen Triebes (des Naturtriebes) und des uneigennützigen (des sittlichen Triebes). Prüfen wir jetzt diese weitere Bestimmung. Die Freiheit ist nicht bloss material, sondern auch formal; nach einer oben aus ihrem Grunde abgeleiteten Unterscheidung. Ich kann — zwar nicht ursprünglich, woraus oben argumentirt worden ist, aber wohl nachdem das Selbstbewusstseyn entwickelt und Erfahrungen schon gemacht sind, — der letzteren so gut mir bewusst werden, als der ersteren. Werde ich mir bloss der formalen Freiheit bewusst, so erhalte ich, als Intelligenz, dadurch zuvörderst das Vermögen, die Befriedigung der Natur aufzuschieben; und da während dieses Aufschubs der Naturtrieb fortfahren wird, sich zu äussern, und auf eine mannigfaltige Weise sich zu äussern, erhalte ich zugleich *das* Vermögen, auf den Naturtrieb in den verschiedenen Ansichten, unter denen er jetzt sich mir darbietet, zu reflectiren, und *unter den mehreren möglichen Befriedigungen desselben zu wählen*. Ich wähle die Befriedigung des Einen Bedürfnisses. Ich wähle mit völliger Willensfreiheit, denn ich wähle mit dem Bewusstseyn der Selbstbestimmung; aber ich opfere den Genuss keinesweges der Sittlichkeit, ich opfere ihn nur einem anderen Genusse auf.

Aber, dürfte man sagen, du giebst denn doch dem stärkeren in dir vorhandenen Triebe nach. Wenn das auch allgemein wahr wäre, so antworte ich: dieser Trieb würde nicht seyn, nicht zum Bewusstseyn gekommen seyn, wenn ich nicht an mich gehalten, den Entschluss aufgeschoben, und auf das Ganze meines Triebes mit Freiheit reflectirt hätte. Sonach habe ich auch unter dieser Voraussetzung das Object meines Willens durch Selbstbestimmung bedingt, und mein Wille bleibt auch *materialiter* frei. — Wenn es allgemein wahr wäre, habe ich gesagt: aber es ist nicht allgemein wahr. Wenn erst eine gewisse Summe der Erfahrung vorhanden ist, kann ich durch die Einbildungskraft gar wohl einen Genuss mir vorstellen, welchen gegenwärtig meine Natur nicht im mindesten fordert; und diesem Genusse alle Befriedigung der gegenwärtig in der That vorhandenen Triebe nachsetzen. Ehemals muss wohl ein Antrieb dieser Art in mir gewesen seyn, weil ich einen wirklichen Genuss gehabt habe, den ich gegenwärtig durch die Einbildungskraft nur reproducire. Dann ist mir die blosse Einbildung Antrieb, deren Object doch wohl Producte der Freiheit sind; und ich gebe mir sodann in dem ausgedehntesten Sinne des Worts, das Object meines Willens selbst. Ich opfere dann ebensowenig der Tugend, sondern einem nur eingebildeten Genusse einen anderen wirklichen Genuss auf. (Dies ist die gewöhnliche Lage der bloss *policirten* Menschen, d. i. der Menschen auf dem Wege zur Cultur. Z. B. der abgenutzte Wollüstling, der Geizige, der Eitle rennt nach einem blossen eingebildeten Genusse, und giebt dagegen den wahren auf.)

Nur auf diese Weise ist auch Klugheit möglich, welche

nichts anderes ist, als eine verständige Wahl zwischen mehreren Befriedigungen des Naturtriebes. Nach jenem Begriffe vom Willen, in der grössten Ausdehnung angewandt, würde diese gar nicht, sondern nur Sittlichkeit oder Unsittlichkeit möglich seyn

§. 15.
Systematische Aufstellung der formalen Bedingungen der Moralität unserer Handlungen.

I.

Wie wir gesehen haben, lautet das formale Gesetz der Sitten so: handle schlechthin gemäss deiner Ueberzeugung von deiner Pflicht. Man kann sehen auf die Form dieses Gesetzes und auf seine Materie, oder, welches hier deutlicher seyn möchte, auf die Bedingung und das Bedingte. In Absicht des ersteren liegt, wie wir gleichfalls gesehen haben, dies darin: suche dich zu überzeugen, was jedesmal deine Pflicht sey; in Absicht des letzteren: was du nun mit Ueberzeugung für Pflicht halten kannst, das thue, und thue es lediglich darum, weil du dich überzeugt hast, es sey Pflicht.

II.

Wenn denn nun aber meine Ueberzeugung irrig ist, — könnte jemand sagen, so habe ich meine Pflicht nicht gethan, sondern gethan, was gegen die Pflicht läuft. Inwiefern kann ich denn nun dabei ruhig seyn? Offenbar nur insofern, inwiefern ich es auch nicht einmal für möglich halte, dass meine Ueberzeugung irrig seyn könnte; noch für möglich, dass ich sie jemals in einer unendlichen Existenz für irrig halten sollte.

Ich halte sonach an meine Handlung nicht nur den Begriff von meiner gegenwärtigen Ueberzeugung, sondern ich halte wieder diese Ueberzeugung an den Begriff von meiner ganzen möglichen Ueberzeugung; an das ganze System derselben, inwiefern ich es mir im gegenwärtigen Augenblicke vorstellen kann. Eine solche Vergleichung und Prüfung ist *Pflicht:* denn ich *soll* mich überzeugen. Ist es mir nicht gleichgültig, ob ich pflichtmässig handle oder nicht, sondern ist mir dies die höchste Angelegenheit meines Lebens, so kann es mir auch nicht gleichgültig seyn, ob meine Ueberzeugung wahr seyn möge oder irrig. — Also für die Richtigkeit meiner Ueberzeugung in einem besonderen Falle bürgt mir ihre Zusammenstimmung mit aller denkbaren Ueberzeugung; und die Untersuchung, ob diese Zusammenstimmung vorhanden sey oder nicht, ist selbst Pflicht.

III.

Aber das ganze System meiner Ueberzeugung selbst kann mir auf keine andere Weise gegeben werden, als durch meine gegenwärtige Ueberzeugung von derselben. Wie ich in der Beurtheilung des einzelnen Falles irren kann, ebenso kann ich ja auch in der Beurtheilung meiner Beurtheilung überhaupt, in der Ueberzeugung von meiner ganzen Ueberzeugung irren.

Demnach bleibt meine Moralität, mithin meine absolute Selbstständigkeit und Gewissensruhe, immerfort abhängig von einem Zufalle. Ich muss, falls ich dies alles bedenke, — und es ist Pflicht, dasselbe zu bedenken, — entweder auf gut Glück handeln, welches gegen das Gewissen läuft, oder ich darf gar nicht handeln, sondern muss mein ganzes Leben unentschieden und in einem ewigen Hin- und Herschwanken zwischen dem Für und Wider zubringen: wenn es kein absolutes Kriterium der Richtigkeit meiner Ueberzeugung über Pflicht giebt.

(Eine wichtige, und soviel mir bekannt ist, noch nirgends sattsam überlegte Bemerkung, durch deren Erörterung wir einen festen Zusammenhang in unsere Theorie bringen, und einen leichteren Uebergang von den formalen Bedingungen der Moralität zu den materialen derselben erhalten werden.)

IV.

Soll überhaupt pflichtmässiges Verhalten möglich seyn, so muss es ein absolutes Kriterium der Richtigkeit unserer Ueberzeugung über die Pflicht geben. Also es muss eine gewisse Ueberzeugung absolut richtig seyn, bei welcher wir um der Pflicht willen beruhen müssen. — Man bemerke zuvörderst die Weise, wie hier gefolgert wird. Soll überhaupt pflichtmässiges Verhalten möglich seyn, so muss es ein solches Kriterium geben; nun ist, zufolge des Sittengesetzes, ein solches Verhalten schlechthin möglich, mithin giebt es ein solches Kriterium. Wir folgern demnach aus dem Vorhandenseyn und der nothwendigen Causalität eines Sittengesetzes etwas im Erkenntnissvermögen. Wir behaupten mithin eine Beziehung des Sittengesetzes auf die theoretische Vernunft; ein *Primat* des ersteren vor der letzteren, wie Kant es ausdrückt. Ohne was es überhaupt keine Pflicht geben könnte, ist absolut wahr; und es ist Pflicht, dasselbe für wahr zu halten.

Damit dieser Satz nicht gröblich gemisdeutet werde, bemerke man dabei folgendes: Das Sittengesetz fordert allerdings eine gewisse bestimmte Ueberzeugung = A, und autorisirt sie. Da das Sittengesetz aber kein Erkenntnissvermögen ist, so kann es seinem Wesen nach diese Ueberzeugung nicht durch sich selbst aufstellen, sondern es erwartet, dass sie durch das Erkenntnissvermögen, durch die reflectirende Urtheilskraft gefunden und bestimmt sey; und dann erst autorisirt es dieselbe, und macht es zur Pflicht, bei ihr stehen zu bleiben. Die entgegengesetzte Behauptung würde auf eine materiale Glaubenspflicht führen, d. h. auf eine Theorie, nach welcher unmittelbar im Sittengesetze gewisse theoretische Sätze enthalten wären, die nun ohne weitere Prüfung, und ob man sich von ihnen theoretisch überzeugen könnte oder nicht, für wahr gehalten werden müssten. Eine solche Behauptung ist theils für sich selbst völlig widersprechend, aus dem Grunde, weil das praktische Vermögen kein theoretisches ist; theils würde sie Betrügereien und der Unterdrückung und Unterjochung der Gewissen von aller Art Thor und Thür öffnen. Die theoretischen

Vermögen gehen ihren Gang fort, bis sie auf dasjenige stossen, was gebilligt werden kann; nur enthalten sie nicht in sich selbst das Kriterium seiner Richtigkeit, sondern dieses liegt im praktischen, welches das erste und höchste im Menschen, und sein wahres Wesen ist. Die gegenwärtige Behauptung ist, nur in ihrer weiteren Bestimmung, die schon oben vorgekommene: das Sittengesetz ist lediglich formal, und muss seine Materie anderwärtsher erhalten. Aber *dass* etwas seine Materie ist, davon kann der Grund nur in ihm selbst liegen.

Es entsteht nur dabei die weit schwierigere Frage: wie äussert sich, und woran erkennt man die Bestätigung eines theoretischen Urtheils über die Pflicht durch das Sittengesetz? — Das Sittengesetz, auf den empirischen Menschen bezogen, hat einen bestimmten *Anfangspunct* seines Gebiets: die bestimmte Beschränkung, in welcher das Individuum sich findet, indem es zuerst sich selbst findet; es hat ein bestimmtes, wiewohl nie zu erreichendes *Ziel:* absolute Befreiung von aller Beschränkung; und einen völlig bestimmten *Weg,* durch den es uns führt: die Ordnung der Natur. Es ist daher für jeden bestimmten Menschen in einer jeden Lage nur etwas bestimmtes pflichtmässig, und man kann sagen, dies fordere das Sittengesetz in seiner Anwendung auf das Zeitwesen. Man bezeichne diese bestimmte Handlung oder Unterlassung mit X.

Nun ist das praktische Vermögen kein theoretisches, wie soeben erinnert worden. Es selbst kann sonach dieses X nicht geben, sondern dasselbe ist durch die — hier frei reflectirende — Urtheilskraft zu suchen. Da aber ein Trieb da ist, überhaupt zu handeln, und zwar das bestimmte X durch die Handlung zu realisiren, so bestimmt dieser Trieb die Urtheilskraft, — nicht *materialiter,* dass er ihr etwas gebe, welches er nicht vermag; aber doch *formaliter,* dass sie etwas suche. Der sittliche Trieb äussert sich sonach hier als Trieb nach einer bestimmten Erkenntniss. Setzet, die Urtheilskraft finde X, welches von gutem Glücke abzuhängen scheint, so fällt der Trieb nach der Erkenntniss und die Erkenntniss zusammen; das ursprüngliche Ich und das wirkliche sind in Harmonie, und es entsteht, wie immer in diesem Falle, laut obigen Beweises ein Gefühl.

Es fragt sich nur, was dies für ein Gefühl seyn werde, und welches sein unterscheidender Charakter sey von anderen Gefühlen? Alle ästhetischen Gefühle sind dem hier zu beschreibenden Gefühle darin gleich, dass sie entstehen aus Befriedigung eines Triebes nach einer bestimmten Vorstellung; darin aber sind sie ihm entgegengesetzt, dass der ihnen zu Grunde liegende Trieb seine Befriedigung nicht absolut *fordert,* sondern sie nur als eine Gunst der Natur *erwartet.* Der Trieb nach Erkenntniss aber, von welchem hier die Rede ist, ist der absolut fordernde sittliche Trieb. Es kann daher hier nicht, wie dort, entstehen eine *Lust,* die unverhofft uns überrasche; sondern lediglich eine *kalte Billigung* dessen, was zu erwarten war, und schlechthin sich finden musste, wenn die Vernunft sich nicht selbst aufgeben sollte. In Handlungen nennt man das so gebilligte *recht*, in Erkenntnissen *wahr.*

Es gäbe sonach ein *Gefühl* der Wahrheit und Gewissheit, als das gesuchte absolute Kriterium der Richtigkeit unserer Ueberzeugung von Pflicht. Wir beschreiben dieses wichtige Gefühl noch näher. — So lange die Urtheilskraft noch im Suchen ist, schwebt das freie Einbildungsvermögen zwischen entgegengesetzten, und es ist, weil das Suchen zufolge eines Triebes angestellt wird, und dieser noch nicht befriedigt ist, vorhanden ein Gefühl des Zweifels, welcher, da die Sache über alles wichtig, mit Besorglichkeit verknüpft ist. (Ich weiss z. B. dass ich *zweifle.* Woher weiss ich denn nun dies? Doch wohl nicht aus einer objectiven Beschaffenheit des gefällten Urtheils. Der Zweifel ist etwas subjectives; er lässt sich nur fühlen, ebenso wie sein Gegentheil, die Gewissheit.) Sobald die Urtheilskraft das geforderte findet, entdeckt sich, dass es das geforderte sey, durch das Gefühl der Zusammenstimmung. Die Einbildungskraft ist nunmehr gebunden und gezwungen, wie bei aller Realität; ich kann nicht anders, als die Sache so ansehen, es ist, wie bei jedem Gefühle, Zwang vorhanden. Dies giebt in der Erkenntniss *unmittelbare Gewissheit,* womit *Ruhe und Befriedigung* verknüpft ist.

(Kant sagt, Religion innerh. d. Gr. d. bl. Vernunft 4. Stck. 2r. Thl. §. 4., vortrefflich: das Bewusstseyn, dass eine Handlung, die ich unternehmen wolle, recht sey, ist unbedingte Pflicht. Aber ist denn ein solches Bewusstseyn möglich, und woran erkenne ich denn dasselbe? Kant scheint dies auf dem Gefühle eines jeden beruhen zu lassen, auf welchem es denn auch allerdings beruhen muss; jedoch hat die transscendentale Philosophie die Verbindlichkeit auf sich, die Möglichkeit eines solchen Gefühles der Gewissheit zu begründen; und dies ist von uns soeben geschehen. Jedoch führt Kant ein Beispiel an, welches seine Gedanken darüber erläutert, und auch zur Erläuterung des hier von uns vorgetragenen trefflich passt. — Ein Ketzerrichter, der einen ihm so erscheinenden Ketzer zu Tode verurtheile, könne nie ganz gewiss seyn, dass er daran nicht vielleicht unrecht thue. Wenn er etwa sich selbst fragte: getrauest du dich wohl in Gegenwart des Herzenskündigers mit Verzichtthuung auf alles, was dir werth und heilig ist, dieser Sätze Wahrheit zu betheuern; so werde hierbei wohl der kühnste Glaubenslehrer zittern. Oder wie er an einem anderen Orte sagt, wer da auftrete, und behaupte: wer dies alles, was ich euch da sage, nicht glaubt, der ist ewig verdammt; der müsse doch wohl hinzuzusetzen sich getrauen: wenn es aber nicht wahr ist, so will ich selbst ewig verdammt seyn: aber es sey zu hoffen, dass wohl die meisten Bedenken tragen würden, es auf diese Gefahr hin zu wagen; und daraus könnten sie ersehen, dass sie selbst doch nicht so fest von einem Glauben überzeugt seyen, den sie anderen aufdringen wollen. Wir könnten nach dieser Analogie sagen: wer seiner Sache ganz gewiss sey, der müsse auf diese Gewissheit selbst die ewige Verdammniss wagen, und wenn er dies nicht möge, verrathe er dadurch seine Ungewissheit.

Wenn nun aber weiter gefragt würde, was das heissen möge, ewig verdammt seyn wollen, so wird man daraus wohl keinen anderen vernünftigen Sinn herausbringen können, als den: *seine Besserung auf alle Ewigkeit aufgeben.* — Dies ist das grösste Uebel und ein Uebel, das gar kein Mensch sich im Ernste denken kann, dessen ernsthafter Gedanke jeden vernichten würde. Bei den muthwilligsten Sündern gegen ihr eigenes Gewissen liegt immer im Hintergrunde die Vertröstung, dass sie nur noch für diesmal oder nur noch so und so lange so fortfahren, zu ihrer Zeit aber sich bessern wollen. Man kann also versichert seyn, dass man mit seinem Gewissen nicht im reinen ist, so lange man sich entweder bestimmt vornimmt, oder es wenigstens für möglich hält, einmal in der Zukunft seine Handlungsweise zu ändern. Wer seiner Sachen gewiss ist, der wagt es darauf, dass er sie und die Grundsätze, nach denen er sie eingerichtet hat, nicht abändern *könne*, dass seine Freiheit über diesen Punct ganz verloren gehe, dass er in diesem Entschlusse auf immer bestätigt werde. Dieses ist das einzige sichere Kriterium der wahren Ueberzeugung.

Der Beweis davon ist folgender: Eine solche Ueberzeugung versetzt in Harmonie mit dem ursprünglichen Ich. Aber dasselbe ist über alle Zeit und alle Veränderung in der Zeit erhaben; darum erhebt sich in dieser Vereinigung das empirische Ich gleichfalls über allen Zeitwechsel, und setzt sich als absolut unveränderlich. Daher die Unerschütterlichkeit der festen Ueberzeugung.)

Dies Resultat des gesagten ist: ob ich zweifle oder gewiss bin, habe ich nicht durch Argumentation, — deren Richtigkeit wieder eines neuen Beweises bedürfte, und dieser Beweis wieder eines neuen Beweises, und so ins unendliche; — sondern durch *unmittelbares* Gefühl. Nur auf diese Art lässt sich subjective Gewissheit, als Zustand des Gemüths, erklären. Das Gefühl der Gewissheit aber ist stets eine unmittelbare Uebereinstimmung unseres Bewusstseyns mit unserem ursprünglichen Ich; wie es in einer Philosophie, die vom Ich ausgeht, nicht anders kommen konnte. Dieses Gefühl täuscht nie, denn es ist, wie wir gesehen haben, nur vorhanden bei völliger Uebereinstimmung unseres empirischen Ich mit dem reinen; und das letztere ist unser einziges wahres Seyn und alles mögliche Seyn und alle mögliche Wahrheit.

Nur inwiefern ich ein moralisches Wesen bin, ist Gewissheit für mich möglich; denn das Kriterium aller theoretischen Wahrheit ist nicht selbst wieder ein theoretisches. — Das theoretische Erkenntnissvermögen kann sich nicht selbst kritisiren und bestätigen — sondern es ist ein praktisches, bei welchem zu beruhen Pflicht ist. Und zwar ist jenes Kriterium ein allgemeines, das nicht nur für die unmittelbare Erkenntniss unserer Pflicht, sondern überhaupt für jede mögliche Erkenntniss gilt; indem es auch in der That keine Erkenntniss giebt, die nicht wenigstens mittelbar auf unsere Pflichten sich bezöge.

V.

Das Kriterium der Richtigkeit unserer Ueberzeugung ist, wie wir gesehen haben, ein inneres. Ein äusseres, objectives, giebt es nicht, noch kann es ein solches geben, da ja das Ich gerade hier, wo es als moralisch betrachtet wird, ganz selbstständig und von allem, was ausser ihm liegt, unabhängig seyn soll. Dies verhindert nicht anzugeben, von welcher Art überhaupt die durch dieses Kriterium gebilligten Ueberzeugungen seyn werden; und dies ist das letzte, was wir hier zu thun haben.

Nur zufolge des praktischen Triebes sind überhaupt für uns Objecte da: — ein sehr bekannter und mehrmals zur Genüge erwiesener Satz. Wir sehen hier nur auf folgenden Umstand: Mein Trieb ist beschränkt, und zufolge dieser Beschränkung setze ich ein Object. Nun kann ich offenbar das Object nicht setzen und charakterisiren, ohne den Trieb bestimmt zu charakterisiren, den es beschränkt; denn ein bestimmtes Object ist gar nichts anderes und ist nicht anders zu beschreiben, denn als ein einen bestimmten Trieb beschränkendes. Ich erhalte dadurch die gegebenen Eigenschaften des Dinges, weil ich mich und das Ding in gegenseitige Ruhe versetze. Nun kann ich aber auch auf die Freiheit reflectiren. Dann wird jene Begrenzung durch das Object etwas, das regelmässig und in einer gewissen Ordnung erweitert werden kann; und durch eine solche Erweiterung meiner Grenzen würde auch das Object verändert werden. Ich setze etwa diese Modificabilität, und bestimme in diesem Falle *seine Zweckmässigkeit, seine*

Brauchbarkeit zu beliebigen Zwecken, die man sich etwa mit demselben vorsetzen möchte.

Es werde hierbei bemerkt zuvörderst: die Bestimmung der Zweckmässigkeit ist gar keine andere, als die der inneren, ruhenden Beschaffenheiten eines Dinges, und kann keine andere seyn; sie ist nur aus einem anderen Gesichtspuncte unternommen. Im einen, wie im anderen Falle wird das Object bestimmt vermittelst des Triebes, den es beschränken soll; im ersten Falle wird nur nicht auf die mögliche Befreiung, im zweiten wird darauf gesehen. Dort ruht der Trieb, hier wird er in Bewegung gesetzt. -- Dann lasse man nicht ausser Acht, dass ich den Begriff der Zweckmässigkeit aus der Beziehung eines Objects auf die Freiheit überhaupt, nicht gerade auf die meinige, abgeleitet habe. Es kann etwas als zweckmässig gedacht werden, ohne dass eben dabei deutlich gedacht werde: ich oder ein anderes freies Wesen könne diese möglichen Zwecke in ihm ausführen. Dunkel liegt das letztere freilich aller Annahme der Zweckmässigkeit zu Grunde.

Nun werde ich etwa meines Triebes — ich rede hier vom Triebe überhaupt — nur *zum Theil* mir bewusst. Dann habe ich die Zweckmässigkeit des Dinges nur zum Theil aufgefasst; ich erkenne nicht den eigentlichen Zweck desselben, sondern nur etwa einen willkürlichen, für welchen man es unter anderen auch brauchen kann. Mein ganzer Trieb geht auf absolute Unabhängigkeit und Selbstständigkeit; ehe ich ihn nicht als solchen aufgefasst habe, habe ich mich selbst nicht, und im Gegensatze mit mir selbst das Ding nicht vollkommen bestimmt, weder seinen Beschaffenheiten, noch seinem Zwecke nach. Ist das letztere vollkommen bestimmt auf die angezeigte Weise, so habe ich den Umfang aller seiner Zwecke oder seinen Endzweck. Sonach sind alle vollständige Erkenntnisse, bei denen man beruhen kann, nothwendig Erkenntnisse des Endzweckes der Objecte; eine Ueberzeugung wird durch das Gewissen nicht eher gebilligt, bis sie die Einsicht in den Endzweck des Dinges enthält, und diese Erkenntnisse sind zugleich diejenigen, welche das moralische Betragen leiten. Das Sittengesetz geht sonach darauf, jedes Ding nach seinem Endzwecke zu behandeln. Wir haben hierdurch den leichtesten Weg gefunden, das Materiale des Sittengesetzes wissenschaftlich aufzustellen.

Noch habe ich darauf aufmerksam zu machen, dass wir soeben ein geschlossenes Ganzes der Erkenntniss, eine vollständige Synthesis aufgestellt haben. Nemlich sittlicher Trieb und theoretisches Wissen stehen in Wechselwirkung; und alle Moralität ist durch diese Wechselwirkung beider bedingt. Der sittliche Trieb, inwiefern er im Bewusstseyn vorkommt, fordert einen *ihm* freilich unzugänglichen, bestimmten Begriff = X und bestimmt insofern *formaliter* das Erkenntnissvermögen, d. i. er treibt die reflectirende Urtheilskraft an, jenen Begriff zu suchen. Das Erkenntnissvermögen ist aber auch *materialiter* in Absicht des Begriffes X durch den sittlichen Trieb, wenn er als ursprünglich betrachtet wird, bestimmt; denn X entsteht durch die vollendete Bestimmung des Objectes, vermittelst des ganzen ursprünglichen Triebes, wie wir soeben gesehen haben. Alle Erkenntniss sonach, objectiv als System betrachtet, ist im voraus durchgängig bestimmt, und durch den sittlichen Trieb bestimmt. (Also zuvörderst, das Vernunftwesen ist auch in Absicht der Materie und Form seiner ganzen möglichen Erkenntniss absolut durch sich selbst, und schlechthin durch nichts ausser ihm bestimmt. Was wir sonst zufolge des Satzes der Ichheit behaupten, erhalten wir hier bestimmter wieder, und zwar durch eine genetische Deduction. Dann — dasjenige im Ich, wodurch seine ganze Erkenntniss bestimmt wird, ist sein praktisches Wesen; wie es ja seyn musste, da dies das höchste in ihm ist. Die einzige feste und letzte Grundlage aller meiner Erkenntniss ist meine Pflicht. Diese ist das intelligible „An sich," welches durch die Gesetze der sinnlichen Vorstellung sich in eine Sinnenwelt verwandelt.)

Umgekehrt wirkt die Erkenntniss auf den sittlichen Trieb im Bewusstseyn; indem sie ihm sein Object giebt. — Der sittliche Trieb geht sonach vermittelst der Erkenntniss in sich zurück; und die angezeigte Wechselwirkung ist eigentlich eine Wechselwirkung des sittlichen Triebes mit sich selbst. Im Gefühle der Gewissheit äussert sich das Zusammentreffen alles desjenigen, was das vernünftige Wesen constituirt, in der beschriebenen Wechselwirkung; wie wir oben weitläufiger dargethan haben.

Dass wir alles zusammenfassen. Die formale Bedingung der Moralität unserer Handlungen, oder ihre vorzugsweise sogenannte Moralität besteht darin, dass man sich schlechthin um des Gewissens willen zu dem, was dasselbe fordert, entschliesse. Das Gewissen aber ist *das unmittelbare Bewusstseyn unserer bestimmten Pflicht.* Dies ist nicht anders zu verstehen, als so, wie es abgeleitet worden. Nemlich das Bewusstseyn eines bestimmten, als eines solchen, ist nie unmittelbar, sondern wird erst durch einen Denkact gefunden (materiell ist das Bewusstseyn unserer Pflicht nicht unmittelbar). Aber das Bewusstseyn, *dass* dieses bestimmte Pflicht sey, ist, wenn das bestimmte erst gegeben, unmittelbares Bewusstseyn. Das Bewusstseyn der Pflicht ist formaliter unmittelbar. Jenes formale des Bewusstseyns ist ein blosses Gefühl.

(Kant sagt am angeführten Orte: das Gewissen ist ein Bewusstseyn, das selbst Pflicht ist. Ein richtiger und erhabener Ausspruch! Es liegt in ihm zweierlei: zuvörderst, es ist schlechthin Pflicht, sich jenes Bewusstseyn zu erwerben, nach obigem Beweise. Jeder soll schlechthin sich überzeugen, was seine Pflicht sey; und jeder kann es in jedem Falle. Dies ist gleichsam das Constitutionsgesetz aller Moral: das Gesetz, sich selbst ein Gesetz zu geben. Dann — das Bewusstseyn in diesem Zustande ist gar nichts weiter, als ein Bewusstseyn der Pflicht. Die Materie des Bewusstseyns ist Pflicht, darum, weil es Materie *dieser Art* des Bewusstseyns ist. Nemlich das Gewissen, das oben geschilderte Gefühlsvermögen, giebt nicht das Materiale her, dieses wird allein durch die Urtheilskraft geliefert, und das Gewissen ist keine Urtheilskraft; aber die Evidenz giebt es her, und diese Art der Evidenz findet lediglich beim Bewusstseyn der Pflicht statt.)

Corollaria.

1) Es ist durch die soeben gegebene Deduction auf immer aufgehoben und vernichtet die nach den meisten Moralsystemen noch stattfindende Ausflucht *eines irrenden Gewissens.* Das Ge-

wissen irrt nie, und kann nicht irren; denn es ist das unmittelbare Bewusstseyn unseres reinen ursprünglichen Ich, über welches kein anderes Bewusstseyn hinausgeht; das nach keinem anderen Bewusstseyn geprüft und berichtigt werden kann; das selbst Richter aller Ueberzeugung ist, aber keinen höheren Richter über sich anerkennt. Es entscheidet in der letzten Instanz und ist inappellabel. Ueber dasselbe hinausgehen wollen, heisst, aus sich selbst herausgehen, sich von sich selbst trennen wollen. Alle materialen Moralsysteme, d. h. die noch einen Zweck der Pflicht ausser der Pflicht selbst suchen, gehen darüber hinaus, und sind in den Grundirrthum alles Dogmatismus verstrickt, welcher den letzten Grund alles dessen, was im Ich und für das Ich ist, ausser dem Ich aufsucht. Dergleichen Moralsysteme sind nur durch eine Inconsequenz möglich; denn für den consequenten Dogmatismus giebt es keine Moral, sondern nur ein System von Naturgesetzen. — Ferner, auch die Urtheilskraft kann nicht irren, darüber, ob das Gewissen gesprochen habe oder nicht. Ehe sie hierüber ganz gewiss ist, was nöthigt denn den Menschen zum Handeln? *Durch ihn* erfolgt keine Handlung, ohne dass er sich selbst dazu bestimme. Handelt er sonach, ohne des Ausspruchs seines Gewissens sicher zu seyn, so handelt er gewissenlos; seine Schuld ist klar, und er kann sie auf nichts ausser sich bringen. Es giebt für keine Sünde eine Entschuldigung, sie *ist* Sünde, und bleibt es.

Ich halte für nöthig, diesen Punct so sehr als möglich einzuschärfen, wegen seiner Wichtigkeit für Moralität sowohl, als für die Wissenschaft derselben. Wer das Gegentheil sagt, der mag einen Grund dazu wohl in seinem eigenen Herzen — nur da kann der Fehler liegen, keinesweges im Verstande — finden; aber es ist zu bewundern, dass er sich getraut, es vor sich selbst, und vor anderen laut zu gestehen.

2) Damit das Wort *Gefühl* nicht zu gefährlichen Misverständnissen Anlass gebe, schärfe ich noch dies ein: Ein theoretischer Satz wird nicht gefühlt, und kann nicht gefühlt werden; aber die mit dem nach theoretischen Gesetzen zu Stande gebrachten Denken desselben sich vereinigende Gewissheit und

sichere Ueberzeugung wird gefühlt. Man soll nicht etwa beim blossen Denken schon darauf bedacht seyn, dass doch auch das Gewissen dabei bestehen möge: dies giebt ein inconsequentes Denken, welchem das Ziel, bei dem es ankommen soll, schon vorgezeichnet ist. Das Denken gehe seinen eigenen Weg, unabhängig vom Gewissen, streng fort. Die entgegengesetzte Gesinnung ist *Feigheit*. Man muss dann wahrhaftig wenig Vertrauen in sein Gewissen setzen. — Die vorgeblichen objectiven Belehrungen durch das Gefühl sind regellose Producte der Einbildungskraft, die die Prüfung der theoretischen Vernunft nicht aushalten; und das Gefühl, das sich mit ihnen vereinigt, ist das Gefühl der freien Selbstthätigkeit unserer Einbildungskraft. Es ist Gefühl unserer selbst, aber nicht in unserer ursprünglichen Ganzheit, sondern nur eines Theiles unserer selbst. Ein auf diese Weise zu Stande gebrachter Satz ist daran zu erkennen, dass er gegen die Denkgesetze läuft, welches bei keiner durch das Gewissen bestätigten Ueberzeugung seyn kann; das Gefühl, wovon er begleitet ist, daran, dass es ihm zwar nicht an Stärke, Erhabenheit, Innigkeit, aber wohl an *Sicherheit* fehlt. Kein Schwärmer würde es auf die Gefahr hin, dass er in seiner Ueberzeugung auf alle Ewigkeit bestätigt und es ihm unmöglich gemacht würde, sich je zu ändern — keiner würde es auf diese Gefahr hin wagen, nach seinem Gefühle zu handeln.

3) Das Gefühl der Gewissheit entsteht aus dem Zusammentreffen eines Actes der Urtheilskraft mit dem sittlichen Triebe; es ist sonach ausschliessende Bedingung der Möglichkeit eines solchen Gefühles, dass von dem Subjecte selbst wirklich geurtheilt werde. Also findet Gewissheit und Ueberzeugung von fremden Urtheilen schlechthin nicht statt; und das Gewissen kann sich absolut nicht durch Autorität leiten lassen. Es wäre ein klarer offenbarer Widerspruch — Selbstgefühl von etwas, das ich nicht selbst bin, noch thue.

Wer auf Autorität hin handelt, handelt sonach nothwendig gewissenlos; denn er ist ungewiss, laut des soeben geführten Beweises. Ein sehr wichtiger Satz, dessen Aufstellung in aller seiner Strenge höchlich Noth thut.

Man kann allerdings die Forschung der Menschen leiten; man kann ihnen die Prämissen der anzustellenden Beurtheilung hingeben, die sie etwa vorläufig auf Autorität annehmen. Dies ist mehr oder minder die Geschichte aller Menschen; diese erhalten durch die Erziehung dasjenige, worüber das Menschengeschlecht bis zu ihrem Zeitalter sich vereinigt hat, und was nunmehr allgemeiner Menschenglaube geworden ist, als die Prämissen für ihre eigenen Urtheile, die sie grösstentheils ohne weitere Prüfung annehmen. Nur der wahre Philosoph nimmt nichts an ohne Prüfung, und sein Nachdenken geht aus von dem absolutesten Zweifeln an allem.

Ehe es nun aber zum Handeln kommt, ist jederman durch das Gewissen verbunden, von jenen auf Treu und Glauben angenommenen Prämissen aus *selbst zu urtheilen;* die letzten Folgerungen, die unmittelbar sein Handeln bestimmen, schlechterdings selbst zu ziehen. Bestätigt nun sein Gewissen, was aus jenen Prämissen folgt, so bestätigt es dadurch mittelbar auch die *praktische Gültigkeit* der Prämissen: — wenn auch nicht etwa ihre theoretische; denn der moralische Zusatz in ihnen, welcher allein im Resultate sich zeigt, und durch das Gewissen gebilligt wird, kann richtig seyn, ohnerachtet das theoretische ganz falsch ist. Misbilligt sein Gewissen jene Prämissen, so sind sie vernichtet, und es ist absolute Pflicht, sie aufzugeben. Woraus für das Praktische gar nichts folgt, ist ein Adiaphoron, das man ruhig an seinen Ort gestellt lassen kann. Zwar ist für die Menschheit überhaupt keine Erkenntniss gleichgültig; was da nur wahr, und wovon Ueberzeugung möglich seyn soll, muss sich nothwendig auf das Praktische beziehen; aber für einzelne Menschen in ihren beschränkten Lagen kann ein grosser Theil der Theorie ihr ganzes Leben hindurch gleichgültig bleiben.

Der Mensch muss um des Gewissens willen selbst urtheilen, das Urtheil an sein eigenes Gefühl halten, ausserdem handelt er unmoralisch und gewissenlos. Es giebt sonach schlechterdings keinen äusseren Grund und kein äusseres Kriterium der Verbindlichkeit eines Sittengebotes. Kein Gebot, kein Ausspruch, und wenn er für einen göttlichen ausgegeben würde, ist unbedingt, weil er da oder dort steht, von diesem oder jenem vorgetragen wird, verbindlich; er ist es nur unter der Bedingung, dass er durch unser eigenes Gewissen bestätigt werde, und nur aus dem Grunde, *weil* er dadurch bestätigt wird; es ist absolute Pflicht, ihn nicht ohne eigene Untersuchung anzunehmen, sondern ihn erst an seinem eigenen Gewissen zu prüfen, und es ist absolut gewissenlos, diese Prüfung zu unterlassen. Gegen diesen kategorischen und ohne Ausnahme gültigen Ausspruch der Vernunft lässt sich schlechterdings nichts vorbringen; und alle Ausflüchte und Ausnahmen und Modificationen desselben sind geradezu abzuweisen. Es ist nicht verstattet, zu sagen: dies und dies habe ich wahr befunden, mithin wird etwas anderes, das etwa an dem gleichen Orte vorkommt, auch wahr seyn. Das erste und zweite ist wahr, weil es für wahr befunden ist, nicht weil es an diesem Orte vorkommt; und es ist gewissenlose Unbesorgtheit auf die Gefahr hin, dass das dritte doch falsch seyn könnte, es mit demselben zu wagen. Was nicht aus dem Glauben, aus Bestätigung an unserem eigenen Gewissen, hervorgeht, ist absolut Sünde.

§. 16.
Ueber die Ursache des Bösen im endlichen vernünftigen Wesen.

Diese Untersuchung ist theils an sich nicht ohne Interesse, indem sie einige Fragen zu beantworten hat, die gewöhnlich ganz unrichtig eingeleitet und beantwortet werden: theils kann sie vermittelst der Entgegensetzung über das im vorigen §. gesagte vieles Licht verbreiten.

I.

Was überhaupt zu einem Vernunftwesen gehört, ist nothwendig ganz und ohne Mangel in jedem vernünftigen Individuum, ausserdem wäre dasselbe nicht vernünftig. Das Vernunftwesen ist, wie man nicht genug erinnern kann, nicht willkürlich aus fremdartigen Stücken zusammengesetzt, sondern es ist ein Ganzes; und hebt man einen nothwendigen Bestandtheil desselben auf, so hebt man alles auf. — Hier ist die Rede vom Vernunftwesen ursprünglich betrachtet. Nun soll, zufolge des Sittengesetzes, das empirische Zeitwesen ein genauer Abdruck des ursprünglichen Ich werden. Das Zeitwesen ist das Subject des Bewusstseyns, es ist etwas in demselben, bloss inwiefern es durch einen freien Act seiner eigenen Selbstthätigkeit mit Bewusstseyn gesetzt wird. Aber es ist begreiflich, dass dieses Setzen, diese Reflexionen auf das ursprünglich uns constituirende, da sie insgesammt begrenzt sind, fallen müssen in eine successive Zeitreihe; dass es sonach eine Zeit dauern werde, ehe alles das, was ursprünglich in uns und für uns ist, zum deutlichen Bewusstseyn erhoben werde. Diesen Gang der Reflexionen des Ich in der Zeit beschreiben, heisst die Geschichte des empirischen Vernunftwesens angeben. Nur ist dabei zu bemerken, dass alles erscheint, als *zufällig* erfolgend, weil alles abhängig ist von der Freiheit, keinesweges aber von einem mechanischen Naturgesetze.

II.

Irgend eines etwas muss sich der Mensch deutlich bewusst werden, wenn er überhaupt Bewusstseyn haben, und wirklich ein Vernunftwesen seyn soll. Am ersten in der Zeit wird er sich des Naturantriebes bewusst, aus Gründen, die schon oben angegeben worden; und handelt nach seiner Anforderung, mit Freiheit zwar, in formaler Bedeutung des Wortes, aber ohne Bewusstseyn dieser seiner Freiheit. Er ist frei für eine Intelligenz ausser ihm, für sich selbst aber, wenn er nur für sich selbst etwas seyn könnte, auf diesem Standpuncte lediglich Thier

Es ist zu erwarten, dass er über sich selbst in diesem Zustande reflectiren werde. Er erhebt sich dann über sich selbst, und tritt auf eine höhere Stufe. — Es erfolgt diese Reflexion nicht nach einem Gesetze, darum kündigten wir sie bloss als etwas zu erwartendes an; sondern durch absolute Freiheit. Sie erfolgt, weil sie erfolgt. Sie *soll* erfolgen, weil das empirische Ich dem reinen entsprechen soll, aber sie *muss* nicht erfolgen. (Die Gesellschaft, in der der Mensch lebt, kann ihm Veranlassung geben zu dieser Reflexion; aber sie zu verursachen, das vermag sie schlechterdings nicht.)

Durch diese Reflexion reisst sich, wie schon oben beschrieben worden, das Individuum los vom Naturtriebe, und stellt sich unabhängig von ihm hin, als freie Intelligenz; erhält dadurch für sich selbst das Vermögen, die Selbstbestimmung aufzuschieben; und mit diesem das Vermögen zwischen **mehreren** Arten, den Naturtrieb zu befriedigen, eine Auswahl zu treffen: welche Mehrheit eben durch die Reflexion und den Aufschub des Entschlusses entsteht.

Man denke ein wenig nach über diese Möglichkeit des Wählens. — Das freie Wesen bestimmt sich nur mit und nach Begriffen. Es muss sonach seiner Wahl ein Begriff über die Wahl, über das in ihr zu wählende, zu Grunde liegen. Es sey zu wählen zwischen A, B, C. Wenn es eins z. B. C wählt, kann es denn dasselbe ohne allen Grund, es versteht sich, ohne einen intelligibeln Grund im Begriffe, vorziehen? Schlechterdings nicht, denn dann geschähe die Wahl nicht durch Freiheit, sondern durch das blinde Ohngefähr. Die Freiheit handelt nach Begriffen. Es muss schlechthin in C etwas liegen, wodurch es vorzüglich wird. Man nenne dieses etwas X.

Aber eine andere Frage: Wie kommt es denn, dass gerade X die Wahl entscheidet, und kein mögliches — X? Dies kann nirgends anders seinen Grund haben, als in einer allgemeinen Regel, die das vernünftige Wesen schon hat. Es muss ein Major des Vernunftschlusses seyn, welcher so aussehen würde: was von der und der Art ist (= X), muss allem übrigen vorgezogen werden, nun ist C von dieser Art: mithin u. s. f. Der Major enthält die Regel. Eine solche Regel ist es, was Kant höchst glücklich durch die Benennung einer *Maxime* bezeichnet. (In einem theoretischen Vernunftschlusse wäre es der Major; aber die Theorie ist nicht das Höchste für den Menschen, und jeder mögliche Major hat noch einen höheren Satz über sich. Das höchste für den empirischen Menschen, sein Maximum, ist die Regel für sein Handeln.)

Wir verweilen ein wenig bei diesem Begriffe der Maxime. Zuvörderst der Form nach ist gerade sie Maxime durch einen Act meiner eigenen Freiheit. Wäre sie nicht da durch Freiheit, so würde alle übrige Freiheit aufgehoben; indem ja von ihr aus alles übrige nothwendig und nach einer festen Regel erfolgt. So argumentirt Kant. Dann — worauf ich vorzüglich bauen würde — ist es absolut widersprechend, dass dem Ich etwas von aussen gegeben werde. Was ihm von aussen käme, dessen könnte es sich nie unmittelbar bewusst seyn. Aber die Maxime ist Gegenstand des allerunmittelbarsten Bewusstseyns.

Sollte sich sonach eine böse Maxime finden, so ist sie nicht anders, als aus der Freiheit des Menschen selbst zu erklären, und der letztere kann die Schuld derselben auf nichts ausser sich bringen. — Dann, das Princip ist nicht Maxime; und da es eigentlich kein Princip des Handelns giebt, ausser dem Sittengetze, das Sittengesetz ist nicht Maxime: denn es hängt nicht ab *von der Freiheit des empirischen Subjects*. Maxime wird etwas erst dadurch, dass ich, empirisches Subject, mit Freiheit es mir zur Regel meines Handelns mache.

Welches könnte nun auf dem Reflexionspuncte, auf welchem wir hier den Menschen verlassen haben, seine Maxime seyn? Da noch kein anderer Trieb im Bewusstseyn vorkommt, als der Naturtrieb, und dieser lediglich auf Genuss ausgeht, und die Lust zur Triebfeder hat; so kann diese Maxime keine andere seyn, als folgende: was die der Intension und Extension nach grösste Lust verspricht, das muss man wählen; kurz, — die Maxime der eigenen Glückseligkeit. Diese letztere mag freilich wohl zufolge der sympathetischen Triebe auch mit in fremder Glückseligkeit gesucht werden; aber es bleibt doch immer die Befriedigung dieser Triebe und die Lust, die aus derselben entsteht, sonach die eigene Glückseligkeit, letztes Ziel des Handelns. Der Mensch wird auf dieser Stufe ein verständiges Thier.

Ich habe *bewiesen*, welches die Maxime auf dem gegenwärtigen Reflexionspuncte seyn müsse, ich nehme sonach an, dass dieselbe durch ein theoretisches Gesetz bestimmt werde, und nach diesem sich ableiten lasse. Aber kurz vorher habe ich gesagt, sie werde durch absolute Spontaneität des empirischen Subjects bestimmt. Wie können diese beiden Behauptungen neben einander bestehen? — Ich werfe diese Frage schon hier auf, ohnerachtet ihre Beantwortung für unsere ganze gegenwärtige Untersuchung gilt. — Wenn der Mensch auf diesem Reflexionspuncte stehen bleibt, so ist es nicht anders möglich, als dass er diese Maxime habe. Er kann unter dieser Bedingung keine bessere haben. Aus dem vorausgesetzten Reflexionspuncte also lässt die Maxime sich theoretisch ableiten. Aber *dass* er auf diesem Reflexionspuncte stehen bleibt, ist gar nicht nothwendig, sondern hängt ab von seiner Freiheit; er *sollte* schlechthin sich auf einen höheren schwingen, und *könnte* es auch. Dass er es nicht thut, ist seine Schuld; mithin ist die untaugliche Maxime, die daher fliesst, gleichfalls seine Schuld. Auf welchem Reflexionspuncte das Individuum stehen werde, lässt also sich nicht vorher sagen; denn dieser folgt aus keinem theoretischen Gesetze. Es ist sonach ganz richtig, wenn man urtheilt: in dieser Lage, d. h. bei dieser Denkart und Charakter, konnte der Mensch schlechthin nicht anders handeln, als er gehandelt hat. Es würde aber unrichtig seyn, wenn man hierbei mit seinem Urtheile stehen bleiben und behaupten wollte, er könne auch keinen anderen Charakter haben, als er habe. Er soll schlechthin sich einen anderen bilden, wenn sein gegenwärtiger nichts taugt, und er kann es; denn dies hängt schlechthin ab von seiner Freiheit.

Hier ist etwas unbegreifliches; und es kann nicht anders seyn, weil wir an der Grenze aller Begreiflichkeit, bei der Lehre von der Freiheit in Anwendung auf das empirische Subject, stehen. Nemlich, so lange ich in dem höheren Reflexionspuncte noch nicht stehe, ist er für mich gar nicht da; ich kann sonach von dem, was ich sollte, keinen Begriff haben, ehe ich es wirklich thue. Dennoch bleibt es dabei, dass ich es absolut thun soll: nemlich ich soll es in Beziehung auf einen anderen Beurtheiler, der diesen Punct kennt, und in Beziehung auf mich selbst, wenn ich ihn einst kennen werde. Ich werde mich alsdann nicht mit dem Unvermögen entschuldigen, sondern mich darüber anklagen, dass ich es nicht schon längst gethan habe. — Ich soll es in Beziehung auf meinen ursprünglichen Charakter, welcher aber selbst nur eine Idee ist.

Anders kann es auch gar nicht seyn; denn ein Act der Freiheit ist schlechthin, weil er ist, und ist ein absolut erstes, das sich an nichts anderes anknüpfen und daraus erklären lässt. Lediglich daher, dass man dies nicht bedenkt, entstehen die Schwierigkeiten, welche so viele antreffen, wenn sie an diesen Punct kommen. *Begreifen* heisst, ein Denken an ein anderes anknüpfen, das erstere vermittelst des letzteren denken. Wo eine solche Vermittelung möglich ist, da ist nicht Freiheit, sondern Mechanismus. Einen Act der Freiheit begreifen wollen, ist also absolut widersprechend. Eben wenn sie es begreifen könnten, wäre es nicht Freiheit.

So sind auch alle die besonderen Reflexionen, die hier gefordert werden, absolute Anfangspuncte einer ganz neuen Reihe, von denen man nicht sagen kann, woher sie kommen, da sie überhaupt nicht irgend woher kommen. — Dadurch erhält schon vorläufig mehrere Klarheit, was Kant sagt: das radicale Böse im Menschen sey ihm angeboren, und habe dennoch seinen Grund in der Freiheit. Es lässt sich zwar wohl vorhersehen und begreifen, dass der Mensch auf den niedrigen Reflexionspuncten eine Zeitlang, oder auch wohl sein ganzes Leben verweilen werde, da es schlechthin nichts giebt, das ihn höher *treibe;* und die Erfahrung bestätigt wenigstens das erste als allgemein. Insofern ist ihm das Böse angeboren. Aber es ist doch nicht nothwendig, dass er darauf stehen bleibe, da es auch nichts giebt, das ihn auf denselben *zurückhalte*. Es ist ihm ebenso möglich, sich sogleich auf den höchsten Punct zu versetzen; und wenn er es nicht gethan hat, so liegt dies am Nichtgebrauche seiner Freiheit: ob er gleich in seinem gegenwärtigen Zustande seiner Verschuldung sich nicht bewusst wird. Insofern hat das Böse im Menschen seinen Grund in der Freiheit.

Die deducirte Maxime ist allerdings Gesetzlosigkeit, aber sie ist noch nicht Verdrehung des Gesetzes und Feindschaft gegen dasselbe. Es ist zu hoffen und zu erwarten, dass über kurz oder lang der Mensch von selbst auf den höheren Gesichtspunct sich erheben werde; wenn er nur sich selbst überlassen bleibt. Aeusserst erschwert wird dies, wenn diese untaugliche Maxime zum Princip herauf sophistisirt wird; wie es durch viele sogenannte Philosophen geschehen ist. Ich meine damit nicht die Vertheidiger des Glückseligkeits- und Vollkommenheits-Princips unter den Deutschen. Bei diesen war es mehr Misverständniss und Fehler des Ausdrucks; und ihr Sinn war grösstentheils unschuldiger, als ihre Worte. Sondern ich deute damit besonders auf die ehemals im Auslande beliebten materialistischen und atheistischen Sittenlehrer, wie Helvetius u. a., welche sagten: der Mensch thut nun einmal alles aus Eigennutz, und einen andern Bewegungsgrund giebt es in seiner Natur gar nicht: dies ist seine Bestimmung, er kann nicht anders seyn, und soll nicht anders seyn; und wer da besser seyn will, ist ein Thor und Schwärmer, der die Grenzen seiner Natur verkennt. Durch dieses Räsonnement wird dem, der ihm Glauben zustellt, — die Sache natürlich angesehen — alles Streben nach etwas höherem verleidet und unmöglich gemacht.

Auch ohne eine solche falsche Philosophie wird diese Denkart sehr bestätigt durch die allgemeine Gewohnheit und durch die Erfahrung, die wohl in allen Zeitaltern dieselbe seyn möchte, dass bei weitem die meisten Menschen um uns herum nicht besser sind; wodurch denn auch das Vorurtheil entsteht, dass diejenigen, welche ihren äusseren Handlungen nach, die man allein beobachten kann, besser scheinen, im Grunde des Herzens wohl auch nicht anders, nur bei mehrerer Klugheit und Weltkenntniss, gesinnt seyn mögen. — Dann, welches eine gleichfalls nicht unwichtige Bemerkung ist, — es ist dem Menschen *natürlich*, d. h. ohne einen Act der Spontaneität bleibt es dabei, seine Maxime aus der allgemeinen oder ihm am gemeinsten scheinenden Praxis zu entlehnen, und was geschehen *soll*, aus dem zu beurtheilen, was *wirklich geschieht*. Der Grund davon ist der: wir werden durch Erziehung im weitesten Sinne, d. i. durch die Einwirkung der Gesellschaft überhaupt auf uns, erst für die Möglichkeit des Gebrauches unserer Freiheit gebildet. Bei der Bildung nun, die wir dadurch erhalten haben, hat es sein Bewenden, wenn wir uns nicht über sie emporheben. Wäre die Gesellschaft besser, so wären wir es auch; jedoch ohne eigenes Verdienst. Die Möglichkeit, eigenes Verdienst zu haben, wird dadurch nicht aufgehoben; es hebt nur auf einem höheren Puncte erst an.

III.

Bleibt aber der Mensch sich selbst überlassen, und wird weder durch das Beispiel seines Zeitalters, noch durch eine verderbliche Philosophie gefesselt: so ist zu erwarten, dass er des in ihm immer fortdauernden und regen Triebes nach absoluter Selbstständigkeit sich werde bewusst werden. Er erhebt sich dann zu einer ganz anderen Freiheit; denn im Gebiete der soeben beschriebenen Maxime ist er zwar *formaliter* frei, *materialiter* aber ganz und vollkommen abhängig von den Naturobjecten. Er hat keinen Zweck, als den Genuss, den sie gewähren.

Ich habe gesagt: bleibt nur der Mensch sich selbst überlassen, so wird er etwa sich höher erheben. Jeder sieht, dass es von der Gedankenlosigkeit und Unachtsamkeit, bei welcher jener Trieb für uns schlechthin nicht da ist, zu der Reflexion auf ihn, keinen stätigen Uebergang giebt, dass sonach diese durch einen besonderen Act der Spontaneität geschehe; und dieser Wahrheit soll durch unsere Aeusserung, das Individuum werde etwa weiter gehen, keinesweges widersprochen werden. Die Sache wird nur hier angesehen, als bestimmt durch Naturgesetze, und kann nicht anders angesehen werden, wenn wir eine zusammenhängende Betrachtung darüber anstellen wollen. Es bleibt wahr, dass, ohnerachtet aller bösen Beispiele und aller verkehrten Philosopheme, der Mensch dennoch über dieselben sich emporheben soll, und es auch kann; und es immer seine eigene Schuld bleibt, wenn er es nicht thut: denn alle diese äusseren Umstände haben ja keine Causalität auf ihn; *sie* wirken nicht in ihm und durch ihn, sondern er selbst ist es, der auf ihren Antrieb sich bestimmt. Auch bleibt es wahr, dass, ohnerachtet aller Hindernisse, wirklich einzelne über sie sich emporheben. Das *wie* bleibt unerklärlich, d. i. es ist nur aus der Freiheit zu erklären. Man könnte es, nach Analogie mit einem vorzüglichen Grade der intellectuellen Fähigkeit, *Genie zur Tugend* nennen. *Empfindsamkeit* ist dies nicht, wie ein gewisser Schriftsteller sagt, sondern *Selbstständigkeit:* und wer zur Tugend erziehen will, der muss zur Selbstständigkeit erziehen.

Gelangt nun auf eine unbegreifliche Weise dieser Trieb nach Selbstständigkeit, — aber als blosser blinder Trieb, weil auf ihn nicht mit Absicht und mit dem Bewusstseyn der Reflexion reflectirt wird, — zum Bewusstseyn, so erscheint er nothwendig als etwas zufälliges; als etwas, das von ohngefähr und aus keinem höheren Grunde in uns vorhanden ist. Es ist vorherzusehen, dass schon durch diese Erscheinung der Charakter des Individuums weiter und anders werde bestimmt werden; und diese Bestimmtheit des Charakters ist es, die wir gegenwärtig zu untersuchen haben.

Die unterscheidenden Merkmale, worauf es bei Untersuchung dieses Charakters ankommt, sind diese. dass der Trieb nur als blinder Trieb erscheint, nicht als Gesetz, noch als stehend unter einem Gesetze; dann, dass derselbe, weil der Charakter schon durch die oben beschriebene Maxime des Eigennutzes bestimmt ist, erscheint als zufällig und unserer Natur ausserwesentlich — als etwas, das nicht eben seyn müsste. Aus diesen Merkmalen müssen wir folgern. Es ist nicht nothwendig, dass jemand auf diesen Punct überhaupt komme, und es ist ebensowenig nothwendig, dass er darauf stehen bleibe; aber *wenn* einmal jemand darauf steht, so ist nothwendig, dass sein Charakter auf eine gewisse bestimmte Weise ausfalle.

Zuvörderst, es wird auf dieser Stufe, inwiefern unsere Handlungen aus ihr erklärt werden müssen, überhaupt nicht nach einer *Maxime*, sondern nach einem blossen Triebe gehandelt. Es entsteht sonach eine Handelsweise, die der Handelnde sich selbst nicht erklärt, noch erklären kann, und welche als widersprechend erscheint; wie sich denn auch die Vertheidiger der ersten ganz sinnlichen Denkart auf das widersprechende dieser Handelsweise berufen, die wahre Moralität mit ihr verwechseln, und diese mit jener zugleich für widersinnig ausgeben. Schon allein dieses Merkmal ist hinreichend, um über ihre Verwerflichkeit zu entscheiden. — Die erst aufgestellte Maxime des Eigennutzes bleibt als Maxime auch in diesem Zustande herrschend, und wo mit Bewusstseyn des Zwecks gehandelt wird, wird allemal nach ihr gehandelt; eine Handlung, durch den blinden Trieb motivirt, macht nur die Ausnahme von der Regel: woher es denn auch kommt, dass, wenn man sich hinterher über die Triebfedern seiner Handlung Rechenschaft geben will, man sie aus jener Maxime abzuleiten sucht, einen Zusammenhang mit ihr erkünstelt, und dadurch gewissermaassen sich selbst unrecht thut.

Der Materie des Wollens nach entsteht daraus die zwar nicht deutlich gedachte, aber für einen Beobachter vom höheren Standpuncte aus, den einzigen Erklärungsgrund enthaltende Maxime der *unbeschränkten und gesetzlosen Oberherrschaft über alles ausser uns*. Der Mensch hat nicht den Vorsatz — er hat überhaupt keinen Vorsatz, sondern wird blind getrieben — aber er handelt, als ob er den Vorsatz hätte, alles ausser ihm der absoluten Botmässigkeit seines Willens zu unterwerfen; und das zwar absolut aus keinem möglichen anderen Grunde, als weil er es will. Es ist ohne weiteres klar, dass eine solche Handelsweise aus dem blinden und gesetzlosen Triebe nach absoluter Selbstständigkeit entstehen musste. Gewürdigt wird diese Maxime, wenn man sie mit der ächt moralischen Maxime vergleicht. Nemlich diese will allerdings auch Freiheit und Unabhängigkeit; aber sie will nur allmählig und nach gewissen Regeln zu derselben gelangen; sie will sonach keine unbedingte und gesetzlose, sondern eine unter gewissen Einschränkungen stehende Causalität. Der Trieb, von dem wir hier reden, fordert unbedingte und unbeschränkte Causalität.

Die sehr kenntlichen und sehr gemeinen Aeusserungen dieser Sinnesart sind folgende: Man will allerdings guten Willen haben, und will, dass alle andere ausser uns alles von unserem guten Willen abhängen lassen; aber von Pflicht und Schuldigkeit und Gesetz will man schlechterdings nichts hören. Man will grossmüthig seyn und schonend, nur nicht gerecht. Man hat Wohlwollen gegen andere, nur nicht Respect und Achtung für ihre Rechte. Kurz, unser empirische Wille, der wieder nur von unserem Willen abhängt, der also ein absoluter empirischer Wille ist, soll Gesetz seyn für die ganze vernunftlose und freie Natur ausser uns.

Jeder muss einsehen, dass diese Charakterzüge sich aus dem blossen Triebe nach Genuss nicht erklären lassen. Jede versuchte Erklärung dieser Art ist gezwungen, und leistet nicht, was sie leisten soll: wenn nur das Glück anderer ausser uns wirklich gewollt, und dieser untaugliche Zweck nicht bloss vorgespiegelt wird, um einen noch untauglicheren, die Begierde nach blossem Genusse, zu verstecken. Das Object unseres Willens ist gar nicht bestimmt durch einen möglichen Genuss, sondern es ist absolut durch den Willen bestimmt; der Form nach gerade wie bei der ächt moralischen Denkart.

Dann, der Trieb behält nothwendig seinen Charakter, den, dass er Achtung fordert. — *Entweder* die Durchsetzung dieser Denkart kostet keine Aufopferung an Genuss; weil man etwa keine Begierden hat, oder weil die Umstände uns keine Opfer auflegen. Dann billigt man kalt — nicht etwa sein eigenes Betragen, denn man hat ja auf dasselbe als unter einer Regel stehend nicht reflectirt; aber den Gang der Natur oder die Handelsweise unserer Mitmenschen. Man glaubte *fordern* zu können — denn das ist eben der Charakter des Triebes nach Selbstständigkeit — dass alles sich unter unseren Willen beuge: es geschieht, und es geschieht unserer Denkart nach daran nichts weiter, als was ganz recht ist und in der Ordnung. Es ist mit diesem Gelingen keine eigentliche Lust und Freude verknüpft, weil wir von der Natur keine Gunst erwarteten, sondern nur forderten, dass sie ihre Schuldigkeit thue. — Wird hingegen uns nicht zu Theil, was wir begehrten, so entsteht nicht eben Schmerz und Leiden, als ein wehmüthiges niedergeschlagenes Gefühl, sondern Verdruss, als ein rüstiger Affect; weil wir durch den Hang nach Selbstständigkeit getrieben werden, und was wir wollen, entschieden fordern. Wir klagen Gott und die Natur an über Verletzung und Versagung der Gerechtigkeit; die Menschen insbesondere über Undank und Unerkenntlichkeit.

Oder die Durchsetzung einer solchen Denkart kostet Aufopferung. — Es ist sehr möglich, dass man sie mit den grössten Verläugnungen durchsetze, weil jener Trieb höher ist, als der nach blossem Genusse. Da der Trieb seinen Charakter, dass er auf Achtung gehe, beibehalten hat, so erfolgt dann *Werthachtung* seiner Selbst. Es ist dabei folgendes zu bemerken. Zuvörderst, diese Werthachtung ist nicht sowohl eine Hochschätzung unseres freien Handelns durch absolute Selbstthätigkeit, als vielmehr eine Hochschätzung unseres Charakters, als eines ruhenden, und uns gegebenen. Wir haben eine Freude darüber, uns so gut und so edel zu finden, wie wir es kaum hätten denken sollen. Dass es so seyn müsse, ersieht man daraus: wir handeln nach einem blinden Triebe, also nicht eigentlich mit Freiheit und Besonnenheit; wir haben unsere Handlung nicht vor dem Handeln vorher überlegt, sondern finden sie erst als ein gegebenes, indem sie geschieht; wir finden die Regel, nach der sie erfolgt seyn könnte, auch erst nachher; sie ist und bleibt sonach ein gegebenes, nicht ein selbstgemachtes, und, da sie etwas gutes seyn soll, ein angebornes gute. Dieser Zug verräth sich sehr häufig, sowohl im gemeinen Leben, als in philosophischen Räsonnements. Z. B. die Behauptung von einer ursprünglichen Güte der menschlichen Natur gründet sich auf Erfahrung, wie denn auch die Vertheidiger derselben gar nichts anderes vorgeben; und zwar auf die soeben beschriebene Art der Erfahrung. (Diese Behauptung ist ganz falsch. Die menschliche Natur ist ursprünglich weder gut noch böse. Sie wird erst eins von beiden durch Freiheit.)

Dann, diese Schätzung unserer selbst ist nicht eine kalte

ruhige Billigung, wie die moralische Selbstschätzung, sondern sie ist mit *Freude*, die allemal aus dem unerwarteten hervorgeht, verknüpft; mit Freude über uns selbst, dass wir so gut sind. Dass es so seyn müsse, ist daraus zu begreifen: Wir haben nach einem blinden Triebe gehandelt, und von uns nichts gefordert. Die Mittellinie, auf welche wir mit Bewusstseyn neben alle unseres gleichen uns stellen, ist die Maxime des Eigennutzes; so sind einmal die Menschen alle, denken wir, und mehr ist von ihnen nicht zu fordern. Wir aber finden uns über dieses gemeine Maass der Menschheit gar sehr erhöht, wir haben ganz besondere Verdienste. Wir finden uns nicht etwa, wie wir, nach dem Sittengesetze betrachtet, uns finden würden, *so wie wir schlechthin seyn sollen;* sondern wir finden uns über allen Vergleich besser, als wir zu seyn eben nöthig hätten. Es giebt für uns da lauter grosse und edle und verdienstliche Handlungen, lauter *opera supererogativa*. — Um mit einem einzigen Zuge diese Sinnesart zu charakterisiren: alles, was Gott, Natur und andere Menschen für uns thun, ist absolute Schuldigkeit; diese können nie etwas darüber thun, und sind immer unnütze Knechte: alles aber, was wir für sie thun, ist Güte und Gnade. Wie wir auch handeln mögen, Unrecht können wir nie haben. Opfern wir alles unserem Genusse auf, so ist dies ganz in der Ordnung, und nichts weiter als Ausübung unseres guten und gegründeten Rechts. Verläugnen wir denselben nur einmal im allermindesten, so haben wir überflüssiges Verdienst.

Dass diese Denkart, auf ihr Princip zurückgebracht, unvernünftig ist, wird wohl kaum jemand läugnen; dass sie, freilich dunkel und ohne auf Begriffe gebracht zu seyn, sehr häufig vorkomme, noch dazu bei denjenigen Leuten vorkomme, die für sehr rechtlich und tugendhaft gehalten werden, wird derjenige wohl ebensowenig läugnen, der die Menschen kennt und fähig ist, in ihr inneres einzudringen. Wir wollen dabei nicht an besondere Individuen, wir wollen an die Menschheit im Ganzen denken. Fast die ganze Menschengeschichte ist nichts anderes, als der Beleg zu unserer Behauptung; und nur durch Voraussetzung einer solchen Sinnesart wird dieselbe begreiflich. Unterjochung der Leiber und der Gewissen der Nationen, Eroberungs- und Religionskriege, und alle die Unthaten, wodurch die Menschheit von jeher entehrt worden, wie lassen sie sich doch erklären? Was bewog den Unterdrücker, unter Arbeit und Gefahr seinen Zweck zu verfolgen? Hoffte er, dass dadurch die Quellen seiner sinnlichen Genüsse sich erweitern würden? Keinesweges. Was ich will, das soll geschehen; was ich sage, dabei soll es bleiben — war das einzige Princip, das ihn in Bewegung setzte.

Es ist schon oben gezeigt, dass diese Denkart nicht auf Genuss ausgeht. Der Eigendünkel, von welchem sie begleitet ist, gründet sich eben auf das Bewusstseyn von Aufopferungen, deren man, seiner Meinung nach, sich gar wohl hätte überheben können. Allerdings gewährt die Befriedigung derselben hinterher einen anderen nicht sinnlichen Genuss: den der Liebkosungen, die man sich selbst macht; aber dieser Genuss ist gar nicht der Zweck, den wir beabsichtigten, nicht die Triebfeder unserer Handlungen. Der zwar nicht deutlich gedachte, aber dunkel unsere Handlung leitende Zweck ist der, dass unsere gesetzlose Willkür über alles herrsche. *Diesem* Zwecke opfern wir den Genuss auf, und hinterher schmeicheln wir uns über unsere Uneigennützigkeit.

Wird der Mensch als Naturwesen betrachtet, so hat diese Denkart einen Vorzug vor der vorher beschriebenen, wo alles nach dem sinnlichen Genusse, den es gewährt, geschätzt wird. Sie flösst, aus diesem Standpuncte angesehen, Bewunderung ein; da hingegen derjenige, der erst berechnet haben muss, was er dabei gewinnen werde, ehe er eine Hand rührt, verachtet wird. Sie ist und bleibt doch immer Unabhängigkeit von allem ausser uns; ein Beruhen auf sich selbst. Man könnte sie *heroisch* nennen. Sie ist auch die gewöhnliche Denkart der Helden unserer Geschichte. — Betrachtet man sie aber in moralischer Rücksicht, so hat sie nicht den geringsten Werth, weil sie nicht aus Moralität hervorgeht. Ja sie ist gefährlicher, denn die erste, bloss sinnliche. Es wird durch sie zwar nicht das Princip der Sittlichkeit (denn ein solches ist in dieser Denkart gar nicht vorhanden), aber die Beurtheilung der materiellen Handlungen, die aus demselben Princip hervorgehen, wird verfälscht und verunreiniget, indem man sich gewöhnt, das pflichtmässige als verdienstlich und edel zu betrachten. Der Zöllner und Sünder hat zwar keinen grösseren Werth, als der sich gerecht dünkende Pharisäer: denn beide haben nicht den mindesten Werth; aber der erstere ist leichter zu bessern, als der letztere.

IV.

Der Mensch hat nichts weiter zu thun, als jenen Trieb nach absoluter Selbstständigkeit, der als blinder Trieb wirkend einen sehr unmoralischen Charakter hervorbringt, zum klaren Bewusstseyn zu erheben; und dieser Trieb wird durch diese blosse Reflexion sich in demselben in ein absolut gebietendes Gesetz verwandeln, wie schon oben gezeigt worden. Wie jede Reflexion das reflectirte beschränkt, so wird auch er durch diese Reflexion beschränkt, und zufolge dieser Beschränkung aus einem blinden Triebe nach absoluter Causalität ein Gesetz bedingter Causalität. Der Mensch weiss nun, dass er etwas schlechthin soll.

Soll nun dieses Wissen in Handlung übergehen, so wird dazu erfordert, dass der Mensch sich zur Maxime mache, stets und in jedem Falle zu thun, was die Pflicht fordert, *darum weil sie es fordert*. — Das letztere liegt schon im Begriffe einer Maxime, welche ja die höchste und absolute Regel ist, die keine andere über sich erkennt.

Es ist schlechthin unmöglich und widersprechend, dass jemand, bei dem deutlichen Bewusstseyn seiner Pflicht im Augenblicke des Handelns, mit gutem Bewusstseyn *sich entschliesse, seine Pflicht nicht zu thun;* dass er gegen das Gesetz sich empörend ihm den Gehorsam verweigere, und es sich zur Maxime mache, nicht zu thun, was seine Pflicht ist, darum weil es seine Pflicht ist. Eine solche Maxime wäre teuflisch: aber der Begriff des Teufels widerspricht sich selbst, und hebt sonach sich auf. — Wir beweisen dies folgendermaassen: der Mensch ist sich seiner Pflicht klar bewusst, heisst: er als Intelligenz fordert von sich schlechthin, etwas zu thun. — er entschliesst sich mit gutem Bewusstseyn gegen seine Pflicht zu handeln, heisst: er fordert von sich in demselben ungetheilten Momente, dasselbe nicht zu thun. Es wären sonach in demselben Momente durch dasselbe Vermögen in ihm widersprechende Forderungen, welche Voraussetzung sich selbst vernichtet und der klarste, offenbarste Widerspruch ist.

Aber es ist sehr möglich, dass man das klare Bewusstseyn der Anforderung der Pflicht in sich *verdunkle*. Nemlich, nur durch einen Act der absoluten Spontaneität entsteht jenes Bewusstseyn, und nur durch Fortsetzung jenes Acts der Freiheit bleibt es; hört man auf zu reflectiren, so verschwindet es. (Es ist hier derselbe Fall, wie bei vielen Begriffen der transscendentalen Philosophie. Sobald man sich von dem höheren Gesichtspuncte herabsetzt, auf welchem allein sie möglich sind, so verschwinden dieselben in Nichts.) Die Sache verhält demnach sich so: wird auf die Anforderung des Gesetzes fortdauernd reflectirt, bleibt sie uns vor Augen, so ist es unmöglich, nicht nach ihr zu handeln, und ihr zu widerstehen. Verschwindet sie uns, so ist es unmöglich, nach ihr zu handeln. In beiden Fällen also herrscht Nothwendigkeit; und wir scheinen hier in einen intelligiblen Fatalismus, nur von einem niederen Grade, als der gewöhnliche, zu gerathen. Nemlich im gewöhnlichen wirkt einmal das ohne alles Zuthun der Freiheit vorhandene Sittengesetz im Menschen Bewusstseyn seiner selbst, und eine ihm entsprechende Handlung; ein andermal hat es diese Kraft nicht, und es ist, in Ermangelung dieser Triebfeder, eine niedere bestimmend. Dieses System ist schon abgewendet, durch die nicht unwichtige Einsicht, dass das Sittengesetz gar nicht so etwas ist, welches ohne alles Zuthun in uns sey, sondern dass es erst durch uns selbst gemacht wird. Aber in dem gegenwärtigen Systeme dauert das Bewusstseyn desselben entweder fort, und dann bewirkt es nothwendig die moralische Handlung; oder es verschwindet, und dann ist ein moralisches Handeln unmöglich. Der Anschein des Fatalismus verschwindet sogleich, wenn man darauf merkt, dass es ja von unserer Freiheit abhänge, ob jenes Bewusstseyn fortdauere, oder sich verdunkele. Es verhält sich hiermit, wie mit den oben angezeigten verschiedenen Reflexionspuncten.

Ferner bemerke man wohl, dass auch dieser Act der Freiheit, durch welchen man jenes Bewusstseyn entweder klar erhält, oder es verdunkeln lässt, ein absolut erster und darum unerklärlicher Act ist. Nemlich, es geschieht nicht etwa nach einer Maxime, also mit dem Bewusstseyn dessen, was ich thue, und der Freiheit, mit welcher ich es thue, dass ich die Anforderung des Gesetzes in mir verdunkle. Dies wäre die oben als widersprechend aufgezeigte Empörung wider das Gesetz. Es geschieht schlechthin, weil es geschieht; schlechthin ohne einen höheren Grund. Oder, um es noch von einer anderen Seite zu zeigen: das Verschwinden des Bewusstseyns der Pflicht ist eine *Abstraction* von derselben. Nun giebt es zwei sehr verschiedene Arten der Abstraction. Ich abstrahire entweder mit deutlichem Bewusstseyn, nach einer Regel; oder die Abstraction entsteht mir von selbst, auch wo ich nicht abstrahiren sollte, durch *unbestimmtes* Denken, durch welches z. B. alle Formular-Philosophie zu Stande kommt. Das Verschwinden, von welchem hier geredet wird, ist eine Abstraction von der letzteren Art; ein unbestimmtes Denken, das gegen die Pflicht läuft, indem ja das bestimmte Bewusstseyn der Pflicht selbst Pflicht ist. — Es geschieht im Gegentheil durch einen absolut anfangenden Act, dass ich das Bewusstseyn der Pflicht klar erhalte. Es lässt darüber nur soviel sich sagen. Durch die Gedankenlosigkeit und Unaufmerksamkeit auf unsere höhere Natur, mit welcher unser Leben nothwendig anhebt, gewöhnen wir uns an diese Gedankenlosigkeit, und gehen so hin in dem gewohnten Geleise: ohne dass dadurch gesagt werden solle, wir könnten uns nicht durch Freiheit über diesen Zustand erheben. Ebenso werden wir auch im Gegentheile uns an festes Nachdenken und Aufmerksamkeit auf das Gesetz *gewöhnen,* ohne dass dadurch Nothwendigkeit erfolge. Die Uebung und Aufmerksamkeit, das Wachen über uns selbst, muss immer fortgesetzt werden; und niemand ist seiner Moralität, ohne fortgesetzte Anstrengung, einen Augenblick sicher. Kein Mensch, ja, soviel wir einsehen, kein endliches Wesen, wird im guten *bestätigt*.

Das bestimmte klare Bewusstseyn verschwindet. Es lassen sich dabei zwei Fälle denken. Entweder dieses Bewusstseyn verschwindet uns ganz, und es bleibt bis zum Handeln gar kein Gedanke an Pflicht übrig. Dann handeln wir entweder nach der Maxime des Eigennutzes, oder nach dem blinden Triebe, unsern gesetzlosen Willen überall herrschend zu machen. Beide Charaktere sind schon oben beschrieben.

Oder es bleibt uns ein Bewusstseyn der Pflicht überhaupt, nur ein unbestimmtes. — Es kommt hier zuvörderst darauf an, dass man überhaupt einsehe, wie ein bestimmtes Bewusstseyn in ein unbestimmtes und schwankendes sich verwandeln könne. — Alles unser Bewusstseyn hebt mit Unbestimmtheit an; denn es hebt mit der Einbildungskraft an, welche ein schwebendes und zwischen entgegengesetzten schwankendes Vermögen ist. Erst durch den Verstand wird das Product dieses Schwankens, das noch keine scharfen Umrisse hat, bestimmt und fixirt. Aber auch nachdem es schon bestimmt ist, kann es sehr leicht geschehen, dass man die scharfe Grenze wieder fahren lasse, und das Object lediglich in der Einbildungskraft halte. Dies geschieht mit Bewusstseyn in der *willkürlichen* Abstraction, wenn ich einen Gemeinbegriff bilde; da lasse ich die individuellen Bestimmungen aus, und erhebe eben dadurch meinen Begriff zu einem allgemeinen. Hier wird jedoch der Begriff allerdings bestimmt. Dass er in dem und dem Grade unbestimmt ist, darin eben besteht seine Bestimmtheit. — Es geschieht ohne Bewusstseyn, bei Zerstreuung und Gedankenlosigkeit. Bei weitem die wenigsten Menschen fassen die Gegenstände bestimmt und scharf auf. Die Objecte schweben denselben nur so vorüber, wie im Traume und mit einem Nebel bedeckt. Ist denn dann ihr Verstand gar nicht thätig gewesen? Ja wohl, ausserdem entstünde auch nicht das geringste Bewusstseyn. Die Bestimmtheit entschlüpft ihnen nur sogleich wieder, und der Durchgang durch die Regionen des Verstandes ist schnell vorübereilend. Auch in Absicht seiner Unbestimmtheit ist ein so entstandener Begriff unbestimmt. Er schwebt zwischen mehrerer oder minderer Unbestimmtheit, ohne Zuthun der Urtheilskraft. — Dies ist nun hier der vorausgesetzte Fall mit dem Pflichtbegriffe, er verdunkelt sich von selbst, weil ich ihn nicht festhalte.

Es liegt im Pflichtbegriffe, wie er in einem bestimmten Falle gedacht wird, dreierlei bestimmtes, das seine Bestimmtheit verlieren kann. — Zuvörderst ist in jedem bestimmten Falle irgend eine bestimmte Handlung unter allen möglichen Pflicht, und alle übrigen ausser ihr sind pflichtwidrig. Nur der Begriff von *dieser* Handlung ist begleitet von dem oben beschriebenen Gefühle der Gewissheit und Ueberzeugung. Diese Bestimmtheit der Handlung entschlüpft uns, indem der Pflichtbegriff seiner Form nach bleibt. Wir ergreifen etwas anderes als Pflicht, das wir vielleicht auch unseres Wissens um der Pflicht willen thun mögen; das aber, nur ohne unser Wissen, wenn wir nemlich ehrlich zu Werke gehen, durch irgend eine Neigung gefordert und bestimmt werden muss, da wir den eigentlichen Leitfaden des Gewissens schon verloren haben. Wir täuschen uns dann selbst über das, was unsere Pflicht ist, und handeln, wie man gewöhnlich sagt, aus einem irrenden Gewissen. Aber dieser Irrthum ist und bleibt unsere Schuld. Hätten wir unsere Einsicht in die Pflicht, die schon da war, festgehalten (und das hängt lediglich ab von unserer Freiheit), so hätten wir nicht geirrt. Es waltet hier ein sehr gefährlicher Selbstbetrug, gegen welchen man auf seiner Hut zu seyn sehr nöthig hat. — Wenn wir nur ehrlich zu Werke gehen, sagte ich soeben: denn es ist sehr wohl möglich, dass jemand nur anderen vorspiegele, er thue aus Pflicht, wovon er selbst gar wohl weiss, dass er es aus Eigennutz thut, und dass es die Pflicht von ihm gar nicht fordert, und dass er um die Pflicht sich gar nicht bekümmert, weil er etwa ein dogmatisch Ungläubiger ist. Ein solcher ist ein grober Heuchler und gehört nicht in die gegenwärtige Klasse.

Zweitens ist in der Pflichterkenntniss bestimmt, dass *gerade in diesem Falle* auf eine gewisse Art gehandelt werden solle. Diese Bestimmtheit der gegenwärtigen Zeit kann uns entfallen; und dann erscheint das Gebot als ein solches, das auf keine bestimmte Zeit geht, das allerdings Gehorsam fordert, aber eben nicht auf der Stelle, mit dessen Ausführung man sich eben nicht zu übereilen hat. Daher kommt das Aufschieben der Besserung; der Gedanke, dass man nur noch erst diese oder jene Lust geniessen, diesen oder jenen sträflichen Plan ausführen, und alsdann ernstlich an seine Besserung denken wolle. — Diese Denkart ist theils ganz *verwerflich:* das Sittengesetz giebt keine Bedenkzeit und keinen Aufschub, sondern es verlangt jedesmal, sowie es redet, Gehorsam auf der Stelle; theils ist sie gefährlich: denn hat man das Aufschieben einmal gelernt, so wird man es leicht immer fortsetzen. Die Zeit, da man keine Lieblingswünsche mehr haben wird, deren Erfüllung man erst abwarten möchte, wird nie kommen; denn der Mensch wünscht immer. — Ein solcher ist träge und verlangt durch eine fremde Macht aus der Reihe*), in der er sich nun einmal befindet, herausgeworfen zu werden; aber eine solche Macht giebt es nicht. Die Allmacht selbst vermag nicht, was er begehrt.

Endlich ist die Anforderung der Pflicht ihrer *Form* nach, *als Pflicht*, bestimmt; sie verlangt schlechterdings, und mit Nachsetzung aller anderen Triebe Gehorsam. Lässt man diese Bestimmtheit in sich dunkel werden, so erscheint uns das Pflichtgebot nicht mehr als Gebot, sondern nur etwa als guter Rath, dem man folgen könne, wenn es uns beliebt und nicht zu viel Verläugnung kostet; dem aber allenfalls sich auch etwas abdingen lasse. Man macht in diesem Zustande sich eine gemischte Maxime, geht nicht eben allenthalben auf den grössten Genuss aus, und fragt nur nach ihm; bescheidet sich vielmehr, hier und da auch seine Pflicht thun zu müssen, opfert der Pflicht etwa diejenigen Genüsse auf, die uns ausserdem nicht reizen, — der Verschwender den Geiz, der Ehrsüchtige Lüste, die ihn um seine Ehre bringen könnten, — behält sich aber diejenigen vor, die uns die liebsten sind; macht so einen Vertrag zwischen dem Gewissen und der Begier, und glaubt sich mit beiden zugleich abgefunden zu haben.

Diese Denkart ist es, welche frech vorgiebt, man *könne* nicht so leben, wie es das Sittengesetz verlange; die pünctliche Ausübung desselben sey unmöglich: ein Vorgeben, das im gemeinen Leben sehr häufig ist, das sich aber von ihm aus auch

---

*) Ruhe (?).

in philosophische und theologische Systeme eingeschlichen. Von was für einer Unmöglichkeit mag doch hier die Rede seyn? Dass wir oft unseren festesten Willen wegen äusserer Verhinderungen in der Welt ausser uns nicht realisiren können, mag wohl seyn: die Ausführung aber fordert das Sittengesetz auch nicht unbedingt, sondern nur, dass wir alle unsere Kräfte anstrengen, nur thun, was wir thun können; und warum sollten wir denn nicht thun können, was wir thun können? Nur dass wir nicht das Gegentheil von unserer Pflicht thun, fordert das Sittengesetz. Und warum sollten wir denn dies nicht unterlassen können? Welche Macht könnte denn uns freie Wesen zum Handeln zwingen? — Wenn wir diesen oder jenen Genuss, diesen oder jenen Besitz u. s. f. behalten, diese oder jene Neigung befriedigen wollen, können wir nicht: das ists, was jener Vorwand eigentlich sagen will. Die Pflicht fordert von uns jene Opfer. Wir können nicht beides zusammen seyn. — Aber wer sagt denn auch, dass wir das erste behalten sollen? Es soll für die Pflicht alles, Leben und Ehre, und was dem Menschen theuer seyn kann, aufgeopfert werden. Dies ist unsere Meinung. Wir haben gar nicht behauptet, dass immer und in jedem Falle die Befriedigung des Eigennutzes und die Erfüllung der Pflicht beisammenstehen könne. Das erstere soll aufgegeben werden. Also, wir *wollen* nur nicht. Wir können es nur über unseren Willen nicht erhalten, jene Opfer zu bringen. Aber dann mangelt es ja offenbar am Willen und nicht am Können. — Zeigt irgend etwas schreiend von der weiten Verbreitung des menschlichen Verderbens und von der Schamlosigkeit desselben, so ist es diese widersprechende und gänzlich unvernünftige Ausflucht, die doch gesagt, und wieder gesagt, von den verständigsten Leuten gesagt und vertheidigt wird, und die mehrere Sittenlehrer sich wirklich gefallen lassen, und sich darauf ernsthaft einlassen, als ob sie einen Grad von Vernünftigkeit hätte.

(So ist es auch anderwärts, — wenn von Ausführung des durch reine Vernunft geforderten auch in technisch-praktischer Rücksicht geredet wird; und der Satz: wir können nicht, bedeutet überall immer dasselbe. Wenn z. B. eine gründliche

Verbesserung der Staatsverfassung gefordert wird, so antwortet man: diese Vorschläge sind unausführbar — verstehe, *wenn die alten Misbräuche bleiben sollen.* Aber wer sagt denn auch, dass diese bleiben sollen?)

Diese drei verschiedenen Weisen, die Strenge des Sittengesetzes zu umgehen, können vereinigt seyn. Der Zustand des Menschen ist besonders um der letzteren willen gefährlich. Hat man sich einmal überredet, dass man mit der Strenge des Gesetzes sich abfinden könne, so bleibt es gar leicht das ganze Leben hindurch dabei, wenn nicht etwa eine starke Erschütterung von aussen hinzukommt, die uns eine Veranlassung wird, in uns zu gehen; und insofern ist der Sünder weit leichter zu bessern, als ein eingebildeter Gerechter von der letzten Klasse.

Anhang.

Um die Lehre von der Freiheit in das hellste Licht zu setzen, und den Fatalismus bis in seine äussersten Schlupfwinkel zu verfolgen, nehmen wir noch besondere Rücksicht auf Kants Behauptung *von einem radicalen Bösen* im Menschen.

Wir haben das Böse im Menschen so erklärt. Zum Bewusstseyn seiner selbst kommen muss jeder, wenn er ein Mensch soll genannt werden können. Dazu gehört nichts weiter, als dass er der Freiheit in der Wahl seiner Handlungen sich bewusst werde. Dieses Bewusstseyn tritt schon dadurch ein, dass er unter dem Mannigfaltigen, welches der blosse Naturtrieb von ihm fordert, eine Auswahl treffen lernt. Er wird dann dunkel, oder, wenn er mehr Verstand und Nachdenken erhält, deutlich nach *der Maxime des Eigennutzes* handeln; und insofern kann man ihm mit Reinhold einen eigennützigen Trieb, den er selbst aber erst durch die frei gewählte Maxime eigennützig gemacht hat, beilegen; denn der blosse Naturtrieb ist keinesweges ein eigennütziger oder tadelswürdiger, sondern ihn zu befriedigen ist selbst Pflicht, wie wir zu seiner Zeit sehen werden. Auf dieser Stufe wird er nun leicht beharren, da nichts ihn weiter treibt, und gar keine Nothwendigkeit obwaltet, dass er auf seine höheren Anlagen reflectire.

Hätten wir bloss gesagt: auf dieser Stufe *kann* der Mensch beharren, wenn er will, so hätte es damit kein weiteres Bedenken. Wir hätten eine bloss problematische Behauptung aufgestellt. Aber wie kommen wir zu der kategorischen und positiven: es ist zwar nicht nothwendig, aber es ist zu erwarten, dass er darauf bleibe? Was behaupten wir denn da eigentlich, und welches ist das *positive,* das wir unvermerkt voraussetzen?

Dies ists, was wir voraussetzen: der Mensch werde nichts thun, das nicht schlechthin nothwendig sey, und das er nicht, durch sein Wesen gedrungen, thun *müsse.* Wir setzen sonach eine ursprüngliche Trägheit zur Reflexion und, was daraus folgt, zum Handeln nach dieser Reflexion voraus. — Dies wäre sonach ein wahres positives radicales Uebel; nicht etwas nur negatives, wie es bisher den Anschein gehabt hat. So musste es denn auch seyn. Wir müssen ein positives haben, um nur das negative erklären zu können.

Und was berechtigt uns zu einer solchen Voraussetzung? Ist es bloss die Erfahrung? Kant scheint dies anzunehmen; ohnerachtet er übrigens dasselbe folgert, was wir sogleich folgern werden. Aber die blosse Erfahrung würde uns nicht zu einer so allgemeinen Voraussetzung berechtigen. Es muss sonach wohl einen Vernunftgrund für jene Behauptung geben, der nur nicht etwa Nothwendigkeit erzeuge, indem dadurch die Freiheit aufgehoben würde, sondern nur jene Allgemeinheit der Erfahrung erklärbar mache.

Der Natur überhaupt, als solcher, ist eine Kraft der Trägheit (*vis inertiae*) zuzuschreiben. Es geht dies aus dem Begriffe der Wirksamkeit eines freien Wesens hervor, die nothwendig in die Zeit fallen muss, wenn sie wahrnehmbar seyn soll; und dies nicht könnte, wenn sie nicht gesetzt würde, als durch die Objecte aufgehalten. Zwar scheint der Begriff einer Kraft der Trägheit widersprechend, aber er ist nichtsdestoweniger reell; es kommt nur darauf an, dass wir ihn richtig fassen. — Die Natur als solche, als Nicht-Ich und Object überhaupt, hat nur Ruhe, nur Seyn: sie ist, was sie ist, und insofern ist ihr gar keine thätige Kraft zuzuschreiben. Aber sie hat eben, um zu bestehen, ein Quantum Tendenz oder Kraft zu *bleiben,* was sie ist. Hätte sie diese nicht, so bestünde sie keinen Augenblick in ihrer Gestalt, würde unaufhörlich verwandelt, hätte sonach eigentlich gar keine Gestalt, und wäre nicht, was sie ist. Wird nun durch eine entgegengesetzte Kraft eingewirkt auf sie, so wird sie nothwendig mit aller Kraft, die sie hat, zu bleiben was sie ist, widerstehen; und jetzt erst wird durch Beziehung auf die entgegengesetzte Thätigkeit selbst Thätigkeit, was vorher nur Trägheit war; beide Begriffe sind synthetisch vereinigt, und dies soll eben *eine Kraft der Trägheit* bedeuten.

Wir selbst sind auf dem angezeigten Gesichtspuncte nichts mehr als *Natur.* Unsere Kräfte sind Kräfte der Natur; und ob es gleich die Freiheit ist, die sie belebt, indem die Causalität der Natur mit dem Triebe zu Ende ging, so ist doch die Richtung absolut keine andere, als diejenige, welche die Natur, ihr selbst überlassen, gleichfalls genommen haben würde. Ferner ist selbst dies, dass wir auf dem beschriebenen Reflexionspuncte stehen, da es ja nothwendig ist, gleichfalls zu betrachten als Folge des Mechanismus. Wir sind also in jeder Betrachtung Natur. Was aber der ganzen Natur zukommt, muss auch dem Menschen, inwiefern er Natur ist, zukommen: das Widerstreben aus seinem Zustande herauszugehen, die Tendenz in dem gewohnten Geleise zu verbleiben.

(So allein lässt sich eine allgemeine Erscheinung in der Menschheit erklären, die über alles menschliche Handeln sich erstreckt: *die Möglichkeit der Angewöhnung* und der Hang, bei dem gewohnten zu bleiben. Jeder Mensch, selbst der kräftigste und thätigste, hat seinen Schlendrian, wenn man uns erlaubt, uns dieses niedrigen, aber sehr bezeichnenden Ausdrukkes zu bedienen, und wird lebenslänglich gegen ihn zu kämpfen haben. Dies ist die Kraft der Trägheit unserer Natur. Selbst die Regelmässigkeit und Ordnung der meisten Menschen ist nichts anderes, als jener Hang zur Ruhe und zum Gewohnten. Es kostet stets Mühe sich loszureissen. Gelingt es auch einmal, und dauert die erhaltene Erschütterung in einigen Nachklängen fort, so verfällt doch der Mensch, sobald er aufhört über sich selbst zu wachen, gar bald wieder in die gewohnte Trägheit zurück.)

Man denke sich den Menschen in dem beschriebenen Zustande. Da er überhaupt seinem ursprünglichen Wesen nach, wenngleich nicht in der Wirklichkeit, frei ist und unabhängig von der Natur, so soll er immer aus diesem Zustande sich losreissen; und *kann* es auch, wenn man ihn als absolut frei betrachtet: aber ehe er durch Freiheit sich losreissen kann, muss er erst frei seyn. Nun ist es gerade seine Freiheit selbst, welche gefesselt ist; die Kraft, durch die er sich helfen soll, ist gegen ihn im Bunde. Es ist da gar kein Gleichgewicht errichtet; sondern es ist ein Gewicht seiner Natur da, das ihn hält, und gar kein Gegengewicht des Sittengesetzes. Nun ist zwar wahr, dass er absolut in die andere Wagschale treten und jenen Schritt entscheiden *soll;* es ist wahr, dass er auch wirklich Kraft in sich hat, ins unendliche sich soviel Gewicht zu geben, als nöthig ist, um seine Trägheit zu überwiegen: und dass er in jedem Augenblicke durch einen Druck auf sich selbst, durch den blossen Willen, diese Kraft aus sich herausheben kann; aber wie soll er auch nur zu diesem Willen, und zu diesem ersten Drucke auf sich selbst kommen? Aus seinem Zustande geht ein solcher keinesweges hervor, sondern vielmehr das Gegentheil, das ihn hält und fesselt. Nun ist auch dies wahr, dass dieser erste Anstoss daraus nicht hervorgehen soll, noch kann, sondern absolut aus seiner Selbstthätigkeit. Aber wo ist denn in seinem *Zustande* die Stelle, aus welcher er jene Kraft hervorbringen könnte? — Absolut nirgends. Sieht man die Sache natürlich an, so ist es schlechthin unmöglich, dass der Mensch sich selbst helfe; so kann er gar nicht besser werden. Nur ein Wunder, das er aber selbst zu thun hätte, könnte ihn retten. (Diejenigen sonach, welche ein *servum arbitrium* behaupteten, und den Menschen als einen Stock und Klotz charakterisirten, der durch eigene Kraft sich nicht aus der Stelle bewegen könnte, sondern durch eine höhere Kraft angeregt werden müsste, hatten vollkommen recht, und waren consequent, wenn sie vom *natürlichen Menschen* redeten; wie sie denn thaten.)

Trägheit sonach, die durch lange Gewohnheit sich selbst ins unendliche reproducirt, und bald gänzliches Unvermögen zum Guten wird, ist das wahre, angeborene, in der menschlichen Natur selbst liegende radicale Uebel: welches sich aus derselben auch gar wohl erklären lässt. Der Mensch ist von Natur *faul,* sagt Kant sehr richtig.

Aus dieser Trägheit entspringt zunächst *Feigheit,* das zweite Grundlaster der Menschen. Feigheit ist die *Trägheit, in der Wechselwirkung mit anderen unsere Freiheit und Selbstständigkeit* zu behaupten. Jeder hat Muth genug gegen denjenigen, von dessen Schwäche er schon entschieden überzeugt ist; hat er aber diese Ueberzeugung nicht, bekommt er mit einem zu thun, in welchem er mehr Stärke — sie sey, von welcher Art sie wolle — vermuthet, als in sich selbst, so erschrickt er vor der Kraftanwendung, der es bedürfen werde, seine Selbstständigkeit zu behaupten, und giebt nach. — Nur so ist die Sklaverei unter den Menschen, die physische sowohl als die moralische, zu erklären; die Unterthänigkeit und die Nachbeterei. Ich erschrecke vor der körperlicken Anstrengung des Widerstandes und unterwerfe meinen Leib; ich erschrecke vor der Mühe des Selbstdenkens, die mir jemand durch Anmuthung kühner und verwickelter Behauptungen anträgt, und glaube lieber seiner Autorität, um nur schnell seiner Anforderungen mich zu entledigen. (Es giebt immer Menschen, die da herrschen wollen; den Grund davon haben wir oben gesehen. Diese sind die wenigeren und die stärkeren. Sie haben einen rüstigen und kühnen Charakter. Wie kommt es doch, dass die Einzelnen, die vereint stärker seyn würden, sich jenen unterwerfen? So geht es zu. Die Mühe, die ihnen der Widerstand machen würde, fällt ihnen schmerzhafter, als die Sklaverei, der sie sich unterwerfen, und in der sie es auszuhalten hoffen. Die mindeste Kraftäusserung ist dem gewöhnlichen Menschen weit schmerzhafter, als tausendfaches Leiden, und er mag lieber alles erdulden, als einmal handeln. Bei jenem bleibt er doch in Ruhe, und gewöhnt sich daran. So tröstete jener Matrose sich lieber mit der Hoffnung, dass er es in der Hölle werde aushalten können, als dass er in diesem

Leben sich gebessert hätte. Dort sollte er nur leiden; hier hätte er thun müssen.)

Der Feige tröstet bei dieser Unterwerfung, die ihm doch nicht von Herzen geht, sich besonders der List und des Betruges; denn das dritte Grundlaster der Menschen, das aus der Feigheit natürlich entsteht, ist die *Falschheit*. Der Mensch kann seine Selbstheit nicht so ganz verläugnen, und einem anderen aufopfern, wie er wohl etwa vorgiebt, um der Mühe, sie im offenen Kampfe zu vertheidigen, überhoben zu seyn. Er sagt dies daher nur so, um sich seine Gelegenheit besser zu ersehen, und seinen Unterdrücker dann zu- bekämpfen, wenn die Aufmerksamkeit desselben nicht mehr auf ihn gerichtet seyn wird. Alle Falschheit, alles Lügen, alle Tücke und Hinterlist kommt daher, weil es Unterdrücker giebt; und jeder, der andere unterjocht, muss sich darauf gefasst halten. — Nur der Feige ist falsch. Der Muthige lügt nicht, und ist nicht falsch: aus Stolz und Charakterstärke, wenn es nicht aus Tugend ist.

Dies ist das Bild des gewöhnlichen natürlichen Menschen. Des *gewöhnlichen*, sage ich; denn der aussergewöhnliche, und von der Natur vorzüglich begünstigte hat einen rüstigen Charakter, ohne in moralischer Rücksicht im mindesten besser zu seyn: er ist weder träge, noch feig, noch falsch, aber er tritt übermüthig alles um sich herum nieder, und wird Herr und Unterdrücker derer, die gerne Sklaven sind.

Diese Schilderung mag hässlich und widerlich scheinen. Nur erhebe man dabei nicht das übliche Seufzen, oder Schmähen, über die Unvollkommenheit der menschlichen Natur. — Gerade, dass diese Züge euch als hässlich erscheinen, beweist den Adel und die Erhabenheit der Menschheit. Findet ihr es denn ebenso hässlich, dass das stärkere Thier das schwächere frisst, und das schwächere das stärkere überlistet? Ohne Zweifel nicht; ihr findet dieses natürlich und in der Ordnung. Bei dem Menschen findet ihr es nur darum anders, weil es euch gar nicht möglich ist, denselben als ein blosses Naturproduct zu betrachten, sondern ihr genöthigt seyd, ihn als ein über alle Natur erhabenes, freies und übersinnliches Wesen zu denken. Selbst, dass der Mensch des Lasters sich fähig findet, zeigt, dass er zur Tugend bestimmt ist. — Dann, was wäre die Tugend, wenn sie nicht thätig errungenes Product unserer eigenen Freiheit, nicht Erhebung in eine ganz andere Ordnung der Dinge wäre? — Endlich, wer kann nach der *hier gegebenen Begründung dieser Züge* denken, dass dieselben bloss für die *menschliche* Gattung gelten; dass sie nur dieser als etwas fremdartiges durch einen feindseligen Dämon angeworfen worden, und dass irgend ein anderes *endliches* Vernunftwesen anders seyn könnte. Sie gehen ja nicht aus einer besonderen Beschaffenheit unserer Natur, sondern aus dem Begriffe der Endlichkeit überhaupt hervor. Mag man sich doch Cherubinen und Seraphinen denken; sie können wohl den weiteren Bestimmungen, keinesweges aber den Grundzügen nach anders gedacht werden, als der Mensch. Der heilige ist nur Einer; und alles Geschöpf ist von Natur nothwendig unheilig und unrein, und kann nur durch eigene Freiheit sich zur Moralität erheben.

Wie soll nun bei dieser eingewurzelten Trägheit, welche gerade die einzige Kraft lähmt, durch die der Mensch sich helfen soll, ihm geholfen werden? — Was fehlt ihm denn eigentlich? Nicht die Kraft; diese hat er wohl, aber das Bewusstseyn derselben, und der Antrieb, sie zu gebrauchen. Dieser kann nicht von innen kommen, aus den angeführten Gründen. Soll er nicht durch ein Wunder entstehen, sondern auf natürlichem Wege, so muss er von aussen kommen.

Er könnte ihm nur durch den Verstand kommen und das gesammte theoretische Vermögen, welches allerdings gebildet werden kann. Das Individuum müsste sich selbst in seiner verächtlichen Gestalt erblicken, und Abscheu für sich empfinden: es müsste Muster erblicken, die ihn emporhöben, und ihm ein Bild zeigten, wie er seyn sollte, ihm Achtung und mit ihr die Lust einflössten, dieser Achtung sich selbst auch würdig zu machen. Einen anderen Weg der Bildung giebt es nicht. Dieser giebt das, was da fehlt, Bewusstseyn und Antrieb. Die Besserung und Erhebung aber hängt immerfort, wie sich versteht, ab von der eigenen Freiheit; wer diese eigene Freiheit auch dann noch nicht braucht, dem ist nicht zu helfen.

Woher aber sollen nun diese äusseren Antriebe unter die Menschheit kommen? — Da es jedem Individuum, ohnerachtet seiner Trägheit, doch immer möglich bleibt, sich über sie zu erheben, so lässt sich füglich annehmen, dass unter der Menge der Menschen einige sich wirklich emporgehoben haben werden zur Moralität. Es wird nothwendig ein Zweck dieser seyn, auf ihre Mitmenschen einzuwirken, und auf die beschriebene Art auf sie einzuwirken.

So etwas nun ist die *positive Religion;* Veranstaltungen, die vorzügliche Menschen getroffen haben, um auf andere zur Entwickelung des moralischen Sinnes zu wirken. Diese Veranstaltungen können wegen ihres Alters, wegen ihres allgemeinen Gebrauches und Nutzens etwa noch mit einer besonderen Autorität versehen seyn: welche denen, die ihrer bedürfen, sehr nützlich seyn mag. — Vorerst nur zur Erregung der Aufmerksamkeit: denn etwas anderes — Glauben auf Autorität und blinden Gehorsam, können sie nicht bezwecken, ohne die Menschen von Grund aus unmoralisch zu machen: wie oben gezeigt worden.

Es ist sehr natürlich, dass jene Menschen, aus deren Innerem sich durch ein wahres Wunder und durch gar keine natürliche Ursache, wie wir gesehen haben, jener moralische Sinn entwickelte, den sie vielleicht bei keinem ihrer Zeitgenossen antrafen, dieses Wunder sich so deuteten, dass es durch ein geistiges und intelligibles Wesen ausser ihnen bewirkt sey: und wenn sie unter sich selbst *ihr empirisches Ich* verstunden, so hatten sie ganz recht. Es ist möglich, dass diese Deutung bis auf unsere Zeiten herabgekommen sey. Sie ist theoretisch wahr in dem angezeigten Sinne; sie ist, auch wenn sie nicht so genau bestimmt wird, ganz unschädlich; *wenn nur durch sie kein blinder Gehorsam erzwungen werden soll;* und jeder wird es mit seinem Glauben daran halten, wie er, seiner Ueberzeugung nach, kann: sie ist in praktischer Beziehung für die meisten Menschen ganz indifferent.

Zweiter Abschnitt
der Sittenlehre im eigentlichen Verstande.

Ueber das materiale des Sittengesetzes, oder systematische Uebersicht unserer Pflichten.

---

§. 17.
Einleitung oder Erörterung unserer Aufgabe.

Wir müssen wissen, wonach wir fragen; wir müssen schon im Voraus uns einen Plan der Beantwortung unserer Frage machen. Dies ist die Absicht des gegenwärtigen §. — Ich muss an einiges alte erinnern.

I.

Ich habe Causalität, heisst bekanntermaassen: das, was ich mir als Zweck vorsetzte, trifft in der Erfahrung ein. Wir haben von dem transscendentalen Gesichtspuncte aus gesehen, dass diese Uebereinstimmung der Wahrnehmung mit dem Willen in ihrem höchsten Grunde nichts anderes ist, als eine Uebereinstimmung unseres empirischen, durch absolute Spontaneität bestimmten Seyns mit unserem Urtriebe; bestimme ich mich zu etwas, das mein ursprünglicher Trieb wirklich fordert, so werde ich, das in der Zeit bestimmte, mit mir, dem ursprünglichen, aber ohne alles mein Bewusstseyn vorhandenen, in Uebereinstimmung gesetzt: es entsteht dadurch ein Gefühl des Zwanges; denn ich fühle dann mich *ganz*, und dieses Gefühl ist eine Wahrnehmung, wie oben weiter auseinandergesetzt worden.

Nun geht der ursprüngliche Trieb auf gar mancherlei, denn er ist mir für alle Ewigkeit gegeben; in alle Ewigkeit ist alle meine Existenz und alle meine Erfahrung nichts weiter, als eine Analyse desselben. Zwar kann er nur allmählig, und indem durch Zwischenzustände hindurchgegangen wird, selbst in einzelnen Fällen befriedigt werden, nach dem obigen: aber selbst in einzelnen Fällen lässt sich das, wonach er strebt, durch die freie Reflexion in ein Mannigfaltiges eintheilen. (Der Urtrieb strebt in jedem möglichen Momente ein bestimmtes an = X, bestimmt *durch alles vorhergegangene* und durch seine *eigene Natur;* aber dieses bestimmte X ist ein Quantum, und kann durch die absolut freie Reflexion ins unendliche getheilt werden in a b c, a wieder in d e f, u. s. f.) Dadurch erst entsteht ein mannigfaltiges Handeln. Da aber das ganze X, als gefordert durch den Urtrieb, *möglich* ist, so sind auch alle Theile desselben möglich. Es sind in jedem Falle gar mancherlei Handlungen *möglich*. — Aber, dass etwas erfolge, dazu gehört nicht nur, dass es *möglich* sey, sondern auch, dass ich mich dazu bestimme. Was ich nicht will, geschieht nicht durch meinen Trieb, und nur das unter allem möglichen, was ich will, geschieht.

II.

Man bleibe bei dem Begriffe des Mannigfaltigen, das da möglich ist, als eines solchen stehen, d. h. man sehe nicht auf das Verhältniss dieser Handlungen zu einander selbst; ob sie einander ausschliessen, oder einander als Theile in sich enthalten und umfassen, als welches hierher noch nicht gehört. Unter diesem Mannigfaltigen, das da möglich ist, ist schlechthin nur Eins (ein bestimmter Theil des Mannigfaltigen) pflichtmässig; und alles übrige ist gegen die Pflicht. (Im Vorbeigehen: das Gebotene liegt *allemal in* der Sphäre des Möglichen, denn es liegt in der Sphäre des durch den Urtrieb geforderten, da das Sittengesetz selbst sich ja auf den Urtrieb gründet. Das Unmögliche ist nie Pflicht, und die Pflicht ist nie unmöglich.)

Welches ist dieses Eine durch die Pflicht geforderte? Hierüber sind wir im vorigen Abschnitte an ein inneres Gefühl, in unserem Gewissen, verwiesen worden. Was dieses jedesmal bestätigen wird, ist Pflicht, und dieses irrt nie, wenn wir nur auf seine Stimme aufmerken. Dies würde nun für das wirkliche Handeln genug seyn, und um dies möglich zu machen, bedürfte es nichts weiter. Der Volkslehrer z. B. kann es ganz dabei bewenden lassen, und hiermit seinen moralischen Unterricht beschliessen.

Aber für die Wissenschaft ist es nicht genug. Entweder wir müssen *a priori* bestimmen können, was überhaupt das Gewissen billigen werde; oder wir müssen gestehen, dass eine Sittenlehre, als reelle anwendbare Wissenschaft, nicht möglich sey.

Die Sache von einer anderen Seite angesehen. Das Gefühl entscheidet. Diese Entscheidung desselben gründet sich doch wohl auf ein in der *Vernunft gegründetes* Gesetz, welches allerdings, da im Bewusstseyn nur ein Gefühl als jedesmalige Aeusserung desselben vorkommt, auf dem Puncte des gemeinen Menschenverstandes nicht Gegenstand des Bewusstseyns seyn kann — dies wäre ein Widerspruch: — welches aber vom transscendentalen Gesichtspuncte aus sich wohl muss entdecken lassen. Ein bloss populärer Unterricht verbleibt auf dem Standpuncte des gemeinen Bewusstseyns; alles sonach, was auf dem transscendentalen liegt, ist für ihn nicht vorhanden; ein philosophischer ist philosophisch, nur inwiefern er sich auf den letzteren erhebt.

Die Vernunft ist durchgängig bestimmt: alles sonach, was in der Vernunft liegt, demnach auch das System des durch Gefühle sich äussernden Gewissens, muss bestimmt seyn. — Tiefer unten werden sich auch noch äussere Gründe finden für die Nothwendigkeit eines solchen Vernunftgesetzes, auf welches die Gewissensgefühle sich stützen. Ist dieses Gesetz aufgezeigt, so ist zugleich *a priori* (vor der unmittelbaren Entscheidung des Gewissens vorher) die Frage beantwortet: was ist unsere Pflicht?

III.

Man könnte vorläufig eine Antwort geben, die zwar identisch, also nicht entscheidend ist, die uns aber doch etwa auf den Weg der weiteren Untersuchung führen könnte.

Nemlich der Endzweck des Sittengesetzes ist absolute Unabhängigkeit und Selbstständigkeit, nicht etwa bloss in Absicht unseres Willens, denn dieser ist immer unabhängig, sondern in Absicht unseres ganzen Seyns. Nun ist dieses Ziel unerreichbar, aber es findet doch eine stäte und ununterbrochene Annäherung zu demselben statt. Es muss sonach von dem ersten Standpuncte eines jeden an, eine stäte ununterbrochene Reihe von Handlungen geben, durch welche man sich annähert. Das Gewissen kann jedesmal nur diejenige billigen, die in dieser Reihe liegt. Man denke sich dies unter dem Bilde einer geraden Linie. Nur was als Punct in dieser Linie liegt, ist zu billigen, und schlechthin nichts, was ausser ihr liegt. — Unsere Frage lässt sich sonach auch so fassen: Welches sind die Handlungen, die in der beschriebenen Reihe liegen? —

Zur Beförderung der Einsicht in den Zusammenhang. Unsere Untersuchung knüpft sich hier gerade wieder da an, wo wir sie zu Ende des zweiten Hauptstückes *über die Anwendbarkeit* des sittlichen Principes fallen liessen. Dort konnten wir gar nicht einsehen, wie sich *a priori* möge bestimmen lassen, *was* unsere Pflicht sey; wir hatten gar kein Kriterium, als den Beifall unseres Gewissens *nach* der That, oder seine Misbilligung. Es hätte sonach auf das blosse Probiren ankommen müssen, und wir hätten nur durch eine lange Erfahrung und durch gar vieles Straucheln uns einige moralische Grundsätze erwerben können. Das Sittengesetz, als ein die Handlungen bestimmendes, eigentlich praktisches Gesetz, wäre beinahe ganz weggefallen, und es wäre grösstentheils zu einem blossen Gesetze der Beurtheilung geworden. — Wir fanden im ersten Abschnitte des dritten Hauptstückes allerdings ein solches Kriterium, das Gefühl des Gewissens, und dem Sittengesetze war seine praktische Anwendbarkeit gesichert. Das war genug für das Handeln im Leben, aber nicht für die Wissenschaft. Giebt es ein noch höheres Princip, wenn auch nicht im Bewusstseyn, doch in der Philosophie; einen einigen Grund dieser Gefühle selbst, ist gegenwärtig die Frage. Unsere Untersuchung ist immer gleichmässig ihren Weg fortgegangen. Wir dürfen sonach hoffen, auch da eindringen zu können, wo wir es vorher nicht konnten.

IV.

Welches sind denn ihrer *Materie* nach diejenigen Handlungen, welche in der Reihe der Annäherung zur absoluten Selbstständigkeit liegen? So haben wir unsere gegenwärtige Aufgabe gestellt. Es ist darüber schon oben (§. 15. N. V. S. 170 ff.) erwiesen worden, dass es diejenigen sind, durch die man jedes Object seinem Endzwecke gemäss behandelt. — Wir fassen das dort gesagte kurz zusammen. — Lediglich zufolge einer bestimmten Beschränkung des Triebes, und um diese Beschränktheit zu erklären, wird überhaupt ein bestimmtes Object gesetzt. Wird dieser Trieb selbst als Trieb gesetzt (als ein Sehnen, Begehren) und bezogen auf das Object, so hat man das, was das Ich im Objecte hervorbringen, wozu es dasselbe brauchen möchte, man hat den ursprünglich bestimmten, keinesweges etwa den willkürlich sich zu setzenden Zweck des Dinges. Nun aber ist jeder willkürliche Zweck zugleich ein ursprünglicher, nach obiger Bemerkung; oder deutlicher: ich kann wenigstens keinen Zweck ausführen, der nicht durch einen ursprünglichen Trieb gefordert werde. Aber es ist gar wohl möglich, dass ich nur einen Theil meines ursprünglichen auf ein Object gehenden Triebes auffasse; dann habe ich auch nur einen Theil der Zweckmässigkeit des Dinges; fasse ich aber meinen ganzen Trieb auf in Beziehung auf dieses Object, so habe ich die ganze Zweckmässigkeit des Dinges oder seinen Endzweck begriffen.

V.

Man überlege, was dadurch gesagt wird: Ich soll die *Totalität* meines Triebes auffassen. Jede Totalität ist vollendet, mithin beschränkt. Es wird sonach eine ursprüngliche Beschränktheit des Triebes behauptet.

Man bemerke, es ist von einer Beschränktheit des *Triebes* die Rede; nicht etwa von einer der Causalität, d. i. des Vermögens, das angestrebte zu realisiren. Es wird gesagt, der Trieb, als ursprünglicher Trieb, kann auf einiges gar nicht gehen.

Was könnte das für eine Beschränkung seyn? Keineswegs eine des Triebes seiner Form nach; denn er geht, wie wir wissen, auf absolute Selbstständigkeit aus; aber dieses Ziel liegt in der Unendlichkeit und ist nie zu erreichen: mithin kann in aller Unendlichkeit der Trieb an sich nicht aufhören. Es müsste sonach eine materielle Beschränktheit seyn; der Trieb müsste einiges gar nicht anstreben können.

Nun soll diese Beschränktheit eine ursprüngliche und nothwendige, in der Vernunft selbst begründete, keinesweges eine empirische und zufällige seyn.

Aber es giebt gar keine Beschränktheit der Vernunft durch sich selbst, als die, welche daraus hervorgeht, dass das Vernunftwesen Ich ist. Die ursprüngliche und in der Vernunft selbst begründete Beschränktheit des Triebes wäre sonach diejenige, die aus der Ichheit selbst hervorgeht: und der Trieb würde in seiner Totalität aufgefasst seyn, wenn schlechthin keine Beschränktheit desselben angenommen würde, als die soeben angegebene durch die Ichheit selbst.

Es kann kein Trieb im Ich seyn, aufzuhören Ich zu seyn, Nicht-Ich zu werden. Dann ginge das Ich aus auf seine eigene Vernichtung, welches sich widerspricht. Aber hinwiederum: jede Beschränktheit des Triebes, die nicht unmittelbar aus der Ichheit folgt, ist keine ursprüngliche, sondern eine solche, die wir selbst durch unsere unvollständige Reflexion uns zugefügt haben. Wir selbst haben uns mit weniger begnügt, als wir fordern konnten.

Kurz: der Trieb, in seiner Totalität aufgefasst, geht auf die absolute Selbstständigkeit eines Ich, als solchen. Der Begriff der Ichheit, und der der absoluten Selbstständigkeit sind synthetisch zu vereinigen, und wir erhalten den materiellen Inhalt des Sittengesetzes. Ich soll ein selbstständiges Ich seyn: dies ist *mein* Endzweck; und alles das, wodurch die Dinge diese Selbstständigkeit befördern, dazu soll ich sie benutzen, das ist *ihr* Endzweck. Es ist uns sonach ein ebner Weg eröffnet, in die aufgegebene Untersuchung einzudringen. Wir haben nur die Bedingungen der Ichheit, als solcher, vollständig aufzuzeigen: dieselbe auf den Trieb nach Selbstständigkeit zu beziehen, und ihn dadurch zu bestimmen, so haben wir den Inhalt des Sittengesetzes erschöpft.

§. 18.

Systematische Aufstellung der Bedingungen der Ichheit, in ihrer Beziehung auf den Trieb nach absoluter Selbstständigkeit.

I.

Das (reflectirende) Ich muss sich selbst als Ich finden; es muss sich selbst gleichsam gegeben werden. Es ist in dieser Absicht oben gezeigt, dass es sich finde mit einem Triebe, der ebendarum, weil er nur gefunden wird als ein gegebenes, und keine Selbstthätigkeit dabei sich zeigt, gesetzt wird als Naturtrieb.

Dieses gefundene ist als Object einer Reflexion nothwendig ein endliches und beschränktes Quantum. Wird der Naturtrieb, der an sich Einer ist, durch die freie Reflexion auf die (vor. §.) beschriebene Weise getheilt, so entsteht ein Mannigfaltiges von Trieben, welches, da es doch endlich ist, ein vollendetes System von Trieben ausmacht. Ich kann diese Triebe oder diesen Trieb nicht ansehen, *als etwas fremdartiges,* sondern ich muss ihn auf mich beziehen, auch in dieselbe Substanz als ein Accidens versetzen, welche zugleich auch frei denkt und will.

Nemlich, ob ich gleich jenen Trieb auf mich beziehen und ihn als *meinen* Trieb setzen muss, so bleibt er doch in gewisser Rücksicht etwas objectives für *mich, das eigentliche freie und selbstständige Ich.* Es erfolgt aus ihm ein blosses Sehnen, das ich befriedigen kann, oder auch nicht durch Freiheit, das sonach, indem ich frei bin, immer ausser mir und unter mir liegt: es erfolgt für mich freie Intelligenz nichts weiter, als die Erkenntniss, dass dieses bestimmte Sehnen in mir ist. — Als Kraft, als Antrieb u. s. f. bleibt es mir fremd. Wenn ich mich nun durch Freiheit bestimme, dieses Sehnen zu befriedigen, so wird es in einem ganz anderen Sinne das meinige, es wird mein inwiefern ich frei und durch Freiheit gesetzt und bestimmt bin: es wird mir zugeeignet, nicht nur *idealiter* durch theoretische Erkenntniss, sondern *realiter* durch Selbstbestimmung. Selbst auf dem Gesichtspuncte des gemeinen Bewusstseyns betrachte ich mich als doppelt, entzweie mich mit mir selbst, gehe mit mir selbst ins Gericht, u. s. f.

(Im letzteren Falle setze ich selbst mich, und bin lediglich der, zu dem ich mich mache. Dies geht so weit, dass ich das, was ich in der erst angezeigten Rücksicht in mir finde, mir nicht eigentlich zueigne, sondern nur das, was zufolge der Selbstbestimmung in mir ist. Selbst im gemeinen Leben wird gar sehr zwischen dem in uns, was zu unserer Persönlichkeit gehört, aber nicht durch Freiheit da ist, z. B. Geburt, Gesundheit, Genie u. s. w., und zwischen dem, was wir durch Freiheit sind, unterschieden; z. B. wenn der Dichter sagt: *genus et proavi, et quae non fecimus ipsi, vix ea nostra puto.*)

Nun soll das, was durch den Urtrieb gefordert ist, wenn ich durch Freiheit mich dazu bestimme, stets in der Erfahrung eintreffen. Hier ist dieser Fall; der Naturtrieb gehört zum Urtriebe. Was wird, wenn ich mich zu seiner Befriedigung selbstthätig bestimme, erfolgen? Durch die Beantwortung dieser Frage wird auch der soeben gemachte Unterschied noch klarer. —

Das erstere ist ein blosses Treiben der Natur, deren Causalität gerade bei dem Triebe, den ich als meinen Trieb setze, zu Ende ist: das letztere aus der Selbstbestimmung erfolgende ist eigentlich *mein* Treiben, in mir, als freiem Wesen, begrün det. Es wird in der Erfahrung zutreffen, heisst: ich fühle es als Tendenz der Natur zur Causalität auf sich selbst.

Alle meine Kraft und Wirksamkeit in der Natur ist nichts anderes, als die Wirksamkeit der Natur (in mir) auf sich selbst (die Natur ausser mir).

Nun steht meine Natur in der Botmässigkeit der Freiheit, und es kann durch sie nichts erfolgen, ohne Bestimmung durch die letztere. In der Pflanze wirkt die Natur der Pflanze unmittelbar auf sich selbst (die Natur ausser der Pflanze); in mir nur vermittelst ihres Hindurchgehens durch einen frei entworfenen Begriff. Vor der Selbstbestimmung durch Freiheit vorher ist zwar alles dasjenige, was von Seiten der Natur zum Erfolge gehört, gegeben; aber die Natur ist hier überhaupt durch sich selbst zur Hervorbringung einer Wirksamkeit nicht hinreichend. Was von Seiten des Subjects zum Erfolge gehört, ist vor der Selbstbestimmung vorher nicht gegeben. Durch sie wird es gegeben; und nun ist alles, was zur Hervorbringung einer Wirksamkeit gehört, vollständig beisammen. Durch die Selbstbestimmung wird der Kraft meiner Natur das erforderliche Princip, das erste bewegende, dessen sie ermangelt, unterlegt; und darum ist ihr Treiben von nun an *mein* Treiben, als eigentlichem Ich, das sich selbst gemacht hat zu dem, was es ist.

Das ist das erste und vorzüglichste, worauf unsere ganze Argumentation beruht. Nur ist an etwas, das schon bekannt und erwiesen ist, bloss zu erinnern. Die ganze Natur wird zufolge der Reflexion gesetzt, nothwendig gesetzt, als enthalten im Raume, und denselben ausfüllend, also als Materie. Da wir das System unserer Naturtriebe gesetzt haben als Naturproduct und Naturtheil, müssen wir es nothwendig auch als Materie setzen. Jenes System unserer Naturtriebe wird ein materieller Leib. In ihm concentrirt sich und ist enthalten jenes Treiben der Natur, das aber an sich keine Causalität hat. Aber unmittelbar zufolge unseres Willens hat es Causalität; unser Wille wird, aus dem obigen Grunde, in unserem Leibe unmittelbar Ursache. Wir brauchen nur zu wollen, und es erfolgt in ihm, was wir wollten. Er enthält die ersten Puncte, von welchen alle Causalität ausgeht, nach meinem obigen Ausdrucke. — Er ist in unserer Gewalt, ohne erst in sie gebracht werden zu müssen, wie alles übrige ausser ihm. Ihn allein hat schon die Natur in unsere Gewalt gelegt, ohne alles unser freies Zuthun.

Unser Leib ist empfindend, d. i. der in ihm concentrirte Naturtrieb wird nothwendig gesetzt als der unserige, uns zugeeignet; und was daraus folgt, auch die Befriedigung oder Nicht-Befriedigung desselben sind uns zugänglich (und daraus allein erfolgt, wie bekannt, das ganze System unserer sinnlichen Erkenntniss) Ferner: er wird unmittelbar durch den Willen in Bewegung gesetzt, und hat Causalität auf die Natur. Ein solcher Leib, bestimmt ein solcher, ist Bedingung der Ichheit, da er lediglich aus der Reflexion auf sich selbst, durch welche allein das Ich ein Ich wird, folgt.

Wir folgern daraus weiter.

Alles mögliche Handeln ist, der Materie nach, ein durch den Naturtrieb gefordertes. Denn alles unser Handeln geschieht in der Natur, ist in ihr möglich, und wird in ihr für uns wirklich; aber die ganze Natur ausser uns ist nur zufolge des Naturtriebes für uns da. Der Naturtrieb richtet sich an mich nur durch meinen Leib, und wird in der Welt ausser mir realisirt lediglich durch die Causalität meines Leibes. Der Leib ist Instrument aller unserer Wahrnehmungen, mithin, da alle Erkenntniss sich auf Wahrnehmung gründet, aller unserer Erkenntniss; er ist Instrument aller unserer Causalität. Dieses *Verhältniss* ist Bedingung der Ichheit. Der Naturtrieb geht auf Erhaltung, Bildung, Wohlseyn, kurz auf Vollkommenheit unseres Leibes, so gewiss er Trieb ist, und auf sich selbst geht; denn er ist selbst unser Leib in seiner Verkörperung. Aber der Naturtrieb geht nicht weiter als darauf. Denn die Natur kann sich nicht über sich selbst erheben.' Ihr Zweck ist sie selbst. *Unsere* Natur hat unsere Natur zum Endzweck; aber unsere Natur ist in unserem Leibe umfasst und umschlossen: mithin hat sie — *unsere* Natur, und *alle* Natur — nur ihn, den Leib, zum Zwecke.

Mein höchster Trieb ist der nach absoluter Selbstständigkeit. Nun kann ich derselben mich annähern lediglich durch

Handeln; aber ich kann nur handeln durch meinen Leib; die Befriedigung jenes Triebes sonach, oder alle Moralität ist bedingt durch die Erhaltung und möglichste Vervollkommnung des Leibes. Umgekehrt soll Selbstständigkeit, Moralität der einzige mit Bewusstseyn gesetzte Zweck meines Handelns seyn; ich muss sonach den ersten Zweck dem letzten subordiniren, meinen Leib erhalten und bilden, lediglich als Werkzeug des sittlichen Handelns, nicht aber als Selbstzweck. Aller Sorge für meinen Leib soll und muss schlechthin der Zweck zum Grunde liegen, ihn zu einem tauglichen Werkzeuge der Moralität zu machen und als solches zu erhalten.

Wir erhalten sonach hier drei materielle Sittengebote, das erste, ein negatives: unser Leib darf schlechterdings nicht behandelt werden als letzter Zweck; oder er darf schlechthin nicht Object eines Genusses werden, um des Genusses willen. Das zweite, ein positives: der Leib soll so gut es immer möglich ist zur Tauglichkeit für alle mögliche Zwecke der Freiheit gebildet werden. — Ertödtung der Empfindungen und Begierden, Abstumpfung der Kraft, ist schlechthin gegen die Pflicht. Das dritte, ein limitatives: jeder Genuss, der sich nicht, mit der besten Ueberzeugung, beziehen lässt auf Bildung unseres Körpers zur Tauglichkeit, ist unerlaubt und gesetzwidrig. Es ist schlechthin gegen die moralische Denkart, unseren Leib zu pflegen, ohne die Ueberzeugung, dass er dadurch für das pflichtmässige Handeln gebildet und erhalten werde: also anders, als um des Gewissens willen, und mit Andenken an das Gewissen. — Esset und trinket zur Ehre Gottes. Wem diese Sittenlehre auster und peinlich vorkommt, dem ist nicht zu helfen, denn es giebt keine andere. —

Zu Beförderung der Uebersicht ist anzumerken, dass durch die soeben aufgezeigte Bedingung der Ichheit die *Causalität* desselben, die durch das Sittengesetz gefordert wird, bedingt ist. Es wird sich zeigen, dass es eine zweite Bedingung der Substantialität des Subjects der Sittlichkeit, und eine dritte einer gewissen nothwendigen Wechselwirkung desselben giebt; und dies wird den *äusseren* Beweis liefern, dass die Bedingungen der Ichheit erschöpft sind. Der *innere* geht aus dem systematischen Zusammenhange des Aufzustellenden hervor.

II.

Das Ich muss sich selbst als Ich finden, war die Behauptung, von welcher die soeben vollendete Betrachtung ausging. Von ebenderselben geht die gegenwärtige aus; nur mit dem Unterschiede, dass dort auf das Leiden des Ich in jener Reflexion auf sich selbst, auf das Object der Reflexion, hier auf die Thätigkeit desselben, auf das subjective in der Reflexion, gesehen wird. Ein Ich muss Reflexionsvermögen haben, um das gegebene innerlich durch Freiheit nachzubilden. Wir haben die Thätigkeit des Ich in dieser Rücksicht ideale Thätigkeit genannt. Dass dadurch die Ichheit bedingt ist, ist ohne weiteres klar. Ein Ich ist nothwendig Intelligenz.

Wie verhält sich zu dieser Bestimmung des Ich der Trieb nach Selbstständigkeit oder das Sittengesetz?

Das Sittengesetz wendet sich an die Intelligenz, als solche. Mit Bewusstseyn und nach Begriffen soll ich mich der Selbstständigkeit nähern. Es ist ein Sittengesetz lediglich, inwiefern ich Intelligenz bin, indem ich mir als die letztere dasselbe promulgire, es zum Gesetze, zu einem Satze mache. Durch die Intelligenz ist sonach das ganze Seyn — (Substanz, Bestehen) des Sittengesetzes bedingt; nicht bloss, wie durch das Gesetztseyn des Leibes, die Causalität desselben. Nur wenn ich Intelligenz bin, und inwieweit ich es bin, ist ein Sittengesetz; das letztere erstreckt sich nicht weiter, als die erstere, denn diese ist das Vehiculum jenes. Es ist sonach eine materiale Subordination der ersteren unter das letztere nicht möglich (so wie eine materiale Subordination des Naturtriebes unter das Sittengesetz allerdings möglich war). Ich muss nicht einiges nicht erkennen wollen, weil es etwa gegen meine Pflicht laufen möchte; so wie ich allerdings manchen Neigungen und Lüsten des Körpers aus diesem Grunde nicht nachgeben darf.

Aber Selbstständigkeit (Moralität) ist unser höchster Zweck. Theoretisches Erkenntniss ist sonach der Pflicht *formaliter* zu subordiniren. Erkenntniss meiner Pflicht muss der Endzweck aller meiner Erkenntniss, alles meines Denkens und Forschens seyn. Es ergeben sich daraus folgende drei Sittengesetze:

1) Negativ: subordinire deine theoretische Vernunft nie als solche, sondern forsche mit absoluter Freiheit ohne Rücksicht auf irgend etwas ausser deiner Erkenntniss (setze dir nicht im Voraus ein Ziel, bei dem du ankommen willst; denn wo könntest du dieses doch herhaben?).

2) Positiv: bilde dein Erkenntnissvermögen, so weit du irgend kannst; lerne, denke, forsche, soviel es dir möglich ist.

3) Limitativ: beziehe aber alles dein Nachdenken *formaliter* auf deine Pflicht. Sey dir bei allem deinem Nachdenken dieses Zwecks deutlich bewusst. — Forsche aus Pflicht, nicht aus blosser leerer Wissbegierde, oder um dich nur zu beschäftigen. — Denke nicht so, damit du *dieses* oder *jenes* als deine Pflicht findest; — denn wie könntest du vor eigener Erkenntniss voraus deine Pflichten wissen? — sondern um zu erkennen, *was* deine Pflicht sey.

III.

Wir haben schon anderwärts (in meinem Naturrecht) erwiesen, dass das Ich nur als Individuum sich setzen kann. Das Bewusstseyn der Individualität wäre sonach eine Bedingung der Ichheit. Die Sittenlehre liegt höher als irgend eine besondere philosophische Wissenschaft (also auch als die Rechtslehre). Hier sonach muss der Beweis aus einem höheren Princip geführt werden.

a. Alles, was Object der Reflexion ist, ist nothwendig beschränkt, und wird es schon dadurch, dass es Object der Reflexion wird. Das Ich soll Object einer Reflexion werden. Es ist sonach nothwendig beschränkt. — Nun wird das Ich charakterisirt durch eine freie Thätigkeit, als solche; mithin muss die freie Thätigkeit auch beschränkt seyn. Freie Thätigkeit ist beschränkt, heisst: es wird ein Quantum derselben entgegengesetzt freier Thätigkeit überhaupt, und insofern anderer freien

Thätigkeit. Kurz, das Ich kann sich schlechthin keine freie Thätigkeit zueignen, ohne dass dieselbe sey ein Quantum; und sonach, ohne unmittelbar mit jenem Denken zugleich andere freie Thätigkeit zu setzen, die ihm insofern nicht zukomme, — indem ja jedes Quantum nothwendig begrenzt ist.

b. Daraus allein würde nun nichts auf das Setzen der Individualität folgen, denn es wäre ja wohl möglich, dass das Ich jene freie Thätigkeit ausser der seinigen setzte, lediglich durch *ideale* Thätigkeit: als eine bloss *mögliche* — möglich ihm selbst, wenn es sich derselben auch jetzt etwa gutwillig enthielte, oder auch anderen freien Wesen; wie dies denn auch im Laufe des Bewusstseyns häufig geschieht. So oft ich eine Handlung *mir* zuschreibe, spreche ich sie *dadurch* allen freien Wesen ab; aber nicht nothwendig bestimmten, sondern nur möglichen freien Wesen, die man sich etwa denken könnte.

c. Folgendes aber entscheidet: ursprünglich kann ich mich nicht selbst durch freie ideale Thätigkeit bestimmen, sondern ich muss mich *finden,* als bestimmtes Object: und da ich nur Ich bin, inwiefern ich frei bin, muss ich mich *frei finden,* mir als frei gegeben werden; so sonderbar dies auch auf den ersten Anschein vorkommen möge. Denn ich kann etwas *mögliches* setzen, lediglich im Gegensatze mit einem mir schon bekannten *Wirklichen.* Alle blosse Möglichkeit gründet sich auf die Abstraction von der bekannten Wirklichkeit. Alles Bewusstseyn geht sonach aus von einem Wirklichen, — ein Hauptsatz einer reellen Philosophie, — mithin auch das Bewusstseyn der Freiheit.

Um die Einsicht in den Zusammenhang zu befördern. — Ich finde mich als Object, hiess oben: ich finde mich als Naturtrieb, als Naturproduct und Naturtheil. Dass ich reflectiren muss, um das zu finden, Intelligenz seyn muss, versteht sich; aber diese Reflexion kommt, indem sie geschieht, nicht zum Bewusstseyn: sie kommt überhaupt nicht zum Bewusstseyn, — ohne eine neue Reflexion auf sie. Nun soll ich jenen Naturtrieb *mir* zuschreiben; ja, wie wir in diesem §. unter I. gesehen haben, ihn setzen, als etwas zwar zu mir gehöriges, aber *mich* selbst doch eigentlich nicht constituirendes. Welches ist denn das *Ich*, dem ich den Naturtrieb zueignen soll? Das substantielle eigentliche Ich. Nicht die Intelligenz, als solche; wovon wir soeben den Grund gesehen haben. Also das *Freithätige*. — So gewiss ich daher überhaupt mich, und insbesondere mich als Naturproduct finden soll, so gewiss muss ich mich auch als freithätig finden; denn ausserdem ist das erste Finden nicht möglich. Das erste ist durch das letzte bedingt. Nun muss ich überhaupt mich finden; also müsste mich auch freithätig finden. Was kann dies heissen, und wie ist es möglich?

Zuvörderst: die eigentliche reale Selbstbestimmung durch Spontaneität kann ich nicht als ein Gegebenes finden, sondern ich muss mir sie selbst geben. Dies wäre ein völliger Widerspruch. Ich könnte also eine gewisse Selbstbestimmung nur finden durch ideale Thätigkeit; durch Nachbildung einer vorhandenen, und ohne mein Zuthun vorhandenen. — Meine Selbstbestimmung ist ohne mein Zuthun vorhanden, kann bloss das heissen: sie ist als ein *Begriff* vorhanden; oder kurz, ich bin dazu aufgefordert. So gewiss ich diese Aufforderung verstehe, so gewiss denke ich meine Selbstbestimmung als etwas in jener Aufforderung gegebenes, und werde in dem Begriffe dieser Aufforderung mir selbst als frei gegeben. So allein hat das oben aufgestellte Postulat einen Sinn.

So gewiss ich diese Aufforderung begreife, so gewiss schreibe ich mir zu eine bestimmte Sphäre für meine Freiheit; es folgt nicht, dass ich sie gerade gebrauche, und ausfülle. Begreife ich es nicht: so entsteht kein Bewusstseyn, ich finde mich noch nicht, sondern finde mich etwa zu einer anderen Zeit, ohnerachtet alle Bedingungen dieses Findens da sind; denn eben darum, weil ich frei bin, werde ich durch alle diese Bedingungen nicht genöthigt zur Reflexion, sondern reflectire dennoch mit absoluter Spontaneität; wären aber die Bedingungen nicht da, so könnte ich ohnerachtet aller Spontaneität nicht reflectiren.

d. Ich kann diese Aufforderung zur Selbstthätigkeit nicht begreifen, ohne sie einem wirklichen Wesen ausser mir zuzuschreiben, das mir einen Begriff, eben von der geforderten

Handlung, mittheilen wollte, das sonach des Begriffs vom Begriff fähig ist; ein solches aber ist ein vernünftiges, ein sich selbst als Ich setzendes Wesen, also ein Ich. (Hier liegt der einzige zureichende Grund, um auf eine vernünftige Ursache ausser uns zu schliessen; und nicht etwa nur darin, dass die Einwirkung sich begreifen lasse, denn dies ist immer möglich. (M. s. mein Naturrecht.) Es ist Bedingung des Selbstbewusstseyns, der Ichheit, ein wirkliches vernünftiges Wesen ausser sich anzunehmen.)

Ich setze diesem vernünftigen Wesen mich, und dasselbe mir entgegen; *dies* aber heisst, ich setze mich als Individuum in Beziehung auf dasselbe, und jenes als Individuum in Beziehung auf mich. Sonach ist es Bedingung der Ichheit, sich als Individuum zu setzen.

e. Es lässt sich also streng *a priori* erweisen, dass ein vernünftiges Wesen nicht im isolirten Zustande vernünftig wird, sondern dass wenigstens *Ein* Individuum ausser ihm angenommen werden muss, welches dasselbe zur Freiheit erhebe. Weitere Einwirkungen aber, so wie mehrere Individuen, ausser dem *Einen* schlechterdings nothwendigen, lassen sich nicht erweisen, wie wir bald näher sehen werden.

Aber schon aus dem Deducirten folgt eine Beschränkung des Triebes nach Selbstständigkeit; also eine nähere materiale Bestimmung der Moralität, die wir vorläufig angeben wollen. Meine Ichheit und Selbstständigkeit überhaupt ist durch die Freiheit des anderen bedingt; mein *Trieb nach Selbstständigkeit* kann sonach schlechthin nicht darauf ausgehen, die *Bedingung seiner eigenen Möglichkeit,* d. i. die Freiheit des anderen, zu vernichten. Nun soll ich schlechthin nur zufolge des Triebes nach Selbstständigkeit handeln, und schlechthin nach keinem anderen Antriebe. Es liegt sonach in dieser Beschränkung des Triebes das absolute Verbot, die Freiheit des anderen zu stören; das Gebot, ihn als selbstständig zu betrachten, und schlechthin nicht als Mittel für meinen Zweck zu gebrauchen. (Der Naturtrieb wurde dem Triebe nach Selbstständigkeit subordinirt: das theoretische Vermögen wird ihm nicht *materialiter* subordinirt, aber auch er ihm nicht. Der Freiheit des anderen wird dieser Trieb subordinirt. Ich darf nicht selbstständig seyn, zum Nachtheil der Freiheit anderer.)

f. Bloss dadurch, dass ich auch nur *Ein* Individuum ausser mir gesetzt, ist einiges von allen möglichen freien Handlungen für mich unmöglich geworden; nemlich alles dasjenige, wodurch die Freiheit, die ich jenem zuschreibe, bedingt ist. Aber auch im Fortgange des Handelns muss ich stets unter allem, was allerdings für mich möglich ist, einiges auswählen, zufolge des Begriffs der Freiheit. Nun wird, unserer Voraussetzung nach, das von meiner Freiheit ausgeschlossene, zwar nicht durch wirkliche Individuen, aber doch durch mögliche, gleichsam in Besitz genommen; und ich bestimme auch unter dieser Voraussetzung durch jede Handlung *meine Individualität weiter.* —

Ein wichtiger Begriff, über den ich mich deutlicher erkläre, und der eine sehr grosse Schwierigkeit in der Lehre von der Freiheit hebt.

Wer bin ich denn eigentlich, d. i. was für ein Individuum? Und welches ist der Grund, dass ich *der* bin? Ich antworte: ich bin von dem Augenblicke an, da ich zum Bewusstseyn gekommen, *derjenige, zu welchem ich mich mit Freiheit mache, und bin es darum, weil ich mich dazu mache.* — Mein Seyn in jedem Momente meiner Existenz ist, wenn auch nicht seinen Bedingungen nach, doch seiner *letzten* Bestimmung nach, durch Freiheit. Durch dieses Seyn ist hinwiederum die Möglichkeit meines Seyns im künftigen Momente beschränkt (weil ich im gegenwärtigen das bin, so kann ich im künftigen Momente einiges nicht seyn); aber welches unter allem noch *möglichen* im künftigen Momente ich wählen werde, hängt abermals ab von der Freiheit. Durch dieses alles aber wird meine Individualität bestimmt; durch dieses alles werde ich *materialiter* der, der ich bin.

Auch nur unter der gegenwärtigen Voraussetzung, dass nur Ein Individuum ausser mir sey, und nur Eine Einwirkung durch Freiheit auf mich geschehe, ist der erste Zustand, gleichsam die Wurzel meiner Individualität, nicht durch meine Freiheit bestimmt, sondern durch meinen Zusammenhang mit einem anderen Vernunftwesen; was ich aber von nun an werde, oder nicht werde, ist schlechterdings und ganz von mir allein abhängig. In jedem Momente muss ich unter mehreren auswählen; es ist aber gar kein Grund ausser mir, warum ich nicht jedes andere unter allem möglichen gewählt habe.

g. Nun aber können *mehrere* Individuen ausser mir seyn und auf mich einfliessen. Man kann *a priori,* wie wir schon gesehen haben, nicht erweisen, dass es so seyn müsse; aber man ist wenigstens den Beweis schuldig, dass es so seyn *könne.*

Ich bin ohnedies, wie wir gesehen haben, durch das Wesen der Freiheit selbst genöthigt, bei jeder freien Handlung mich zu beschränken, und sonach anderen möglichen freien Wesen die Möglichkeit, auch von ihrer Seite frei zu handeln, übrigzulassen. Nichts verhindert, dass diese freien Wesen nicht wirklich seyen. Sie können, wie es vorläufig erscheint, wirklich seyn, unbeschadet meiner Freiheit, die ja ohnedies beschränkt werden musste.

Aber können sie *für mich* wirklich seyn, d. i. kann ich sie als Wirkliche wahrnehmen, und wie kann ich sie wahrnehmen? Diese Frage wäre leicht zu beantworten nach den obigen Grundsätzen: sie können unmittelbar auf mich einwirken, wie freie auf freie; mich auffordern zur freien Thätigkeit.

Aber es ist gar nicht nothwendig, dass unmittelbar eingewirkt sey auf mich. Es kann auch lediglich eingewirkt seyn auf die Natur; und ich kann dennoch aus der blossen Weise der Einwirkung schliessen auf das Daseyn eines vernünftigen Wesens, *nachdem ich nun einmal den Begriff von wirklichen vernünftigen Wesen ausser mir habe.* Ursprünglich würde es nicht möglich seyn, auf diese Weise zu folgern. Diese Weise der Einwirkung auf die blosse Natur ist diejenige, durch welche ein Kunstproduct zu Stande kommt. Ein solches zeigt einen Begriff des Begriffs, welcher oben als das Kriterium einer Vernunft ausser mir angegeben worden. Denn der Zweck des Kunstproducts liegt nicht, wie der des Naturproducts, in ihm selbst, sondern ausser ihm. Es ist allemal Werkzeug, Mittel zu etwas. Sein Begriff ist etwas in der blossen Anschauung nicht liegendes, sondern nur zu denkendes, also ein *blosser* Begriff. Der aber, welcher das Kunstproduct verfertigte, musste diesen Begriff, den er darstellen wollte, denken; also er hatte nothwendig einen Begriff vom Begriffe. So gewiss ich etwas für ein Kunstproduct erkenne, muss ich nothwendig ein wirklich vorhandenes vernünftiges Wesen als den Urheber desselben setzen. So ist es nicht mit einem Naturproducte: es ist da zwar ein Begriff, aber es lässt sich nicht nachweisen der Begriff eines Begriffs; wenn man ihn nicht etwa schon bei einem Weltschöpfer vorausgesetzt.

So gewiss ich es für ein Kunstproduct anerkenne, habe ich gesagt. Dieses selbst aber ist nur unter der Bedingung möglich, dass ich schon eine Vernunft ausser mir denke; und diese letztere Annahme geht keinesweges aus von der Wahrnehmung eines Kunstproducts, welches einen Cirkel im Erklären gäbe, sondern von der oben beschriebenen Aufforderung zu einer freien Handlung.

So auf dem Gesichtspuncte des gemeinen Bewusstseyns, auf welchem die Wahrnehmung in uns erklärt wird durch das Vorhandenseyn eines Dinges ausser uns. Das auf diesem Gesichtspuncte angenommene muss aber selbst erklärt werden von dem transscendentalen aus; und auf diesem ist es nicht erlaubt von etwas ausser uns auszugehen; sondern dasjenige, was ausser uns seyn soll, muss selbst erst erklärt werden, aus etwas in uns. Es ist sonach die höhere Frage zu beantworten: wie kommen wir denn dazu, erst Kunstproducte ausser uns anzunehmen?

Alles, was ausser uns seyn soll, wird gesetzt zufolge einer Beschränkung des Triebes: so auch das Kunstproduct, inwiefern es überhaupt Object ist. Woher aber die besondere Bestimmung desselben, dass es eben als Kunstproduct gesetzt wird. Dies lässt schliessen auf eine besondere, eigenthümliche Beschränkung des Triebes. — Ich kann es kurz sagen: durch das Object überhaupt wird unser Seyn beschränkt; oder besser: von der Beschränkung unseres *Seyns* wird auf ein Object überhaupt geschlossen; aber der Trieb geht vielleicht auf die Modification desselben. Hier aber ist nicht eine blosse Beschränkung unseres *Seyns*, sondern auch unseres *Werdens;* wir fühlen unser Handeln zurückgestossen innerlich, es ist eine Beschränkung unseres Triebes nach Handeln sogar, und daher schliessen wir auf *Freiheit* ausser uns. (Trefflich drückt dies aus Herr Schelling [Phil. Journ. Bd. IV S. 281 §. 13]: Wo meine moralische Macht Widerstand findet, kann nicht *Natur* seyn. Schaudernd stehe ich stille. Hier ist *Menschheit!* ruft es mir entgegen; ich *darf* nicht weiter.)

So etwas kann eintreten, wie wir eben gesehen haben. — Tritt es ein, so bin ich noch weiter beschränkt, als durch die blosse Ichheit. Denn in der Ichheit liegt es nicht, wie wir erwiesen haben. — Ich bin sodann nicht blosses Vernunftwesen überhaupt: das könnte ich seyn, wenn ausser mir nur noch einer wäre, und dieser nur einmal in Beziehung auf mich sich geäussert hätte; — sondern ich bin ein *besonderes* Vernunftwesen. Diese besondere Beschränktheit ist es, die sich *a priori* aus der allgemeinen nicht ableiten lässt, weil sie dann keine besondere wäre, welches gegen die Voraussetzung läuft. Sie begründet das lediglich *empirische,* was jedoch seiner Möglichkeit nach auch *a priori* begründet werden muss. — Doch ist diese Beschränktheit eine ursprüngliche. Man denke sonach nicht, dass sie überhaupt erst in der Zeit entstehe. Wie sie in einer gewissen Rücksicht dennoch in der Zeit entstehe, werden wir sogleich sehen.

Das Resultat der aufgestellten Sätze ist: die Individualität kann auch in ihrem Fortgange bestimmt seyn, nicht lediglich durch die Freiheit, sondern durch ursprüngliche Beschränktheit; die jedoch nicht zu deduciren, sondern eine besondere, und in dieser Rücksicht für uns auf dem Gesichtspuncte der Erfahrung *zufällig* ist. — Es *kann* so seyn; damit muss sich die reine Philosophie begnügen, und wenn sie eine Wissenschaft behandelt, auf welche diese Voraussetzung Einfluss hat, so muss sie die Folgerungen daraus als *bedingte* Sätze aufstellen. Eine solche Wissenschaft ist die Sittenlehre, und dadurch erhält ihr materieller Theil etwas bedingtes. Thun wir Verzicht auf reine Philosophie, und erlauben wir uns, uns auf Thatsachen zu berufen, so können wir sagen, es *ist* so. — Ich kann und darf nicht alles seyn und werden, weil es einige andere sind, die auch frei sind.

Ich bin ursprünglich, nicht bloss *formaliter* durch die Ichheit, sondern auch *materialiter,* durch etwas, das zur Ichheit nicht nothwendig gehört, beschränkt. Es giebt gewisse Puncte, über welche ich mit meiner Freiheit selbst nicht hinaus soll, und dieses *Nichtsollen* offenbart sich mir unmittelbar. Diese Puncte erkläre ich mir durch das Vorhandenseyn anderer freier Wesen und ihrer freien Wirkungen in meiner Sinnenwelt.

h. Durch diese Theorie scheinen wir in einen Widerspruch verwickelt, und auf eine sehr gefährliche Folgerung getrieben. Ich will mich darauf einlassen, weil dadurch theils die Deutlichkeit sehr befördert, theils ein schwerer philosophischer Streit entschieden, und die Lehre von der Freiheit, auf welche in der Sittenlehre alles ankommt, völlig ins Licht gestellt wird. —

Die freien Handlungen anderer sollen in mir ursprünglich als Grenzpuncte meiner Individualität liegen, sollen sonach, dass wir uns dieser populären Ausdrücke bedienen, von Ewigkeit her prädestinirt seyn, keinesweges erst in der Zeit bestimmt werden. Wird dadurch nicht meine Freiheit aufgehoben? Wenn es nur nicht auch vorher bestimmt ist, wie ich auf jene freien Handlungen zurückhandle; keinesweges: aber nach allem bisherigen bleibt mir ja diese Freiheit der Auswahl unter dem Möglichen. Aber man erhebe sich auf einen höheren Punct. Die anderen in der Sinnenwelt, auf die *ich* einfliesse, sind auch vernünftige Wesen; und die Wahrnehmung *meines* Einflusses auf sie, ist *für sie* prädestinirt, wie *für mich* die Wahrnehmung *ihres* Einflusses auf mich. Für mich sind *meine* Handlungen nicht prädestinirt; ich nehme sie wahr als die Folge meiner absoluten Selbstbestimmung; aber für alle andere, die mit mir in Gesellschaft leben, sind sie es: so wie für diese die ihrigen auch nicht vorherbestimmt sind, wohl aber für mich. Meine freien Handlungen sind sonach allerdings vorherbestimmt. Wie kann nun die Freiheit dabei bestehen?

Die Rechnung steht so: die *Prädetermination* kann nicht

wegfallen, ausserdem ist die Wechselwirkung vernünftiger Wesen, sonach die vernünftigen Wesen überhaupt, nicht erklärbar; aber die Freiheit kann ebensowenig wegfallen. Dann hörten die vernünftigen Wesen selbst auf zu seyn.

Die Auflösung ist nicht schwer. — Es sind *für Mich* (ich will es indessen so nennen, um mich nur ausdrücken zu können, wiewohl auch darüber noch eine wichtige Erinnerung zu machen seyn wird), — es sind für Mich *a priori* bestimmt alle Einflüsse freier Wesen. Besinnt man sich nicht, was *a priori* heisst? *A priori* ist keine Zeit und keine Zeitfolge: kein *Nacheinander;* sondern alles *zugleich* (man muss sich wohl so ausdrücken). Sonach ist gar nicht bestimmt, dass ich die Ereignisse so und so in der Zeit aufeinanderfolgen lasse; dieses an jene bestimmte individuelle Reihe, dieses an eine andere anknüpfe. *Was* ich erfahren werde, ist bestimmt, nicht *von wem.* Die anderen ausser mir bleiben frei.

So ist für andere allerdings bestimmt, was für Einflüsse freier Wesen auf sie es geben sollte; und so waren auch diejenigen für sie bestimmt, welche *ich* insbesondere auf sie hatte: aber es war wahrlich nicht bestimmt, dass *Ich,* dasselbe Individuum, welches ursprünglich so und so bestimmt war, sie haben sollte. Hatte sie ein anderer eher denn ich, so hatte ich sie nicht; und hatte ich sie nicht, so hatte sie etwa ein anderer später denn ich; und hätten sie sich selbst mit Freiheit zu dem gemacht, was Ich bin, so hätte gar niemand auf sie diese Einflüsse gehabt. — Wer bin ich denn überhaupt? Es bleibt dabei: der, zu dem ich mich mache. — Ich habe nun so und so weit gehandelt, und bin dadurch der und der, das Individuum, dem die Reihe der Handlungen A, B, C u. s. f. zukommt. Von diesem Augenblicke an liegt wieder eine Unendlichkeit von prädestinirten Handlungen vor mir, aus der ich auswählen kann; die Möglichkeit und Wirklichkeit aller ist prädestinirt: aber gar nicht, dass gerade die, die ich wähle, an die ganze Reihe, die bis jetzt meine Individualität ausmacht, an A, B, C sich anfügen sollen; und so ins Unendliche. Es giebt erste bestimmte Puncte der Individualität; von da an liegt vor Jedem eine Unendlichkeit: und welches bestimmte unter den von nun an noch möglichen Individuen es wird, hängt gänzlich ab von seiner Freiheit.

Meine Behauptung ist also die: es sind alle freien Handlungen von Ewigkeit her, d. i. ausser aller Zeit durch die Vernunft prädestinirt, und jedes freie Individuum ist in Rücksicht der Wahrnehmung mit diesen Handlungen in Harmonie gesetzt. Es liegt für die gesammte Vernunft ein unendlich Mannigfaltiges von Freiheit und Wahrnehmung da: alle Individuen theilen sich gleichsam darein. Aber die Zeitfolge und der Zeitinhalt ist nicht prädestinirt, aus der hinreichenden Ursache, dass die Zeit nichts ewiges und reines, sondern bloss eine Form der Anschauung endlicher Wesen ist; d. h. die Zeit, in welcher etwas geschehen wird, und die Thäter sind nicht prädestinirt. Und so löst sich durch eine kleine Aufmerksamkeit die unbeantwortlich geschienene Frage von selbst auf: Prädetermination und Freiheit sind vollkommen vereinigt.

Die Schwierigkeiten, die man dabei finden könnte, sind lediglich gegründet in dem Grundfehler alles Dogmatismus, dass man das Seyn zu einem ursprünglichen macht, und daher, wenn man ja ein Handeln anerkennt, Seyn und Handeln von einander absondert: und einem Individuum sein ganzes Seyn unabhängig von seinem Handeln zutheilt; wodurch denn freilich, wenn man bestimmt genug denkt, alle Freiheit und alles eigentliche Handeln aufgehoben wird. Kein Mensch in der Welt kann anders *handeln*, als er handelt, ob er gleich vielleicht schlecht handelt, da er einmal dieser Mensch *ist;* nichts ist wahrer, und diese Behauptung ist sogar nur ein identischer Satz. Aber er sollte eben nicht dieser Mensch seyn, und könnte auch ein ganz anderer seyn; und es *sollte überhaupt kein solcher Mensch in der Welt seyn.* — Da soll denn eine bestimmte Person diese Person seyn, ehe sie es ist; ihre Verhältnisse und Schicksale vom Tage ihrer Geburt an bis zu ihrem Todestage sollen bestimmt seyn; nur — ihr Handeln nicht. Aber was sind denn Verhältnisse und Schicksale anders, als die objective Ansicht des Handelns? Hängt das letztere ab von der Freiheit, so müssen wohl auch die ersteren davon abhängen. Ich bin ja nur, was ich handle. Denke ich mich nun in die Zeit, so bin ich in einer gewissen Rücksicht nicht eher bestimmt, bis ich in dieser Rücksicht gehandelt habe. — Freilich, wer von jenem Grundübel des Dogmatismus nicht zu heilen sich vermag, dem wird diese Theorie der Freiheit nie einleuchten.

IV.

Die Selbstständigkeit, unser letztes Ziel, besteht, wie oft erinnert worden, darin, dass alles abhängig ist von mir, und ich nicht abhängig von irgend etwas; dass in meiner ganzen Sinnenwelt geschieht, was ich will, schlechthin und bloss dadurch, dass ich es will, gleichwie es in meinem Leibe, dem Anfangspuncte meiner absoluten Causalität, geschieht. Die Welt muss mir werden, was mir mein Leib ist. Nun ist dieses Ziel zwar unerreichbar, aber ich soll mich ihm doch stets annähern, also alles in der Sinnenwelt bearbeiten, dass es Mittel werde zur Erreichung dieses Endzweckes. Diese Annäherung ist mein endlicher Zweck.

Dass ich auf irgend einen Punct niedergesetzt werde durch die Natur, und durch sie gleichsam der erste Schritt statt meiner gethan werde auf diesem Wege in die Unendlichkeit, thut meiner Freiheit keinen Eintrag. Ebensowenig thut es ihr Eintrag, dass mir gleich anfangs eine Sphäre für meinen möglichen Gang durch Freiheit gegeben wird, durch ein vernünftiges Wesen ausser mir; denn dadurch erst erhalte ich Freiheit: und ehe ich dieselbe habe, kann ihr kein Eintrag geschehen. Es thut meiner Freiheit keinen Eintrag, noch andere freie und vernünftige Wesen ausser mir annehmen zu müssen: denn ihre Freiheit und Vernünftigkeit, als solche, ist überhaupt nicht Gegenstand einer Wahrnehmung, die mich beschränke; sondern es ist ein blosser geistiger Begriff.

Ferner thut es derselben keinen Eintrag, dass ich, nach dem weiterhin dargestellten Begriffe, unter mehreren möglichen Handlungen wählen muss; denn durch eine solche Wahl ist das Bewusstseyn meiner Freiheit, und sonach diese Freiheit selbst bedingt; und die Materie des gewählten ist stets in meiner Gewalt, weil alle möglichen freien Handlungsweisen in meinur Botmässigkeit stehen. Wenn auch, nach der bei derselben Gelegenheit gemachten Voraussetzung, unter den übriggebliebenen Handelsmöglichkeiten dann andere freie Wesen auswählen, so beschränkt dies meine Selbstständigkeit nicht; *sie* werden durch mich eingeschränkt, nicht *ich* durch sie.

Aber wenn, unserer späteren Voraussetzung und der allgemeinen Erfahrung nach, dasjenige, was allerdings auf meinem Wege liegt, da es in die Welt meiner Erfahrung fällt, mithin mich beschränkt, wie alle Objecte meiner Erfahrung, schon modificirt ist durch freie Wesen ausser mir; dann wird meine Freiheit allerdings eingeschränkt, wenn ich dieses Object nicht selbst modificiren darf nach meinem Zwecke: das aber darf ich nicht, zufolge des angeführten Verbotes des Sittengesetzes. Ich darf die Freiheit vernünftiger Wesen nicht stören. Verändere ich aber die Producte ihrer Freiheit, so störe ich dieselbe; denn diese Producte sind ihnen Mittel zu weiteren Zwecken; und beraube ich sie dieser Mittel, so können sie den Lauf ihrer Causalität nach ihren entworfenen Zweckbegriffen nicht fortsetzen.

Es findet sich sonach hier ein Widerspruch des Triebes nach Selbstständigkeit, mithin des Sittengesetzes, mit sich selbst. Dasselbe fordert:

1) Dass ich alles, was mich beschränkt oder, was dasselbe bedeutet, in meiner Sinnenwelt liegt, meinem absoluten Endzwecke unterwerfe; es zu einem Mittel mache, der absoluten Selbstständigkeit mich zu nähern.

2) Dass ich einiges, was mich doch, da es in meiner Sinnenwelt liegt, beschränkt, meinem Zwecke nicht unterwerfe, sondern es lasse, wie ich es finde. Beides sind unmittelbare Gebote des Sittengesetzes: das erste, wenn man dieses Gesetz überhaupt, das zweite, wenn man es in einer besonderen Aeusserung betrachtet.

V.

Der Widerspruch wäre zu lösen und die Einstimmigkeit des Sittengesetzes mit sich selbst herzustellen, lediglich durch die Voraussetzung, dass alle freie Wesen denselben Zweck nothwendig hätten; demnach das zweckmässige Verfahren des einen zugleich zweckmässig für alle andere, die Befreiung des einen zugleich die Befreiung aller anderen wäre. — Ist es so? Da auf der Beantwortung dieser Frage und vorzüglich auf den Gründen, aus denen man sie beantwortet, alles, uns besonders alles, d. i. das charakteristische unserer Darstellung der Sittenlehre beruht, so gehe ich hier tiefer in die Sache hinein.

Der Trieb nach Selbstständigkeit ist Trieb der Ichheit, er hat nur sie zum Zwecke; das Ich allein soll das Subject der Selbstständigkeit seyn. Nun liegt es in der Ichheit, wie wir gesehen haben, allerdings, dass jedes Ich Individuum sey; aber nur Individuum überhaupt, nicht das bestimmte Individuum A oder B oder C u. s. f. Ich kann, da, wie wir gesehen haben, alle Bestimmungen unserer Individualität von unserer Freiheit abhängen, ausser der ersten und ursprünglichen, mit jenem A u. s. w. nur die ursprüngliche Beschränkung der Freiheit, das, was ich oben die Wurzel aller Individualität nannte, meinen. Da es sonach der Ichheit überhaupt zufällig ist, dass *ich*, das Individuum A, eben A bin; und der Trieb der Selbstständigkeit ein Trieb der Ichheit, wesentlich als solcher, seyn soll, so geht er nicht auf die Selbstständigkeit von A, sondern auf die Selbstständigkeit der Vernunft überhaupt. Die Selbstständigkeit aller Vernunft, als solcher, ist unser letztes Ziel: mithin nicht die Selbstständigkeit Einer Vernunft, inwiefern sie individuelle Vernunft ist.

Nun aber *bin* ich für meine Person, ich A, lediglich, inwiefern ich A bin. Also mir ist A mein empirisches Selbst: nur in ihm kommt jener Trieb und jenes Gesetz zum Bewusstseyn, nur durch A kann ich demselben gemäss wirken, weil ich überhaupt nur dadurch wirken kann. A ist für mich ausschliessende Bedingung der Causalität dieses Triebes. Mit einem Worte: A ist nicht *Object*; aber A ist für mich alleiniges *Werkzeug und Vehicul* des Sittengesetzes. (Oben war dieses Werkzeug der Leib: hier wird es der *ganze sinnliche empirisch-bestimmte Mensch;* und wir haben sonach hier einmal das empirische und reine Ich ganz scharf getrennt, welches für die Sittenlehre insbesondere, und für die ganze Philosophie überhaupt sehr erspriesslich ist.)

Geht der Trieb nach Selbstständigkeit auf Selbstständigkeit der Vernunft überhaupt; kann diese nur *in* den Individuen A, B, C u. s. w. und *durch* sie dargestellt werden: so ist es mir nothwendig ganz gleichgültig, ob ich, A, oder ob B oder C sie darstellt; denn immer wird die Vernunft überhaupt, da auch die letzteren zu dem Einen ungetheilten Reiche derselben gehören, dargestellt; immer ist mein Trieb befriedigt, denn er wollte nichts anderes. Ich will Sittlichkeit überhaupt; *in* oder *ausser* mir, dies ist ganz gleichgültig; ich will sie von mir, nur inwiefern sie mir zukommt, und von anderen, inwiefern sie ihnen zukommt; durch eine, wie durch die andere ist mein Zweck auf die gleiche Weise erreicht.

Mein Zweck ist erreicht, wenn der andere *sittlich* handelt. Aber er ist frei, und vermag durch Freiheit auch unsittlich zu handeln. Im letzteren Falle ist mein Zweck nicht erreicht. Habe ich dann nicht das Recht und die Verbindlichkeit, die Wirkung seiner Freiheit zu zerstören? Ich berufe mich nicht auf den oben vorläufig aufgestellten negativen Satz, sondern deducire ihn selbst, hier, wo der Ort dazu ist, gründlich.

Die Vernunft soll selbstständig seyn; aber sie richtet sich mit dieser ihrer Forderung an die bestimmten Individuen B, C u. s. w., und es giebt gar keine solche Forderung und keine (materielle) Selbstständigkeit, ausser vermittelst der formellen Freiheit aller Individuen. Die letztere sonach ist ausschliessende Bedingung aller Causalität der Vernunft überhaupt. Wird sie aufgehoben, so wird, da *alle* Causalität derselben aufgehoben wird, auch die zur Selbstständigkeit aufgehoben. Es kann sonach keiner, der die letztere will, die erstere nicht wollen. Freiheit ist absolute Bedingung aller Moralität, und ohne sie ist gar keine möglich. Es bestätigt sich also das absolute Verbot des Sittengesetzes, die Freiheit des freien Wesens unter keiner Bedingung und unter keinem Vorwande zu stören und aufzuheben. Dadurch aber bleibt der Widerspruch stehen; und man kann sagen: ich will den anderen nur frei, und kann ihn nur frei wollen, unter der Bedingung, dass er seiner Freiheit zur Beförderung des Vernunftzweckes sich bediene; ausserdem kann ich ihn gar nicht frei wollen; und dies ist gleichfalls ganz richtig. Ich muss einen Gebrauch der Freiheit gegen das Sittengesetz schlechterdings aufzuheben wünschen, wenn der Wunsch allgemeiner Sittlichkeit in mir herrschend ist, wie er es ja doch seyn soll.

Aber hierbei entsteht die weitere Frage: welcher Gebrauch der Freiheit ist denn gegen das Sittengesetz, und wer kann darüber allgemeingültig Richter seyn? — Wenn *der andere* nach seiner besten Ueberzeugung gehandelt zu haben behauptet — und *ich* handle in derselben Lage anders: so handle *ich* dann nach *seiner* Ueberzeugung ebensowohl unsittlich, als *er* nach der *meinigen*. Wessen Ueberzeugung soll denn der Leitfaden des anderen seyn? Keines von beiden Ueberzeugung, so lange sie streitend sind; denn jeder soll schlechthin nach *seiner* Ueberzeugung handeln, und darin besteht die formale Bedingung aller Sittlichkeit. — Können wir uns sonach trennen und jeder den anderen seinen Weg gehen lassen? Schlechterdings nicht: wenn wir nicht alles unser Interesse für allgemeine Sittlichkeit, für Herrschaft der Vernunft, strafwürdigst aufgeben wollen. Also; wir müssen unser Urtheil übereinstimmend zu machen suchen. Nun wird allerdings, so gewiss keiner von beiden völlig gewissenlos ist, jeder voraussetzen, dass *seine* Meinung richtig ist (denn ausserdem hätte er, indem er derselben folgte, gegen sein Gewissen gehandelt); jeder wird sonach darauf ausgehen und ausgehen müssen, den anderen zu überzeugen, nicht sich von ihm überzeugen zu lassen. Aber so müssen sie doch endlich, da die Vernunft nur Eine ist, auf einerlei Resultat kommen; bis dahin aber ist es, zufolge des absoluten Verbotes jedem Pflicht, die äussere Freiheit des anderen zu schonen. — Jeder kann und darf sonach nur die Ueberzeugung des anderen, keinesweges seine physische Wirkung, bestimmen wollen. Der erste Weg ist der einzige erlaubte Zwang für freie Wesen auf freie.

Wir gehen dies sorgfältiger durch.

a. Der moralische Endzweck jedes vernünftigen Wesens ist, wie wir gesehen haben, Selbstständigkeit der Vernunft überhaupt; also Moralität aller vernünftigen Wesen. Wir sollen alle gleich handeln. Daher der Kantsche Satz: handle so, dass du dir die Maxime deines Willens als Princip einer allgemeinen Gesetzgebung denken könnest. — Nur ist von meinem Gesichtspuncte aus dabei folgendes anzumerken. Zuvörderst ist in dem Kantschen Satze nur von der *Idee* einer Uebereinstimmung die Rede; keinesweges von einer *wirklichen* Uebereinstimmung. Bei uns wird sich zeigen, dass diese Idee reellen Gebrauch hat, dass man suchen soll, sie zu realisiren, und zum Theil zu handeln hat, als ob sie realisirt sey. Dann ist dieser Satz nur *heuristisch,* ich kann nach ihm wohl und bequem prüfen, ob ich mich etwa in der Beurtheilung über meine Pflicht geirrt habe; keinesweges aber ist er *constitutiv.* Er ist gar nicht Princip, sondern nur Folgerung aus dem wahren Princip, dem Gebote der absoluten Selbstständigkeit der Vernunft. Das Verhältniss ist nicht so: weil etwas Princip einer allgemeinen Gesetzgebung seyn kann, darum soll es Maxime meines Willens seyn; sondern umgekehrt, weil etwas Maxime meines Willens seyn soll, darum kann es auch Princip einer allgemeinen Gesetzgebung seyn. Die Beurtheilung geht schlechthin von mir aus, wie dies auch im Kantschen Satze klar ist; denn wer beurtheilt denn wieder, ob etwas Princip einer allgemeinen Gesetzgebung seyn könne? Doch wohl ich selbst. Und nach welchen Principien denn? Doch wohl nach denen, die in meiner eigenen Vernunft liegen? Einen heuristischen Gebrauch aber hat diese Formel deswegen: ein Satz, aus dem eine Absurdität folgt, ist falsch: — nun ist es absurd, dass ich X soll, wenn ich nicht denken kann, dass in derselben Lage es alle sollten; mithin soll ich dann X gewiss nicht, und habe in der vorhergegangenen Beurtheilung mich geirrt.

b. Jeder soll absolute Uebereinstimmung mit sich selbst ausser sich, in allen, die für ihn da sind, hervorbringen, denn nur unter Bedingung dieser Uebereinstimmung ist er selbst frei und unabhängig. Also — zuvörderst, jeder soll in der Gesellschaft leben, und in ihr bleiben, denn ausserdem könnte er keine Uebereinstimmung mit sich hervorbringen, welches ihm doch absolut geboten ist. Wer sich absondert, der giebt seinen Zweck auf; und die Verbreitung der Moralität ist ihm ganz gleichgültig. Wer nur für sich selbst sorgen will, in morali-

scher Rücksicht, der sorgt auch nicht einmal für sich, denn
es soll sein Endzweck seyn, für das ganze Menschengeschlecht
zu sorgen. Seine Tugend ist keine Tugend, sondern etwa ein
knechtischer lohnsüchtiger Egoismus. — Es ist uns nicht aufgetragen, Gesellschaft zu suchen und selbst hervorzubringen:
wer in einer Wüste geboren wäre, dem wäre es wohl erlaubt,
darin zu bleiben; aber jeder, der mit uns nur bekannt wird,
wird durch diese blosse Bekanntschaft unserer Sorge mit aufgetragen, er wird unser Nächster, und gehört zu unserer Vernunftwelt, wie die Objecte unserer Erfahrung zu unserer Sinnenwelt gehören. Wir können ihn ohne Gewissenlosigkeit nicht
aufgeben. Hierdurch wird auch widerlegt die Meinung, welche
noch in mancherlei Gestalten sich unter uns zeigt, dass man
durch Einsiedlerleben, Absonderungen, blosse erhabene Gedanken und Speculationen seiner Pflicht Genüge thue — und auf
eine verdienstvollere Weise. Man thut ihr dann gar keine Genüge. Nur durch Handeln, nicht durch Schwärmen — nur
durch Handeln in und für die Gesellschaft, thut man ihr Genüge. — Dann — jeder hat allerdings nur den Zweck, den
anderen zu überzeugen, keinesweges aber von ihm sich überzeugen zu lassen. Dies liegt in der Natur der Sache. Er muss
in sich selbst gewiss seyn, ausserdem wäre er gewissenlos,
wenn er nach seiner Ueberzeugung zu handeln sich getraute,
und auch andere zu einem Handeln nach derselben zu bringen suchte.

c. Nun ist jener Zweck gar nicht ausschliessend diesem
oder jenem Individuum eigen, sondern es ist ein gemeinschaftlicher Zweck. Jeder soll ihn haben; und selbst das ist der
Zweck eines jeden, so gewiss er allgemeine moralische Bildung
will, jeden anderen zu vermögen, dass er sich diesen Zweck
setze. Dies vereinigt zuvörderst die Menschen; jeder will nur
den anderen von seiner Meinung überzeugen, und wird vielleicht in diesem Streite der Geister selbst überzeugt von der
des anderen. Jeder muss bereit seyn, sich auf diese Wechselwirkung einzulassen. Wer sie flieht, etwa um in seinem Glauben nicht gestört zu werden, der verräth Mangel an eigener
Ueberzeugung, welcher schlechthin nicht seyn soll; und hat

daher nur desto grössere Pflicht, sich einzulassen, um sich welche zu erwerben.

Diese Wechselwirkung aller mit allen zur Hervorbringung gemeinschaftlicher praktischer Ueberzeugungen ist nur möglich, inwiefern alle von gemeinschaftlichen Principien ausgehen, dergleichen es nothwendig giebt; an welche ihre fernere Ueberzeugung angeknüpft werden muss. — Eine solche Wechselwirkung, auf welche sich einzulassen jeder verbunden ist, heisst eine *Kirche,* ein ethisches Gemeinwesen; und das, worüber alle einig sind, heisst ihr *Symbol.* — Jeder soll Mitglied der Kirche seyn. Das *Symbol* aber muss, wenn die Kirchengemeinschaft nicht ganz ohne Frucht ist, stets verändert werden; denn das, worüber alle übereinstimmen, wird doch bei fortgesetzter Wechselwirkung der Geister allmählig sich vermehren. — (Die Symbole gewisser Kirchen scheinen statt dessen, worüber alle einig sind, vielmehr dasjenige zu enthalten, worüber alle streiten, und was im Grunde des Herzens kein einziger glaubt, weil es kein einziger auch nur denken kann.)

d. Also die Uebereinstimmung aller zu derselben praktischen Ueberzeugung, und die daraus folgende Gleichförmigkeit des Handelns ist nothwendiges Ziel aller Tugendhaften.

Wir wollen diesen wichtigen, unserer Darstellung der Moral charakteristischen und wahrscheinlich manchem Zweifel ausgesetzten Punct aus den oben aufgestellten Principien scharf untersuchen.

Das Sittengesetz in mir, als Individuum, hat nicht mich allein, sondern es hat die *ganze Vernunft* zum Objecte. Mich hat es zum Objecte lediglich, inwiefern ich Eins der Werkzeuge seiner Realisation in der Sinnenwelt bin. Alles sonach, was es von mir, als Individuum, fordert, und worüber es mich allein verantwortlich macht, ist, dass ich ein tüchtiges Werkzeug sey. Ueber diese Ausbildung sonach bin ich lediglich an meine eigene Privatüberzeugung, keinesweges an die gemeinsame verwiesen. Ich habe als Individuum, und in Beziehung auf das Sittengesetz, als Werkzeug desselben, Verstand und Leib. Für die Ausbildung derselben bin ich allein verantwortlich. Zuvörderst, die Ausbildung meines Verstandes hängt lediglich ab von meiner eigenen Ueberzeugung. Ich habe absolute Denkfreiheit; nicht äusserlich, dies liegt schon im Begriffe des Denkens, sondern vor meinem Gewissen. Ich soll mir schlechthin kein Gewissen darüber machen, und die Kirche darf mir keins darüber machen, innerlich an allem zu zweifeln, alles, so heilig es scheinen möge, weiter zu untersuchen. Diese Untersuchung ist absolute Pflicht: und etwas bei sich unentschieden und an seinen Ort gestellt seyn zu lassen, ist gewissenlos. In Absicht meines Leibes habe ich absolute Freiheit, denselben zu nähren, auszubilden, zu pflegen, wie ich nach meiner eigenen Ueberzeugung ihn am besten zu erhalten und gesund zu erhalten, und zu einem geschickten und tüchtigen Werkzeuge zu machen, hoffen kann. Es ist nicht Gewissenssache, hierin zu thun, wie andere thun, ja es ist, wenn ich ohne eigene Ueberzeugung seine Erhaltung von fremden Meinungen abhängen lasse, gewissenlos.

Was ausser meinem Körper liegt, mithin die ganze Sinnenwelt, ist Gemeingut, und die Bildung derselben nach Vernunftgesetzen, ist *mir nicht allein,* sondern sie ist *allen vernünftigen Wesen* aufgetragen. Für sie bin ich nicht allein verantwortlich, und ich darf dabei gar nicht nach meiner Privatüberzeugung verfahren, weil ich in dieser Sinnenwelt nicht wirken kann, ohne auf andere einzufliessen; mithin, falls diese Einwirkung auf sie nicht ihrem eigenen Willen gemäss ist, ihrer Freiheit Eintrag zu thun; welches ich schlechterdings nicht darf. Was auf alle einfliesst, darf ich schlechthin nicht thun, ohne die Einwilligung aller, mithin nach Grundsätzen, die von allen gebilligt, und der gemeinschaftlichen Ueberzeugung gemäss sind. — Hieraus aber würde, wenn etwa eine gemeinschaftliche Ueberzeugung und Einstimmigkeit über die Weise, wie es jedem erlaubt seyn solle, auf jeden anderen einzufliessen, nicht möglich wäre, folgen: dass überhaupt nicht gehandelt werden könne, welches dem Sittengesetze widerspricht. Aber es widerspricht demselben nicht weniger, dass gehandelt werde, ausser nach allgemeiner Uebereinstimmung. Es muss sonach, nach einem absoluten Gebote des Sittengesetzes, eine solche Uebereinstimmung schlechthin hervorgebracht werden. — Die Uebereinkunft, wie Menschen gegenseitig aufeinander sollen einfliessen dürfen, d. h. die Uebereinkunft über *ihre gemeinschaftlichen Rechte* in der Sinnenwelt, heisst der *Staatsvertrag;* und die Gemeine, die übereingekommen ist, der Staat. Es ist absolute Gewissenspflicht, sich mit anderen zu einem Staate zu vereinigen. Wer dies nicht will, ist in der Gesellschaft gar nicht zu dulden, weil man mit gutem Gewissen mit ihm in gar keine Gemeinschaft treten kann: indem man ja, da er sich nicht erklärt hat, wie er behandelt seyn will, immer befürchten muss, ihn wider seinen Willen und sein Recht zu behandeln.

Da ein Handeln gar nicht möglich ist, ehe ein Staat errichtet worden, und dennoch es schwer seyn möchte, die ausdrückliche Einwilligung aller oder auch nur einer beträchtlichen Menge zu erhalten, so ist der höhere ausgebildetere Mensch durch die Noth getrieben, ihr *Stillschweigen* zu gewissen Verfügungen, und ihre Unterwerfung unter dieselben, für Einwilligung zu halten. Es kann auch mit der Berechnung und Abwägung der gegenseitigen Rechte nicht so genau genommen werden, indem der eine sich in *gar* keine Ordnung fügt, wenn er nicht beträchtliche Vorzüge erhält, ein anderer zu *allem* stillschweigt. Auf diese Weise entsteht ein *Nothstaat;* die erste Bedingung des allmähligen Fortschreitens zum Vernunft- und rechtsgemässen Staate. — Es ist Gewissenssache, sich den Gesetzen seines Staates unbedingt zu unterwerfen; denn sie enthalten den präsumtiven allgemeinen Willen, welchem zuwider keiner auf andere einfliessen darf. Jeder erhält die sittliche Erlaubniss, auf sie einzuwirken, bloss dadurch, dass das Gesetz ihre Einwilligung dazu erklärt.

Es ist gegen das Gewissen, den Staat umzustürzen; wenn ich nicht fest überzeugt bin, dass die *Gemeine* eine solche Umstürzung desselben will, welches lediglich unter einer tiefer unten anzuführenden Bedingung der Fall seyn könnte; auch wenn ich von der Vernunft- und Rechtswidrigkeit des grössten Theiles seiner Einrichtungen überzeugt wäre; denn ich handle in dieser Sache nicht auf mich allein, sondern auf die Gemeine. **Meine Ueberzeugung von der Rechtswidrigkeit der Verfassung ist vielleicht** an sich, d. i. vor der reinen Vernunft, wenn es einen sichtbaren Richterstuhl derselben gäbe, ganz richtig, dennoch aber nur Privatüberzeugung; aber ich darf in den Angelegenheiten des Ganzen nicht nach meiner Privatüberzeugung, sondern muss nach gemeinschaftlicher Ueberzeugung handeln: kraft des obigen Beweises.

Hier ist ein Widerspruch. Ich bin innerlich überzeugt, dass die Verfassung rechtswidrig ist, und helfe sie dennoch aufrecht erhalten; wäre es auch nur durch meine Unterwürfigkeit. Ja ich verwalte vielleicht selbst ein Amt in dieser rechtswidrigen Verfassung. Sollte ich etwa wenigstens das letztere nicht? Vielmehr ich soll es; ich soll mich nicht zurückziehen, denn es ist besser, dass die Weisen und Gerechten regieren, als dass die Unweisen und Ungerechten herrschen. Was Plato der Briefsteller darüber sagt, ist unrichtig und sogar widersprechend. Ich darf meinem Vaterlande mich nie entziehen. — Ich wenigstens, sagt man, will keine Ungerechtigkeiten verüben, aber dies ist eine egoistische Rede. Willst du sonach sie durch andere verüben lassen? Wenn du einsiehst, dass Ungerechtigkeiten geschehen, so müsstest du sie ja verhindern.

Ich handle sonach gegen bessere Ueberzeugung. — Von einer anderen Seite aber ist es ja *richtige und pflichtmässige Ueberzeugung,* dass ich in gemeinschaftlichen Angelegenheiten nur nach dem präsumtiven gemeinsamen Willen handeln soll; und es ist gar kein Unrecht, einen anderen zu behandeln, wie er behandelt seyn will: und ich handle sonach auch nach meiner besten Ueberzeugung. — Wie lässt dieser Widerspruch sich vereinigen? Man sehe nur, von welcher Ueberzeugung in beiden Sätzen die Rede ist. In dem ersteren von der über ein *Sollen,* über einen Zustand, der hervorgebracht werden soll. Im zweiten, von der Ueberzeugung über die *Wirklichkeit,* zu der ich selbst, als Mitglied der Gesellschaft, mitgehöre. Beides muss in meiner Maxime vereinigt seyn, und lässt sich leicht vereinigen. Ich muss den gegenwärtigen Zustand des Nothstaates betrachten, als ein Mittel, den Vernunftstaat hervorzubringen, und lediglich zu diesem Ziele handeln. Ich muss nicht meine Maassregeln so nehmen, dass es immer so bleibe, sondern so, dass es besser werden müsse. Dies ist schlechthin

Pflicht. Ein Handeln im Staate, dem dieser Zweck nicht zum Grunde liegt, kann, inwiefern es ihn doch befördert, *materialiter* recht, legal seyn, aber es ist *formaliter* pflichtwidrig. Ein Handeln, das wohl gar auf den entgegengesetzten Zweck ausgeht, ist *materialiter* und *formaliter* böse und gewissenlos. — Wenn nach diesen Grundsätzen eine Zeitlang gehandelt wird, so kann es wohl geschehen, dass der gemeinsame Wille ganz gegen die Verfassung des Staates ist; dann ist die Fortdauer desselben rechtswidrige Tyrannei und Unterdrückung; dann fällt der Nothstaat von selbst um, und es tritt eine vernünftigere Verfassung an dessen Stelle. Jeder Biedermann, *wenn er sich nur von dem gemeinsamen Willen überzeugt hat,* kann es dann ruhig auf sein Gewissen nehmen, ihn vollends umzustürzen. (Im Vorbeigehen. — Ich will nicht sagen gewissenlose — darüber mögen sie sich vor ihrem eigenen Gewissen richten — aber wenigstens äusserst unverständige Menschen treiben neuerlich ein Geschrei, als ob der Glaube an eine ungemessene Perfectibilität der Menschheit etwas höchst gefährliches, höchst vernunftwidriges und die Quelle, Gott weiss welcher Gräuel wäre. Stellen wir die Untersuchung in den rechten Gesichtspunct, um diesem Geschwätze auf immer ein Ende zu machen. Es ist zunächst nicht die Frage: muss man aus blossen theoretischen Vernunftgründen sich für oder gegen diese Perfectibilität entscheiden? Wir können diese Frage ganz bei Seite liegen lassen. Das auf die Unendlichkeit gehende Sittengesetz gebietet schlechterdings, die Menschen zu behandeln, *als ob sie* immerfort der Vervollkommnung fähig wären und blieben; es verbietet schlechterdings, sie auf die entgegengesetzte Weise zu behandeln. Diesem Gebote kann man nicht gehorchen, ohne an die Perfectibilität zu glauben. Sie ist sonach einer der ersten Glaubensartikel, an dem man gar nicht zweifeln kann, ohne seine ganze sittliche Natur aufzugeben. Wenn sonach auch zu beweisen wäre, dass das Menschengeschlecht von Anbeginn bis auf diesen Tag gar nicht vorwärts-, sondern immer zurückgekommen wäre; wenn sich aus den *natürlichen* Anlagen desselben das mechanische Gesetz ableiten liesse, zufolge dessen sie nothwendig zurückkommen müssten (welches alles weit mehr ist, als je geleistet werden kann): so dürften und könnten wir den uns innerlich und unaustilglich eingepflanzten Glauben dennoch nicht aufgeben. Auch wäre da kein Widerspruch: denn dieser Glaube gründet sich gar nicht auf *Naturanlagen,* sondern auf *die Freiheit.* Man urtheile, was diejenigen sind, die uns einen durch das Sittengesetz schlechthin gebotenen Glauben zur Thorheit anrechnen. Das aber ist wahr, dass nichts der Despoten- und Pfaffentyrannei gefährlicher und ihr Reich in seinen Grundfesten zerstörender ist, als dieser Glaube. Das einzige Scheinbare, was diese für sich anzuführen hat, und was sie nicht müde wird, anzuführen, ist dies: dass die Menschheit gar nicht anders behandelt werden könne, als sie dieselbe behandelt, dass sie nun einmal so ist, wie sie ist, und ewig so bleiben wird, dass daher auch ihre Lage ewig so bleiben müsse, wie sie ist.)

e. Nochmals. Alle gehen nothwendig, so gewiss ihnen ihre Bestimmung am Herzen liegt, darauf aus, *allen* ihre Ueberzeugung beizubringen; und die Vereinigung aller zu diesem Zwecke, heisst die *Kirche.* Gegenseitiges Ueberzeugen ist nur unter der Bedingung möglich, dass von etwas, worüber beide Theile übereinstimmen, ausgegangen werde; ausserdem verstehen sich beide gar nicht, fliessen gar nicht aufeinander ein, beide bleiben isolirt, und jeder redet seinen Theil nur für sich, ohne dass der andere ihn höre. Haben es nur zwei, drei, kurz solche, die sich gegenseitig über ihre Meinungen erklären können, miteinander zu thun, so muss es ein Leichtes seyn, dass sie sich über einen gemeinschaftlichen Punct verständigen, da sie doch alle in demselben Gebiete des gemeinen Menschenverstandes sich befinden. (In der Philosophie, welche in das Gebiet des transscendentalen Bewusstseyns sich erheben soll, ist dies nicht immer möglich. Da können philosophirende Individuen gar wohl auch nicht über Einen Punct einig seyn.) Unserer Forderung nach aber soll jeder auf *Alle* einwirken; welche höchst wahrscheinlich in Rücksicht ihrer individuellen Ueberzeugungen gar sehr von einander abweichen. Wie soll er das erfahren, worüber alle einig sind? Durch Horumfragen nicht. Also es muss etwas vorausgesetzt werden können, das sich ansehen lässt als das Glaubensbekenntniss der Gemeine oder als ihr *Symbol*.

Es liegt im Begriffe eines solchen Symbols, dass es nicht sehr bestimmt, sondern nur allgemein sey in seiner Darstellung; denn eben über die weiteren Bestimmungen sind die Individuen uneinig. Es liegt aber auch dies darin, da das Symbol für alle, selbst den Ungebildetsten, passen soll, dass es nicht aus abstracten Sätzen, sondern aus sinnlichen Darstellungen derselben bestehe. Die sinnliche Darstellung ist bloss die Hülle; der Begriff ist das eigentliche Symbolische. Dass gerade diese Darstellung gewählt werden musste, befahl die Noth, weil ohne Vereinigung über irgend etwas keine wechselseitige Mittheilung möglich war; die Menschen aber über etwas anderes nicht vereinigt werden konnten, weil sie noch nicht fähig waren, die Hülle, die der Begriff bei ihnen durch einen Zufall erhalten hatte, von dem Wesen des Begriffes zu unterscheiden: und insofern ist jedes Symbol ein *Noth-Symbol,* und jedes wird es bleiben. — Ich mache mich deutlicher durch ein Beispiel. Das wesentliche jedes möglichen Symbols ist der Satz: es giebt überhaupt etwas übersinnliches und über alle Natur erhabenes. Wer dies im Ernste nicht glaubt, kann nicht Mitglied einer Kirche seyn: er ist aller Moralität und aller Bildung zur Moralität völlig unfähig. Welches nun dieses Uebersinnliche, der wahre heilige und heiligende Geist, die wahre moralische Denkart sey, darüber eben will die Gemeine durch Wechselwirkung sich immermehr bestimmen und vereinigen. Dies ist z. B. auch der Zweck und der Inhalt unseres christlich-kirchlichen Symbols. Nur ist dasselbe, als realisirtes Symbol in der Sinnenwelt, als Glaubensbekenntniss einer *wirklichen, sichtbaren* Gemeine, entstanden unter Gliedern der jüdischen Nation, die schon vorher ihre eigenen Gebräuche, Vorstellungsarten, Bilder hatten. Es war natürlich, dass sie jenen Satz sich unter den ihnen gewöhnlichen Bildern dachten. Es war natürlich, dass sie das Uebersinnliche anderen Völkern, die, als Völker — (von ihrem gelehrten Publicum ist nicht die Rede) erst durch sie zum deutlichen Bewusstseyn desselben emporgehoben wurden, in keiner anderen Gestalt mittheilen konnten, als in der es ihnen selbst erschien. Ein anderer Religionsstifter, Muhamed, ertheilte demselben Uebersinnlichen eine andere seiner Nation angemessenere Form, und er that wohl daran; wenn nur die Nation seines Glaubens nicht das Unglück betroffen hätte, dass sie aus Mangel eines gelehrten Publicums (wovon zu seiner Zeit) stillegestanden wäre. —

Was sagen nun jene einkleidenden Bilder? Bestimmen sie das Uebersinnliche allgemeingültig? Keinesweges; wozu bedürfte es dann einer kirchlichen Verbindung, deren Zweck ja nichts anderes, als die weitere Bestimmung desselben ist? So gewiss diese existirt, und sie existirt, so gewiss als der Mensch endlich, aber perfectibel ist, — so gewiss ist es nicht bestimmt, sondern es soll erst bestimmt werden, und in Ewigkeit hinaus wird es weiter bestimmt werden. Diese Einkleidungen sind sonach lediglich die Weise, auf welche, der Präsumtion nach, die Gemeine gegenwärtig den Satz: *es ist ein Uebersinnliches*, sich ausdrückt. Da ohne eine Uebereinstimmung über irgend etwas gar keine Wechselwirkung zur Hervorbringung gemeinschaftlicher Ueberzeugungen möglich wäre, die letztere aber, als das bedingte, absolut geboten ist, mithin auch die Bedingung; so ist es absolute Pflicht, etwas, was es auch sey, worüber wenigstens die meisten übereinstimmen, festzusetzen als *Symbol,* d. h. eine sichtbare Kirchengemeinschaft, so gut man kann, zusammenzubringen. Ich kann ferner auf alle nicht einwirken, ohne von dem, worüber sie einig sind, auszugehen. Aber ich soll auf sie wirken; ich soll mithin von dem, worüber sie einig sind, ausgehen, keinesweges von dem, worüber sie streiten. Dies ist nicht etwa eine Forderung der Klugheit, sondern es ist Gewissenspflicht. So gewiss ich den Zweck will, so gewiss will ich das einzige Mittel. Wer anders handelt, will allerdings nicht den Zweck der Belehrung zur moralischen Bildung; sondern er will etwa nur mit seiner Gelehrsamkeit glänzen, und macht sich zum theoretischen Lehrer, welches doch ganz ein anderes Geschäft ist.

Man bemerke, dass ich sage: ich soll davon *ausgehen*, als von etwas vorausgesetztem; keinesweges, ich soll darauf *hingehen,* als auf etwas zu begründendes.

Und hier liegt denn die Einwendung, die man gegen diese Lehre machen könnte. Nemlich, könnte man sagen: wenn ich nun von der Wahrheit jener Vorstellungen, von der ich ausgehen soll, nicht überzeugt bin, rede ich nicht dann gegen meine bessere Ueberzeugung; und wie dürfte ich das? — Aber was läuft denn eigentlich gegen meine bessere Ueberzeugung? Doch hoffentlich nicht der zu Grunde liegende Begriff eines Uebersinnlichen; wohl aber etwa diese Art der *Bezeichnung,* als *feste Bestimmung.* Aber wer giebt es denn für wirkliche Bestimmung aus? Ich für meine Person bestimme mir das Uebersinnliche anders; aber von dieser *meiner* Bestimmung kann ich nicht ausgehen, und soll ich nicht ausgehen, denn sie ist *streitig;* sondern von dem, worüber sie mit mir übereinkommen können, und das ist, der Präsumtion nach, das kirchliche Symbol. Zu meiner *Ueberzeugung* sie zu erheben ist mein *Ziel,* aber das kann nur allmählig geschehen, so dass wir von dem ersten angegebenen Puncte immer in Uebereinstimmung bleiben. Ich lehre doch meiner Ueberzeugung ganz gemäss, inwiefern ich nur wirklich im Herzen das Symbol betrachte als Mittel, sie zu meiner Ueberzeugung allmählig zu erheben: gerade so, wie mein Handeln im Nothstaate betrachtet werden musste, als Mittel, den Vernunftstaat herbeizuführen. Darauf dringen, dass diese Einkleidung Bestimmung sey, ist Unwissenheit. Wider eigene Ueberzeugung es sich zum Zwecke machen, andere bei diesem Glauben zu erhalten, ist gewissenlos, und das eigentliche wahre Pfaffenthum; so wie die Bestrebung, die Menschen im Nothstaate zu erhalten, der eigentliche wahre Despotismus ist. — Das Symbol ist Anknüpfungspunct. Es wird nicht *gelehrt* — dies ist der Geist des Pfaffenthums — sondern von ihm aus wird gelehrt; es wird vorausgesetzt. Wäre es nicht vorauszusetzen, gäbe es einen höheren, meiner Ueberzeugung näheren Punct zum anknüpfen, so wäre es mir lieber; da kein anderer ist, so kann ich nur dieses mich bedienen.

Es ist sonach Gewissenspflicht eines jeden, der zu praktischer Ueberzeugung auf die Gemeine zu wirken hat, das Symbol als Grundlage seines Unterrichtes zu behandeln, keinesweges innerlich daran zu glauben. Davon haben wir schon oben das Gegentheil gesehen. Das Symbol ist veränderlich und soll durch gute, zweckmässig wirkende Lehre immerfort verändert werden.

Im Vorbeigehen: dieses weitere Fortschreiten, diese Erhebung des Symbols, ist eben der Geist des Protestantismus, wenn dieses Wort überhaupt eine Bedeutung haben soll. Das Halten auf das Alte, das Bestreben, die allgemeine Vernunft zum Stillstande zu bringen, ist der Geist des Papismus. Der Protestant geht vom Symbole aus ins Unendliche fort; der Papist geht zu ihm hin, als zu seinem letzten Ziele. Wer das letztere thut, ist ein Papist, der Form und dem Geiste nach, obgleich die Sätze, über welche er die Menschheit nicht hinauslassen will, der Materie nach, ächt lutherisch oder calvinisch u. dergl. seyn mögen.

f. Ich darf nicht bloss meine Privatüberzeugung über Staatsverfassung und kirchliches System haben, sondern ich bin sogar im Gewissen verbunden, diese meine Ueberzeugung so selbstständig und so weit auszubilden, als ichs immer kann.

Nun aber ist eine solche Ausbildung wenigstens in ihrem Fortgange nur durch wechselseitige Mittheilung mit anderen möglich. Der Grund davon ist folgender. Für die objective Wahrheit meiner sinnlichen Wahrnehmung giebt es schlechthin kein anderes Kriterium, als die Uebereinstimmung meiner Erfahrung mit der Erfahrung anderer. Es ist bei dem Räsonnement in etwas anders, aber doch nicht um vieles. Ich bin Vernunftwesen überhaupt, und Individuum zugleich. Ich bin Vernunftwesen lediglich dadurch, dass ich Individuum bin. Ich argumentire zwar nach allgemeinen Vernunftgesetzen, aber durch die Kräfte des Individuums. Wie kann ich mir nun dafür einstehen, dass das Resultat nicht durch die Individualität verfälscht worden? Ich behaupte zwar und streite dafür, dass es nicht so sey, gleichfalls aus einem in meiner Natur liegenden Grunde. Dass ich aber dabei in der geheimsten Tiefe meines Geistes meiner Sache doch nicht ganz gewiss bin, verräth sich dadurch: wenn einer nach dem anderen, dem ich meine Ueberzeugung vortrage, sie verwirft, so gebe ich zwar darum unmittelbar nicht meine Ueberzeugung auf, aber ich werde doch bedenklich und untersuche nochmals, und abermals. Warum würde ich das, wenn ich schon vorher der Sache ganz gewiss gewesen wäre; wenn ich völlig auf mir selbst stehen wollte und könnte, wie vermöchte der andere durch seine Zweifel Einfluss auf mein Verfahren zu haben? Im Gegentheil werde ich durch die für ehrlich gehaltene Uebereinstimmung anderer in meiner Ueberzeugung bestärkt. Ein Rechtgeben, wobei ich keine innere Ueberzeugung voraussetzen kann, befriedigt mich nicht; zum Beweise, dass es mir nicht um das äussere Rechtbehalten zu thun ist. Es ist mir vielmehr verdriesslich, weil auch dieses Kriterium mir dadurch verdächtig gemacht wird, das einzige, was ich noch hatte. — Tief in meinem Geiste, wenn ich desselben gleich mir nicht deutlich bewusst bin, liegt der oben angegebene Zweifel, ob nicht meine Individualität auf das gefundene Resultat Einfluss gehabt habe. Nun bedarf es, um diesen Zweifel zu heben, nicht eben der Uebereinstimmung aller. Die ungeheuchelte Uebereinstimmung eines Einzigen kann mir genügen, und genügt mir wirklich; darum: Was ich befürchtete, war dies, dass in meiner individuellen Denkart der Grund dieser meiner Meinung liegen möchte. Diese Furcht ist gehoben, sobald auch nur Ein anderer mit mir übereinstimmt: denn es wäre doch äusserst wunderbar, dass sich von ohngefähr eine solche Uebereinstimmung zweier Individuen, als solcher, finden sollte. Ebensowenig gehört dazu Uebereinstimmung *über alles*. Sind wir nur etwa über die ersten Principien, nur über eine gewisse Ansicht der Sachen einverstanden; so kann ich es sehr wohl dulden, dass mir der andere nicht in allen Schlüssen, die ich mache, folgen könne. Von hier an bürgt mir ja etwa die allgemeine Logik, an deren Allgemeingültigkeit kein vernünftiger Mensch zweifeln kann, für die Richtigkeit meiner Sätze. Man denke sich z. B. die Philosophie. Sie ist ein so widernatürlicher Gemüthszustand, dass der erste, der sich dazu erhob, gewiss sich selbst nicht trauen konnte, bis er in anderen den ähnlichen Aufschwung bemerkte.

So erlange ich durch die Mittheilung erst Gewissheit und Sicherheit für die Sache selbst. Aber, wenn meine Sätze auch wirklich allgemein vernunftmässig, sonach allgemeingültig sind, so bleibt die besondere Darstellung derselben doch immer individuell; ihre Einkleidung ist die beste zunächst nur für mich: aber sie würde sich selbst in mir an das allgemeine, durch die Denkart aller modificirte noch enger anschliessen, wenn sie eine weniger individuelle Form hätte. Diese erhält sie dadurch, dass ich sie anderen mittheile, dass andere sich darauf einlassen, und ihre Gegengründe darlegen, welche, wenn der Satz an sich richtig ist, aus ihrer individuellen Denkart herkommen. Ich berichtige dieselbe, und bilde dadurch meine eigene Vorstellung auch für mich selbst gemeinfasslicher aus. Je ausgebreiteter diese Wechselwirkung ist, desto mehr gewinnt die Wahrheit (objectiv betrachtet), und ich selbst dazu.

Also: es ist ausschliessende Bedingung der weiteren Ausbildung meiner besonderen Ueberzeugungen, dass ich sie mittheilen darf, dass ich sonach von ihr *ausgehe.*

Nun aber soll ich, nach obigem, in der Gemeine schlechterdings nicht von meiner Privatüberzeugung, sondern von dem Symbole ausgehen. Ich soll, was die Staatsverfassung anbetrifft, nach ihr mich richten, und sie sogar, wenn es meines Amtes ist, ausüben helfen. Ich darf demnach auch über sie meine Privatüberzeugung, wenn sie der bei der Gemeine vorauszusetzenden Ueberzeugung entgegen ist, gleichfalls nicht vortragen, weil ich ja dadurch am Sturze des Staates arbeitete. Wie könnte ich sonach durch Mittheilung meine Ueberzeugungen befestigen und ausbilden, wenn ich sie nicht mittheilen darf?

Ist das Bedingte geboten, so ist auch die Bedingung geboten. Nun ist das erstere, Ausbildung meiner Ueberzeugung, schlechthin geboten, mithin auch das letztere. Die Mittheilung meiner Privatüberzeugung ist absolut Pflicht. —

Und soeben haben wir gesehen, dass sie gegen die Pflicht ist. Wie lässt dieser Widerspruch sich vereinigen? Er ist sogleich gelöst, wenn wir bemerken, aus welchem Vordersatze wir die Pflicht, seine Privatüberzeugung über kirchliches System und Staatsverfassung bei sich zu behalten, abgeleitet haben. Wir setzten voraus, dass auf *Alle* gewirkt werden solle, deren Ueberzeugung man nicht durch Nachfragen erfahren könne.

Wenn man sonach nicht mit allen, sondern mit einer bestimmten, beschränkten Anzahl zu thun hätte, deren Ueberzeugung man allerdings erfahren kann, weil auch sie sich von ihrer Seite mittheilen, und es zu thun vermögen; dann wäre es nicht verboten, dieselbe bekannt zu machen, und von ihr auszugehen. Das synthetische Vereinigungsglied des Widerspruches wäre eine solche Gesellschaft. Es liegt in ihrem Begriffe folgendes: Sie soll theils beschränkt und bestimmt seyn, also nicht Alle, welches ein unbestimmter Begriff ist, sondern eine gewisse Anzahl, die aus allen ausgelesen und insofern von ihnen abgesondert sind, enthalten. Theils soll in ihr die Freiheit, die jeder *vor sich selbst und seinem eigenen Bewusstseyn hat,* alles zu bezweifeln, alles frei und selbstständig zu untersuchen, *auch äusserlich realisirt, und dargestellt seyn*. Sie ist ein Forum eines gemeinschaftlichen Bewusstseyns, vor welchem mit absoluter unbeschränkter Freiheit alles Mögliche gedacht und untersucht werden kann. Wie jeder vor sich selbst frei ist, so ist er auf diesem Gebiete frei. Endlich, was aus dem bisherigen folgt, jedes Mitglied dieser Verbindung muss die Fesseln des kirchlichen Symbols, und der im Staate sanctionirten rechtlichen Begriffe abgeworfen haben: nicht eben *materialiter;* mag er doch vieles für letzte und höchste Bestimmung der Wahrheit halten, was dort vorgetragen wird; aber ganz gewiss *formaliter*, d. i. er muss ihnen keine Autorität zuschreiben, er muss es nicht für wahr und richtig halten, weil es die Kirche lehrt oder der Staat ausübt, sondern etwa aus anderen Gründen. Denn dies ist ja der Zweck und das Wesen dieser Gesellschaft, über jene Schranken hinaus zu untersuchen; wer sie aber für Schranken hält, der untersucht nicht über sie hinaus, und ist sonach gar nicht Mitglied einer solchen Gesellschaft, wie die beschriebene. Man nennt eine solche Gesellschaft das *gelehrte Publicum.*

Es ist für jeden, der sich zum absoluten Nichtglauben an die Autorität der gemeinschaftlichen Ueberzeugung seines Zeitalters erhebt, Gewissenspflicht, ein gelehrtes Publicum zu errichten. Er ist, weil er jene Bestätigung verworfen hat, ohne Leitfaden. Es kann ihm, so gewiss er moralisch denkt, nicht gleichgültig seyn, ob er irre oder nicht; darüber aber kann er vor sich selbst, nach den obigen Beweisen, bei theoretischen Sätzen, die aber doch immer einen näheren oder entfernteren Einfluss auf Moralität haben werden, nie zur völligen Gewissheit kommen. Dazu kommt, dass er die Pflicht hat, seine Ueberzeugung mitzutheilen und sie dadurch gemeinnützig zu machen, sie aber Allen nicht unmittelbar mittheilen darf. Er muss sonach einen ihm Gleichgesinnten aufsuchen, der, so wie er selbst, den Autoritäts-Glauben abgeworfen hat, und er kann nicht eher ruhig seyn in seinem Gewissen, bis er diesen, und in ihm eine Bestätigung und zugleich ein Mittel gefunden hat, seine Ueberzeugung *niederzulegen*, bis sie einst dem Ganzen zu statten kommen kann. Anderen, die mit ihrer Ueberzeugung in die gleiche Lage kommen, ist es Gewissenspflicht, sich an jene anzuschliessen. So wie mehrere so gesinnt werden, werden sie einander bald auffinden, und es ist durch ihre Mittheilung ein gelehrtes Publicum errichtet.

Es ist, wie aus dem obigen hervorgeht, Gewissenspflicht, diesem gelehrten Publicum seine etwanigen neuen Entdeckungen, besondere und von dem gemeinen Urtheile abweichende oder über die gemeine Sphäre hinausliegende Ueberzeugungen mitzutheilen, wenn man deren hat oder zu haben glaubt, und dadurch sich zu demselben zu bekennen.

Der auszeichnende Charakter des gelehrten Publicums ist absolute Freiheit und Selbstständigkeit im Denken; das Princip seiner Verfassung der Grundsatz, absolut keiner Autorität sich zu unterwerfen, in allem sich auf eigenes Nachdenken zu stützen, und schlechterdings alles von sich zu weisen, was durch dasselbe nicht bestätigt ist. Der Gelehrte unterscheidet vom Ungelehrten sich folgendermaassen: der letztere glaubt allerdings auch durch eigenes Nachdenken sich überzeugt zu haben, und hat es: wer aber weiter sieht, als er, entdeckt, dass sein System über Staat und Kirche das Resultat der gangbarsten Meinung seines Zeitalters ist. Er hat sich nur durch sich selbst überzeugt, dass gerade dies die Meinung desselben ist, seine Prämissen sind, ohne dass er es eigentlich weiss, ohne sein Zuthun gebildet durch sein Zeitalter; die Folgerungen daraus mag er wohl selbst gezogen haben. Der Gelehrte bemerkt dies, und sucht die Prämissen in sich selbst, stellt mit Bewusstseyn und aus freier Entschliessung seine Vernunft für sich auf, als Repräsentantin der Vernunft überhaupt.

Für die gelehrte Republik giebt es kein mögliches Symbol, keine Richtschnur, keine Zurückhaltung. Man muss in der gelehrten Republik alles vortragen können, wovon man sich überzeugt zu haben glaubt, gerade so, wie man es sich selbst zu gestehen wagen darf, zufolge des Begriffes eines gelehrten Publicums. — (Universitäten sind Gelehrten-Schulen. Es muss also auch auf ihnen alles vorgetragen werden dürfen, wovon man überzeugt ist, und es giebt auch für sie kein Symbol. Diejenigen irren gar sehr, die für das Katheder Zurückhaltung empfehlen, und meinen, dass man auch da nicht alles sagen, auch da erst bedenken müsse, was nützen oder schaden, was recht gedeutet oder gemisdeutet werden könne. Wer nicht selbst prüfen kann und unfähig ist, es zu lernen, über dessen Kopf sey die Schuld, dass er sich in Gelehrten-Schulen eindrängte, die anderen geht das nicht an, denn sie handeln nach ihrem vollkommenen Rechte und nach ihrer Pflicht. Der Kathedervortrag ist von dem Vortrage in gelehrten Schriften der Materie nach schlechterdings in Nichts, er ist bloss der Methode nach unterschieden.)

Wie die gelehrte Untersuchung schlechterdings frei ist, so muss auch der Zutritt dazu jedem freistehen. Wer an Autorität innerlich nicht mehr glauben kann, dem ist es gegen das Gewissen, weiter daran zu glauben, und es ist ihm Gewissenspflicht, sich an das gelehrte Publicum anzuschliessen. Keine irdische Macht hat ein Recht in Gewissenssachen zu gebieten, und es ist gewissenlos, irgend jemand, der durch seinen Geist dazu berufen ist, den Zutritt zu diesem Publicum zu versagen.

Der Staat und die Kirche muss die Gelehrten dulden; ausserdem würden sie die Gewissen zwingen, und niemand könnte mit gutem Gewissen in einem solchen Staate oder in einer solchen Kirche leben; denn auf den Fall, dass er an der Autorität zu zweifeln anfinge, sähe er keine Hülfe vor sich. Auch wäre in einem solchen Staate kein Fortschreiten zur Vervollkommnung möglich, das doch schlechthin möglich seyn soll; sondern das Volk bliebe ewig auf dem Puncte stehen, auf welchem es einmal steht. Beide müssen die Gelehrten dulden, d. h. sie müssen alles dasjenige dulden, worin ihr Wesen besteht: absolute und unbeschränkte Mittheilung der Gedanken. Alles, wovon jemand sich überzeugt zu haben glaubt, muss vorgetragen werden dürfen, so gefährlich und heillos es auch scheine. Ist jemand auf Irrwege gerathen, wie soll denn ihm, wie soll denn auf die Zukunft anderen, die auf dieselben gerathen könnten, geholfen werden, wenn ihm nicht erlaubt ist, seine Irrthümer mitzutheilen?

Ich sage: Staat und Kirche müssen die Gelehrsamkeit, als solche, *dulden*. Weiter können sie auch für dieselbe nichts thun; denn sie liegen in einer ganz anderen Sphäre. (Von einem gewissen Verhältnisse, das der Staat zu den Gelehrten, als seinen mittelbaren *Beamten,* aber nicht zu ihnen, als *Gelehrten* hat, wird sogleich geredet werden.) Der Staat, als solcher, kann die Gelehrsamkeit, als solche, nicht unterstützen oder weiterbringen; das geschieht nur durch freie Untersuchung; und er untersucht, als Staat, nicht im geringsten und soll nicht untersuchen: er setzt fest. Was *Staatsmänner*, als selbst Gelehrte, oder was der Staat an den Gelehrten, als Personen, thun will, ist ein anderes.

Die gelehrte Republik ist eine absolute Demokratie oder noch bestimmter, es gilt da nichts, als das Recht des geistig Stärkeren. Jeder thut, was er kann, und hat Recht, wenn er Recht behält. Es giebt hier keinen anderen Richter, als die Zeit und den Fortgang der Cultur.

Religionslehrer und Staatsbeamte sollen nach obigem auf Vervollkommnung der Menschen hinarbeiten, sie müssen sonach selbst weiter seyn, als die Gemeine, d. h. sie müssen Gelehrte seyn und eine gelehrte Erziehung genossen haben. Insofern ist der eigentliche Gelehrte, d. i. der nur Gelehrter ist, selbst mittelbar ein Beamter des Staates, denn er ist der Erzieher seiner Volkslehrer und unmittelbaren Beamten. Insofern allein kann er von ihm Besoldung erhalten; und steht unter seiner Aufsicht: nicht dass ihm der Staat vorschreiben könne, *was* er lehren soll; dies wäre widersprechend, er bliebe dann kein Gelehrter, und die Erziehung des künftigen Staatsbeamten wäre keine gelehrte, sondern eine gemeine symbolische Erziehung, nur etwa nach einem anderen Symbole; sondern dass er wirklich frei das beste mittheile, was er zu wissen glaubt, und es auf die beste Art thue, die in seinem Vermögen ist. — Gelehrte Schulen sind nicht etwa solche, wo man das künftige Handwerk des Volkslehrers oder Staatsbeamten lernt. Dies muss auch gelernt werden; aber der Unterricht darin ist eine andere Art des Unterrichts. Der Beamte und Lehrer soll nicht blosser Handwerker, sondern Gelehrter seyn. Er ist sonach beides; aber es ist ihm Gewissenspflicht, beides nach obigen Grundsätzen in seinem Verfahren genau zu trennen. Denn wo er Volkslehrer oder Beamter ist, ist er nicht Gelehrter, und wo er Gelehrter ist, nicht das erstere. Es ist eine Bedrückung des Gewissens, dem Prediger zu verbieten, seine abweichenden Ueberzeugungen in gelehrten Schriften vorzutragen; aber es ist ganz in der Ordnung, ihm zu verbieten, sie auf die Kanzel zu bringen, und es ist von ihm selbst, wenn er nur gehörig aufgeklärt ist, gewissenlos, dies zu thun.

Der Staat und die Kirche haben das Recht, es dem Gelehrten zu verbieten und ihn zu verhindern, seine Ueberzeugungen in der Sinnenwelt zu realisiren. Thut er es, gehorcht er z. B. den Gesetzen des Staates nicht, so wird er mit Recht gestraft, was er auch innerlich über diese Gesetze denken möge; und überdies hat er sich selbst in seinem Gewissen Vorwürfe zu machen, denn seine Handlung ist unmoralisch.

Und so löst denn die Idee eines gelehrten Publicums ganz allein den Widerstreit, der zwischen einer festen Kirche und einem Staate, und zwischen der absoluten Gewissensfreiheit der Einzelnen, stattfindet; und die Realisation dieser Idee ist sonach durch das Sittengesetz geboten.

g. Wir fassen zum Beschlusse den gesammten Endzweck des Menschen, inwiefern er als Individuum betrachtet wird, zusammen.

Das letzte Ziel alles seines Wirkens in der Gesellschaft ist: die Menschen sollen alle einstimmen: aber nur über das rein vernünftige stimmen alle zusammen; denn das ist das einige, was ihnen gemeinschaftlich ist. Es fällt unter Voraussetzung einer solchen Uebereinstimmung weg die Unterscheidung zwischen einem gelehrten und ungelehrten Publicum. Es fällt weg Kirche und Staat. Alle haben die gleichen Ueberzeugungen, und die Ueberzeugung eines jeden ist die Ueberzeugung Aller. Es fällt weg der Staat, als *gesetzgebende und zwingende* Macht. Der Wille eines jeden ist wirklich allgemeines Gesetz, weil alle andere dasselbe wollen: und es bedarf keines Zwanges, weil jeder schon von sich selbst will, was er soll. Auf dieses Ziel soll alles unser Denken und Handeln, und selbst unsere individuelle Ausbildung abzwecken: nicht wir selbst sind unser Endzweck, sondern Alle sind es. Wenn nun dieses Ziel, wiewohl es unerreichbar ist, als erreicht gedacht wird, was würde dann geschehen? Jeder würde mit seiner individuellen Kraft nach jenem gemeinsamen Willen, so gut er könnte, die Natur zum Gebrauche der Vernunft zweckmässig modificiren. Was Einer thut, käme sonach dann Allen, und was alle thun, jedem Einzelnen zu statten, in der Wirklichkeit, denn sie haben in der Wirklichkeit nur Einen Zweck. — Jetzt ist es auch schon so; aber nur in der *Idee*. Jeder soll bei allem, was er thut, auf alle denken: aber ebendarum darf er manches nicht thun, weil er nicht wissen kann, ob *sie* wollen. Dann wird jeder alles thun dürfen, was er will, weil alle dasselbe wollen.

Dritter Abschnitt
der Sittenlehre im eigentlichen Verstande.

Die eigentliche Pflichtenlehre.

§. 19.
Eintheilung dieser Lehre.

I.

Schon oben ist das Reine im Vernunftwesen und die Individualität scharf von einander geschieden worden. Die Aeusserung und Darstellung des Reinen in ihm ist das Sittengesetz; das Individuelle ist dasjenige, worin sich jeder von anderen Individuen unterscheidet. Das Vereinigungsglied des reinen und empirischen liegt darin, dass ein Vernunftwesen schlechthin *ein Individuum* seyn muss; aber nicht eben *dieses oder jenes bestimmte;* dass einer dieses oder jenes bestimmte Individuum ist, ist zufällig, sonach empirischen Ursprungs. Das empirische ist der *Wille,* der *Verstand* (im weitesten Sinne des Worts, die Intelligenz oder das Vorstellungsvermögen überhaupt), und der *Leib.* Das Object des Sittengesetzes, d. i. dasjenige, worin es seinen *Zweck* dargestellt wissen will, ist schlechthin nichts individuelles, sondern die Vernunft überhaupt: in einem gewissen Sinne hat das Sittengesetz sich selbst zum Objecte. Diese Vernunft überhaupt ist durch mich, als Intelligenz, ausser mich gesetzt; die gesammte Gemeine vernünftiger Wesen ausser mir ist ihre Darstellung. Ich habe sonach die Vernunft überhaupt ausser mich gesetzt, zufolge des Sittengesetzes, als theoretischen Princips. — Nachdem diese Entäusserung des reinen in mir geschehen, soll mir von nun an — und so muss es in der Sittenlehre gehalten werden — das empirische oder individuelle Ich allein Ich heissen. Wenn ich von nun an dieses Wort gebrauche, bedeutet es immer die Person.

(Unsere Sittenlehre ist sonach für unser ganzes System höchst wichtig, indem in ihr die Entstehung des empirischen Ich aus dem reinen genetisch gezeigt und zuletzt das reine Ich aus der Person gänzlich herausgesetzt wird. Auf dem gegenwärtigen Gesichtspuncte ist die Darstellung des reinen Ich das Ganze der vernünftigen Wesen, die Gemeine der Heiligen.)

Wie verhalte ich mich, als Person, zum Sittengesetze? Ich bin dasjenige, an welches es sich richtet, und dem es seine Ausführung aufträgt; der Zweck desselben aber liegt ausser mir. Ich bin sonach, *für mich,* d. i. vor meinem eigenen Bewusstseyn, nur Instrument, blosses Werkzeug desselben, schlechthin nicht Zweck. — Durch das Sittengesetz getrieben, vergesse ich mich selbst im Handeln; ich bin nur Werkzeug in seiner Hand. Wer auf das Ziel sieht, sieht sich nicht, aber das Ziel liegt ausser mir. Wie bei jeder Anschauung, so verliert sich auch hier das Subject, und verschwindet in dem Angeschauten, in seinem angeschauten Endzwecke. — An andere Individuen ausser mir richtet sich in mir und vor meinem Bewusstseyn das Gesetz nicht, sondern es hat sie nur zum Objecte. Sie sind vor meinem Bewusstseyn nicht Mittel, sondern Endzweck.

Zuvörderst haben wir einigen Einwürfen zu begegnen, welche gegen diesen Satz vorgebracht werden könnten.

Jeder Mensch ist selbst Zweck, sagt Kant mit allgemeiner Beistimmung. Dieser Kantische Satz besteht neben dem meinigen; führe man nur den letzteren weiter aus. Für jedes vernünftige Wesen ausser mir, an welches ja das Sittengesetz ebensowohl, als an mich, sich richtet, wie an sein Werkzeug, gehöre ich zur Gemeine der vernünftigen Wesen, und bin *ihm* sonach Zweck, von seinem Gesichtspuncte aus, so wie *er* es *mir* ist, von dem meinigen aus. Jedem sind alle andere ausser ihm Zweck; nur ist es keiner sich selbst. Der Gesichtspunct, von welchem aus alle Individuen ohne Ausnahme letzter Zweck sind, liegt über alles individuelle Bewusstseyn hinaus; es ist der, auf welchem aller vernünftigen Wesen Bewusstseyn, als Object, in Eins vereinigt wird; also eigentlich der Gesichtspunct Gottes. Für ihn ist jedes vernünftige Wesen absoluter und letzter Zweck.

Aber nein, sagt man, jeder soll ausdrücklich für sich selbst Zweck seyn; und auch dies lässt sich zugeben. Er ist Zweck, als **Mittel,** die Vernunft zu realisiren. Dies ist der letzte Endzweck seines Daseyns, dazu allein ist er da; und wenn dies nicht geschehen sollte, so brauchte er überhaupt nicht zu seyn. — Dadurch wird die Würde der Menschheit nicht herabgesetzt, sondern erhöht. Jedem allein wird vor seinem Selbstbewusstseyn die Erreichung des Gesammtzwecks der Vernunft aufgetragen; die ganze Gemeine der vernünftigen Wesen wird von seiner Sorge und seiner Wirksamkeit abhängig, und er allein ist von nichts abhängig. Jeder wird Gott, so weit er es seyn darf, d. h. mit Schonung der Freiheit aller Individuen. Jeder wird gerade dadurch, dass seine ganze Individualität verschwindet und vernichtet wird, reine Darstellung des Sittengesetzes in der Sinnenwelt; eigentliches reines Ich, durch freie Wahl und Selbstbestimmung.

Es ist schon oben zur Genüge erinnert, dass diese Vergessenheit seiner selbst lediglich beim wirklichen Handeln in der Sinnenwelt stattfindet. Diejenigen, welche die Vollkommenheit in fromme Betrachtungen, in ein andächtiges Brüten über sich selbst setzen, und von daher die Vernichtung ihrer Individualität und ihr Zusammenfliessen mit der Gottheit erwarten, irren gar sehr. Ihre Tugend ist und bleibt Egoismus; sie wollen nur *sich* vollkommen machen. Die wahre Tugend besteht im Handeln; im Handeln für die Gemeine, wobei man sich selbst gänzlich vergesse. — *Ich* werde auf diesen wichtigen Punct in der Anwendung sehr oft zurückkommen müssen.

II.

Ich kann mich selbst vergessen in meinem Wirken, nur inwiefern dasselbe ungehindert von statten geht, und ich daher wirklich Mittel bin zur Erreichung des vorgesetzten Zwecks. Gehet es nicht von statten, so werde ich dadurch zurückgetrieben in mich selbst, und genöthigt auf mich selbst zu reflectiren; ich selbst werde mir dann, vermittelst des Widerstandes, als Object gegeben.

Dann richtet sich das Sittengesetz unmittelbar auf mich selbst und macht mich zum Objecte. Ich soll Mittel seyn; ich bin es nicht, wie sich findet; ich soll mich sonach dazu machen.

Man bemerke wohl die aufgestellte Bedingung. In der sittlichen Stimmung, in der ich ja stets und unverrückt seyn soll, werde ich mir Object der Reflexion und des gebotenen Handelns lediglich, inwiefern ich nicht Mittel seyn kann. Die Sorge für mich selbst ist bedingt dadurch, dass ich meinen Zweck ausser mir nicht durchsetzen kann. Unter dieser Bedingung aber wird diese Sorge Pflicht.

Es entsteht dadurch der Begriff einer Pflicht — nicht eigentlich *gegen* mich selbst und um *meinetwillen,* wie man sich gewöhnlich ausdrückt; denn ich bin und bleibe auch hier Mittel für den Endzweck ausser mir — sondern einer Pflicht *auf* mich selbst; eines pflichtmässigen Handelns, dessen unmittelbares Object ich selbst bin. Ich will sonach diese Pflichten nicht nennen Pflichten gegen uns selbst, wie man sie zu nennen pflegt, sondern *mittelbare* und *bedingte* Pflichten: mittelbare, weil sie das Mittel alles unseres Wirkens zum Objecte haben; bedingte, weil sie sich nur durch den Satz ableiten lassen: will das Sittengesetz das Bedingte, die Realisation der Vernunftherrschaft ausser mir durch mich, so will es auch die Bedingung, dass ich ein taugliches und geschicktes Mittel zu diesem Zwecke sey.

Da es *für mich* kein anderes Mittel zur Realisation des schlechthin zu realisirenden Vernunftgesetzes giebt, als mich selbst, so kann es keine anderen mittelbaren und der Strenge nach so zu benennenden Pflichten geben, als die gegen mich selbst. Im Gegensatze mit ihnen sind die Pflichten gegen das Ganze, die letzten höchsten und absolut gebotenen, zu nennen: *unmittelbare* und *unbedingte* Pflichten.

III.

Es findet noch eine andere Eintheilung der Pflichten statt, aus folgendem Eintheilungsgrunde. — An jeden Einzelnen ergeht das Gebot, die Selbstständigkeit der Vernunft zu befördern, so weit er kann. Thut nun jeder Einzelne in dieser Rücksicht, was ihm etwa zuerst einfällt, oder was ihm vorzüglich nöthig scheint, so wird vieles auf vielerlei Weise geschehen, und manches gar nicht. Die Effecte der Handlungen mehrerer werden sich gegenseitig verhindern und aufheben, und die planmässige Beförderung des letzten Endzwecks der Vernunft wird nicht von statten gehen. Nun soll sie zufolge des Gebots des Sittengesetzes schlechthin von statten gehen. Es ist sonach *Pflicht* für jeden, der die beschriebene Verhinderung einsieht (und es sieht sie jeder, der nur ein wenig nachdenkt, gar leicht ein), ihr abzuhelfen. Aber es kann ihr nicht abgeholfen werden, als dadurch, dass verschiedene Individuen sich in das Verschiedene, was zur Beförderung des Endzwecks geschehen muss, theilen; jeder einen bestimmten Theil für alle übrigen übernehme, und dagegen in einer anderen Rücksicht ihnen den seinigen übergebe. — Eine solche Einrichtung kann nur entstehen durch Uebereinkunft, durch Vereinigung mehrerer zum Zwecke einer solchen Vertheilung. Es ist Pflicht eines jeden, der dies einsieht, eine Vereinigung wie die beschriebene hervorzubringen.

Eine solche Einrichtung ist eine *Einsetzung verschiedener Stände*. Es sollen verschiedene Stände seyn; und es ist Pflicht eines jeden dahin zu arbeiten, dass sie entstehen, oder wenn sie schon sind, sich seinen bestimmten zu wählen. Jeder, der einen Stand wählt, erwählt eine besondere Rücksicht, in der er die Selbstständigkeit der Vernunft zu befördern über sich nimmt.

Einige Geschäfte dieser Art können übertragen werden,

andere nicht. Das, was nicht übertragen werden kann, ist *allgemeine* Pflicht. Das, was übertragen werden kann, ist *besondere* Pflicht dessen, dem es übertragen ist. Es giebt sonach nach diesem Eintheilungsgrunde allgemeine und besondere Pflichten. Beide Abtheilungen, die soeben angezeigte, und die obige, fallen zusammen, und sind wechselseitig durch einander bestimmt. Wir haben sonach zu reden von *allgemeinen* und *besonderen bedingten*, von *allgemeinen* und *besonderen absoluten* Pflichten.

§. 20.
Ueber die allgemeinen bedingten Pflichten.

Ich bin Werkzeug des Sittengesetzes in der Sinnenwelt. — Aber ich bin überhaupt Werkzeug in der Sinnenwelt lediglich unter Bedingung einer fortdauernden Wechselwirkung zwischen mir und der Welt, deren Art und Weise lediglich bestimmt sey durch meinen Willen; und, da insbesondere hier von Wirkung auf die Welt der Vernunftwesen die Rede ist, unter Bedingung einer fortdauernden Wechselwirkung mit ihnen, (Dieser Satz ist bewiesen in meinem *Naturrechte*. Da ich hier nur dasselbe wiederholen müsste, berufe ich mich auf jenen Beweis, als **Beweis**. Der Deutlichkeit und der Klarheit unserer gegenwärtigen Wissenschaft aber wird dadurch kein Abbruch geschehen. Denn was die postulirte Wechselwirkung bedeute wird sich Stück für Stück klar ergeben.) — Soll ich das erstere seyn, Werkzeug des Sittengesetzes, so muss die Bedingung, unter der allein ich überhaupt Werkzeug bin, stattfinden; und wenn ich mich unter die Herrschaft des Sittengesetzes denke, ist mir geboten, diese Bedingung der fortdauernden Wechselwirkung zwischen mir und der Welt, der sinnlichen sowohl als der vernünftigen, zu realisiren, soviel in meinem

Vermögen steht; denn das unmögliche kann das Sittengesetz nie gebieten. Wir haben sonach nur den aufgestellten Begriff zu analysiren, und auf das einzelne in ihm enthaltene das Sittengesetz zu beziehen; so erhalten wir, da diese Bedingung allgemein ist und für jedes endliche Vernunftwesen gilt, die allgemeine Pflicht, deren unmittelbares Object wir selbst sind, oder die allgemeinen bedingten Pflichten.

Zuvörderst, die Wechselwirkung soll *fortdauernd* seyn; das Sittengesetz fordert unsere *Erhaltung,* als Mitglieder einer Sinnenwelt. Im Naturrechte, welches von einem Sittengesetze und den Geboten desselben gar nichts weiss, sondern nur den durch Naturnothwendigkeit bestimmten Willen eines freien Wesens aufzustellen hat, wurde die Nothwendigkeit, unsere Fortdauer zu wollen, so bewiesen. Ich will etwas = X, heisst: die Existenz dieses Objects soll mir in der Erfahrung gegeben werden. So gewiss aber ich es *will*, ist es nicht in der gegenwärtigen Erfahrung gegeben, sondern erst in der Zukunft ist es möglich. So gewiss ich daher diese Erfahrung will, so gewiss will ich, dass *ich*, das erfahrende, als dasselbe identische Wesen, in der Zukunft existire. Ich will in dieser Ansicht meines Willens meine Fortdauer nur um einer Befriedigung willen, die ich in ihr erwarte.

Der durch das Sittengesetz bestimmte Wille hat diesen Grund, die Fortdauer des Individuums zu wollen, nicht. Unter der Leitung dieses Gesetzes ist es mir gar nicht darum zu thun, dass mir etwas in der künftigen Erfahrung gegeben werde. Hier soll X schlechthin nur seyn, ohne alle Beziehung auf mich: ob *ich* etwa es erlebe, oder nicht, soll mir schlechthin gleichgültig seyn, wenn es nur überhaupt wirklich wird, und wenn ich nur sicher voraussetzen darf, dass es einmal wirklich seyn werde. Jene Forderung des natürlichen Menschen, dass ihm das Object gegeben werde, ist immer die Forderung eines Genusses; für die sittliche Denkart aber ist der Genuss, als solcher, nie Zweck. Wenn man mir mit völliger Sicherheit voraussagen könnte: das, was du beabzweckst, wird allerdings realisirt werden, aber du wirst nie einen Theil daran haben; deiner wartet die Vernichtung noch zuvor, ehe es eintritt; so müsste ich doch mit derselben Anstrengung an der Realisation desselben arbeiten. Die Erreichung meines wahren Zwecks wäre mir zugesichert; der Mitgenuss durfte mir nie Zweck seyn. Um der Erfahrung willen des beabzweckten will ich unter Leitung des Sittengesetzes meine Fortdauer nicht, und um deswillen ist mir die Selbsterhaltung nicht Pflicht. Wodurch nun könnte sie mir zur Pflicht werden?

Was ich nur irgend in der Sinnenwelt realisiren mag, ist nie der durch die Moralität gebotene *Endzweck;* der Endzweck liegt in der Unendlichkeit: es ist nur Mittel, um demselben näher zu kommen. Der nächste Zweck jeder meiner Handlungen ist sonach ein neues Handeln in der Zukunft; aber wer handeln soll in der Zukunft, der muss in ihr seyn; und wenn er zufolge eines schon jetzt entworfenen Plans handeln soll, derselbe seyn und bleiben, der er jetzt ist; seine zukünftige Existenz muss aus seiner gegenwärtigen sich regelmässig entwickeln. Durch moralische Gesinnung belebt, betrachte ich mich nur als Werkzeug des Sittengesetzes; ich will sonach fortdauern, und nur darum fortdauern, um forthandeln zu können. Darum ist die Selbsterhaltung Pflicht. Diese Pflicht der *Selbsterhaltung* haben wir jetzt näher zu bestimmen.

Die Erhaltung und regelmässige Fortentwickelung des empirischen Selbst, welches als Intelligenz (Seele) und Leib angesehen wird, ist es, welche gefordert wird. Sowohl die Gesundheit und regelmässige Fortentwickelung beider an und für sich betrachtet, als die Fortdauer des ungehinderten gegenseitigen Einflusses beider auf einander ist Object des Gebots.

Die Forderung des Sittengesetzes in dieser Rücksicht ist zu betrachten, theils *negativ*, als Verbot: **unternimm nichts, was, deinem eigenen Bewusstseyn nach, der Erhaltung deiner selbst in dem angegebenen Sinne des Worts Gefahr bringen könnte;** *positiv,* als Gebot: **thue alles, was deiner besten Ueberzeugung nach diese Erhaltung deiner selbst befördert.**

I.

Zuvörderst, vom Verbote. Die Erhaltung und das Wohlseyn des empirischen Selbst kann in Gefahr gesetzt werden, theils innerlich, **dadurch, dass der Gang der Natur-Entwickelung gestört wird;** theils *durch äussere Gewalt*. Was das erste anbelangt, ist unser Leib ein organisirtes Naturproduct, und seine Erhaltung läuft Gefahr, wenn dem regelmässigen Fortgange der Organisation Hinderungen entgegengesetzt werden. Dies würde geschehen, wenn dem Leibe die gehörige Nahrung versagt würde durch *Fasten,* oder er überfüllt würde durch *Unmässigkeit,* oder der ganzen Tendenz der Natur, die Maschine zu erhalten, eine entgegengesetzte Richtung angewiesen würde, durch *Unkeuschheit*. Alle diese Ausschweifungen sind gegen die Pflicht der Selbsterhaltung, insbesondere in Rücksicht *auf den Leib*. Dieselben stören die Entwickelung des *Geistes,* dessen Thätigkeit von dem Wohlseyn des Leibes abhängt. Fasten schwächt ihn, und schläfert ihn ein. Unmässigkeit, Völlerei, und besonders Unkeuschheit versenkt ihn tief in die Materie und nimmt ihm alle Fähigkeit sich emporzuschwingen.

Die Entwickelung des *Geistes* wird unmittelbar gestört durch *Unthätigkeit* desselben; denn er ist eine Kraft, die nur durch Uebung entwickelt werden kann; oder durch zu *grosse Anstrengung* mit Vernachlässigung des Leibes, der ihn unterstützen muss; oder durch *unregelmässige Beschäftigung* desselben, durch blindes Schwärmen mit der Imagination ohne Ziel und Regel, durch Auswendiglernen fremder Gedanken ohne eigenes Urtheil, durch trockene Grübelei ohne lebendige Anschauung. Der ganze Geist muss ganz und nach allen Seiten, keinesweges aber einseitig ausgebildet werden. Einseitige Bildung ist keine Bildung, sie ist vielmehr Unterdrückung des Geistes. Alles das genannte ist nicht etwa nur unklug und zweckwidrig (gegen einen beliebigen Zweck), sondern es läuft gegen den absoluten Endzweck; es ist absolut pflichtwidrig für den, der die Einsicht in den Zweck seines empirischen Daseyns sich erwirbt. Jederman aber soll sich dieselbe erwerben.

Was das zweite anbetrifft, dass meine Erhaltung durch die Objecte ausser mir gefährdet werden kann, lautet das Verbot des Sittengesetzes so: begieb dich nicht ohne Noth in Gefahr deiner Gesundheit, deines Leibes und Lebens. Ohne Noth aber ist dies allenthalben, wo die Pflicht es nicht heischt. Fordert es diese, dann soll ich es schlechthin thun, auf alle Gefahr thun; denn die Pflicht zu vollbringen, ist mein absoluter Zweck; und die Erhaltung meiner selbst ist nur Mittel für diesen Zweck. Wie ein Pflichtgebot eintreten könne, seine Erhaltung in Gefahr zu setzen; diese Untersuchung gehört nicht hierher, sondern in die Lehre von den absoluten Pflichten.

Aber es gehört hierher die Untersuchung über die Moralität des *Selbstmordes*.

Ich soll nicht ohne Noth, d. h. ohne Aufforderung des Pflichtgebots, mein Leben in Gefahr setzen; es muss daher auch um so vielmehr verboten seyn, dasselbe durch eigene Kraft mit Vorsatz zu zerstören. Wenn nicht etwa, dürfte jemand hinzusetzen, die Pflicht eine solche selbsteigene Zerstörung desselben fordert, wie sie ja, eurem eigenen Geständnisse nach, fordern kann, dasselbe in Gefahr zu setzen. Die gründliche Lösung unserer Aufgabe beruht sonach auf Beantwortung der Frage: ob eine Forderung der Pflicht, uns selbst zu tödten, möglich sey.

Man bemerke zuvörderst den grossen Unterschied zwischen einer Forderung der Pflicht, sein Leben in Gefahr zu setzen, und der, es zu zerstören. Die erstere macht mir in Beziehung auf mich selbst nur die Vergessenheit, die Nichtachtung meiner Sicherheit zur Pflicht, und die absolut gebotene Handlung, in welcher ich mich selbst vergessen soll, geht auf etwas ausser mir liegendes; es giebt sonach gar nicht ein unmittelbares Gebot: begieb dich in Gefahr; sondern nur dieses: thue schlechthin, was dich wohl in Gefahr bringen könnte. Das letztere ist daher nur mittelbar und bedingt geboten. Dagegen würde die Handlung der Selbstentleibung unmittelbar auf mich selbst gehen, und es müsste für sie ein unmittelbares und unbedingtes Pflichtgebot aufgewiesen werden. Wir werden sogleich sehen, ob ein solches möglich sey.

Die Entscheidung beruht kürzlich auf folgendem. Mein Leben ist die ausschliessende Bedingung der Vollbringung des Gesetzes durch mich. Nun ist mir schlechthin geboten, das Gesetz zu vollbringen. Mithin ist mir schlechthin geboten, zu leben; inwieweit dies von mir abhängt. Diesem Gebote widerspricht geradezu die Zerstörung meines Lebens durch mich selbst. Sie ist sonach schlechthin pflichtwidrig. — Ich kann mein Leben gar nicht zerstören, ohne mich, so viel an mir ist, der Herrschaft des Sittengesetzes zu entziehen. Dies aber kann das Sittengesetz nie gebieten; es versetzte dadurch sich in Widerspruch mit sich selbst. Wird meine Gesinnung als moralisch betrachtet, und so *soll* sie seyn und bei Beurtheilung der Moralität einer Handlung angesehen werden — so will ich leben, lediglich um meine Pflicht zu thun. Ich will nicht länger leben, heisst daher: ich will nicht länger meine Pflicht thun.

Nur gegen den Major unseres Vernunftschlusses könnte eine Einwendung versucht werden. Man könnte sagen: das gegenwärtige irdische Leben, von welchem allein doch die Rede seyn kann, ist für mich gar nicht die einzige ausschliessende Bedingung meiner Pflicht. Ich glaube ein Leben nach dem Tode, endige sonach nicht mein Leben überhaupt, und entziehe mich nicht der Herrschaft des Gesetzes; ich verändere nur die *Art* meines Lebens; gehe nur von einem Orte an einen anderen, wie ich es etwa auch in diesem Leben thue und gar wohl thun darf. — Ich will in der Beantwortung dieses Einwurfes bei dem Gleichnisse bleiben. Ist es denn jemals, wenn ich mich unter das Gebot des Sittengesetzes denke, auch in diesem Leben der Fall, dass ich meine Lage bloss verändern *dürfe,* dass es mir freistehe, es zu thun, oder auch nicht zu thun; oder ist es nicht vielmehr allemal entweder *Pflicht* oder *gegen die Pflicht?* Doch wohl das letztere; denn das Sittengesetz lässt nach den obigen Beweisen meiner Willkür gar keinen Spielraum: es giebt unter der Herrschaft desselben keine gleichgültigen Handlungen, in jeder Lage meines Lebens soll ich entweder, oder ich soll nicht. Sonach müsste nicht bloss eine Erlaubniss des Sittengesetzes, dieses Leben zu verlassen und in ein anderes überzugehen, aufgewiesen werden, welche allein doch aus dem obigen Räsonnement folgen würde, sondern ein Befehl. Aber die Unmöglichkeit eines solchen Befehls lässt sich streng darthun. — Zuvörderst: das Pflichtgebot verlangt nie unmittelbar, dass ich lebe um des Lebens willen, weder in diesem Leben, welches allein ich kenne, noch in einem möglichen anderen Leben; sondern das unmittelbare Gebot desselben geht immer auf eine bestimmte Handlung. Da ich aber nicht handeln kann, ohne zu leben, so gebietet es mir vermittelst des ersten Gebotes zugleich auch zu leben. (Ich *will,* als natürlicher Mensch betrachtet, leben, nicht um des Lebens, sondern um irgend einer Bestimmung meines Lebens willen; ich *soll,* als moralisches Wesen betrachtet, leben wollen, nicht um des Lebens, sondern um einer Handlung willen, zu der ich des Lebens bedarf. Wie das Seyn überhaupt, nach Kant, gar nicht eine Eigenschaft, eine Bestimmung des Dinges, sondern nur die Bedingung aller seiner Bestimmungen ist, so verhält es sich in Absicht geistiger Wesen mit dem Leben.) Der Uebergang in ein anderes Leben könnte mir sonach gar nicht unmittelbar, sondern nur mittelbar geboten werden, vermittelst des Gebots einer bestimmten Handlung, die nicht in dieses Leben fiele, sondern in das andere. Es kann unter keiner Bedingung erlaubt, und da es keine nur erlaubten Handlungen giebt, Pflicht seyn, dieses Leben zu verlassen, ausser unter der, dass man eine bestimmte Verrichtung in jenem Leben hätte. Dies aber wird wohl niemand, der seiner Vernunft noch mächtig ist, behaupten. Denn wir sind durch die Gesetze des Denkens genöthigt, das pflichtmässige zu bestimmen durch das uns schon bekannte. Aber der Zustand und die Verfassung in einem künftigen Leben ist uns gänzlich unbekannt, und unsere erkennbaren Pflichten fallen lediglich in dieses Leben. Weit entfernt also, dass das Sittengesetz je mich in ein anderes Leben hinüberweisen sollte, verlangt es immer und in jeder Stunde meines Lebens, dass ich das gegenwärtige fortsetze, denn in jeder Stunde meines Lebens giebt es etwas für mich zu thun: die Sphäre aber, in der es zu thun ist, ist die gegenwärtige Welt. Sonach ist nicht nur der wirkliche Selbstmord, sondern auch nur der Wunsch, nicht länger zu leben, pflichtwidrig, denn es ist ein Wunsch, nicht länger zu arbeiten, auf dieselbe Art, wie wir allein uns Arbeit denken können: es ist eine der wahren moralischen Denkart entgegengesetzte Neigung, es ist eine Müdigkeit, eine Verdrossenheit, die der moralische Mensch nie in sich soll aufkommen lassen. — Bedeutet die Lust abzuscheiden die blosse Bereitwilligkeit das Leben zu verlassen, sobald der Regierer aller menschlichen Schicksale, an welchen wir auf diesem Gesichtspuncte glauben, über uns gebieten wird, so ist dies ganz recht, und die von der wahren Moralität unzertrennliche Denkart; denn für diese hat das Leben an und für sich nicht den geringsten Werth. Soll aber dadurch eine *Neigung* zu sterben und mit Wesen einer anderen Welt in Verbindung zu kommen angedeutet werden, so ist diese Lust eine verderbliche Schwärmerei, die die künftige Welt schon bestimmt und ausgemalt hat. Eine solche Bestimmung ist theils grundlos, die Data zu derselben können nur erdichtet seyn: theils ist sie pflichtwidrig; denn wie kann man doch bei wahrer moralischer Gesinnung Zeit übrig haben zur frommen Schwärmerei? Die wahre Tugend ist in jeder Stunde ganz bei dem, was sie in dieser Stunde zu thun hat; alles übrige ist nicht ihre Sorge, und sie überlässt es dem, dessen Sorge es ist.

Man gehe, um sich davon auch im Einzelnen zu überzeugen, alle mögliche Gründe dieser That durch. Der zuerst zu nennende Bewegungsgrund, von welchem es Beispiele gegeben haben soll, wäre der, dass man sich tödtete aus Verzweiflung, die uns zur Gewohnheit und gleichsam zur anderen Natur gewordenen Laster zu besiegen. — Aber gerade diese Verzweiflung ist eine unsittliche Denkart. Wenn man nur recht will, kann man gewiss. Was könnte denn unseren Willen zwingen? Oder was könnte unsere Kraft, durch die wir sündigen, in Bewegung setzen, ausser unserem Willen? Man gesteht sich sonach in diesem Falle selbst, dass man nicht recht wolle: man kann das Leben nicht ertragen ohne Ausübung des Lasters, und will sich mit der Anforderung der Tugend lieber durch den leichteren Tod abfinden, den sie nicht verlangt, als durch die schwerere Pflicht eines unsträflichen Lebens, welches sie verlangt. — Ein anderer möglicher Bewegungsgrund wäre der, dass man sich tödtete, um nichts schändliches und lasterhaftes zu erleiden; um dem Laster des anderen nicht zum Objecte zu dienen. Aber dann flieht man wahrhaftig nicht das Laster; denn was wir erdulden, — wenn wir es nur wirklich erdulden, d. i. wenn wir durch Anstrengung aller unserer physischen Kraft dennoch nicht widerstehen konnten — was wir erdulden, gereicht uns nicht zur Schuld, sondern nur, was wir thun. Man flieht dann nur die Ungerechtigkeit, die Gewaltthätigkeit, den Schimpf, der uns angethan wird; nicht die Sünde, die man ja nicht selbst begeht und an dem anderen nicht hindern kann. Man tödtet sich, weil uns ein Genuss entzogen wird, ohne welchen wir das Leben nicht ertragen können. Aber dann hat man sich nicht selbst verläugnet, wie man soll, und der Tugend nicht alle übrigen Rücksichten aufgeopfert. — Sollte es, nachdem die Unstatthaftigkeit dieser Bewegungsgründe gezeigt worden, noch nöthig seyn, andere zu prüfen, die sämmtlich darin übereinkommen, dass bloss physischen Leiden des Lebens entgangen werden soll? Diesen zu entfliehen, ist nie Zweck des moralisch gesinnten.

Anmerkung. Einige haben die Selbstmörder der Feigheit bezüchtigt, andere haben ihren Muth erhoben. Beide Parteien haben recht, wie es gewöhnlich der Fall in Streitigkeiten vernünftiger Männer ist. Die Sache hat zwei Seiten, und beide Parteien haben sie nur von einer angesehen. Es ist nöthig, sie von beiden zu betrachten; denn auch dem Abscheulichsten muss man nicht unrecht thun, indem dadurch nur der Widerspruch gereizt wird.

Der Entschluss zu sterben, ist die reinste **Darstellung der Oberherrschaft des Begriffs über die Natur.** In der Natur liegt nur der Trieb, sich zu erhalten; und der Entschluss zu sterben ist das gerade Gegentheil dieses Triebes. Jeder mit kalter Besonnenheit ausgeübter Selbstmord — die mehrsten werden in einem Anfalle von Sinnlosigkeit ausgeübt, und über diesen Zustand lässt mit Vernunft sich nichts sagen — ein mit kalter Besonnenheit ausgeübter Selbstmord ist eine Ausübung jener Oberherrschaft, ein Beweis von Seelenstärke, und erregt, von dieser Seite angesehen, nothwendig Achtung. Er geht hervor aus dem oben beschriebenen blinden Triebe nach **Selbststän-**

digkeit, und findet sich nur bei einem rüstigen Charakter. Muth ist Entschlossenheit auf die uns unbekannte Zukunft. Da der Selbstmörder alle Zukunft für sich vernichtet, so kann man ihm nicht eigentlichen Muth zuschreiben: es sey denn, dass er ein Leben nach dem Tode annehme, und diesem mit dem festen Entschlusse, was ihm dort nur begegnen könne, entweder zu bekämpfen oder zu ertragen, entgegengehe.

Welche Seelenstärke es aber auch erfordern möge, um sich zum Sterben zu entschliessen, so erfordert es doch eine noch weit höhere, ein Leben, das uns von nun an nichts als Leiden erwarten lässt, und das man an sich für nichts achtet, wenn es auch das freudenvollste seyn könnte, dennoch zu ertragen, um nichts seiner unwürdiges zu thun. Ist dort Oberherrschaft des Begriffs über die Natur, so ist hier Oberherrschaft des Begriffs selbst über den Begriff: Autonomie und absolute Selbstständigkeit des Gedankens. Was ausser ihm liegt, liegt ausser mir selbst, und geht mich nicht an. Ist jenes der Triumph des Gedankens, so ist dieses der Triumph seines Gesetzes, die reinste Darstellung der Moralität: denn es kann vom Menschen nichts höheres gefordert werden, als dass er ein ihm unerträglich gewordenes Leben dennoch ertrage. Dieser Muth fehlt dem Selbstmörder, und nur in dieser Beziehung kann man ihn muthlos und feige nennen. In Vergleichung mit dem Tugendhaften ist er ein Feiger; in Vergleichung mit dem Niederträchtigen, der der Schande und der Sklaverei sich unterwirft, bloss um das armselige Gefühl seiner Existenz noch einige Jahre fortzusetzen, ist er ein Held.

II.

Jene auf uns selbst sich beziehende Verordnung des Sittengesetzes, als Gebot und also *positiv* betrachtet, legt uns in Rücksicht des *Leibes* auf, denselben zu ernähren, die Gesundheit und das Wohlseyn desselben auf alle Weise zu befördern. Es versteht sich, dass dies in keinem Sinne, und mit keinem anderen Zwecke geschehen darf, als um zu leben und ein tüchtiges Werkzeug zur Beförderung des Vernunftzwecks zu seyn.

Soll ich mich ernähren, und mein leibliches Wohlseyn befördern, so muss ich im Besitze der Mittel dazu seyn. Also — ich muss ordentlich haushalten, sparen, überhaupt in meinen Vermögensumständen Ordnung und Regelmässigkeit haben. Auch dies ist nicht bloss guter Rath der Klugheit, sondern es ist Pflicht. Wer durch eigene Schuld seinen Lebensunterhalt nicht bestreiten kann, ist strafbar.

In Absicht des *Geistes* ist es positive Pflicht, denselben anhaltend, aber regelmässig zu üben und zu beschäftigen; es versteht sich, soviel es die besonderen Pflichten eines jeden, die Pflichten seines Standes erlauben, von welchen wir sogleich reden werden. Es gehören hierher die ästhetischen Vergnügungen, die schönen Künste, deren mässiger und zweckmässiger Gebrauch Leib und Seele ermuntert und zu Anstrengungen stärkt.

In Absicht des ungehinderten gegenseitigen Einflusses beider, des Leibes und des Geistes, auf einander, vermögen wir unmittelbar nichts zu thun; und wenn nur beide an und für sich gehörig unterhalten werden, so erfolgt dieser gegenseitige Einfluss von selbst.

III.

Alle diese Pflichten sind nur bedingte Pflichten. Mein empirisches Selbst ist nur Mittel zur Erreichung des Zwecks der Vernunft, und soll nur, als solches, inwiefern es dies seyn kann, erhalten und gebildet werden. Kommt demnach seine Erhaltung mit diesem Zwecke in Streit, so muss es aufgeopfert werden.

Es ist für mich, vor dem Forum meines Gewissens, nichts gegen den Vernunftzweck, als dies, dass ich gegen eine unbedingte Pflicht handele. Der einzige Fall sonach, in welchem ich die Selbsterhaltung aufgeben muss, wäre der, wenn ich mein Leben nur durch Verletzung einer solchen Pflicht erhalten könnte. Ich darf nichts pflichtwidriges thun, um des Lebens willen: denn das Leben ist Zweck nur um der Pflicht willen; Erfüllung der Pflicht aber ist der letzte Zweck. Man dürfte dagegen einwenden, und pflegt einzuwenden: aber wenn ich durch eine einzige nur für diesmal gemachte Ausnahme von der Strenge des Gesetzes mein Leben durchbringe, so kann ich hinterher noch viel Gutes thun, was ausserdem unterblieben wäre. Bin ich nicht um dieses Guten willen, das ich noch thun könnte, schuldig die Ausnahme zu machen? — Es ist derselbe Vorwand, durch den man überhaupt das Böse zu vertheidigen pflegt, um des Guten willen, das daraus hervorgehen soll. Man vergisst dabei nur dies, dass uns die Wahl der guten Werke, die wir etwa thun wollen, und anderer, die wir unterlassen wollen, keinesweges zusteht. Jeder soll und muss schlechthin das thun, was ihm durch seine Lage, sein Herz und seine Einsicht befohlen wird, und nichts anderes; und schlechthin unterlassen, was ihm durch dieselben verboten wird. Nimmt nun das Sittengesetz schon vorher, ehe ich die künftigen guten Handlungen vollbringen kann, seine Erlaubniss für mich zu *leben,* zurück, so sind diese künftigen guten Handlungen *mir* sicher nicht befohlen; denn ich werde dann nicht mehr, wenigstens nicht unter den Bedingungen dieser Sinnenwelt mehr seyn. Es ist auch schon in sich selbst klar, dass dem, der um sein Leben zu erhalten etwas pflichtwidriges begeht, die Pflicht überhaupt, und insbesondere die Pflichten, die er noch hinterher ausüben will, nicht absoluter letzter Zweck sind; denn wäre die Pflicht allein sein Zweck, wäre er nur durch das Sittengesetz belebt und beseelt, so wäre es ihm unmöglich, etwas gegen dasselbe zu thun, sowie es dem Sittengesetze unmöglich ist, etwas gegen sich selbst zu gebieten. Das Leben war ihm letzter Zweck, und den Vorwand, dass es ihm um die künftigen guten Werke zu thun gewesen, hat er sich erst hinterher ausgedacht. Aber — eine andere Bemerkung: ich darf meinen Tod nicht betrachten und zulassen, als Mittel für einen guten Zweck. Mein Leben ist Mittel, nicht mein Tod. Ich bin Werkzeug des Gesetzes, *als thätiges Princip,* nicht Mittel desselben als *Sache.* Dass ich in dieser Rücksicht mich nicht selbst tödten dürfe (wie man etwa den Selbstmord der Lucretia als ein Mittel betrachten könnte, Rom zu befreien), geht schon aus dem obigen hervor. Aber ich darf meine Ermordung auch nicht mit gutem Willen zulassen, wenn ich sie hindern kann, und noch weniger die Gelegenheit suchen, oder andere dazu reizen (etwa so, wie vom Codrus erzählt wird), und wenn ich dadurch das Heil der Welt zu begründen glaubte; ein solches Verfahren ist eine Art von Selbstmord. — Man unterscheide wohl. Ich darf nicht nur, sondern ich soll mein Leben in Gefahr setzen, wo die Pflicht es fordert, d. i. ich soll die Sorge für meine Selbsterhaltung *vergessen*. Aber ich soll schlechthin nicht meinen Tod mir als *Zweck denken*.

§. 21.
Ueber die besonderen bedingten Pflichten.

Die besonderen Pflichten sind die Pflichten des Standes, wie oben (§. 19), wo wir die Nothwendigkeit, Stände zu errichten, deducirten, erinnert worden. *Bedingte* besondere Pflichten sind solche, die uns selbst, unser empirisches Selbst, zum Objecte haben, inwiefern wir zu diesem oder jenem besonderen Stande gehören. Es ist hierüber folgendes anzumerken.

I.

Es ist, wo es besondere Stände giebt, absolute Pflicht eines jeden Individuums, seinen Stand zu haben, d. h. auf eine besondere Art den Vernunftzweck zu befördern. Wir beweisen dies so:

Wenn keine Stände errichtet wären, so wäre es die Pflicht eines jeden, der ihre Nothwendigkeit einsähe, sie zu errichten, als die ausschliessende Bedingung der vollständigen und planmässigen Beförderung des Vernunftzwecks, wie schon erwiesen worden. Noch vielmehr ist es also Pflicht, da, wo sie schon errichtet sind, einen bestimmten zu ergreifen. Denn in einer solchen Ordnung der Dinge kann gar niemand mehr im allgemeinen wirken, ohne zu thun, was andere schon übernommen haben, und dadurch entweder ihnen hinderlich zu seyn und der Beförderung des Vernunftzwecks Abbruch zu thun, oder etwas überflüssiges und vergebliches zu thun, welches dem Sittengesetze gleichfalls widerspricht. Es bleibt nichts übrig, als dass jeder einen Stand wähle, und diese Wahl seinen Mitmenschen auf eine allgemeingültige Weise bekanntmache.

II.

Es ist Pflicht, seinen Stand zu wählen, nicht nach Neigung, sondern nach bester Ueberzeugung, dass nach dem Maasse seiner Kräfte, seiner Bildung, der äusseren Bedingungen, die in unserer Gewalt stehen, man gerade für ihn am besten passe. Nicht die Befriedigung der Neigung ist die Absicht unseres Lebens, sondern die Beförderung des Vernunftzwecks: jede Kraft aber in der Sinnenwelt soll für diese Absicht am vortheilhaftesten genutzt werden. — Man könnte dagegen sagen: die wenigsten Menschen wählen sich ihren Stand selbst, sondern er wird ihnen gewählt durch ihre Eltern, durch die Umstände u. s. f., oder, wo man ja sagen kann, dass sie ihn selbst wählen, wählen sie ihn vor der gehörigen Reife der Vernunft, und ehe sie eines ernsthaften Nachdenkens und der Bestimmung durch das blosse Sittengesetz recht fähig sind. Darauf antworte ich, dass dies so nicht seyn sollte, und dass jeder, der dies einsieht, dahin zu arbeiten hat, dass es wo möglich anders werde. Alle Menschen sollten, bis zur Entwickelung und zur Reife der Menschheit überhaupt in ihnen, auf die gleiche Weise erzogen werden und sich erziehen; und dann erst sollten sie einen Stand wählen. Wir läugnen nicht, dass dann auch sonst noch vieles anders seyn müsste in den menschlichen Verhältnissen, als es gegenwärtig ist. Aber eine Sittenlehre stellt allenthalben das Ideal auf, wenn dasselbe auch nicht unter allen Umständen ausführbar seyn sollte. Das kann es nicht seyn, denn dann wäre es selbst schwankend und unbestimmt. Aber es soll sich auch nicht nach den Umständen, sondern die Umstände sollen anfangen sich nach ihm zu richten.

Es gehört vielleicht hierher die Erinnerung, dass die Unterordnung der Stände, ihr Rang u. s. f. lediglich eine bürgerliche, jedoch nothwendige Einrichtung ist. Die mannigfaltigen Geschäfte der Menschen sind einander subordinirt, wie Bedingtes und Bedingung, wie Mittel und Zweck; und ebenso müssen diejenigen, welche sie treiben, sich einander subordiniren. In der moralischen Beurtheilung haben alle Stände den gleichen Werth. In jedem wird der Zweck der Vernunft befördert, von dem Stande an, der dem Boden die Früchte abgewinnt, durch welchen die sinnliche Erhaltung unseres Geschlechts bedingt ist, bis zum Gelehrten, der die künftigen Zeitalter denkt, und für sie arbeitet, und dem Gesetzgeber und weisen Regenten, der die Gedanken des Forschers in seinen Einrichtungen für das Wohl der entferntesten Geschlechter realisirt niederlegt. Wenn jeder aus Pflicht alles thut, was er kann, so sind sie vor dem Gerichtshofe der reinen Vernunft von demselben Range.

III.

Nun aber kann ich keinen Stand ergreifen ohne Einwilligung der übrigen Menschen. Nemlich der Plan der Vernunft soll vollständig und zweckmässig befördert werden. Nun haben andere schon die besonderen dazu nöthigen Arbeiten unter sich vertheilt: ich muss anfragen, ob noch Raum da ist, und ob es meiner Mühe da bedürfe, wo ich sie anwenden will. Ich habe das Recht mich anzutragen; die Gesellschaft hat das Recht mich abzuweisen. Wäre aber etwa für diese Beurtheilung noch keine zweckmässige Anstalt errichtet, so müsste ich selbst nach meinem besten Gewissen beurtheilen, wo es meiner Hülfe bedürfe.

Der Stand des Einzelnen wird sonach bestimmt durch Wechselwirkung desselben mit der Gesellschaft, welche Wechselwirkung jedoch von dem ersteren ausgeht. Er hat sich anzutragen.

IV.

Es ist Pflicht, Geist und Körper vorzüglich zur Brauchbarkeit für denjenigen Stand zu bilden, welchem man sich gewidmet hat. Dem Landbauer ist Stärke und Dauerhaftigkeit des Leibes, dem Künstler Geschicklichkeit und Fertigkeit desselben vorzüglich vonnöthen; theoretische Geistesbildung ist ihnen in ihrem Stande nur Mittel: dem Gelehrten ist allseitige Ausbildung des Geistes Zweck, und ihm ist der Leib nur Mittel, um den Geist in der Sinnenwelt zu tragen und zu erhalten. — Die Gelehrten scheinen in dieser Rücksicht einen schädlichen Einfluss gehabt zu haben auf die Meinung der Völker. Ihnen ist es Pflicht nachzudenken, und ihren Verstand systematisch auszubilden; denn das erfordert ihr Stand. Was Standespflicht war, wollten viele zur Menschenpflicht überhaupt machen, und der Sinn ihrer Forderung schien ohngefähr der zu seyn, dass alle Menschen Gelehrte würden. Am sichtbarsten war und ist zum Theil noch bei den Theologen die Tendenz, alle Menschen zu ebenso guten Theologen zu machen, als sie selbst sind, und ihre Wissenschaft für nothwendig zur Seligkeit anzusehen. Daher geschah es, dass man der theoretischen Aufklärung, auch bei Ermangelung anderer guten Eigenschaften, einen viel zu hohen Werth beimaass; und wohl gar die Tugend und Gottseligkeit in einsames Nachdenken und Speculiren setzte. Dem Gelehrten ist das allerdings Tugend; aber auch nur, inwiefern er den Zweck hat, sich mitzutheilen. Andere Stände bedürfen an theoretischer Cultur nur soviel, als theils dazu gehört, dass sie verstehen und beurtheilen können, was zu den Verrichtungen ihres Standes und zur Vervollkommnung ihrer Kunst gehört; und vorzüglich, dass sie sich zum Handeln aus Pflicht erheben, wozu es weniger der Cultur des Verstandes, als der des Willens bedarf.

Uebersicht der allgemeinen unmittelbaren*) Pflichten.

§. 22.
Eintheilung.

Der Endzweck aller Handlungen des sittlich guten Menschen überhaupt und insbesondere aller seiner Wirkungen nach aussen lässt sich in diese Formel fassen: *Er will, dass die Vernunft, und nur sie in der Sinnenwelt herrsche.* Alle physische Kraft soll der Vernunft untergeordnet werden.

Nun aber kann die Vernunft lediglich in vernünftigen Wesen und durch sie herrschen. Das moralische Handeln bezieht sich sonach allemal, wenn es auch etwa unmittelbar auf die vernunftlose Natur ginge, dennoch wenigstens mittelbar auf vernünftige Wesen, und hat nur sie zur Absicht. Wie es in Beziehung auf die vernunftlose Natur keine Rechte giebt, ebensowenig giebt es in Beziehung auf sie Pflichten. Es wird Pflicht, sie zu bearbeiten, lediglich um der vernünftigen Wesen willen, wie sich dies weiter zeigen wird.

Sonach — der sittlich Gute will, dass Vernunft und Sittlichkeit in der Gemeine der vernünftigen Wesen herrsche.

Es ist nicht bloss die Absicht, dass nur das, was gut und der Vernunft gemäss ist, geschehe, dass nur Legalität herrsche, sondern dass es mit Freiheit, zufolge des Sittengesetzes geschehe; sonach, dass eigentliche wahre Moralität herrsche. — Dies ist ein Hauptpunct, der nicht zu übersehen ist. Die Vernachlässigung desselben hat viel schädliches und verderbliches in die Theorie, und von ihr aus in das Leben gebracht, wie wir dies an seinem Orte durch Beispiele belegen werden.

---

*) *absoluten* — *(Marg. des Verf.;* vergl. S. 259.*)*

Aber moralisch ist keine Handlung, die nicht mit Freiheit geschieht; sonach ist formelle Freiheit aller Vernunftwesen der Zweck jedes moralisch guten Menschen: und wir haben sonach vor allen Dingen zu reden: *von den Pflichten in Beziehung auf die formale Freiheit Anderer.*

Alle sollen *formaliter* frei seyn: ohne Ausnahme. Nun kann es aber geschehen, dass der eine seine ihm an sich zukommende Freiheit gebraucht, um die Freiheit anderer zu unterdrücken. Es ist zu untersuchen, was die Pflicht in diesem Falle erfordere; und wir haben sonach ferner zu reden: *von den Pflichten beim Widerstreite der formalen Freiheit vernünftiger Wesen.*

Endlich: es ist der Wille des sittlich guten, dass jeder seine Freiheit anwende, um seine Pflicht zu thun; es ist sein Zweck, die pflichtmässige Gesinnung in allen vernünftigen Wesen zu befördern. Wir haben sonach zuletzt zu reden: *von den Pflichten in Rücksicht der unmittelbaren Verbreitung und Beförderung der Moralität.*

§. 23.

Von den Pflichten in Absicht der formalen Freiheit aller vernünftigen Wesen.

Die formale Freiheit eines Individuums besteht in der fortdauernden Wechselwirkung zwischen seinem Leibe, als Werkzeug und Sinn, und der Sinnenwelt; bestimmt und bestimmbar lediglich durch den frei entworfenen Begriff desselben von der Art dieser Wechselwirkung. Es liegt darin zweierlei: theils die Fortdauer der absoluten Freiheit und Unantastbarkeit *des Leibes,* d. i. dass auf ihn unmittelbar durch physische Kraft gar nicht eingewirkt werde; theils die Fortdauer des freien

Einflusses auf die *gesammte Sinnenwelt*. (Man sehe mein Naturrecht §. 11.)

I.

Die Verordnung des Sittengesetzes in Absicht der Leiber der Vernunftwesen ausser uns lässt sich betrachten theils negativ, als Verbot, theils positiv, als Gebot.

Das Princip dieser Beurtheilung ist folgendes: jeder menschliche Leib ist für den moralisch gesinnten ein Werkzeug zur Realisirung des Sittengesetzes in der Sinnenwelt. Aber das kann er nur unter der Bedingung seyn, dass er frei, ganz und bloss abhängig von dem freien Willen der Person bleibe. — So wie jemand einen menschlichen Leib erblickt, ergeht an ihn das Gebot des Sittengesetzes über diesen bestimmten Leib. — Ich setze dies nicht ohne Ursache hinzu, und schärfe es ein. Nemlich, man könnte sagen: wenn nun auch dieser und dieser, und dieser nicht wäre, so würde darum doch der Vernunftzweck realisirt werden. Auf Einen mehr oder weniger kann es nicht ankommen. Darauf ist zu antworten, dass dies alles uns nichts angehe, und es uns gar nicht erlaubt ist, so zu denken. Genug, dieser Einzelne ist auch, und er ist frei; und so wie wir ihn wahrnehmen, ergeht an uns das Gebot des Sittengesetzes, ihn zu betrachten als einen solchen, der zur Gemeine der vernünftigen Wesen und unter die Werkzeuge der Realisation des Sittengesetzes nothwendig mitgehört. (Wir erhalten schon hier — im Vorbeigehen sey es gesagt — die Idee von einer Herrschaft des Sittengesetzes in der von uns unabhängigen Natur, und eine Zweckmässigkeit der letzteren für das erstere; welche Idee realisirt wird in der Idee der Gottheit, worüber wir hier nicht zu sprechen haben.)

Diese Verordnung, negativ betrachtet, ist ein absolutes Verbot, *nie unmittelbar auf seinen Leib einzufliessen*. Ein menschlicher Leib soll bloss abhängen vom Willen der Person, und schlechthin von keiner äusseren Kraft. Mittelbar darf ich wohl den Leib bestimmen, dadurch, dass ich den Willen der Person durch Vernunftgründe bestimme, diese oder jene

Modification in ihm und durch dieselbe in der Sinnenwelt hervorzubringen.

Ich darf ihn nicht gebrauchen als Werkzeug, als Mittel für meinen Willen, welches wohl überhaupt auch das unthunlichste ist. — Ich darf nicht durch physischen Zwang, Schläge, Stösse, Hunger, Entziehung der Freiheit, oder Gefängniss den Willen der Person zu bewegen suchen. Nur durch Vernunftgründe, und schlechthin durch kein anderes Mittel, darf ich auf sie einfliessen.

Ich darf nicht unmittelbar der Causalität eines anderen auf die Sinnenwelt physischen Widerstand entgegensetzen. In welchem Falle diese allgemeinen Verbote eine Ausnahme leiden, werden wir tiefer unten sehen.

Ich darf schlechthin nie mit Vorsatz tödten: der Tod eines Menschen soll nie Zweck meiner Handlung seyn. Der strenge Beweis ist folgender. Jedes Menschen Leben ist Mittel zur Realisation des Sittengesetzes. Entweder nun, ich halte bei einem bestimmten Menschen für möglich, dass er ein solches Mittel noch seyn und werden könne; oder ich halte es nicht für möglich. Halte ich es für möglich, wie kann ich denn, ohne dem Sittengesetze den Gehorsam aufzukündigen und für die Realisation desselben gleichgültig zu seyn, denjenigen vernichten, der meiner eigenen Voraussetzung nach zu derselben beizutragen bestimmt ist. Halte ich es nicht für möglich, halte ich jemanden für einen unverbesserlichen Bösewicht, so liegt die unmoralische Denkart eben darin, dass ich ihn dafür halte. Denn es ist mir durch das Sittengesetz schlechthin aufgegeben, ihn zur Moralität mit zu bilden, und an seiner Besserung arbeiten zu helfen. Setze ich bei mir fest, dass er unverbesserlich ist, so gebe ich eine schlechthin befohlene Arbeit auf: ich darf das letztere nicht; ich darf sonach auch das erstere nicht. Es ist durch das Sittengesetz schlechthin gebotener Glaube, dass jeder Mensch sich verbessern könne. Ist aber dieser Glaube nothwendig, so tritt der erste Theil unserer Argumentation wieder in seine Gültigkeit ein. Ich kann kein Menschenleben vertilgen, ohne meinen Zweck aufzugeben, und den Zweck der

Vernunft in ihm, soviel an mir ist, zu vernichten. Wer moralisch werden soll, der muss leben.

Es ist so gefolgert worden: Es ist mir schlechthin geboten, die Moralität in jedem Individuum zu befördern. Aber ich kann dies nicht, ohne ihre Möglichkeit anzunehmen. Mithin, u. s. w. Der Minor dieses Syllogismus, welcher allein eines Beweises bedürfen könnte, lässt sich so beweisen. Ich mache mir etwas, wie hier die Besserung eines Individuums, zum Zwecke, heisst: ich postulire die Wirklichkeit derselben in irgend einem zukünftigen Momente; aber ich postulire sie, heisst: ich setze sie als möglich. Nun muss ich zufolge des Sittengesetzes jenen Zweck mir nothwendig setzen, mithin alles denken, was in ihm enthalten ist. — So wie oben die Nothwendigkeit des Glaubens an die Perfectibilität des Menschengeschlechts überhaupt dargethan wurde, so wird hier die des Glaubens an die Verbesserlichkeit jedes Individuums insbesondere bewiesen.

Sonach, gerade wie unter keiner Bedingung der prämeditirte Selbstmord neben der wahren moralischen Gesinnung bestehen kann, ebensowenig kann mit ihr zusammen bestehen der prämeditirte Mord eines anderen, und zwar aus demselben Grunde. In jedem Falle wird ein mögliches Werkzeug des Vernunftzwecks vernichtet. Wohl aber kann, ebenso wie die Pflicht sein eigenes Leben in Gefahr zu setzen, auch die Pflicht eintreten, das Leben eines anderen in Gefahr zu setzen. In welchen Fällen, werden wir sehen. (Ueber ein vorgebliches Recht des Staats einen Verbrecher am Leben zu strafen, habe ich in meinem Naturrechte dahin mich erklärt: dass der Staat, als Richter, nichts mehr thun könne, als den Bürgervertrag mit einem Verbrecher gänzlich aufheben, wodurch der letztere völlig rechtslos und zur blossen Sache wird; in Beziehung auf den Staat, der keine *moralische,* sondern lediglich eine *juridische* Person ist. Die Tödtung des Verbrechers kann auf jene Vernichtung aller seiner Rechte gar wohl folgen, aber nicht als Strafe, sondern als Sicherungsmittel; und ist daher gar nicht ein Act der *richterlichen,* sondern nur der *Polizeigewalt.* Ein einzelner kann wohl und soll seine eigene Sicherheit, um der Pflicht willen in keinem Falle ein Menschenleben anzugreifen, in Gefahr setzen: die Obrigkeit aber hat nicht dasselbe Recht auf die Sicherheit aller.

Ebendaselbst haben wir uns über die Tödtung des bewaffneten Feindes im Kriege, die gar wohl recht- und pflichtmässig seyn kann, so erklärt. Der Zweck des Krieges ist keineswegs die Tödtung der Bürger des bekriegten Staates. Sein Zweck ist lediglich der, den Feind zu verjagen oder zu entwaffnen, den bekriegten Staat dadurch wehrlos zu machen und ihn zu nöthigen, in ein rechtliches Verhältniss mit unserem Staate zu treten. Im Handgemenge tödtet etwa der einzelne den Feind, nicht um ihn zu tödten, sondern um sein eigenes Leben gegen ihn zu vertheidigen; und dies thut er nicht zufolge eines ihm vom Staate übertragenen Rechts, zu tödten, welches der letztere selbst nicht hat, sondern zufolge seines eigenen Rechts und seiner eigenen Pflicht der Selbstvertheidigung.)

Die Disposition des Sittengesetzes in Absicht der Leiber vernünftiger Wesen ausser uns *positiv* und als Gebot gedacht, enthält folgendes.

Die Gesundheit, Stärke und Erhaltung des Leibes und Lebens anderer soll uns Zweck seyn; wir sollen soviel in unseren Kräften steht, diese Erhaltung nicht nur nicht hindern, sondern sie befördern, gerade in dem Grade, wie wir die Erhaltung unserer eigenen Leiber befördern. — Der strenge Beweis dieser Behauptung ist so zu führen: jeder menschliche Leib ist Werkzeug zur Beförderung des Vernunftzweckes. Ist nun der letztere in der That mein höchster Endzweck, so muss nothwendig die Erhaltung und höchstmögliche Tauglichkeit jedes Werkzeuges dazu mir selbst Zweck seyn; denn ich kann das Bedingte nicht wollen ohne die Bedingung zu wollen. Die Erhaltung einer jeden Person ausser mir wird mir gerade so am Herzen liegen, als meine eigene Erhaltung; denn der Grund, aus welchem ich beides will, ist derselbe. Ich erhalte mich, und sorge für mich, lediglich als Werkzeug des Vernunftgesetzes; jeder menschliche Leib ist dasselbe; ich muss sonach dieselbe Sorgfalt für jeden tragen, wenn wirklich, wie es seyn soll, nichts mich treibt ausser dem Sittengesetze.

Es tritt hier zuerst der Satz ein: sorge für das Wohl jedes deiner Nebenmenschen gerade so, wie du für das deine sorgst; liebe deinen Nächsten, wie dich selbst; der hinfort bei allen positiven Pflichten gegen andere Regulativ seyn wird. Der Grund davon ist angegeben. Ich kann und darf für mich selbst sorgen, lediglich weil, und inwiefern ich Werkzeug des Sittengesetzes bin: dies aber ist jeder andere Mensch auch. — Daran erhält man zugleich eine untrügliche Probe, zu erfahren, ob die Sorgfalt für uns selbst moralisch, oder ob sie bloss der Naturtrieb sey. Ist sie das erstere, so wird man für andere die gleiche Sorgfalt tragen; ist sie das letztere, so ist sie ausschliessend: der Naturtrieb geht bloss auf uns, und Sympathie, die ein Naturtrieb ist, welcher Theilnahme am Schicksale anderer erregt, wirkt bei weitem schwächer, als der unmittelbare Trieb der Selbsterhaltung. Man denkt dabei immer zuerst an sich selbst, und erst hinterher an seinen Nächsten.

Ich soll für die Erhaltung anderer sorgen, gerade wie für die meinige. Nun sorge ich, laut des obigen, für die meinige nicht, und denke überhaupt nicht an mich, ehe ich nicht durch Gefühl der Abschwächung und Entkräftung, oder durch Gefahr, in der meine Selbsterhaltung sich befindet, an mich selbst erinnert werde. Nicht anders verhält es sich mit der Sorge für die Erhaltung anderer. Es ist nicht gesagt, dass ich nichts thun und treiben und suchen soll, als Gelegenheit, jemandes Gesundheit und Leben zu retten, wenn dies nicht etwa mein besonderer Beruf ist. Aber sobald jemand in Gefahr ist, soll ich schlechterdings ihm beistehen, selbst mit Gefahr meines eigenen Lebens; die Gefahr komme von vernunftloser physischer Naturgewalt, oder sie komme von dem Angriffe vernünftiger Wesen.

Mit Gefahr meines eigenen Lebens, sagte ich. Es ist hier gar keine Collision der Pflichten, wie man glauben könnte. Meine Erhaltung ist bedingt durch die des anderen, die des anderen durch die meinige. Sie sind beide ganz gleich, von gleichem Werthe, aus dem gleichen Grunde. Es ist nicht meine Absicht, dass einer von beiden dabei untergehe, sondern dass beide erhalten werden. Kommt dennoch einer oder auch beide um, so habe *ich* das nicht zu verantworten; ich habe meine Schuldigkeit gethan.

(Es ist eine vergebliche Ausflucht, sich auf die Pflicht der Selbsterhaltung zu berufen, wenn der andere in Gefahr ist: sie hört dann auf. Richtig übersetzt, sagt jene Rede soviel: wir wollen den anderen retten, wenn wir selbst dabei sicher sind. Dies wäre denn allerdings etwas besonderes und grosses! Menschenleben auch dann nicht retten wollen, wo es ohne alle Gefahr für uns selbst geschehen könnte, wäre offenbarer Mord. — Ferner soll hier gar nicht, wie einige Moralisten meinen, erst calculirt werden, wessen Leben mehr Werth habe, an wessen Erhaltung mehr gelegen sey. Vor dem Sittengesetze ist Menschenleben überhaupt von gleichem Werthe; sobald Eins gefährdet ist, haben alle übrigen, wer sie auch seyen, nicht mehr das Recht sicher zu seyn, bis es gerettet ist. — Es ist ein gerades, grosses und der sittlichen Gesinnung völlig gemässes Wort, das der verewigte Herzog Leopold sagte: hier gilt es Menschenleben, was bin ich da mehr als ihr? —)

II.

Der zweite Theil der formalen Freiheit, welche wir zufolge des Sittengesetzes in dem anderen schonen und befördern sollen, besteht in seinem freien, d. i. lediglich durch seinen Begriff bestimmten Einflusse auf die Sinnenwelt. Es soll aus seiner Wirkung folgen, was er sich dabei dachte; denn nur unter dieser Bedingung ist er frei.

a. Diese Causalität ist zuvörderst bedingt durch richtige Kenntniss dessen, worauf gewirkt wird. Ich kann überhaupt auf nichts wirken, wovon ich nicht einen Begriff habe: und durch diesen Begriff von dem wirklichen Seyn und der Beschaffenheit des Dinges, ohne mein Zuthun, wird mein Zweckbegriff bestimmt. Er geht aus von der gegenwärtigen Beschaffenheit des Dinges, und richtet sich nach den natürlichen Gesetzen desselben. Habe ich einen unrichtigen Begriff vom Objecte meiner Handlung, so wird durch dieselbe etwas ganz anderes erfolgen, als ich mir dachte, und ich bin sonach in meiner Causalität nicht frei.

Ich muss das Bedingte wollen, die freie Causalität meines Mitmenschen in der Sinnenwelt; ich muss sonach auch die Bedingung wollen: dass er eine richtige, für seine Art der Causalität hinlängliche Erkenntniss von derselben habe. Diese Richtigkeit seiner praktischen Kenntniss muss mir Zweck seyn; gerade so, in dem Maasse, und aus dem Grunde, aus welchem die Richtigkeit meiner eigenen mir Zweck ist.

Diese Disposition des Sittengesetzes *negativ* gedacht, geht aus ihr das Verbot hervor, den anderen absolut nicht zum Irrthume zu verleiten, ihn nicht zu belügen noch zu betrügen; weder geradezu, indem ich kategorisch behaupte, was ich selbst nicht für wahr halte; noch durch Umschweife, indem ich ihm zweideutigen Bericht abstatte, durch den er, meiner Absicht nach, getäuscht werden soll. Das letztere ist eine Lüge, so gut als das erste; denn es kommt gar nicht auf die Worte an, sondern auf die Absicht, die ich dabei habe. Will ich täuschen, so bin ich ein Lügner; ich mag die Lüge gerade heraussagen, oder ich mag den anderen nur verleiten, sie zu schliessen. Ob ich dies nun will, oder ob meine Aussage nur von Ohngefähr so zweideutig ausgefallen ist, muss ich vor meinem Gewissen verantworten. Kurz, ich bin absolute Aufrichtigkeit und Wahrhaftigkeit schlechthin jederman schuldig; ich darf nichts reden wider die Wahrheit. Ob und inwiefern ich auch Offenheit schuldig bin, d. i. inwiefern ich alle Wahrheit, die ich weiss, sagen soll, werden wir tiefer unten sehen.

Der strenge Beweis davon ist folgender: Habe ich die pflichtmässige Gesinnung, so betrachte ich den anderen als Werkzeug, nicht etwa der blossen Legalität, sondern der Moralität; als einen solchen, der stets das beste nach eigener Einsicht und aus eigenem guten Willen wählen soll. Bringe ich ihm nun eine unrichtige Erkenntniss bei, nach deren Maassgabe er handelt, so ist das, was erfolgt, nicht durch ihn selbst gewählt, sondern er ist zum Mittel für meinen Zweck gemacht; und dies ist gegen die pflichtmässige Gesinnung. Verleite ich ihn dadurch zu einer illegalen Handlung, die, da er von unrichtigen Voraussetzungen ausgeht, für ihn moralisch seyn kann, so ist meine Vergehung offenbar; ich habe einen unsittlichen

Zweck beabsichtigt, und des anderen, vielleicht seiner eigenen Denkart zuwider, mich als Werkzeug dafür bedient. Auch diesen Misbrauch des anderen abgerechnet, ist es ebenso, als ob ich jene unsittliche That, zu welcher ich ihn durch Betrug verleitete, selbst begangen hätte. Ich bin der eigentliche Thäter. Aber selbst dann, wenn ich wirklich auf eine legale Handlung gerechnet und sie vermittelst des anderen erreicht hätte, habe ich ganz pflichtwidrig gehandelt. Der andere soll das, was recht ist, nicht thun aus Irrthum, sondern er soll es thun aus Liebe zum Guten. Ich darf gar nicht blosse Legalität beabzwecken, sondern Moralität ist mein Endzweck: und ich kann nicht auf die erstere allein ausgehen, ohne auf die letztere Verzicht zu thun, welches pflichtwidrig ist. — Aber ich wusste zu gut, dass der andere nur durch dieses Mittel dazu zu bringen war, dass er das Gute that; antwortet ein Vertheidiger jener widersittlichen Sittenlehre. Ich antworte: zuvörderst kannst du dies nie wissen, und sollst es nie glauben; denn eine solche Aufgabe der Vernunftmässigkeit des anderen ist pflichtwidrig. Dann, gesetzt auch, es wäre so ausgefallen, und der andere hätte das Gute, welches allein du beabsichtigt zu haben vorgiebst, nicht gethan, wenn du ihn nicht betrogen hättest, so wärest du ganz ausser der Schuld. Es ist dir gar nicht aufgegeben, nur bloss jenes Gute zu realisiren, ohne Rücksicht auf das Mittel; es soll realisirt werden aus Moralität, ausserdem ist es nicht gut. Gerade dadurch, dass du die Form aufgiebst, in welcher doch allein das Wesen des Guten besteht, und nur die Materie beabzweckst, legst du an den Tag, dass es dir bei jenem Guten gar nicht um das Interesse der Sittlichkeit zu thun ist, sondern um irgend einen Vortheil: denn nur der letztere wird durch die blosse Materie befriedigt. Dieselben Gründe finden gegen denjenigen statt, welcher etwa die Lüge damit entschuldigen wollte, dass er durch sie ein Vergehen habe verhindern wollen. Er soll das Vergehen hassen und verhindern, um der Unmoralität willen, keinesweges um der Handlung, als solcher willen. Er kann dem, der die Wahrheit mit bösem Vorsatze fragt, sie sagen: aber er soll ihm, wenn er seinen Vorsatz kennt, Vorstellungen thun, und ihn von der

Sträflichkeit seines Vorhabens zu überzeugen suchen. Dass diese Vorstellungen nichts helfen werden, wie könnte er dies je voraussetzen? Hülfen sie aber auch wirklich nichts, so bleibt ihm noch immer der Widerstand durch physische Mittel übrig. Es wird sonach hier auf immer der Vorwand, dass man in einer guten Absicht lüge, abgeschnitten: das, was aus der Lüge erfolgt, ist nie gut.

Das Object meiner Berichterstattung könnte seyn entweder die Natur, zu welcher in dieser Rücksicht auch die Dispositionen anderer freien Wesen gehören, und hierüber ist nichts besonderes anzumerken: oder meine eigene Disposition. Im letzteren Falle thue ich dem anderen ein Versprechen. Ich muss mein Versprechen halten; es sey denn, dass ich eine unmoralische Handlung versprochen habe.

Aber ich kann über das, was ich versprochen habe, meine Meinung und meine Maassregeln ändern, dürfte man sagen. Wir antworten darauf: in Absicht dessen, worauf zu rechnen ich einen anderen veranlasst habe, bin ich nicht mehr bloss von mir, sondern von dem anderen mit abhängig: ich bin hierüber in seinen Diensten; ich kann mein Wort nicht zurückziehen, ohne diejenigen seiner Handlungen, die er in Hoffnung auf mein Versprechen gethan hat, zu vereiteln, sonach ohne seine Causalität in der Sinnenwelt zu stören. — Vorstellungen darf ich ihm machen, um ihn dahin zu bringen, dass er mir mein Versprechen erlasse; und nur inwiefern er es mir mit gutem Willen erlässt, bin ich desselben erledigt. Er schenkt mir dann etwas. Ein guter Rath gegen die daraus entstehenden Schwierigkeiten in der Gemeinschaft mit anderen ist der: dass man über Sachen, worüber man seine Meinung ändern zu können befürchtet, und die überhaupt mit von dem künftigen Erfolge abhängen, nicht leicht verspreche.

Ich muss mein Wort halten, wenn ich nicht etwas unmoralisches versprochen habe, sagte ich. Dies bedarf einer genaueren Bestimmung. Denn alles, worüber ich etwas besseres weiss, oder worüber ich nur unentschieden bin, ist für mich unmoralisch: ich dürfte sonach, sobald ich eines anderen Sinnes, oder nur zweifelhaft über die versprochene Leistung geworden wäre, mein Wort nicht halten. Darauf ist die Antwort: alles, was nur der Moralität nicht geradezu widerspricht, was sonach auf dem Wege zur Erreichung des Vernunftzweckes liegt, muss ich um des anderen willen thun; wenn auch ich für meine Person besser thun könnte. Nur was der Moralität völlig widerspricht, darf ich schlechthin nicht thun.

Ich beantworte hierbei zwei Fragen, die sich an diesem Orte uns aufdringen. —

Zuvörderst die: woher kommt es doch, dass so viele, die übrigens für rechtliche und nicht unverständige Leute angesehen seyn wollen, die Nothlügen vertheidigen, und alles hervorsuchen, sie zu beschönigen? Es kommt daher. In unserem Zeitalter werden diejenigen, die ihren Geist und ihren natürlichen Charakter demselben gemäss ausbilden, durch diese Cultur, welches aber gar nicht die Cultur durch Freiheit ist, auf den Punct gestellt, den wir oben (§. 16. III.) ausführlicher beschrieben haben. Ihr empirisches Ich soll über die Welt herrschen, ohne Rücksicht auf die Freiheit anderer: sie wollen die Welt beglücken, beseligen, vor allem Schaden bewahren, nach *ihren* Begriffen, die sie von Glück oder Unglück haben. Dies ist ihr Hauptzweck. Nun haben sie aber, bei der Schwäche, die man unserem Zeitalter nicht mit Unrecht vorwirft, nicht die Kraft des Entschlusses, ihre willkürlichen Zwecke mit Gewalt durchzusetzen, worauf der rüstige Charakter verfällt, sie beschliessen sonach es durch List zu thun; und dies führt denn die sogenannten Nothlügen bei sich. Durch diese ihre innere Denkart wird denn auch ihr theoretisches System bestimmt, wenn sie nicht Philosophen sind, die von den absolut-höchsten Principien auszugehen vermögen. Sie gehen von der Thatsache in ihnen aus, von ihrem Triebe, das Gesetz zu geben, verbunden mit ihrem Mangel an Muth, dasselbe gewaltsam durchzuführen: und verfahren von da an ganz consequent. Dass denn aber doch einige unter ihnen, wenn es zum Handeln kommt, von ihrer Theorie abgehen, kommt daher: etwas anderes, das auch in ihnen liegt, das aber zu tief liegt, als dass es auf ihr Räsonnement Einfluss haben sollte, das natürliche Ehrgefühl, verhindert sie, von ihrem Grundsatze Gebrauch zu machen.

Eine zweite Frage, auf die wir hierdurch geleitet werden, ist die: woher kommt die innere Scham vor sich selbst, die bei der Lüge noch mehr sich zeigt, als bei irgend einem Vergehen gegen das Gewissen? Der Grund davon ist der: die Stimmung des Lügners ist die oben beschriebene. Er will den anderen seinen Absichten unterordnen. Nun thut er dies dadurch, dass er sich selbst hinwiederum betrügerisch und zum Scheine den seinigen unterwirft; scheinbar in seinen Plan eingeht, seine Absichten billigt und sie zu befördern scheint. Er versetzt sich sonach in Widerspruch mit sich selbst; unterwirft sich selbst dem, dem er sich nicht offenbar zu widersetzen getraut; und ist feig. Bei der Lüge ist immer und in jedem Falle Feigheit. Nichts aber entehrt uns vor uns selbst mehr, als Mangel an Muth.

Uebrigens ist die Vertheidigung der Nothlüge oder überhaupt der Lüge, um irgend eines guten Zweckes willen, ohne Zweifel das widersinnigste und zugleich das verkehrteste, was je unter Menschen erhört worden. Sie ist das widersinnigste. Du sagst mir, dass du dich überzeugt habest, die Nothlüge sey erlaubt. Wenn ich dir dies glauben soll, so muss ich dir es auch zugleich nicht glauben: denn ich kann nicht wissen, ob du nicht, eben indem du das sagst, um irgend eines löblichen Zweckes willen — wer mag alle deine Zwecke kennen? — von deiner Maxime gegen mich Gebrauch machst, und ob nicht deine Versicherung, dass du die Nothlüge für erlaubt haltest, selbst eine Nothlüge ist. Wer eine solche Maxime wirklich hätte, der könnte weder sagen wollen, dass er sie habe, noch sie zur Maxime anderer machen wollen; er müsste sie sorgfältig in sich verschliessen, und nur für sich selbst zu behalten wünschen. Mitgetheilt vernichtet sie sich selbst. Von wem bekannt ist, dass er sie hat, dem kann vernünftigerweise kein Mensch mehr glauben; denn keiner kann die geheimen Zwecke desselben wissen und beurtheilen, ob er sich nicht etwa im Falle der erlaubten Lüge befinde; glaubt ihm aber keiner, so wird keiner durch ihn belogen. Nun ist es ohne

Zweifel reiner Unsinn, Glauben für etwas zu fordern, das, wenn es geglaubt wird, sich selbst aufhebt.

Die Vertheidigung der Nothlüge ist ferner das verkehrteste, was unter Menschen möglich ist; der Vertheidiger deckt dadurch seine in Grund und Boden verdorbene Denkart auf. Dass euch die Lüge als ein mögliches Auskunftsmittel aus gewissen Verlegenheiten *auch nur eingefallen ist,* und ihr nun ernstlich berathschlagen könnt, ob man sich nicht derselben bedienen dürfe, ist der wahre Sitz eurer Verkehrtheit. In der Natur liegt kein Trieb zur Lüge; diese geht geradesweges auf den Genuss los; die sittliche Denkart kennt die Lüge nicht; es bedarf zu diesem Gedanken eines positiven Bösen, eines *bedachten Nachforschens* nach einem krummen Wege, um den sich uns darbietenden geraden nicht zu gehen. (Man vergleiche damit unsere obige Ableitung der Lüge im Menschen S. 203.) Dem ehrlichen Manne fällt dieses Auskunftsmittel gar nicht ein; und bloss durch ihn würde der Begriff der Lüge gar nicht in das System der menschlichen Begriffe, noch die Untersuchung über die Moralität der Nothlüge in die Sittenlehre gekommen seyn.

Das gewöhnliche Beispiel der Schule kann unsere Gedanken klarer machen. Ein von seinem Feinde mit entblösstem Degen verfolgter Mensch verbirgt sich in eurer Gegenwart. Sein Feind kommt an, und fragt euch, wo er sey? Sagt ihr die Wahrheit, so wird ein unschuldiger ermordet; — ihr müsst sonach in diesem Falle lügen, folgern einige. Wie kommen doch diese schnellen Folgerer über so vieles mögliche, was auf dem geraden Wege noch vor ihnen liegt, hinüber auf den krummen Weg? Zuvörderst, warum solltet ihr denn dem Frager *entweder* die Wahrheit, *oder* eine Lüge sagen; warum nicht das dritte, in der Mitte liegende: dass ihr ihm keine Antwort schuldig seyd, dass er einen sehr bösen Vorsatz zu haben scheine, dass ihr ihm rathet, denselben in der Güte aufzugeben, dass ihr ausserdem die Partei des Verfolgten ergreifen, und denselben mit Gefahr eures eigenen Lebens vertheidigen werdet — welches letztere ohnedies eure absolute Schuldigkeit ist. — Aber dann würde seine Wuth sich gegen euch selbst wenden, fahrt ihr fort. Wie mag es doch kommen, ich bitte euch, dass ihr nur diesen einen Fall in Rechnung bringt; da doch ein zweiter, dass der Gegner durch die Gerechtigkeit und die Kühnheit eures Widerstandes betroffen, von der Verfolgung seines Feindes abstehe, kühler werde, und mit sich unterhandeln lasse, auch unter die Möglichkeiten gehört? Aber es sey, dass er über euch selbst herfalle. Warum wollt ihr denn das absolut vermeiden? Es war ja ohnedies eure Schuldigkeit, den Verfolgten mit eurer eigenen Brust zu decken; denn sobald Menschenleben in Gefahr ist, habt ihr nicht mehr das Recht, auf die Sicherheit eures eigenen zu denken. Es ergiebt sich sonach schon hier klärlich, dass der nächste Zweck eurer Lüge gar nicht der war, das Leben des Nächsten zu retten, sondern nur der, selbst mit heiler Haut davonzukommen; und überdies war eure Gefahr nicht einmal wirklich, sondern nur einer von den beiden möglichen Fällen. Ihr wolltet sonach lügen, bloss um der entfernten Möglichkeit, zu Schaden zu kommen, auszuweichen. — Also, er falle über euch her! Seyd ihr denn nun durch diesen blossen Anfall schon überwältigt, wie ihr abermals mit Uebergehung der möglichen übrigen Fälle annehmt? Der zuerst verfolgte hat eurer Voraussetzung nach sich in der Nähe verborgen; jetzt seyd *ihr* in Gefahr, und es ist ihm allgemeine Pflicht, und jetzt noch besondere Pflicht der Dankbarkeit, zu eurem Beistande herbeizueilen. Woher mögt ihr doch die entschiedene Voraussetzung schöpfen, dass er das nicht thun werde? Oder gesetzt, *er* käme euch nicht zu Hülfe: so habt ihr durch euren Widerstand Zeit gewonnen, und es können von ohngefähr andere kommen, die euch beistehen. Endlich wenn von allem diesem nichts geschähe, und ihr allein kämpfen müsstet, woher seyd ihr doch eurer Niederlage so sicher? Rechnet ihr denn gar nicht auf die Kraft, welche der feste Entschluss, schlechthin nichts unrechtes zu dulden, und der Enthusiasmus für eure gute Sache selbst eurem Körper geben wird; noch auf die Schwäche, welche Verwirrung und Bewusstseyn seiner Ungerechtigkeit über euern Gegner verbreiten muss? — Im schlimmsten Falle könnt ihr nichts weiter, als sterben; nachdem ihr aber todt seyd, ist es nicht mehr eure

Sache, das Leben des angegriffenen zu schützen; und zugleich seyd ihr dadurch vor der Gefahr der Lüge gerettet. Also der Tod geht der Lüge vorher, und zur Lüge kommt es nie. Ihr hebt dabei an, weil ihr nur ein Auge für das krumme habt, und der gerade Weg für euch gar nicht vorhanden ist. —

Den Satz, dass die Richtigkeit der Erkenntniss anderer uns Zweck seyn müsse, *positiv* angewendet, erfolgt aus ihm das Gebot, richtige Einsicht bei anderen zu befördern, ihnen die Wahrheit, die wir wissen, wirklich mitzutheilen.

Wir haben nur den Grund dieses Gebots aufzuzeigen, und wir sehen zugleich, wie weit es geht: da sich wohl vorhersehen lässt, dass es nicht ohne Einschränkung gelten möchte. Ich bin verbunden, den anderen anzusehen als ein Werkzeug des Sittengesetzes. Aber es wird eine seinem Begriffe entsprechende Wirkung erfolgen, nur inwiefern er eine richtige Erkenntniss von dem Objecte seiner Einwirkung hat. Ich bin schuldig, seine Wirksamkeit zu befördern; ich bin sonach schuldig, ihm richtige Erkenntniss mitzutheilen, auch ohne seine Aufforderung; es ist mir schon durch mich selbst nothwendiger Zweck. — Inwieweit nun? Natürlich, inwiefern seine Erkenntniss unmittelbar auf sein Handeln Einfluss hat, oder inwiefern sie ihm unmittelbar praktisch ist. Es wäre sonach ein Unterschied zu machen zwischen *unmittelbar praktischen* Kenntnissen, und zwischen lediglich *theoretischen*. Nun bezieht sich alle Theorie auf Praxis, wie eine gründliche Transscendental-Philosophie lehrt, und es ist gar keine Theorie möglich, ohne diese Beziehung. Mithin ist die angegebene Unterscheidung lediglich relativ. Es kann etwas für ein Individuum und für ein Zeitalter lediglich theoretisch seyn, was für ein anderes Individuum und für ein anderes Zeitalter praktisch ist. Um daher zu wissen, welche Wahrheit man einem bestimmten Individuum schuldig sey, müsste man zuvörderst beurtheilen können, welche Wahrheit gerade für dieses Individuum praktisch sey. Wie kann man dies?

Es ergiebt sich unmittelbar aus dem Handeln eines jeden. Die Erkenntniss dessen, worauf er handelt, ist ihm unmittelbar praktisch, und jede andere ist es nicht. — Wenn ich sonach

sehe, dass mein Nebenmensch handelt, und ich habe Grund
zu vermuthen, dass er mit der Beschaffenheit der Umstände
nicht ganz bekannt sey, oder weiss gewiss, dass er eine unrichtige Ansicht derselben habe, so ist es meine Pflicht, ohne
weiteres, und ohne dass ich erst seine Aufforderung abwarte,
ihn aus seinem Irrthume zu reissen: denn er ist in einer Art
von Gefahr, etwas zweckwidriges zu thun, und bei moralischer
Denkart ist es mir nicht gleichgültig, dass etwas zweckwidriges geschehe. Ich darf seinen Irrthum gar nicht zulassen.

Ich habe hier immer von unmittelbar praktischer Wahrheit
geredet, und vorausgesetzt, dass gerade ich dadurch, dass ich
nun eben der erste und nächste bin, zu Mittheilung derselben
aufgefordert sey. Es ist auch hier nicht, wie schon oben in
Absicht einer anderen Pflicht erinnert worden, die Meinung,
dass man darauf ausgehen solle, Gelegenheiten aufsuchen solle,
um Irrende zurechtzuweisen. Dazu habe ich, wenn ich immer
thue, was mir zuerst vorkommt, nicht Zeit; und überhaupt
muss unsere Tugend natürlich seyn, immer handeln, wozu sie
aufgefordert wird, und nicht etwa Abenteuer suchen; denn
dies ist keine wahrhaft tugendhafte Gesinnung.

Wahrheit, die entweder überhaupt für das Zeitalter oder
nur für die meisten Individuen in demselben bloss theoretisch
ist, aufzusuchen und bekannt zu machen, ist die Pflicht eines
besonderen Standes, des der Gelehrten. Sie soll praktisch werden, nur kann sie es nicht sogleich und auf einmal, denn auf
dem Wege der Vervollkommnung des Menschengeschlechts lässt
sich kein Schritt überspringen. Dieser Stand arbeitet für die
künftigen Zeitalter, und legt gleichsam Schätze nieder, die erst
in ihnen werden benutzt werden. Von den Pflichten desselben werden wir tiefer unten sprechen.

III.

Soll das vernünftige Wesen in seiner Wirksamkeit frei seyn,
d. i. soll erfolgen in der Erfahrung, was es in seinem Zweckbegriffe sich dachte, so muss die Beschaffenheit alles dessen,
was auf seine Zwecke Beziehung hat und einfliesst, fortdauernd
bleiben, wie das vernünftige Wesen dasselbe erkannt hat und

in seinem Zweckbegriffe vorausgesetzt. Wird etwas, von dessen Fortdauer der Erfolg abhängt und dadurch bedingt ist, während des Handelns verändert, so wird auch der Effect verändert, und es erfolgt nicht, was erfolgen sollte. (Wegen der weiteren Erörterung dieses an sich leichten Satzes verweise ich an mein Naturrecht §. 11.) Dieses auf mein Handeln sich beziehende, gleichsam die Prämisse alles meines Handelns in der Sinnenwelt, von welchem dasselbe ausgeht, und welche es voraussetzt, kann, wenn ich unter mehreren freien Wesen lebe, nur ein Theil der Sinnenwelt seyn. Dieser bestimmte, meinen Zwecken unterworfene Theil der Welt heisst, wenn er durch die Gesellschaft anerkannt und garantirt ist (diese Anerkennung und Garantie ist *juridisch* und *moralisch* nothwendig), mein *Eigenthum*. (Ich könnte ohne diese Anerkennung nie sicher seyn, durch mein Handeln die Freiheit anderer nicht zu beschränken; ich könnte sonach nie mit gutem Gewissen handeln. Nur unter der Bedingung, dass *alle* mir eine Sphäre für mein freies Handeln zugestehen und versichern, dass durch das Handeln in dieser Sphäre ihre Freiheit nicht werde gestört werden, kann ich mit gutem Gewissen etwas vornehmen. Unmittelbar geschieht diese Anerkennung durch den Staat, in welchem ich lebe. Wie sie *mittelbar* von dem ganzen Menschengeschlechte geschehe, ist in unserem Naturrechte gezeigt.)

Es ist sonach zuvörderst Pflicht eines jeden, der sich zur Einsicht in die soeben aufgestellten Sätze erhoben hat, das Eigenthumsrecht einzuführen, welches allerdings sich nicht von selbst findet, sondern mit Vorsatz nach einem Begriffe eingeführt werden muss. Ferner, es ist Pflicht eines jeden, sich ein Eigenthum zu erwerben: denn es ist Pflicht für ihn, frei zu handeln; aber er kann dies nicht, ohne unablässig im Zweifel zu bleiben, ob er nicht die Freiheit der anderen störe, wenn er nicht ein Eigenthum hat. Dies vorläufig, als nähere Bestimmung des schon oben aufgestellten Satzes, dass ein Staat errichtet werden, und jedes Individuum in denselben treten solle. Die Freiheit jedes anderen ist mir absoluter, durch das Sittengesetz gebotener Zweck. Diese Freiheit ist bedingt dadurch, dass er ein Eigenthum habe, und dasselbe unbeschädigt erhalte. Das letztere ist mir sonach, als Bedingung des bedingten Zweckes, selbst Zweck.

Diese Disposition des Sittengesetzes *negativ* angewendet, geht aus ihr hervor das Verbot: *das Eigenthum des anderen zu beschädigen, auf irgend eine Art zu verringern, oder dem Eigenthümer den Gebrauch desselben zu erschweren.*

Zuvörderst, ich soll das Eigenthum des anderen nicht zu meinem eigenen Nutzen verwenden, durch Raub, Diebstahl, Betrug, listige Bevortheilung; welches alles, auch schon wegen seiner Form, wegen der Handelsweise dabei verboten ist; das erstere, als gewaltsamer Angriff auf Leib und Leben des anderen, die letzteren als Falschheit und Lüge. Hier wird bloss auf die Materie der Handlung, bloss darauf gesehen, dass dadurch das Eigenthum des anderen entwendet wird. Es ist untersagt, weil dadurch die Freiheit des Beraubten beeinträchtigt wird. Er hat auf die fortdauernde Disposition über das entwendete gerechnet und seine Maassregeln darauf genommen. Muss er dasselbe ganz entbehren, so wird sein Wirkungskreis, das Maass seines physischen Vermögens und seine Causalität dadurch verringert; muss er es sich wieder erwerben, so wird er im Laufe seines Wirkens wenigstens aufgehalten und genöthigt, zu thun, was er schon gethan hatte. — Jene unsittliche Sittenlehre, die durchgängig die Beförderung guter Zwecke vorspiegelt, um böse Mittel zu entschuldigen, und welche man jesuitische Moral genannt hat (ohnerachtet dadurch nicht gesagt werden soll, dass alle Jesuiten sie hätten, und dass niemand sie habe, der nicht Jesuit sey —), jene Sittenlehre, sage ich, könnte gegen den aufgestellten Satz einwenden, und wendet auch wirklich dagegen ein: Wenn jenes entwendete Gut überhaupt nicht verdorben, sondern nur gebraucht wird, so geschieht ja der Beförderung des Vernunftzweckes, welche das letzte Ziel alles unseres Handelns seyn soll, kein Abbruch; ja, wenn etwa der neue Besitzer es besser anwendet, als es der erste angewendet haben würde, so gewinnt dieser Zweck dabei. Wie, wenn der Entwender wüsste, dass der erste Besitzer einen schädlichen Gebrauch von diesem Vermögen machen würde, er selbst aber einen sehr löblichen Gebrauch zu mehrerer Ehre Gottes und zu grösserem Dienste des Nächsten dabei beabsichtigte, — würde er dann nicht, nach euren eigenen Principien, ganz recht handeln? Ich antworte: das Gute zu befördern, ist mir bedingt geboten, inwiefern es in meiner Sphäre liegt, und in meinem mir rechtmässig zugekommenen Vermögen steht; die Freiheit des anderen zu beeinträchtigen, ist mir absolut verboten. Ich würde hier Legalität bezwecken, auf Kosten der Moralität. Diese Unterordnung der vorgeblichen Legalität unter die Moralität ist es, worin diese jesuitische Moral sich gleich bleibt; und dadurch sich selbst verräth, dass es ihr auch nicht einmal um Legalität, als solche, sondern um etwas ganz anderes, um ihren eigenen Vortheil, zu thun ist. Man kann die Legalität gar nicht wollen, ausser um der Moralität willen. — Dass man Diebstahl und Bevortheilung des anderen um vorgeblicher guter Zwecke willen nicht ebenso hartnäckig vertheidigt, als die Nothlügen, kommt daher: weil unsere bürgerliche Verfassung, welcher an der Erhaltung des Eigenthums alles liegt, und die auf die Verletzung desselben schwere Strafe gesetzt hat, über diesen Punct unsere Denkart anders gebildet. Der Neu-Seeländer, für welchen die Verfassung nicht dasselbe gethan, stiehlt, vermuthlich für gute Zwecke, so wie wir für gute Zwecke lügen.

Dann ist dadurch verboten die *Beschädigung* des Eigenthums des anderen, entweder absichtlich, und aus bösem Willen, oder aus Unbedachtsamkeit: aus dem gleichen Grunde, weil dadurch der freie Gebrauch des Eigenthums des anderen, mithin seine Freiheit überhaupt, gehemmt wird.

Was die absichtliche Beschädigung anbelangt; zu deren Vertheidigung lässt sich auch nicht einmal eine Sophisterei vorbringen: sie ist absolut unmoralisch. Was die Beschädigung durch Unbedachtsamkeit anbelangt, so ist es mir Pflicht, für die Erhaltung des Eigenthums des anderen dieselbe Sorgfalt anzuwenden, die ich für die Erhaltung des meinigen anwende; denn sie ist mir aus demselben Grunde, mithin auch in dem gleichen Maasse Zweck: nemlich als Mittel zur Beförderung der Vernunftherrschaft.

Endlich ist es verboten, den freien Gebrauch seines Eigenthums dem anderen zu erschweren. Der Grund des Verbots ist klar. Der Zweck des Eigenthums ist, dass er es frei gebrauche zur Beförderung seiner Zwecke, von denen ich annehmen muss, dass sie auf Realisirung der Vernunftherrschaft ausgehen: den freien Gebrauch hemmen, heisst, den Zweck alles Eigenthums aufheben; und ist sonach dem Wesen nach dasselbe, was Beraubung seyn würde. Dass ich dadurch einen bösen und schädlichen Gebrauch verhindern wolle, ist keine Entschuldigung.

Ersatz des Entwendeten, des Verdorbenen, kurz jeder Beschädigung des anderen bin ich stets schuldig. Ohne Ersatz ist keine Vergebung, d. h. keine Aussöhnung mit mir selbst. Der strenge Beweis ist folgender: Wer moralisch denkt, der will die Beschädigung des anderen an seinem Eigenthume schlechterdings nicht. Nun dauert dieselbe in ihren Folgen fort, ehe der völlige Ersatz geleistet ist. So gewiss ich sonach zur moralischen Denkart zurückkehre, so gewiss will ich die Folgen aufgehoben und dadurch die Handlung vernichtet; und muss zufolge dieses Willens nothwendig alles dazu thun, was in meinem Vermögen steht. —

Der Satz, dass das Eigenthum Anderer Zweck für mich sey, weil es eine Bedingung ihrer formalen rechtmässigen Freiheit ist, *positiv* angewendet, enthält folgende Gebote.

a. Jeder zum Vernunftgebrauche emporgewachsene Mensch soll ein Eigenthum haben. Der Beweis liegt in dem obigen. Er muss frei handeln können; seine Handlung geht nothwendig aus von gewissen ersten Puncten, gewissen Objecten der Sinnenwelt, die die ersten Werkzeuge seiner Thätigkeit sind; diese aber müssen ausser ihm gar keinem anderen als Werkzeuge angehören, weil er ausserdem nie versichert seyn könnte, dass er keines Freiheit störe.

Diese Sorge nun, dass jederman ein Eigenthum habe, kommt zuvörderst dem Staate zu. Der Strenge nach ist in einem Staate, wo auch nur Ein Bürger kein Eigenthum hat (Eigenthum im eigentlichsten Sinne des Wortes, wo es die ausschliessende Sphäre für das freie Handeln überhaupt, sonach nicht bloss Objecte, sondern auch ausschliessende Rechte auf Handlungen bedeutet), überhaupt kein rechtmässiges Eigenthum. Denn jedem gehört sein Eigenthum nur, inwiefern es alle andere anerkannt haben; sie können es aber nicht anerkannt haben, ohne dass er von seiner Seite auch das ihrige anerkannt habe; sie müssen sonach eins haben. Wer keins hat, hat auf das der anderen nicht Verzicht gethan; und er nimmt es mit seinem vollen Rechte in Anspruch. Dies ist die juridische Ansicht der Sache. — Es ist sonach zuvörderst Pflicht eines jeden, der sich von dieser Wahrheit überzeugen kann, soviel in seinen Kräften steht, dahin zu arbeiten, dass dieselbe in den Staaten anerkannt und befolgt werde.

Bis dies aber geschieht — und warum sollte es nicht endlich einmal geschehen? — ist es Pflicht für jeden, den ihm bekannten Eigenthumslosen ein Eigenthum zu verschaffen; oder, *Wohlthätigkeit* ist Pflicht. Sie ist, wie jeder sieht, eine bedingte Pflicht; sie würde nicht stattfinden, wenn der Staat seine Schuldigkeit thäte.

Man bemerke wohl: die Wohlthätigkeit besteht darin, dass man dem Eigenthumslosen ein Eigenthum, einen festen Stand, eine zugesicherte und fortdauernde Existenz verschaffe. Man soll irgend einem, oder mehreren, wenn man es kann, aus dem Grunde und für immer zu helfen suchen: dem Amtlosen Anstellung, dem Arbeitslosen Arbeit verschaffen; dem in seiner Nahrung Herabgekommenen leihen oder schenken, dass er sie wieder treiben könne, Waisen auferziehen oder auferziehen helfen, u. dgl., kurz, so viele Werke der Wohlthätigkeit, als man kann, ganz thun, und nicht bloss hier und da stümpern und flicken. Erst dann ist unsere Wohlthätigkeit vernünftig, besonnen und zweckmässig. Der Beweis liegt im Begriffe der Wohlthätigkeit: jeder soll ein Eigenthum haben, dies ist ihr Zweck.

Das gewöhnliche Almosengeben ist ein sehr zweideutiges gutes Werk. Wer ein Almosen giebt, das nicht ganz hilft, kann vernünftigerweise damit nur soviel sagen wollen: Ich will dir nicht oder ich kann dir nicht helfen, suche andere auf; und damit du bis dahin dein Leben fristen könnest, gebe ich dir diese Gabe. Die Pflichtmässigkeit der Almosen geht hervor aus der Pflicht, das Leben unserer Mitmenschen zu erhalten. — Der Anspruch um Hülfe bei den Nebenmenschen kann gar keinen anderen Zweck haben, als den, einen Stand und ein Eigenthum zu finden bei den Privatpersonen, da es uns der Staat versagte. Dass Menschen beim Almosenbitten keinen Zweck haben, als dieses, und den Bettel zu einem Stande machen, ist schlechthin nicht zu dulden; und wenn es der Staat duldet, so ist es Pflicht jeder Privatperson, zu thun, so viel an ihr ist, um die Erreichung dieses Zweckes zu vereiteln; keinesweges aber durch unbesonnene Weichherzigkeit und übel verstandene Pflicht sie zu befördern. Es versteht sich, dass man vor seinem Gewissen sicher seyn muss, dass man nicht etwa aus Geiz und natürlicher Hartherzigkeit die Wohlthat versage, und jenen höheren Grundsatz nur vorwende. Man wird dies ja wohl daraus ersehen können, ob man die oben beschriebenen Werke der vernünftigen Wohlthätigkeit ausübt, so oft eine Veranlassung dazu vorkommt. (Wie sehr weichen nicht diejenigen von der Vernunft und Wahrheit ab, die das Almosengeben zur Religionsübung machen, und den Bettel dulden und befördern, damit es den Gläubigen nicht an Gelegenheit fehle, gute Werke zu thun: als ob es daran je fehlen könnte!)

Wie weit erstreckt sich die Pflicht der Wohlthätigkeit? Ist es genug, sie zu üben, inwiefern sie uns selbst nicht im geringsten lästig fällt, und nur das wegzugeben, was wir selbst nicht brauchen können? Keinesweges; man ist schuldig sich selbst abzubrechen, seinen eigenen Aufwand einzuschränken, sparsamer, haushälterischer und arbeitsamer zu seyn, um wohlthun zu können: denn der Eigenthumslose hat einen Rechtsanspruch auf unser Eigenthum.

Damit man diesen Satz nicht umkehre und folgere: mithin darf der Arme die Unterstützung erzwingen; setze ich noch dies hinzu. Von dem Staate dürfte er sie allerdings erzwingen, wenn er könnte; es ist Zweck des Armen und Reichen, dahin zu arbeiten, dass endlich der Staat zur Erkenntniss und Ausübung dieser seiner Pflicht gebracht werde. Aber was die Einzelnen anbelangt, kann ein Fremder nie beurtheilen, ob es gerade ihre Pflicht ist, ob sie gerade in der Lage sind, ob sie nicht durch andere höhere Pflichten abgehalten werden.

b. Jeder soll behalten, was sein ist: denn ausserdem würde seine formelle Freiheit gestört. Es ist sonach Pflicht, das Eigenthum des anderen gegen jeden Angriff darauf, auch unaufgefordert, zu vertheidigen; gerade in demselben Maasse, als ich mein eigenes vertheidigen würde: denn die Vertheidigung beider ist Pflicht aus demselben Grunde, beides ist Mittel zur Beförderung der Vernunftherrschaft. — Der Angriff geschehe nun durch vernunftlose Naturgewalt (Feuer und Wasser), oder durch die Ungerechtigkeit vernünftiger Wesen; er geschehe von den letzteren mit Gewalt, oder durch Hinterlist und Betrug. Da die Sicherheit des Eigenthums anderer mir in demselben Maasse Zweck seyn soll, als die Sicherheit des meinigen, so ist unmittelbar klar, dass ich die Vertheidigung desselben selbst mit Gefahr für die Sicherheit meines eigenen übernehmen müsse. Wie weit dies sich erstrecke, und inwiefern ich selbst mit Gefahr meines Lebens dasselbe zu vertheidigen schuldig bin, werden wir im folgenden §. sehen.

c. Das Eigenthum ist Object der Pflicht, weil es Bedingung und Werkzeug der Freiheit ist. Es ist dem sittlichguten Menschen Zweck, dass andere so viele Freiheit, d. i. Kraft und Causalität in der Sinnenwelt haben, als möglich, um dadurch die Vernunftherrschaft zu befördern: es ist ihnen sonach Pflicht, die *Brauchbarkeit des Eigenthums* anderer zu vermehren. Dass man viel wirke, dazu gehört nicht sowohl, dass man einen grossen Umfang von Mitteln habe, als vielmehr, dass man diejenigen, die man besitzt, ganz in seiner Gewalt habe, und durch sie wirken könne, was man nur will. Nicht ein grosser, sondern ein geübter, ganz unter der Herrschaft des Willens stehender Körper; und ebenso, nicht ein grosses, aber ein geordnetes, leicht zu übersehendes, zu jedem möglichen Zwecke auf der Stelle anwendbares Eigenthum macht frei und unabhängig. Wie es uns Pflicht ist, das unserige in diesen Zustand zu bringen, so ist es uns Pflicht, beim Eigenthume anderer das gleiche **zu beabzwecken**: durch guten Rath, durch Beistand, den wir aber nicht aufdringen dürfen, durch Abtretung dessen, was dem anderen seiner Lage nach mehr nützt, als es uns nützen würde: kurz, *Dienstfertigkeit* ist Pflicht, deren Triebfeder aber nie eine unbesonnene Gutherzigkeit seyn muss, sondern der deutlich gedachte Zweck, die Causalität der Vernunft so viel als möglich zu befördern. Bitten, deren Gewährung dem anderen unserer besten Einsicht nach mehr schaden als nützen würde, ist es Pflicht abzuschlagen; jedoch begleitet mit vernünftigen Vorstellungen, um seine Begriffe zu berichtigen, und ihn dahinzubringen, lieber gutwillig von seinem Begehren abzustehen.

d. Die gesammte Sinnenwelt soll unter die Herrschaft der Vernunft kommen, Werkzeug derselben seyn in den Händen der vernünftigen Wesen. — Aber es hängt in dieser Sinnenwelt alles mit allem zusammen; es steht sonach kein Theil derselben ganz und unumschränkt unter der Herrschaft der Vernunft, wenn nicht alle Theile unter ihr stehen. Dieses hier angewendet: — alles Brauchbare in der Welt muss gebraucht werden, und da es nur dadurch zweckmässig gebraucht werden kann, dass es Eigenthum werde, so muss es Eigenthum werden. Es ist Zweck des Sittlichguten, es dahinzubringen. — Wie jeder Mensch ein Eigenthum haben soll, so soll auch jedes Object Eigenthum irgend eines Menschen seyn.

Besonders durch Ausübung der zwei letzten Vorschriften wird die Herrschaft der Vernunft über die Sinnenwelt recht begründet. Durch das erste, dass jeder nicht allein für den Gebrauch seines Eigenthums, für die Erreichung seiner Privatzwecke, sondern für den zweckmässigsten Gebrauch des Eigenthums aller, für die Erreichung der besonderen Zwecke aller sorgt und arbeitet, und aller Thätigkeit fördert, so wie alle die seinige fördern, wird die Vernunft vereinigt; sie wird in den Gemüthern aller, die empirisch noch so verschieden seyn mögen, Ein und ebenderselbe Wille. Durch das letztere wird unter diesen Einen Willen die ganze Natur zusammengefasst und begriffen. Die Vernunft ist mit sich einig: und die Sinnenwelt ist ihr untergeordnet. — Dies ist das uns vorgesteckte Ziel.

§. 24.

Von den Pflichten beim Widerstreite der Freiheit vernünftiger Wesen.

Es ist kein Widerstreit zwischen der Freiheit vernünftiger Wesen *überhaupt:* d. h. es widerspricht sich nicht, dass mehrere in derselben Sinnenwelt frei seyen. Es giebt nur einen Fall, wo die Möglichkeit der Freiheit für mehrere, die Möglichkeit des Beisammenstehens zweier vernünftiger Individuen durch die Natur selbst aufgehoben wird, wovon wir tiefer unten reden: aber wenn dieser nur wirklich eintritt und nicht bloss für die Vollständigkeit des Systems mit abgehandelt werden muss, so lässt sich doch dies behaupten, dass er äusserst selten eintrete. — Ein Widerstreit, nicht zwischen dem Freiseyn überhaupt, sondern zwischen bestimmten freien Handlungen vernünftiger Wesen, entsteht nur dadurch, dass einer seine Freiheit rechts- und pflichtwidrig, zur Unterdrückung der Freiheit eines anderen, gebrauche. — Dies alles wird sich in der Folge näher ergeben.

Zuvörderst.

1) *Alle* sollen frei seyn. Der Gebrauch der Freiheit in mehreren Individuen soll sich nicht gegenseitig hemmen und widersprechen. Dies ist absolute Forderung des Sittengesetzes; es ist sonach Pflicht eines jeden, dieses Beisammenstehen der Freiheit aller zu befördern. — Aber dieses Beisammenstehen ist nur dadurch möglich, dass jeder Einzelne mit Freiheit — denn er soll frei seyn und bleiben — den Gebrauch seiner Freiheit auf eine gewisse Sphäre einschränke, welche alle andere ihm ausschliessend überlassen; dagegen er an seinem Theile den anderen alles übrige gleichfalls zur Theilung unter sich überlässt. So ist in derselben Sinnenwelt jeder an seinem Theile frei, ohne die Freiheit irgend eines anderen zu hemmen. Diese Idee wird realisirt im Staate, welcher überdies, da auf den guten Willen aller nicht gerechnet werden kann, mit Zwang jedes Individuum innerhalb seiner Grenzen erhält. Was in Absicht des Staates Pflicht sey, davon ist schon oben geredet worden.

Der Staat erhält selbst mit Zwang die durch ihn unter den Individuen eingeführte Ordnung. Wenn daher ein Widerstreit zwischen dem Gebrauche der Freiheit mehrerer entsteht, ist es seine Sache, ihn zu schlichten, und die Pflicht jedes Einzelnen, ihm dies zu überlassen. Sonach lässt sich vorläufig gar nicht einsehen, wie von Pflichten des Einzelnen beim Widerstreite der Freiheit mehrerer geredet werden könne. Es scheint vielmehr, jeder habe seiner Pflicht über diesen Punct schon im voraus durch Miterrichtung eines Staates, und Unterwerfung unter ihn, völlige Genüge geleistet.

Aber der Staat kann nicht stets unmittelbar dergleichen Widerstreit schlichten; und auf diesen Fall tritt die Pflicht der Privatperson ein.

Wir haben dadurch vor der Hand den Satz gewonnen: Alle die Pflichten, von welchen gegenwärtig die Rede seyn wird, treten nur da ein, wo der Staat nicht helfen kann und inwiefern er nicht helfen kann. Was dies heisse, wird in den einzelnen Fällen sich klar zeigen.

2) Noch eine Bemerkung ist im voraus zu machen, diese. Ob *meine eigene* Freiheit, oder die Freiheit eines meiner Nebenmenschen, durch widerrechtlichen Gebrauch der Freiheit eines anderen gefährdet werde, ist ganz einerlei, macht in der Untersuchung keinen Unterschied, und berechtigt nicht zu einer Eintheilung: denn, wie oft erinnert worden, die Freiheit des anderen ist aus demselben Grunde meiner Sorgfalt anbefohlen, aus welchem die meinige ihr anbefohlen ist; sie ist es sonach in demselben Maasse. Es ist kein Unterschied zwischen der Pflicht der Selbstvertheidigung und der Vertheidigung anderer; beides ist dieselbe Pflicht der Vertheidigung der Freiheit überhaupt.

3) Die Freiheit ist, wie wir gesehen haben, bedingt durch Leib und Leben und Eigenthum. Ihr Gebrauch erfordert zwar auch Erkenntniss der Wahrheit, aber es kann zwischen den Erkenntnissen mehrerer kein Widerstreit entstehen, da die Wahrheit nicht theilbar ist, wie Leiber und Güter, sondern Eine und ebendieselbe, allen gemeinschaftliche; und es nicht für jedes Individuum eine eigene Wahrheit giebt, wie es für

jedes einen eigenen Leib und ein besonderes Eigenthum giebt.
— Die Erhaltung des Leibes und Lebens mehrerer, die Erhaltung des Eigenthums mehrerer, beides kann in einen Widerstreit verflochten werden; endlich, die Erhaltung des Leibes und Lebens, und die des Eigenthums, können sich widerstreiten. Was ist in allen diesen Fällen Pflicht? das sind die Fragen, die wir zu beantworten haben.

A. Die Erhaltung des Leibes und Lebens mehrerer ist im Widerstreite. Zuvörderst:

α. die *Erhaltung meines eigenen* Lebens, und die *Erhaltung des Lebens eines anderen* scheinen beide nicht beisammen bestehen zu können; und das gar nicht durch meine Ungerechtigkeit, oder die des anderen, sondern durch Verfügung der Natur. Die Natur nimmt dem Ansehen nach die Möglichkeit, dass beide bestehen können, zurück. — Auf Instanzen will ich mich nicht einlassen. Es ist dies der in der Rechtslehre unter dem Titel des Nothrechts behandelte Fall. (Dort wird entschieden, dass in diesem Falle das Recht überhaupt nicht stattfindet, und da es auf diesem Gebiete kein anderes Gesetz giebt, jeder an seine Willkür verwiesen sey.)

Ganz anders entscheidet das Sittengesetz. Ich soll mein Leben schlechthin erhalten, als Werkzeug des Sittengesetzes. Ich soll das des anderen, welches der Voraussetzung nach in Gefahr ist, gleichfalls erhalten aus demselben Grunde. Nun gebietet das Sittengesetz beides gleich unbedingt. Wir sind beide anzusehen als Werkzeuge des Sittengesetzes, und lediglich als solche Objecte einer Pflicht. Dem Naturtriebe nach ziehe ich allerdings mich selbst vor, aber dieser muss ganz aus der Rechnung bleiben: dem Sittengesetze nach hat keiner von uns Vorzüge, denn vor diesem Gesetze sind wir gleiche Mittel der gleichen Vernunft.

Ich kann das Gebot des Sittengesetzes, mich zu erhalten, nicht erfüllen, ohne auf Unkosten des Lebens des anderen, der Voraussetzung nach; und dies verbietet das Sittengesetz. Ich kann das Leben des anderen nicht retten, ohne auf Unkosten des meinigen; und dies verbietet das Sittengesetz gleichfalls. Jedem Gebote des Gesetzes steht in dieser Lage ein Verbot gegenüber; die beiden Gebote vernichten sich sonach: das Gesetz schweigt ganz, und ich, da ich nur durch dasselbe beseelt bin, soll gar nichts thun, sondern ruhig den Erfolg abwarten.

Es kam in unserem Beweise der Satz vor: wir sind beide auf die *gleiche Weise* Werkzeuge des Sittengesetzes. Dieser ist angefochten worden und darauf die Theorie erbaut: man solle untersuchen, wer ein besseres Werkzeug desselben sey. Der ältere solle sich für den jüngeren, der ungeschicktere und unansehnlichere für den geschickteren und ansehnlicheren aufopfern. — Ich antworte: aus wessen Erhaltung mehr oder weniger Gutes erfolgen werde, lässt sich schlechthin nicht beurtheilen; denn was ist im Zusammenhange erspriesslicher, und was nicht? darüber hat der endliche Verstand gar keine Stimme, und alles Räsonnement dieser Art ist vorwitzig und vermessen: diese Entscheidung ist der Weltregierung durch die Vernunft, die auf diesem Gesichtspuncte geglaubt wird, zu überlassen. Der endliche weiss nur, dass er in jedem Augenblicke seines Lebens thun soll, wozu ihn in demselben die Pflicht aufruft, ohne sich zu bekümmern, wie viel und auf welche Weise Gutes daraus erfolgen werde. Wer erhalten wird, aus dessen Erhaltung muss wohl Gutes folgen sollen; denn die Welt wird durch die höchste Weisheit und Güte regiert. Wer untergeht, dessen Schuld ist es nicht; er hat gethan, was er konnte, und für das übrige ist das die Welt regierende Sittengesetz verantwortlich, wenn es eine solche Verantwortlichkeit desselben geben könnte.

Aber erwarten wir beide ruhig den Erfolg, so werden wir beide zu Grunde gehen, da ausserdem doch einer von beiden gerettet werden könnte. — Zuvörderst weiss das keiner von uns beiden. Sehen auch *wir* kein Rettungsmittel, so kann es darum doch eins geben. — Aber wenn wir auch beide zu Grunde gingen: was ist es mehr? Unsere Erhaltung ist ja gar nicht Endzweck, sondern die Erfüllung des Sittengesetzes ist Endzweck: gehen wir aber zu Grunde, so ist das der Wille des Sittengesetzes gewesen; er ist erfüllt, und unser Endzweck ist erreicht.

β. Es tritt der Fall ein, dass mehrere meiner Nebenmenschen in Leib- und Lebensgefahr sind; ich soll retten; ich kann nicht alle retten, oder kann wenigstens nicht auf einmal alle retten; wonach soll die Wahl sich richten?

Mein Zweck ist der, und muss nothwendig der seyn: Alle zu retten; denn Alle sind Werkzeuge des Sittengesetzes, und es ist hierin kein Unterschied zwischen ihnen zu machen. Will ich nun Alle retten, so werde ich zunächst denjenigen helfen, die in der gegenwärtigsten Gefahr sind, weil diese ohne fremde gegenwärtige Hülfe sich gar nicht mehr erhalten können; ihre Gefahr sey nun dringender um der Lage der Sachen, oder um ihrer eigenen Schwachheit und Unbeholfenheit willen, wie z. B. Kinder, Kranke, Alte. Giebt es unter ihnen solche, deren Versorgung und Berathung mir für meine Person ganz besonders aufgetragen ist — *die Meinigen* — so müssen diese den Vorzug haben: aber wohlgemerkt, nicht aus natürlicher, pathognomischer Liebe, oder aus Rücksicht auf meine eigene Glückseligkeit — dergleichen Bewegungsgründe sind verwerflich — sondern weil ihre Rettung mir besondere Pflicht ist, und weil die besondere Pflicht der allgemeinen stets vorgeht. Sind dergleichen Entscheidungsgründe nicht vorhanden, so rette ich den, den ich zunächst retten kann, dessen ich zuerst ansichtig werde. — Klügelei über die grössere Wichtigkeit dieses oder jenes Lebens findet auch hier nicht statt, denn über diesen Punct kann ich nichts wissen.

γ. Ich werde durch feindselige ungerechte Gewalt an Leib und Leben angegriffen; oder ein anderer wird es, denn das muss mir ganz gleich gelten: inwiefern darf ich bei der Vertheidigung meiner selbst, oder des anderen, das Leben des Angreifers in Gefahr setzen? Es ist absolute Pflicht, das Leben des Angegriffenen (*ich* sey es, oder ein anderer, und darum will ich beides in diesem Einen Worte zusammenfassen) zu vertheidigen: aber es hört darum nicht auf Pflicht zu seyn, das Leben des Angreifers zu schonen, und zu erhalten. Mein Zweck kann daher nie seyn, den Angreifer zu *tödten,* sondern nur, ihn zu *entwaffnen;* ich werde daher die Hülfe anderer, wenn sie in der Nähe sind, und dadurch die des Staats, herbeirufen: ich werde die Gewalt bloss abwehren, so gut ich kann, ohne den Angreifer selbst in Gefahr zu setzen; kann ich das nicht, so werde ich ihn lähmen, verwunden u. dergl., immer, dass sein Tod mir nicht Zweck sey. Würde er denn doch getödtet, so erfolgt das gegen meine Absicht durch Zufall; und ich bin dafür nicht verantwortlich.

Man könnte dagegen sagen, und mehrere Moralisten haben es gesagt: Ich habe doch immer sein Leben in Gefahr gesetzt. Betrifft die Sache nur mich, und bin ich selbst der angegriffene — bei dem Angriffe auf andere verstösst dieses Räsonnement doch zu sehr gegen das gemeine sittliche Gefühl — warum sterbe ich nicht lieber, als dass ich den anderen in Gefahr brächte? Um diese Einwendung gründlich und einleuchtend zu widerlegen, vergleiche ich den hier vorausgesetzten Fall mit dem soeben abgehandelten Nothfalle. Dort war es Pflicht, mein Leben zu erhalten, so wie hier: aber ich durfte es nicht auf Unkosten des Lebens des anderen retten. Hierbei ist nun zuvörderst dieser grosse Unterschied, dass dort, wenn ich etwas thue, meiner Ueberzeugung nach der andere wirklich umkommen muss; hier aber er gar nicht umkommen muss, noch soll. Dort steht das Leben des anderen in der Hand der Natur, die es ihm, meiner Ueberzeugung nach, sicherlich raubt, sobald ich etwas thue. Hier steht es in meiner Gewalt, einer Gewalt, die durch einen frei zu modificirenden Zweckbegriff regiert wird; und ich will den anderen keinesweges tödten, setze nicht voraus und sehe nicht voraus, dass ich ihn tödten werde. — Dann — welches entscheidet — gründet die Pflicht, hier zu handeln, sich nicht bloss auf die Schuldigkeit, mein Leben zu erhalten, sondern zugleich auf die, etwas offenbar durch das Sittengesetz verbotenes, meine oder des anderen Ermordung schlechthin nicht zu dulden. Was das Sittengesetz absolut verbietet, das darf der sittlich Gute um keinen Preis geschehen lassen; denn sein Wille ist ja der Wille des Sittengesetzes selbst. Das findet in dem erst behandelten Nothfalle gar nicht statt; es ist da nichts unmoralisches zu verhindern, denn es geschieht nichts unmoralisches.

Sobald der andere entwaffnet ist, hört meine Zwangspflicht auf. Ich habe für ihn von nun an nichts mehr, als vernünftige Vorstellungen. Was zur Beförderung der allgemeinen Sicherheit, zum Beispiele für andere, und damit er selbst dergleichen nicht mehr thue, noch zu verrichten ist, ist Sache des Staats, in dessen Hände er nunmehr fällt. Dieser ist sein Richter; keinesweges ich, oder irgend eine Privatperson.

B. Die Erhaltung des Eigenthums mehrerer ist im Widerstreite, und scheint sich gegenseitig zu vernichten.

Mein Eigenthum und das Eigenthum des anderen ist zugleich in Gefahr. — Dann hat das meinige nothwendig den Vorzug; denn ich bemerke natürlich die Gefahr desselben zuerst, fasse also zuerst die Aufgabe des Sittengesetzes auf, dasselbe zu retten; und wer schon sein bestimmtes Geschäft hat, der darf zu derselben Zeit nichts anderes thun. Auch setze ich sehr natürlich voraus, dass der andere, der in der gleichen Gefahr ist, dasselbe thun werde, was ich thue. — Nur muss ich vor meinem Gewissen sicher seyn, dass dieser Vorzug der Rettung des meinigen sich wirklich auf Pflichtgefühl und keinesweges auf Eigenliebe gründet. Ich muss das meinige retten, nicht als das meinige, sondern als ein Gemeingut der Vernunft. Ob ich es nur in der letzten Rücksicht rette, wird sich ganz leicht daraus ergeben, ob ich es hinterher wirklich so betrachte; ob ich bereit bin, dem Verunglückten damit zu dienen und aufzuhelfen, und das gerettete, soviel mir irgend möglich ist, mit ihm zu theilen.

Die blosse *Möglichkeit*, dass mein Eigenthum in Gefahr kommen könne, spricht mich nicht los von der Pflicht, das des anderen, das in *wirklicher* Gefahr ist, zu retten. Dies wird dadurch klar. So lange die Gefahr des meinigen bloss möglich ist, habe ich nichts zu arbeiten; ich müsste sonach müssig seyn und ruhen; aber ich soll nie ruhen, wo die Pflicht gebietet.

Es ist absolut pflichtwidrig, das seinige auf Kosten des Eigenthums anderer zu schützen; eine Gefahr, die das unsrige bedroht, dadurch von uns abzuweisen, dass wir sie ganz oder zum Theil auf einen anderen wälzen. Hätte sie ihn betroffen, so hätte er es tragen, und wir hätten ihm es tragen helfen müssen; nun hat sie ihn nicht betroffen, sondern uns. Der sittlichgute sieht darin eine Verfügung der Vorsehung. Er bekämpft die Gefahr, so gut er kann, aber er bringt nicht auf einen anderen, was die Vorsehung *ihm* zuschickte.

Leben geht über Eigenthum; denn das Leben ist die Bedingung des Eigenthums, nicht umgekehrt das Eigenthum die Bedingung des Lebens. Sonach ist die Rettung des Lebens unserer Mitmenschen der Rettung ihres Eigenthums; ferner die Sicherheit unseres Lebens der Rettung ihres und unseres Eigenthums vorzuziehen: wenn der Angriff von blosser vernunftloser Naturgewalt herkommt. Inwiefern das Verhältniss anders sey, und wodurch es anders werde, wenn er von der Ungerechtigkeit vernünftiger Wesen herkommt, werden wir sehen.

C. Mein Eigenthum, oder das Eigenthum des anderen, welches mir ganz gleich gelten soll, wird gewaltsamerweise von vernünftigen Wesen angegriffen. Es ist hier nicht bloss darum zu thun, dass das Eigenthum erhalten werde, wie bei der Gefahr desselben von der vernunftlosen Natur, sondern darum, dass etwas schlechthin recht- und pflichtwidriges hintertrieben werde. Der Wille des Sittengesetzes ist der Wille des moralisch guten Menschen selbst; was dieses sonach verbietet, kann und darf dieser nicht dulden. — Also: es ist absolute Pflicht den Raub zu verhindern, *inwiefern er schlechthin gegen das Sittengesetz ist*, und jeder kategorisch behaupten kann, dass er dagegen sey. — Man vergesse nicht die letzte Einschränkung. Der Angriff auf das Eigenthum des anderen ist schlechthin gegen das Sittengesetz, lediglich inwiefern der Angreifer dasselbe als Eigenthum anerkannt hat, und sonach mit dem Eigenthümer im Eigenthumsvertrage steht. Er ist sonach absolut rechtswidrig und unmoralisch, wenn er geschieht vom Mitbürger eines Staates auf einen Mitbürger desselben Staates, oder von dem Bürger eines Staates, der mit dem seinigen Friede hat; er ist es nicht absolut, wenn er geschieht durch den bewaffneten Feind. Denn dann ist zwischen den kriegführenden Staaten ein Rechtsstreit und es ist vor äusserem Rechte problematisch, auf welcher Seite das Recht sey: es hat sonach hier niemand das Recht des Richterspruchs, indem der andere seinen Gerichtshof nicht anerkennt.

Ich soll den Raub verhindern; dies ist absolut geboten. Welches Mittels darf ich dazu mich bedienen; inwiefern darf ich Gewalt brauchen; wiefern selbst mein Leben und das Leben des anderen in Gefahr setzen?

α. Entweder der Fall ist von der Art, dass der Staat, wenngleich nicht auf der Stelle, doch wenigstens hinterher, helfen kann. Dann kann die ungerechte Handlung durch den Staat völlig vernichtet werden. Es ist sonach in diesem Falle Pflicht unmittelbar nichts zu thun, weder mich, noch den Angreifer in Gefahr zu setzen; wohl aber die Sache dem Staate anzuzeigen. Wodurch das letztere denn doch noch bedingt sey, und was der Klage noch vorhergehen müsse, werden wir tiefer unten sehen.

Dieser Fall tritt ein, entweder wenn das geraubte Eigenthum von der Art ist, dass es kennbar und unmittelbar durch den Staat assecurirt ist: oder wenn die Person des Angreifers uns bekannt ist. Doch ist es im letzten Falle nöthig und eben darum pflichtmässig, sich mit den nöthigen Beweisen für den Staat zu versehen.

β. Keiner von den beiden angezeigten Fällen findet statt. Widersetze ich mich nicht auf der Stelle, so geht, soviel ich absehen kann, die ungerechte Absicht durch, und gelingt. Dann ist es Pflicht, sich mit Gewalt zu widersetzen; aber mit den Vorsichtsregeln, die bei der Vertheidigung des Leibes und Lebens anempfohlen worden. Wehrt sich der Angreifer, so wird es ein Kampf auf Leib und Leben; mein Leben ist angegriffen: und die Sache tritt unter die schon oben angegebenen Regeln eines solchen Angriffs: ich vertheidige jetzt nicht mehr mein Eigenthum, sondern meinen Leib mit Gefahr seines Leibes.

Man könnte dagegen einwenden: aber in diese Lage habe ich ja selbst die Sache durch meinen gewaltsamen Widerstand gebracht; ich selbst habe ja aus einem Kampfe um blosses Eigenthum einen Kampf um Leib und Leben gemacht. — Ich antworte darauf: die ruhige Entwendung durfte ich in diesem

Falle nun einmal nicht leiden, es war gegen die Pflicht. Darauf, dass der Angreifer sich nicht würde abtreiben lassen, konnte und durfte ich nicht rechnen, denn ich muss allenthalben erwarten, dass es nach dem Sittengesetze, nicht aber demselben zuwider, ergehen werde. Auch versteht sich, dass ich demselben vorher durch vernünftige Vorstellungen von seinem Vorsatze abgerathen habe. Dass ein Streit auf Leib und Leben entstanden ist, daran ist lediglich der Angreifer schuld; er hätte durch meinen Widerstand sich von seinem Unternehmen abhalten lassen sollen.

γ. Was die Klage beim Staate nicht bloss in den angeführten Fällen, sondern überhaupt betrifft; so sind die Verfügungen des Sittengesetzes darüber folgende.

Wo das Gesetz die Anzeige verlangt, da ist es Pflicht, sie zu machen, weil der Gehorsam gegen den Staat Pflicht ist.

Wo es meiner Willkür überlassen ist, ob ich klagen will, oder nicht — und darüber hat der Staat seine natürlichen Grenzen; bei Privatsachen, d. i. bei dem, was im Hause vorfällt und das absolute Eigenthum angeht, gilt der Satz: wo kein Kläger ist, ist kein Richter — wo die Klage von unserer Willkür abhängt, erfordert die moralische Denkart, dass ich nicht sogleich auf der Stelle klage. Der Grund davon ist dieser: der Staat überzeugt nicht; ob man die Richtigkeit und Gerechtigkeit seines Ausspruchs einsehe, oder nicht, muss man sich demselben doch unterwerfen, und er wird mit physischer Kraft ausgeführt: der Staat behandelt insofern den Menschen nicht als vernünftiges Wesen, sondern als blosse Naturgewalt, die in ihre Grenzen zurückzuweisen ist: und daran hat er ganz Recht, denn er ist dazu eingesetzt. Nun handelt in *Privatsachen* der Staat in meinem Namen; denn er handelt durch mich bevollmächtigt und aufgerufen, und würde nicht handeln, wenn ich ihn nicht aufgerufen hätte. Was er thut, ist daher mir zuzuschreiben. *Ich* aber soll meinen Mitmenschen als vernünftiges Wesen, nicht als blosse Naturgewalt, behandeln, wenn auf die erste Art irgend etwas mit ihm auszurichten ist. Ich bin sonach schuldig, vor der Klage noch zu versuchen, ob ich den Gegner nicht etwa durch vernünftige Vorstellungen zur Einsicht seines Unrechts und zu dem Entschlusse, dasselbe freiwillig gut zu machen, bringen könne.

Helfen diese Vorstellungen nichts, dann ist es Pflicht zu klagen, denn die ungerechte Handlung soll schlechterdings nicht gelingen, sondern sie muss vereitelt werden. — Man könnte sagen: von welchem Zeitpuncte an weiss ich denn, dass sie nichts helfen, wie kann ich je wissen, dass sie nicht helfen werden? Bliebe es denn sonach nicht immer Pflicht, sie unermüdet fortzusetzen? Ich antworte: hier ist es um Herstellung und Ersatz zu thun. Dieser muss irgend einmal in der Zeit geleistet werden; ich kann sonach allerdings mir selbst und dem anderen eine bestimmte Zeit setzen. — Wird er auf meine Klage durch den Staat genöthigt zu ersetzen und gut zu machen, so kann ich auch dann immer, und es bleibt auch dann noch immer Pflicht, ihn durch Vorstellungen wenigstens dahin zu bringen, dass er für recht und vernunftmässig hinterher anerkenne, was er zufolge dieser Erkenntniss nun freilich nicht mehr thun kann; und auch seinen Willen unter die Gerechtigkeit unterwerfe, der bisher nur sein äusseres Handeln mit Zwang unterworfen worden ist.

Ich soll sonach vor dem Gerichtshandel, während desselben und nach ihm, meinen Gegner stets als eine vernünftige und moralische Person betrachten und behandeln. Ebenso soll ich auch, wie wir schon oben gesehen haben, selbst dann, wenn ich mit jemand in Kampf auf Leib und Leben gerathen bin, ihn zu erhalten suchen, als ein mögliches Werkzeug des Sittengesetzes. Und sonach haben wir hier Veranlassung über die *Feindesliebe* zu reden; über welche an sich nicht besonders zu reden wäre, da, wie wir sehen werden, alles darüber zu sagende schon in den bisher aufgestellten allgemeinen Grundsätzen liegt. Bloss um einige Misverständnisse darüber aufzuklären, berühre ich diesen Punct.

δ. Pathognomische Liebe, besondere Zuneigung zu dieser oder jener Person, ist nicht sittlich; sie ist bloss natürlich. Triebfeder unserer Handlungen soll und darf sie nicht seyn. Man ist ziemlich darüber einig, dass diese Liebe gegen die Feinde nicht geboten sey; wenn einige sagen, sie sey darum nicht geboten, weil sie überhaupt nicht möglich sey, so ist nur der angegebene Grund nicht richtig. Warum sollte sie doch nicht möglich seyn? Sollte man nicht eine besondere, aus irgend einem natürlichen Grunde herkommende Zuneigung für eine Person empfinden können, die uns vielleicht hasst und verfolgt, weil diese Zuneigung nicht gegenseitig ist? Sie ist nur *darum* nicht geboten, weil sie überhaupt nichts sittliches und in unserer freien Willkür stehendes, sondern lediglich im Naturtriebe gegründet ist.

Doch aber irren von der anderen Seite auch diejenigen, welche behaupten: dass durch dieses Gebot gar keine innere Gesinnung gegen den Feind, sondern lediglich eine äussere Handlung befohlen werde; dass man nur handeln solle, *als ob* man den Feind liebe, wie man auch im Herzen gegen ihn gesinnt seyn möge. Dies ist darum falsch, weil keine Handlung moralisch ist, die nicht aus innerer Gesinnung hervorgeht. Es würde dann blosse Legalität gegen den Feind geboten, welche durch das Sittengesetz nie unmittelbar geboten wird.

Der Aufschluss darüber liegt kürzlich in folgendem. Es giebt gar keine Ansicht meines Nebenmenschen auf dem Gebiete des Sittengesetzes, als die, dass er sey ein Werkzeug der Vernunft. Von dieser Seite aber soll und muss ich schlechterdings jeden ohne Ausnahme ansehen, wenn auch aus seinen Handlungen für die Gegenwart sich das Gegentheil schliessen liesse. Ist er es auch jetzt nicht, so darf ich schlechthin nie die Hoffnung aufgeben, dass er es werden kann; wie oben gehörig erwiesen worden. Dies passt auch auf meinen Gegner. Ich soll ihn lieben, d. i. der Verbesserung fähig glauben; ich soll diese Liebe durch die That zeigen, d. i. an seiner Besserung aus allen Kräften arbeiten.

Ueberdies, welches vorzüglich zu bemerken ist, hat der sittliche Mensch gar keinen persönlichen Feind und erkennt keinen an. Es ist ihm überhaupt nichts zuwider, er feindet nichts an und sucht nichts zu hintertreiben, als das Böse, schlechthin darum, weil es böse ist. Ob dies nun gerade gegen ihn ausgeübt werde, oder gegen irgend einen anderen, ist ihm ganz einerlei; denn er selbst ist sich schlechthin nichts mehr, als ihm jeder andere auch ist, Werkzeug des Sittengesetzes. Es ist gar kein Grund, warum er von dem, der gerade ihm im Wege steht, schlechter denken, von ihm eher die Hoffnung aufgeben sollte, als von dem, der irgend einer guten Sache im Wege steht. Wer eine Beleidigung höher empfindet, darum, weil sie gerade ihm widerfahren ist, der sey sicher, dass er ein Egoist und noch weit entfernt ist von wahrer moralischer Gesinnung.

D. Ohnerachtet auf die Pflicht der Wahrhaftigkeit hier nicht Rücksicht zu nehmen ist, weil über sie keine Collision entstehen kann, so fliesst doch von ihr etwas ab, auf welches wir Rücksicht zu nehmen haben: *Ehre und guter Ruf.*

Ehre und guter Ruf im moralischen Sinne ist die Meinung anderer von uns, dass es wohl möglich sey, dass wir bei unseren Handlungen überhaupt, und insbesondere bei unserer Wechselwirkung mit ihnen, nichts beabsichtigen, als das Rechte und Gute. Diese Meinung soll jeder von jedem haben, wie aus dem obigen hervorgeht; denn jeder soll jeden für ein mögliches Werkzeug des Sittengesetzes halten; soll sie haben, bis ihm fürs Gegenwärtige das Gegentheil erwiesen ist; ohnerachtet er auch dann die Hoffnung nicht aufgeben soll, dass in der Zukuuft der Mensch diese Maxime sich machen könne. Durch diese Meinung anderer auf uns ist unser Einfluss auf sie bedingt, und es ist daher unsere Pflicht, sie zu erhalten und zu vertheidigen. — Entschiedene Gleichgültigkeit gegen alle übelen Gerüchte, die von uns ausgebracht worden sind, ist Gleichgültigkeit und Verachtung gegen die Menschen, auf die wir doch wirken sollen; Gleichgültigkeit und Kälte gegen unsere moralische Bestimmung; und also eine sehr verwerfliche Denkart. Auf dem natürlichen Wege gegen die Urtheile anderer gleichgültig zu seyn, bedarf keiner sonderlichen Ueberwindung. Man darf die Menschen, wie sie gewöhnlich sind, nur ein wenig näher ansehen, um auf ihre Urtheile eben keinen grossen Werth zu setzen. Aber der moralische Mensch lässt diese Geringschätzung in sich schlechthin nicht aufkommen; er erblickt allenthalben an dem Menschen mehr das, was sie seyn und werden *sollen*, als das, was sie wirklich sind.

Wenn nun jemand diese unsere Ehre angegriffen hat, und wir können sie nur dadurch vertheidigen, dass wir von ihm selbst nachtheiliges bekanntmachen, so ist es unsere Pflicht, dies zu thun. Es ist z. B. unsere Pflicht zu sagen und zu erweisen, der andere habe die Unwahrheit geredet. Es verhält sich hier, wie bei der Vertheidigung des Lebens und des Eigenthums gegen einen unrechtmässigen Angriff. Wir sollen es vertheidigen, selbst mit der Gefahr des Angreifers.

§. 25.

Von der Pflicht, unmittelbar Moralität zu verbreiten und zu befördern.

Wir haben bisher gesehen, dass es Pflicht sey, die formale Freiheit unserer Mitmenschen zu schonen und zu befördern, indem wir schuldig sind, jeden, der nur menschliches Angesicht trägt, zu betrachten als Werkzeug des Sittengesetzes. Die Menschen ausser uns überhaupt und insbesondere ihre Freiheit sind uns Objecte der Pflicht, lediglich, inwiefern wir das letztere voraussetzen: ausserdem würden sie uns nichts als blosse vernunftlose Objecte seyn, mit denen wir umgehen könnten, wie wir wollten, und die wir als Mittel unseren Zwekken unterwerfen dürften. Wir sind sonach genöthigt, so gewiss wir auf sie handeln, sie als moralische Wesen anzusehen, und nur diese Ansicht derselben bestimmt unsere Handelsweise in Beziehung auf sie. Es ist schon daraus klar, dass wir dahin arbeiten müssen, dass diese Ansicht richtig sey, und dass ihre von uns zu schonende und zu befördernde Freiheit zur Beförderung des Vernunftzwecks angewendet werde. Dasselbe lässt sich gar leicht auch unmittelbar beweisen. Der Wille des moralisch guten Menschen ist der Wille des Sittengesetzes selbst. Nun will dieses die Moralität aller vernünftigen Wesen sonach muss der moralisch gute dasselbe wollen. Aber sein Wille kann nicht ein ohnmächtiger, unkräftiger Wille seyn: denn er als Individuum, und inwiefern er Kraft in der Sinnenwelt hat, ist Werkzeug des Sittengesetzes. Mithin wird er nothwendig aus allen seinen Kräften diesen seinen nothwendigen Willen zu realisiren suchen.

Der Beweis sonach, dass es absolute und allgemeine Pflicht sey, Moralität ausser uns zu verbreiten und zu befördern, hat nicht die geringste Schwierigkeit.

Ein wenig mehr Schwierigkeit aber hat es, anzugeben, auf welche Weise dies möglich sey.

Nemlich: nur dasjenige ist moralisch zu nennen, was aus eigenem freien Entschlusse geschieht, ohne die geringste Zunöthigung, und ohne den mindesten äusseren Bewegungsgrund. Es scheint daher unmöglich, dass Moralität mitgetheilt werde, und dass in diesem Geschäfte die geringste Hülfe von aussen einem Menschen durch einen anderen Menschen geleistet werden könne. Die Forderung, Moralität zu verbreiten, scheint sonach völlig leer und unausführbar: und es scheint uns dabei nicht viel mehr übrigzubleiben, als ohnmächtige Wünsche: denn wie könnten wir sie befördern, als durch sinnliche Einwirkung, und wie könnte jemals sinnliche Einwirkung die Freiheit bewegen? Dies ist denn auch in mehreren Rücksichten, welche wir angeben wollen, unläugbar wahr.

I.

Zuvörderst kann es dem moralisch gesinnten nicht einfallen, durch Zwangsmittel, durch Ankündigung von Belohnungen oder Strafen, die er entweder selbst, etwa als Staat oder sonst übermächtiger Gebieter, zufügen will, oder die er, im Namen eines allmächtigen Wesens, als sein Vertrauter, verheisst und androht, die Menschen zur Tugend zu bringen. Alle Handlungen, die durch etwas von dieser Art motivirt sind, haben schlechthin keine Moralität. Da man diesen Satz noch immer zu schwächen und einzuschränken, und das System einer Tugend für Lohn und Strafe durch allerhand Vorwände aufrecht zu erhalten sucht, so will ich meine Behauptung ganz scharf beweisen.

Aller Trieb nach Glückseligkeit gründet sich auf den Naturtrieb. Ich will dieses oder jenes Object darum, weil in meiner Natur ein Trieb ist; ich will dieses oder jenes nicht, darum, weil in meiner Natur eine Abneigung dagegen ist. Bedient man sich nun dieses Triebes, um mich zu gewissen Handlungen zu bringen, so macht man dadurch diese Handlungen zu Bedingungen der Befriedigung dieses Naturtriebes: und es bleibt demnach ganz offenbar die Befriedigung meines Naturtriebes *der letzte Zweck* meiner Handlungen; und die Handlungen selbst sind nur die Mittel dazu, und werden von mir nur als solche Mittel betrachtet. Darin aber besteht ja eben das Wesen der Unmoralität, dass die Befriedigung des Naturtriebes der letzte Zweck meines Handelns sey; dahingegen das Gesetz fordert, dass ich diesen Trieb einem höheren Antriebe ganz und gar unterordne. Man hat sonach auf diesem Wege mich gar nicht moralisch gemacht, sondern man hat mich vielmehr in meiner Unmoralität erst recht bestärkt; dadurch, dass man sie durch etwas, das man Sittenlehre nennt, und für das höchste und heiligste ausgiebt, autorisirt, und durch Uebung recht ausbildet. Man vernichtet dadurch alle Hoffnung zur Moralität, indem man die Unmoralität selbst an ihre Stelle setzt, jene sonach, und alle Tendenz nach ihr und alle Ahnung derselben, rein austilgt. — Das Verfahren mit dem Menschen ist dann gerade dasselbe, welches wir bei den Thieren anwenden. Wir bedienen uns des Instincts der letzteren, um an denselben die Fertigkeiten anzuknüpfen, die wir beabsichtigen; und so gingen wir denn auch bei dem Menschen darauf aus, ihn nur zu *dressiren,* nicht aber ihn zu *cultiviren.*

Man enthalte sich sonach endlich jener ebenso unbestimmten und seichten, als schädlichen und alle wahre Moralität von Grund aus vertilgenden Ausflüchte: „die Belohnung soll nicht der einzige Zweck des Tugendhaften seyn; er soll sie nur auch *mit* zum Zwecke haben; oder sie soll nicht *Haupt-,* sondern nur *Neben*-Zweck seyn." Keinesweges; die Belohnung soll *gar* nicht Zweck seyn. Jede Handlung aus Hoffnung des Lohns oder Furcht der Strafe ist absolut unmoralisch.

Man sage nicht: „nur zu Anfange wollen wir uns dieses Mittels bedienen, bis wir die Menschen zur reinen Moralität dadurch fähiger gemacht haben." Durch den Gebrauch dieses Mittels fangt ihr gar keine moralische Gesinnung an, sondern setzt nur die alte unmoralische fort, und nährt und pflegt sie recht sorgfältig: auch ist euer ganzes Vorgeben, dass die Menschen in irgend einem Zustande der reinen Moralität nicht fähig wären, rein erdichtet, und eure Unterscheidung zwischen einer reinen und einer nicht reinen Moralität geradezu widersinnig. Es giebt nicht zwei Moralitäten, sondern nur eine: und die welche nicht rein ist, nicht lediglich aus der Vorstellung der Pflicht hervorgeht, ist gar keine. — Es ist nemlich hier lediglich von der *Gesinnung*, und gar nicht von der Vollständigkeit oder Unvollständigkeit der *Ausführung* dieser Gesinnung im wirklichen Handeln die Rede.

II.

Ebensowenig lässt sich Moralität durch theoretische Ueberzeugung erzwingen. Zuvörderst, die theoretische Ueberzeugung selbst lässt sich nicht erzwingen: ein richtiger und viele Phänomene im Menschen erklärender Satz, den die Philosophen der Schule selten beherzigen, weil sie dadurch in dem Wahne würden gestört werden, dass sie durch ihre Syllogismen den Menschen zu bessern und zu bekehren vermöchten. Niemand wird überzeugt, wenn er nicht in sich selbst hineingeht, und die Zustimmung seines Selbst zu der vorgetragenen Wahrheit innerlich fühlt; welche Zustimmung ein Affect des Herzens ist, keinesweges ein Schluss des Verstandes. Diese Aufmerksamkeit auf uns selbst hängt ab von der Freiheit; und der Beifall selbst wird sonach frei gegeben, niemals erzwungen. (Es wird dadurch nicht gesagt, dass man frei sich überzeugen könne, wovon man nur wolle; nur von der Wahrheit kann man sich überzeugen und überzeugen wollen; aber selbst von ihr *muss* man sich nicht überzeugen, sondern das hängt vom guten

Willen ab. Ueberzeugung ist eine Handlung der Vernunft, welche durch einen Act ihrer Selbstthätigkeit sich der Wahrheit *unterwirft*, nicht ein Leiden derselben. Ueberzeugung von Sätzen, die unseren Leidenschaften Abbruch thun, setzt einen herrschenden guten Willen schon voraus; der sonach nicht selbst wieder durch sie hervorgebracht werden kann.)

III.

Da wir denn doch bei der Einwirkung durch Vernunftgründe, welche auf keinem anderen Wege, als dem des theoretischen Räsonnements geschehen kann, werden stehen bleiben müssen; so haben wir vor der Hand wenigstens soviel gefunden, dass diese Einwirkung das Princip des Guten in dem Objecte derselben schon voraussetze, dass sonach alle Beförderung der Moralität unmöglich seyn würde, wenn sich dieses Princip nicht allenthalben mit Zuversicht voraussetzen liesse.

Und da lässt sich denn nachweisen, dass es etwas in der menschlichen Natur unaustilgbares gebe, an welches die Bildung zur Tugend stets angeknüpft werden kann: es ist dies der Affect der Achtung. Dieser Affect kann ungebraucht und unentwickelt in der Seele liegen, — aber er kann aus ihr weder ausgerottet, noch auf ein ihm fremdes Object hingerichtet werden. Die Sinnenlust kann man lieben, suchen, begehren, Vergnügen über ihren Genuss empfinden; aber nimmermehr kann man sie achten: dieser Affect findet hier gar keine Anwendung. — Aber sobald er sein Object findet, äussert er sich unausbleiblich: alles Achtungswerthe wird ganz sicher geachtet. Die erste Regel für Verbreitung der Moralität wird sonach die seyn: zeige deinen Mitmenschen achtungswerthe Dinge, und kaum können wir ihnen etwas in dieser Rücksicht zweckmässigeres zeigen, als unsere eigene moralische Denkungsart und moralisches Betragen. Es erfolgt hieraus die **Pflicht des *guten Beispiels*.** — Ich werde darauf zurückkommen, und gehe jetzt in der Kette der Schlussfolgen fort. — **Die erste Stufe der moralischen Bildung ist die Entwickelung der Achtung.**

IV.

Sobald der Mensch etwas ausser sich zu achten genöthigt wird, so entwickelt sich in ihm der Trieb sich selbst zu achten. Der Trieb der Selbstachtung ist, sobald nur der Affect der Achtung durch etwas ausser uns entwickelt ist, ebenso unaustilgbar aus der menschlichen Natur, als die Selbstliebe. Kalt sich zu verachten, ruhig sich für einen nichtswürdigen und elenden anzusehen, dies hält kein Mensch aus: dass er aber sich achte, wenn er verächtlich ist, ist ebenso unmöglich.

Dadurch nun ist der moralische Zustand des Menschen oft um nichts gebessert, sondern weit öfter noch dazu beträchtlich verschlimmert. Um der unerträglichen Pein der Selbstverachtung zu entgehen, werden zweierlei Wege eingeschlagen; oft beide zugleich. Der Mensch sucht sich selbst zu entfliehen, weil er sich vor sich selbst fürchtet; er hütet sich einen Blick in sein Inneres zu werfen, weil ihm dies nichts als zerreissende Gegenstände zeigt: er zerstreut sich, um nur sich selbst zu entgehen, desto mehr in den Gegenständen der Aussenwelt. Er betäubt sein Gewissen. Weil dieses Mittel ihm denn doch nicht ganz hilft, sucht er sich der abgedrungenen Achtung eines Etwas ausser ihm, und der daraus folgenden Verachtung seiner selbst dadurch zu entledigen, dass er sich zu überreden sucht: seine Achtung sey Thorheit und Schwärmerei; es gebe überhaupt nichts achtungswürdiges, edles und erhabenes: alles sey nur Schein und Täuschung: kein Mensch sey besser, als Er selbst, und die menschliche Natur überhaupt sey nicht besser. — Man bemüht sich vergebens, dieses System durch Vernunftgründe zu widerlegen. Es hat seinen Grund nicht im Verstande, sondern im Herzen. Dieser Grund im Herzen müsste zuvörderst aufgehoben, sie müssten der Scheu und Scham vor sich selbst entledigt werden. Sie sind nur darum mit allem Guten entzweit, weil sie es mit sich selbst sind. Man söhne sie zuvörderst aus mit sich selbst, d. h. man zeige ihnen, dass sie denn doch nicht so leer von allem Guten sind, als sie selbst es glauben. Man führe sie zunächst auf das gute Princip in ihnen selbst.

Also die Unmoralität ist entweder völlige Rohheit, und diese muss durch das erst angezeigte Mittel, dass man den Menschen nur etwas achten lehre, gebildet werden; oder sie ist Verzweiflung an sich selbst, und dann zeige man dem Menschen, dass wenigstens andere an ihm nicht verzweifeln; man lasse ihn sein Zutrauen merken, und mache ihn selbst, wenn man besonders mit ihm zu thun bekommt, auf das verborgene Gute in ihm aufmerksam. Wem andere Zutrauen zeigen, der wird bald auch selbst einiges zu sich bekommen; an wem alles ausser ihm verzweifelt, der muss wohl auch selbst an sich zu verzweifeln anfangen.

So hängt in unserer Theorie alles zusammen und ein Glied greift ein in das andere. Es ist schon oben erwiesen worden, dass es schlechthin pflichtwidrig sey, an der Möglichkeit der Verbesserung irgend eines Menschen innerlich zu verzweifeln. Was sich dort als innere Pflicht und als Regulativ unserer äusseren Handlungen zeigte, zeigt sich hier wieder als ein Mittel zur Beförderung unseres aufgegebenen Zwecks, und es wird Pflicht, dieses innere Zutrauen auch äusserlich recht entscheidend zu zeigen.

Das gute Princip, welches in allen Menschen vorhanden ist, und in keinem ausgetilgt werden kann, ist eben die Möglichkeit, irgend etwas uneigennützig, ohne alle Rücksicht auf Vortheile, also aus einem Grunde schlechthin *a priori,* achten zu können; ferner der Trieb, sich selbst achten zu wollen, und die Unmöglichkeit, dass jemand zu der Niederträchtigkeit herabsinke, sich selbst kalt und ruhig zu verachten. Auf dieses führe man sie. Man zeige ihnen, dass ihrem eigenen Betragen dies zu Grunde liege. So sage man z. B. denen, welche die Möglichkeit eines uneigennützigen Triebes im Menschen schlechthin läugnen, einem Helvetius und seines gleichen: Ihr habt entdeckt, wie ihr uns berichtet, dass die Menschen nur durch Eigennützigkeit getrieben werden, und dass sie sich gröblich täuschen, wenn sie anderer Antriebe sich für fähig halten. Nun wohl, das ist gut für euch; benutzt diese Entdeckung, so gut ihr könnt, und geht eures Weges weiter fort. Aber warum theilt ihr denn eure Entdeckung uns mit; was mögt ihr, da alle Menschen, und also auch ihr, nur aus Eigennutz handeln können, durch diese Mittheilung gewinnen, oder welchen Verlust durch sie von euch abwenden? Richtet jene Täuschung Schaden an, so richtet sie wenigstens Euch keinen an; denn ihr habt euch derselben, wie ihr versichert, völlig entledigt. Unser Schade aber, was schadet der euch; und was verschlägt es euch, dass um euch herum andere zu Schaden kommen? Freut euch vielmehr desselben, und zieht daraus für euch soviel Gewinn als möglich. Ueberdies würde es euch, soviel wir einsehen, unmittelbar Nutzen bringen, dass alle ausser euch in diesem Irrthume bleiben; und ihr müsstet, wenn ihr consequent wäret, alles thun, um ihn aufrecht zu erhalten und zu verbreiten. Denn ihr erhaltet dadurch ein Mittel, unter dem Vorwande der Tugend und der Gemeinnützigkeit uns für eure geheimen Zwecke zu gewinnen; welches euch nicht so leicht seyn wird, wenn ihr geradezu uns euren Privatnutzen als letzten Zweck ankündigt. Kurz, da ihr gar keinen Gewinn von der Mittheilung eurer Entdeckung haben könnt, so widerspricht eure Aussage eurer Aussage selbst. —

Ja was noch mehr ist, ihr theilt uns dieselbe nicht so ganz gleichgültig mit, ob wir sie nun annehmen oder nicht; sondern ihr macht euch ein angelegentliches Geschäft daraus, uns zu überzeugen, und vertheidigt euren Satz mit allem möglichen Feuer. Woher mag doch dieses Interesse entstehen? Ist jene Schwärmerei wirklich so verächtlich, als ihr behauptet: warum widersetzt ihr euch denn derselben mit soviel Wärme und Kraft? Lasst sie doch in sich selbst zerfallen. — Also, euer Verfahren lässt sich schlechthin nicht verstehen, wenn euch nicht etwas anderes treibt, als Eigennutz. Was könnte dies seyn? Es wird nicht schwer halten, es euch nachzuweisen.

Es liegt euch soviel daran, uns von eurer Meinung zu überzeugen, nicht, damit wir in unserem Handeln uns darnach richten; denn dies müsste euch sehr ungelegen seyn, sondern damit wir durch unsere Ueberzeugung die eure bestätigen helfen. Ihr seyd eurer Sache selbst nicht recht gewiss, was ihr auch sagen möget; und wünschet durch unsere Uebereinstimmung die in euch selbst mangelnde Ueberzeugung vollends zu ergänzen.

Nun frage ich euch weiter: warum wollt ihr denn auch eurer Sache so ganz gewiss seyn? Wenn blosser Eigennutz die Triebfeder eurer Handlungen ist, welcher Profit könnte euch durch diese völlige Gewissheit entstehen? Ihr seyd abermals inconsequent. Ihr wollt derselben gewiss seyn, darum, weil ihr ausserdem euch selbst verachten, euch für schlechter ansehen müsstet, als andere Menschen; für schlechter und nichtswürdiger, als es eure Natur mit sich bringt. Ihr wünschet sonach euch selbst achten zu können; und habt ein höheres Princip eurer Handelsweise in euch, als den blossen Eigennutz; und seyd besser, als ihr selbst denkt.

Oder ihr anderen, die ihr nicht in diesem Falle seyd, die ihr eures Herzens Meinung nicht an den Tag gebt, sondern sie sorgfältig in euer Inneres verschliesst, und bei euren Handlungen ehrwürdige Zwecke vorwendet, die ihr selbst nicht habt; warum thut ihr dies? Wenn ihr dadurch bloss eure Mitmenschen betrügen wollt, um sie besser zu Beförderung eurer Zwecke brauchen zu können; so erkennt ihr ja allerdings durch euer Handeln an, dass es in denselben eine höhere und edlere Triebfeder gebe, als die des Eigennutzes, da ihr euch derselben bedient, auf sie baut, nach ihr eure Maassregeln nehmt. Abermals sonach widerspricht eure Meinung, dass nichts höheres in der menschlichen Natur sey, als Eigennutz, eurem Verfahren, welches etwas höheres voraussetzt, und bei dieser Voraussetzung wohl von statten geht. Im Handeln wenigstens, wo das Innere des Menschen sich am sichersten entdeckt, könnt ihr euch nicht entbrechen, ein höheres Princip in dem Menschen anzuerkennen; dies aber könnt ihr nur aus euch selbst, aus eurer tiefen Empfindung haben, und nur so es auf andere übertragen. Auch ihr also seyd nicht so leer von allem Guten, als ihr geglaubt habt.

Mit einem Worte: es giebt keinen nur ein wenig gebildeten Menschen — vom rohen Naturmenschen ist hier nicht die

Rede; über dessen Bildung ist schon oben gesprochen worden — der nicht zuweilen Handlungen vollzöge, die sich nicht aus dem blossen Princip der egoistischen Selbstliebe, oder aus der Voraussetzung desselben bei anderen, erklären lassen. Auf diese Handlungen und auf das denselben zu Grunde liegende Princip muss man sie aufmerksam machen.

Damit gegen diesen Satz nicht eingewendet werde, was wir oben selbst erwiesen: die theoretische Ueberzeugung lässt sich nicht erzwingen; wie könnte man denn also sicher darauf rechnen, den anderen zu überzeugen, dass allerdings noch etwas Gutes in ihm sey, setze ich hinzu: in unserem Falle kann man darauf sicher rechnen, denn das Herz des zu überzeugenden ist unserem Vortrage schon im Voraus geneigt. Jeder möchte sich gern achten können, wenn es nur möglich wäre: darauf kann man sicher rechnen. Man kann sonach seinen Beifall ganz gewiss erwarten, wenn man ihm zeigt, dass aufs wenigste seine Anlagen der Achtung würdig sind.

Auf diese Grundlage lässt sich nun allmählig eine moralische Denkart aufbauen.

V.

Wir gehen zu dem Puncte zurück, den wir oben auf unserem Wege liegen liessen. Man muss, um den Affect der Achtung in dem Menschen zu entwickeln, ihnen etwas Achtungswerthes zeigen, sagten wir oben; aber man hat dazu kein besseres Mittel an der Hand, als sein eigenes gutes Beispiel. — Es geht daraus hervor *die Pflicht des guten Beispiels*.

Man sieht sehr oft diese Pflicht ganz unrichtig an; als ob man verbunden seyn könnte, dieses oder jenes, was man ausserdem nicht zu thun gebraucht hätte (etwa in die Kirche, zum Abendmahle gehen u. dgl.), um des blossen guten Beispieles willen zu thun. Aber es giebt, wie wir schon oben gesehen haben, auf dem Gebiete des Sittengesetzes keine gleichgültigen Handlungen; dieses Gesetz umfasst und bestimmt schlechthin alles, was durch Freiheit geschehen kann. Was mir geboten ist, muss ich schlechthin thun, um der Sache willen, ohne alle Rücksicht auf das Beispiel; was mir verboten ist, darf ich schlechthin nicht thun, gleichfalls ohne alle Rücksicht auf das Beispiel. Etwas pflichtwidriges giebt nothwendig ein böses Beispiel, und aus dem unmoralischen kommt nie etwas Gutes. Mehr aber thun, als mir geboten ist, kann ich nicht, da die Pflicht ohnedies alle meine Kräfte und meine ganze Zeit in Beschlag nimmt. Es kann sonach gar keine Handlungen geben, deren letzter Zweck das gute Beispiel wäre, und die bloss um desselben willen geschähen. Die Pflicht des Beispiels geht schlechthin nicht auf die *Materie* der Handlungen. Vielleicht aber geht sie auf die *Form* derselben, und so ist es allerdings.

Nemlich, das Sittengesetz macht es bloss zur Pflicht, dass das Gebotene geschehe; ob es öffentlich oder im Geheim, mit Bekanntmachung der Grundsätze, nach welchen es geschieht, oder ohne ihre Bekanntmachung geschehe, darüber entscheidet es an sich, und inwiefern es auf die blosse Handlung geht, nichts. Sieht man aber darauf, dass wir ein gutes Beispiel, welches freilich nichts weiter helfen soll, noch kann, als dass es Achtung für die Tugend einflösse, schuldig seyen, so ist dies nicht mehr gleichgültig, sondern es ist uns die höchste *Publicität* unserer Maximen und Handlungen geboten.

Zuvörderst über den *inneren Charakter* dieser *Publicität*. Die Absicht derselben ist Achtung einzuflössen für das Achtungswerthe; aber die Achtung lässt sich nicht erzwingen und erkünsteln, sondern sie giebt sich freiwillig und unvermerkt. Mithin muss der Tugendhafte diese Absicht nicht merken lassen; und da er ja alles soll merken lassen, was ihm im Herzen ist, auch andere gar wohl bemerken, was wirklich da ist; muss er diese Absicht in Beziehung auf Einzelne gar nicht haben. Er lässt unbefangen das Innerste seines Herzens sich äusserlich abbilden, ohne weiter etwas zu thun, um andere darauf aufmerksam zu machen.

Dies ist der äussere Charakter des offenen Mannes. Er geht seinen Weg gerade fort, redet und handelt allenthalben gerade so wie es ihm um das Herz ist, und wie er es für pflichtmässig hält, ohne dabei weder rechts noch links zu sehen, ob man ihn beobachte oder nicht, und ohne zu lauschen und zu fragen, was man etwa zu seiner Handelsweise sage;

denn dazu hat er nicht Zeit: seine Zeit ist durch die Vollbringung seiner Pflicht besetzt. Aber ebendarum verbirgt er sich auch nie, weil er ebensowenig Zeit hat, auf Heimlichkeit und Verborgenheit zu sinnen. Wird aber über ihn geurtheilt, so steht er auch jedem Urtheile Rede, vertheidigt sich, wenn ihm seiner Ueberzeugung nach Unrecht geschieht, beschönigt seine Handlung nicht, wenn er seines Unrechts überführt ist. — Es giebt wohl keinen schöneren Zug in einem menschlichen Charakter, als die Offenheit, und keinen gefährlicheren, als die Verstecktheit. Gerader und offener Sinn führt wenigstens zur Rechtschaffenheit, wenn er es auch nicht selbst ist: aber wer sich versteckt, der hat eine heimliche Furcht vor der Wahrheit, hat irgend ein tiefes Gebrechen, das er nicht entdecken lassen möchte; und er ist nicht füglich zu bessern, ehe er nicht jene Wahrheitsscheu ablegt.

Dem Gleissner ist es Zweck, bemerkt zu seyn. Man wird diesen Charakter in anderen, und worauf es uns eigentlich am meisten ankommen muss, in *sich selbst* von dem der Offenheit leicht durch folgendes Merkmal unterscheiden. Der Gleissner macht gewöhnlich Zurüstungen, deren es zur Erreichung seines Zweckes gar nicht bedarf, und die sonach nur die Absicht haben können, Aufsehen zu erregen: der offene Mann thut nichts mehr, als gerade zur Erreichung seines Zweckes gehört.

Der offene Mann behauptet zuvörderst diese Publicität über seine Maximen. Seine herrschende Maxime soll die seyn, seine Pflicht zu thun, schlechthin um der Pflicht willen. Aus diesem letzteren Bewegungsgrunde nun macht er schlechthin kein Geheimniss. Seiner Unterwürfigkeit unter etwas höheres und grösseres, als eines Aberglaubens sich zu schämen, sich selbst zum Gotte des Weltalls aufstellen zu wollen, ist äusserst verächtlich. Dem, was man für andere aus Pflichtgefühl gethan hat, oder wenigstens hätte thun sollen, einen anderen Namen geben, es ihnen für besondere Freundschaft und Vorliebe, für Grossmuth, für Gnade und dergl. anrechnen, ist ebenso verächtlich.

Dieselbe Publicität ist in seinem Händeln, wie sich aus der Publicität der Maximen schon von selbst versteht, da es gar nicht Maximen sind, wenn sie nicht in Handlungen gesetzt werden, und man niemand überzeugen kann, dass dies die unserigen wirklich sind, ausser durch Handeln. Blosses tugendhaftes Geschwätz taugt zu nichts und giebt gar kein gutes, sondern ein sehr schlimmes Beispiel, indem es den Unglauben an Tugend bestärkt. In dieser Rücksicht zeigt sich der offene Mann besonders consequent. Seine Thaten sind wie seine Worte.

Uebersicht der besonderen Pflichten.

---

§. 26.
Ueber das Verhältniss der besonderen Pflichten zu den allgemeinen; und Eintheilung der besonderen Pflichten.

Was das Verhältniss der besonderen zu den allgemeinen Pflichten anbelangt, so ist darüber nur folgendes zu erinnern.

Den Zweck der Vernunft zu befördern, ist die Einzige Pflicht aller: diese fasst alle anderen in sich; besondere Pflichten sind Pflichten lediglich, inwiefern sie sich auf Erreichung jenes Hauptzweckes beziehen. Ich soll die besondere Pflicht meines Standes und Berufes üben, nicht schlechthin, weil ich es soll, sondern weil ich an meinem Orte dadurch den Vernunftzweck befördere. Ich soll die besondere Pflicht als Mittel zur Vollbringung der allgemeinen Pflicht aller Menschen betrachten, schlechterdings nicht als Zweck; und lediglich und bloss insofern thue ich in der Erfüllung der besonderen Obliegenheiten meines Standes und Berufes meine Pflicht, inwiefern ich sie *um der Pflicht überhaupt* willen erfülle. Der Satz: jeder thut durch redliche Erfüllung seiner besonderen Standesobliegenheiten seine Pflicht, ist sonach mit dieser Einschränkung zu verstehen: inwiefern er sie lediglich aus Pflicht, und um der Pflicht willen erfüllt. Denn es lassen sich noch viele andere Bewegungsgründe denken, die einen Menschen zu der fleissigsten Beobachtung dieser Obliegenheiten bewegen können, z. B. eine natürliche Vorliebe und Neigung für seinen Beruf, Furcht vor Tadel und Strafe, Ehrgeiz u. dergl. Wer durch diese Bewegungsgründe getrieben wird, der thut zwar, *was* er soll, und handelt legal, aber er thut es nicht, *wie* er soll; er handelt nicht *moralisch*. Ob also jemand in seinem Stande wirklich *seine Pflicht* erfülle, darüber kann nur er selbst, vor seinem eigenen Gewissen, sich Rechenschaft geben. Dies eine Bemerkung über die nothwendige *Form* des Willens bei den besonderen Pflichten.

Wir haben noch eine andere über die *Materie* desselben hinzuzusetzen, wodurch wir zugleich ein Kriterium erhalten, woran jeder erkennen kann, ob er seinen Standesobliegenheiten aus Liebe zur Pflicht Genüge leiste, oder nicht. Nemlich: wenn Stand und Beruf absolut nicht Zweck an sich, sondern nur Mittel ist für die Erreichung des Zweckes, so ist es, da es widersinnig ist, das Mittel über den Zweck zu setzen, unerlaubt und pflichtwidrig, die Tugend seinem Stande und Berufe aufzuopfern.

Die durch den letzteren vorgeschriebenen Verrichtungen und die die Möglichkeit derselben bedingenden Rechte können zuweilen dem Vernunftzwecke Abbruch thun. Wem sein Stand und Beruf letzter Zweck ist, wer ihn sonach aus einem anderen Grunde verwaltet, als aus Pflichtgefühl, der setzt sie dennoch durch, weil er gar keine höhere Aussicht kennt, und nichts weiss, als dass er das und das thun und behaupten solle. Wer ihn als Mittel betrachtet, der setzt sie alsdann sicherlich nicht durch, weil sie jetzt nicht auf Beförderung des Zweckes, sondern vielmehr zu dessen Verhinderung wirken. Ich werde im Fortgange der Untersuchung bei den einzelnen Standes- und Berufspflichten diese allgemeine Anmerkung besonders anwenden, und die Folge derselben für die bestimmten Stände zeigen, wodurch zugleich sie selbst klarer werden wird.

Was die Eintheilung unserer Uebersicht der besonderen Pflichten anbelangt, welche sich auf eine Eintheilung der besonderen menschlichen Verhältnisse, die man Stände nennt, gründen muss, so sind die Verhältnisse der Menschen zuvörderst: entweder *natürliche*, solche, die auf einer Natureinrichtung beruhen; oder *künstliche*, solche, die sich auf eine zufällige und freie Willensbestimmung gründen. — Man hört in der Sprache des gemeinen Lebens oft *Stand* und *Beruf* verbinden. Das erstere Wort zeigt offenbar etwas festeres, bestehenderes an, als das zweite, in welchem das Merkmal der Freiheit und einer Wechselwirkung freier Wesen mit enthalten ist. Wir können sonach, — ohne dass ich eben behaupten will, dass der gemeine Sprachgebrauch es so verstehe, oder als ob ich dem Sprachgebrauche Gesetze vorschreiben wollte, — lediglich für *diese unsere* Untersuchung, das erstere den *Stand*, das zweite den *Beruf* des Menschen nennen. —

§. 27.

Ueber die Pflichten des Menschen nach seinem besonderen natürlichen Stande.

Es giebt unter den vernünftig sinnlichen Wesen, die wir Menschen nennen, nur folgende zwei natürliche Verhältnisse, welche beide sich auf die Natureinrichtung zur Fortpflanzung des Geschlechtes gründen: das Verhältniss der *Ehegatten zueinander*, und das Verhältniss *der Eltern und der Kinder*. Von beiden haben wir in unserem Naturrechte ausführlich gesprochen. Wir fassen das dort gesagte hier nur kurz zusammen, und verweisen über die weitere Erörterung unsere Leser dorthin.

A. Vom Verhältnisse der Ehegatten.

I.

Das Verhältniss der Ehegatten gründet sich, wie gesagt, auf eine Veranstaltung der Natur in zwei verschiedenen Geschlechtern zur Fortpflanzung der Gattung. Das Mittel, dessen sich die Natur hier ebenso, wie allenthalben, zur Erreichung ihres Zweckes in freien Wesen bedient, ist ein natürlicher Trieb; und das Verhältniss dieses besonderen Triebes zur Freiheit, wie das aller Naturtriebe; welches oben zur Genüge erörtert worden. Der Trieb selbst lässt sich durch Freiheit weder erzeugen, noch vernichten; er ist gegeben. Nur — und diese Regel gilt beim Naturtriebe zur Vereinigung der Geschlechter strenger, als bei irgend einem anderen Naturtriebe — nur inwiefern die Handlung des freien Wesens unmittelbar durch den Trieb hervorgebracht ist, wird der Naturzweck erreicht. Der Begriff kann nur verhindern oder verstatten, dass der Trieb zur Handlung werde; ihn selbst ausrotten oder sich an seine Stelle setzen, so dass die Handlung *unmittelbar* im Zweckbegriffe, und nicht bloss *vermittelst* seiner im Triebe begründet sey, kann er nicht. Das Menschengeschlecht wird nicht nach Begriffen zufolge freier Willensentschlüsse fortgepflanzt.

Es wäre sonach auf den ersten Anblick über die Befriedigung dieses Naturtriebes bloss dasselbe zu sagen, was über die Befriedigung des Naturtriebes überhaupt gesagt worden. Der Trieb muss wirklich da seyn, und nicht etwa ein Bedürfniss durch die Einbildungskraft erkünstelt werden. Seine Befriedigung darf man sich lediglich als Mittel für den Zweck erlauben. Der nächste Zweck ist hier die Fortpflanzung unserer Gattung. Dieser Zweck ist wieder zu beziehen auf unseren höchsten Endzweck; den, dass die Vernunft herrschend werde. Es wird sich jedoch noch eine ganz andere weniger physische Ansicht dieses Triebes ergeben; und insofern ist das Gebot, sich die Befriedigung desselben nur als Mittel zur Fortpflanzung der Gattung zu erlauben, schon vorläufig darauf einzuschränken: dass wenigstens die Schuld an uns nicht liegen dürfe, dass dieser Zweck dadurch nicht erreicht wird.

II.

Unsere Untersuchung wäre geendigt, und es gäbe kein eheliches Verhältniss und keine Pflichten desselben, wenn der Naturzweck blosse *Thätigkeit* zweier Personen erforderte. Es ist bekannt und soeben wieder erinnert, unter welchen Bedingungen es erlaubt sey, auf Aufforderung des Naturtriebes zu handeln; und es macht ebensowenig Schwierigkeit, eine freie Wechselwirkung zweier Personen, wenn nur beide eingewilliget haben, als erlaubt zu denken.

So verhält es sich nun hier nicht. Die besondere Einrichtung der Natur ist diese: dass in der Gemeinschaft der Geschlechter für die Fortpflanzung der Gattung nur das eine Geschlecht sich thätig, das andere aber sich lediglich leidend verhalte. (Die nähere Bestimmung dieser Einrichtung, und den Grund derselben findet man in meinem Naturrechte.) Aus diesem einzigen Grunde entstehen die zartesten Verhältnisse unter den Menschen.

Es ist unmöglich, dass in einem vernünftigen Wesen ein Trieb sey, sich nur leidend zu verhalten, sich nur hinzugeben einem fremden Einflusse, als blosser Gegenstand eines Gebrauches. Blosses Leiden widerspricht der Vernunft geradezu, und hebt sie auf. So gewiss daher Vernunft im Weibe wohnt und in die Bildung ihres Charakters Einfluss gehabt hat, kann der Geschlechtstrieb desselben nicht erscheinen als Trieb zu einem blossen Leiden, sondern er muss sich gleichfalls in einen Trieb zur Thätigkeit verwandeln. Unbeschadet der Natureinrichtung, welche denn doch daneben auch bestehen muss, kann dies nur ein Trieb seyn, einen Mann, nicht sich selbst, zu befriedigen; sich hinzugeben, nicht um sein selbst, sondern um des anderen willen. Ein solcher Trieb heisst *Liebe*. Liebe ist Natur und Vernunft in ihrer ursprünglichsten Vereinigung.

Man kann nicht sagen, es sey die Pflicht des Weibes zu lieben, weil der Liebe ein Naturtrieb, der nicht von der Freiheit abhängt, beigemischt ist; aber man kann sagen, dass da, wo auch nur einige Anlage zur Moralität ist, der Naturtrieb nicht anders, als unter der Gestalt der Liebe erscheinen könne. Der Geschlechtstrieb des Weibes in seiner Rohheit ist das widrigste und ekelhafteste, was es in der Natur giebt; und zugleich zeigt er die absolute Abwesenheit aller Sittlichkeit. Die Unkeuschheit des Herzens beim Weibe, welche eben darin liegt, dass der Geschlechtstrieb sich in ihr unmittelbar äussert, wenn er auch aus anderweitigen Gründen nie in Handlungen ausbräche, ist die Grundlage zu allen Lastern; dagegen die weibliche Reinigkeit und Keuschheit, die eben darin besteht, dass ihr Geschlechtstrieb sich nie als solcher, sondern nur in der Gestalt der Liebe zeige, die Quelle alles Edeln und Grossen in der weiblichen Seele. Für das Weib ist Keuschheit das Princip aller Moralität.

III.

Ergiebt sich das Weib aus Liebe einem Manne, so entsteht dadurch moralisch nothwendig eine *Ehe*.

Zuvörderst von des Weibes Seite. Dadurch, dass sie sich giebt, giebt sie sich ganz, mit allem ihrem Vermögen, ihren Kräften, ihrem Willen, kurz, ihrem empirischen Ich; und sie giebt sich auf *ewig*. Zuvörderst *ganz*: sie giebt ihre Persönlichkeit; nähme sie nun etwas aus von der Unterwerfung, so müsste dieses ausgenommene für sie einen höheren Werth haben, als ihre Person, welches die äusserste Geringschätzung und Herabwürdigung der letzteren wäre, die mit moralischer Denkart schlechthin nicht beisammen bestehen kann. Dann — sie giebt sich auf *ewig*, ihrer Voraussetzung nach. Nur unter der Voraussetzung, dass sie selbst sich ganz ohne Vorbehalt, ihr Leben und ihren Willen an den Geliebten verloren habe, und dass sie nicht anders könne, als sein seyn, geschieht ihre Ergebung aus Liebe, und besteht neben der Sittlichkeit. Könnte sie sich aber in der Stunde der Ergebung zu irgend einer Zeit anders denken, denn als die seinige, so fände sie sich nicht gedrungen, welches der Voraussetzung widerspricht und die Sittlichkeit aufhebt.

Im blossen Begriffe der Liebe ist der der Ehe, in der soeben angegebenen Bedeutung, enthalten, und sagen: ein sittliches Weib kann sich nur der Liebe geben, heisst zugleich sagen: sie kann sich nur unter Voraussetzung einer Ehe geben.

Von des Mannes Seite. Es beruht der ganze sittliche Charakter des Weibes auf den angegebenen Bedingungen. Aber kein Mensch darf das Opfer eines menschlichen Charakters fordern. Der Mann kann daher die Ergebung des Weibes nur auf die Bedingungen annehmen, auf welche sie allein dieselbe machen kann; ausserdem würde er sie nicht behandeln als ein moralisches Wesen, sondern als eine blosse Sache. — Selbst wenn ein Weib freiwillig sich auf andere Bedingungen antrüge, könnte der Mann ihre Unterwerfung nicht annehmen; und es gilt hier keinesweges der Rechtssatz: wer nach seinem Willen behandelt wird, dem geschieht nicht Unrecht. Wir können von der Unmoralität des anderen — hier ist es absolute Verworfenheit — nicht Gebrauch machen, ohne dass die Vergehung desselben auch auf unsere Rechnung komme.

Es geht aus diesen Sätzen hervor, dass die Befriedigung des Geschlechtstriebes nur in der Ehe (in dem angezeigten Sinne des Wortes) erlaubt, ausser ihr aber beim Weibe gänzliche Wegwerfung ihres sittlichen Charakters, beim Manne Theilnahme an diesem Verbrechen, und Benutzung einer thierischen Neigung sey. Es ist gar keine Verbindung zwischen Personen beiderlei Geschlechts zur Befriedigung ihres Triebes moralisch möglich, ausser der einer vollkommenen und unzertrennlichen Ehe. In der Ehe aber erhält die Geschlechtsvereinigung, die an sich das Gepräge der thierischen Rohheit trägt, einen ganz anderen, dem vernünftigen Wesen würdigen Charakter. Sie wird eine gänzliche Verschmelzung zweier vernünftiger Individuen in Eins; unbedingte Hingebung von des Weibes Seite, Gelübde der innigsten Zärtlichkeit und Grossmuth von des Mannes Seite. Die weibliche Reinheit bleibt auch in der Ehe, und nur in ihr, unverletzt; das Weib giebt sich immer nur der Liebe und selbst beim Manne erhält der Naturtrieb, den er sich ausserdem wohl gestehen dürfte, eine andere Gestalt; er wird zur Gegenliebe.

Dieses Verhältniss der Ehegatten verbreitet sich durch alle

ihre gegenseitigen Beziehungen; die Innigkeit desselben wächst mit der Fortdauer der Ehe. Die Frau kann nie aufhören, gänzlich an ihrem Manne zu hängen, und in ihn ohne Vorbehalt verloren zu seyn, ohne in ihren eigenen Augen ihre Würde aufgeben und glauben zu müssen, dass ihr eigener Geschlechtstrieb sie zur Unterwerfung bewegt haben müsse, da es die Liebe nicht habe seyn können. Der Mann kann nicht aufhören, ihr alles und mehr, als sie ihm gegeben hat, zurückzugeben, achtungswürdig und edel zu seyn, weil nicht bloss ihr zeitliches Schicksal, sondern sogar das Vertrauen, welches dieselbe in ihren eigenen Charakter setze, von seinem Betragen abhängt. — Es sind über das eheliche Verhältniss keine Gebote anzugeben. Ist dasselbe, wie es seyn soll, so ist es sich selbst sein Gebot; ist es nicht so, so ist es ein einziges zusammenhängendes Verbrechen, das der Verbesserung durch Sittenregeln ganz unfähig ist.

Nur will ich eine Folgerung angeben.

Es ist die absolute Bestimmung eines jeden Individuums beider Geschlechter, sich zu verehelichen. Der physische Mensch ist nicht Mann oder Weib, sondern er ist beides; ebenso der moralische. Es giebt Seiten des menschlichen Charakters, und gerade die edelsten desselben, die nur in der Ehe ausgebildet werden können: die hingebende Liebe des Weibes; die alles für seine Gesellin aufopfernde Grossmuth des Mannes; die Nothwendigkeit, ehrwürdig zu seyn, wenn man es nicht um sein Selbst willen wollte, um des Gatten willen; die wahre Freundschaft — Freundschaft ist nur in der Ehe möglich, da aber erfolgt sie nothwendig — Vater- und Mutter-Empfindungen, u. s. w. Das ursprüngliche Bestreben des Menschen ist egoistisch; in der Ehe leitet ihn selbst die Natur, sich in anderen zu vergessen; und die eheliche Verbindung beider Geschlechter ist der einige Weg, von Natur aus den Menschen zu veredeln. Die unverheirathete Person ist nur zur Hälfte ein Mensch.

Nun lässt sich zwar freilich keinem Weibe sagen: du sollst lieben; keinem Manne: du sollst geliebt werden und wieder lieben; weil dies nicht ganz von der Freiheit abhängt. Aber dies lässt sich als absolutes Gebot aufstellen: dass es nicht mit unserem Wissen an uns liegen müsse, dass wir unverehelicht bleiben. Der deutlich gedachte Vorsatz, sich nie zu verehelichen, ist absolut pflichtwidrig. Ohne seine Schuld unverheirathet bleiben, ist ein grosses Unglück; durch seine Schuld, eine grosse Schuld. — Es ist nicht erlaubt diesen Zweck anderen Zwecken aufzuopfern, etwa dem Dienste der Kirche, Staats- und Familien-Absichten, oder der Ruhe des speculativen Lebens und dergl.; denn der Zweck, ein ganzer Mensch zu seyn, ist höher, als jeder andere Zweck.

B. *Ueber das Verhältniss der Eltern und Kinder, und die aus diesem Verhältnisse entspringenden gegenseitigen Pflichten.*

Es ist hier nicht die Rede von den gegenseitigen Pflichten der Aelteren überhaupt gegen die Kinder, als unerzogene und unerfahrene überhaupt. Es liesse sich allerdings darübei vieles sagen, aber es ist nicht das, was wir gegenwärtig zu untersuchen haben. Es ist die Rede von den gegenseitigen Pflichten der Eltern und der bestimmten aus ihnen erzeugten Kinder. Das Verhältniss zwischen ihnen gründet sich nicht auf einen frei entworfenen Begriff, sondern auf eine Naturanstalt, und es ist nöthig, diese aufzuzeigen, und das sittliche Verhältniss aus ihr zu entwickeln. —

I.

Zwischen dem Vater und dem Kinde ist absolut kein natürlicher, von Freiheit geleiteter und mit Bewusstseyn verknüpfter Zusammenhang. Der Act der Zeugung, auf welchen einige Philosophen Rechte und Pflichten gründen wollen, geschieht, als solcher, ohne Freiheit und Bewusstseyn, und es entsteht durch ihn keine Erkenntniss des erzeugten. — Wohl aber ist ein solcher mit Bewusstseyn verknüpfter natürlicher Zusammenhang zwischen der Mutter und dem Kinde. In ihrem Leibe erzeugt sich die Frucht, und ihre eigene Erhaltung ist an die Erhaltung und die Gesundheit der letzteren mit gebunden; und zwar mit ihrem eigenen Bewusstseyn. Sie weiss, welchem Gegenstande sie diese anhaltende, stets wiederkehrende Sorgfalt schenkt, und wird auf diese Weise gewöhnt, das Leben desselben als einen Theil ihres eigenen Lebens anzusehen. Das Kind wird mit Lebensgefahr der Mutter unter Schmerzen geboren. Die Erscheinung desselben ist für die Mutter zugleich das Ende ihrer Schmerzen; nothwendig ein erfreuender Augenblick. Die animalische Vereinigung beider dauert noch einige Zeit fort; und in der Mutter wird die Nahrung des Kindes bereitet, welche zu geben die erstere nicht weniger Bedürfniss fühlt, als das letztere, dieselbe zu nehmen. Die Mutter erhält ihr Kind aus Bedürfniss, und so ist es bei den Thieren auch.

Nun ist es schlechthin gegen die Würde eines vernünftigen Wesens, durch einen blossen Naturinstinct getrieben zu werden. Ausgerottet zwar kann und soll dieser Instinct nicht werden; aber in Vereinigung mit Vernunft und Freiheit wird er, gerade wie wir oben vom Geschlechtstriebe des Weibes gesehen, unter einer anderen Gestalt erscheinen. Welches könnte diese Gestalt seyn? Nach der blossen Natureinrichtung war das Bedürfniss des Kindes physisches Bedürfniss der Mutter. Setzen wir ein Wesen mit Bewusstseyn und Freiheit, so wird dieser blosse Naturtrieb sich in Empfindung und Affect verwandeln; an die Stelle des physischen Bedürfnisses wird ein *Herzens*-Bedürfniss treten, die Erhaltung des Kindes zu ihrer eigenen mit Freiheit zu machen. Dieser Affect ist der des *Mitleids* und *Erbarmens*. Man kann vom mütterlichen Mitleid ebensowenig, als von der Liebe, sagen, dass es Pflicht sey: es geht vielmehr aus der ursprünglichen Vereinigung des Naturtriebes mit der Vernunft nothwendig hervor; aber man kann von beiden sagen, dass sie die Möglichkeit aller Moralität bedingen. Ein Weib, das der Empfindung der mütterlichen Zärtlichkeit nicht fähig wäre, von derselben könnte man ohne Zweifel sagen, dass sie sich nicht über die Thierheit erhöbe. Hinterher tritt erst die Freiheit, und mit derselben ein Pflichtgebot ein. Es ist der Mutter zuzumuthen, diesen Empfindungen sich zu überlassen, sie in sich zu stärken, und alles, was ihnen Abbruch thun könnte, zu unterdrücken.

Die Liebe des Vaters zu seinem Kinde ist — alles abgerechnet, was unsere bürgerliche Verfassung, die Meinung, die

Einbildungskraft u. dergl. bewirkt — nur eine *mittelbare* Liebe. Sie entspringt aus seiner Liebe zur Mutter. Eheliche Zärtlichkeit macht es ihm zur Freude und zur Pflicht, die Empfindungen seiner Gattin zu theilen; und so entsteht in ihm selbst Liebe für sein Kind, und Sorge für seine Erhaltung.

Die erste Pflicht beider Eltern gegen das aus ihrer Verbindung erzeugte Kind ist die Sorgfalt für seine Erhaltung.

II.

Ich setze voraus, wie es seyn würde, wenn wir der Natur treuer wären und seyn könnten; dass Mann und Weib stets beisammenleben, zusammen arbeiten u. s. f., dass sonach, da das Kind um seiner Erhaltung willen unter ihren Augen seyn muss, sie auch mit ihm zusammenlebten. Sie würden, da der Mensch nur zu geneigt ist, auf alles ausser ihm den Begriff der Vernunft und Freiheit zu übertragen, denselben Begriff auch auf ihr Kind übertragen, dasselbe nach dieser Voraussetzung behandeln, und da könnte es nicht fehlen, dass nicht bald Spuren der vermittelst dieser Wechselwirkung in ihm aufgeforderten Vernunft sich zeigten.

Freiheit gehört gleichfalls nach den nothwendigen Begriffen freier Wesen zum Wohlseyn, und da die Eltern ihr Kind lieben, mithin sein Wohlseyn wünschen, so können sie ihm die Freiheit überhaupt nicht rauben wollen. Da sie aber zugleich über seine Erhaltung, als einen durch Natur und Pflicht gebotenen Zweck wachen, so können sie die erstere nur insoweit begünstigen und zulassen, als die Erhaltung des Kindes dabei möglich ist.

Dies ist der erste Begriff der Erziehung, oder wie man diesen Theil derselben insbesondere nennen könnte, die *Zucht*. Es ist Pflicht der Eltern, ihr Kind zu erhalten; es ist ihre Pflicht, die Freiheit in ihm zu schonen und zu begünstigen; es ist, inwiefern die letztere der ersteren Abbruch thun könnte, ihre Pflicht, den Gebrauch derselben ihrem höchsten Zwecke mit dem Kinde unterzuordnen: d. h. die Zucht ist Pflicht.

Bald tritt die Pflicht einer höheren Erziehung ein, der Erziehung zur Moralität. Und dies aus folgendem Grunde.

Die Eltern haben die Freiheit — vor der Hand nur die formelle — des Kindes entdeckt: aber jedes freie Wesen ist der Moralität fähig, und soll dazu gebildet werden, mithin auch dieses. Nun müssen sie, um seiner physischen Erhaltung willen, die ihnen ausschliessend aufgelegt ist, dasselbe bei sich haben: sie sonach allein sind es, die dasselbe auch zur Moralität erziehen können.

Es liegt in dieser Pflicht der moralischen Erziehung folgendes. Zuvörderst die Pflicht, die Kräfte des Kindes zweckmässig zu bilden, damit es ein gutes Werkzeug zur Beförderung des Vernunftzweckes seyn könne; also *Geschicklichkeit* bei ihm hervorzubringen. Dies ist — im Vorbeigehen sey es gesagt, da es hier unsere Absicht nicht seyn kann, die Theorie der Erziehung zu erschöpfen — dies ist denn auch der eigentliche Zweck der Erziehung, sofern sie von Kunst und Regeln abhängt, die freien Kräfte des Zöglings zu entwickeln und zu bilden. Dann die Pflicht, der gebildeten Freiheit des Zöglings eine moralische Richtung zu geben, welches auf keine andere, als die schon angegebene Weise der Beförderung der Moralität ausser uns überhaupt geschehen kann.

III.

Welches ist nun in der Erziehung das gegenseitige Verhältniss der Eltern und der Kinder?

Es ist oft Pflicht der Eltern, die Freiheit ihrer Kinder zu beschränken, theils um ihrer Erhaltung willen; einen Gebrauch, der dieser nachtheilig wäre, können sie nicht zugeben; theils um ihrer Bildung willen zur Geschicklichkeit. Sie müssen in der letzteren Rücksicht dieselben anhalten, dahin abzweckende Handlungen zu thun, und andere, die weder mit dem ersten Zweck der Erhaltung, noch mit dem letzteren der Bildung im Zusammenhange stehen, zu unterlassen; weil diese überflüssig, und nur Zeit- und Kraftverlust sind. Um der Moralität willen haben sie die Freiheit derselben nicht einzuschränken: denn nur inwiefern mit Freiheit etwas gethan, oder unterlassen wird, ist es moralisch.

Ueber das Recht der Eltern zu Beschränkung der Freiheit ihrer Kinder kann kaum die Frage entstehen. Ich muss die formelle Freiheit eines jeden Menschen darum schonen, weil ich ihn für ein moralisch ausgebildetes Wesen, und seine Freiheit für ein Mittel zur Beförderung des Vernunftzweckes halten muss. Richter über ihn kann ich nicht seyn: denn er ist mir gleich. Mein Kind aber betrachte ich nicht als moralisch ausgebildetes Wesen, sondern als ein erst zu bildendes; und so eben wird es mir durch die Pflicht, dasselbe zu erziehen, gegeben. Für den gleichen Zweck sonach, für welchen ich die Freiheit derer, die mir gleich sind, schonen muss, muss ich die meines Kindes beschränken.

Es ist Pflicht der Eltern, die Freiheit der Kinder zu beschränken, wiefern ihr Gebrauch dem Zwecke der Erziehung nachtheilig seyn könnte: aber auch nur insofern. Jede andere Beschränkung ist pflichtwidrig, denn sie ist zweckwidrig: *ihre Freiheit* soll ja gebildet werden; sie müssen sonach Freiheit haben für die mögliche Bildung. Eltern sollen ihren Kindern nicht aus blossem Eigensinne verbieten, und damit, wie sie sagen, ihnen der Wille gebrochen werde. Nur der gegen den Zweck der Erziehung laufende Wille soll gebrochen werden. Willen überhaupt aber sollen sie haben: man erzieht freie Wesen nicht aber willenlose Maschinen zum Gebrauche des ersten des besten, der sich ihrer bemächtigen wird. Doch sind hierüber die Eltern allein ihre eigenen Richter, und haben dies mit sich selbst vor ihrem Gewissen auszumachen.

Findet sich kein anderes Mittel, die Kinder dem Zwecke der Erziehung zu unterwerfen, als Zwang, so haben die Eltern das Zwangsrecht; und es ist dann ihnen Pflicht, die Kinder zu zwingen, nachdem der pflichtmässige Zweck nur auf diese Weise zu erreichen ist.

Wird das Kind gezwungen, so ist es und bleibt es blosses Object des Handelns der Eltern. Freiheit hat es nur innerhalb der Sphäre, wo der Zwang aufhört, und diese Freiheit ist zu betrachten als das Resultat der Handlungen der Eltern. Die Handlungen der Kinder haben sonach nicht die mindeste Moralität, denn sie sind erzwungen.

Nun aber soll doch Moralität im Kinde entwickelt werden: es muss sonach etwas als Resultat seiner eigenen Freiheit übrigbleiben, und dieses Uebrigbleibende ist der *freie Gehorsam* des Kindes. Dieser freie Gehorsam besteht darin, dass die Kinder ohne Zwangsmittel, und ohne Furcht derselben, freiwillig thun, was die Eltern befehlen, freiwillig unterlassen, was sie verbieten, *darum, weil* sie es verboten, oder befohlen haben. Denn sind die Kinder selbst von der Güte und Zweckmässigkeit des befohlenen überzeugt, so überzeugt, dass schon ihre eigene Neigung sie dahin treibt, so ist kein Gehorsam da, sondern Einsicht. Gehorsam gründet sich nicht auf die besondere Einsicht in die Güte desjenigen, was nun eben befohlen ist, sondern auf den kindlichen Glauben an die höhere Weisheit und an die Güte der Eltern überhaupt.

Man kann, sowenig man sagen konnte, die Liebe oder das Mitleid des Weibes sey Pflicht, ebensowenig sagen, dieser kindliche Gehorsam sey Pflicht: aber er geht aus der Anlage zur Moralität und pflichtmässigen Gesinnung überhaupt hervor, und findet, bei richtiger Behandlung der Kinder, sich von selbst: denn er kann sich auf nichts gründen, als auf die Achtung und Unterwürfigkeit unter die zwar nicht begriffene aber dunkel empfundene Superiorität des Geistes und der Moralität, nebst der Liebe derselben und der Begierde, ihrer gleichfalls theilhaftig zu werden. Dieses ist die Quelle des Gehorsams; und beweist irgend etwas, dass Güte in der menschlichen Natur wohne, so ist es dieser Gehorsam.

Nachdem er einmal da ist, kann er durch Freiheit verstärkt und erhöht werden: das Kind kann sich besonders den Betrachtungen und Empfindungen überlassen, die ihn erhöhen, und von dieser Seite, und erst jetzt wird Gehorsam *Pflicht der Kinder*. — Er ist die einzige Pflicht der Kinder; er entwickelt sich eher, als andere moralische Gefühle, denn er ist die Wurzel aller Moralität. Späterhin, nachdem in der durch die Eltern freigelassenen Sphäre Moralität möglich wird, bleibt er doch immer die höchste. Ueber diese Sphäre hinaus darf das Kind nicht freiseyn wollen.

(Gehorsam ist beim Kinde die Nachbildung der ganzen

moralischen Denkart: darum ist er über alles wichtig. Nemlich wie der gebildete Mensch sich verhält gegen das Sittengesetz überhaupt, und gegen den Ausführer desselben, Gott, so verhält das Kind sich gegen das Gebot seiner Eltern, und die Person derselben. Wir sollen schlechthin thun, was die Pflicht gebeut, ohne über die Folgen zu klügeln: aber um es nur thun zu können, müssen wir nothwendig annehmen, dass dieselben in der Hand Gottes zum Guten ausfallen werden. So das Kind in Absicht der Befehle seiner Eltern. Im Christenthume wird Gott vorgestellt unter dem Bilde des Vaters. Und dies ist vortrefflich. Nur begnüge man sich nicht damit, immer und unaufhörlich von seiner Güte zu reden, sondern man denke dabei auch an unseren pflichtmässigen Gehorsam gegen ihn, und die kindliche Ergebung in seinen Willen, ohne Vernünftelei und Klügelei; und zwar die letztere nicht bloss im Empfinden und sich trösten, sondern besonders in muthiger Ausübung unserer Schuldigkeit, was auch unsere Kurzsichtigkeit dabei für Folgen zu entdecken glaubt. Ausbildung dieses Gehorsams ist das einzige Mittel, wodurch die Eltern unmittelbar eine moralische Gesinnung in dem Kinde hervorbringen können; es ist sonach ganz eigentlich ihre Pflicht, sie zum Gehorsam anzuhalten. — Es ist eine sehr falsche Maxime, welche wir, wie noch vieles andere Uebel, dem ehemals herrschenden Eudämonismus verdanken, nach welcher man bei dem Kinde alles durch Vernunftgründe aus eigener Einsicht derselben erzwingen will. Neben anderen Gründen ihrer Verwerflichkeit begeht sie auch noch den Widersinn, den Kindern um ein gut Theil Vernunft mehr zuzumuthen, als man sich selbst zumuthet; denn auch die Erwachsenen handeln grösstentheils aus Neigung, und nicht aus Vernunftgründen.)

Noch haben wir hierbei die Frage zu beantworten: wie weit darf der unbedingte Gehorsam von Seiten der Kinder, und die Forderung desselben von Seiten der Eltern gehen? *(Unbedingt* ist jeder Gehorsam und auch blind; denn sonst wäre er nicht Gehorsam. Für das besondere nemlich ist er blind. Im allgemeinen ist ein blinder Gehorsam nicht möglich; er wird nothwendig begründet durch eigene Ueberzeugung von der höheren Weisheit und Güte dessen, dem wir gehorchen.)

Die aufgeworfene Frage kann zweierlei bedeuten. Theils kann gefragt werden nach der Extension, nach der Sphäre der Handlungen, innerhalb welcher das Kind den Eltern gehorchen soll, und *wie weit* es gehorchen soll; theils nach der Protension: *wie lange* es gehorchen soll, ob es nicht einen Zeitpunct der Freilassung gebe, und welcher dies sey.

Gilt die Frage in der ersten Bedeutung, so wird sie entweder von dem Kinde erhoben, oder von den Eltern. Von dem Kinde soll sie nicht erhoben werden; und darin liegt eben die Beantwortung: das Kind soll gehorchen, und sein Gehorsam besteht eben darin, dass es nicht weiter frei seyn will, als die Eltern es frei lassen. Ueber die nöthige Grenze dieses Gehorsams können nur die Eltern Richter seyn: das Kind gar nicht; denn es unterwirft sich ihnen ja mit Gehorsam. — Das Kind soll gehorchen in allen billigen Stücken, — wie man etwa sagen hört, — ist völlig widersprechend geredet. Wer nur in billigen Stücken gehorcht, gehorcht gar nicht. Es muss ihm ja dann ein Urtheil zukommen, was billig sey oder nicht. Thut er nur das billige, als solches, so thut er dasselbe aus eigener Ueberzeugung, und nicht aus Gehorsam. Ob der Gehorsam billigerweise gefordert sey, oder nicht, das mögen die Eltern nach ihrem eigenen Gewissen verantworten: vor den Richterstuhl des Kindes können sie sich nicht stellen lassen. — Aber wenn nun die Eltern etwas unmoralisches dem Kinde beföhlen? dürfte man noch fragen. Ich antworte: die Unmoralität des Gebots ergiebt sich entweder erst nach einer sorgfältigen Untersuchung, oder sie springt unmittelbar in die Augen. Der erste Fall kann nicht eintreten; denn das gehorsame Kind setzt nicht voraus, dass seine Eltern ihm etwas Böses gebieten könnten. Findet der zweite Fall statt, so fällt von diesem Augenblicke an der Grund des Gehorsams, der Glaube an die höhere Moralität der Eltern, weg, und nun wäre irgend ein fernerer Gehorsam gegen die Pflicht. Ebenso verhält es sich, wo die bestehende Unmoralität, die Schändlichkeit der Lebensart der Eltern, den Kindern unmittelbar einleuchtet. In diesem Falle ist kein Gehorsam der Kinder und keine Erziehung durch die Eltern möglich.

Sind es, wie billiger ist, die Eltern, welche die oben angegebene Frage erheben, dann ist die Antwort: gebt keine Befehle, von denen ihr nicht vor eurem eigenen Gewissen überzeugt seyd, dass sie, eurer besten Ueberzeugung nach, auf den Zweck der Erziehung ausgehen. Weiter hinaus Gehorsam zu verlangen, habt ihr kein inneres moralisches Recht.

Ist die Frage: wie lange dauert die Pflicht des Gehorsams? so ist darauf folgendermaassen zu antworten.

Zuvörderst: der Gehorsam wird erfordert, um der Erziehung willen: die Erziehung aber ist Mittel zu einem Zweck: und das Mittel fällt weg, wenn der Zweck erreicht ist. Der Zweck der Erziehung war: Brauchbarkeit der Kräfte des Kindes für die Beförderung des Vernunftzwecks in irgend einem Fache, und auf irgend eine Weise. Ob derselbe erreicht sey, darüber kann das Kind selbst nicht Richter seyn: denn es gesteht ja den Eltern höhere Einsicht zu. Also — entweder die Eltern entscheiden selbst, dass er erreicht sey, und lassen das Kind frei, nach ihrem eigenen freien Willen und Ermessen.

Oder der zweite Fall — es wird durch den Erfolg selbst entschieden, dass der Zweck der Erziehung, die Brauchbarkeit, erreicht sey. Der Staat ist äusserer competenter Richter darüber. Wenn nun der Staat dem Sohne ein Amt giebt, so urtheilt er, dass die Erziehung desselben geendigt sey; das Urtheil des Staats aber verbindet die Eltern juridisch; sie müssen sich ihm ohne Appellation unterwerfen: es verbindet sie moralisch; sie sollen sich ihm um der Pflicht willen unterwerfen. —

Endlich der dritte Fall: die Erziehung ist gar nicht mehr möglich; und dieses zwar nach der Verheirathung der Kinder. Die Tochter unterwirft sich ganz dem Manne, hängt ab von seinem Willen; kann sonach von dem Willen anderer, dem ihrer Eltern, nicht weiter abhängen. Der Sohn übernimmt für das Schicksal seiner Gattin zu sorgen, ganz nach ihren Wünschen; er kann sonach nicht weiter durch andere Wünsche, die seiner Eltern, sich bestimmen lassen.

IV.

Auch nach der Freilassung der Kinder dauert zwischen ihnen und den Eltern ein besonderes moralisches Verhältniss fort.

Die Eltern, wenn sie nemlich, wie wir voraussetzen, zugleich die Erzieher waren, kennen das Innere der Kinder, ihren ganzen Charakter; denn sie haben denselben unter ihren Augen entstehen sehen, und ihn gebildet. Sie kennen ihn besser, als die Kinder selbst ihn zu kennen vermögen. Sie bleiben sonach die besten Rathgeber derselben, und es bleibt daher die Pflicht der Eltern vorzüglich, und vor allen anderen Menschen, — darauf kommt es an, denn ausserdem hätten wir kein *besonderes* Verhältniss, sondern das *allgemeine,* nach welchem es Pflicht ist, allen Menschen Gutes zu rathen, — es ist, sage ich, fortdauernde besondere Pflicht der Eltern, ihren Kindern zu rathen, weil gerade da ihr Rath am zweckmässigsten angebracht ist. Es ist Pflicht der Kinder, den Rath ihrer Eltern aufmerksamer anzuhören, als irgend einen anderen Rath, und ihn reiflicher zu überdenken. Gehorsam zwar ist ihnen nicht mehr Pflicht: sie sind desselben entlassen, und können nur nach eigener Ueberzeugung handeln; aber jenes aufmerksame Anhören und Ueberdenken ist ihnen Pflicht. — Die Eltern behalten die Pflicht der *Sorgfalt,* die Kinder, die der kindlichen *Ehrerbietigkeit.* (Darin besteht eben die Ehrerbietigkeit, dass man bei dem anderen höhere Weisheit voraussetze, und sich bemühe, alles, was er anräth, weise und gut zu finden. Mangel an Ehrerbietung ists, wenn man, was der andere sagt, ohne weiteres von der Hand weist.)

Es bleibt ferner zwischen Eltern und Kindern die *besondere* Pflicht, einander gegenseitig beizustehen, und sich zu unterstützen. Die Kinder erhalten in ihren Eltern ihre besten Leiter und Rathgeber; die Eltern in ihren Kindern ihr eigenes

Werk, das, was sie für die Welt gebildet haben, um noch nach ihrem Tode ihren Pflichten gegen dieselbe genug zu thun.

Ueber die Pflichten des Menschen nach seinem besonderen Beruf.

§. 28.
Eintheilung des möglichen menschlichen Berufs.

Was Beruf überhaupt heisse, ist schon oben erklärt worden. Zur Beförderung des Vernunftzwecks gehört mancherlei. Derjenige Theil dieses Zwecks, dessen Beförderung ein Einzelner ganz besonders über sich nimmt, ist sein Beruf. — Auch ist erinnert worden, nach welcher Maxime man diesen Beruf zu wählen habe; nicht nach Neigung, sondern nach Pflicht.

Das eigentliche Object des Vernunftzwecks ist immer die Gemeine vernünftiger Wesen. Entweder es wird auf dieselbe unmittelbar gehandelt: oder es wird gehandelt auf die Natur, um jener willen. — Ein Wirken auf die Natur, bloss um der Natur willen giebt es nicht: der letzte Zweck dieses Wirkens sind immer Menschen. — Hierauf gründet sich die Haupteintheilung alles möglichen menschlichen Berufs. Man könnte das erstere nennen den höheren Beruf, das letztere den niederen, und nach diesem Eintheilungsgrunde die Menschen theilen in zwei Klassen, in die höhere und niedere.

Zuvörderst. Auf wie vielerlei Weise wird auf den Menschen als vernünftiges Wesen gehandelt unmittelbar?

Das erste und höchste, wenngleich nicht das edelste im Menschen, der Urstoff seines ganzen geistigen Lebens, ist die Erkenntniss. Durch sie wird er in seinen Handlungen geleitet: und die beste Gesinnung behält zwar ihren inneren Werth, aber sie leitet nicht zur Realisirung des Vernunftzwecks, wenn die Erkenntniss nicht richtig ist. Man kann sonach zuvörderst arbeiten auf die menschliche Gemeine, um ihre theoretische Einsicht zu bilden. Dies ist der Beruf des *Gelehrten.* Wir werden sonach zuvörderst zu reden haben von den Pflichten des Gelehrten.

Einsicht aber ist und bleibt doch immer nur Mittel zum Zweck. Ohne guten Willen giebt sie keinen inneren Werth; dient auch ohne ihn der Gemeine der vernünftigen Wesen sehr wenig. Sie selbst aber bringt, welches ein Hauptsatz ist, den wir oben in das hellste Licht gesetzt haben, den guten Willen nicht nothwendig hervor. Es bleibt sonach noch die besondere Aufgabe, unmittelbar auf die Verbesserung des Willens der Gemeine zu arbeiten. Dies thut die Kirche, welche selbst eben die Gemeine der vernünftigen Wesen ist, durch ihre Diener, die sogenannten Geistlichen, welche richtiger moralische Volkserzieher heissen und seyn sollten. Wir werden sonach fürs zweite zu reden haben von den Pflichten der Volkslehrer. — Zwischen beiden, dem Gelehrten, der den Verstand, und dem Volkslehrer, der den Willen zu bilden hat, steht in der Mitte der ästhetische Künstler, welcher den ästhetischen Sinn, der dem Verstande und dem Willen im Menschen zum Vereinigungsbande dient, bildet. Wir werden im Vorbeigehen einige Anmerkungen über die Pflichten desselben hinzusetzen.

Sollen die Menschen im gegenseitigen Einflusse auf einander stehen, so muss vor allen Dingen ihr rechtliches Verhältniss gesichert seyn. Dies ist die Bedingung aller Gesellschaft. — Die Veranstaltung, durch welche dies geschieht, heisst der *Staat.* Wir werden zu reden haben von den Pflichten der *Staatsbeamten.* Dies über die höhere Volksklasse.

Das Leben des Menschen und seine Wirksamkeit in der Sinnenwelt ist bedingt durch gewisse Verbindungen desselben mit der Materie. Sollen sie sich bilden für Moralität, so müssen sie leben; und die Bedingungen ihres Lebens in der materiellen Natur müssen, inwiefern sie in der Gewalt des Menschen stehen, herbeigeschafft werden. Auf diese Weise steht das unscheinbarste, und für niedrigst geachtete Geschäft mit der Beförderung des Vernunftzwecks in Verbindung. Es bezieht sich auf die Erhaltung und die freie Thätigkeit moralischer Wesen, und ist dadurch geheiligt, gleich wie das höchste.

Die Natur kann in der Production dessen, was zu unserer Nahrung, Bedeckung und zu Werkzeugen unserer Thätigkeit dient, theils geleitet, und unterstützt werden: — der Beruf der Landbauern, welche die Organisation leiten, und deren Arbeit von dieser Seite angesehen erhaben ist; — theils bedarf es nichts weiter, als dass die ohne Pflege hervorgebrachten Producte nur aufgesucht werden, z. B. durch Bergleute, Fischer, Jäger u. dergl. Alle mit den Landbauern zusammengenommen könnte man *Producenten* nennen. — Das rohe Product muss zum Theil weiter bearbeitet werden, für die Zwecke der Menschen, und wird dadurch zum Kunstproducte: der Beruf der Handwerker, Künstler, Fabricanten; die ich, da sie doch insgesammt Kunstproducte verfertigen, Künstler nennen möchte. (Nur sind sie vom ästhetischen Künstler zu unterscheiden.) Es muss unter den Menschen Tausch der mancherlei Dinge, deren sie bedürfen, stattfinden. Es wird sehr zweckmässig seyn, wenn es ein besonderer Beruf gewisser Menschen wird, diesen Tausch zu besorgen. Dies ist der Beruf der Kaufleute. Die Pflichten dieser verschiedenen Zweige der niederen Klasse sind ziemlich dieselben: wir haben sonach nur im allgemeinen zu sprechen von den Pflichten der niederen Volksklasse.

———

§. 29.
Von den Pflichten des Gelehrten.

Sieht man die Menschen auf der Erde an, wie man moralisch sie ansehen soll und was sie allmählig auch in der Wirklichkeit werden sollen, als eine einzige Familie, so kann man annehmen, dass es auch nur Ein Erkenntnisssystem dieser Familie gebe, das von Zeitalter zu Zeitalter sich ausbreitet und vervollkommnet. Wie das Individuum, ebenso wird das ganze Geschlecht klüger mit den Jahren, und entwickelt sich durch Erfahrung.

Die Erkenntniss eines jeden Zeitalters soll höher steigen, und um sie höher zu bringen, dazu eben ist der gelehrte Stand.

Die Gelehrten sind zuvörderst die Depositärs, gleichsam das Archiv der Cultur des Zeitalters: und dies zwar nicht, wie die Ungelehrten, in Rücksicht der blossen Resultate, als welche allerdings auch bei diesen, aber zerstreut, anzutreffen sind; sondern zugleich sind sie in dem Besitze der Principien. Sie wissen nicht nur, dass etwas so ist, sondern zugleich auch, wie der Mensch zu dieser Erkenntniss kam, und wie sie mit seinen übrigen Erkenntnissen zusammenhängt. Dies ist darum nöthig, weil sie diese Erkenntniss weiter bringen, d. h. unter anderem auch die vorhandene berichtigen sollen: aber ihre Abweichung von der Wahrheit kann man nicht einsehen ohne die Principien, von denen sie abgeleitet ist, zu kennen. — Es geht daraus zuvörderst dies hervor: ein Gelehrter soll den Gang der Wissenschaft bis auf sein Zeitalter, und die benutzten Principien derselben historisch kennen.

Ferner: er soll diesen Geist der Gemeine weiter bringen: entweder durch Berichtigung, welches gleichfalls eine Erweiterung der Erkenntniss ist (wer eines Irrthums erledigt wird, dessen Wissen steigt): theils durch weitere Schlüsse aus dem bisherigen.

Der Gelehrte forscht nicht bloss für sich, berichtigt und erfindet nicht bloss für sich, sondern für die Gemeine, und erst so wird sein Forschen etwas moralisches, und er Beobachter einer Pflicht, und Diener der Gemeine in seinem Fache. — Sein unmittelbarer Wirkungskreis ist das gelehrte Publicum: von diesem aus kommen auf dem bekannten Wege die Resultate seiner Untersuchungen an die ganze Gemeine.

Kaum ist es nöthig, noch ausdrücklich zu erinnern, dass seine Denkart ihrer Form nach nur dann moralisch genannt werden kann, wenn er wirklich aus Liebe zur Pflicht, mit Einsicht, dass er dadurch einer Pflicht gegen das Menschengeschlecht Genüge thut, den Wissenschaften obliegt. Wir fragen hier nur: *was* soll er thun? Dies lässt sich aus dem obigen beantworten. Er soll theils das Object der Cultur seines Zeitalters kennen, theils dasselbe weiterbringen. Das letztere muss er aufrichtig suchen: denn nur so erwirbt er sich wirklich einen eigenen Werth. Und wenn er es etwa auch nicht könnte, so muss er wenigstens den festen Willen, Eifer und Fleiss gehabt haben, es zu thun: dann ist seine Existenz auch nicht vergeblich gewesen; er hat wenigstens die Wissenschaft lebendig aufbehalten in seinem Zeitalter, und ist ein Glied in der Kette, der Ueberlieferung der Cultur. Auch Belebung des Geistes der Untersuchung ist ein wahres und wichtiges Verdienst.

Strenge Wahrheitsliebe ist die eigentliche Tugend des Gelehrten. Er soll die Erkenntniss des Menschengeschlechts weiter bringen, nicht aber nur etwa mit ihm spielen. Er soll sich selbst, wie jeder Tugendhafte, vergessen in seinem Zwecke. Wozu sollte es doch auch dienen, glänzende Paradoxen vorzutragen: oder Irrthümer, die ihm entschlüpft wären, fernerhin zu vertheidigen, und zu behaupten? Lediglich zur Unterstützung seines Egoismus. Dies misbilligt die Sittenlehre ganz, und ebenso müsste es die Klugheit misbilligen: denn nur das Wahre und Gute bleibt in der Menschheit; und das Falsche, so sehr es auch etwa anfangs glänze, verliert sich.

§. 30.
Von den Pflichten der moralischen Volkslehrer.

I.

Die Menschen insgesammt machen eine einzige moralische Gemeine aus. Es ist die pflichtmässige Gesinnung eines jeden Einzelnen, Moralität ausser sich zu verbreiten, so gut er es kann und weiss, d. i. alle mit sich selbst gleichgesinnt zu machen: indem jeder nothwendig seine eigene Denkart für die bessere hält, widrigenfalls es gewissenlos wäre, bei derselben zu verharren. Nun hält jeder andere seine davon abgehende Denkart gleichfalls für die bessere; aus demselben Grunde. Es kommt sonach als Gesammtzweck der ganzen moralischen Gemeine heraus der Zweck: Einmüthigkeit über moralische Gegenstände hervorzubringen. Dieses ist der letzte Zweck aller Wechselwirkung unter moralischen Wesen.

Inwiefern die Gesellschaft aus diesem Gesichtspuncte angesehen wird, heisst sie die *Kirche*. — Also — die Kirche ist nicht etwa eine besondere Gesellschaft, wie es oft so vorgestellt wird, sondern sie ist nur eine besondere Ansicht derselben Einigen grossen menschlichen Gesellschaft. Alle gehören zur Kirche, inwiefern sie die rechte moralische Denkart haben, und alle sollen zu derselben gehören.

II.

Diese allgemeine Pflicht aller, alle moralisch zu bearbeiten, kann übertragen werden auf einen besonderen Stand, und wird auf ihn übertragen: — nicht, dass durch diese Uebertragung irgend jemand von der Pflicht, an der Besserung anderer zu arbeiten, wenn sich ihm die Gelegenheit dazu darbietet, ganz losgesprochen werde: sondern nur, dass er es sich nicht mehr *ausdrücklich zum besonderen Zwecke zu machen hat*. Die

Personen dieses Standes sind insofern Beamte, Diener der Kirche. — Alle sollten Alle bilden: der sonach, dem sie ihre Pflicht übertragen haben, bildet *im Namen Aller*. Er muss davon ausgehen, worüber alle einig sind, vom Symbol; worüber schon oben geredet, und ebendasselbe aus einem anderen Grunde erwiesen worden. Er muss darauf hinausgehen, worüber alle einig werden sollen. Er muss sonach weiter sehen, als die Einzelnen; das beste und sicherste Resultat der moralischen Cultur des Zeitalters in der Gewalt haben, und zu diesem hat er sie zu führen. Er ist sonach, und soll nothwendig seyn ein Gelehrter in diesem besonderen Fache. — Alle sollen einig werden; sie sollen aber auch während ihres Fortschreitens einig bleiben: mithin muss er stets so gehen, dass alle ihm folgen können. Er erhebt sich freilich so schnell als möglich: aber nur so schnell als es möglich ist, alle vereinigt, nicht etwa Einen oder den anderen Einzelnen, zu erheben. Sobald er in seinem Vortrage der Cultur Aller zuvoreilt, sobald redet er nicht mehr zu Allen, und redet auch nicht mehr in Aller Namen, sondern redet in seinem eigenen Namen. Das letztere nun mag er allerdings thun, als Privatperson; oder da, wo er auch in seinem eigenen Namen redet und die Resultate seiner eigenen Vernunft vorträgt, in der gelehrten Republik: aber da, wo er als Diener der Kirche redet, stellt er nicht seine eigene Person, sondern die Gemeine vor.

III.

Die Moralität entwickelt sich mit Freiheit und durch die blosse vernünftige Erziehung im Umgange von selbst und allein aus dem Herzen des Menschen. Sie kann nicht künstlich, etwa durch theoretische Ueberzeugung, hervorgebracht werden, wie wir oben klar eingesehen haben. Der Sinn für sie wird bei den öffentlichen Bildungsanstalten vorausgesetzt: und dies ist etwas, wovon der Geistliche nothwendig ausgehen muss, was allein ja sein Amt erst möglich macht, und worauf es aufgebaut ist. Unmoralische Menschen haben keine Kirche, und keinen Stellvertreter in Absicht ihrer Pflichten gegen sie. —

Es folgt daraus, dass es die Absicht der öffentlichen Religionsanstalten gar nicht seyn kann, theoretische Beweise und ein Gebäude der Sittenlehre aufzuführen, oder überhaupt über die Principien zu speculiren; die Gemeine führt sich diese Beweise nicht, denn sie glaubt schon, so gewiss sie Gemeine ist. Ihr Glaube ist Factum, und es ist lediglich die Sache der Gelehrten, ihn aus Principien *a priori* zu entwickeln. Der Zweck der öffentlichen moralischen Vorstellungen kann sonach kein anderer seyn, als der, jenen schon allgemein vorhandenen Sinn zu beleben und zu stärken: alles was ihn innerlich wankend machen und äusserlich verhindern könnte, in Handlungen sich zu zeigen, wegzuschaffen. Aber es giebt nichts dergleichen, ausser dem Zweifel, ob wohl auch der Endzweck der Moralität überhaupt befördert werden könne, ob es einen Fortgang im Guten wirklich gebe, oder ob diese ganze Gesinnung nicht eine Schwärmerei sey, die auf ein Unding ausgeht: es giebt nichts, das diese Gesinnung beleben und stärken könnte, als der feste Glaube, dass die Beförderung des Vernunftzwecks wohl möglich ist, und jener Fortgang zum besseren nothwendig erfolge. Aber dieser Glaube ist, wenn man ihn näher untersucht, der Glaube an Gott und Unsterblichkeit. Die Beförderung des Guten geht nach keiner Regel fort, wenn kein Gott ist; denn sie liegt weder im Gange der Natur, die sich auf die Freiheit gar nicht bezieht, noch steht sie in der Gewalt endlicher Wesen aus demselben Grunde, weil endliche Wesen nur mit Naturkraft handeln. Aber: sie geht nothwendig nach einer Regel fort, heisst: es ist ein Gott. — Ebensowenig schreiten wir planmässig fort zu unserem letzten Ziele, wenn wir nicht ewig fortdauern; denn unser Ziel ist in keiner Zeit zu erreichen.

Also der Volkslehrer behandelt vorzüglich die Glaubensartikel. Nicht, dass er sie *a priori* deducire; der Glaube folgt unmittelbar aus der moralischen Gesinnung, und der Volkslehrer setzt nothwendig Eins wie das andere voraus: sondern dass er ihn belebe; eben dadurch, dass er ihn als bekannt voraussetzt, und so die Menschen auf Gott und Ewigkeit hinweist. — Es ist ein sehr grosser Vorzug für die Menschen, die eine äussere Kirche haben, dass sie gewöhnt werden, selbst das niedrigste Geschäft, das sie verrichten mögen, auf das erhabenste zu beziehen, was der Mensch denken kann, auf Gott und Ewigkeit.

Ebenso ist es das Amt des Volkslehrers, der Gemeine Unterricht über die bestimmte Anwendung des Pflichtbegriffs zu geben, deren Liebe er bei ihnen mit Recht voraussetzt. Sie möchten alle gern vernünftig und sittlich leben; sie wissen nur nicht recht, wie sie es anzufangen haben und was dazu gehört: dies ist die Voraussetzung, von welcher er ausgeht. Wie alle Einzelne, wenn sie in einer Person vereinigt wären und sprechen könnten, beibringen würden, was jeder darüber weiss, so spricht in ihrer aller Namen der Lehrer. Wie macht man es, um sich zu dieser oder jener Stimmung zu bringen, die überhaupt ein Theil der pflichtmässigen Denkart ist? — Diese und ähnliche Fragen beantwortet er. Sein Unterricht ist überhaupt ganz praktisch; berechnet für die unmittelbare Anwendung.

Ueberhaupt: — und dies sind für ihn Hauptregeln — *er beweist nicht und polemisirt nicht;* denn er setzt die Glaubensartikel schon als bekannt und angenommen, und den guten Willen schon als gefasst voraus. In der Versammlung der Gläubigen Religions-Spötter zu zermalmen, verstockte Sünder zu erschüttern, die Gemeine anzureden als eine Rotte von bösen Buben, ist ganz zweckwidrig. Man sollte glauben, diese würden nicht in die Versammlung kommen; und wer in ihr erscheine, lege schon dadurch ein öffentliches Bekenntniss seines Glaubens und seines guten Willens ab. — Ferner, da der Lehrer im Namen der Gemeine redet, und an ihrer, ja nicht etwa an Gottes statt — denn unter diesem steht er selbst, so wie sie, und ist vor ihm nur ein armer Sünder, wie die anderen auch — so redet er gerade so, wie diese reden könnten: als ein Rathgeber, nicht als ein Gesetzgeber; aus Erfahrung, und nicht aus Principien.

IV.

Mit entschieden Ungläubigen, und solchen, die keine Pflicht anerkennen und achten — denn dies allein ist der wahre Unglaube — hat der Volkslehrer es nicht vor der Gemeine zu thun, wie soeben erinnert worden, wohl aber *im besonderen*. Die Art, wie man solche Personen zu bearbeiten hat, ist schon oben angegeben worden. Er führe sie in sich selbst hinein; er lehre sie sich selbst höher achten, als sie bisher sich mögen geachtet haben. Dem Unglauben liegt immer eine geheime Verachtung seiner selbst und Verzweiflung an sich selbst zum Grunde. Dieser Grund ist auszurotten, und es fällt dann von selbst, was nur auf ihm ruht.

So verhalte sich der Volkslehrer bei allen besonderen moralischen Bedürfnissen der Einzelnen. Er sey stets bereit Rath zu geben über alles, was dahin einschlägt. Er suche auch den, der ihn nicht sucht; aber, welches die Hauptsache ist, mit Bescheidenheit und Achtung für die Menschenwürde und Selbstständigkeit eines jeden. Besonderer Gewissensrath wird er nur dadurch, dass ihn jemand ausdrücklich dazu macht. Sich aufzudringen, hat er kein Recht.

V.

Die ganz eigentliche und charakteristische Pflicht des Volkslehrers ist die des guten Beispiels. Er giebt es nicht für sich allein, sondern für die ganze Gemeine, deren Stellvertreter er ist.

Der Glaube der Gemeine beruht grösstentheils auf dem seinigen, und ist, wenn man die Sache streng nimmt, grösstentheils nicht viel anderes, als ein Glaube an seinen Glauben. Er ist den Einzelnen wirklich nicht diese bestimmte Person, sondern er ist ihnen wirklich Repräsentant der moralischen Gemeine, der ganzen Kirche. Er soll, was er vorträgt, nicht vortragen, als ein gelerntes und speculativ gefundenes, sondern als ein aus eigener innerer Erfahrung geschöpftes: und daran eben glauben sie, weil hier alles nur Resultat der Erfahrung ist. Wenn nun sein Leben widerspricht, so glaubt niemand an seine Erfahrung; und da sie nur dieser glauben konnten, indem er theoretische Beweise hinzufügen weder kann noch soll, glaubt man ihm eigentlich gar nichts von dem, was er sagt.

§. 31.
Ueber die Pflichten des ästhetischen Künstlers.

Theils liegt es, da ich von der Beziehung des Gelehrten und des moralischen Volkslehrers auf die Bildung des Menschengeschlechts geredet habe, auf meinem Wege, von dem ästhetischen Künstler, der einen ebenso grossen, nur nicht so unmittelbar bemerkten Einfluss auf diese Bildung hat, um der Vollständigkeit willen mit zu reden; theils ist es Bedürfniss unseres Zeitalters, dass jeder thue, was an ihm ist, um diese Sache zur Sprache zu bringen.

Die schöne Kunst bildet nicht, wie der Gelehrte, nur den Verstand, oder wie der moralische Volkslehrer, nur das Herz; sondern sie bildet den ganzen vereinigten Menschen. Das, woran sie sich wendet, ist nicht der Verstand, noch ist es das Herz, sondern es ist das ganze Gemüth in Vereinigung seiner Vermögen; es ist ein drittes, aus beiden zusammengesetztes. Man kann das, was sie thut, vielleicht nicht besser ausdrücken, als wenn man sagt: *sie macht den transscendentalen Gesichtspunct zu dem gemeinen.* — Der Philosoph erhebt sich und andere auf diesen Gesichtspunct mit Arbeit, und nach einer Regel. Der schöne Geist steht darauf, ohne es bestimmt zu denken; er kennt keinen anderen, und er erhebt diejenigen, die sich seinem Einflusse überlassen, ebenso unvermerkt zu ihm, dass sie des Uebergangs sich nicht bewusst werden.

Ich mache mich deutlicher. Auf dem transscendentalen

Gesichtspuncte wird die Welt gemacht, auf dem gemeinen ist sie gegeben: auf dem ästhetischen ist sie gegeben, aber nur nach der Ansicht, wie sie gemacht ist. Die Welt, die wirkliche gegebene Welt, die *Natur,* denn nur von ihr rede ich, — hat zwei Seiten: sie ist Product unserer Beschränkung; sie ist Product unseres freien, es versteht sich, *idealen* Handelns (nicht etwa unserer reellen Wirksamkeit). In der ersten Ansicht ist sie selbst allenthalben beschränkt, in der letzten selbst allenthalben frei. Die erste Ansicht ist gemein, die zweite ästhetisch. Z. B. jede Gestalt im Raume ist anzusehen als Begrenzung durch die benachbarten Körper; sie ist anzusehen als Aeusserung der inneren Fülle und Kraft des Körpers selbst, der sie hat. Wer der ersten Ansicht nachgeht, der sieht nur verzerrte, gepresste, ängstliche Formen; er sieht die Hässlichkeit; wer der letzten nachgeht, der sieht kräftige Fülle der Natur, er sieht Leben und Aufstreben; er sieht die Schönheit. So bei dem Höchsten. Das Sittengesetz gebietet absolut, und drückt alle Naturneigung nieder. Wer es so sieht, verhält zu ihm sich als Sklav. Aber es ist zugleich das Ich selbst; es kommt aus der inneren Tiefe unseres eigenen Wesens, und wenn wir ihm gehorchen, gehorchen wir doch nur uns selbst. Wer es so ansieht, sieht es ästhetisch an. Der schöne Geist sieht alles von der schönen Seite; er sieht alles frei und lebendig.

Ich rede hier nicht von der Anmuth und Heiterkeit, die diese Ansicht unserem ganzen Leben giebt: ich habe hier nur aufmerksam zu machen auf die Bildung und Veredlung für unsere letzte Bestimmung, die wir dadurch erhalten.

Wo ist denn die Welt des schönen Geistes? Innerlich in der Menschheit, und sonst nirgends. Also: die schöne Kunst führt den Menschen in sich selbst hinein, und macht ihn da einheimisch. Sie reisst ihn los von der gegebenen Natur, und stellt ihn selbstständig und für sich allein hin. Nun ist ja Selbstständigkeit der Vernunft unser letzter Zweck.

Aesthetischer Sinn ist nicht Tugend: denn das Sittengesetz fordert Selbstständigkeit nach *Begriffen,* der erstere aber kommt ohne alle Begriffe von selbst. Aber er ist Vorbereitung zur Tugend, er bereitet ihr den Boden, und wenn die Moralität eintritt, so findet sie die halbe Arbeit, die Befreiung aus den Banden der Sinnlichkeit, schon vollendet.

Aesthetische Bildung hat sonach eine höchst wirksame Beziehung auf die Beförderung des Vernunftzwecks: und es lassen sich in Absicht ihrer Pflichten vorschreiben. Man kann es keinem zur Pflicht machen: sorge für die ästhetische Bildung des Menschengeschlechts; denn wir haben gesehen, dass der ästhetische Sinn nicht von der Freiheit abhängt, und nicht durch Begriffe sich bilden lässt, sondern ganz von selbst kommen muss. Aber man kann es im Namen der Sittenlehre jedem verbieten: halte diese Bildung nicht auf und mache sie nicht, so viel an dir liegt, unmöglich, dadurch, dass du Geschmacklosigkeit verbreitest. Geschmack nemlich kann jeder haben; dieser lässt durch Freiheit sich bilden: jeder sonach kann wissen, was geschmackwidrig ist. Durch Verbreitung der Geschmacklosigkeit für ästhetische Schönheit, lässt man die Menschen nicht etwa in der Gleichgültigkeit, in der sie die künftige Bildung erwarten, sondern man verbildet sie. Es lassen sich über diesen Gegenstand zwei Regeln geben.

1) Für alle Menschen. Mache dich nicht zum Künstler wider Willen der Natur: und es geschieht stets wider ihren Willen, wenn es nicht auf ihren Antrieb geschieht, sondern zufolge eines eigenwillig gefassten Vorsatzes erzwungen wird. Es ist absolut wahr: der Künstler wird geboren. Die Regel zügelt das Genie, aber sie giebt das Genie nicht: eben darum, weil sie Regel ist, Begrenzung beabsichtigt, nicht aber Freiheit.

2) Für den wahren Künstler. Hüte dich aus Eigennutz oder Sucht nach gegenwärtigem Ruhme dem verdorbenen Geschmacke deines Zeitalters zu fröhnen: bestrebe dich, das Ideal darzustellen, das vor deiner Seele schwebt, und vergiss alles andere. Der Künstler begeistere sich nur durch die Heiligkeit seines Berufs; er lerne nur, dass er durch die Anwendung seines Talents nicht den Menschen dient, sondern seiner Pflicht; und er wird seine Kunst bald mit ganz anderen Augen ansehen; er wird ein besserer Mensch werden, und ein besserer Künstler dazu. Es ist ein der Kunst, sowie der Moralität, gleich schädlicher Gemeinspruch: *schön sey das, was gefalle*. Was

der ausgebildeten Menschheit gefällt, dies freilich, und dies allein ist schön; solange sie aber noch nicht ausgebildet ist, — und wann wird sie es je seyn? — kann oft das geschmackloseste gefallen, weil es Mode ist, und das trefflichste Kunstwerk keinen Beifall finden, weil das Zeitalter den Sinn, mit welchem es aufgefasst werden müsste, noch nicht entwikkelt hat.

§. 32.

Von den Pflichten der Staatsbeamten.

Die Staatsverfassung ist nach obigem anzusehen, als das Resultat des gemeinsamen Willens, der durch einen ausdrücklichen, oder durch einen stillschweigenden Vertrag sich geäussert hat. Die Einwilligung durch Stillschweigen und Unterwerfung unter gewisse Einrichtungen gilt, wie oben gezeigt worden, im Nothfalle der ausdrücklichen Einwilligung gleich. — Was der Staat erlaubt in der gemeinschaftlichen Sphäre der Freiheit aller, das kann jeder mit gutem Gewissen thun; denn so weit geben, nach der Voraussetzung, seine Mitbürger ihre Freiheit auf. Ohne Erlaubniss des Staats hat man bei jeder freien Handlung innerhalb jener gemeinschaftlichen Sphäre zu befürchten, dass der Freiheit der anderen dadurch Eintrag geschehe.

Der Staatsbeamte — ich rede hier besonders von dem höheren, der Theil an der Gesetzgebung und Inappellabilität hat — ist nichts weiter, als der Verwalter dieses gemeinsamen Willens. Er ist eingesetzt und verpflichtet durch alle Stände, und hat nicht das Recht, die Verfassung einseitig zu ändern. So sich zu betrachten, ist ihm Gewissenssache; denn gerade die ihm übergebene Form, und nur sie ist es, innerhalb welcher alle mit gutem Gewissen handeln können. Aendert er sie willkürlich ab, so dass der Widerspruch gegen diese Aenderung laut wird, so bedrückt er dadurch die Gewissen aller, und bringt sie in Zweifel zwischen dem Gehorsame gegen ihn und den Pflichten, die sie gegen die Freiheit aller übrigen haben.

Nun aber giebt es eine Regel des Gesellschaftsvertrags aus reiner Vernunft. Die positive, welche er zu verwalten hat, kann von derselben sehr abgehen, sie kann hart, sie kann unbillig seyn. Wie hat er sich bei diesem Widerstreite zu verhalten? Wir haben diese Frage grösstentheils schon oben beantwortet:

Zuvörderst: er darf sich allerdings der Verwaltung dieser positiven, seiner eigenen Ueberzeugung nach der rein vernünftigen nicht völlig angemessenen Verfassung unterziehen; ja, es ist ihm sogar, wenn er sonst dazu berufen ist, Pflicht. Denn irgend eine Verfassung muss seyn, weil ausserdem die Gesellschaft und das, um dessenwillen sie da ist, das Fortschreiten zum bessern, nicht stattfände. Die gegenwärtig bestehende aber ist nach der Präsumtion dem Willen aller gemäss; aber es ist jedem erlaubt, von seinem Rechte aufzugeben und nachzulassen. Nun aber ist es Forderung der Vernunft, und Veranstaltuug der Natur zugleich, dass die gesellschaftliche Verbindung der einzig rechtmässigen allmählig näher komme. Der Regent, der mit diesem Zwecke den Staat zu regieren hat, muss daher die letztere kennen. Wer aus Begriffen über die gemeine Erfahrung sich emporhebt, heisst, nach obigem, ein Gelehrter; der Staatsbeamte muss daher ein Gelehrter seyn, in seinem Fache. Es könne kein Fürst wohl regieren, der nicht der Ideen theilhaftig sey, sagt Plato: und dies ist gerade dasselbe, was wir hier sagen.

Er kennt nothwendig folgendes. Theils die Verfassung, auf welche er verpflichtet ist, die ausdrücklichen oder stillschweigenden Verträge, auf denen sie beruht; theils die Staatsverfassung, wie sie seyn soll, oder das Ideal. Endlich den Weg, den die Menschheit überhaupt, und insbesondere sein Volk nehmen muss, um derselben theilhaftig zu werden.

Die Regierungsweise desselben lässt sich in dieser kurzen Formel beschreiben: was das absolute Recht, das Naturrecht erfordert, setze er schlechthin durch, ohne Milderung und Schonung. Was nur das geschriebene positive Recht fordert, setze er bloss insofern durch, inwiefern er es für das fortdauernde Resultat des Willens der dabei Interessirten halten kann. — Ich mache mich deutlicher. Was das erste anbelangt, ist es ein ganz falscher Satz, dass die Regierung zum Besten der Regierten errichtet sey. *(Salus populi suprema lex esto.)* Das Recht ist, weil es seyn soll, es ist absolut, es soll durchgesetzt werden, und wenn niemand dabei sich wohl befände. *(Fiat justitia, et pereat mundus.)* In Absicht des letzteren ist es nicht gegen das Naturrecht, wie schon erinnert worden, dass jemand von seinem Rechte zum Vortheile eines anderen nachlasse. *(Volenti non fit injuria.)* Aber es ist absolut rechtswidrig, dass er zu diesem Nachlassen gezwungen werde. Entsteht sonach gegen ein an sich ungerechtes, und nur unter Voraussetzung der Einstimmung gerecht seyn könnendes, Gesetz allgemeiner und lauter Einspruch, so ist es die absolute Pflicht des Regenten, das Gesetz aufzugeben, so sehr auch die, welche bei der Ungerechtigkeit gewinnen, über Vertragsverletzung schreien möchten. Entsteht kein Einspruch, so verfährt er mit gutem Gewissen nach demselben. — (Da diese Grundsätze leicht misverstanden werden, und daraus gefährlicher Misbrauch entstehen könnte, so bestimme ich sie näher. Es haben den Staatsvertrag, inwiefern durch ihn gegenseitige Rechte auf Personen festgesetzt werden, nicht Individuen geschlossen, sondern Stände. Wo z. B. der Adel in dem ausschliessenden Besitze der höchsten Staatsämter und des reinen Landeigenthums ist (unter dem Titel der Rittergüter; die anderen Güter sind da meistentheils nicht reines Eigenthum): so ist er dies zufolge eines meist nur stillschweigenden Vertrags mit dem Bürgerstande. Dieser nemlich lässt es sich gefallen, und nimmt seine Maassregeln darnach, indem er sich zu etwas anderem geschickt macht. So bleibt die Sache in der Ordnung; und ein Regent, der einseitig und unaufgefordert diese

Verfassung aufhöbe, handelte völlig rechtswidrig und despotisch; er ist auf sie verpflichtet, und der Adel hat sich ihm unter der Bedingung unterworfen, dass er sie aufrecht erhalte. Thut ein einzelner Bürger, ohne es erst angezeigt zu haben, nachdem er durch sein bisheriges Betragen diese Verfassung gebilligt hat, Eingriffe in die präsumtiven Rechte des Adels, so ist er strafbar, und wird mit Recht nach dem positiven Gesetze gestraft, das er durch sein bisheriges Stillschweigen anerkannt hat; keinesweges wird er nach dem Naturrechte gerichtet, das er öffentlich und *vor der That* reclamiren sollte: nicht erst hinterher. Er wollte sich ja der Vortheile des positiven Gesetzes bedienen; wie kann er denn hinterher ein ihm entgegengesetztes in Anspruch nehmen? Reclamirt ein einzelner Bürger, wie sichs gehört, bei dem Regenten sein Recht, und hebt dadurch seinen Vertrag mit dem Adel auf, so hebt er durch dieselbe Reclamation ja auch zugleich seinen Vertrag mit seinem eigenen Stande auf, mit welchem vereint er ja den ersten geschlossen; er tritt aus ihm heraus: und muss sonach auch auf diejenigen Vortheile Verzicht thun, die ihm durch jenen Vertrag zukommen (z. B. auf das Recht, Handelschaft zu treiben, wenn etwa der Bürgerstand im ausschliessenden Besitze desselben wäre). Was begehrt nun ein solcher eigentlich? Er begehrt in den Adelstand angenommen zu werden: und das muss ihm, wenn es nur sonst seine äussere Lage erlaubt, von rechtswegen gewährt werden. — Also — die Einzelnen, die über Verletzung im Staatsvertrage klagen, müssen ihren Stand verändern dürfen. Dieses ist das einzige Mittel, auf ihre Reclamation das Unrecht gut zu machen. Ein zu duldender Staat muss schlechthin diese Leichtigkeit der Standesveränderung eröffnen; das Gegentheil ist schlechthin rechtswidrig, und kein Regent kann es mit gutem Gewissen dulden. So ist z. B. die Leibeigenschaft *(glebae adscriptio),* das Verbot für gewisse Stände, nicht zu studiren, schlechthin rechtswidrig. — Wenn aber der ganze Bürgerstand, oder wenigstens eine sehr entschiedene Majorität desselben, sein natürliches Recht reclamirte, dann würde es absolute Pflicht des Regenten seyn, eine Revision der Gesetzgebung über diesen Punct anzustellen; der Adel möchte wollen oder nicht. Wenn die begünstigten Stände weise wären, so liessen sie es zu einer solchen Reclamation nicht kommen, sondern gäben allmählig selbst ihre Vorzüge auf.)

Die Fortdauer von dergleichen Verträgen gründet sich auf die Unwissenheit und Unbeholfenheit der bevortheilten Stände; auf die Unkunde ihrer Rechte, und die Ungeschicklichkeit, dieselben auszuüben. Wie die Cultur höher steigt und weiter sich verbreitet, hören jene Vorrechte auf: aber es ist Zweck der Natur und Vernunft, dass sie aufhören, und dass eine völlige Gleichheit der *Geburt* nach — nur in dieser Rücksicht, denn der hinterher gewählte Beruf errichtet wiederum Unterschiede — unter allen Bürgern eintrete; es ist sonach auch schon darum ihr Zweck, dass die Cultur verbreitet werde. Sie ist die Grundlage aller Verbesserung; es ist sonach absolut rechts- und pflichtwidrig, dieselbe aufzuhalten, oder sie durch die für die Finsterniss interessirten Stände aufhalten zu lassen. — *Obscurantismus* ist unter anderen auch ein Verbrechen gegen den Staat, wie er seyn soll. — Es ist dem Regenten, der seine Bestimmung kennt, Gewissenssache, die Aufklärung zu unterstützen.

Eine der höchsten Bestimmungen der durch reine Vernunft geforderten Staatsverfassung ist die, dass der Regent dem Volke verantwortlich sey; und gerade darin weichen die meisten wirklichen Staaten vom Vernunftideale ab, dass in ihnen diese Verantwortlichkeit nicht eingeführt ist. Der Regent eines solchen Staates, der nach Ideen regiert, kann freilich die durch die Vernunft geforderte Verantwortung nicht wirklich ablegen, da niemand ist, der sie abnehmen könnte; aber er regiert so, *als ob* er verantwortlich wäre; so, dass er zur Rechenschaft, wenn sie gefordert würde, stets bereit sey.

Alles bisher Gesagte gilt nur von der höchsten Gewalt, sie sey Einer Person übertragen, oder unter mehrere vertheilt, die keinen höheren Richter über sich erkennt (als die Nation, wenn dieselbe fähig wäre, zu Gericht zu sitzen). Der Unterbeamte ist streng an den Buchstaben des Gesetzes gebunden. Es giebt kaum etwas, das zweckwidriger sey in einem Staate, als dass der Unterbeamte sich zum Deuter des Gesetzes aufwerfe. Dadurch geschicht allemal Unrecht, denn die verlierende Partei wird nach einem Gesetze verurtheilt, das der Richter erst jetzt nach der That durch seine Deutung erschafft. — Freilich sollten auch die Gesetze nicht von der Art seyn, dass sie sich deuten, drehen und wenden lassen; ihre Unbestimmtheit ist ein sehr grosses Uebel für einen Staat. — Entstehen Einsprüche gegen das positive Gesetz aus Gründen des Naturrechts, dann soll er freilich das erstere nicht durchsetzen; aber er soll dann unmittelbar gar nichts thun, sondern die Sache an die höchste Obrigkeit, als gesetzgebende Gewalt, verweisen.

In Summa: Jede Staatsverfassung ist rechtmässig und man kann ihr mit gutem Gewissen dienen, die das Fortschreiten zum Bessern im allgemeinen, und für die Einzelnen, nicht unmöglich macht. Völlig rechtswidrig ist nur diejenige, die den Zweck hat, alles so zu erhalten, wie es gegenwärtig ist.

§. 33.
Von den Pflichten der niederen Volksklassen.

Die niederen Volksklassen sind, wie wir schon oben gesehen haben, dazu bestimmt, unmittelbar auf die vernunftlose Natur um der vernünftigen Wesen willen zu wirken, um die erstere für die Zwecke der letzteren geschickt zu machen.

Ich habe meiner Voraussetzung nach hier nicht mit den niederen Volksklassen unmittelbar, sondern mit denen zu thun, welche sie zu bilden haben. Ich beschreibe sonach nur die Gesinnung, zu welcher sie zu erheben sind.

1) Die Würde jedes Menschen, seine Selbstachtung und mit ihr seine Moralität hängt vorzüglich davon ab, dass er sein Geschäft auf den Vernunftzweck, oder, was dasselbe heisst, auf den Zweck Gottes mit dem Menschen beziehen, und sich sagen könne: es ist Gottes Wille, was ich thue. Dies können die Mitglieder der niederen Volksklassen mit dem höchsten Rechte sich sagen. Sind sie auch nicht das höchste der empirischen Menschheit, so sind sie doch sicher die Stützen derselben. Wie kann der Gelehrte forschen, der Volkslehrer lehren, der Staatsbeamte regieren, wenn sie nicht zuvörderst alle leben können?

Die Würde dieser Stände steigt, wenn man bedenkt, und sie bedenken lässt, dass gerade von ihnen das Fortschreiten der Menschheit zum Bessern von jeher abgehangen hat, und fortdauernd abhangen wird. Denn soll die Menschheit um ein beträchtliches weiter kommen, so muss sie mit mechanischen Arbeiten so wenig Zeit und Kraft verlieren, als irgend möglich: die Natur muss mild, die Materie biegsam, alles muss so werden, dass es nach leichter Mühe den Menschen gewährt, wessen sie bedürfen, und dass der Kampf gegen die Natur nicht mehr ein so angelegenes Geschäft sey.

Es ist um dieser Bestimmung willen die absolute Pflicht der niederen Klassen, ihr Gewerbe zu vervollkommnen und höher zu bringen, weil dadurch das Fortschreiten des Menschengeschlechts überhaupt bedingt ist. Es ist die Pflicht jedes Individuums in diesen Klassen, sich wenigstens zu bestreben, dieser Forderung Genüge zu thun. Nur dadurch kann er seinen Platz in der Reihe der vernünftigen Wesen bezahlen. Ausserdem ist er bloss ein Glied in der Reihe der Ueberlieferung des Gewerbes. — (Es haben Schriftsteller behauptet, der Erfinder des Pfluges habe ein weit grösseres Verdienst, als etwa der eines bloss theoretischen Satzes in der Geometrie. Dagegen hat man sich neuerlich sehr ereifert; mit Unrecht, wie es mir scheint: man hat dadurch mehr die Gesinnung eines Gelehrten, als die eines Menschen gezeigt. Beide Parteien haben gleich Recht und gleich Unrecht. Keine von beiden Erfindungen, und das, wozu sie gehören, mechanische Arbeit und Wissenschaft, haben einen *absoluten* Werth; nur ein *relativer* kommt ihnen zu, in Beziehung auf den Vernunftzweck. Beide Erfindungen sind daher ziemlich von gleichem Werthe; und unter den Erfindern bestimmt den höheren Werth die Gesinnung, nicht aber der Erfolg.)

Die niederen Volksklassen können ihrer Pflicht, ihr Gewerbe höher zu bringen, kaum Genüge thun, ohne Leitung der höheren Klassen, die im unmittelbaren Besitze der Erkenntnisse sind. Es ist sonach

2) *die Pflicht derselben, die Mitglieder der höheren Klassen zu ehren.* Ich rede hier nicht von der Unterwürfigkeit, die sie dem Verwalter der Gesetze, als solchem, nicht von der Folgsamkeit und dem Zutrauen, welches sie dem Volkslehrer, als solchem, schuldig sind, denn dieses sind allgemeine Pflichten; sondern von einer Achtung, die sie überhaupt für den Gelehrten und Künstler auch ausserhalb ihres Amtes, als für *höher gebildete Menschen* haben sollen. Diese Achtung besteht nun nicht etwa in äusserlichen Ehrenbezeigungen, oder in einem stummen und sklavischen Respecte, sondern in der Voraussetzung, dass diese Männer mehr verstehen, und weiter sehen, als sie selbst, und dass ihrem Rathe und ihren Vorschlägen zur Verbesserung dieses oder jenes Verfahrens, der Erwerbszweige, des häuslichen Lebens, der Erziehung u. s. w. wohl Wahrheit und Einsicht zu Grunde liegen möge; nicht in einem blinden Glauben oder stummen Gehorsam, den sie nicht schuldig sind, sondern nur in der blossen Aufmerksamkeit und vorläufigen Annahme, dass diese Vorschläge wohl vernünftig seyn könnten, und ihrer weiteren Prüfung würdig seyen. — Kurz: es ist, nur nicht ganz in demselben Grade, dieselbe Stimmung, von welcher wir eben gezeigt haben, dass sie erwachsenen Kindern gegen ihre Eltern zukomme. — Diese Ehrerbietigkeit hängt ab von freier Ueberlegung und Reflexion, und man kann sie sonach, zwar nicht unmittelbar, wohl aber das Nachdenken, wodurch sie befördert wird, zur Pflicht machen. — Es ist ohne weiteres einleuchtend,

dass, wenn die niederen Klassen alle Vorschläge zur Verbesserung, die von den höheren an sie kommen, ohne weiteres von der Hand weisen, die ersteren nie weiter fortrücken werden.

Doch ist wohl zu bedenken, dass diese Ehrerbietigkeit fast lediglich nur durch die eigene Schuld der höheren Klassen ihnen versagt wird; und dass sie grösstentheils von der Achtung abhängt, welche diese selbst jenen bezeigen. — Man respectire ihre Freiheit: denn zu befehlen hat man ihnen doch nichts, wenn man nicht, und inwiefern man nicht ihre Obrigkeit ist; sondern nur zu rathen. Man zeige Achtung für ihr Geschäft, und lasse es an sich merken, dass man die Würde desselben kennt. Will man auf sie wirken, so lasse man sich herab zu ihnen. Es giebt keine zwecklosere Eitelkeit, als die, vor Ungelehrten gelehrt scheinen zu wollen. Sie wissen das nicht zu schätzen. — Die Regel des Umgangs mit ihnen — welche zugleich die alles populären Vortrags ist — ist die: man gehe nur nicht von Principien aus, diese verstehen sie nicht und können dem Gedankengange nicht folgen, sondern führe alles, was man ihnen zu sagen hat, so gut es möglich ist, auf ihre eigene Erfahrung zurück.

Ueberhaupt das richtige Verhältniss zwischen höheren und niederen Klassen, die zweckmässige Wechselwirkung beider, ist die wahre Grundstütze, auf welcher die Verbesserung des Menschengeschlechts beruht. Die höheren sind der Geist des Einen grossen Ganzen der Menschheit; die niederen die Gliedmaassen desselben; die ersten das denkende und entwerfende, die letzten das ausführende. Derjenige Leib ist gesund, in welchem unmittelbar auf die Bestimmung des Willens jede Bewegung ungehindert erfolgt; und er bleibt gesund, inwiefern der Verstand fortdauernd die gleiche Sorgfalt für die Erhaltung aller Glieder trägt. So in der Gemeine der Menschen. Ist nur dieses Verhältniss, wie es seyn soll, so stellt zwischen den übrigen Ständen sehr bald von selbst das richtige Verhältniss sich ein. Wenn die niederen Stände in ihrer Bildung gehörig fortschreiten — und sie schreiten fort, wenn sie auf den Rath der höheren merken — so sieht der Staatsmann nicht mehr herab auf den Gelehrten, als auf einen müssigen Träumer, indem er selbst durch den Gang der Zeiten getrieben wird, die Ideen des letzteren zu realisiren, und sie in der Erfahrung immer bestätigt findet; und auch er wird nicht mehr von ihm verachtet, als ein gedankenloser Empiriker. Dann liegen auch der Gelehrte und der sogenannte Geistliche nicht mehr im Streite in mehreren, oft in einer und derselben Person, weil der gemeine Mann stets fähiger wird, mit der Cultur des Zeitalters fortzugehen.

Kaum könnte ich dieses Buch mit etwas zweckmässigerem schliessen, als mit der Aufzeigung des Hauptpunctes, auf welchem die Verbesserung unseres Geschlechts, als der Endzweck aller Sittenlehre, beruht.

Die

Staatslehre,

oder

über das Verhältniss des Urstaates zum Vernunftreiche,

in Vorlesungen,

gehalten im Sommer 1813 auf der Universität zu Berlin

durch

J. G. Fichte.

(Aus seinem Nachlasse herausgegeben.)

Erste Ausgabe: Berlin 1820, bei G. Reimer.

Erster Abschnitt.

Allgemeine Einleitung.

Vorträge verschiedenen Inhaltes aus der *angewendeten Philosophie* haben wir angekündigt: — was nun zuvörderst Philosophie, und was angewendete sey, darüber können wir vorläufig und mit Einem Worte nicht deutlich werden; wie wir ausserdem zu dem angegebenen verschiedenen Inhalte kommen, wird sich zeigen.

Wenn wir Philosophie anwenden, so fragt sichs, was Philosophie überhaupt sey? Dies beantworten wir vor allen Dingen, indem ohne dies über alles Künftige sich keine Klarheit verbreiten kann.

Der Name in seiner ursprünglichen Wortbedeutung macht schon wahrscheinlich, dass man Etwas suche, was man selbst nicht kennt, durch Misvergnügen mit dem Bekannten und dunkele Ahnung getrieben. — Wenn wir über diesen Zustand hinaus sind, so ist es unsere Sache, jenen ihre Ahnung zu erklären, und ihnen genau zu sagen, was sie eigentlich wollen. In dieser Lage könnte uns nun wohl begegnen:

a. dass keiner, der bisher darüber gesprochen, so sich erklärt, weil sie nemlich alle nur suchten, nicht fanden.

b. Dass also unsere Erklärung nicht schon bekannt sey, darum schon verständlich, sondern dass man eben lernen müsse sie verstehen, indem man sie construirt, im freien Denken sich beschreibt. — Gleich jetzt also, beim Beginne schon, haben wir ein solches Selbstdenken zu vollziehen. Die Historie würde erinnern: *„Du kennst doch!"* So nicht wir.

c. Dass andere, die bisher schon darüber gesprochen haben und sprechen, unwillig werden; weil, wenn wir Recht hätten, an den Tag käme, dass sie bisher etwas nicht gewusst, sondern es erst lernen müssten, was niemals ein Meister gern sich sagen lässt. Dies Schicksal nun müssen wir tragen und uns darein ergeben, als unabtrennlich von der Sache!

1) Erkennen, Wissen, Sichvorstellen, — dies kennt ein Jeder, kennt es unmittelbar, und muss es kennen, dadurch, dass er es *ist:* und wer es nicht kennte durch sich, dem wäre von aussen her diese Kenntniss nicht beizubringen. Nun bemerken Sie wohl das Postulat, nicht überhaupt zu erkennen, sondern das *Erkennen* wieder zu erkennen, als besonderes, als Etwas, das da *ist,* sich hinzustellen. — Dies nun muss jeder in eigener Person thun; jeder hat selbst etwas zu construiren und anzuschauen: nur dadurch ist er in unserer Methode, und nur von dem also Construirten ist die Rede, nicht von Fremdem, bloss Erzähltem; so kann es auch keiner auffassen, dies ist gegen alle philosophische Methode.

2) Philosophie wäre nun wohl Erkenntniss, Wissen; aber nicht alles Wissen, vielmehr ein besonderes, unter ein gewisses *genus* gehörendes, mit seiner specifischen Differenz: — ein bestimmtes im Gegensatze mit anderem. Welches nun? Recht wär' es wohl nur durch den Besitz zu erkennen; — jetzt durch seinen Gegensatz.

Alle Erkenntniss liefert und hat ihre Welt, ihr System des Seyns. Im Gegensatze gegen die gewöhnliche Welt und ihr System des Seyns, liefert die Erkenntniss, von der wir sprechen, eine durchaus neue; — sie selbst ist schöpferisches Organ, neues Auge, eben für eine neue Gesichtswelt.

Denken Sie einen Blindgeborenen: für ihn ist da, was durch den Gefühlssinn gegeben ist, aber kein Licht, keine Farbe, und alle die dadurch gebildeten Verhältnisse. Denken Sie, das Gesicht wird ihm geöffnet. So gerade ist es in der Philosophie.

— Durch die Geburt sind wir niedergesetzt in einem gewissen Erkennen und Bewusstseyn, der Dinge, der gegebenen Erfahrungswelt. Durch diese Erkenntniss werden eben die Dinge erkannt und gewusst: nicht einmal gewusst das Bewusstseyn selbst, erkannt das Erkennen: dieses *ist,* in ihm geht man auf, als dem Höchsten und Letzten, dem absoluten Seyn: — nach obiger Vergleichung der innere *Gefühlssinn* zu nennen. Dabei nun kann der Mensch bleiben, aber auch darüber sich erheben: — eben das Erkennen und Bewusstseyn selbst erkennen, wie ich Ihnen schon im Eingange angemuthet habe. — Ich habe Sie dadurch in der That schon auf den Boden der Philosophie erhoben. Dies die *neue* Welt, gegeben durch das neue Organ. Es ist weiter auseinanderzusetzen: den Ort hätten wir gefunden.

3) Diese Bemerkung, dass man eben wisse, vorstelle die Erfahrungswelt, kann man nun zerstreut fassen, und doch bei der ersten Ansicht bleiben, dass Dinge *an sich* sind, kann beides für wahr halten, weil man seine Erkenntniss nicht zur *Einheit* vereinigt, unverständig und zerrissen ist. — Soll sie aber Einheit gewinnen, so kann Beides nicht wahr seyn: entweder nur Dinge, oder nur Bilder. Die Dinge sind durch ihr Seyn vollendet: woher denn also ihre Bilder? Woher ein *Wissen* derselben? — Umgekehrt aber folgen aus den Bildern die Dinge nothwendig, eben als die gebildeten, als der *Gegenstand* des selbst als Bild erkannten, und schlechthin *dafür sich gebenden* Bildes.

Dadurch nun hat die Welt sich uns verwandelt in eine ganz andere: dort Dinge, hier nur Erkenntnisse, Begriffe; dort materielle Welt und geistige: uns gilt die letztere nur als das Rechte und Einzige; und darüber muss jeder mit sich selbst aufs Reine kommen. — Also dies ist festzuhalten: 1) dass nur eine geistige, Begriffswelt, durchaus nicht und in keinem möglichen Sinne des Wortes eine materielle zugegeben werde; 2) dass wir dies nicht zufolge eines Räsonnements, sondern eines *unmittelbaren* Bewusstseyns erkennen. Eben nur der Bilder, der Bestimmungen des Wissens ist man sich bewusst, und durchaus keines Anderen: zufolge der vorgegangenen *Erhebung.*

Philosophie sonach wäre ein *unmittelbares* Bewusstseyn,

das sich nicht andisputiren lässt, ebensowenig wie dem Blinden das Auge; das nicht erwiesen, vermittelt werden kann, oder dess Etwas, sondern nur gebildet und entwickelt.

Zur ferneren Erläuterung:

1) Der Philosophie Weltansicht, deutlich ausgesprochen, ist diese: *a)* Es *ist* etwas, fest, unwiederruflich bestimmt. — Man denkt vielleicht, der Philosoph nehme kein Seyn an: dies ist grober Misverstand. *b)* Dieses Seyende ist nun kein System von stehenden, auf sich beruhenden materiellen Dingen, sondern ein System von Bildern, in denen eben ein solches System von Dingen hingebildet wird. Es ist ein auf sich selbst beruhendes und durch sich selbst bestimmtes Bewusstseyn, und durchaus nichts Anderes. (Ich glaube Ihnen einen grossen Dienst zu thun, wenn Sie auch nur diese Ansicht verstehen, und sich fest einprägen. — Für Wenige nur erinnere ich: dies ist unser, die wir uns für Philosophen halten, ganzer und unumwundener Ernst, nicht etwa bloss eine Redensart, die an sich deuten und drehen, und mit sich unterhandeln liesse. Wir wissen es unmittelbar, wie wir unseres Lebens uns bewusst sind: sonderbar kommt es nur denen vor, welchen jenes Auge noch nicht aufgegangen ist.)

2) Welches ist nun der eigentliche innere Unterschied jener ersten natürlichen und dieser erhöhten philosophischen Weltansicht: d. i. was ist eigentlich mit dem Menschen im Uebergange von der ersten zur zweiten vorgegangen? (Es ist entscheidend für die Klarheit der Lehre, und von den wichtigsten Folgen.) Die *Bilder*, sich darstellend als solche, setzen ihr Abgebildetes. In dieser Operation des Bewusstseyns geht der natürliche Mensch auf mit seinem ganzen Wesen: das Bild darum selbst und dessen Seyn wird ihm nicht sichtbar. *Er geht auf darin:* d. h. sein Seyn ist ein Product des ihm gänzlich verborgenen Gesetzes des Bewusstseyns: er ist gefangen und befangen in dieser ihm dunkelbleibenden Gesetzgebung. Darin beruht sein *formales* Wesen. — Dagegen reisst das philosophische Bewusstseyn sich los von dieser Befangenheit, und erhebt sich, frei über ihr schwebend, zu einem Bewusstseyn ihrer selbst.

Im Vorbeigehen: Freiheit von irgend einem Gesetze giebt Bewusstseyn dieses Gesetzes. (Dieses Verhältniss ist selbst ein Grundgesetz. Jenes Befangenheit, Blindheit, Mechanismus. Dieses Sehen, durch Befreiung erworben.)

Dies das Wesen und die absolut und specifisch verschiedene Welt der Philosophie. Wer dies gewonnen, der ist im Gebiete der Philosophie, und ist derselben fähig, ohnerachtet er freilich noch keinen eigentlichen philosophischen Erkenntnissstoff sich erworben hat; wovon tiefer unten!

Jetzt nur zwei vorauszuschickende Bemerkungen:

1) Wer auf irgend eine Weise auch nur mit und neben der geistigen Welt eine materielle gelten lässt — Dualismus nennen sie es — ist nicht Philosoph. Räsonniren, ein Mannigfaltiges von Kenntnissen verknüpfen ist nicht *Philosophiren;* es kann dies in dem ganz gewöhnlichen Bewusstseyn geschehen. Dahin gehört der Sprachgebrauch: wir wollen *darüber* philosophiren; gewöhnlich allerlei Träume und Erdichtungen schwatzen. — Die Verschiedenheit liegt in der Grundansicht. Ein Räsonniren, Sichbewegen in der Erkenntniss, frei construirend und Begriffe verknüpfend, kann allerdings ein Philosophiren seyn; aber nicht *dadurch* wird es dies, sondern durch seine Grundansicht. Dies weiss man gewöhnlich nicht, giebt es nicht zu, ärgert sich daran, glaubt es nicht: aber es kann alles dieses nichts helfen, so ists.

2) Jenen nichtigen Namen darum müssten wir aufgeben: offenbar wäre sie Wissen, Theorie, Lehre; und zwar, während das Andere Dingelehre, Seynslehre, Weltlehre (gar Weltweisheit) sich nennte, müsste diese Erkenntniss-, Bewusstseyns-, Wissenschaftslehre heissen. *a)* In Absicht des unmittelbar bewussten Seyns sagt jene: es ist eine materielle Welt; diese: es ist ein so und so bestimmtes Bewusstseyn. *b)* Analysiren beide, so behauptet jene: die Welt enthält das und das; diese: das ursprüngliche Bewusstseyn enthält das. — Philosophie darum bedeutet eigentlich nichts; erst wenn sie Wissenschaftslehre wird, wird ihr ihre Aufgabe bestimmt angezeigt: das Wort könnte wohl anders gebildet werden: aber ein anderer Begriff

kann der seit Jahrtausenden dunkelgestellten Aufgabe nicht untergelegt werden.

Misverständnisse wären es *a*) zu meinen, die Wissenschaftslehre sey nur der Name für *meine* Schriften, Vorträge u. s. w., um etwas historisch Gegebenes zu bezeichnen, wie: Theorie des Vorstellungsvermögens, Kritik der Vernunft. — Nein, das, was schlechthin Allen angemuthet wird, ist sie, und was vom Anbeginn eines bis auf einen gewissen Punct klaren Denkens Alle suchten. Man könnte mir verstreiten, dass meine Schriften oder Vorträge nicht die Wissenschaftslehre seyen: dies ein Anderes. Dass Wissenschaftslehre überhaupt nicht sey, und nicht Philosophie — die unter dieser schwankenden Benennung gesuchte Erkenntniss über alle bekannte Erkenntniss hinaus — sey, das kann man nicht wissen, nicht verstehen, weil man eben blind ist; aber man kann es nicht verstreiten. Auf solch einen Streit lasse ich mich gar nicht ein; ebensowenig als ich Jemandem den Beweis seines Daseyns führen kann. (Dies ist in der That das höhere geistige Daseyn eines Jeden, das sich ihm nicht geben lässt.) *b*) So denke ich auch über Philosophie nicht der Erste, oder allein. Kant genau so: er hat sich nur nicht mit dieser Bestimmtheit ausgesprochen. Transscendentaler Idealismus heisst ganz dasselbe. Man hat ihn nur nicht verstanden (wohl über einiges Einzelne, nicht aber über den Grundgedanken); seit geraumer Zeit aber ihn gänzlich verlassen, sich tiefer als jemals in den Materialismus hineinbegeben, und will in ihm durch räsonnirendes Verknüpfen eine Philosophie haben: Naturphilosophie. — *c*) Unsere Benennung sey ein neugemachtes Wort. Wohl: weil die Erkenntniss neu ist, und vorher nie dagewesen. — Man solle nicht neue Worte machen. Richtig, wenn alte da sind: „Weltweisheit" z. B.! Wie lange datirt denn dieser Name zurück; und was heisst Jenen denn neu? Ihn haben die Wolffianer gemacht, und höchst unglücklich. Die Abgeschmacktheit desselben ist so allgemein gefühlt worden, dass ihn nicht leicht Jemand mehr in den Mund genommen ausser der Nicolaischen Bibliothek. — Uebrigens ist es gut, dass man, bis man zur Einsicht kommt, bei dem Worte bleibe, das die Ungewissheit bezeichnet, der Philosophie.

Ehe ich weiter gehe, will ich den Grundunterschied zwischen der unphilosophischen Ansicht und der philosophischen noch von einer anderen Seite zeigen. (Charakteristische Grundunterschiede erstrecken sich über das Ganze und gehen in die Tiefe.)

Für *jene* ist ein materielles *Seyn* das letzte, sagte ich. Dieses — ein Seyn, das da eben *ist,* ohne irgend Etwas zu seyn, und zwar ein todt beharrendes und bestehendes, dem die Eigenschaften, als ein inhärirendes, man weiss auch nicht wie und wodurch, aufgetragen werden: die blosse reine Substanz, ohne alle Accidenzen, — die denn doch *ist:* (das Gebildete eben und Objective überhaupt aus einem Bilde).

Für *diese* schlechthin kein solches Seyn, sondern nur ein geistiges, d. i. ein freies, lebendiges, was nur durch die Beschränkung der Freiheit und des Lebens in ihm zu einem bestimmten Bilde wird. — Beides also verhält sich zueinander, wie reiner Tod und reines Leben; weil Jene das Leben in ihnen selber, das Hinbilden nicht gewahr werden, auch dieses in der That in ihnen nicht ist, sondern in dem über sie waltenden, und sie constituirenden Gesetze des Vorstellens.

Es findet sich hier ein neues Mittel, um die Ansicht der Wissenschaftslehre vom Seyn mit einer neuen Klarheit darzustellen. — Es nehmen einige Unphilosophen eine lebendige Naturkraft, eine Weltseele an, die ihr freies Bilden gleichsam anhalte in den bestimmten Gestalten, und ihre bildende Kraft binde in Pflanze, Thier, Mensch, u. s. f. Dass diese Vorstellung an sich von dem Gesichtspuncte der Philosophie aus völlig unrichtig und nichtig ist, versteht sich; indem es solche Gestalten an sich, und als letztes Seyn, wie die Pflanze u. s. f. gar nicht giebt. Aber wir wollen das Bild brauchen. Ein solches absolut sich selbst bildendes Leben giebt es nun allerdings; — nur darin gehen wir ab: nicht zu objectiven Gestalten, — zu Bildern, die als Bilder sich verstehen, und nicht sind ausser mit diesem Begriffe vereint. Diese Bildungskraft nun gestaltet sich allerdings nach inneren Gesetzen zu solchen und solchen Bildern; und die Summe dieser Bilder ist das Bewusstseyn unser Aller, das allein unmittelbar *ist*, und als seyend sich vorfindet. — (Zu diesen Bildern nun giebt es ein *doppeltes* Verhältniss: entweder man *ist* sie selbst, oder man ist *ihr Bild;* man beharrt im Bildseyn, oder wird Bild dieses Bildseyns selbst. — Es ist Alles so einfach, dass man es misverstehen kann nur dadurch, weil man in dieser Einfachheit es nicht auffassen zu dürfen glaubt, viel Entlegeneres darunter sucht.)

Deutlich geworden ist: der Unphilosophie sind als das letzte Seyn *Dinge*. Der Philosophie, wie wir bisher sie dargestellt haben, *Erkenntnisse* oder *Bilder,* welche in sich selber in ihrem Verstandenwerden Dinge, als das in ihnen Abgebildete, setzen.

Ich sage — mit meiner Betrachtung weiter fortschreitend: — damit wäre kaum etwas gewonnen, wenn es statt Dinge, die auf eine unbegreifliche Weise bestimmt, solche sind, — Baum u. s. w. — Bilder gäbe eines Baumes u. s. w., auf eine ebenso unbegreifliche Weise bestimmt. Höchstens wäre es eine geistigere, lebendigere und belebendere Ansicht derselben Unbegreiflichkeit. — Ihr Wahrheitssinn giebt mir Recht, den ich nun zu rechtfertigen habe.

Wie ist nichts gewonnen: und wer kann das sagen? Der, dessen Erkenntniss sich nicht beruhigen will bei der gegebenen Bestimmtheit, sondern der das *Wie* und *Warum*, die *Gründe* derselben begreifen will: der einen Begriff (Erkenntniss) von dem Zusammenhange der Erkenntniss in sich selbst verlangt. — Was begehrt ein solcher? Ein Bild (Erkenntniss) eines *Gesetzes*, durch welches das unmittelbar sich darbietende Bildwesen bestimmt sey, und sich erkennen lasse als dadurch bestimmt.

Dies werde zuerst analysirt, dann durch ein Beispiel erläutert:

Uns sind gegeben Bilder oder Erkenntnisse, als Bestimmungen des Bewusstseyns: diese sind, und sind das einzig Seyende für die philosophische Grundansicht. — Es sind ihrer aber fürs Erste zweierlei: 1) solche, die sich *unmittelbar durch das natürliche Daseyn darbieten;* die von dem Unphilosophen für Dinge gehalten, von der Philosophie für Bilder erkannt werden. 2) Solche, die sich *nicht unmittelbar* darbieten, und deren Wesen ist, dass aus ihnen der *Grund der Bestimmtheit* der ersten erkannt wird.

Als Beispiel benutzen wir das sonst auch schon gebrauchte: — die Körper ruhen, sie bewegen sich: dieselben, die da ruhten, bewegen sich; die Ruhe hat einen *Grad* der Festigkeit, die Bewegung eine bestimmte Geschwindigkeit. — Was dort *Dinge,* sind für uns *Bilder,* und zwar Bilder, die sich schlechthin *so* machen. — Nun fragt sich, ob bei dem absoluten Factum (so ists, und damit gut) stehen geblieben werden müsse, ohne dass darüber hinaus eine Erkenntniss möglich wäre, in der jenes sich als Folge zeigte: — so wie uns das *Ding* sich als Folge zeigt des unmittelbaren Bildes. — Wenigstens fordern wir, es solle sich auf die letzte Art verhalten. — Gesetzt nun, es fände Jemand das *Gesetz der Schwerkraft,* der allgemeinen Anziehung der Körper, und begriffe aus demselben jedwede Ruhe, jedwede Bewegung, theils, dass sie überhaupt sey, theils, dass sie gerade mit dieser Kraft oder Geschwindigkeit sey: so hätte dieser zu einem Bilde der ersten Art, dem Falle oder der Ruhe, eines der zweiten, ein Bild von einem *Gesetze* dieses Bildes. (Deutlich: die Bildungskraft würde angeschaut als stehend unter einem Gesetze, das selbst ist ein Bild.)

Wenn nun der Philosoph ausser Bildern der ersten Art solche der zweiten fände, so wäre dadurch in der That etwas gewonnen, die Erkenntniss wäre erweitert worden. Besonders aber, was sich gleich hier anmerken und deutlichmachen lässt, wäre dies gewonnen: 1) Diese Bilder der Gesetze für andere Bilder geben sich gleich geradezu und ohne nöthiges Besinnen für reine Bilder und Begriffe: reine Gesetze, kein bestehendes Seyn, sondern eben nur bestimmend ein solches. — Schwerkraft, Anziehung — *ist* sie, *wo* ist sie, wo hat sie ihren Sitz? Sie ist ja nur das Bestimmende des Seyns. So werden wir gewaltsam zur geistigen Ansicht erhoben. Wenn in einen unphilosophischen Kopf so etwas fällt, und er es wieder verkörpert, was lässt sich da anfangen? — 2) Das absolute und letzte Seyn ist dadurch höher gerückt: denn es ist klar, dass die anderen Bilder — oder Erscheinungen, wie wir sie nennen wollen, — nur sind, um an ihnen das erste Bild, das *Gesetz,* darzulegen: das Gesetz wird bildlich und bildbar nur an seinem Falle. Die Erscheinungen sind darum eigentlich gar nicht selbstständige, und um ihrer selbst willen seyende Bilder, sondern nur Abbildungen des Gesetzes — die *Ersichtlichkeit* desselben.

Dadurch nun wäre die Weltansicht der Philosophie gesteigert. Die unmittelbare Erscheinung, d. i. Alles, was sich dem Menschen macht dadurch, dass er natürlich da ist, — ob dieselbe nun gehalten werde für ein System von Dingen, oder für eines von Vorstellungen, — ist nicht das Eigentliche, und wahres Object der Erkenntniss; sondern ist nur Aeusserung eines Anderen, der *Gesetze;* und diese wären hier das letzte Object. —

Merken Sie es gleich an dieser Stelle, wo es durch seine Abgesondertheit am klarsten in die Augen fällt: — Es ist allerdings das Glaubensbekenntniss der Philosophie, zu der z. B. ich mich bekenne, und zu welcher ich Alle zu erheben wünsche, und das ich gar nicht verhülle, sondern so unumwunden als möglich auszusprechen suche, dass die gegebene Welt — ob man dieselbe nun für ein System von Dingen, oder für ein System von Bestimmungen des Bewusstseyns halte — durchaus nicht dasey in irgend einem gewichtigen Sinne des Wortes, und im Grunde und Boden Nichts sey: — und dies ist mir so überschwänglich klar, dass ich vorgebliche Naturphilosophie, und alle Philosophie der Art über ihre Blindheit bloss bemitleiden kann. — Nemlich, wenn man mich oder die Philosophie fragt: erscheint denn die Welt nicht, — sie ist darum nicht für das Sichhingeben an diese natürliche Erscheinung; so sage ich freilich, — Ja: wenn aber gefragt wird: ist sie für die *Verstandes-Erkenntniss,* das Sichverstehen und Begreifen dieser Erscheinung aus sich als dem Grunde, so ist die Antwort: *durchaus nicht!* — Nur ein auf sich selbst *ruhendes* — keinen Grund ausser sich habendes — Bild kündigt ein wahres Seyn an. — Diese ist durchaus Darstellung der *Gesetze*, ihr Spiegel; nur die Gesetze sind. Wer es anders nimmt, der hat sich eben nicht erworben jenen *Verstand*, hat das Bildwesen in ihm noch nicht zum Verstehen seiner selbst erhoben.

Dies ein anderer Charakter der Philosophie: sie ist Erkenntniss, die sich selbst *werden* sieht, *genetische* Erkenntniss. Vorher: nur *Erkenntniss* ist, nicht Dinge; hier: Erkentniss *wird*. — Dort — Anerkenntniss der Erkenntniss in ihrem *alleinigen Seyn*: hier das Verstehen der Erkenntniss in *ihrem Ursprunge*; verständiges Erkennen, des Erkennens eben selbst. Dieses — philosophischer *Verstand*, jenes — philosophische *Anschauung*.

Hieran habe ich die *Form* der genetischen oder verständigen Einsicht des Seyns (es ist aber für den philosophischen Blick nichts denn Erkenntniss) überhaupt beschrieben. Wenden wir diese weiter an:

Auf diesem Standpuncte sind *Gesetze*, und zwar die im unmittelbar Erscheinenden und Gegebenen (der Natur) sich darstellen, — Naturgesetze — das absolute und letzte Seyn geworden. — Wie aber, wenn sich fände, dass mit diesem Seyn $= y$ die Erkenntniss sich auch nicht befriedigte, und ein höheres Gesetz $= x$ sich zeigte, dessen blosse Darstellung wäre das Naturgesetz y, wie dessen blosse Darstellung ist z, die Natur selbst: so erweiterte durch dieses Aufsteigen über ihren ersten Endpunct sich die verständige Erkenntniss.

Es sind zwei Fälle möglich: *Entweder* dieses Aufsteigen vom Phänomene — dem in irgend einem Verstehen als letztes und absolutes Seyn Gesetzten — zu dem höheren Grunde desselben geht ins *Unendliche* fort, — für dieses x giebt es ein u, das unverständigerweise wieder für das Absolute gehalten werden kann, aber von dem Verstande durchdrungen wieder reducirt wird auf ein t, — und so ins Unbedingte vorwärts. —

Das Resultat davon wäre gar kein absolutes, dem Verstande Stand haltendes und ihn befriedigendes *Seyn*, kein *Letztes*; sondern nur ein solches, das eine Zeitlang durch Irrthum und Unverstand dafür gehalten würde.

Oder: es giebt einen letzten und absoluten Grund (ein absolutes *Seyn*), der den Verstand vollständig befriedigt, nicht nur die vorläufige Erkenntniss: ein *Letztes,* dessen Erscheinung das *Urbild* wäre, das *Bild* überhaupt, als dessen Erscheinung nun wieder x verstanden würde, und so herunter bis auf die schlechthin sich ergebende Erscheinung.

Die Voraussetzung einer Philosophie nimmt an: dass es sich verhalte nicht auf die erste Weise, sondern auf die zweite.

Denn — die durchgeführte, vollendete Philosophie, die durchgängige Anwendung des philosophischen Blickes, ist eben die Erkenntniss jenes absolut letzten Theiles des Bildes (der Erkenntniss, des Bewusstseyns) überhaupt, und dieser Beschaffenheit desselben. — So darum ihre Ansicht: Es ist allerdings ein Absolutes, durch, von, aus sich Stammendes, — Gott: dessen Offenbarung ist die Erkenntniss (und wird als solche verstanden). Diese Erkenntniss ist nun eine solche (in diesen bestimmten Formen sich darstellend), weil sie nur auf diese Weise sich sichtbar machen kann: sie ist durch sich selbst und ihr eigenes Wesen auf eine verständliche und von der Philosophie verstandene Weise also bestimmt.

Sonach — jetzt ist der Begriff vollendet — wäre Philosophie oder Wissenschaftslehre Erkenntniss der gesammten Erkenntniss, der Erkenntniss als ein System: und zwar durch den *Verstand,* oder genetische.

Ich sage: 1) sie ist Erkenntniss durch den Verstand: durch das Einsehen des *Grundes.* — Nemlich — alle Erkenntniss ist Bild, und setzt darum ihr Gebildetes; das Beharren darin ist *Anschauung:* (erkannt wird wohl, aber nicht verständig erkannt). So ist das Annehmen eines gegebenen Seyns blosse Anschauung ohne allen Verstand. *Verständige* Erkenntniss dagegen sieht das Bild und das Gebildete mit ihm werden und hervorgehen aus seinem Grunde. Dies das Begreifen (Begriff in einem höheren Sinne: der Deuter und Exponent des Wesens).

2) Sie ist eine solche (verständige) Erkenntniss — der Erkenntniss *überhaupt,* in ihrer allgemeinen Form. — Am Gegensatze werde es deutlicher: Erkenntniss der Natur durch ihr Gesetz, und als Sichtbarkeit und Abbildung dieses Gesetzes — ist genetische Erkenntniss einer *gewissen* Erkenntniss durch eine andere, von z durch y. Falls nun dieses Gesetz wieder-

erkannt wird aus einem höheren, etwa dem sittlichen, so ist hier wieder Erkenntniss aus anderer Erkenntniss erkannt, nirgends aber die Erkenntniss überhaupt, nirgends darum vollendete Wissenschaftslehre. — Die Erkenntniss selbst wäre nur zu erkennen aus Etwas, das nicht Erkenntniss ist, nicht Bild, nicht blosse Erscheinung eines im Hintergrunde liegenden, sondern dies selbst: das *absolute Seyn;* — freilich auch ein durch den Verstand erkanntes, aber schlechthin nicht durch die Erkenntniss gesetztes, indem im Gegentheile diese durch jenes gesetzt ist.

Bemerken Sie: 1) Wir haben die Philosophie der Unphilosophie darin entgegengesetzt, dass die letzte ein stehendes Seyn annehme, dagegen die erste überhaupt nur Bild, nur Erkenntniss gelten lasse. Jetzt enden wir die Philosophie selbst in der Annahme eines absoluten Seyns. Widersprechen wir uns nicht? Nein; vielmehr haben wir dadurch Gelegenheit, den Sinn unserer Behauptung zu bestimmen. — Das Seyn des Unphilosophen ist ein im unmittelbaren Bewusstseyn gegebenes; dieses nun läugnen wir durchaus ab, einsehend, dass eben darum, weil es im Bilde gegeben ist, es ist das gebildete und gewusste. Das unsere dagegen ist das durchaus nur durch den *Verstand,* der über alles factische Bewusstseyn sich hinaufschwingt, gegebene. — So Alles, was schlechthin sich selbst setzt: — das Ich ist davon das Muster. (Wir drängen hier höchstwichtige Resultate zusammen. Wer es schon kennt, wird es finden: wer noch nicht, der glaube es indessen, und halte diese Sätze zur Leitung fest.)

Wie auf den obigen Standpuncten, so wollen wir auch auf diesem letzten und höchsten die Ansicht der Wissenschaftslehre deutlich aussprechen, uns anschliessend an eine gewisse Ansicht: — *Gott ist:* richtig! (Wir lassen indess einen gewissen Punct unentschieden.) — *Er offenbart sich:* — richtig! — in der Erkenntniss nemlich, durchaus nur in ihr. Was *ist,* ist *Gott* in ihm selber, und *seine Offenbarung:* die letztere — Erkenntniss! — Was ausserdem noch zu seyn scheint, *scheint* eben nur zu seyn, in der Erkenntniss nemlich. — Keine Welt, ausser in ihr; weil sie eben ist *Bild* Gottes, und als Bild überhaupt *verstanden* wird. — Gott selbst *ist* in der Erkenntniss; aber nicht als ein unmittelbar in ihr Gegebenes, in ihr Gesetztes, sondern nur durch das *Verstehen der Erkenntniss* selbst, eben als das, als was wir sie hier verstanden haben. Unmittelbar in der Erkenntniss ist Gott gar nicht (keine *Anschauung* von ihm), sondern nur im Verstande dieser Erkenntniss selber, als seiner *Offenbarung*.

Grundcharakter der Wissenschaftslehre: Erkenntniss mit dem Charakter der *Anschauung*, — welche es auch sey, — ist Befangenheit in irgend einem Gesetze, und Product dieses Gesetzes. Wissenschaftslehre — vollkommenes Verstehen, durchgeführtes Sehen (dagegen sonst allenthalben etwas verborgen Bleibendes, noch zu Ersehendes ist), darum vollkommene *Freiheit*. Sie ist verständige Erkenntniss *aller* Erkenntniss, indem sie dieselbe sowohl überhaupt, dass sie ist, als insbesondere so, wie sie ist, hervorgehen sieht aus ihrem Grunde und Gesetze. — Diese Einsicht nun ist *Freiheit* der Erkenntniss vom Gesetze; sie ist indifferentes Darüberschweben: dagegen alle andere nicht also sich verstehende Erkenntniss, insofern Anschauung, ist durch blinde Hingegebenheit an das Gesetz. Diese bestimmt eben, wie eine blinde Naturkraft, das Vorstellen. *Wissenschaftslehre also ist vollkommen freie, sich selbst im Besitze habende, Erkenntniss.* — Die Vollkommenheit und Vollendung der Freiheit folgt eben daraus, dass die Erkenntniss selbst in ihrer Form verstanden wird aus dem, was nicht selbst Erkenntniss ist und Bild. — Und unter diesem Charakter der vollkommenen *Freiheit* ist hier die Wissenschaftslehre vorzüglich zu betrachten: dies die Absicht unserer Vorlesungen.

Hier ist nur immer die Rede gewesen von *Erkenntnissen*, Bildern, die ein Seyn ausser sich setzen, das eben zufolge der Aussage des Bildes ist. — Nun findet das Erkennende, das Ich, sich nicht bloss erkennend, — mit dieser Bemerkung gehen wir über zu einer neuen Untersuchung, — sondern auch als *handelndes,* wirkendes: nicht bloss als habend Bilder, sondern auch als selbstständiger Grund seyend von Bestimmungen des Seyns, die, nach der gewöhnlichen Ansicht, selbst ihre Bilder innerhalb der Erkenntniss setzen. (Ich vernehme diese Rede, erkenne diese Schrift, und Sie gleichfalls unmittelbar.)

Wie nun übereinstimmend mit der Grundansicht der Wissenschaftslehre dieses Handeln auch nicht etwa ein Handeln an sich, sondern im Bilde sey, nur in einem Bilde, das da wieder setzt andere Bilder, als die Effecte des Handelns, können Sie sich, falls Sie das Obige wohl verstanden haben, im Allgemeinen denken. Es besonders auseinanderzusetzen, ist nicht unser nächstes Vorhaben; dies geschieht in eigenen Theilen der Wissenschaftslehre: — sondern auf Folgendes kommt es uns an:

Nun kann der Mensch handeln (ebenso wie er nach Obigem vorstellen kann), getrieben durch irgend ein über ihm waltendes Gesetz, das ihm verborgen ist. — Es ist klar, dass in diesem Falle *Er* gar nicht handelt, nicht frei ist. *Das Ich handelt?* Nein; dies ist Täuschung: *Gesetz J. h.* — *J* ist nur Glied in der Kette der Naturnothwendigkeit.

Es kann wohl seyn, dass das Handeln der gewöhnlichen Menschen durchaus so ist. — Denken Sie eine Pflanze: sie erhält sich selbst, nimmt in sich auf, treibt aus sich heraus, beschreibt die Formen, die sie beschreiben muss, nach ihrem Gesetze. Geben Sie ihr Bewusstseyn, und das Gesetz bleibe ihr verborgen; so denkt sie, sie entwickele sich mit Freiheit. Hier hebt die Bewegung an für ihr Bewusstseyn; darum ist dies ihr das *Anfangende,* das, ohne welches alles Uebrige nicht wäre. — Es haben Räsonneurs die menschliche Freiheit geläugnet, als Beispiel anführend eine Kugel, mit Selbstbewusstseyn ausgestattet. Sie steht: beweget nun die Tafel, so entsteht in ihr die Neigung sich herunterzubewegen. Es ist ganz klar, und unter der Voraussetzung der bewusstlosen Kräfte ganz richtig: der Mensch ist auch nur ein Glied in der Reihe der Naturkräfte, und so unwiderstehlich bestimmt: es giebt keine Freiheit.

Keine Freiheit; denn es giebt kein Anfangen des Ereignisses, kein Principseyn. (So ist die Freiheit zu denken, so von uns gedacht. Alles Andere ist reiner Nichtsinn.)

Es sollte nun doch in diesem Sinne Freiheit seyn: wie müsste diese seyn? Wir haben sie zu denken, zu construiren. Dies unser Postulat. Ich fordere dazu Ihre Aufmerksamkeit auf: es ist nicht gerade schwer, aber über Alles bedeutend. Wie in der vorigen Woche, so will ich auch jetzt versuchen, umfassende Resultate der Forschungen meines Lebens mit Klarheit hinzustellen, die zudem nicht sehr bekannt sind. Zugleich hoffe ich über eine Menge von Scrupeln und Verworrenheiten, in denen Sie vielleicht befangen sind, mit leichter Hand Sie hinwegzuheben.

Auf Unbekanntschaft mit der treibenden Kraft beruhte das Bewusstseyn der Freiheit. Wenn jene nun erkannt würde, und ihr Gesetz, wäre dadurch Freiheit gewonnen? Offenbar nicht: die *Täuschung* fiele hinweg; das Zusehen des *Werdens* wäre gewonnen, und mehr nicht. Auch dies ist immer recht gut; und darauf eben gehen alle jene Räsonnements aus.

Warum ist das Ich nicht frei? *Weil eine höhere Kraft gesetzt ist, zu der die Willensbestimmung des Ich sich verhält wie Bewirktes, wie Principiat.*

Eine solche müsste ganz hinwegfallen: kein *Naturgesetz*. Naturgesetz aber ist ein solches, durch dessen Gesetztseyn ein gewisses anderes Seyn unwiderstehlich und mit absoluter Nothwendigkeit gesetzt ist. Dies schliesst darum innerhalb seines Gebietes die Freiheit (das *Anfangen*) schlechthin aus: es ist ein rein analytischer Satz. — Das Ich oder der Wille selbst müsste darum seyn die absolute *Natur*kraft: kein Seyn ohne ihn, alles Seyn nur durch ihn, und als sein Principiat. (Es liegt im absoluten Anfangen, dem *Erstes*-Seyn, und ist nothwendig so gedacht. Sie können es gar nicht anders denken, und haben es auch nie anders, so gewiss Sie es jemals klar gedacht: jetzt ist es nur deutlich anzuerkennen, und sich fürs Leben zu merken.)

Freiheit heisst daher: keine Natur über dem Willen, er ihr einzig möglicher Schöpfer; darum überhaupt keine absolute Natur, keine, denn als *Principiat*. Wer eine absolute Natur behauptet, der kann höchstens der Intelligenz das Zusehen lassen. Es ist klar, wie blosse rein analytische Sätze. — Hier streiten wir unmittelbar für keines von beiden, sondern bloss für die Consequenz. Wie könnte Naturphilosophie Freiheit zugeben!

Ich will hier anhalten, um diesen der gewöhnlichen Ansicht ungewohnten Gedanken gleich an dieser Stelle klarer zu machen, indem wir ihn gar sehr brauchen werden, und unsere Vertrautheit damit.

Keine Natur und kein Seyn, ausser durch den Willen; die Freiheitsproducte das rechte Seyn. — Da wir nun allerdings Freiheit behaupten dürften, so möchte dies wohl gerade unsere Meinung seyn. — Die *gegebene* Sinnenwelt sänke dadurch zur Ersichtlichkeit, Vorstellbarkeit des Höheren, der Freiheitsschöpfungen herab: sie mit allen ihren Gesetzen ist nur dazu da, — der vorliegende Stoff, die Sphäre, auf welche die Freiheit aufträgt: nicht auch *an sich,* sondern durch die Bildbarkeit, Darstellbarkeit ihrer selbst gesetzt. Was die Freiheit auf sie aufträgt, dies bleibt das *Wahre.* — Schauen Sie es im Bilde an! Was *schafft* denn die Natur? Gehen Sie in uranfängliche Wildnisse, die nie ein menschlicher Fuss betrat: Sie möchten kaum Etwas finden, was Sie anzieht und befriediget. Bei uns ist die Vegetation geordnet, bestimmt, veredelt; so auch die Thiere: überall gewissermaassen neue Schöpfungen: menschliche Wohnungen und Gebäude, Rede und Schrift. Wo ist in unserer ganzen Umgebung das Geringste versteckt, das reines Naturproduct wäre; wo ist dieselbe noch zu finden? Haben denn die Naturphilosophen nie auch nur einen Blick auf ihre Umgebung geworfen, und da nicht ein anderes Princip gefunden, als das todte Naturgesetz?

Der Wille — absolut *schöpferisches* Princip, rein *aus sich selbst* erzeugend eine besondere Welt und eigene Sphäre des Seyns. — Die Natur bloss der leidende Stoff, ohne allen *Antrieb.* Ihre Gesetzmässigkeit, ihr Entwickelungstrieb wird getödtet, um zu tragen das neue Leben und den **Geist der Freiheit.** Dies das Erste!

Weiter aber: Inwiefern nun doch diesem absolut schöpferischen Willen Bilder von seiner Wirksamkeit (Zweckbegriffe) zu Grunde liegen und vorhergehen (dass und warum dieses so sey, und seyn müsse, haben wir hier nicht zu untersuchen; es reicht hin dies vorauszusetzen, und in der wirklichen Wahrnehmung unserer selbst im Selbstbewusstseyn es bestätigt zu finden): so sind dies solche Bilder, die *durchaus kein Seyn aussagen,* oder *unmittelbar setzen,* sondern die das ihnen entsprechende Seyn bekommen könnten nur durch die *freie Wirksamkeit.* — (Die Rede, die ich halten will, die Schrift, die ich schreiben will, die Ordnung, die ich in den Geräthen eines Zimmers, oder auch wohl in einer Gesellschaft von Menschen hervorbringen will: — alles *reine* Bilder oder Begriffe.)

1) *Frei,* absolut *schöpferisch* ist nur der, dessen Handeln solche Begriffe zu Grunde liegen, die nicht stammen aus der Sphäre des gegebenen Seyns: — der da handelt aus Begriffen, die klar und durchschaut ihm vorschweben, und diese darstellt in der Welt der Gegebenheit. (Ausserdem ist es ja die *Sinnennatur,* die im Bilde nur wiederholt, sich auch im Seyn wiederholt.) Dies das zweite Merkmal.

2) Es ist dies dieselbe Weltansicht, die wir oben gewonnen hatten im Namen der Wissenschaftslehre; nur ist sie hier erweitert und verklärt. Von der Erkenntniss der Bilder des gegebenen Seyns erhoben wir uns zu ihrem Gesetze $= x$; wir urtheilten: in Wahrheit sey nur das Gesetz, das erscheinende Seyn aber sey lediglich der einzelne Fall (das Concrete) für die Anschaulichkeit und Vorstellbarkeit des Gesetzes. — Nun sagte ich ferner: dieses Gesetz selbst mit allen seinen Erscheinungen möchte wohl auch nur wieder seyn als die Sichtbarkeit eines Höheren $= y$, des *sittlichen Gesetzes.* Dies war dort ein durchaus unerklärter Ausdruck; jetzt ist er klar. Jenes spiegelt sich selbst ab, und stellt sich dar in den *reinen Begriffen,* welche einem absolut freien, das Naturseyn nicht fortsetzenden, sondern ein eigenthümliches Seyn aus sich hervorgehenlassenden Willen zu Grunde liegen.

Wie darum jetzt das Verhältniss? *Hier das wahre Seyn;* dort nur die Sichtbarkeit für dasselbe, eben Wirkungssphäre, Stoff, auf welchen aufgetragen, und in welchem realisirt wird.

Also — eine Erkenntniss, die durchaus kein Seyn aussagt, sondern Etwas, das da in alle Ewigkeit fort nur *werden* soll. — Giebt es Wahrheit in unserer Erkenntniss? Ja: aber nicht in der dessen, was da ist, sondern dessen, was da *ewig werden* soll durch uns und unsere Freiheit; werden soll rein aus dem Geiste heraus, geschaffen und dargestellt in dem Gegebenen, das nur dazu allein da ist. Dies nicht nur sagen, sondern alles Ernstes glauben, darin leben, das Gegentheil als eine mitleidswürdige Jämmerlichkeit klar begreifen — ist die Ansicht der Wissenschaftslehre, die sie ganz so und unumwunden ausspricht, nicht etwa nur als renommistische Behauptung, womit man sich ein Ansehen zu geben sucht, während man sie selbst nicht glaubt oder wahr findet. — Nicht das *ist,* was uns als daseyend erscheint, nicht einmal das, was wir Alle, und die Edelsten und Besten unter uns *sind,* sondern das, nach dem wir streben, und in Ewigkeit streben werden. — Was Du geworden, ist nur die Stufe, die Bedingung für den Moment: sobald Du stillstehest und zu seyn wähnest, fällst Du in das Nichts.

Erkenntniss ist Bild des *Seyns* — Gottes: nur nicht die Erkenntniss, welche wieder ein Seyn aus sich setzt, sondern welche ein *Werden:* das Bild der ewig schaffenden Freiheit. Der schöpferische Wille, oben schwebend, mit seinem ewig fort in reinen Begriffen sich aussprechenden Gesetze, — dies ist die Welt; und mit einer tieferen sich abfindenlassen wollen, ist zu bemitleidender Blödsinn. — Jene wahre Welt aber liegt durchaus nur im *Vorbilde,* nie *seyend,* sondern *werden* sollend. Dies bestätiget recht die Ansicht der Philosophie, die wir früher aussprachen, dass nur Erkenntniss sey, und Nichts ausserdem. — *Bild* einer Welt, keinesweges etwa eine Welt selbst ist die Erscheinung des absoluten Seyns. (Dies wurde ignorirt, die Realität in das gegebene Seyn gesetzt, und die Sittlichkeit nur nachgeholt, als ein wunderbarer Anhang.)

Dies die Ueberzeugung und Weltansicht der Wissenschaftslehre. Die Worte sind, denk' ich, klar, und nicht miszuverstehen. Es ist nur schwer zu glauben, dass es Ernst sey, und dass nichts weiter denn das, so ganz einfach, behauptet werde. Auch dringt diese Denkart natürlicherweise Achtung ab: sie lässt sich wohl bezweifeln, verleumden, aber im Ernste verachten kaum. — Man kann so nicht seyn, der Mensch ist schwach, die Sinnlichkeit dringt sich uns immer wieder auf! Gut, ihr seyd also verächtliches, nichtswürdiges Volk, ihr, die ihr so sagt, und bekennet es laut: und seyd jämmerliche Thoren dazu; denn wer hat diese Beichte euerer Verächtlichkeit von euch begehrt? — Man passt bei einer solchen Denkart schlecht in die Welt, macht sich allenthalben Verdruss! Ihr Verächtlichen! Warum sorgt ihr denn mehr dafür, dass ihr euch den Anderen anpasst, als diese euch, und sie für euch zurechtlegt? Wer recht ist, muss sich nicht fügen dem Unrechten, sondern umgekehrt, die Unrechten müssen sich fügen dem Rechten; dieser aber will nicht den Beifall der Schlechten, da müsste er selbst ja ein Schlechter werden: sondern er will die Schlechten so bilden und zurechtsetzen, dass sie seinen Beifall haben können. Freilich muss das Rechte auch bei sich führen Tüchtigkeit und Muth; aber ohne diese kommt man gar nicht zum Rechten. — Nun möchte Jemand zugeben, dass dem so sey, aber fragen: wie dazu zu gelangen? — Nur durch Bildung des eigenen inneren Auges. Von aussen, durch den blossen Glauben, kommt es nicht: er muss in sich selber es haben!

Sittliches Gesetz demnach ist Bild eines Uebersinnlichen, rein Geistigen, also eines Solchen, das nicht ist, sondern nur durch den absoluten Anfänger des Seyns, den Willen, werden soll.

Wahrhaft frei, als Handelnder, ist nur der, welcher nach solchen *reinen Begriffen* handelt. Denn ein Naturgesetz, das ihn triebe, könnte sich nicht verstecken, da das Kriterium des sittlichen Begriffes dies ist: durchaus nicht irgend ein Seyendes, sondern ausdrücklich das *Nichtseyende* zu enthalten. Und nur so auch ist er seiner Freiheit *sicher.*

Vergleichen wir dies mit der Philosophie oder Wissenschaftslehre, so wissen wir: Philosoph heisst uns derjenige, dessen Erkenntniss durchaus frei und vollendet ist. — Der hier als wahrhaft frei beschriebene hat diese höchste und vollendete Erkenntniss: er ist durchgedrungen bis zur reinen Erkenntniss des wahren Seyns; er ist darum ein theoretisch Wissenschaftlicher. Was aber noch *mehr?* Er *lebt* und *wirkt* die philosophische Erkenntniss: das dort Ruhende und Unthätige ist hier Trieb und Bestimmung eines weltschaffenden Lebens geworden. In ihm ist die Philosophie Schöpfer des Seyns, also *angewendet*. *Anwendung* der Philosophie ist ein *sittliches Leben*.

(Ein *sittliches* Leben: nicht bloss ein nicht unsittliches, ungerechtes, lasterhaftes, — diese Neutralität wird noch von den Meisten mit der Sittlichkeit verwechselt, — sondern ein wahrhaft, positiv sittliches, die sittliche Welt, d. h. dasjenige, was in der Erkenntniss liegt, als schlechthin *seynsollend*, erschaffend und auftragend auf die gegebene Welt, die nur dazu da ist. Da muss aber das innere Auge gebildet seyn zum Ersehen dieses Uebersinnlichen: diese Bildung des Auges aber ist die Wissenschaftslehre.)

Also — absolute Erhebung über die Natur, Leben aus dem erkannten rein Geistigen heraus, ist die zum Leben selbst und zum Antriebe desselben gewordene Philosophie oder Wissenschaftslehre. Diese in der Anwendung heisst eben: im Leben, Wirken und Erschaffen, als eigentliche, die Welt bildende Grundkraft; sie tritt an die Spitze der Weltgestaltung im eigentlichen und höchsten Sinne.

Diese angewendete lebt man nur; sie trägt man nicht vor in Reden als in einem neuen Bilde. — Vorträge darum aus der angewendeten Philosophie, dergleichen ich angekündigt habe, gäbe es eigentlich nicht. (*Dass* vorgetragen wird als ein Mittel, Andere zu dieser beseligenden Ueberzeugung und dem aus ihr erfolgenden Leben zu erwecken, dies kann allerdings aus dem Standpuncte einer Person ihr geistiges Leben, das ihr aufgetragene Werk seyn. Dies aber gehört eigentlich gar nicht hierher.)

In einem anderen und abgeleiteten Sinne aber müssten doch Vorträge über das geistige Leben, als die Anwendung der Philosophie, Bilder eines solchen Lebens selbst, auch angewendete Philosophie (im *Bilde* eben, in einer blossen Erkenntniss, die ihr Seyn nicht unmittelbar, wie der Naturbegriff, setzt, sondern nur fordert) genannt werden. Und dies darum wäre der Sinn meiner Ankündigung gewesen. — Die Wissenschaftslehre wäre von uns als Weisheit, Leiterin des Lebens und Wirkens zu betrachten; — was man sonst auch nennt: praktische Philosophie. Und aus diesem Gebiete werden unsere Betrachtungen allerdings genommen seyn; soviel war auch angegeben. Die engere Sphäre habe ich jedoch öffentlich unbestimmt gelassen, ohnerachtet sie bei mir wohlbestimmt war; weil ich die blosse Neugier nicht anziehen und kein anderes Interesse erregen wollte, als das rein wissenschaftliche ohne alle Beziehung auf den besonderen Gegenstand, — so lange, bis ich in den Vorträgen selbst Gelegenheit gefunden hätte, Sie zu dem nöthigen Ernste zu stimmen, und nur diesen strengen Ernst Sie erwarten zu lassen.

Der besondere Gegenstand dieser Vorlesungen wird mir nemlich durch *strenge Nothwendigkeit* vorgeschrieben auf folgende Weise. Wenn ich wirklich den soeben beschriebenen und abgeleiteten Gegenstand ganz und durchgeführt abhandeln wollte, oder in diesem Zeitraume es könnte, nemlich die vollständige Beschreibung des Lebens im Geiste liefern, so müsste ich dieser Beschreibung durchaus vorausschicken und an ihre Spitze stellen: die Untersuchung über die *äusserlichen Bedingungen* dieses durchaus freien und geistigen Lebens; die Abschilderung eines *vorauszugebenden Weltzustandes,* falls es zu der geforderten sittlichen Freiheit im Allgemeinen kommen solle. — Da ich nun vollenden freilich nicht kann, aber anheben will, so muss ich da anheben, wo der natürliche Anfang liegt: ich muss jene Untersuchung, als die des vorbereitenden Abschnittes liefern; und dies ist denn eigentlich mein Vorhaben mit diesen Vorlesungen: *die äusseren, in der gegebenen Welt liegenden Bedingungen der sittlichen Freiheit darzustellen.*

Fassen wir nochmals scharf jenen Begriff. Der Wille ist das absolut schöpferische Princip der wahren Welt: diese — seine Producte und Effecte. Dieser hat seinen gegebenen Inhalt, sein anzustrebendes Ziel in dem Sittengesetze: in diesem liegen die Effecte vorgebildet; aber diese Effecte sind Fortbestimmungen in der vorausgegebenen *Sinnenwelt*. — Nun fragt sich: Ist diese in jeder Rücksicht geschickt den Abdruck eines freien und geistigen Willens aufzunehmen? Oder wie müsste sie seyn, falls sie dies nicht schlechthin wäre, und wie müsste sie in diesem Falle erst dazu gemacht werden? — Also auf die umgebende Welt, als Sphäre des freien Handelns, also in gewisser Beziehung auf die *Natur,* und zwar in Rücksicht auf ihre Passlichkeit für freies sittliches Wirken, hätten wir die Betrachtung zu richten. Dies im Allgemeinen der Ort der Untersuchung.

Zuvörderst nun: diese Untersuchung, ohnerachtet sie nach dem Bisherigen erschien als vorläufige für die angewendete Philosophie, ist doch auch ein Theil derselben. Denn falls die Welt in ihrem gegebenen Zustande allerdings sich nicht für jenes Wirken tauglich fände, so ist es die allererste und dermalen allein in der Zeitordnung liegende Forderung des Sittengesetzes, dass ihr die taugliche Gestalt gegeben werde. Dies darum ist selbst die erste Anforderung an den sittlichen Willen: wir lehren sonach die nächste Sittenlehre der Zeit. — Soviel im Allgemeinen. Jetzt näher zur Sache:

Die gegebene Welt, inwiefern sie bestimmt ist allein durch das Naturgesetz, ist ganz gewiss der Freiheit angemessen; denn sie ist, nach dem ursprünglichen Gesetze der Erscheinung und des Bildwesens überhaupt, nur die *Sichtbarkeit* des Sittlichen, der Freiheit. — Die Freiheit ist das durchaus höhere Princip, durch welches jene in Nichts verschwindet: sie kann sich für sich entwickeln, aber sie kann dem höheren Princip nicht widerstehen: dieses hebt eben an mit der *Tödtung* jener leeren Entwickelung für das Aufnehmen der Idee. In dieser Rücksicht also bedarf es keiner besonderen Untersuchung über die Tauglichkeit; dies ist von vornherein abgeschnitten. Was die Freiheit soll, kann *sie* nur, nicht die Natur; Alles aber, was jene kann, nimmt diese auf ohne Widerstreben. — Aber die *Freiheit* kann nur auf sie wirken; nun ist diese zertheilt unter mehrere Individuen, deren jedes in Beziehung auf die Natur *unbedingt* frei ist. Diese unbedingte Freiheit der verschiedenen Willen kann sich hindern und hemmen; und so entsteht Unfreiheit des Einzelnen, weil Alle unbedingt freiseyn wollen.

Also: *Ein* mit sich einiger Wille, und es wäre nirgend eine Hemmung der Freiheit: unsere ganze Aufgabe fiele hinweg. Aber es *sind* mehrere, möglicherweise mit sich streitende Willen; und daher die Möglichkeit der Hemmung der Freiheit.

Das Naturgesetz — etwa eine gewisse Natureinrichtung — kann diesen Streit nicht schlichten; denn die Natur gebietet überhaupt nicht der Freiheit: also ein *sittliches* Gesetz; eines, das da an die Freiheit Aller gerichtet, in der Erkenntniss Aller niedergelegt wäre; das Grundgesetz und der Bürge gleichsam aller sittlichen Gesetze, — dadurch, dass es bestimmt, wie weit die Freiheit jedes Einzelnen gehen könne, ohne die der Uebrigen zu stören. So wird gleichsam das Gebiet der Freiheit eingetheilt in zwei Sphären: *a)* die der freien Wirksamkeit jedes Einzelnen, *b)* die, welche keiner unmittelbar berühren dürfte. — Durch dieses Gesetz wird jener Streit *geschieden,* und so die einzige Gefahr, die der Freiheit entgegenstand, aufgehoben.

Dies nun ist das *Rechtsgesetz:* es ist *schlechthin da,* als die äussere Bedingung der sittlichen Freiheit: es muss darum herrschen, als *absolut festes* und *gegebenes,* als schlechthin bindend gleich einem *Naturgesetze.* — Jene gesuchte äussere Bedingung darum ist das *Recht, rechtliche Welt;* das erste Gesetz hat vorläufig den Rechtszustand hervorzubringen. Die Untersuchung jener vorläufigen Bedingungen also hätte gerade dies zu beschreiben: sie wäre *Rechtslehre.*

Nun ist auch das nicht meine Absicht: die Rechtslehre habe ich voriges Jahr vorgetragen, ausserdem ein Buch darüber geschrieben; — sondern: wir könnten das Rechtsgesetz betrachten, nicht als setzend einen vorhandenen Zustand, also bloss theoretisch, sondern praktisch, als ein sittliches *Gebot* an Alle, als das, was wir alle *sollen* fürs erste begreifen, sodann jeder an seinem Theile befördern.

Dies wäre aber nur möglich, wenn in der gegenwärtigen Welt der vollendete Rechtszustand nicht allerdings eingeführt wäre; und nur inwiefern ich dies glaubte, könnte ich eine solche Betrachtung ankündigen.

Dies ist nun allerdings meine Meinung, die ich späterhin zu beweisen habe. Das Recht herrscht im gegenwärtigen Weltzustande freilich bis auf einen gewissen Punct, herrscht auch im Ganzen (einzelne vorübergehende Auftritte der Ueberwältigung kommen dabei nicht in Betrachtung) weiter, als jemals in einem früheren Weltzustande; aber es fehlt noch viel, dass es durchgehends hergestellt sey: theils, weil äusserst Wenige den Rechtsbegriff durchaus kennen; theils, weil es bei der dermaligen Bildung des Menschengeschlechts unmöglich seyn würde, ihn auszuführen; theils endlich auch, — wir wollen dies uns nicht verbergen — weil es der Vortheil Vieler ist, dass derselbe nicht ausgeführt werde, dass selbst die Erkenntniss desselben verdunkelt bleibe. So sind die vorhandenen Rechtsverfassungen — *Noth*verfassungen, die besten, die jetzt möglich sind, nur *vorläufige,* Stufen. Dabei soll es nun nicht bleiben, — und es *wird* auch nicht: wir freilich werden dies nicht erleben, und sollen es auch nicht begehren.

Also was gegenwärtiges und für die Zeit geltendes *Sittengebot* am Rechte ist, fällt in unsere Untersuchung; darum *derjenige Theil* des Rechtsbegriffes, welcher dermalen noch nicht gilt. Dies genau zu merken!

Mit welchem Geiste der Milde und des rein abgezogenen wissenschaftlichen Ernstes übrigens unsere Untersuchung diesen Gegenstand behandeln werde, wie sie darum denselben auch ihren Zuhörern anmuthe, wenn sie ihnen nicht statt einer wohlgemeinten Gabe eine gefährliche bringen soll; davon noch einige Worte. Wir wollen in dieser Beziehung gleichsam die Bedingungen verabreden: die Stimmung dafür in uns hervorbringen.

Dem rein Wissenschaftlichen ist entgegengesetzt das *unmittelbar* Praktische, Thatbegründende, das, was sich anknüpft unmittelbar an die Geschichte der Gegenwart. — Dieser Unterschied, wiewohl oft ausgesprochen, ist doch nie, soviel ich weiss, recht erwogen. Darum geschehe es hier:

a) Alles, was in der Welt geschehen soll (eigentlich auch wahrhaftig geschieht; denn das Verkehrte sind keine Positionen, sondern nur Negationen), gründet sich auf das Sittengesetz. — *b)* Das Einzelne in demselben liegt in einer Reihe, in der jedes Folgenden Möglichkeit bedingt ist durch die Wirklichkeit des Früheren. — *c)* Setzen Sie: die Wirklichkeit, die Geschichte der Menschen an einem Orte sey in irgend einem Puncte dieser Reihe *gegeben, verwirklicht;* so soll und kann von diesem Puncte aus nur verwirklicht werden der unmittelbar folgende. Die Vorschrift, dass er verwirklicht werden soll, ist *unmittelbar* praktisch, — auch die *Einsicht* ist es. — Dies ihr Charakter, nur zu sehen das unmittelbar Nöthige. — *d)* Die Wissenschaft verfolgt diese Reihe weiter, sieht entlegenere Puncte, — die gleichfalls *praktisch*, nur nicht *unmittelbar* sind. — Zugleich aber sucht sie die Mittel, die Bedingungen auf für jenes Entlegenere; diese, wenngleich auch nicht das durch sie Bedingte, ihr nächster Effect, mögen allerdings in die Gegenwart fallen, und so kann die Wissenschaft dennoch auch unmittelbar praktisch werden. — (In einem anderen Sinne ist sie es freilich immer: sobald nemlich eine *Erkenntniss* durch sie begründet ist, so soll diese erhalten, verbreitet, verklärt werden; und es kann diese Ueberlieferung und Verbreitung selbst unmittelbar Zweck werden für Jemand.) — *e)* So hat schlechthin alle Wissenschaft praktische Tendenz und ist thatbegründend. Das rein Theoretische zeigt die *Mittel* an zur Realisirung eines noch entlegenen Ziels; das rein Praktische geht auf den absolut nächsten Zweck. Die Wissenschaftslehre durchdringt Beides in seinem Verhältnisse zu einander, — so wie wir es eben ausgesprochen haben: sie giebt eben die Unterweisung für den wissenschaftlichen Verstandesgebrauch für das Leben.

Also:

1) Alle Wissenschaft ist thatbegründend; eine leere, in gar keiner Beziehung zur Praxis stehende giebt es nicht: dies hat sich durchgreifend gezeigt.

2) Hieraus ergeben sich *zwei Grundstände:* das *Volk,* und

die *Gelehrten, Wissenschaftlichen*, — die freilich äusserlich nicht streng geschieden werden sollen, und deren Bestandtheile sich auch in einzelnen Personen durchkreuzen mögen (derselbe kann nemlich in gewisser Beziehung *Volk* seyn, in Beziehung auf manche thatbegründende Einsicht, in anderer dagegen Gelehrter). — Für das erste ist nur vorhanden das unmittelbar Thatbegründende: den letzteren fällt anheim die *Weitersicht;* sie sind freie Künstler der Zukunft und ihrer Geschichte, die besonnenen Baumeister der Welt aus jenem, als dem bewusstlosen Stoffe.

3) So kann der Spruch: Dies mag in der Theorie wahr seyn, gilt aber nicht in der Praxis, nur heissen: Für *jetzt* nicht; aber es soll gelten mit der Zeit. — Wer es anders meint, hat gar keine Aussicht auf den Fortgang, hält das Zufällige, durch die Zeit bedingte für ewig und nothwendig: er ist Volk, oder eigentlich *Pöbel*. *Volk* nemlich gründet sich auf die reine Unwissenheit des eigenen Standpunctes, weil es einen anderen nicht kennt, den Gegensatz nicht hat, welcher alle Unterscheidung erst möglich macht. Wer aber den Gegensatz kennt, ihn bestreitet, und sich positiv als das Rechte hinstellt, ist *Pöbel,* und dies Wesen *Bauernstolz.* Wer die Scholle bearbeitet, mit den Thieren lebt, kann nicht die Biegsamkeit der Glieder und die Gewöhnung an Reinlichkeit haben, die sich ziemt; wer wird sie auch von ihm fordern? Wenn er aber in diese Tölpelei, dieses Hineintreten in den Koth, dass er umherspritzt, die Ehre und Bravheit setzt, es mit Bedacht übertreibt, die Gefügigen und Reinlichen sich gegenüber als Weichlinge verachtet; so ist dies Pöbelhaftigkeit: so bei Jenen, die hochmüthig sind gerade auf ihre geistige Blindheit und gänzliche Unwissenheit.

Nun reden wir hier bloss von dem, was uns in dem bezeichneten Sinne rein Wissenschaftliches heisst: der angekündigte Gegenstand ist demnach aus dem Umkreise desjenigen, was dermalen nicht gilt, nicht in der Geschichte liegt (also nicht ein unter *c* befasstes); es auch nicht *kann* (also nicht unter *d*), sondern irgend einer der entfernten Puncte ist.

Indem wir nun sagen: es *kann* nicht gelten für jetzt; sagen wir: es *soll?* Gehe hin und führe es aus! — Widersprechen wir uns denn ins Angesicht? Wer es so auffasst, verdreht. Was wir auch sagen, die Lebenden geht es nicht an. Für die unmittelbare Ausführung lasst diejenigen, die da leben werden, wenn es Zeit ist, sorgen, oder dagegen protestiren: du Gegenwärtiger aber *schweige;* mit Gegenwart und von Gegenwart ist gar nicht die Rede.

Das aber sagen wir vielleicht: es müsse in die Gegenwart (c) sogleich und auf der Stelle Etwas gelegt werden, aus dem sich glied- und schrittweise entwickeln könne, was jetzt allerdings *unmöglich* ist, damit es möglich *werde.* Nicht das Ziel, den vollendeten Zustand, sondern nur das nächste Mittel dafür meinen wir.

Vielleicht ist es gut, sogleich das Mittel zu nennen: der *Rechtszustand* soll schlechthin werden Zustand *Aller;* dazu sind nicht Alle fähig, — also wird zunächst gefordert eine Bildung Aller für diesen Zweck, *Erziehung,* — eine erleuchtete, der ihr bestimmtes Ziel angegeben ist. (Man denke nicht, dass die Erziehung zum Bürger einseitig bleibe: es liegt Alles darin, wenn nur das rechte Bürgerthum gedacht ist. Auch wird sich dies zeigen.)

Vielleicht geht auch dies nicht unmittelbar: es muss also möglich gemacht werden, es ist darüber zu *denken.* Auf alle Fälle also soll dies erkannt werden und das Andere, was daraus folgt; die Erkenntniss und Lehre desselben darum ist *ganz gewiss* unmittelbar praktisch, weiter aber vor der Hand nichts. So bleiben wir rein in unserem Fache der Lehre, und führen es auch unmittelbar aus.

Sodann aber sagten wir: es *konnte* nicht anders seyn; ein *Nothzustand,* veranlasst durch die Unwissenheit und Unvorbereitung im Ganzen, auch wohl durch eigene Unwissenheit des Einzelnen, — die so lange unverschuldet ist, als die Belehrung nicht dargeboten wurde. — Wir klagen darum nicht an, tadeln nicht die Menschen, sondern anerkennen die Nothwendigkeit. Was wir auch im Verfolge zeigen mögen, wer sich getroffen fände, kann es tragen: er ist unschuldig und rein, wenn er nur der Lehre sich nicht widersetzt und gegen sie verstockt. —

Ich sage dies nicht, um mich etwa zu sichern vor Gefahren, sondern um Sie zu sichern, und Ihnen den Geist zu zeigen, der Sie bewahre vor den Gefühlen der Schadenfreude, des Hohnes, des Neides u. dergl., die bei weniger Gebildeten durch manche der folgenden Betrachtungen angeregt werden könnten; indem so Vieles, was das Volk (das durch blosse Geschichte gebildete) verehrt, in einem anderen Lichte sich zeigen dürfte.

Die Quelle dieser Leidenschaften ist eben jene blinde Verehrung des Geschichtlichen, und der Neid, dass man nicht selbst an jenen geehrten Plätzen stehe. — Wer wahrhaftig in den Umkreis klarer Einsicht und in den herrlichen Genuss, den diese gewährt, hineingekommen ist, hat keinen Menschen zu beneiden, und wünscht sich kein anderes Geschick. Seines ist das glorreichste und beseligendste. Er kann darum durch keine Betrachtung, die Andere in ein niederes Licht stellt, selbst gehoben werden zum Stolze: er hat seinen unveränderlichen Platz.

Nur der, dem die Erkenntniss noch nicht eigen ist, dem sie aufschimmert wie ein Blitz, als ein noch nicht zu ihm gehöriger Bestandtheil, der darum sich selbst noch von ihr absondert, kann durch sie und durch die Wahrheiten, die er in ihr erblickt, aus seinem Gleichgewichte zu Stolz und Selbsterhebung und Allem, was daraus folgt, fortgerissen werden. Der ungewohnte Zustand ist es, und die Vergleichung mit dem vorigen. Wessen eigenes und stätes Leben sie ist, wem sie sein Wesen selbst ausmacht, der sieht sich nicht von ihr gesondert: ihr Blick ist der seinige. In diesem aber wird er vielmehr von inniger Wehmuth ergriffen, und von Mitleid mit dem Geschick derer, die durch die geschichtlichen Verhältnisse gedrängt werden, die Schicksale der Völker zu leiten und auf sich zu nehmen, ohne dass es doch in ihnen vollkommen hell und klar ist; denen sich wohl oft die Einsicht aufdrängen muss, dass sie des Rathes bedürfen, und die doch ausser sich keinen finden, der ihnen Genüge thut.

In diesem Geiste sehe ich die gegenwärtigen Weltverhältnisse an; in ihm werde ich sagen, was ich über sie sagen werde. In diesem, wünschte ich auch, dass es empfangen würde. Ich möchte Sie hineinheben in den reinen Aether der Wissenschaft, und mit den edlen und hohen Gesinnungen, die da liegen, Sie erfüllen; nicht aber unedlen Leidenschaften, die unser Aller Verhältnisse, über die wir uns eben hinwegheben wollen, nur zu sehr erzeugen und nähren, neuen Stoff bereiten.

An die Schüler der Wissenschaft darum, nicht an das Volk ist die Belehrung gerichtet, und nur in diesem rein wissenschaftlichen Sinne.

So nun Jemand auch unter dieser Bedingung dies nicht zugeben wollte: — warum? Es könnte dann anders und besser werden; das *soll* es nicht, in keiner möglichen Zukunft! — Was wäre da zu thun? Alle Abweichung vom Rechte entschuldigt die Noth. Wer diese Noth verewigen will, der will das Unrecht um seiner selbst willen. Er ist Feind des menschlichen Geschlechts: dies ist auszusprechen, und Er als solcher zu behandeln. Das Recht muss schlechthin Bahn bekommen; geht er ihm durchaus nicht aus dem Wege, so muss dieser Weg eben über ihn hinweggehen.

Nun möchte dies wohl nicht seyn, aber man könnte fürchten, dass es doch auch in der *Gegenwart* Schaden anrichten möchte, — Unordnung! — Wie denn? — „Du sagst freilich, es sey nicht für die Gegenwart: aber wenn sie dies nun überhören, nicht achten?" — Gut: so ist das *ihre* Schuld. Bändigt auch diese Ruhestörer durch dieselben Waffen, wie Ihr andere bändigt, mit guter Billigung, ja auf Geheiss der Wissenschaft.

„Sie können aber unvorsichtig damit umgehen: sie können es unter das Volk — im obigen Sinne — bringen!" Auch dagegen verwarnt sie die Wissenschaft ernstlich. Ich habe den

Grund dieser Warnung schon oben ausgesprochen: ich will auch die Warnung noch bestimmt aussprechen. Z. B. die Theologen, welche Streitigkeiten über die Aechtheit der kanonischen Bücher, — widerstreitende Erklärungen auf die Kanzel bringen, vor dem Volke ihre kritischen und exegetischen Hefte repetiren, sind ungeschickt, lächerlich, und ich denke allgemein verlacht. Nicht weniger lächerlich wäre ein Schüler der Wissenschaft, der, um seine Kunst vom Volke bewundern zu lassen, Disputirens halber unsere Sätze vorbrächte. Dies sind jugendliche Ausgelassenheiten, fremd dem Ernste der Wissenschaft: diese kann der Schüler der Weisheit nicht früh genug ablegen. Das Glück ist, dass Solche auch vom Volke verlacht werden, das das Seyende für das absolut Nothwendige hält. Das Uebel hat sein Heilmittel selbst bei sich. — Ausserdem, wer jenes kann, der zeigt schon wissenschaftlichen Sinn, und er wird auch die Klugheit haben, die denselben begleitet.

„Nun ja: es ist aber doch nicht die absolute Unmöglichkeit bewiesen, dass einer von jenen Misbräuchen nicht eintrete; was ohne Dein Lehren nicht geschehen seyn würde." Nein, gewiss nicht! Weisst Du nur andere Mittel, ausser den angegebenen, die *ich* gebrauchen soll, so theile sie mir mit. die *Du* gebrauchen kannst, so gebrauche sie. — Nein, sagt jener; Du sollst eben gar nicht lehren, so unterbleibt es sicher: das ist ja das wahre Mittel! — Verzeihung! Und dies das einzige, was nicht gebraucht werden kann. — Das kommt eben auf das Vorige hinaus: die Menschenfeindschaft, und über diese haben wir schon gesprochen. Um des Misbrauchs willen den Gebrauch aufheben, heisst eben die Menschheit dazu verurtheilen, dass mit ihr Alles beim Alten bleibe. — Alles ist gemisbraucht worden, Alles *kann* es, und wird es sicher; daran geschieht nichts Neues.

Diese Lehrfreiheit ist aber auch wirklich hergebrachtermaassen und geschichtlich in unserem christlichen Europa; und wer sie antastet, der will nicht dieses Geschichtliche erhalten, sondern selbst ein durchaus Neues und Unerhörtes einführen. Ueberall *Lehranstalten*, und ein philosophisches Symbol, welches nicht unverändert überliefert, sondern erweitert werden soll; dazu also *Freiheit*, und diese zu erhalten des Lehrers Pflicht. Er kann sich irren; da mögen ihn Andere bestreiten. Die Sache bleibt auf dem Gebiete der *Lehre*. — Dies unser Palladium; und wer es anders will, der müsste eben die Menschheit anfeinden. Eine solche Verfassung wäre schlechthin unrechtmässig, und kein Mensch könnte mit gutem Gewissen in ihr bleiben.

Dies die Lehrstrenge; in der That aber ist es nicht so. Ich habe zu einer anderen Zeit gesagt, dass selbst die, mit denen wir jetzt in einem gerechten Kriege begriffen sind, jenes Princip in seiner Allgemeinheit nicht antasten.

So viel zur Einleitung.

———

Zweiter Abschnitt.

Ueber den Begriff des wahrhaften Krieges.

Lassen Sie uns indess den schulgerechten Vortrag des angekündigten Gegenstandes aufschieben, und uns unterbrechen durch ein allerdings dahin gehörendes Bruchstück, das zudem Zeit und Umgebung uns unmittelbar darbietet: — durch die Frage: *Was ist ein eigentlicher — wahrhafter — Krieg, und was liegt in dem Begriffe eines solchen?*

— Ein dazu gehöriges Bruchstück: — es ist theils vorbereitet durch das bisher Gesagte, und nur unter Voraussetzung desselben ganz verständlich; theils bereitet es vor, und leitet es ein vieles Künftige; — wie wir uns denn berufen werden auf künftige weitere Auseinandersetzungen.

Zuvor: Ich traue Ihnen nicht die verkehrten Begriffe zu, die ich als die Begriffe des gemeinen Volks nachweisen werde; dennoch glaube ich zugleich, dass es zuträglich seyn wird, — wie es denn der Jünger der Wissenschaft wenigstens würdig ist, — eine klare Einsicht in den aufzustellenden Gegensatz zu bekommen. — Dies aber zur Mittheilung und Einwirkung auf Ihre Umgebung: denn es ist unmittelbare Volkssache, zunächst eingreifend ins Leben. Nicht nur die Lage — sogar die unmittelbar praktische Behörde, die Regierung, hat den gegenwärtigen Krieg für einen wahren erklärt, ganz in dem Sinne, den ich aufstellen werde, in mehreren Verordnungen, unter anderen in der über den *Landsturm*. Einer der seltenen, nicht oft erlebten Fälle, wo Wissenschaft und Regierung übereinkommen.

Der Gegensatz in der Ansicht des *Krieges* gründet sich, und folgt aus einem Gegensatze in der Ansicht des *Staates,* dieser wieder aus einem in der des *menschlichen Lebens* überhaupt. Wir müssen ausgehen von diesem letzten, um den ersten in unserer Einsicht klar zu begründen.

Dem gewöhnlichen, natürlichen, unerleuchteten Menschen ist das Leben, das durch die Wahrnehmung ihm gegebene, mithin dermalige, zeitliche und irdische Leben *letzter Zweck,* Zweck an sich. Denn weiter geht seine klare Erkenntniss nicht: da ists alle; — Nichts jenseits, für dessen Erscheinung ihm wiederum dieses Leben gelte. Das Leben *unbegriffen,* und bloss *angeschaut*. Die historisch an ihn gekommene christliche Religion, — die allerdings jenseits des gegenwärtigen Lebens geht, und dieses auf ein anderes, und dessen Belohnungen und Strafen bezieht, — bleibt, wenn sie auch geglaubt wird, eben nur geglaubt, an ihren Ort gestellt, ohne dass sie die ganze Erkenntniss, und darum die Ansicht des gegenwärtigen Lebens weiter bestimmte: — an ihren Ort gestellt, eben ein besonderer, abgerissener Ort, höchstens Andachtsübungen und einen gewissen Gottesdienst hervorbringend.

Dies — das Leben — das Erste und Höchste. Das Nächste nach ihm die *Mittel, dasselbe zu erhalten,* es so mächtig, so bequem und so angenehm als möglich zu führen: irdische Güter und Besitzthümer, immer nur bezogen auf Erhaltung und Annehmlichkeit des irdischen Lebens, — und die Wege, um zu diesen zu gelangen, Gewerbfleiss und Handel. Blühende Gewerbe und soviel möglich Menschen durch einander in möglichstem Wohlstande, — dies das *höchste* Gut, der Himmel auf Erden; etwas *Höheres* giebt die Erde nicht.

Warum treibt sich das Volk so, und schreit? Es will sich ernähren,
Kinder zeugen, und die nähren, so gut es vermag.
Merke dir Reisender das, und thue zu Hause des Gleichen!
Weiter bringt es kein Mensch, stell' er sich, wie er auch will.

Diese Mittel des Lebens, *Eigenthum* genannt, wie sie auch
zusammengebracht seyen, gegen gewaltsamen Raub jeder Art
zu schützen, dazu ist der *Staat;* er bloss das *Mittel* dazu,
darum das *Dritte* in der Reihe. — Zuerst das Leben, sodann
das Gut, endlich der Staat, der es schützt.

Wie sie zusammengebracht seyen, sage ich — dieser Umstand ist bedeutend, und gehört zu den Grundzügen dieser
Ansicht. Erwerb und Handel und überhaupt alles menschliche
Treiben ist frei, und über die Gesetze des Staats durchaus
erhaben. Nur die Religion verbietet Meineid, der Staat, wie
sich versteht, materiellen Raub; übrigens gelten alle Mittel der
Industrie. Auch findet eine Verjährung statt, selbst des Raubes, und bei dem Staate hat man die Producte dieser Industrie
nur anzuzeigen, damit er wisse, was er jedem zu schützen
habe: keinesweges aber darf er bei dem, was jeder ihm in
seiner Hand vorzeigt, fragen nach dem Erwerbstitel.

Der *Staat* eine Anstalt der Eigenthümer, die aus dem Naturstande heraus, und vor allem Staate, und ohne alle Kundnehmung des Staates, Eigenthümer sind. Die *Staatsgewalt* der
Diener dieser Eigenthümer, der von ihnen für diese Dienste
bezahlt wird.

Diese Ansicht des Staates ist sogar in den Schulen der
Weisheit ziemlich allgemein. Sie zeigt sich in Lehren wie die:
dass eigentlich die Grundeigenthümer (der Adel, vom schwedischen Worte Odal) die ursprünglichen Bürger und Stifter
des Staatsvereins seyen, und die nachher Hinzugekommenen
sich müssten gefallen lassen, was diese für Rechte ihnen abtreten wollen; in dem Eifer für die Freiheit, das ist, Gesetzlosigkeit des Erwerbs, der Behauptung: dass Kirche, Schule,
Handelsgilden und Innungen, und überhaupt so ziemlich alles,
was sich nicht auf die bürgerliche Gesetzgebung bezieht, nicht
Staatsanstalten, sondern nur Anstalten von Privatpersonen
seyen, die dem Staate bloss angezeigt werden müssten für

seine Schutzschuldigkeit; dass der Staat gänzlich wegfallen würde, wenn es nur keine Räuber mehr gäbe, indem alles Uebrige ausser seinem Umkreise liegt, wie oft gehört wird; und es giebt vielleicht auch unter Ihnen solche, denen diese Lehre vorgetragen worden, wie es zu geschehen pflegt, nicht ohne Bissigkeit und schnippisches Wesen, und mitleidige Seitenblicke auf die, die zu so hoher Weisheit sich noch nicht erhoben haben.

Hieraus folgt nun im Allgemeinen:

1) Die Menschheit zerfällt in zwei Grundstämme: die *Eigenthümer,* und die *Nichteigenthümer.* Die ersteren *sind* nicht der Staat, — sie sind ja als solche vor allem Staate, und ohne seine Kundnehmung, wie sie es sind, — sondern sie *halten* den Staat, wie ein Herr sich einen Bedienten hält, und der letztere ist in der That ihr Diener. Wer nun einen Diener bezahlen kann, der dient nicht: mithin kommen auf die Mitglieder der Staatsgewalt nur die Nichteigenthümer. Wer eigenes Vermögen hat, *dient* nicht: der Diener dient, weil er nichts hat, um seinen Sold — der Soldat. Wer einen Diener hat, thut die Dienste, für die er diesen bezahlt, nicht selber. Das Zeichen — die Cantonfreiheit.

2) Es ist den Eigenthümern durchaus gleichgültig, wer sie schützt, wenn sie nur geschützt werden; das einzige Augenmerk dabei ist: so wohlfeil als möglich. Der Staat ist ein nothwendiges Uebel, weil er Geld kostet, man muss aber jedes Uebel so klein machen als möglich.

Dies die Ansicht des Staates, als das *Zweite:* jetzt das *Dritte.* — Wenn es nun unter mehreren Staaten, die so angesehen werden, auch wohl sich selbst, in den Stellvertretern der Gewalt, nicht anders ansehen, zum Kriege kommt: was kann dieser bedeuten, und wie kann er geführt werden? Da der Stand der Eigenthümer in der gebildeten Welt sich, um seinen Erwerb ungehindert zu treiben, der Selbstvertheidigung begiebt, so kann er sich auch nicht vertheidigen gegen seinen Vertheidiger selbst; er steht, wie gegen alle Welt, also auch gegen ihn wehrlos da. Er kann darum auch nicht über den Lohn der Vertheidigung mit ihm dingen, sondern muss eben geben, was dieser verlangt; er kann nicht geben, was *er* will, sondern was sein Vertheidiger will; dieser aber wird, mit seltener Ausnahme, alles wollen, was der andere nur irgend geben kann. Die Stelle eines solchen Vertheidigers dürfte darum leicht eine sehr einträgliche Stelle werden. Sie führt überdies ihrer Natur nach dieses bei sich, dass der Wille eines solchen bindet schlechthin alle Willen in seiner Sphäre, selbst aber gebunden wird schlechthin durch keinen einzigen.

Es ist darum sicher vorauszusehen, dass der, welcher zum Besitze dieses einzig trefflichen, das Leben, seine Kräftigkeit und seinen Genuss am allerbesten versichernden Platzes kommt, alles thun wird, um ihn auch seinen Erben und Erbnehmern zu versichern; und so wird denn die Vertheidigung der wehrlosen Eigenthümer der ganzen Welt anheimfallen einer gewissen Anzahl von Familien als ihr Erbbesitz.

Da auf diese Weise das Vertheidigungsamt doch mehr einträgt, als es kostet, und, wer einmal ein bedeutendes Land vertheidigt, ziemlich mit derselben Kraftanstrengung auch das benachbarte vertheidigen könnte, so werden die Herrscherfamilien einander zu verdrängen suchen; und so entsteht denn zwischen ihnen, den Herrscherfamilien, ein Krieg über die Frage: ob ferner die eine oder die andere einen gewissen District vertheidigen solle, — was nichts verschlägt — und, worauf es eigentlich ankommt, den Gewinn, der dabei herauskommt, ziehen solle.

Wem verschlägt nun diese Frage etwas? Eigentlich nur den beiden Herrscherfamilien: und diese mögen denn durch ihre Söldner, die es sind, weil sie nichts haben, und den Schutz nicht bezahlen können, darum ihn in Person leisten müssen, die Sache ausfechten lassen. Die Eigenthümer und Gewerbtreibenden geht sie in der Regel ganz und gar nichts an, und es wäre Thorheit, wenn sie sich hineinmengten: es ist ein reiner Krieg der Herrscherfamilien. Denn ihnen ist es nur um den Schutz des Eigenthums zu thun, dieser aber wird ihnen, wer da auch siege. Daher wird auch in diesen Kriegen die Sicherheit des Privateigenthums versprochen, nur das des *Staates,* heisst hier: der Herrscherfamilie, wird weggenommen, und der Bürger verliert dabei nichts, sondern gewinnt: es bleibt doch bei seinem Vertheidiger, dessen ihm durchaus nichts verschlagende Person bloss verwandelt ist. Was sollte er thun? Sein Leben, seine gesunden Gliedmaassen in Gefahr setzen? Man lebt nur einmal, das Leben ist das höchste Gut; womit will man ihm denn sein Leben und seine gesunden Glieder bezahlen? — Seine Besitzthümer, sein Gewerbe verlassen? Nicht um eines Schrittes Breite, denn nur das Auge des eigenen Herrn hütet wohl: sie könnten zu Schaden kommen, aber nur durch sie hat sein Leben Werth, und ohne dieselben wäre es auch nur jämmerlich. Sie sind an dasselbe gebunden und seine Hüter: wo dies ist, da müssen sie seyn.

Sobald der Feind — nicht der seinige, sondern der seines vorigen Herrschers — sich seines Wohnsitzes nur bemächtigt, und die Söldner des anderen vertrieben hat, tritt alles wieder ein in seinen vorigen Gang; seine Habe ist gesichert, und er geht seinen Geschäften ruhig nach, wie vorher. Nur der Augenblick, so lange er unentschieden ist, ist gefährlich; denn aller Kampf verheert das Eigenthum. Während desselben ist *Ruhe die erste Bürgerpflicht.* — *Bürger* heisst Eigenthümer und Gewerbtreibende, im Gegensatze des Söldners. *Ruhe,* dass er ganz neutral, in sein Haus verschlossen, bei verrammelten Fenstern, den Ausgang abwarte und sehe, wen derselbe ihm zum künftigen Vertheidiger geben werde, wo möglich für einen guten Vorrath weissen Brotes, frischen Fleisches und stärkender Getränke gesorgt habe, mit denen er, nach Ausgang des Kampfes, dem Sieger, welcher von beiden es sey, sich empfehle und dessen Gewogenheit gewinne. Macht er es anders, so könnte ja seine Person und seine Habe zu Schaden kommen. Dies in jedem Fall zu verhindern, muss ja selbst der wohlmeinende Freund seines bisherigen Herrschers wünschen; denn man kann ja immer nicht wissen, ob nicht bei dem', so Gott will, nächstens zu hoffenden schmählichen Frieden der Platz zurückgegeben werde: aber er wird offenbar von höherem

Werthe seyn, wenn er unverwüstet ist, als wenn er verwüstet wäre.

Die Fortdauer des Kampfes verheert das Eigenthum, das höchste Gut des Menschen nächst dem Leben, und bedrohet selbst Leben und Gesundheit, die allerhöchsten Güter. Man muss dieselbe darum durch jedes Mittel abzukürzen suchen: dies ist die höchste Pflicht jedes verständigen Menschen nach ausgebrochenem Kriege. Wenn also nach der bisherigen Geschichte schon zu vermuthen ist, wohin der Sieg sich wenden werde, oder auch der Ausgang der ersten Schlacht dies schon gezeigt hat, so muss man den unzeitigen Widerstand des doch zu Besiegenden nicht unterstützen. Alle haben sich zu vereinigen, zu übergeben die Festungen, und Staatsgüter anzuzeigen; die Krieger, die Gewehre wegzuwerfen und überzugehen. Der Sold dort ist ebenso gut.

So ist gehandelt in der Seele eines vorurtheilsfreien und aufgeklärten Besitzers, der da Einsicht hat in den Werth der Dinge. Vorurtheile aus barbarischen Zeiten, von göttlicher Einsetzung der Könige, Heiligkeit des Eides, Nationalehre, sind nichts für den, der klar geworden ist über die so einfachen Sätze: dass das Leben das Erste, die Güter das Zweite, und der Staat erst das Dritte.

Selbst wohlmeinende Freunde des Fürsten werden so handeln: es schadet ihm nichts, es hilft sogar; der Unwille des Siegers muss durch Widerstand nicht gereizt werden; ist nur der Kampf bald vorüber, so erfolgt ein, von jenen Barbaren freilich schmählich genannter, Friede, wo die Länder, das ist, der Lohn getheilt, der Besiegte zu Dienstleistungen für die übrigen Eroberungspläne verbunden, durch Besetzung der Festungen seine Treue dem Sieger gesichert wird. Die *Eigenthümer* haben nichts verloren, wenn sie dem neuen Herrn zahlen, was dem alten, und nun fürs Uebrige sicher sind; darauf allein kommt es ja an. Selbst der besiegte Herrscher hat nichts verloren: zu leben wird er ja noch immer behalten; was hat er denn in diesem Zusammenhange der Ansicht mehr zu begehren? So, — wenn der Sieger das Eigenthum der Unbewaffneten wirklich sichert, nicht seinen Söldnern Raub und Gewaltthätigkeit erlaubt; wenn er das Gewerbe wirklich frei lässt, und nicht etwa eine Handelssperre einführt; wenn er den Unterschied zwischen Cantonfreiheit und Cantonpflichtigen, die Grundfeste der Verfassung in diesen Begriffen, stehen lässt, und nicht etwa die Conscription einführt; wenn er für ein Billiges regiert, und nicht etwa unmässige Forderungen macht. In der Regel wird dies alles vorausgesetzt nach der bisherigen Analogie, und beim Beginn und während der Führung des Krieges nicht bezweifelt. Es wird ja doch auszuhalten seyn, der Feind wird schon Mannszucht halten, es ist dies sein eigener Vortheil, und dergleichen: mit solchen Worten trösten sich die Feigen unter einander. Findet sich hinterher, dass er das Zweite, nicht das Erste thut, nun dann zieht er sich freilich allgemeinen Hass zu: er hat das, warum es allein der Mühe werth ist zu leben, das Eigenthum und das Leben selbst angegriffen.

Allgemeine Bemerkung. So oft man aus den Grundsätzen, welche die Mehrzahl der Menschen in der That hat, folgerecht fortschliesst, und ihnen darlegt, wie demnach ihr Leben nothwendig seyn müsse; so erregt man allemal Hass, Widerspruch, und die allerdings durch Thatsachen zu belegende Behauptung: So schlimm sind wir nicht, wie du uns machst, wenigstens nicht Alle und nicht immer. Sie haben, wie gesagt, Recht, und dies geht so zu. Ihr Leben ist bei weitem nicht durchgängig durch Grundsätze und klares Bewusstseyn bestimmt, sondern durch dunkle Antriebe aus der instinctartig wirkenden und in sonderbare Hüllen gekleideten Vernunft, dergleichen sie, wenn sie es an sich bemerken, Vorurtheile einer finstern Vorwelt nennen, — und Recht hätten, falls sie nur die Vernunft in einer anderen Gestalt an sich bringen könnten. Die Theile ihres Lebens, durch die letztere bestimmt, fallen anders aus, als sie ihren Grundsätzen zufolge ausfallen würden: darin sind sie unserer Schilderung nicht ähnlich. Sie sprechen darum an die Wohlthat der Inconsequenz, und diese wollen wir ihnen denn auch für die gegenwärtige Beschreibung vorbehalten.

Was aus ihren Grundsätzen mit Klarheit folgt, das ist so,

wie beschrieben: und je klarer der Einzelne, desto ähnlicher, daher in der Regel je vornehmer und je älter der Mensch, desto schlechter: das Gute noch bei Gemeinen und Jüngeren. Daher auch eine andere Erscheinung: Man hat bemerkt, dass in den Tagen der Noth, der Verlegenheit und der Verwirrung die Menschen weit schlechter sind als gewöhnlich: den Grund dieser Erscheinung glaube ich angeben zu können. In guten Zeiten denken sie weniger an sich, und lassen sich gehen; da leitet der Instinct, die wohlwollenden gesellschaftlichen Elemente. In der Noth besinnen sie sich, gehen in sich, werden bedachtsam; ihre Besinnung kann aber ihnen nichts anderes darstellen als die Grundsätze des allgemeinsten Eigennutzes, weil darauf einzig Zeit ihres Lebens ihr Sinnen gegangen ist.

Dies die Eine Art der Ansicht des Lebens, darum des Staates, darum des Krieges.

---

1) In der wahren Ansicht geht die Erkenntniss über die Wahrnehmung des Lebens, schlechthin über alles erscheinende und zeitliche Leben hinaus auf das, was in allem Leben erscheint, und erscheinen soll, auf die sittliche Aufgabe — das Bild Gottes. — Hierzu das Leben blosses Mittel.

2) Jene Aufgabe ist schlechthin unendlich, ewig, nie erreichbar; das Leben ist darum auch unendlich, ewig, nie zu vollenden, zu erschöpfen, zu zerstören, ebensowenig als sein Zweck: er ist ewig und über alle Zeit erhaben; demnach nicht zu erhalten, nicht zu gefährden, sondern eben schlechthin, und ohne alles Zuthun der Freiheit. Die Zeit und das in ihr liegende und durch sie ablaufende Leben ist selbst nur die Erscheinung des Lebens über aller Zeit. — Eine Form und Gestaltung desselben kann aufhören: das Leben selbst **nimmer**.

3) Das Leben der Individuen gehört nicht unter die Zeiterscheinungen, sondern ist schlechthin ewig, wie das Leben selbst. Wer da lebt, wahrhaftig lebt, im ewigen Zwecke, der kann niemals sterben: denn das Leben selbst ist schlechthin **unsterblich.**

Also: das Leben und seine Erhaltung kann in dieser Ansicht nie Zweck seyn, sondern es ist nur Mittel; durch seinen Zweck aber, als Erscheinung desselben ist es schlechthin als ewig gesetzt ohne alles Zuthun einer Freiheit.

4) Weiter: die nothwendige Beschaffenheit des Lebens, falls es seyn soll Mittel für seinen Zweck, ist die: dass es *frei* sey, dass es absolut selbstständig und aus sich selbst sich bestimme, ohne allen äusseren Antrieb oder Zwang. Diese Freiheit aber ist nicht gesetzt schlechtweg, sowie die Ewigkeit des Lebens; sie kann gestört werden, und zwar durch die Freiheit der Anderen. Sie zu erhalten ist darum der erste der Freiheit eines Jeden selbst aufgegebene Zweck.

So darum die Schätzung der Güter in dieser Ansicht: **1)** Die sittliche Aufgabe, das göttliche Bild. 2) Das Leben in seiner Ewigkeit, das Mittel dazu; ohne allen Werth, ausser inwiefern es ist dieses Mittel. 3) Die Freiheit, als die einzige und ausschliessende Bedingung, dass das Leben sey solches Mittel, darum — als das Einzige, was dem Leben selbst Werth giebt.

Noch dieses bemerkt: Ist nur das Leben frei, wahrhaftig leer anderer Antriebe, so wird es von selbst Mittel des Sittlichen, und stellt sich also, gleichwie die sittliche Aufgabe gleichfalls durch sich selbst sich stellt; beides ohne alles weitere Zuthun der Freiheit. Dies macht sich selbst. Die Freiheit aber muss durch Freiheit selbst errungen werden: und so ist denn die Freiheit das höchste von der Freiheit abhängige Gut, der höchste im Leben dem Menschen gestellte Zweck.

Jenes wissend, und unter *Gut* denkend etwas zu Erstrebendes, mit Freiheit sich zum Ziele zu Setzendes, muss man sagen: Freiheit ist das höchste Gut. Alles Andere nur das Mittel dazu, *gut* als solches Mittel, *übel*, falls es dieselbe hemmt. Das zeitliche Leben hat darum selbst nur Werth, inwiefern es frei ist: durchaus keinen, sondern ist ein *Uebel* und eine *Qual*, wenn es nicht frei seyn kann. Sein einziger Zweck ist darum, die Freiheit fürs erste zu brauchen, wo nicht, zu erhalten, wo nicht, zu erkämpfen; geht es in diesem Kampfe zu Grunde, so geht es mit Recht zu Grunde, und nach Wunsch; denn das *zeitliche* Leben — ein **Kampf** um **Freiheit**. Das *Leben* selbst, das ewige, geht nicht zu Grunde, keine Gewalt kann es geben oder nehmen: der Tod ist dann, wo es das zeitliche Leben nicht seyn konnte, der Befreier.

Halten Sie diese in diesem Zusammenhange klaren Sätze fest, weil wir dieselben sodann brauchen werden.

Im Gegensatze mit dieser nimmt die gemeine Ansicht das Leben als Zweck an sich, nicht als Mittel zur Sittlichkeit und, damit es dies seyn könne, zur Freiheit seiner selbst: nun hat das Leben, ausser als Mittel, ganz und gar keinen Werth, ist eine leere täuschende Erscheinung ohne etwas dahinter: jene darum fangen ihre Schätzung der Welt an mit dem absolut Werthlosen, dem reinen Nichts, treiben darum in allen ihren Folgerungen sich nur in dem in anderen Formen wiederholten Nichts.

5) *Zeitliches* Leben — ein Kampf um Freiheit, sagten wir; ist doppelt zu verstehen: Befreiung von den *Naturantrieben* — *innere* Freiheit, die Jeder sich durch sich selbst geben muss. Von der Freiheit Anderer, — *äussere* Freiheit, die jeder Einzelne in Gemeinschaft mit Allen durch Uebereinkunft und Erkennung eines Rechtsverhältnisses erwirbt. Diese Vereinigung zur Einführung des Rechtsverhältnisses, das is , der Freiheit aller von der Freiheit aller, des Verhältnisses, wo alle frei sind, ohne dass eines Einzigen Freiheit durch die aller Uebrigen gestört werde, ist in diesem Zusammenhange der Erkenntniss der *Staat*, richtiger das *Reich*. —

Welches innerlichen Ringens nun es bedürfen werde, um diesen Rechtsbegriff erst zur Klarheit der Erkenntniss, sodann über alle Verhinderungen des gewalthabenden Eigennutzes zur Wirklichkeit zu erheben, davon in unsren eigentlichen Vorlesungen. Dies jedoch nicht eigentlich Krieg. —

Zuvörderst dies: *Alle* sind frei durch ihr Leben als Menschen, sind die zeitliche Gestalt der Vernunft auf *dieselbe* Weise, haben darum gleiche Ansprüche auf Freiheit: *darüber* und *jenseits* dieser Ansprüche nichts. Darum Alle *gleich*, nicht zwei Stände, sondern Einer. Was irgend einer *darf,* und zufolge dieses Dürfens etwa, und als dessen Product, besitzt, gründet sich auf seine Freiheit, zusammenstehend mit der Freiheit aller; und es giebt darum hier keine Befugniss oder Besitz, der nicht stehe unter dem Gesetze, und vor dem Gesetze seine *Rechtmässigkeit* beweisen müsse. Auch giebt es, da das Vernunftgesetz niemals verjährt, keine *Verjährung*.

Alle sind frei, jeder für seinen Theil: Alle müssen darum ihre Freiheit selbst, für ihren Theil vertheidigen. Keine *Stellvertretung,* wie in jenem Systeme.

6) Eine Menschenmenge, durch gemeinsame sie entwikkelnde Geschichte zu Errichtung eines Reiches vereint, nennt man ein *Volk*. Dessen Selbstständigkeit und Freiheit besteht darin, in dem angehobenen Gange aus sich selber sich fortzuentwickeln zu einem Reiche.

7) Des Volkes Freiheit und Selbstständigkeit ist angegriffen, wenn der Gang dieser Entwickelung durch irgend eine Gewalt abgebrochen werden soll; es einverleibt werden soll einem anderen sich entwickelnden Streben zu einem Reiche, oder auch wohl zur Vernichtung alles Reiches und alles Rechtes. Das Volksleben, eingeimpft einem fremden Leben, oder Absterben, ist getödtet, vernichtet und ausgestrichen aus der Reihe.

8) Da ist ein eigentlicher Krieg, nicht der Herrscherfamilien, sondern des Volkes: die allgemeine Freiheit, und eines Jeden besondere ist bedroht; ohne sie kann er leben gar nicht wollen, ohne sich für einen Nichtswürdigen zu bekennen. Es ist darum jedem für die Person und ohne Stellvertretung, — denn jeder soll es ja für sich selbst thun, — aufgegeben der Kampf auf Leben und Tod.

Sein Charakter: Nur frei hat das Leben Werth: ich muss darum, da die Ueberwindung meiner Freiheit mich beraubt, nicht leben, ohne als Sieger. Der Tod ist dem Mangel der Freiheit weit vorzuziehen. Mein ewiges Leben — dies ist sicher — dies verdiene ich eben durch den Tod, — verwirke es durch ein sklavisches Leben. Also — das Leben werde ich unbedingt aufopfern, wie vielmehr denn die Güter. Wozu kann ich denn die Güter gebrauchen, wenn ich nicht leben kann? Aber ich kann unter dieser Bedingung nicht leben!

Kein Friede, kein Vergleich, von Seiten des Einzelnen zuvörderst. Das, worüber gestritten wird, leidet keine Theilung: die Freiheit ist, oder ist nicht. Kein Kommen und Bleiben in der Gewalt, vor allem diesem steht ja der Tod, und wer sterben kann, wer will denn den zwingen? Auch nicht, falls etwa der zeitige Herrscher sich unterwürfe, und den Frieden schlösse. Ich wenigstens habe den Krieg erklärt, und bei mir beschlossen, nicht für *seine* Angelegenheit, sondern für die **meinige,** meine Freiheit: giebt auch er mir mein Wort zurück, so kann ich selbst doch es mir nicht zurückgeben. Er ist, und die, welche bei ihm bleiben, auf diesen Fall als *Staat,* als möglicher Entwickelungspunct eines Reiches des Rechtes gestorben. Was soll den, der frisches Leben in sich fühlt, bewegen, innerhalb der Verwesung zu verharren?

Anstrengung aller Kräfte, Kampf auf Leben und Tod, keinen Frieden ohne vollständigen Sieg, das ist, ohne vollkommene Sicherung gegen alle Störung der Freiheit. Keine Schonung, weder des Lebens, noch Eigenthums, keine Rechnung auf künftigen Frieden.

So *muss* der, der in dieser Erkenntniss lebt, und kann nicht anders. Ausserdem lügt er, und seine Weisheit schwebt ihm nur auf den Lippen.

9) Es ist nöthig, dass ich, um das Gesagte vor aller Misdeutung, und vor allem Verdachte der Ungründlichkeit und Inconsequenz zu schützen, ein fehlendes Mittelglied einschiebe. Wo die entschiedene, durch die ausdrücklichen Erklärungen ihrer Stellvertreter sich ankündigende Mehrzahl der Menschen keine anderen Begriffe von Leben, Staat und Krieg hat, als die gestern beschriebenen, da geht den Erleuchteten ihr ganzes nichtiges Treiben ganz und gar nichts an. Er hat kein Vaterland auf der Erde, sondern sein Bürgerrecht im Himmel, in der unsichtbaren geistigen Welt, worauf das Recht er dadurch sich verdient, dass er nach Vermögen das Saatkorn in die Gegenwart werfe, woraus einst nach ihm sich auf Erden ein Vaterland für die Vernünftigen entwickeln möge.

Wenn aber die vorausgesetzten Dollmetscher des öffentlichen Willens selbst reden von Freiheit und Selbstständigkeit der Nationen, und eine Kriegsweise befehlen auf Leben und Tod, ohne Unterschied der Cantonfreiheit, ohne Schonung des Eigenthums, wie sie möglich und rechtlich ist nur in der wahren Erkenntniss, so soll dem Erleuchteten sich das Herz erheben beim Anbruche seines Vaterlandes, und er soll es begierig als wahren Ernst ergreifen. Die darin gemischten Verkehrtheiten, wenn z. B. fortwährend von Unterthanen gesprochen wird, wenn der Herrscher vor das Vaterland gesetzt wird, als ob er selbst keins hätte, und dergleichen, übersieht er, als alte schlimme Angewöhnungen.

Im Vorbeigehen: Unterthanen sind wir alle insgesammt des göttlichen Willens, im Sittengesetze sich aussprechend, und das ist unsere Ehre und Würde; und der glänzendste Herrscher kann keine grössere Ehre sich erweisen, als dass er sich als Mitunterthan bekenne im göttlichen Reiche: aber wenn ein Individuum glaubt, andere ihm gleiche müssten unterthan seyn seinem persönlichen Willen, so würde er dadurch sich selbst zu einem Gotte machen, und den einigen Gott lästern; wenn er wüsste, was er redete. Aber das wissen sie zum Glücke nicht, und ihre Schreiber legen ihnen nur solche Ausdrücke unter. — Sie selbst nicht, sondern ihre unverständigen Schmeichler!

Er nimmt es für rechten Ernst. Den Argwohn, dass es, nachdem die alten Mittel vergeblich gewesen, auch nur als Mittel gebraucht werde, um die Herrschermacht in dem falschen Begriffe zu vertheidigen, und, wenn es geholfen, bei Seite gestellt, und alles wieder in die gewohnte Bahn werde eingeführt werden, diesen erlaubt er sich nicht. Sein Argwohn könnte machen, dass es geschähe: sein für Ernst nehmen kann machen, dass es Ernst wird. Wenn sich nun hinterher doch zeigte, dass es nicht Ernst gewesen wäre, wenn nach Errettung im Kampfe abermals die Selbstständigkeit der Nation dem Vortheile der Herrscherfamilie aufgeopfert würde, wenn sich zeigte, dass der Herrscher zwar wollte, dass für seine Herrschaft das edelste Blut seines Volkes flösse, er dagegen für die Selbstständigkeit desselben seine Herrschaft nicht wagen wolle: so könnte unter einem solchen der Vernünftige durchaus nicht bleiben. Sein Wirken in der Gesellschaft könnte, wie oben erinnert, nur den Zweck haben, den Keim einer freien und rechtlichen Verfassung in dieselbe zu legen: und er kann diese Hoffnung so lange hegen, als es an der allgemeinen Unkunde einer solchen Verfassung liegt, dass man sie nicht einführt. Wo aber Freiheit und Selbstständigkeit klar ausgesprochen, und doch mit offenem Auge Verzicht auf sie gethan, und sie zum blossen Mittel der Unfreiheit herabgewürdigt wird, wo die Nationaleigenthümlichkeit, als die Bedingung der Entwickelung, in fremde Fesseln geschlagen wird: da ist für ihn nichts mehr zu erwarten. Ein solcher Staat befindet sich im Zustande der Verstockung, und hat öffentlich das Siegel der Verwerfung sich selbst aufgedrückt. Der Edle rettet sein unsterbliches Leben, indem er ihn flieht.

Dies ein eigentlicher Krieg, und die feste und unwandelbare Entschliessung eines erleuchteten Menschen in einem solchen.

Das oben hingeworfene Princip übrigens: dass ein Volk gebildet werde durch eine gemeinsame Geschichte, und dass aus dieser Bildung sich entwickeln solle ein Reich, und dass, wer da eingreife in dieselbe, als Feind zu betrachten sey, — dies zu erklären und zu belegen ist die Aufgabe unseres abgebrochenen Vortrages, ein Theil desselben. Aber selbst die Ansicht der Gegenwart, die ich Ihnen für die künftige Stunde verspreche, wird es Ihnen schon näher rücken.

Es möchte vorjetzt zweckmässig seyn, die aufgestellten Grundsätze ganz bestimmt auf unsere Zeit, und auf den Krieg, den wir begonnen haben, anzuwenden, und Sie, so gut ich es verstehe, zur Beurtheilung anzuführen.

Man fehlt meines Erachtens von zwei Seiten gleich gefährlich: 1) indem man die Charakterkraft und die Hülfsmittel unseres Feindes herabwürdigt, dadurch uns einschläfert. Jämmerliche Wichte und Feiglinge setzen in diese Vertröstungen den Patriotismus.

2) Indem man von den Gesinnungen und Entwürfen des-

selben uns Hoffnung macht, sie in einem milden Lichte darstellt, wohl gar der Vorsehung selbst mit ihm Pläne unterlegt, die so kindisch sind, wie diese Deuter des göttlichen Willens selber. Trost der Feigen, und streng angesehen, selbst Verworfenheit und Verbrechen!

Ich sage: dass auch viele unseren Feind betrachten, als ein Werkzeug in der Hand Gottes, durch das er irgend welche Pläne ausführen wolle, die diese Schauer in den göttlichen Rath auch wohl anzugeben wissen, z. B. die Vertreibung der Türken aus Europa, wenn sie ächt abergläubische Christianer sind, die Zugrunderichtung des Adels, wenn es Krämer, die des Krämergeistes, wenn es Ritter sind.

Ich spreche aber daran eine allgemeine Irrniss unerleuchteter, rohsinnlicher Menschen aus, und will dieselbe im Allgemeinen widerlegen.

Ihre Grundblindheit besteht darin, dass sie nicht erblicken die Freiheit als die Wurzel alles wahrhaften Seyns. Nun möchten sie aber doch gern das Gute haben, und dazu haben sie sich einen Gott verordnet, der es ihnen anwachsen lässt, und zufliegen, ohne dass sie sich selbst zu regen brauchen, durch blosse physische Vereinigung. Da haben sie in der Religion Zaubermittel, ein Wasserbad, welches gebraucht, eine Speise, welche genossen, ein Salböl, welches angestrichen, ohne weitere Dazwischenkunft den Menschen heiligt zur Tugend. Da ist nach ihrer Ansicht die Geschichte des Menschengeschlechts eine grosse Pflanze, welche durch die blosse zeitigende Entwickelung des in ihr liegenden Keimes von selber aufblühen wird zu einem göttlichen Reiche der Weisheit und der Tugend. Diesen ihren trägen Glauben preisen sie nun recht an, wenn etwas recht Widerwärtiges und Bösartiges ihnen in der Erscheinung vorkommt — bei dem was ihnen schon so schmeckt, verweisen sie weniger auf Gott — und trösten sich mit der göttlichen Vorsehung, die auch dabei ihre weisen Absichten haben und wissen werde, wozu es gut sey. Sind sie gewaltig, so wissen sie diesen Zweck Gottes auch wirklich anzugeben. Wenn sie nun solche Reden führen, die den Menschen so recht im Sündenschlafe betäuben — man hört sie leider häufig von

Kanzeln und auch wohl sonst — so dünken sie sich absonderlich fromm, und sie meinen wohl gar in ihrer Blindheit, dass man des Heiligen spottet, wenn man so redet, wie wir eben, und ihrer spottet.

Sie irren sich ganz und gar, und sind stockblind. Es giebt schlechthin kein Naturgesetz und keinen physischen Zusammenhang der Dinge, durch welchen das Gute an uns kommt. Gott will nicht, Gott kann nicht das Gute, das wir gern möchten, uns geben, ausser durch unsere Freiheit; und Gott ist überhaupt nicht eine Naturgewalt, wie die blinde Einfalt wähnt, sondern er ist ein Gott der Freiheit. Die Natur ist bloss der Wiederschein des Standpunctes der allgemeinen Freiheit: in der Freiheit aber hat er uns schon gegeben sich selbst, und sein Reich, und die ganze Fülle seiner Seligkeit, und es kommt nur auf uns an, dass wir dies alles in uns entwickeln. Ohne Freiheit bleiben wir ohne Gott, und in dem Nichts. Wir sind wirklich gar nicht da, sondern nur Embryone, aus denen etwa ein Mensch werden könnte. Die äusseren Weltbegebenheiten sind bloss der Stoff, an dem wir dieselbe entwickeln sollen, und den wir verbrauchen sollen und verbrauchen können, insgesammt, wie er auch sey, zu unserem Heile. *Gut* ist gewiss jede Erscheinung: denn sie steht unter der Freiheit, und ist zur Entwickelung derselben zu gebrauchen, diese aber ist unbedingt gut. Wozu eine Erscheinung aber gut, d. i. brauchbar sey, das will uns kein Gott sagen, sondern wir selbst sollen es begreifen, und wir werden es begreifen, wenn wir von seinem Geiste der klaren Sittlichkeit beseelt sind. Wir sollen nicht erwarten, wie Gott nach seinen geheimen Wegen etwas zum Besten wenden werde; dann sind wir unwürdig seiner, und nicht Bürger seines Reiches: sondern wir sollen es selbst nach unseren eigenen klaren Begriffen zum Besten wenden.

So auch in diesem Falle. Erkenne ich recht Gott und seinen Weltplan, wie ich festiglich glaube, — habe ich auch die bisherige durch sein ganzes öffentliches Leben dargelegte Erscheinung unseres Feindes richtig begriffen, — worin als einem geschichtlichen Datum ich mich irren kann: so ist in ihm alles Böse, gegen Gott und Freiheit Feindliche, was seit Beginn der

Zeit bekämpft worden ist von allen Tugendhaften, zusammengedrängt, und auf einmal erschienen, ausgestattet mit aller Kraft, die das Böse haben kann. Wozu? Auch alle Kraft des Guten, die jemals in der Welt erschienen ist, soll sich vereinigen und es überwinden. Dies ist das grosse Schauspiel, welches, meines Erachtens, dieser Zeit vorbehalten ist. Das Reich des Teufels ist nicht dazu da, damit es sey, und von den unentschiedenen, weder Gott noch dem Teufel gehörigen, herrenlosen duldend ertragen werde, sondern damit es zerstört und durch seine Zerstörung der Name Gottes verherrlicht werde. Ist dieser Mensch eine Ruthe in der Hand Gottes, wie viele meinen, und wie ich in gewissem Sinne zugebe, so ist ers nicht dazu, dass wir ihr den entblössten Rücken hinhalten, um vor Gott ein Opfer zu bringen, wenn es recht blutet, sondern, dass wir dieselbe zerbrechen. So ist es für mich gar nicht verborgen, und den geheimen Wegen Gottes zu überlassen, sondern klar und offenbar, wozu diese Erscheinung da ist.

Es kommt bei dieser Frage darauf an, ob man glaube, Gott dadurch zu dienen, dass man über seine vorgeblichen geheimen Pläne träumt, und die Entwicklung derselben leidend abwartet; oder dass man handelt nach seinem klar zu erkennenden Willen. Die grösste Gefahr, der man dabei sich aussetzen kann, ist der zeitliche Tod. Dieser aber ist so wenig ein Uebel, dass gewiss jeder, der zur klaren Erkenntniss gekommen ist, gern in jedem Augenblicke hinüberwandern würde auf einen höheren Schauplatz des Lebens, wenn er nicht wüsste, dass er durch eine solche Verlassung sich des höheren Lebens unwürdig machte.

Den Erleuchteten geht ein Staat, aufgebaut auf den Grundbegriff der Eigenthumserhaltung, mit allem seinem Treiben in einem Kriege gar nichts an, ausser, wiefern er ihn betrachtet *als den Entwickelungspunct eines Reiches der Freiheit*. Sein Zweck ist nur das letztere; für dieses aber, und, falls es auch selbst noch nicht in der Wirklichkeit wäre, für die *Hoffnung* und *künftige* Möglichkeit desselben, ist er stets bereit, Eigenthum und Leben auf das Spiel zu setzen.

So im Allgemeinen. Jetzt die Zeitfrage:

Ist die Entwickelung eines Reiches der Freiheit in Gefahr, — und in wie dringender?

Merken Sie folgende Sätze:

1) Die Menschen sollen schlechthin sich gestalten zu Reichen der Freiheit: denn nur in solchen der sittliche Zweck, dasjenige, wozu die ganze Menschheit ganz allein da ist. Der Menschheit *früheres* Leben hat wahren Werth, wiefern es Mittel und Bedingung ist dieser Entwickelung; und ausserdem ist es nichts. Mit dem Beginnen dieses Reiches ist das menschliche Leben erst eingeführt und geboren. Vorher nur der Embryo eines Menschengeschlechts, mit welchem die ewige Zeit schwanger geht.

2) Diese Gestaltung des Reiches kann erfolgen nur aus einer durchaus gemeinsamen Ansicht und Denkweise Vieler, die da Volk heissen. Gemeinsamkeit der *Sprache* ist Bedingung der Entwickelung und Verbreitung desselben, ist das von der geistigen Natur Vorausgegebene. Wie für uns alle schlechthin nur Eine und dieselbe Sinnenwelt ist (nicht von ungefähr, sondern nach einem absoluten Gesetze), so soll für gewisse Haufen seyn: *a*) eine Grundansicht *sittlicher* Welt überhaupt, als Bedingung des Zusammenlebens, — und daraus gesellschaftliche Verhältnisse. Ohne diese, zerstreute Naturmenschen, Wilde, Cannibalen, die denn doch Ehen und Eltern und Kinder haben. *b*) Diese Haufen sind *bestimmt* durch das Gesetz, das für alle schlechthin Eine, wie die Sinnenwelt (keine Willkürlichkeit: dies ist Wahn!), nur mit dem Unterschiede, dass dieses Gesetz nicht waltet schlechthin, wie das Naturgesetz, sondern durch freie Ausbildung, so dass man sich zur Erkenntniss desselben erheben muss. Dies eben ist der Zweck, dass *alle* sich dazu erheben. Die Darstellung dieser Ansicht, die Ausbildung aller zur Erkenntniss, damit das Gesetz durch ihre Freiheit sie bestimme, ist eben das Reich des Rechts. *c*) Diesem nun sollen sie sich gemeinschaftlich annähern; der jedesmalige Standpunct dieser Erkenntniss, der *allgemeine* im Durchschnitte, von welchem aus der Weg weiter zu bestimmen ist, ist die *Volksgesinnung,* das eigentlich das Volk zum Volke machende, sein Punct zwischen dem Wilden und dem Bürger des

Rechtsreiches. Dieser Fortgang das eigentlich Heilige; ihn stören, zurückschrauben, ist gottlos.

3) Dieser Fortgang, die *Geschichte,* wird gebildet nicht sowohl *durch,* als *an* gemeinsamen Begebenheiten. *An:* — wo denn die Freiheit Einzelner nachhilft, erleuchtet durch Religion und Wissenschaft, deren Resultat die Volkserziehung ist.

Die Geschichte begreift eigentlich nur der absondernde Beobachter, der darüber schwebt und den gemeinsamen Standpunct des Volkes durch den Gegensatz erkennt: das Volk nicht, eben weil es nicht darüber streitet, sondern ewig von seiner bestehenden Gesinnung als dem allbekannten Vordersatze ausgeht.

Doch ist eigentlich in dieser Untersuchung uns besonders lehrreich dasjenige in der Geschichte, wodurch eine Menge sich selber begreift als *Eins,* und zum Volke wird im *eigenen* Begriffe: — entweder durch hervorstechende Ereignisse, gemeinschaftliches Thun und Leiden, — wenn Einer leidet, leiden Alle, was Alle trifft, trifft Jeden, weil er zu dieser Menschenmenge gehört: durch Gemeinschaftlichkeit des Herrschers, des Bodens, der Kriege und Siege und Niederlagen und dergleichen; — oder auch der blosse Begriff Anderer von ihnen als *Eins* giebt ihn ihnen selbst.

Anwendung. *Die alten klassischen Völker* — Pflanzstädte, hervorgehend aus gebildeten Völkern, bildend, unterjochend, — sie selbst vereint durch gemeinsame Flucht, durch gemeinsame, nun erst als solche heraustretende Geistesbildung, das Volk schon abgetrennt vom Boden. *Griechen, Römer:* darin der Aufschluss des Innern ihrer Geschichte: die hohe Ausgebildetheit des Staates, ihre Liebe für Freiheit ohne Menschenrechte, daher, weil ihr Staat rein factisch, nicht philosophisch, nicht aus dem Begriffe hervorging.

Die *neuere* Welt: entwickelt aus einem Grundstamme von *Eingeborenen,* die ohne stäten Reichsverband jeder sein eigener Herr und Vertheidiger waren. Jene eingetreten in die Geschichte als Staat; diese durchaus ohne ein *solches Band.* Verbindungen zu Abenteuern, zu ernsthaften Unternehmungen, vorübergehend, fast allein gegründet auf die persönlichen Anknüpfungen — den Comitat, eine ganz eigene Erscheinung. — Wohl etwa im Begriffe der Römer als *Eins* genommen, nach Sprache, Sitten, Abstammung, aber durchaus nicht in ihrem eigenen. (Dies ist wohl zu merken.) Nur Religion vereinigte Einige, und gebot ihnen: im Uebrigen Selbsthülfe, Krieg der Einzelnen. — Gesetze über Abkaufung (Sühne) desselben erst eine spätere Erscheinung. — Uebrigens ein gewisser Grad *sittlicher* Bildung, z. B. Reinheit der Ehen.

Dieser Grundstamm bildete bis auf unsere Zeit, ausser den in der Mitte liegenden Spielarten, sich aus in folgenden beiden Extremen.

Ein Stamm, der sich Franken nannte, zog aus, und eroberte eine der schönsten Provinzen des römischen Reiches, die er auch bis auf unsere Zeit in unverrückter Folge behauptet hat. Die grosse Begebenheit, durch die sie in ihrem eigenen Bewusstseyn Eins, ein Volk wurden und es blieben, war gegeben; die Miteroberer waren in der Eroberung Eins. Mit dieser Einheit und von ihr aus erhielten sie nun alles Uebrige, Christenthum, Buchstaben, im Verlaufe der Zeiten sogar *Sprache,* Eigenthum und die Künste dasselbe zu geniessen; kurz, alle Bildung der Einzelnen ging aus von der Volkseinheit, keinesweges ging umgekehrt die Volkseinheit aus von der Bildung der Persönlichkeit. (Ich glaube hierin einen durchgreifenden, Licht über die ganze Geschichte verbreitenden Gedanken auszusprechen.) Daher: 1) Nationalstolz, oder vielmehr Eitelkeit, 2) Persönlichkeit als Erzeugniss der Gesammtheit, und diese, der Gesellschaft. — Diese — das Vorausgesetzte, Ausgemachte, nicht aus der Voraussetzung der Persönlichkeit und Freiheit entspringend, sondern aus der des blossen Zusammenlebens: nicht wie Einer für sich, sondern wie Mehrere beisammen seyn können. Die Gesellschaft nicht aus den Einzelnen, sondern die Einzelnen nur *in* der Gesellschaft; diese die Hauptsache, und die Einzelnen nur dazu da, dass sie dieselbe bilden. Für sich der Einzelne gar nichts, sondern nur durch seinen geselligen Werth. Daher die gesammten Erscheinungen des französischen Nationalcharakters: *geistreich,* liebenswürdig, guter Vater, Herr, Diener u. s. f.

Das Wichtige, was daraus hervorgeht, ist: 1) Dass sie sich selbst zum Gedanken der Freiheit und des Rechtsreiches nie erheben können, weil sie den des persönlichen Werthes, des rein schöpferischen, durch ihr Denksystem übersprungen haben; auch durchaus nicht begreifen können, dass irgend ein anderer Mensch oder Volk so etwas wolle und denke. Zum Reiche kommt es nicht auf diesem Wege: erst zur Persönlichkeit; diese überspringend, haben sie die Freiheit gewollt, durch Schriftsteller gereizt, und gehoben durch die öffentliche Meinung. 2) Dass sie von jedem zu jedem Zwecke gebraucht werden können, wenn er nur so glücklich ist, die allgemeine Meinung zu gewinnen; — so zu thun. — Ein solcher ist ihr Selbstherrscher, welchem zuwider sie gar nicht können. 3) Ihr Bestreben zur Verschmelzung anderer in diese Einheit und in diesen Gehorsam gegen die allgemeine Meinung, die eigentliche Wahrheit, über welche hinaus es für ihre Erkenntniss nichts giebt.

— Bei Anderen anders, wegen anderer Geschichte. *Spanier,* vertrieben und unterjocht. *Italiener,* nie Eins seyend. *Engländer,* Mannigfaltigkeit der Geschichte, und Folge der herrschenden Völker; gar nicht aus einem so einfachen Principe anzusehen, als andere. —

Die Zurückgebliebenen fingen erst an, durch Widerstand einen dunkelen Begriff von sich als Einem Stamme zu bekommen: indem sie diese Ausgewanderten unterschieden, begriffen sie sich als Deutsche, zum Stamme gehörige. Der Einheitsbegriff kam ihnen von aussen, im Innern blieben sie in ihrer Unabhängigkeit voneinander, in ihrer Sprache und Leerheit an Bildung. Indessen kam auch an sie Christenthum, und mit ihm Buchstaben, und mancherlei Verbesserung des Lebens, *wohlgemerkt* an Jeden für sich; der Mensch, die Person, die Familie höchstens ausgebildet, — nicht der Bürger: das Gute ohne Bürgerthum an den Freien. Um die schon so Gebildeten legte sich ein Reichsverband, aber äusserst locker. Die Anziehungen höchstens in einzelnen Provinzen durch die besonderen Fürsten, in Kämpfen gegen benachbarte Wenden, Slaven; aber

immer keine gemeinsamen Thaten und Geschichte, durchaus
kein Unternehmen der Art. Höchstens Stamm- und Sprach-
Einheit, nicht Volks- und Geschichts-Einheit. Diese Trennung
consolidirte sich durch die *Unabhängigkeit* der Fürsten: nun
mehrere Völker, feindlich gegeneinander, Erbfeinde; nur noch
zusammengehalten durch den Reichsverband, der jetzt ausgesprochen wurde als das, was er erst schon in der That war,
kein Staat, sondern ein Staatenbündniss. Die Deutschen Ein
Stamm, ähnlich in *negativer* Geschichte, zurückweisend jegliche
Verschmelzung zur Einheit, aber niemals, was auch Gelehrte
ihnen aufzudringen suchten, *ein Volk*. — Späterhin sogar durch
Confessionen getrennt; in ihrem Begriffe nie Eins; des föderati-
ven Staates Bürger höchstens nur die Fürsten, und diese Fö-
deration wie schwach und in sich selber getheilt! Preussen,
Sachsen, nicht Deutsche. Dennoch hat gerade diese Reichs-
verfassung, haben die Gelehrten, haben die Reisen der Kaufleute und Handwerker im Lande der deutschen Sprache diesen Einheitsbegriff eines deutschen Volkes, nicht als einen unmittelbar praktischen, sondern bloss historischen, und als ein
allgemeines Postulat, noch immer fort erhalten. Dieses Postulat nun von einer Reichseinheit, eines innerlich und organisch
durchaus verschmolzenen Staates darzustellen, sind die Deutschen meines Erachtens berufen, und dazu da in dem ewigen
Weltplane. In ihnen soll das Reich ausgehen von der ausgebildeten, persönlichen, individuellen Freiheit; nicht umgekehrt:
von der Persönlichkeit, gebildet fürs erste vor allem Staate vorher, gebildet sodann in den einzelnen Staaten, in die sie dermalen zerfallen sind, und welche, als blosses Mittel zum höheren Zwecke, sodann wegfallen müssen. Und so wird von ihnen aus erst dargestellt werden ein wahrhaftes Reich des Rechts,
wie es noch nie in der Welt erschienen ist, in aller der Begeisterung für Freiheit des Bürgers, die wir in der alten Welt
erblicken, ohne Aufopferung der Mehrzahl der Menschen als
Sklaven, ohne welche die alten Staaten nicht bestehen konnten: für Freiheit, gegründet auf Gleichheit alles dessen, was
Menschengesicht trägt. Nur von den Deutschen, die seit Jahrtausenden für diesen grossen Zweck da sind, und langsam

demselben entgegenreifen; — ein anderes Element ist für diese Entwickelung in der Menschheit nicht da.

Und statt dieser hohen Bestimmung könnte Jemand, dem darüber das Licht aufgegangen ist, zugeben, dass das Volk, auf dem sie ruht, ein Anhang, ein durchaus untauglicher Anhang werde jenes erst beschriebenen Volkes, und dagegen sich nicht setzen aus allen Kräften auf Leben und Tod?

Noch mehr, lassen Sie uns den Mann sehen, der an die Spitze jenes Volkes sich gestellt hat. Zuvörderst, er ist kein Franzose. Wäre er dies, so würden jene geselligen Grundansichten, jene Achtung für die Meinung anderer, und kurz für etwas ausser ihm selber, einige wohlthätige Schwäche und Inconsequenz seinem Charakter beimischen, wie dergleichen sich zum Beispiel im vierzehnten Ludwig, meines Erachtens der schlimmsten Ausgeburt des französischen Nationalcharakters, vorfanden. Aber er ist aus einem Volke, das schon unter den Alten wegen seiner Wildheit berüchtigt war, das gegen die Zeit seiner Geburt in harter Sklaverei noch mehr verwildert war, das einen verzweifelten Kampf gekämpft hatte, um die Fesseln zu zerbrechen, und in Folge dieses Kampfes in die Sklaverei eines nur schlaueren Herrschers gefallen und um seine Freiheit betrogen worden war. Die Begriffe und Empfindungen, die aus einer solchen Lage seines Vaterlandes sich entwickelten, mögen die ersten Bildungsmittel seines aufkeimenden Verstandes gewesen seyn. Unter der französischen Nation, die auf diese Weise ihm zuerst bekannt wurde, erhielt er seine Bildung, sie legte sich ihm dar in den Begebenheiten einer Revolution, deren innere Triebfedern zu schauen er alle Gelegenheit hatte, und er musste bald mit innigster Klarheit dieses Volk begreifen lernen, als eine höchst regsame Masse, die da fähig wäre, durchaus jedwede Richtung anzunehmen, keineswegs aber durch sich selbst sich eine bestimmte und dauernde zu geben. Konnte es anders kommen, als dass er, wie er diese Nation fand, der er selbst seine Verstandesausbildung dankte, und die er ungefähr für die erste halten mochte, so auch das ganze übrige Menschengeschlecht ansahe? Von einer höheren sittlichen Bestimmung des Menschen hatte er

durchaus keine Ahnung. Woher sollte er sie bekommen, da
sie nicht, wie etwa bei den Franzosen, durch eine glückliche
Angewöhnung in früher Jugend ihm zu Theil ward, durch deutliche Erkenntniss aber vermittelst der Philosophie oder des
Christenthums seine spätere Bildung sie ihm auch nicht darbot? Zu dieser vollkommenen Klarheit über die eigentliche
Beschaffenheit der Nation, über die er sich der Oberherrschaft
bemächtigte, trat ein durch seine Abstammung aus einem kräftigen Volke begründeter, und durch seinen stäten, aber zu verbergenden Widerstreit gegen die Umgebungen seiner Jugend
gestählter, kräftiger und unerschütterlicher Wille. Mit diesen
Bestandtheilen der Menschengrösse, der ruhigen Klarheit, dem
festen Willen ausgerüstet, wäre er der Wohlthäter und Befreier
der Menschheit geworden, wenn auch nur eine leise Ahnung
der sittlichen Bestimmung des Menschengeschlechts in seinen
Geist gefallen wäre. Eine solche fiel niemals in ihn, und so
wurde er denn ein Beispiel für alle Zeiten, was jene beiden
Bestandtheile rein für sich, und ohne irgend eine Anschauung
des Geistigen geben können. Es bildete sich ihm hieraus folgendes Erkenntnissgebäude: dass die gesammte Menschheit eine
blinde, entweder gänzlich stagnirende, oder unregelmässig und
verwirrt durcheinander und miteinander streitend sich regende
Masse von Kraft sey; dass weder jene Stagnation seyn solle,
sondern Bewegung, noch diese unordentliche, sondern eine
nach Einem Ziele sich richtende Bewegung: dass selten, und
durch Jahrtausende getrennt Geister geboren würden, die bestimmt seyen, dieser Masse die Richtung zu geben, dergleichen
Einer Karl der Grosse gewesen sey, und er der Nächste nach
ihm, dass die Eingebungen dieser Geister das Einzige, und
wahrhaft Göttliche und Heilige, und die ersten Principien der
Weltbewegung seyen, und dass für sie schlechthin alle andere
Zwecke der Sicherheit oder des Genusses aufgeopfert, für
sie alle Kräfte in Bewegung gesetzt, und jedwedes Leben in
Beschlag genommen werden müsse, und dass es Auflehnung
sey gegen das höchste Weltgesetz, solchen Anregungen sich
entgegenzusetzen. In ihm sey erschienen dieses Weltgesetz in
der neuen Ordnung der Dinge, die er in dem Culturstaate, un-

ter seiner Oberherrschaft ausführen wolle: das nächste Glied dieser Ordnung sey dermalen die *Freiheit* der Meere, wie er sagt, die *Oberherrschaft* der Meere in seinen Händen, wie er es eigentlich meint, und für diesen allernächsten durch das Weltgesetz gesetzten Zweck müsse alles Glück von Europa aufgeopfert werden, alles Blut fliessen; denn dafür allein sey es da. Diesen grossen Weltplan, der freilich über das Ziel eines Menschenlebens sich hinauserstreckt, soll nun nach ihm seine Dynastie fort- und ausführen, so lange bis etwa nach einem Jahrtausend ein anderer inspirirter Held wie er auftreten, und mit neuer Offenbarung in seine und Karls Schöpfung eingreifen wird.

Man hat geahnet, dass es mit ihm ein anderes Bewenden habe, als mit anderen vorzeitigen und gleichzeitigen Herrschern. So ist es auch. Oeffentliche Blätter zwar meinten, dass die Gesinnungen eines Generals in ihm verschwinden würden durch Einführung der Erbfolge für seine Dynastie. Nicht recht begriffen. — Jene Herrscher sind gewohnt, sich als Vertheidiger des Eigenthums und Lebens anzusehen, als Mittel zu diesem Zwecke, der darum nie aufgeopfert werden darf: dieser setzt sich als Vertheidiger eines absoluten, — selbst Zweck seyenden — Willens, eines Weltgesetzes, in der That aber nur eines individuellen Willens, einer *Grille,* ausgerüstet mit der formalen Kraft des sittlichen Willens. (Dies ist sein wahres unterscheidendes Wesen. Jene sind nicht im Stande, ihren gegen sie immer noch erhabenen Gegner auch nur zu begreifen.) Es ist allerdings wahr, dass Alles aufgeopfert werden soll — dem Sittlichen, der Freiheit; *dass* Alles aufgeopfert werden soll, hat er richtig gesehen, für seine Person beschlossen, und er wird sicher Wort halten bis zum letzten Athemzuge; dafür bürgt die Kraft seines Willens. — Seine Denkart ist mit Erhabenheit umgeben, weil sie kühn ist und den Genuss verschmäht; darum verführt sie leicht erhabene, das Rechte nur nicht erkennende Gemüther. — Nur soll es eben nicht geopfert werden seinem eigensinnigen Entwurfe; diesem aufgeopfert zu werden, ist er selbst sogar viel zu edel; der Freiheit des Menschengeschlechts sollte er sich aufopfern, und uns alle mit sich, und dann müsste

z. B. ich, und Jeder, der die Welt sieht, wie ich sie sehe, freudig sich ihm nachstürzen in die heilige Opferflamme.

In dieser Klarheit und in dieser Festigkeit beruhet seine Stärke. — In der Klarheit: alle unbenuzte Kraft ist sein; alle in der Welt gezeigte Schwäche muss werden seine Stärke. Wie der Geier schwebt über den niederen Lüften, und umherschaut nach Beute, so schwebt er über dem betäubten Europa, lauschend auf alle falschen Maassregeln und Schwächen, um flugschnell herabzustürzen, und sie sich zu Nutze zu machen. In der Festigkeit: die Anderen wollen auch wohl herrschen, aber sie wollen noch so vieles Andere nebenbei, und das Erste nur, wenn sie es neben diesem haben können; sie wollen ihr Leben, ihre Gesundheit, ihren Herrscherplatz nicht aufopfern; sie wollen bei Ehren bleiben; sie wollen wohl gar geliebt seyn. Keine dergleichen Schwächen wandelt ihn an: sein Leben und alle Bequemlichkeiten desselben setzt er daran, der Hitze, dem Froste, dem Hunger, dem Kugelregen setzt er sich aus, das hat er gezeigt: auf beschränkende Verträge, dergleichen man ihm angeboten, lässt er sich nicht ein; ruhiger Beherrscher von Frankreich, was man ihm etwa bietet, will er nicht seyn, sondern ruhiger Herr der Welt will er seyn, und, falls er das nicht kann, gar nicht seyn. Dies zeigt er jetzt, und wird es ferner zeigen. Die haben durchaus kein Bild von ihm, und gestalten ihn nach ihrem Bilde, die da glauben, dass auf andere Bedingungen mit ihm und seiner Dynastie, wie er sie will, sich etwas Anderes schliessen lasse, denn Waffenstillstände. Ehre und Treue? Er hat es freiwillig bei der Einverleibung Hollands ausgesprochen, dass ein Herrscher damit es halte, wie die Zeiten es mit sich bringen: so lange es ihm selbst zuträglich ist, — ja — wenn es ihm nachtheilig wird, nicht mehr. Daher kommt auch in allen neueren Staatsschriften desselben das Wort: *Recht*, gar nicht mehr vor, und fällt nach ihm heraus aus der Sprache, sondern es ist allenthalben nur die Rede vom *Wohle* der Nation, dem Ruhme der Armeen, den Trophäen, die er in allen Landen erfochten.

So ist unser Gegner. Er ist begeistert und hat einen absoluten Willen: was bisher gegen ihn aufgetreten, konnte nur rechnen, und hatte einen bedingten Willen. Er ist zu besiegen auch nur durch Begeisterung eines absoluten Willens, und zwar durch die stärkere, nicht für eine Grille, sondern für die Freiheit. Ob diese nun in uns lebt, und mit derselben Klarheit und Festigkeit von uns ergriffen wird, mit welcher er ergriffen hat seine Grille, und durch Täuschung oder Schrecken Alle für sie in Thätigkeit zu setzen weiss, davon wird der Ausgang des begonnenen Kampfes abhängen.

Ich habe gethan, was mir obliegt, indem ich mit *der* Klarheit, die mir beiwohnt, diese meine Ansicht mittheile denen, die meiner Mittheilung begehren, und in ihnen den Funken dieser uns nöthigen Begeisterung zur Flamme anzufachen suche.

Nur noch dies gegen den Einwurf: diese Darstellung von ihm sey übertrieben und unwahr:

1) von solchen, die, weil sie selbst ungefähre Zusammenstimmung der verschiedensten Bestandtheile sind, sich auch ausser sich nichts Anderes, denn dies, nichts in sich Zusammenhängendes einbilden können, denen darum diese Schilderung unglaublich ist. Diesen ist nicht zu helfen, ausser durch Bildung zur Anschauung, und vorher, damit dieses möglich sey, zum eigenen *Seyn:* und dies lässt sich mit einer Abhandlung nicht abthun.

2) Von solchen, die dies nicht sind. Diese erinnere ich: dass man Aeusserungen von ihm hat, und dass dadurch klar und begreiflich daliegt sein ganzes Leben, dessen Hauptzug gänzliche Blindheit für die sittliche Bestimmung des Menschengeschlechts ist; übrigens alle Bestandtheile des grossen Mannes, die sein Zeitalter ihm zugesteht, ausser wo es aus Furcht lügt und lästert wie die Kinder.

Zum entscheidenden Beweise seiner gänzlichen Blindheit für die sittliche Bestimmung des Menschengeschlechts gedenken wir der bestimmten That, durch die er vor Welt und Nachwelt das Gepräge seines Wesens sich aufgedrückt hat. Dies umsomehr, da nach den Wünschen unserer eigenen Herrscher und ihrer Werkzeuge, denen diese That nach ihrem Sinne war, ein allgemeines Stillschweigen über sie eingetreten ist, und sie anfängt, aus dem Andenken der Zeitgenossen herauszufallen. Die ihm das Schlimmste nachsagen wollen, deuten nur immer hin auf des Prinzen Enghien blutigen Leichnam, als ob dies der höchste Gipfel wäre seiner Thaten. Ich aber meine eine andere, gegen welche Enghiens Ermordung beinahe in Nichts verschwindet, und nach meinem Sinne nicht werth ist, herausgehoben zu werden, weil sie durch die einmal angehobene Bahn mit Nothwendigkeit gefordert wurde.

Die französische Nation war im Ringen nach dem Reiche der Freiheit und des Rechts begriffen, und hatte in diesem Kampfe schon ihr edelstes Blut verspritzt. — Aber diese Nation war der Freiheit unfähig, sagt man — und ich gebe dies nicht nur zu, sondern ich glaube es sogar beweisen zu können. Aus folgenden Gründen: 1) weil, da Einstimmigkeit über das Recht nicht möglich war, bei diesem Nationalcharakter jede besondere Meinung ihre Partei finden, und so — ohne eine schützende Gewalt — die Parteien im inneren Kampfe sich selbst aufreiben mussten, wie sie auch eine Zeitlang thaten. 2) Weil es in der ganzen Nation an der Bedingung einer freien Verfassung fehlte, der Ausbildung der freien Persönlichkeit, unabhängig von der Nationalität.

So darum stand es freilich. Indem nun diese Selbsterkenntniss anfing aufzudämmern, fiel — ich will davon schweigen, durch welche Mittel — diesem Manne die höchste Leitung der Angelegenheiten zu. Bilder der Freiheit waren in manchen begeisterten Schilderungen an ihn gekommen; ganz unbekannt war ihm darum nicht der Begriff, und dass er gedacht würde. Wäre nur irgend eine Verwandtschaft dieses Begriffes zu seiner Denkweise, irgend ein Funke des Verständnisses dafür in ihm vorhanden gewesen, so hätte er den Zweck nicht aufgegeben, wohl aber das Mittel gesucht. Es hätte sich ihm nicht verborgen, dass dieses sey eine vielleicht mehrere Menschenalter dauernde regelmässige Erziehung der französischen Nation zur Freiheit. Es hätte dem Manne, der sich eine Kaiserkrone und eine benachbarte Königskrone aufzusetzen, und sich der Erbfolge zu versichern vermochte, nicht fehlen können, sich an die Spitze dieser Nationalerziehung zu setzen, und dieselbe Stelle einem Nachfolger, den er für den würdigsten dazu gehalten hätte, zuzusichern. Dies hätte er gethan, wenn ein Fünklein ächter Gesinnung in ihm gewesen wäre. Was er dagegen gethan, wie er listig und lauernd die Nation um ihre Freiheit betrogen, braucht hier nicht ausgeführt zu werden: jenes Fünklein ist darum nicht in ihm gewesen. Und so wäre denn meine Schilderung von ihm zur Demonstration erhoben, insoweit dies bei einem historischen Gegenstande möglich ist.

Dritter Abschnitt.

Von der Errichtung des Vernunftreiches.

Voraussetzungen.

Nur Gott *ist*. Ausser ihm nur *seine Erscheinung*. — In der Erscheinung nun das einzige wahrhaft Reale die *Freiheit*, — in ihrer absoluten Form, im *Bewusstseyn;* also als eine Freiheit von *Ichen*. Diese und ihre *Freiheitsproducte* das wahrhaft Reale. — An diese Freiheit nun ist ein Gesetz gerichtet, ein Reich von *Zwecken*, — das Sittengesetz. — Dieses darum und sein Inhalt die einzig realen Objecte.

Die Sphäre der Wirksamkeit für sie — die *Sinnenwelt:* diese nichts denn *das;* in ihr keine positive Kraft des Widerstandes oder des Antriebes. Wer diese Antriebe gelten lässt, oder diesem Widerstande weicht, ist *unfrei, nichtig*. Nur durch die Freiheit ist er Glied der *wahren* Welt, ist er durchgebrochen zum *Seyn*.

Die Freiheit des Geistigen ist, wie gesagt, zertheilt in eine Individuenwelt. Diese insgesammt *frei;* in doppelter, oder auch in dreifacher Bedeutung: 1) von der *Natur;* diese soll nicht selbst Antrieb, vielmehr völlig unterworfen seyn jedem Zweckbegriffe, den man sich in ihr setzen kann, d. h. den das *sittliche Gesetz* setzt. 2) In der *Gemeine:* Keiner soll die Freiheit des Anderen stören. — Er soll dies weder *unmittelbar* — durch *Widerstand,* noch *mittelbar,* indem er in der Einen und zusammenhangenden Natur dasjenige unterlässt, was die gebührende Herrschaft des Ganzen erfordert. (Den letzteren Punct setzen wir näher auseinander: — 1) Wie das Sittengesetz redet, soll die Natur Werkzeug *seyn,* oder *werden können.* 2) Dazu gehören Alle. — Fehlt sonach Einer, so ist die Freiheit dessen, der das Gesetz will, und ohne Zweifel Recht hat es zu wollen, gestört. Jch bitte Sie, es im Ganzen zu fassen. Die Anwendung, die sehr wichtig ist, tiefer unten!)

Der erste Punct wird an seinen Ort gestellt: *Kunstlehre.* — Aber der zweite: Es ist Vernunftgesetz, dass keiner die Freiheit eines Anderen und des Ganzen stören oder aufhalten soll: die Regel einer Ordnung, in der dies so sich verhält, ist die Rechtsregel, das Rechtsgesetz.

Es ist selbst ein *sittliches* Gesetz, denn es ist die Bedingung aller Sittlichkeit. — Das Recht soll also schlechthin herrschen, so gewiss die Sittlichkeit schlechthin seyn soll. Und zwar ist es das Gesetz der Bedingung.

Den Begriff dieser Ordnung aber enthält und handelt ab die *Rechtslehre.*

Wie nun aber finden wir darin einen besonderen, empirisch bedingten Theil, welcher dermalen noch nicht gilt, und wohlgemerkt dies nicht etwa als Ausnahme, sondern in der Regel nicht, der nach dem Geiste und Standpuncte der Zeit nicht gelten kann, der nicht einmal in den *Zeitbegriffen* liegt?

Dabei nun haben wir gründlich zu Werke zu gehen; — nicht rhapsodisch verfahrend, sondern ausgehend von einer Einheit, aus der die ganze Untersuchung sich entwickeln soll.

So heben wir an von dem *Widerspruche,* der in dem Begriffe der Errichtung eines Rechtszustandes nothwendig liegt. — (Diesen Widerspruch zu heben, ist Sache der Entwicklung des Menschengeschlechts: so lange er nicht gehoben ist, herrscht das Recht nicht durchgängig; er ist aber bis jetzt nicht gehoben.)

Satz: Jeder soll frei seyn: — *er soll nur seiner eigenen Einsicht folgen.* Wir sagen: *jeder*; es soll also in der Welt der freien Iche durchaus keinen geben, der irgend einem anderen, denn seiner freien Einsicht gehorche.

Beweis: Freiseyn heisst: erste unabhängige Ursache seyn. Nun geht diesem Ursacheseyn freilich voraus ein Begriff von dem Zwecke, der nur in der freien Person selbst, und ihr eigener Begriff seyn kann. — Wäre dieser Begriff der eines fremden Ich (dessen Einsicht), so müsste dieses ihn erst thätig und wirksam machen durch irgend einen Zwang für einen anderen: dieser wäre darum zweites Glied in der Reihe der Ursachen und Wirkungen. Dann aber ist er nicht frei.

(Weitere Exposition: frei nur ein Wille als absolut *erstes reales* Glied, schlechthin *anhebend*, mit Beschränkung auf den Zweckbegriff = x, der nur in *ihm selbst* liegen kann. — Anders ist es Zwang; er *muss*.)

Wir können den Satz auch so ausdrücken: Keiner soll auf irgend eine Weise durch andere gezwungen werden. — Reich der Freiheit schliesst aus jeden Zwang. Dies liegt im Rechtsgesetze; der Zwang ist absolut gegen das Recht. Er raubt die *innere* Freiheit des Individuums. Dies merken Sie wohl.

Gegensatz: Was im Rechtsbegriffe liegt, soll schlechthin seyn; denn das einem Jeden gebotene Sittliche soll schlechthin seyn. Ohne Freiheit ist aber sittlicher Zweck gar nicht ausführbar: *der Rechtsbegriff müsste darum sogar mit Zwang und mit Gewalt durchgesetzt werden.* — Auch thut die Einführung des Rechtsbegriffes wenigstens der äusseren Freiheit keines Menschen Abbruch: denn was durch diesen ihr entzogen wird, ist gar nicht seine Freiheit als sittliches Wesen und Mitglied der Gemeine, in welcher Rücksicht allein er Freiheit hat, und ein Recht auf dieselbe. (Er soll es niemals: wenn die Sittlichkeit Natur wäre, so würde er es niemals wollen oder können: es ist gar nicht *seine* Freiheit, als eines Ich, sondern Gewalt einer unbändigen Natur, die durch die Freiheit eben schlechthin unterjocht werden soll.) — Für das Recht ist sonach der Zwang sogar *geboten,* wievielmehr also erlaubt.

Es ist für die Gründlichkeit und Klarheit unserer gegenwärtigen Vorträge entscheidend, für das gesammte System der

Wissenschaftslehre aber erläuternd und belehrend, die innere Natur dieses Widerspruches recht kennen zu lernen.

Der *Gegensatz* stützt sich darauf, dass diesseits des Rechts und dem Rechte zuwider es gar keine Freiheit und kein Recht darauf gebe, das etwa zu schonen sey, sondern nur Naturgewalt, welche rings um sich herum zu unterdrücken erste Bedingung alles sittlichen Lebens sey. Er läugnet, durch jeglichen Zwang für das Recht und um des Rechts willen mit irgend einer Freiheit in Berührung zu kommen. — Nur als Mitglied des sittlichen Reiches habe jemand Freiheit und Recht: anders sey er gar nicht zu dulden, sondern wie eine Flamme, ein wüthendes Thier zu bändigen. — Bei dieser *Anmuthung* schlechthin an jeden ist aber dieser als bloss formales Mitglied des sittlichen Reiches überhaupt gemeint, sage ich: was die besondere Pflicht des Einzelnen sey, darüber könne keiner für den anderen entscheiden; was dagegen zur Pflichtmässigkeit überhaupt gehöre, sey ein absoluter Gemeinbegriff, von dem jeder Einzelne in die Seele aller schlechthin urtheilen, und im Namen aller das Urtheil auf sich nehmen könne.

Von diesem allen läugnet nun der *Satz* durchaus nichts. Er bemerkt bloss, dass selbst zum Mitgliede der sittlichen Gemeine der Mensch durch eigene Freiheit sich erheben solle, — *erheben,* schrittweise; — dagegen der Gegensatz ihn auf einmal, durch Zwang, wenigstens seiner äusseren Erscheinung nach, hineinversetzen will. Da liegt der Punct des Widerstreites; im Begriffe der Freiheit: diesen nehmen beide in einem streitenden, doppelten Sinne. Jener: es giebt gar keine dem Rechte zuwider; darum beschränke ich auch keine durch meinen Zwang: es ist da nur Naturwesen; — dieser: obwohl dies Naturwesen ist, so behält es doch die formale Freiheit, von der Natur aus in die sittliche Welt durch eigene Freiheit sich zu erheben; — jener: Freiheit nur in der sittlichen Welt; einer anderen sie gar nicht zugestehend: reiner Idealist; — dieser, beide Welten ins Auge nehmend, und den Uebergang von der einen zur anderen auch erfassend als Freiheit; — jener: nur in der sittlichen Welt giltst Du, ausserdem bist Du nichts, und giltst nichts! — dieser: auch im Uebergange zu jener Welt, in der Du nicht geboren bist, bist Du dein eigenes Princip.

Aus dieser Einsicht in den Sitz des Widerspruches wird sich das Lösungsmittel ergeben. Daran gehen wir sogleich, ohnerachtet über Satz und Gegensatz noch manches zu sagen wäre.

Der Gegensatz, was will er aufheben, und was kann er durch seinen Zwang aufheben? Den Ausbruch des rechtswidrigen Willens in die *That.* So, wenn er spricht: — diese Freiheit, dieses Recht hat niemand, es ist Naturgewalt, — was meint er? Eben die Aeusserung in der Erscheinung. — Nicht aber kann er, noch will er aufheben den *inneren* bösen Willen. Er hat ein Naturgesetz als Zwang gebraucht, z. B. Furcht vor der Strafe; da gerade bleibt der böse eigennützige Naturwille, der sogar zur Triebfeder geworden. Anders kann er nicht, weil er nichts denn äusseren Zwang hat. Es ist ihm genug, die sittliche Freiheit, falls sie irgendwo ist, zu schützen. — Der Gezwungene bleibt ihm übrigens Natur, nur unschädliche Natur, ein gezähmtes wildes Thier. Er redet von der That, nicht vom Willen.

Der *Satz* hingegen redet vom Willen, nicht von der That. — Will er, dass das Rechtswidrige geschehe, die Naturgewalt herrsche? Wie kann er, ohne die Erscheinung des sittlichen Reiches ganz unmöglich zu machen! — Nur will er, es solle aus Einsicht, aus den Willen bewegender Einsicht unterlassen werden; unterlassen also freilich. — Ueber die Unterlassung, als unbedingt nothwendig, sind beide einig; der letztere fügt bloss einen Bestandtheil hinzu, den der erstere überging.

Und so ist denn ihr Verhältniss gefunden. Der erste will, wobei angehoben werden muss, der zweite, was nachgeholt werden soll. Wenn das Rechtswidrige anfangs auch bloss aus Zwang, ohne Einsicht und guten Willen unterlassen wird, folgt denn daraus, dass es späterhin nicht aus Einsicht unterlassen werden könne? Muss das Rechtswidrige denn geschehen, rechte Verwilderung eintreten, damit die Einsicht komme; oder ist es nicht vielmehr ein gutes und rechtes Beförderungsmittel der Einsicht, wenn das Gegentheil derselben ohnedies nicht herausbrechen darf: man nicht bestochen wird für das Falsche, sondern den Willen und die Erkenntniss hinterher nur noch zu unterwerfen hat der ohnedies bestehenden Beschaffenheit der Dinge?

Von der Freiheit des Naturwesens daher, dem Naturwillen ist zunächst die Rede. — Dieser hat äusserlich sich darzuthun durchaus kein Recht; er soll unterdrückt werden, wo er sich zeigt, und jeder, der es erkennt und vermag, hat Recht zu dieser Unterdrückung. Das *äussere* Recht soll erzwungen werden; innerlich aber durch Belehrung die Freiheit gebildet werden zur Einsicht: der gute Wille des Rechts soll in jedem auf eigene Einsicht aufgebaut werden.

Weitere Auseinandersetzung in Folgesätzen:

1) Zur rechtlichen Verfassung die Menschen zu zwingen, dem Rechte sie durch Gewalt zu unterjochen hat jeder, der die Erkenntniss hat und die Macht, nicht nur das Recht, sondern die heilige Pflicht; der Einzelne die ganze Menschheit, falls es sich so träfe; denn zum Rechtswidrigen haben sie gegen ihn kein Recht und keine Freiheit.

— Zum *Rechte,* welches ein absolut bestimmter gemeingültiger Begriff ist, den sie alle haben *sollen,* den sie auch alle haben werden, sobald sie zu seiner Bildung sich erheben, und den Er indessen hat im Namen aller, als Stellvertreter, von des in ihm wirkenden Gottes Gnaden. Die Richtigkeit dieses Begriffes muss er auf sein eigenes Gewissen nehmen. — Er wäre der von Gott eingesetzte Zwingherr.

(Die Voraussetzung ist dabei, das Recht sey ein schlechthin in der Vernunft liegender, rein apriorischer Begriff: — nicht etwas, worüber sich alle erst willkürlich verständigen, indem jeder schon vor dem Rechte voraus besitzt, und davon aufgiebt: — so nach Rousseau's *contrat social,* empirisch, willkürlich, erdichtet; ein Grübeln über speculative Aufgaben auf gutes Glück ohne speculative Principien. Darauf die französische Revolution: kein Wunder, dass sie, aus solchen Grundsätzen hervorgehend, so ablief!)

2) Dies jedoch nur unter der Bedingung, dass mit der Zwangsanstalt eine zweite verbunden werde, *um Alle zur Einsicht der Rechtmässigkeit des Zwanges, und so zur Entbehrlichkeit desselben zu bringen.* Denn ohne diese zweite Anstalt ist der Zwang, der freilich nicht gegen ihr äusseres Recht auf Handlungen ist, gegen ihr inneres Recht und ihre Freiheit, nur zu gehorchen ihrer eigenen Einsicht. (Hierdurch wird eben mit dem Gegensatze die Aussage des Satzes über das innere Recht vereinigt.) — Bildung aller zu einer *bestimmten, so und so* sich verhaltenden Einsicht, die nur der Zwingherr und der Erzieher vor ihnen allen hatte; die darum, so gewiss der Rechtsbegriff Einer ist, nicht willkürlich und wandelbar seyn wird, sondern die Eine und gemeinsame für alle; — wandelbar nur der *Form* der Einsicht, nicht der Qualität nach. — Dies aber eben ist das nicht aufzugebende Ziel, hervorzubringen eine den Willen bewegende Einsicht aller, dass es das Recht sey, wozu sie bisher gezwungen worden.

Zur näheren Erläuterung:

1) Nur zum Rechte darf gezwungen werden; jeder andere Zwang ist durchaus widerrechtlich (abscheulich, teuflisch). Der Zwingherr muss voraussetzen können, dass seine Einsicht untrüglich sey, und ist hierüber seinem Gewissen verantwortlich.

2) Für Andere ist indessen dieser Zwang selbst der Form nach rechtmässig nur, inwiefern der Zwingherr erbötig ist, aller Welt den Beweis zu führen, dass seine Einsicht also untrüglich sey, und inwiefern er Alles, was an ihm ist, thut, um diesen Beweis führen zu können. Alle haben das Recht, nur ihrer Einsicht zu folgen; dies das ewige und unveräusserliche: dass sie vorläufig dem Zwange gehorchen müssen, geschieht nur aus Noth, weil ihre Einsicht nicht die rechte ist. Um ihres Rechtes willen aber muss eine Anstalt errichtet werden, wodurch ihre Einsicht zur rechten gebildet werde.

Kein Zwang, ausser in Verbindung mit der Erziehung zur Einsicht in das Recht. Dieser letzte Bestandtheil fügt jenem erst die Form der Rechtmässigkeit hinzu. Der Zwingherr zugleich Erzieher, um in der letzten Function sich als den ersten zu vernichten. — Dass Recht ist, was ich gebiete, wirst Du nachmals wohl einsehen, wenn Du mündig bist; wirst dann einsehen, dass ich nur die Stelle der eigenen Vernunft in Dir vertreten habe: wirst einsehen, dass Du selbst mich gewählt haben würdest. — Dies die Rechenschaft der Rechtmässigkeit seiner Oberherrschaft, die er nicht nur Gott, sondern auch der Menschheit ablegen will. Ohne dies der Zwingherr, wenn er auch der Materie nach zum Rechte zwänge, der Form nach ein Tyrann und Usurpator. — Dadurch ist erst die *Gleichheit* wiederhergestellt; der Zwingherr macht den Gezwungenen wieder zu seinem Richter.

Rechtszwang wird nur durch beigefügte Erziehung des gezwungenen Volkes zur Einsicht und zum guten Willen rechtmässig; ausserdem ist sie rechtswidrig. — Das aber, wozu gezwungen wird, und das, was durch Erziehung der Einsicht hingelegt wird, ist durchaus dasselbe: das letztere kann aber nur der Vernunftbegriff seyn vom Rechte; denn über nichts Anderes kann die Einsicht aller sich vereinigen.

So haben wir der Rechtslehre einen an sich klaren, jedoch höchst wichtigen Begriff, die Lehre von Errichtung des Reiches, beigefügt, der bisher fast allgemein verkannt wurde. Dunkel gefühlt, hat er zu einem Streite Veranlassung gegeben, der auch mir oft vorgekommen; — in folgender Form, in der ich denselben auch wohl darstellen kann: — Mit dem Pöbel und den Philistern möge es seyn, wie es wolle; die Freiheit der Studenten, die akademische bestehe aber darin, dass sie keine Gesetze anerkannten, als die, deren Nothwendigkeit sie selbst einsähen, und die sie sich gäben. Hierbei werde bedacht: 1) Nicht nur für Studirende gilt dies, sondern schlechthin für alle Menschen; — nicht akademische, sondern bürgerliche Freiheit überhaupt, dass man keinem Gesetze gehorche, dessen Nothwendigkeit man nicht einsehen, und es sich selbst geben *sollte* und würde, wenn man verständig wäre. 2) Keinesweges aber gilt es empirisch, — was sie wirklich einsehen und sich geben. — Bei den Studirenden ist nur die Voraussetzung, dass sie mehr Verstand haben, ihre Einsicht einen grösseren Umkreis umfasse, als bei dem Volke. — Dies die akademische und überhaupt aller gebildeten Menschen Freiheit: — mehr Einsicht und guter Wille, weniger Zwang. 3) Von den Studirenden aber, ebendarum weil sie Studirende sind, ist nicht zu erwarten, dass sie Alles einsehen, auf der höchsten Spitze der Intelligenz ihres Zeitalters und ihres Volkes stehen: — wenn man warten sollte auf die durch die Majorität gegebenen Ordnungsgesetze, würde es mit dem akademischen Gemeinwesen gar schlecht bestellt seyn: — also auch hier, wie es bei der Erziehung und in allen Ständen ist, soll man gehorchen ohne Zeitverlust und auf der Stelle, — sodann freilich auch einsehen, wenn die Zeit kommt; denn dies muss wohl Aufschub leiden. — Dass nichts verordnet werde, was nicht eingesehen werden schlechthin soll, und auch wird, wenn sie nur auf die gehörige Stufe der Verstandesbildung kommen, dies versteht sich von selbst; dies haben diejenigen, die da verordnen, zu verantworten. Die Bildungsanstalt aber — wie könnte diese Studirenden fehlen! Wenn sie jedoch einst bei Verstandesreife das Gegentheil finden, so mögen sie unser Andenken verwünschen, und ja sorgen für die Gesetze des Gegentheils, dass geboten werde, was sie gern thäten, nun ihnen aber leider verboten ist. —

In Summa: die Menschheit, als eine widerstrebende Natur, soll allerdings ohne alle Gnade und Schonung, und ob sie es verstehe oder nicht, gezwungen werden unter die Herrschaft des Rechts durch die höhere Einsicht. Mit diesem Zwange muss aber unabtrennlich verbunden werden eine Anstalt, um diese höhere Einsicht zu machen zur gemeinschaftlichen Einsicht aller. Wie der Urheber gesinnt war, so sollen nach Verlauf eines Zeitraumes gesinnt seyn schlechthin alle ohne Ausnahme. Nur durch das letzte wird das erste rechtlich.

Nochmals der Gegensatz von einer anderen Seite:

Satz: Jeder soll handeln schlechthin nach seiner eigenen Einsicht: nur so ist er frei. Kein Zwang!

Gegensatz: Aber Einsicht des Rechten sogar lässt sich nicht hervorbringen ohne einen Zwang, ohne Beschränkung der äusseren Naturfreiheit; — ohne ein Anhalten des Handelns, um zurückzuziehen auf Betrachtung und Erwägung. — Die Natur strömt immerfort, hält nicht an zur Reflexion: dies letzte leistet uns die Vernunft von anderen aus in der Gemeine, wider unseren eigenen Willen. — Durch Hineinkommen in diese Sphäre entsteht sogar eine Süssigkeit der Betrachtung: woher sonst die Wissenschaft? — Aber von Natur aus nicht.

Auflösung: *Zwang* ist die Bedingung zur Hervorbringung der Einsicht und zur Annahme der Zucht: — ist das Mittel, wie die Einsicht der Gemeine sich anknüpft an das Individuum, und das Individuum aus einem blossen Naturwesen in ein geistiges verwandelt. Dieser Zustand der Ruhe nun, in der die Belehrung über das Leben an Erwachsene kommen kann, ist der innerliche Friede und Rechtszustand; der Zwangsstaat darum eigentlich die Schule für das Reich aus der Einsicht aller.

Die Lehre von Errichtung eines Rechtszustandes ist daher klar, und ohne alle Schwierigkeit. *Aeusseres* Recht muss *unbedingt* seyn, von Stund an, als Einer es denkt; denn es ist die einzige Weise freier Wesen da zu seyn: (ihr Natur-, substantielles und Seynsgesetz. *Naturgesetz;* darum Zwang). Zwingherr kann jeder seyn, der es einsieht, und es vermag: er verletzt dadurch weder die *äussere* Freiheit von irgend einem, noch auch die *innere;* wenn er nur Rechenschaft ablegen will, dass es das Recht sey, wozu er zwingt, und Anstalten trifft zur Möglichkeit dieser Rechenschaft, durch Bildung zur Einsicht in das Recht. — Ein durch Gott selbst in der Stimme des Sittengesetzes eingesetzter Erzieher der Menschheit; — göttlichen Rechtes!

Voraussetzung hierbei ist die: dass der Rechtsbegriff so klar sey, mit so überwiegender Evidenz sich als objectiv gültig darstelle, dass der Urheber es auf sein Gewissen nehmen, und fest überzeugt seyn könne, dass die Erziehung aller zur Einsicht sie durchaus auf denselben Punct führen werde.

Nur innerhalb dieser Voraussetzung, und soweit diese reicht, gilt jenes Recht des Zwanges. — Wie aber, wenn der Begriff des Rechtes nicht durchgängig so klar wäre, dass der Zwingende es auf sein Gewissen nehmen, und von der Fortbildung die Einsicht der anderen sicher erwarten könnte?

Wie verhält sich die Sache? — *a*) Das Sittengesetz ist schlechthin *setzend* etwas aus sich, z. B. die Freiheit aller. — Dies ist klar. — *b*) Das Sittengesetz ist *beurtheilend, fortbestimmend* einen in der Sinnenwelt gegebenen Stoff. — Dieses Urtheil kann oft gar nicht so unmittelbar klar seyn, sondern etwa nur durch Annäherung ins Unendliche zu finden. — So, in Rücksicht des ersten Falles: dass keiner den anderen durch positive That hemmen, ihn an seinem Leibe antasten solle u. dgl., ist klar. Aber nun weiter: ein *Eigenthum* für jeden, d. i. eine ausschliessende Sphäre seines freien Handelns in der Sinnenwelt; dies ist auch wohl klar, ebenso, dass gleich getheilt werden solle, d. i. dass auf jeden für seine Arbeit gleichviel Ruhe und Genuss, eigentlich Freiholt und Musse komme: aber welchen Platz nun jeder? Dafür giebt es gar keinen Entscheidungsgrund. Kommt indessen freilich nicht viel darauf an; so muss doch jeder seinen gewissen Platz haben, bei dem es bleibe: also Entscheidung muss seyn, damit gewisses Recht sey; — geschehe sie sogar durch das Loos. — Aber verschiedene *Stände!* Zu welchem soll jeder gehören? — Darüber nur ein annäherndes, niemals ein demonstratives Urtheil möglich. Dies alles indess nur beispielshalber!

Aber das Entscheidende ist folgendes: die fortzuerweiternde Herrschaft über die Natur, die das Recht aller ausmacht (dass sie nemlich in jedem Zeitabschnitte so frei seyen, als sie in ihm seyn können); über die *äussere* Natur, Verbesserung des Ackerbaues, der Künste und Gewerbe, stets im richtigen Verhältnisse zueinander; über die *innere,* allgemeine Bildung des Verstandes und des Willens aller, — geht nach dem Gesetze, in einer steten Linie fort: jede Zeit hat ihren Punct, gegeben durch den vorfindlichen Zustand von Einer Seite, durch die Idee von der anderen. — Dieser Punct ist das jedesmalige Recht, zu dem alle zu zwingen sind: *gesetzt* muss er schlechthin werden, und die Kräfte aller dazu *vereinigt;* denn es soll in diesem Felde fortgearbeitet werden. — Wer will diesen Punct nun mit demonstrativer Gewissheit bestimmen, es auf sein Gewissen nehmen, dass er darin nicht irre, und dass die fortgehende Bildung aller ihn rechtfertigen werde, um darauf Zwang — fürs *Recht* — nicht für sein *individuelles* Urtheil zu unternehmen? Dennoch muss es auch über diese Puncte der angewendeten Rechtsurtheile eine Entscheidung geben, und *Zwang* dazu, *der schlechthin Alle umfasst*. — Beispiele: Wer soll entscheiden, ob die Freiheit der Meere die zu realisirende Aufgabe der Gegenwart sey, wofür alles Blut, Leben und Regung aufgeopfert werden müsse, oder die Heraufbildung der niederen Stände zu den höheren? — Wer Krieg oder Frieden auf jene Veranlassung hin über sich nehmen? — Jetzt ist die Frage: wer der Zwingherr seyn solle, gar nicht mehr so unbedingt zu beantworten: *der erste, der beste, der es kann.* — Hier ist die Frage diese: ***Wer unter jenen Umständen Zwingherr, Fürst sey nach dem Rechte.*** Sie zu beantworten rüsten wir uns.

Scharf den Punct der Untersuchung bestimmt! Dies betrachtet, ist jener nicht nur Zwingherr zum Rechte, sondern vor allen Dingen dazu, dass man sein Urtheil über Recht für gleich mit dem objectiven Rechte gelten lasse. Er zwingt sich ihnen auf, als letzter und höchster Entscheider über die Frage: was ist das jedesmalige Recht, ohne alle Widerrede. In dieser letzten Qualität nun ist der Zwang bedenklich: davon den Rechtstitel aufzusuchen. — Die fortschreitende Bildung wird es bestätigen! — Wie aber, wenn sie es nicht bestätiget? Um Klarheit, nicht um Ueberraschung ist es mir zu thun: darum wollen wir jene Frage tiefer begründen durch eine Reihe von Sätzen.

1) Das Gesammtleben der Menschen (die durch die Vereinigung unter die Einheit einer Rechtsverfassung ein Volk geworden sind) ist ein fortgesetzter Kampf mit der Natur um Freiheit, Oberherrschaft über dieselbe.

2) In jedem Zeitmomente ist nothwendig ein durch die Vergangenheit bedingter und gesetzter höchster Punct dieser Oberherrschaft möglich; dieser ist das Recht aller und jedes

Einzelnen, der ihn einsiehet und der darum die Kraft*) hat, ihn zu begehren.

3) Darum sind zu dem, was diesen Punct von ihrer Seite bedingt, alle ohne Ausnahme zu zwingen, im Namen des Rechts, das sich ausspricht in jenem Einzelnen: (ob sie es nun dermalen einsehen, oder nicht). Also nicht bloss Unterlassungen, sondern auch Leistungen sind gefordert.

Soweit ist alles klar, und Anwendung der früheren allgemeinen Grundsätze. Wie es aber zur Anwendung kommt auf eine bestimmte Ansicht, also dabei, was jetzt an der Zeit sey; *wessen* Urtheil unter den widersprechenden Urtheilen hierüber soll da gelten und die Gerechtsame des absoluten Rechtes haben?

4) Man kann sich bei diesen Urtheilen nicht auf das berufen, wobei man bei den *absoluten* Sätzen sich berufen kann, auf die nothwendige Billigung durch die künftige allgemeine, durch Erziehung des Volkes hervorzubringende Bildung. In jenem Falle weiss man, weil es ein solcher Satz ist, *wie* der gebildete Verstand wird urtheilen müssen; in diesem nicht, sondern dies wäre von der Folgezeit erst zu erwarten.

Aber ich sage mehr: — die Bildung der Folgezeit, sobald sie zur Fällung eines Endurtheils über eine in der Gegenwart genommene Maassregel gekommen seyn wird, wird dieselbe niemals für die bestmögliche erkennen, sondern eine noch bessere finden. Dies darum: durch jene Maassregel wird selbst eine *neue* Bildung gewonnen. Diese tritt mit hinein in die spätere Beurtheilung und wird als vorhanden vorausgesetzt, da sie doch *dadurch* erst und *seitdem* erst entstanden ist, und auch, wenn man die gegenwärtige Bemerkung gemacht hätte, nicht so genau bekannt ist, dass sie abgezogen werden könnte. So hat die Nachwelt allemal ein reiferes Urtheil, als die Vorwelt, weil das durch die Unvollkommenheit der letzteren Gelernte mit in die Beurtheilung tritt, und sie wird der Vorwelt, wenn sie sich, so wie sie ist, an ihre Stelle setzt, allemal Unrecht thun. — Nur der formale, in der reinen Wissenschaft

---

*) Das Recht (?) —

aufgestellte Begriff ist *endlich,* denn er ist der Begriff eines Gesetzes: die Beurtheilung des factisch Gegebenen aber ist unendlich; denn sie geht einher nach dem in ihr selbst herrschenden, ewig verborgen bleibenden Gesetze: quillt ewig neu und frisch. Aus jedem Punct entwickelt sich ja durch Hinzutritt des Gesetzes die Ewigkeit, und so in jedem folgenden Zeitmomente.

5) Es ist dies mit Bedacht auseinandergesetzt worden, indem daraus eine wichtige Folge hervorgeht; — diese: das bestimmte Recht der allgemeinen Freiheit in einem gegebenen Zeitmomente, das den Kampf um Freiheit am siegreichsten machende, ist gar nicht durch einen objectiv gültigen Begriff anzugeben; denn dies wäre ein unendlicher; sondern nur durch den, der aus dem bis jetzt entwickelten Vernunftgesetze hervorgeht. Die Maassregel ist niemals die beste überhaupt, sondern nur die beste für die Zeit: diese kann nun nur derjenige angeben, der den grössten Verstand hat in seiner Zeit und in seinem Volke. Der höchste Verstand aber ist derjenige, der das ewige Gesetz der Freiheit in Anwendung auf seine Zeit und sein Volk am richtigsten versteht, — beides in seinem Verhältnisse am bestimmtesten und reinsten durchdringt. — Dass er seine Zeit und sein Volk am besten verstehe, liegt darin.

Die Antwort auf die Frage: Wer hat ein Recht Oberherr zu seyn, ergiebt sich näher: Der höchste menschliche Verstand, und da es diesen in keiner Zeit giebt, der höchste menschliche Verstand seiner Zeit und seines Volkes.

6) Ist nun nur dieser höchste Verstand gefunden, so ist wieder alles aufgenommen in die erste Klarheit. Dem Verstande, so weit er bis jetzt offenbar ist in der Welt, zu gehorchen, ist jeder *Freie* verbunden; denn er ist das Gesetz der Freiheit, und nur inwiefern er diesem folgt, ist jeder frei: es ist die Beweisführung seiner Freiheit: — ihm nicht folgend, ist er blinde Naturgewalt.

Die Aeusserung des Unverstandes in That innerhalb der Welt, in der auch nur Einer sich befindet, der es besser versteht, und so, dass diese Aeusserung auf das Handeln dieses Einen einfliesse, was niemals fehlen kann, wenn sie in derselben Volkswelt liegt, — ist gegen das Recht dieses Einen, und er hat das vollkommene Recht, sie nicht zu leiden, falls er es verhindern kann — zu zwingen, wenn er stark genug dazu ist. Auch in Absicht der Rechtsurtheile steht dem höchsten Verstande das Zwangsrecht zu, nebst dem bedingenden Rechte, als höchster inappellabler Entscheider der Frage vom jedesmaligen Rechte zu gelten.

Die Erziehung zur Einsicht, als die formale Bedingung der Rechtmässigkeit alles Rechtszwanges wird auch hier fortgehen, und einst die allgemeine Einsicht begründen, dass, wenn auch nicht das Allerbeste, denn doch ein die Freiheit Förderndes verordnet wurde.

7) Ist nur oben dieser höchste Verstand gefunden — wirklich und in der That, d. i. eine bestimmte, so und so heissende Person gefunden, die diesen höchsten Verstand hat; so ist Alles gehoben. Unsere Voraussetzung ist, dass die Errichtung des Rechtszustandes überhaupt, mit Zwang, wenn es nicht anders geht, ausgehe von einem einzigen selbstständigen Urheber, der allein frei ist, und alle Uebrigen vorläufig zwingt.

In dieser Voraussetzung müsste es dieser selbige seyn, der schlechthin durch sich selbst sich setzte als jenen höchsten Verstand, und auf diesen absoluten Beschluss über sich selbst gründete alles Uebrige, was daraus folgt. — Nicht aus der Acht zu lassen ist die Eigenthümlichkeit dieses absoluten Beschlusses. Wenn von dem absoluten Vernunftsatze die Rede ist, dass überhaupt Recht seyn solle, und was etwa durch blosse Analyse aus diesem Begriffe folgt: so wird da gar nicht geredet von einem *Maasse* des Verstandes, sondern nur, *dass* Verstand da sey; es ist ein objektiv gültiger Begriff, den jeder, dem in dieser Region der Verstand aufgehen wird, gerade *so* haben muss; und wer ihn nicht hat, dem ist aller Verstand in dieser Region ohne weiteres abzusprechen. Dass man Verstand hat, kann man wissen und dies auf sein Gewissen nehmen: wer auch, der ist mit uns übereinstimmend, und ihn trifft der Zwang nicht; wer nicht, nach dem ist so lange nicht zu fragen, bis er Verstand bekommt. Darum hier — jeder der will!

Ganz anders da, wo die Rede ist von einer Beurtheilung des Gegebenen, die ein Unendliches ist; also allerdings von einem Grade und Maasse. Möchte es da wohl jemand über sich nehmen zu behaupten, dass sein Urtheil besser sey, als das schlechthin aller Uebrigen, die er ja nicht kennt und geprüft hat, — und immer das bessere seyn werde in aller Zukunft? — diese Ueberschwänglichkeit seines Verstandes auf sein Gewissen nehmen, seine sittliche Würde, seine Seele und Seligkeit darauf setzen, dass dies Urtheil über sich selbst untrüglich sey: verlangen, dass diesem seinem Weltbesten schlechthin alles Andere aufgeopfert werden müsse, als dem allein Heiligen? —

Es möchte indessen jemand glauben, dies könne wohl angehen, wenn ein durch Erziehung Ausgebildeter träte unter ein durchaus ungebildetes Volk ohne alle Erziehung und Unterweisung; und dafür auch Beispiele finden in der alten Geschichte. Ich aber würde sagen: das *Erste*, ein Reich der Gesetze überhaupt und *formaliter,* innerer Friede, Sicherheit sind nur negative Bestimmungen: damit soll zugleich verbunden seyn eine Erziehung zur Einsicht. Ist diese geordnet, so darf durch positives Zwecksetzen der Folgezeit nicht vorgegriffen werden; diese, zur Einsicht gekommen, wird sich selbst zu helfen wissen, die positive Zwecksetzung tritt erst dann ein. — Dies also abgerechnet, – wenn in einem Volke, wo rund um ihn herum Erziehung, ein organisirter Staat, ein gelehrtes Publicum wäre, einer hinträte, und jenes von sich behauptete: so zeigte er dadurch ohne Zweifel, dass er weder einigen Verstand noch Gewissen habe. —

Der höchste Verstand kann also nicht dadurch gefunden werden, dass irgend einer sich selbst als den Inhaber desselben festsetzte, — darum der Herrscher, inwiefern er dies seyn muss, kann sich nicht selbst ernennen. Diesen negativen Satz fürs erste haben wir gewonnen!

Nicht blosse *Thesis* mithin, sondern auch Urtheil findet statt, darüber, was in dem Kampfe um Freiheit jedesmal der Punct sey, der das Recht eines Jeden ist, — den auch vielleicht jemand erkennt und fordert (wenigstens erkennen und fordern *sollte*). — Daraus der *Oberherr*. —

Wer nun soll ein solches Urtheil fällen? — Es ist ein unendliches; der höchste Verstand darum seiner Zeit und seines Volkes.

Wer ist dies? Selber sich dafür zu erklären kann keinem erlaubt seyn. Woher nun soll er kommen? — Gleichbedeutend mit der Frage: Wer kann und soll Oberherr seyn, wer ist der *rechtmässige* Oberherr?

Es müsste sich dies durch die Sache selbst finden. Die Wahrheit müsste erscheinen durch sich; — ohne irgend eine *Willkür* — in unmittelbarer Darstellung.

Wie dies? Der geforderte Verstand — ausserdem dass er der höchste seyn soll, was lediglich die Quantität angeht, müsste noch durch ein anderes qualitatives und Wesensmerkmal sich bestimmen lassen: — nemlich als Verstand des *Gemeingültigen*, des Gesetzes der Einheit.

Analyse: — zugleich Zusammenfassung und Aufstellung des Gegensatzes, die das Ganze deutlicher machen wird. Dies sind die grossen Ueberblicke aus höheren Standpuncten: hier ist eine Stelle, wo ein solcher möglich ist.

1) *Zwei* Welten einander entgegengesetzt: die des *Gegebenen*, und dessen, was da *seyn soll durch Freiheit*. — In der *ersten:* die Individuen mit ihrer persönlichen Freiheit und mit Bewusstseyn; sodann ein für jene *Gemeingültiges*, die Sinnenwelt. (Hier ist der objective, allgemeingültige Verstand eben der *äussere Sinn;* er ist für jeden vorhanden; zugleich *als solchen* sich setzend. Niemals verwechselt man die Gegenstände des äusseren und inneren Sinnes.) — In der *zweiten:* die *individuelle* Pflicht, die jeder nur für sich besitzt, deren *er* allein sich bewusst ist: ebenso wie keiner dem anderen ins *Herz* sehen kann, so auch keiner darin für den anderen urtheilen. —

Aber wenn nur der Mensch überhaupt zum Verstande darin gebildet wird, so stellt sich dieses ihm zuerst und gemeingültig für *alle* Freiheit, — die Freiheit als Eins gefasst mit Abstraction von den individuellen Bestimmungen — was diese *soll* überhaupt. — Dies ist nun in seiner Ausdehnung der Rechtsbegriff: zuerst die Thesis, lediglich *negativ* bestimmend, dass eben jedweder *formaliter* frei seyn soll, und was nicht seyn müsse, wenn dies möglich seyn solle: — der leichteste Begriff unter den sittlichen. — Sodann *positiv*, der Gegenstand der Beurtheilung über die jedesmalige Bestimmung des Menschengeschlechtes, sonach über ihre Rechtsanforderung an die Natur, mithin an die sie hemmende Natur der anderen Freien in ihrem Umkreise. — Dieses letztere nun das, wovon wir reden: also der objective, gemeingültige Verstand des Oberherren; der Verstand, den alle haben sollen, und den der, welcher ihn hat, nicht bloss für sich hat, und im eigenen Namen (wie den sittlichen der individuellen Pflicht), sondern für alle mit: dem auch niemals sein Entsprechendes in der Sinnenwelt gegeben werden kann, bis ihn alle haben; da er ein Gesetz ausspricht für die Einheit und organische Verbindung aller.

2) Diesen sittlich gemeingültigen Verstand könnte nun etwa Einer mit gutem Grunde sich zuschreiben: — dies hilft aber nichts, dadurch bleibt er in ihm. Ein Fremder kann ebensowenig ihn einem anderen zuschreiben — ausser etwa durch willkürliche, auf Gutdünken gegründete Wahl; sondern er müsste sich selbst *unmittelbar* bewähren durch eine schöpferische, allen offenbare und factische, sinnliche Gewissheit tragende **That**. Dann *ist* er in Einem, denn er lebt in ihm als factische Erscheinung.

3) Welches wäre diese Erscheinung? — Antwort: Wer andere zu objectiver Erkenntniss zu bringen vermag, der besitzt sie. Wie aber beweist er, dass es objective Erkenntniss sey, dass er etwa nicht nur seine Individualität wiederfinde? Antwort: Wenn es ihm bei mehreren, und eigentlich bei jedem gelingt, an dem er die Probe macht. — Denn Erkenntniss entsteht durch eine sich offenbarende Evidenz nach einem Gesetze, von welcher derjenige ergriffen wird, der eine gewisse Construction vollzieht. Dieses Gesetz, sowie das Gesetz der Construction, welches die Erscheinung der ersteren bedingt,

ist allemal gemeingültig. — Indem nun ein solcher sagt: Construire auf diese Weise, so wirst Du ergriffen werden von dieser Evidenz; und indem es sich dem, der also thut, bewährt, so führt er durch diese seine Kunst den sichtlichen Beweis, dass er gemeingültigen Verstand, und Verstand dieses Verstandes habe. — Ob diese mit Worten es ihm zugestehen oder nicht: die That, ihres Läugnens Weise und Vermögen vielleicht, zeigt es. Sie sind weiter gekommen; es hat sich Verstandeskraft in ihnen entwickelt.

4) Diesen Beweis führt nun der Lehrer, der es *wirklich* ist, den gemeingültigen Verstand anderer wirklich entwickelt. Sein Product an anderen ist der dargelegte Beweis. Er selbst braucht nicht für sich zu zeugen (ohnerachtet er einmal mit der inneren Ueberzeugung anfangen musste); jenes zeugt für ihn: er bedarf nicht des Zeugnisses anderer mit dem Munde; ihr Daseyn zeugt für ihn. Er hat gemeingültigen Verstand entwickelt, der nun auch sich zeige in der That, durch neue Hervorbringungen, nicht dass er bloss historisch Gelerntes weiter giebt: — der Künstler dieser Entwickelung selbst, soviel an ihm liegt, Künstler machend. — Was in der Sinnenwelt das gegebene, Allen gemeinsame Licht, dies in der höheren Welt der Freiheit (merken Sie sich diesen Parallelismus, der hohe Klarheit giebt) die geistige *Construction,* eben die genetische. Der *Lehrer* zeigt, dass er sie kennt, und er ist ein Lehrer nur, inwiefern er sie kennt. — Sowie in dem Lichte sich die Objecte darstellen, als begrenztes, gebrochenes Licht, so in dieser die Evidenz der Wahrheiten, nach dem Gesetze; die Objecte sind da genetisch. Indem er dies nun stets vorherzusagen weiss, zeigt er, dass er die Objecte dieser Welt kennt, und ihre Entstehung, indem sie nur genetisch gekannt werden können. (Er kennt ihre Geburts- und Entwickelungsgeschichte, darum sie selbst.) — Er zeigt sich im *Besitze* derselben, und ein Leben durch die *Kunst,* ein schöpferisches und sich verbreitendes Leben jener Welt. (Die Stockblinden, die die geistige Welt gar nicht kennen, und ihr Element, die Construction, wie könnten diese Lehrer seyn! Glieder in der Tradition nur vermögen sie zu seyn. Von solchen aber reden wir nicht.)

Resultat: Nur der Lehrer in dem beschriebenen Sinne zeigt durch die That gemeingültigen Verstand; und ausser diesem giebt es durchaus kein anderes Mittel, kein Kriterium.

Soll darum in einem Volke ein rechtmässiger Oberherr möglich seyn, so muss es in diesem Volke Lehrer geben, und nur aus ihnen könnte der Oberherr gewählt oder errichtet werden. Unsere Sphäre ist bestimmter: ein Stand ist uns angewiesen, der sich selbst — nicht setzt, sondern macht in der That *von Gottes Gnaden*. (Der einzige, der wahrhaft von Gottes Gnaden ist, ist der gemeingültige wissenschaftliche Verstand; und die einzige äussere Erscheinung dieser Begnadigung ist die That des wirklichen — mit Erfolge gekrönten — Lehrens.) Die Ernennung des Oberherrn ist über alle menschliche Willkür hinweg wieder dahin gewiesen, wohin sie gehört, in den unerforschlichen Rathschluss Gottes: — und zwar dies letztere wenigstens auf eine verständliche Weise, d. i. indem man siehet, dass der Verstand da durchaus am Ende ist, und das absolut factisch Gegebene angeht. — Da wollen die Anderen es eben auch hineinverlegen: auf welche unverständliche und unverständige Weise, werden wir zu seiner Zeit sehen.

Das Daseyn eines Standes der Lehrer bedingt im Fortgange des Reiches das Daseyn einer rechtmässigen Oberherrschaft.

Aber die rechtmässige Vereinigung von Menschen zu einem Volke unter der Herrschaft des Reiches setzt, wie oben streng erwiesen worden, Erziehung zur Einsicht des Rechtes überhaupt, sonach einen Stand der Lehrer; so dass hier also unsere Lehre ineinandergreift. — Wäre eine solche Erziehung und ein solcher Stand nicht da, so wäre die ganze Oberherrschaft, sogar ihrer blossen Form nach, unrechtmässig, und der erste Schritt, den jene zu thun hätte, wäre der, diese Erziehung zu organisiren: (und dadurch für die Ablösung des Nothherrschers durch den einzig rechtmässigen zu sorgen).

Die Aufgabe, das Recht im höheren Sinne, die Zeitbestimmung des Volkes, zu beurtheilen, tritt, wie oben erwiesen worden, nur später ein in die Zeit, nach der Errichtung des allgemeinen Friedens durch das thetische Recht, für welches allein wir aller Erziehung vorher den Ersten den Besten als einen

Nothherrscher rechtmässig finden können. In der Zwischenzeit muss ja, die Gleichzeitigkeit der Errichtung der Erziehung mit der des Rechtszwanges vorausgesetzt, wenn es nach dem Rechte seyn soll, ein Lehrerstand sich gebildet und bewährt haben. — Wenn man nun auch einräumt, dass, um das formale Recht zu begreifen, nicht viel gehöre; so gehört dennoch dazu, um es zu lehren bis zu einer den Willen ergreifenden Klarheit, eine Umsicht des ganzen Vernunftreiches und der geistigen Welt, weil es ja hiermit auf das Innigste zusammenhängt: und in dem ordentlichen Lehrer muss ja diese Ansicht sich nothwendig entwickeln, es muss sonach — was zu erweisen war — gerade ein solcher Lehrerstand sich entwickeln.

Die Rechtmässigkeit des Herrschers in der Ausbildung des Reiches setzt voraus einen Lehrerstand. Die erste Errichtung des Reiches aber fordert schon als Bedingung ihrer eigenen Rechtmässigkeit die Errichtung eines solchen. Demnach: 1) Unterjochung der Naturkraft in ihren Aeusserungen unter das formale Recht; 2) Bildung zur Einsicht in die Rechtmässigkeit des Zwanges, und zu dem daraus folgenden guten Willen. Endlich Constituirung des wahren Oberherrn aus dem Lehrerstande an die Stelle des Nothherrschers.

Soviel zur inneren Befestigung des Lehrgebäudes: — Alles folgt aus dem zu Anfange aufgestellten Gegensatze, und ist nur die Entwickelung desselben und seines vereinigenden Punctes, des Reiches.

Jetzt weiter!

Der höchste *gemeingültige* Verstand soll herrschen: es kann ohnedies nicht die Meinung seyn, dass der ganze Lehrerstand, der ja nicht die Einheit einer Person hat, herrschen solle. Ueber ihn können nur die urtheilen, die ihn haben: wen darum diese (die Lehrer) für den Höchsten unter sich anerkennen, wem diese sich unterwerfen, der ist es. Er selbst hat zu dieser Unterwerfung gewirkt nur durch That, und diese hat er freiwillig geleistet. Das Urtheil jener ist aber nothwendig das Urtheil der Gemeine: der Lehrstand hat also aus seiner Mitte denjenigen zum Herrscher zu ernennen, der sich als den höchsten Verstand ausgesprochen hat durch die That vor dem höchsten-Richter.

Ob dieser nun Eine physische Person, oder, durch eine Collectivstimme bestimmt, ein Senat seyn solle, darüber will ich nichts gesagt haben, sondern es unbestimmt lassen. Dass es einen letzten Entscheider gebe in allen Angelegenheiten des Volks, dessen Beschluss keine Appellation leidet, und unmittelbar ins Werk gesetzt werden muss, thatbegründend ist für Alle, dies liegt im Begriffe: ob durch den Entschluss eines Einzelnen, oder durch Einstimmigkeit oder Majorität mehrerer — bleibt hier unentschieden. Der Lehrerstand eben müsste auch dies entscheiden; die Constitution, d. i. das Reichsgesetz, wie der absolut Alle bindende Entschluss zu Stande kommen solle, bestimmen, — welches Gesetz ja selbst nur ein zeitliches und abzuänderndes seyn könnte. — Dies unbeschadet; denn der unsterbliche Gesetzgeber dafür in diesem Volke, der Stand der Lehrer, ist gefunden.

Hierüber nur so viel. Der praktische Unterricht könnte hierbei, als bis wieweit er streng demonstrativ ist, stehen bleiben. Der Stand der Lehrer hat den Oberherrn aus sich zu ernennen; das Gesetz aber kann nie bestimmen, ob einen Einzelnen oder Mehrere. Dieses letztere muss ja grossentheils eine Sache der Beurtheilung seyn. Welcher Lehrer in einer solchen Zeit, die geständlich nicht reif ist zur Ausführung, — ein solcher bin ich hier, — möchte denn nun in diesem Urtheile vorgreifen dem Stande aller Lehrer der Zeit, die da reif seyn wird, denen er ja ohne die blindeste Verstocktheit einen viel umfassenderen Verstand zuschreiben muss, da sie auf seine Grundsätze aufgebaut, und dieselben in einer reicheren Anwendung in den Folgezeiten entwickelt haben werden: — wer möchte da vorgreifen, und das Gesetz geben wollen! — Wir haben von den ältesten Zeiten an bis auf die unsrigen eine Menge eingebildeter Republiken aufgestellt erhalten. Dies war leicht, wo Alles auf der Willkür beruhte, die ein unbegrenztes Feld der Erdichtung darbietet. Wir haben durch ein Vernunftgesetz die Willkür abgeschnitten und den Stand erwiesen, der sie auf ewige Zeiten abschneiden soll; wie könnten denn wir,

auf ehrliche Weise verfahrend, jene Bilder vermehren wollen?
Damit es jedoch nicht scheine, als ob ich diese Untersuchung
scheue und ihr ausweiche, und Ihnen das Beispiel eines solchen Ausweichens gebe, — besonders, weil dies zu einer vollständigen Belehrung über jenen Gegenstand gehört, will ich,
was zur Beurtheilung solcher Fragen über Constitution, als Prämisse dieser Beurtheilung, gemeingültig sich darthun lässt, tiefer unten beibringen.

Jetzt ist die einzig rechtmässige Oberherrschaft des Lehrstandes ausführlicher von uns auseinanderzusetzen, und zu zeigen, was in diesem Begriffe eigentlich liegt.

Der Lehrerstand in seiner eigenen Vereinigung zur organischen Einheit, falls eine solche sich realisiren lässt, regiert mit Recht den zweiten Stand; denn dieser ist durchaus sein Product, das jener darum innig kennt, weiss, was es bedarf, was es erlangen kann, und wozu es tüchtig ist. — Den zweiten Stand: zwei Grundstände nemlich, wie oben Eigenthümer und Nichteigenthümer, so hier Lehrer und durch Lehrer Gebildete.

Der zweite des ersten *Product:* 1) *darin, dass er überhaupt ist;* er ist Stifter der Theilung; sodann der, welcher jede einzelne Person in den einen von beiden setzt. — Lassen Sie sich dies entstehen. Es ist darin nemlich Mancherlei enthalten, was Ihnen kaum bekannt ist, aber unmittelbar daraus folgt. — So ohne Zweifel entsteht die Grundbildung des Reichs: *a)* Bei dieser Anzahl von Bürgern bedarf es dieser bestimmten, durch Rechnung festzustellenden Anzahl zur Regierung, Verwaltung, Lehre — zu vertheilen in die verschiedenen Zweige, Stufen und Geschäfte; — die übrigbleibenden machen den arbeitenden Stand aus, und werden vertheilt unter die verschiedenen Klassen desselben. Dies nachkommende Eintheilungen: jene erste aber in die Zweiheit bleibt die ursprüngliche und Grundeintheilung. — *b)* Wodurch soll nun diese Grundeintheilung bestimmt werden? Zuvörderst — wollen wir annehmen, dass die Individuen gleich als verschiedene geboren werden, auf eine von uns zu erkennende, durchaus aber nicht verständliche Weise; dass, wie Plato sich ausdrückt, einige Geschlechter nun einmal goldene sind, andere silberne oder eherne, — einen Geburtsadel solcher, die durch die Geburt verständiger sind? (Sie behaupten es nicht, wir aber in unserem Systeme müssten es.) Welch tiefer und grober Unverstand dies sey, an einer anderen Stelle! In der Wahrheit verhält sich die Sache also: Die Individuen in solcher Anzahl werden *gegeben;* dies bleibt rein factisch, dem Begriffe undurchdringlich. Da aber geht der Verstand an: gegeben in diesem Zusammenhange dem Volke als seine Mitglieder; nicht erkennbar, ausser überhaupt als freie, Rechte habende, und darin schlechthin Alle gleich, ohne irgend eine Ausnahme und irgend einen Unterschied, der auf ihre Abstammung gegründet wäre. Die Verschiedenheit durch die Geburt, falls es eine solche giebt, factisch zu erkennen, ist von nun an Sache des urtheilenden Verstandes; dieser Unterschied aber kann erkannt werden nur an den verschiedenen Verhältnissen derselben zu der gleichen, an alle gewendeten Bildung. — Die erste Erforderniss sonach wäre, dass alle aufgenommen würden in die gleiche, **allen gemeinschaftliche Erziehung.** Diese müsste ertheilen diejenige Bildung, deren jeder schlechthin bedarf, der Bürger dieses Reiches, in dieser Zeit und auf dieser Stufe der Ausbildung des Reiches, seyn soll. Allgemeine Volkserziehung. In dieser Erziehung wird es sich nun ohne Zweifel zeigen, welche Individuen bei diesem Unterrichte, der doch nur die Resultate und letzten allgemeinsten Folgerungen enthalten kann aus der tieferen und umfassenden Verstandeseinsicht, die da möglich ist, und den Lehrern auch wirklich beiwohnt, mit jenen sich begnügen, und welche damit sich nicht begnügen, sondern höher aufsteigen zur Ahnung der höheren Gründe, und diese fordern. Hierdurch scheiden sich die Zöglinge der gemeinsamen Bildung selbst; durch ihre ursprüngliche Bestimmung. Hier entscheidet sich, wer edler oder unedler geboren ist, durch eine offenbare Thatsache, welche der Stand der Lehrer nicht macht (alle haben ja dieselbe Schule erhalten), sondern die er nur anerkennt und nimmt, wie sie sich giebt.

Die ersteren fallen dem zweiten Stande anheim, und werden nun zu den Geschicklichkeiten desselben gebildet; wo dann die besondere Tauglichkeit für diese oder jene Klasse sich ergeben wird. Die letzteren werden weiter für Verstandeserkenntniss ausgebildet; in welcher Fortbildung es sich dann näher zeigen wird, welche untergeordnete oder hervorragende Stelle sie durch die zu erschwingende Geistesbildung zu besetzen haben werden. Auch über die nachmaligen, auf die erste Grundeintheilung gegründeten Abtheilungen in Klassen werden die Lehrer zu entscheiden haben; und so ist denn klar, wie ich behauptete, dass der zweite Stand auch seinem Daseyn nach Product des Lehrerstandes ist, indem die ganze Eintheilung in Stände und Klassen, und zu welchem derselben jedes Individuum für seine Person gehöre, ganz allein beruht auf der letzten und inappellablen Entscheidung des Lehrerstandes, welche dieser, dass sie nemlich nach seinem besten Wissen und Gewissen gemacht sey, freilich auf sein Gewissen nehmen muss.

(Die im Unterrichte gezeigte angeborne Verstandesanlage bestimmt die Stelle, die jeder im Reiche einnimmt: *jedwede* ohne Ausnahme, nicht bloss die Oberstelle. Der Sohn des Niedrigsten kann zur höchsten, der Sohn des Höchsten zur niedrigsten Stelle kommen: nemlich die Geburt verhindert es nicht. — Eine solche Einrichtung müsste sogar denen, die durch ihre Abstammung edler zu seyn behaupten, höchst wünschenswerth seyn. Wie *edleren* Standes? Dies können sie immer nur sagen, niemals beweisen, weil sie in der Bildung mit anderen nie auf gleichen Fuss gesetzt werden; und dies müsste ihnen, wenn sie wirklich Ehrgefühl haben, sehr lästig seyn. Diese Einrichtung eröffnet ihnen den Beweis: ist ihre Ader wirklich golden, so wird sie ja ohne Fehl so sich zeigen, und sie werden im unendlichen Ablaufe der Zeiten den Adel ihres Stammes nie verlieren. — Statt den Adel abzuschaffen, eine rechte Adelsbewährung durch die That. — Wollten sie dies nicht, so würden sie zeigen, dass sie ihrer Sache nicht sicher seyen.)

2) *Der zweite Stand ist ferner Product des ersten darin, dass er und das ganze Reich überhaupt — ein solcher ist.* — Zuvörderst: die Lehrer kennen die Bildung des zweiten Stan-

des durchaus, indem dieselbe ganz so, wie sie ist, von ihnen ausgeht. (Dass es für das Volk andere Quellen der Bildung gebe, als ihre Schule, etwa Bücher, Umgang mit anderen aus anderen und besseren Schulen, Ueberlieferung, wie es wohl häufig in unseren Zeiten der Fall seyn mag, wäre ihnen die höchste Schmach. In ihrer Schule muss ja wohnen alle Bildung, deren in dieser Zeit das Volk fähig ist.) Allgemeine Verstandeserkenntniss von Recht, Sittlichkeit, Religion, um den *freien* Menschen auszustatten: technische Fertigkeit und die zur Ausübung derselben gehörige Masse von Naturkenntnissen, dass jeder seinen Platz als Bürger behaupten könne. Sie durchschauen darum, als ihr Product, die gesammte Lebenskraft ihres Volkes; — und genau den *Grenzpunct*, wo diese steht; was sie vermag und was sie nicht vermag, kurz die *Wirklichkeit*. — In der Lehrerschule, die dieser Stand ja gleichfalls übersieht, wird nun weiter entwickelt das *Gesetz*, das Ziel. Je klarer nun dies, desto sicherer findet er den Punct, der nun betreten werden muss, und hat es in der Hand, dahin zu erziehen; weiss, was schlechthin und mit jeder Gefahr abgewehrt werden muss, und das, womit es noch Zeit hat.

Kurz: das Zeitleben und seine Kraft kann gar nicht ein anderes seyn, als wie sie es erkennen; denn sie haben es ja *gemacht:* sie haben kein anderes Erkenntnissmedium nöthig, als das ihrer Schule. — Vielleicht hätten sie etwas Besseres machen können, und dies könnte der Irrthum seyn: aber über die Wirklichkeit ist keiner möglich.

Ebenso können sie nie einen unmöglichen und unpassenden Fortschritt fordern; denn dazu haben sie ja zu erziehen. Ist das Geforderte unpassend, so müsste diese Unpasslichkeit sich schon in der Schule zeigen, ehe sie noch vom Leben gefordert werden könnte; und sie hätten da Zeit, den Fehler durch Einschaltung des übersprungenen Mittelgliedes zu verbessern.

Das Volk (der Repräsentant des Menschengeschlechts in diesem Raume) ist und bleibt ewig fort in seiner Entwickelung Effect desjenigen Verstandes, der sich in der That als der höchste bewährt hat: — und wenn diese Entwickelung, soweit sie kann, einhergehen soll nach einem Begriffe, nicht aber nach einem blinden Ohngefähr, das der Unverstand und der Götzenaberglaube sodann göttliche Vorsehung nennt, *soll* es so seyn; und so ist denn unsere Ableitung des rechtmässigen Oberherrn die einzig richtige.

Ob dies Recht nun, falls es Recht ist und ich Sie davon überzeugt habe, gegenwärtig gelte, oder nicht, bedarf wohl keiner Frage: es kann nicht, weil es noch ganz unbekannt ist. — Es fragt sich sogar, ob das von uns soeben Erwiesene nicht durchaus neu sey, und vorher noch nicht ausgesprochen (so wenigstens, dass es nicht in der allgemeinen, sonst gelehrten Kenntniss liegt). — Zur Fassung desselben nach seiner Wichtigkeit setzen wir hinzu: *a.* Muss über Sachen des Rechts eine Entscheidung irgend einmal in der Zeit durch irgend eine menschliche Stimme gegeben werden: so gilt diese für das Recht selbst und demselben *gleichbedeutend*, im Leben nemlich, und für die Wirklichkeit, die sich in der Zeit entschliessen muss; — obwohl in der idealen Welt, die sich alle Zeit vorbehält, die Sache zur weiteren Untersuchung aufbehalten werden darf. — Wer dies nicht einsieht, der hat das Recht nie als praktisches gedacht, als wahrhaften Anfänger, unmittelbar thatbegründend, sondern nur davon geträumt. — Ein *Mensch* muss reden; Gott selbst steigt nicht zur Entscheidung herab!

b. Die Aufgabe, wenn auch nicht das absolute, doch aber das diesem am meisten sich annähernde Recht zu realisiren, hängt darum ab von der *Ernennung* dieses entscheidenden Menschen. — Was sie darum disputiren mochten ins Blaue hin, es hilft uns Alles nichts: nur an diesem Puncte ist die Rechtslehre wahrhaft praktisch.

c. Was nun sagen sie darüber? — Entweder *Erbe:* — was von der Voraussetzung, dass der höchste Verstand forterbe, zu halten sey, bedarf wohl keiner ernsthaften Prüfung. Ich wüsste auch nicht, dass sie irgend jemand vorgebracht hätte. — Oder *Wahl;* — *freie* Wahl, hier Willkür. — Auch solche, die sogar einen höchsten Entscheider, ein letztes Princip überhaupt läugnen, und dies auf einer *Wechselwirkung* beruhen lassen wollen: die französischen Revolutionisten. Letztere Ansicht nur in einer Verstandesverwirrung möglich. — Nach uns wird der Oberherr durch das Gesetz der Geisterwelt selbst ernannt, sichtlich und offenkundig; und den Act dieser Ernennung, das, wodurch sie sich unmittelbar ausspricht, haben wir angezeigt. Dass nun dieses jemand vor uns gethan, wüssten wir nicht. Und so wäre es denn freilich bis jetzt unbekannt gewesen.

Plato: die Könige Philosophen, — oder die Philosophen Könige: ein witziger Einfall! Vom Könige ausgehend, der darum durch etwas Anderes schon bestimmt ist; — oder vom Philosophen, nicht durch sein Herrscherthum und Schöpferrecht im Reiche der Geister. Wer ist denn der Philosoph? Ists genug, dass er es sage? Da werden sich viel Könige finden! Der Prophet, der in die Welt kommen soll, — welch Zeichen und Wunder wird er thun? Dass er die *Todten* lebendig mache; belebende Kraft von ihm ausgehe.

Unsere Frage über das Recht ist eine eigentlich thatbegründende, unmittelbar freilich bloss deliberative; beachtend das Gesetz, und dasselbe anwendend auf den gegenwärtig gegebenen Zustand der Dinge: sie muss darum diesen gleichfalls beachten.

Den ersten Theil haben wir abgehandelt, enthaltend, wie es seyn *soll: dieses* der Herrscher! Was hierüber noch zu bedenken, wird sich finden.

Jetzt: wie *ist* es? Und um dieses recht einzusehen, fassen wir es genetisch: wie ist es so geworden; um einzusehen, dass es nicht wohl anders seyn kann, und zugleich, bei welchem Zwischengliede die Einwirkung unmittelbar beginnen müsse. Also eine *geschichtliche* Aufgabe!

Wir bekennen im voraus, dass auch hier unsere Ansichten sich sehr abweichend finden werden von den gewöhnlichen; daher wir sie nicht als bekannt voraussetzen können, sondern sie begründen müssen. — Dies daher: ein besonderes Geschichtliche ist verständlich nur durch Geschichte überhaupt; diese wiederum nur verständlich durch ihren Gegensatz, das Gesetzliche, streng wissenschaftlich zu Erkennende. Solch eine Ableitung derselben aus dem Gesammten der Erkenntniss heraus flieht man gewöhnlich, will das Geschichtliche zu einem Absoluten für sich machen; weist jene durch Strafreden zurück, indem man selbst auf einen historischen Sinn und Tact sich beruft — ein Unverstandenes und Unverständliches, — und will dem Verstande eben schlechthin nicht Rede stehen. Jenen Tact nun wollen wir wiederum nicht, sondern verwerfen ihn geradezu, indem wir mehr begehren: klare Einsicht.

Also: was ist *Geschichte überhaupt?* — Wir heben an von dem Bekanntesten und Allgemeinsten.

Sie liefert ein *Gegebenes*, als zufällig, d. h. als auf kein Gesetz sich gründend, nicht *a priori* zu erkennen. — Welches ist dieses? Woher kommt dasselbe — in dem ganzen Zusammenhange unserer anfangs aufgestellten Grundansicht, auf die ich stets mich beziehe, die Sie gegenwärtig haben müssen, und die jetzt erweitert werden soll.

Die wahrhafte Welt oder Existenz ausser Gott ist nur zu erzeugen durch Freiheit; sie *ist* nicht, sondern soll *werden*: — aber *sichtbar* werden. Dies setzt ein *Seyendes,* im Gegensatze mit welchem sie *wird*, und als dessen ewige Fortbestimmung sie wird, die Sinnenwelt, die blosse Natur. Dieses ist, wie es eben ist, so und so *gegeben;* ohnerachtet aus dem angeführten Grunde der Sichtbarkeit es *nothwendig* ist, *dass* überhaupt ein solches gegeben sey. — Ferner ist die Freiheit, auch dem Gesetze der Sichtbarkeit zufolge, welches sich aber nicht mit so kurzen Worten, sondern nur in seinem Zusammenhange aufstellen lässt, gespalten in eine Summe von Freien — Individuen genannt. Diese Spaltung, überhaupt nothwendig, ist dennoch in ihrer Besonderheit, — wie viele es sind, und in welcher Reihe und Ordnung, — gleichfalls ein *Gegebenes.*

Diese beiden Hauptstücke wären nach unserer bisherigen Ansicht das Gegebene alles. Das Uebrige insgesammt wäre von der gegebenen Freiheit aus zu erzeugen.

Ich darf wohl als ein Bekanntes oder leicht Anzuerkennendes voraussetzen, dass die eigentliche, die Menschheitsgeschichte es nicht zu thun habe weder mit dem Gegebenen erster Art (Auffassung und Verzeichnung desselben, Naturgeschichte oder auch Lehre), noch mit der Vermeldung, welche Individuen gelebt haben oder leben, was nichts bedeutete, — noch auch mit den Producten *eigentlicher* Freiheit und der Geschichte dieser: wenigstens die bisherige Geschichte hätte damit nichts zu thun, indem mit eigentlicher Freiheit überhaupt noch gar wenig geschehen ist. — Ihr Stoff darum läge in der Mitte zwischen dem absolut Gegebenen und dem Producte absoluter Freiheit, ein Vereinigungsglied etwa der beiden. (Es ist für wissenschaftliche Forschung durch die genaue Angabe des Ortes derselben in unserem ganzen Zusammenhange sehr viel gewonnen.)

Deduction des Gegenstandes der Menschengeschichte.

Bahnen wir uns dazu den Weg, und leiten uns ein durch strenge Scheidung unserer Lehre von der Freiheit von dem philosophischen Systeme, das *Determinismus* genannt wird. — Nach dem letzteren ist nur ein System der *gegebenen Dinge,* die Iche, als solche Dinge, mit eingeschlossen, — eben Natur. Alles Seyn in sich geschlossen und bestimmt nach einem strengen Gesetze. Die körperlichen Dinge, zuvörderst unter einander in Wechselwirkung stehend nach jenem Gesetze, sind wiederum zugleich die absolut durch dasselbe Gesetz bestimmten Gründe der Vorstellungen in den Ichen, und diese Vorstellungen wieder Gründe ihrer Handlungen auf dieselbe strengnothwendige Weise. Die materielle Welt wirkt durch diesen Umweg auf sich zurück. — Und so ist darum Alles ohne Ausnahme schlechthin nothwendiges Resultat der Wechselwirkung Aller. — Aber nicht alle Vorstellungen werden wieder wirkend. — Weil ihre thatbestimmende Kraft noch nicht vollendet ist, andere noch dazu kommen müssen; also nicht unmittelbar. Mittelbar aber allerdings: keine Vorstellung, die nicht irgend einmal wieder wirksam würde, und so durch ihren Erfolg im Ganzen wiederum Vorstellungen bewirkte, diese wieder Wirksamkeit auf die Materie gewönne, und so ins Unendliche fort nach dem Gesetze. — *Eine* gesetzliche Kraft, die in dem All stets so wirken muss, wie sie wirkt: — Grundcharakter: ein schlechthin so, wie es ist, einmal für immer gegebenes Seyn, das da *ist,* nicht *wird.*

In dem Begriffe des Seyns haben jene ganz recht; darüber wollen wir sie ja nicht bestreiten. (Es ist der absolute Verstandesbegriff.) Nur dass sie in ihrer inneren Blindheit nicht merken, dass dies ja ein angeschautes Seyn, mithin nicht das absolute, sondern das sichtlich, wenn sie sich nur besinnen, der Anschauung entquellende ist, und dass bei dieser Entdeckung ihr Philosophiren, das sie vor derselben geschlossen, erst angehen werde mit der Frage: was denn nun die Anschauung sey, von deren Beantwortung abhängt, was dieses derselben entquellende Seyn sey?

Nach uns, die dieses beachten, endet die *blosse* Natur — das Begriffene, nicht Begreifende, Angeschaute, nicht Anschauende — und ist abgeschlossen in einer letzten Kraft, die durch sie und nach ihrem Gesetze gar nicht mehr zu bewegen ist, sondern nur durch die über alle Natur hinausliegende Kraft der Freiheit. — Die Natur ist *Tod* und *Ruhe*: die Freiheit erst muss sie wieder beleben und anregen; nach einem Begriffe: und das ist eben der Charakter der freien Kraft, dass sie nur nach einem Begriffe bewegt werden kann. — Wir vereinigen die beiden Welten (jene haben nur Eine) durch ein *Mittelglied*: die *freie Kraft,* — Natur, indem sie im Zusammenhange derselben gegeben ist, aber *ruhend* und *todt;* als Uebernatürliches, indem sie belebt wird durch die Freiheit nach einem Begriffe. Die Masse liefert die Natur, das bewegende Princip der Geist. (Es ist dies gar nicht wunderbar und unverständlich, wenn man sich erinnert, dass diese Masse ja nur die Sichtbarkeit, die bildliche Darstellung des geistigen Princips innerhalb der Anschauung sey — und mit ihr die gesammte Natur dasselbe.) — Wir erhalten sonach, worauf es ankommt, ausser dem in der Natur Gegebenen, in dem möglicherweise Gegebenen auch noch eine Welt der Freiheitsproducte, aufgetragen durch absolute Freiheit auf die erste, in dieser aber, die mit jener todten Kraft geschlossen war, durchaus nicht begründet. Wozu es der Regung einer menschlichen Hand bedürfte, das gehört durchaus nicht in jene Sphäre, sondern in diese; denn die Natur vermag zwar wohl eine menschliche Hand hervorzubringen (der Strenge nach in ihrem Wesen, wie wir es bisher begriffen, nicht einmal dies, wie wir an einer andern Stelle sehen werden: hier jedoch schenken wir dies); aber sie vermag dieselbe nicht in Bewegung zu setzen. (Ueberhaupt denken Sie sich als jene Kraft den zur freien und zweckmässigen Bewegung organisirten menschlichen Leib.)

Die Natur giebt sich ihren Herrn von der einen Seite; von der anderen, der Herr, die Freiheit, bringt ihr Werkzeug und ihren Stoff mit sich. — Daraus die Sphäre der Freiheitsproducte, als eines möglicherweise und unter einer gewissen Bedingung Gegebenen: diese sind für die Anschauung ein Zufälliges, also eben zur Geschichte, als einer Darstellung des also Gegebenen, sich qualificirend.

Nun ist schon oben bemerkt: diese Freiheitsproducte sollen aus deutlicher Einsicht, die bis auf das sittliche Gesetz zurückgeführt ist, hervorgehen; und so die ganze Welt der Freiheitsschöpfungen ohne alle Ausnahme. — So *soll* es seyn, so wird es auch einst seyn, wenn die Freiheitswelt in allen ihren Individuen vollständig gegeben, und die Freiheit durchaus frei, d. i. vom klaren Begriffe durchdrungen seyn wird: aber so ist es dermalen nicht. Das Meiste kommt zu Stande ohne diese Zurückführung auf das sittliche Gesetz, nur nach einem von ungefähr aufgerafften Begriffe; die Aussonderung der beiden Bestandtheile, falls es ja etwas vom ersten gäbe, würde schwer seyn, oder unmöglich, und so möchte es nach diesem Maassstabe kaum eine Geschichte geben.

So darum steht die Sache: Bei weitem das Meiste der etwa in einem Zeitraume der Anschauung vorliegenden Freiheitsproducte ist zu Stande gekommen nicht nach dem deutlichen Begriffe vom sittlichen Gesetze, also nicht nach diesem Gesetze; ebensowenig aber ist es zu Stande gekommen durch das Naturgesetz, indem dieses geschlossen ist vor dessen Erzeugung, und es zu Stande gekommen ist durch Freiheit. — Da es nun ausser diesen beiden keine Gesetzgebung giebt, erfolgen sie ganz *gesetzlos,* von ohngefähr. Dies nun eigentlich und notorisch der Gegenstand der bisherigen Menschengeschichte: Aeusserung der Freiheit, darum nicht der Natur, aber nicht aus dem sittlichen Gesetze zu erklären; — die freien, willkürlichen, gesetzlosen Handlungen der Menschen: — nur nicht in dem Sinne, dass sie willkürlich und gesetzlos nach einem bewussten Begriffe handeln wollen, sondern dass es ihnen ebenso sich begeben, weil ihr Verstand und ihr deutlicher Begriff nicht weiter gegangen. — Mehr unerklärliche und auf kein Gesetz zurückzuführende Begebenheiten an der Freiheit, als Handlungen derselben.

Durchaus gesetzlos, absolut vom blinden Ohngefähr abhängig, wie man dies ausdrückt? — So sieht es aus, zufolge des Räsonnements der beiden Gesetzgebungen. Können wir geneigt seyn, es dabei bewenden zu lassen? Gewiss nicht; so gewiss wir die Geschichte verstehen wollen: Verstehen aber heisst Einsehen aus einem Gesetze.

Wiewohl wir nun durch die Anlegung beider Gesetzgebungen in ihrer Geschiedenheit abgewiesen worden, haben wir es denn versucht mit beiden in der Vereinigung? — Die Natur mit ihrem inneren Gesetze ist ja durch das Gesetz der Sittlichkeit selber, als Seyns- und Naturgesetz: — sie ist *Stoff* für jene; sind nicht also alle diese Begebenheiten ganz gewiss auch dies, *Stoff,* an welchem die Sittlichkeit sich zeigen könne? Also eine gewisse Aeusserung der Sittlichkeit wäre nicht möglich, wenn nicht diese Producte der unsittlichen Freiheit zum Guten zu wenden wären. So gehören auch sie unter das Gesetz der Sittlichkeit, als Sichtbarkeit eines gewissen Inhaltes desselben.

(Was auch die gesetzlose und gesetzwidrige Freiheit beginne, eine Aufgabe für die sittliche Freiheit enthält es immer, es zum Besten zu wenden. — Alle Dinge sollen zum Besten dienen, — selbst die Werke des Teufels, der Unterdrücker u. s. w.)

So jene Sphäre gleichartig mit dem Naturstoffe, der zu unterjochenden Naturgewalt, und bloss eine Erweiterung derselben durch die gesetzlose Freiheit. Diese Producte aber müssen gekannt seyn von der sich Zwecke setzenden sittlichen Freiheit, und darum aufgenommen in eine Geschichte, als Uebersicht der Anschauung des Gegebenen. W. d. E. W. — Dergleichen mag es nun wohl gar viel in der Geschichte geben!

Aber — ich darf mir erlauben, hier historisch anzuknüpfen, und auf die gemeine Meinung mich beziehend, indem ich diese Meinung nachher streng wissenschaftlich zu prüfen gedenke, — man scheint ausser dieser negativen noch eine ganz andere bejahende und setzende Beziehung des sittlichen Gesetzes auf diese blindfreien Entschliessungen der Menschen zu verlangen, zufolge welcher durch diese Ereignisse die sittliche Freiheit geweckt, befördert und gebildet werden soll: — also — das Mittel für einen Zweck, ohne dass sie jedoch durch den freien Urheber also gedacht, und auf diesen Zweck bezogen werden. —

A. Wir wollen diesen Gedanken zuvörderst in seine Stelle im Systeme einführen, und zeigen, welche Schwierigkeit er, falls er sich bestätigte, lösen würde. — (Es ist höchst wichtig für die, die das ganze System schon kennen, und mit dieser Deutlichkeit noch niemals ausgesprochen.)

1) Das Sittliche ist rein geistig und gestaltlos, *Gesetz,* ohne alles Bild. Seine Gestaltung erhält es erst aus dem sittlichen Stoffe: — so haben wir gehört.

2) Nun kann durch ein bildendes Princip, dergleichen das Ich ist, diese Gestaltung geschehen auch nur nach einem Bilde, das es schon *hat,* des Sittlichen.

3) Ein solches Bild des Sittlichen könnte nur seyn ein Bild seines eigenen sittlichen Willens, den es nicht macht durch Freiheit, sondern den es schon hat; denn alles Machen setzt eben ein solches Bild voraus, das wieder ein Machen vor-

aussetzt, wodurch wir ins Unendliche vorwärts getrieben werden, und niemals zu einem Anfange kommen.

Hätten wir auch nur einen einzigen Menschen in der Gemeine der übrigen, der sich zum Bilde des Sittlichen erhoben hätte; so liesse sich wohl denken, wie dieser durch Aufgabe von Constructionen der Bilder in anderen nach und nach einen Begriff sittlicher Verhältnisse entwickelte: zu diesem Ersten aber, in dem kein Früherer sie entwickeln kann, könnten wir nicht anders kommen, denn auf die angezeigte Weise. Ein Anfang, der sittlichen Welt setzt einen Willen, der qualitativ in seiner eigenen Anschauung sittlich ist, ohne durch eigene Freiheit sich dazu gemacht zu haben, — durch sein blosses Daseyn, durch seine Geburt; — der in der Anschauung seines Willens die Welt in einer sittlichen Ordnung erfasst. — So nur ist der *hiatus* zwischen der absoluten Bildlosigkeit des Sittlichen und der Bildlichkeit, die es in der Wirklichkeit annehmen soll, ausgefüllt. Diese Lücke im System darum wäre ausgetilgt, wenn etwa jene Annahme ausserdem sich bestätigte.

B. Construiren wir aber bestimmt den Gedanken selbst, der dort gedacht wird. — Es ist ein Wille und seine Wirksamkeit, welcher bestimmt ist nicht durch die eigene bis zum Gesetz hindurchdringende Freiheit, sondern durch das Gesetz **unmittelbar**, ohne Hülfe des Begriffs, durch das Gesetz darum als eine bestimmende Naturgewalt. (Princip und Principiat ohne dazwischenliegende Freiheit der Selbstbestimmung.) Und zwar: Es ist ein Mittel für einen sittlichen Zweck, liegt in einer sittlichen Reihe, also das Gesetz ist, obwohl es in der Form wirkt als Naturgesetz, dennoch das sittliche. — „Das Herz wird regiert." Das Herz ist der Wille, also doch die Freiheit, die anschaulich sich bewegt, und ihren Entschluss nimmt. — *Regiert,* geleitet eben durch ein ihr selbst verborgenes Princip; also doch in diesem Allen nur der Ausdruck der ihr verborgenen Leitung.

C. Der Geist durch Geist bestimmt, — durch den alle Geister umfassenden Geist, Gott. Diese Erscheinung der erste Grund einen Gott anzunehmen, als *sittliches,* nicht *Natur-*

Wesen. Jene Willensbestimmung ist aber nur als Mittel für einen Zweck, der daher nach unserer Weise in einem beide vereinigenden Begriffe darauf bezogen werden muss; also durch einen Verstand, — den göttlichen Verstand. —

Verhielte sich dies nun also, — so wäre ein Theil der Erzeugnisse der Freiheit begründet durch die Regung der Entschlüsse der Einzelnen durch einen verständigen, weisen und sittlichen Gott. Vorsehung, *Wunder;* das letztere gleich einer natürlichen Begebenheit, die da denkbar ist nur durch einen sittlichen Zweck, und um desselben willen.

Wäre dies nun also, so würde der vorzüglichste und eigentlichste Theil der Geschichte die Erzählung seyn von der göttlichen Vorsehung, seiner Weltregierung (in den freien Willen nemlich; denn die Natur giebt einer solchen Regierung nach Zwecken der Freiheit keinen Platz): eines göttlichen Weltplanes zur sittlichen Bildung des Menschengeschlechts. Und zwar käme die Wirksamkeit des vorausgesetzten Gottes zu Stande auf die beschriebene Weise. — Es ist unstreitig, dass die besten Geschichtskenner und glücklichsten Bearbeiter derselben sie von jeher so angesehen haben. Es ist daher der Mühe werth, diesen Gedanken, den wir bisjetzt nur analysirt haben, ohne dafür oder dawider uns zu entscheiden, durch eine eigentliche Deduction zu prüfen.

Wir haben jenen Gedanken mit gutem Bedacht weiter auseinandergesetzt. — Gewöhnlich sagt man, die Annahme einer Vorsehung und der Wunder sey gegen das Naturgesetz, — alles sey natürlich, d. h. mechanisch zu erklären. Dies ist aus jenem Determinismus heraus gesprochen, der überhaupt ein anderes Gesetz, als das der Natur, nicht kennt. — Es möchte dies alles wohl auf das Gebiet der Freiheit fallen, wo das Naturgesetz gar nichts mehr zu sagen hat. Begreiflicher wird es dadurch freilich nicht.

Ist nun eine solche Gesetzmässigkeit der nicht auf den klaren Begriff des Gesetzes zurückgehenden menschlichen Entschliessungen, — eine göttliche Vorsehung, Weltregierung, — versteht sich innerhalb der Wurzel der Welt der freien Entschliessungen, — anzunehmen oder nicht?

Satz: Es giebt keine solche Weltregierung; denn das wahrhaft Reale soll schlechthin nur durch Freiheit erzeugt werden: unter Voraussetzung einer solchen Regierung aber würde es nicht durch Freiheit erzeugt; und, wenn man das Erscheinen des Absoluten als seinen Willen betrachtet, eine solche Weltregierung aber gleichfalls, so wäre dadurch der göttliche Wille in Widerspruch mit sich selbst gesetzt: wollend unbedingte Freiheit, wollend und bewirkend Unterdrückung derselben.

Gegensatz: Es kann wohl eine göttliche Weltregierung geben, d. h. eine Bestimmung des menschlichen Willens nicht durch seine Freiheit, falls etwa die unmittelbare Sichtbarkeit der Freiheit, ausser der schon bekannten Bedingung einer gegebenen Sinnenwelt, auch noch bedingt wäre durch irgend einen *gegebenen Zustand* der Freiheitswelt, — eine Bestimmtheit der gegebenen, individuellen Willen. Da, eben zufolge des ersten Gesetzes, die Sichtbarkeit der Freiheit schlechthin seyn soll, so müsste eben darum auch schlechthin seyn diese ihre genannte Bedingung.

1) Die Voraussetzung analysirt, und in einen scharfen Begriff gefasst. — Vorher das *Gegebene,* die Sinnenwelt, und die der Individuen. Jetzt jener Voraussetzung zufolge noch als Drittes ein bestimmter, der Qualität nach sittlicher Wille der Iche, den sie eben mitbringen und haben durch ihr Daseyn, wie sie durch ihr blosses Daseyn mitbringen die Anschauung der Sinnenwelt, und die gegenseitige ihrer selbst unter einander: — eine *sittliche Natur.* — Diese ihre Mitgabe eines stehenden und sein Naturgesetz in sich tragenden Willens mag sich nun entwickeln in einzelnen Aeusserungen und Entschliessungen, — frei und begriffsartig, inwiefern subsumirt wird, nicht frei, inwiefern nur die sittliche *Natur* eine solche Subsumtion bestimmt. — Diese Aeusserungen nun gäben den Stoff für die Menschengeschichte, wie wir ihn wollen.

2) Es ist dadurch die Grenze genau bestimmt, wieweit eine solche sittliche Natur anzunehmen, und Aeusserungen derselben zu erwarten sind: inwieweit nemlich die sichtbare Aeusserung der Freiheit dadurch bedingt ist, und ein solches

Verhältniss sich klar nachweisen lässt; wodurch uns denn die Möglichkeit gegeben ist, selbst den bestimmten nothwendigen Inhalt jener gegebenen Sittlichkeit abzuleiten, was wir nachher auch thun werden. Dadurch, dass diese Grenze abgesteckt ist, haben wir allen Erdichtungen, willkürlichen Deutungen, Schwärmereien von vornherein das Feld abgeschnitten.

3) Durch diese Ansicht wird alles sehr begreiflich, d. i. unter unsere aufgestellten Gesetze passend, und alles Sonderbare fällt hinweg. Gott wird nicht etwa mit einem discursiven Verstande, einem synthetischen — spaltenden und vereinigenden — versehen, noch in die Zeit, als in ihr sich entschliessend und handelnd, hinabgezogen; wie es der Fall ist beinahe mit allen Vorstellungen von Vorsehung, und welches eben der Grund des Anstosses ist, den von jeher alle Verständigen, nicht blind Glaubenden an diesem Begriffe genommen haben. Eine solche sittliche Beschaffenheit der gegebenen individuellen Willen liegt in dem formalen Gesetze des göttlichen Erscheinens, wie in ihm liegt Ichheit, Verstand, Sinnenwelt und alles Uebrige; — ist darum das Eine, schlechthin unmittelbare Erscheinen des Absoluten selbst, das da *ist*, nicht wird in irgend einer Zeit, noch in dem etwas wird. Dieses schlechthin durch dies Gesetz gesetzte Seyn entwickelt sich nun in wirklicher Anschauung in der Zeit: dieses, zu dem nun nichts hinzukommt oder davonkommt, oder in welches eingegriffen wird durch ein Wunder, d. i. durch eine neue göttliche Schöpfung in der Zeit.

Merken Sie diesen Punct: wir werden tiefer unten in der Anwendung sehen, ob er sich, und *wie* er sich bestätigt.

Vereinigung des Satzes und Gegensatzes:

1) Im Satze wird die *Freiheit* hervorgehoben als Absolutes. Im Gegensatze nicht minder; nur nimmt er Rücksicht auf die *Sichtbarkeit,* das Erscheinen der Freiheit. In der Form ist also Uebereinstimmung.

2) Aber wie mit der Sache selbst? — Nichts verhindert, dass dieses *Gegebene,* das Resultat der seyenden Willensbestimmung, selbst wieder durch Freiheit nach dem klaren Begriffe hervorgebracht werden solle; — und dass es in seiner Ge-

gebenheit nur das Vorbild sey des Hervorbringens durch Freiheit. So eben würde diese Ordnung Bedingung des Erscheinens der Freiheit, und Glied einer sittlichen Reihe; das ganze Werk der Freiheit fiele in dieser letzten Rücksicht wieder der Freiheit anheim, und so erst wäre der Widerspruch vollständig gehoben. — Die Voraussetzung ist hierbei freilich, dass jene sittliche Natur nicht durchgängig in der ganzen Individuenwelt stattfinde. (Hier das Allgemeine; in der Anwendung wird es seine gehörige Klarheit erhalten.)

Also: Der Vorsehung (als Wunder), dem Grunde des eigentlich geschichtlichen Stoffes der Geschichte, ist substituiret worden der Begriff einer sittlichen Erzeugung oder Natur des Menschen. Nach unserer Idee haben wir diese Sittlichkeit der Natur gleich aufgenommen in die nothwendige Form der Erscheinung. —

Der Deductionsgrund, die Bedingung, unter welcher jenes anzunehmen, ist: Wenn und inwiefern eine solche sittliche Natur Bedingung wirklicher Aeusserung der Freiheit ist.

‹Sonach wäre zu untersuchen, wodurch die wirkliche (erscheinende) Aeusserung der Freiheit bedingt ist?

Ueberlegen Sie mit mir Folgendes: Die Entbindung der Freiheit und des Verstandes aus der Unfreiheit und dem Unverstande ist nur in Gesellschaft möglich; und zwar in leitender und belehrender Gesellschaft, die den Verstand des Einzelnen, der da frei werden soll, zweckmässig leite. Dafür bedarf es bei dem Leitenden eines reinen uneigennützigen Interesse für diesen Einzelnen; da ja in seiner eigenen Freiheit nicht liegt, dass der Verstand und die Freiheit des Anderen ihm Angelegenheit sey, wie seine eigene, und mit seiner eigenen verknüpft sey. — Ferner: in diesen ersten Versuchen des Freiheitsgebrauches muss der Andere sich selbst überlassen werden, keiner darf gewaltsam eingreifen; sein Recht muss darum gesichert seyn, ehe er eigentlich Rechte hat. In diesen Versuchen beleidigt und stört er; er muss nur mit Belehrung zurückgewiesen werden. — Freiheit nur durch *Erziehung* unter den Menschen.

Nehme man an, die jetzt Erziehenden seyen einst selbst zu dieser Einsicht der Pflicht erzogen worden, so müssten die, welche dazu sie erzogen haben, gleichfalls also erzogen worden seyn, diese gleichfalls, und so in der unendlichen Reihe des Aufsteigens. Wo nehmen wir nun aber her eine ursprüngliche, erste erziehende Gesellschaft? — Oder — die Sache im Allgemeinsten gefasst, und den *nervus probandi* zusammengedrängt: in der unverständigen und rechtslosen Menschheit (so haben wir sie allerdings genommen), und bei absoluter Genesis der Freiheit des Einzelnen aus der Nichtfreiheit, wird als Erzeugungsmittel der Freiheit stets ein Zwang, von Belehrung begleitet, vorausgesetzt: dieser setzt in den damals Zwingenden einen früher auf sie ausgeübten Zwang, mit Belehrung begleitet, voraus; und so würden wir in einer unendlichen Reihe aufwärts getrieben; wir kämen niemals zu einem *ersten* Zwange und einer *ersten* Belehrung. Da wir aber doch die Erscheinung der Freiheit schlechterdings als ein in der Zeit geschlossenes Ganze auffassen müssen; so müssen wir irgend eine Gesellschaft annehmen, die da zwingt und belehrt, ohne selbst beides bedurft zu haben, weil sie durch ihr blosses Daseyn das schon war, wozu sie die nach ihr und aus ihr entstehende Gesellschaft mit Zwang und Belehrung erst bringt: von Natur das war, wozu Andere unter ihrer Bildung sich machen mit Freiheit.

Die Erscheinung der Freiheit (und sonach Gottes) lässt sich als ein Gegebenes gar nicht denken ohne eine solche Gesellschaft: diese gehört sonach gleichfalls zu den formalen Bedingungen derselben, wie die Sinnenwelt u. s. w., und muss gedacht werden. — Eine ursprüngliche Menschheit, die qualitativ sittlich ist; die durch ihr blosses Seyn mit sich bringt, was in der fortgehenden Erscheinung mit Freiheit entwickelt wird. Dabei hebt die Geschichte an.

Durch Einführung in die sichtlichen Regionen der Erscheinung wird es deutlicher. Setzen Sie durchaus unrechtliche, die Freiheit anderer nicht schonende Menschheit, so wird dieselbe sich in Kurzem vernichten. Sie müssten da auch noch Natureinrichtungen in der Menschheit hinwegdenken, die zur Erhaltung derselben da sind. Wir sehen es in der Erfahrung an wilden Völkern, die, sogar mit jenen Natureinrichtungen der menschlichen Erzeugung u. s. w., sich untereinander aufreiben, zerstören; ausgestorben sind, und aussterben werden: Oster-Eiland, Nukahiwa. —

Wollen wir denn nun annehmen, dass vor *dem* Menschengeschlechte, dessen Mitglieder wir sind, ehemals die Menschheit schon begonnen habe, und zu Grunde gegangen sey, wie sie musste und konnte, und dann wieder begonnen, und so fort, bis sie endlich Bestand bekommen habe? Doch wohl nicht; denn der Untergang läge im Gesetze, und müsste immer wieder erfolgen. — Gottes Erscheinen ist kein Probiren und Versuchen. Es *ist* schlechthin, und durch sein Seyn ist die ewige Entwickelung gesetzt, mithin alle Bedingungen desselben. Unter diese, das absolut ewige Seyn, gehört nun der Beginn mit einem solchen Geschlechte. Nur dieser sichert nach empirischer Ansicht gegen den Untergang, d. i. nach einer höheren Ansicht, er ist die absolute Seynsform der Erscheinung. — Weil es *ist*, über aller Zeit, kann es nicht untergehen in irgend einer Zeit, im Nichtuntergehenkönnen aber, d. i. im Seyn liegt das Anheben von einem durch seine Natur, nicht durch Freiheit sittlichen Geschlechte. Es ist blosse Analyse des *Ist* der göttlichen Erscheinung. Was in dieser Analyse liegt, dies eben ist.

Ich will auf diesem Uebersichtsstandpuncte, und in dieser Allgemeinheit stehend die Lehre von dem, was qualitativ und als materielle Fortbestimmung in dem Seyn der göttlichen Erscheinung liegen muss, sogleich vollenden. Zunächst wäre in dem, was durch die absolut ewige Fortdauer zu aller Zeit bedingt ist, die Möglichkeit des Unterganges abgewehrt: denn das Erscheinen Gottes ist absolutes, die Möglichkeit des Nichtseyns ausschliessendes Sichsetzen, ein wahrhaftiges Daseyn in allem

Ernste, kein Probiren, ob es etwa gelingen möchte. Aber in diesem Nichtprobiren liegt noch ein Zweites. Die Erscheinung ist Leben, stets sich entwickelndes, frisches, schöpferisches Leben; dies ist ihr Seyn: sie geht darum fort zum Vollkommneren in aller Zeit. Kein Stillstand, kein Rückgang, welches ja eine verfehlte Probe des Fortgehens seyn würde, die durch eine neue, vielleicht gelingende zu ersetzen wäre. So nach dem gemeinsamen Gesetze aller freien Individuen. Aus dieser Perfectibilität können sie nicht fallen: so weit geht ihre Freiheit nicht. (Der äussere Schein entscheidet nicht.) — Dies nun Sache keines Individuums, sondern des inneren Seyns, das alle Individuen regiert, und in alle Ewigkeit fort sie regieren wird.

Und so wäre denn zuvörderst die Lehre von dem, was sie Vorsehung und Wunder nennen, die wir gleich klar aufstellen wollten, vollendet. — Keinesweges ein Eingriff Gottes in die Zeit, sondern ein schlechthin qualitatives Seyn seiner Erscheinung, absolut und über aller Zeit; welches nur als Grund eines Zeitlichen in der Zeit sich zeigt: und zwar eine qualitative Bestimmung des Willens, ursprünglich gegeben auf eine gewisse Weise, ebenso, wie nach demselben Gesetze gegeben ist eine auf gewisse Weise bestimmte Sinnenwelt: eine *sittliche* Grundlage der Welt, wie es giebt eine *natürliche*. — Ein fertiger, festbestimmter Wille, $= x$; die Freiheit des Zweckentwerfens bleibt, diesseits desselben in den Individuen; nur wenn sie bis so weit kommt, wird sie gleichsam gehalten, ergriffen von der Evidenz der sittlichen Idee. — Diese Willensbestimmung nun ist eine doppelte, theils partiell: des ersten die Menschheit anhebenden Menschengeschlechtes, um die Entwickelung der Freiheit erst zu beginnen; — theils allgemein: um die Erhaltung und Vervollkommnung des Menschengeschlechts auf alle Ewigkeit zu sichern. Das erste Wunder ist vorüber, und seit der Zeit ist die Entwickelung der Freiheit eingetreten in ihren natürlichen Gang. Das letztere Wunder dauert fort, so dass wir alle mit unserer ursprünglichen Willensbeschaffenheit mehr oder minder hineinverflochten seyn, und von Zeit zu Zeit Aeusserungen desselben in der Menschengeschichte vorkommen mögen. (Erwarten soll sie indess keiner, sondern jeder an seinem Orte nachdenken und streben, als ob auf ihm allein und seinem Verstande und seiner Anwendung desselben das Heil der Menschheit beruhe: diesem Nachdenken und Streben nun werden eben die rechten Gesichte aus jener ewigen Quelle, die da ist aus Gott, entströmen.)

— Wir haben eine gegebene Geschichte, den gegenwärtigen Rechtszustand der Menschen, zu verstehen; uns darum zu halten an jenen Anfangspunct aller Geschichte und Freiheitsentwickelung, an das erste Menschengeschlecht, und dieses zu beschreiben, wie es zufolge seiner Bestimmung seyn müsse.

Der Grundzug desselben: Interesse schlechtweg für die Freiheit Aller und ihre Bildung dazu; in Jedem eine Liebe, die ihn aus seiner Individualität heraustreibt, und mit der er die ganze Menschheit, als solche, umfasst. — Dies das *angeborene* Sittliche, wodurch die sichtbare Entwickelung zur Freiheit überhaupt bedingt ist.

In der weiteren Analyse können wir recht gut geschichtlich einhergehen, indem hier Deduction und Wahrnehmung sich begleitet; besonders achtend auf jenes, Alle verbindende Princip in der Menschheit.

Zuerst anzumerken ist das natürliche Daseyn des Menschen in *zwei Geschlechtern*, dem männlichen und dem weiblichen, geltend für das ganze gegenwärtige Leben, ohne alles Vermögen der Freiheit, daran etwas zu ändern; und die Forterzeugung des Menschengeschlechtes aus sich selbst durch diese Veranstaltung.

1) Die Freiheitswelt erzeugt schlechthin sich selbst aus sich selbst: durchaus eigener Urheber und Schöpfer, wie geistig, durch Belehrung und Bildung, ebenso auch physisch. Das Letztere ist Bild der ersten Erzeugung, und, wie wir tiefer unten sehen werden, bedingendes Mittel. — Die Freiheit ist sichtbar, und in der Zeit durchaus ihr eigener Schöpfer. Und dies ja wollten wir eben: dieser Sichtbarkeit Bedingung aber ist jene Einrichtung.

2) Derselben zufolge ist aber die Eine Erzeugungskraft des Menschen, das menschenschaffende Naturprincip getrennt in zwei Hälften und vertheilt an zwei Individuen; in dem Verhält-

nisse, dass das eine enthält den blossen Stoff, das andere das belebende und die Bildung erregende Princip dieses Stoffes: dass darum, da eine belebende Kraft nichts ist ohne Beziehung auf einen Stoff, ein todter Stoff aber ohne eine belebende Kraft todt bleibt, beide Hälften für sich durchaus ohnmächtig sind, und nur in ihrer Vereinigung Princip werden: dass es darum durchaus der Vereinigung zweier individueller Willen bedarf, wenn es zu einer Menschenerzeugung kommen soll. — Die Naturwirkung geht bis zur Erzeugung und Absetzung des menschenbildenden Principes; und mit dem Daseyn dieses Principes eben musste die Menschheit anheben. Aber sie legt es nieder in zwei einander schlechthin erfordernde Hälften, das Weib und den Mann. Nun ist die Naturwirkung durch diese Theilung geschlossen; und soll es wirklich zur Erzeugung eines Menschen kommen, so muss Freiheit, und zwar vereinigte und einverstandene Freiheit zweier dazwischentreten. — Darum sagten wir oben: die Natur könne eigentlich keine Hand, keinen Menschenleib bilden. Einmal, beim Beginne, als das sittliche Princip mit ihr noch vereint war, konnte sie es; wie aber der Mensch, der ganze — in seiner Zweiheit — da war, trat das sittliche Princip aus von ihr und in den Menschen; sie hatte ihren Herrn sich gegeben, der von nun an sich selbst erzeugt, bis zu ihrer vollendeten Umwandlung durch den Begriff. — Seitdem giebt die Natur den Stoff in beiden Geschlechtern, die den Stoff einigende Kraft ist erst die Freiheit; also die Natur verhält sich zur Freiheit selbst, wie das Weib zum Manne.

(Verdeutlicht am Gegensatze mit dem Saamenkorne im Pflanzenreiche. — In diesem liegt das ganze Princip der Pflanze ungetheilt: der *Stoff* und die *belebende* Kraft. Dass diese letztere anhält und im Saamenkorne die Fortentwickelung des Pflanzenlebens unterbrochen ist, liegt nicht an ihm: sondern weil es sich selbst nicht genug ist, vielmehr entwickelnder äusserer chemischer Kräfte bedarf, von deren Berührung es getrennt ist. Bringt es nur in diese Berührung hinein, senkt es in die Erde, lasst es von dem befruchtenden Hauche des Frühlings getroffen werden, und es wird ganz aus sich selbst sich zur Pflanze entwickeln. So nicht mit dem Saatkorne der höheren Naturgestaltung, dem Thiere, und dem Thiere, was einzig wahrhaft da ist, dem Menschen. Dieses zuvörderst steht unter keiner chemischen Bedingung seiner Entwickelung, bedürftig der Umgebung, sondern es trägt schlechthin, wie es beim Herrn der Natur seyn musste, in sich allein den hinlänglichen Grund zur Gestalt: und so würde die Menschenbildung unaufhörlich fortgehen, und es zum *Bestehen* eines Saatkornes gar nicht kommen. Aber der Fortgang ist unterbrochen und das Beharren des Saatkornes gesichert auf eine andere Weise: das Saatkorn selbst ist getrennt in seine zwei Hälften, den todten Stoff und die belebende Kraft; und die Hälften in dieser Trennung sind aufzubewahren gegeben zwei freien Individuen, so dass nur durch Vereinigung zweier Freiheiten die Eine, durch blosse Natur zertheilte Zeugungskraft wieder zusammenzutreten vermag zu ihrer nothwendigen Einheit.)

Und so ist denn durch dieses innerhalb der Natur übernatürliche und sittliche Gesetz die Willensvereinigung wenigstens zweier freien Individuen zur Bedingung der Ausübung des höchsten Menschheitsrechtes gemacht worden, der Erschaffung der Menschheit aus sich selbst heraus. Hierin liegt ein nothwendiges Bindungsmittel der Willen, wie wir es suchen. Die Individuen können sich nicht durchaus absondern und getrennt dastehen. Ausserdem würde die Menschheit zu Grunde gehen.

Denn der *Tod* gehört nothwendig zu dieser Erzeugung, und ist das bedingende und Nebenglied derselben. Indem die Menschheit das Vermögen erhielt, sich neu zu erzeugen, übernahm sie in ihren alten Mitgliedern die Verpflichtung, abzutreten vom Schauplatze; und wer einen Menschen in seine Stelle erzeugt, verpflichtet sich zugleich, ihm dieselbe zu rechter Zeit zu überlassen. So setzen Tod und Geburt sich gegenseitig: und nur in einer solchen Welt kann kein Tod seyn, in der auch keine Geburt ist, — in der künftigen. Uebrigens weiss der, welcher nur über die Erscheinung hinauszukommen vermag, recht wohl, dass es mit beiden nicht Ernst ist, sondern dass sie nur sind die Erscheinung eben der Genesis der Freiheit aus sich selber, als welche wir sie auch begriffen haben: — dass aber in der Wahrheit die ganze Freiheitsgemeine in allen ihren Individuen *ist* schlechthin in der absoluten Form der göttlichen Erscheinung, in welcher Nichts *wird* oder *vergeht*.

Zusätze:

1) Wir haben gar nichts Besonderes gesagt; es ist Jedem einleuchtend, der nur nicht ganz blind ist. Es könnte aber doch auch anders seyn; wenigstens ehemals hat man sich *gewundert,* auch wohl den Schmutz, der ihre eigene Phantasie erfüllte, mir geliehen: vielleicht geschähe es noch, wenn sie es nicht vergessen hätten! Doch wer kann wissen, auf welchem Katheder irgend ein philosophischer Spassmacher und Freibeuter, der ein besseres Gedächtniss hat, mit solchen Verwunderungen die Lücken seiner eigenen Meditationen ausfüllt! Ich habe mich darum bemüht, es klar auszusprechen, und ich hoffe, dass Sie besonders vermittelst des angeführten Gleichnisses mich vollkommen verstanden haben.

2) Meine Meinung: es war einmal eine Zeit, ein Tag, da das Menschengeschlecht, nicht geboren von einem früheren, sondern eben kurz und gut *da* war in seinem Selbstbewusstseyn (denn anders, und Etwas als Ding an sich ist es ja nie); in zweien Geschlechtern, nicht zwar als ein einzelnes Paar (wie man gewöhnlich annimmt), sondern als ein Volk (den Beweis dafür tiefer unten); versehen mit allen Erkenntnissen und allen Mitteln eines vernünftigen Daseyns und vernünftiger Erziehung der aus ihnen zu Gebärenden; indem nun von ihnen aus der Process der Geburt und des Todes begann. Verständig, gut und wohlgesinnt (wie und worin, tiefer unten näher) durch ihr blosses Daseyn: eine Unschuldswelt. — „Der Reiz der grossen Fragen" nach ihrem Ursprunge und dem der Welt u. s. w. war für sie nicht da. — Ihr Zustand war einfach: beschäftigt mit Auffassung des sie Umgebenden, über die Zeit hinaus in das Jenseitige, was erst durch eine freie Phantasie zu construiren wäre, sich nicht verlierend. Philosophische Beantwortung, und Beantwortung durch verständige Natur ist sehr zweierlei. — So auch wir hinterher: auch wir können über dieses absolute Factum ihres Selbstbewusstseyns nicht hinaus;

denn darauf nur kommt es an. — *Wie* hat es Gott gemacht, durch welche Mittel? — Wie erscheint er denn? Eben absolut: durch gar kein Mittel, und auf gar keine Weise, als die in dem unmittelbaren Erscheinen selbst liegt.

Die Beschreibung des Zustandes, in dem das Menschengeschlecht uranfänglich *gegeben* ist, haben wir angehoben von der Natureinrichtung, wodurch die Erzeugung der neuen Geschlechter der Natur entzogen, und durch die freie Willensvereinigung zweier Individuen bedingt worden: wir meinen die Trennung der Zeugungskraft und die Vertheilung derselben an zwei Grundgeschlechter. —

Nicht unmittelbar und schlechtweg durch den Zusammenhang genöthigt, wiewohl auch da eine Beziehung gleich beim folgenden Puncte sich finden wird, wohl aber durch den Umstand bewogen, dass selten oder fast nie Jünglingen, und studirenden Jünglingen, eine gründliche Belehrung über diesen ihnen so höchst wichtigen Gegenstand geboten wird, will ich im Vorbeigehen und als Episode meine Betrachtung auf einen Begriff richten, der durch jene Einrichtung begründet ist, auf den Begriff der *Keuschheit*.

1) Der eigentliche Rang, die Ehre und die Würde des Menschen, und ganz besonders des' Mannes in seinem sittlich natürlichen Daseyn, besteht ohne Zweifel in dem Vermögen, als uranfänglicher Urheber neue Menschen, neue Gebieter der Natur, aus sich zu erzeugen: über sein irdisches Daseyn hinaus und auf alle Ewigkeit, der Natur Herren zu setzen; in alle Ewigkeit fort und über die Grenzen des irdischen Daseyns Grund zu bleiben von sittlichen und sinnlichen Erscheinungen; dies mit freier Wahl einer Gehülfin und Theilnehmerin. Mitgenossenschaft des göttlichen Schöpfungsrechtes, der Gewalt, zu *erscheinen* in Freien: so der menschliche Erzeuger in seinem Erzeugten. Herrschendes Gefühl des Alterthums, dem Nachkommenschaft Segen war, Fluch — Sterben als der Letzte seines Geschlechtes.

Der Mann uranfänglich: darum er das *erste* Geschlecht in

jeder Rücksicht auf der *Erde*. Im Weibe, so wie in dieser ursprünglichen Einrichtung, so durchaus, Bedürftigkeit und Abhängigkeit. In jenem Leben auch da Gleichheit. Ich erinnere daran, was Jesus Tiefes sagt!

2) Die absolute Ehrlosigkeit, die Wegwerfung der eigentlich menschlichen und männlichen Ehre würde es darum seyn, wenn das zur Ausübung jenes Vorrechtes verliehene Vermögen gemacht würde zu einem Mittel sinnlicher Lust. Was über aller Natur ist, und bestimmt zur Fortpflanzung der Oberherrschaft über sie, würde ein Zweites, einem ihrer Triebe, dem der Lust, Untergeordnetes; das Uebersinnliche in sich und in seinem Daseyn gemacht zum Diener des Sinnlichen; das Bedächtige und Freie zum blossen Naturprincip; — das Thierische, Sinnliche dagegen, die Lust und deren Trieb zum ersten Princip.

a. Unkeuschheit — Gebrauch des Zeugungsvermögens zur blossen Lust, ohne Absicht auf den Zweck, und ohne bedachtes Wollen desselben.

b. Unkeuschheit — Ehrlosigkeit in höchster Potenz, Vernichtung der Ehre in ihrer Wurzel: Wegwerfung des eigentlichen persönlichen Werthes.

3) Dies ist auch gefühlt worden, und wird noch gefühlt im Volksglauben, liegt mancherlei Aeusserungen desselben zum Grunde: ein ehrloser Name auf die Ausschweifungen des Geschlechtstriebes. — Im Volke, das dermalen mit der ursprünglichen unschuldigen Anlage des Menschengeschlechtes noch in näherer Verbindung steht: nicht bei den höheren Ständen; — woher bei diesen nicht, davon später.

Bei dem weiblichen Geschlechte ist es noch so nach dem allgemeinen menschlichen Glauben, der Weiber selbst, und sogar der Männer von ihnen. Sie haben dadurch die Ehre verloren; denn sie haben gar keine andere Ehre, als die unverletzte Keuschheit, in dem Sinne, dass das Geschlechtsvermögen nur auf den Zweck der Kindererzeugung gerichtet sey.

4) Aber wie ist dieser Verfall der rechten natürlichen Ansicht über Ehre möglich gewesen; und wie nur bei dem Einen Geschlechte?

Weil der Mann seine Ehre in etwas Anderes setzen konnte:

a. In die *Selbstvertheidigung* seiner Person durch physische Kraft; α. Vertheidigung des blossen ruhigen Daseyns, vor allem schöpferischen Gebrauche desselben: β. bedingt durch die Reizung, die dann oft herausgefordert werden muss. — So sind die Männer genöthigt gewesen, sich einen falschen — mindestens *untergeordneten* — Ehrenpunct zu machen; wohl auch, um ihre Unverschämtheit mit zu vertheidigen, weil sie den eigentlichen und wahren fallen liessen. — Einen *untergeordneten:* denn es gehört allerdings mit zur Ehre des Mannes, sich und das wehrlose Geschlecht zu vertheidigen.

b. In die *geistige* Fortpflanzung, Schöpfer- und Gebärerkraft durch Erfindung, Unterricht, Weiterbringen. — Ich setze nemlich hier, um den äussersten Fall zu berühren, voraus, dass die geistige ursprüngliche Schöpferkraft die in den Dienst der Lust gerathene sinnliche überlebe, und in diesem dienstbaren Leibe dennoch frei und oben bleibe; — dass auch Geist und Körper so kräftig organisirt seyen, dass der letztere noch immerfort ein Organ für geistige Gestaltungen, und ein Mittel zur Verwirklichung in der Sinnenwelt bleibe, — wovon ich die Möglichkeit nicht absolut läugnen will: — so entsteht doch zuvörderst eine Entzweiung im Menschen, ein Zerfallen in zwei abgeschiedene Lebensläufe. Wenn der Geist herrscht, schweigt die Natur und gehorcht. Dies das Eine Leben. — Wenn dagegen die Sinnlichkeit herrscht, ist der Geist erstorben. Und dies wird so nach Zeiten und Perioden getheilt seyn. — Ferner: dieser so zersplitterte Mensch mit halber und gebrochener Kraft, leistet nie, was er leisten sollte, erreicht nie seine Bestimmung: sein Leben ist einmal halb, gebrochen und verschändet. Wie es auch *scheine* in einer vielleicht noch schlechteren Umgebung, so ist es doch nur ein Schattenbild des wirklich ihm im Rathe der Gottheit bestimmten Lebens: denn ein ganzes geistiges Leben fordert die unbedingte Unterwerfung der ganzen Körperkraft, ohne Theilung mit der Lust. — Das schöpferische Denken gelingt gar nicht so, wie begreiflich ist, denn die schöpferische Kraft ist Eine.

— Einen bestimmten Fall nur zum Beispiel. — Gesetzt, das *Denken* werde nicht gebrochen, — aber der *Muth,* — frei anzuerkennen, auszusprechen, durchzusetzen, unbeachtend die Gesichter, die es geben möchte! — Unkeuschheit aber Quelle der Feigheit: Feigheit ist das unmittelbare Gefühl des Lebens, das eben nur soviel Kraft hat, um sich selbst zu erhalten, und nichts darüber hinaus. („Er hat kaum das liebe Leben.") Dagegen Muth ist unmittelbares Gefühl der Fülle des Lebens und des Ueberflusses, das eben auch anderes Leben schaffen könnte, ohne sich selbst Schaden zu thun. — Solche --- dennoch Renommisten: kein Wunder! Auch von ihr ist Feigheit die Quelle. Sie wollen lieber *vorausschrecken,* damit man nicht etwa unverhofft und aus dem Stegreife ihren Muth auf die Probe stelle.

Unverletzte Keuschheit in Ehren halten, und Heiligen unserer Person von Jugend an ist das einzige Mittel, Alles zu werden, was wir können nach der uns verliehenen Kraft im ewigen Rathe Gottes. Verletzung derselben — ganz sicher und unfehlbar eine Zerstückelung, eine theilweise Ertödtung.

5) Diese Keuschheit nun war dem Urgeschlechte, von dem wir reden, angeboren: — wovon wir sogleich das Resultat sehen werden. — Da wir dabei sind: woher die Verderbniss, und der zur Mode gewordene Leichtsinn des Zeitalters über diesen Gegenstand? — Sie tragen sie nicht im Herzen, als angeborenen Zustand; ebensowenig im Verstande, als freierworbene Einsicht. Sie sehen darum die vorhandenen Keuschheits- und Ehrengesetze als willkürliche und eigennützige Beschränkungen der natürlichen Freiheit an, hassen sie, sind im Aufruhr gegen dieselben, und suchen alle Welt mit fortzureissen in jenen Aufruhr. — Daher die hinterlistige Vorstellung, niedergelegt in manchen verderblichen Büchern, dass man jene Dienstbarkeit gar nicht vermeiden könne, dass dies eben der eigentliche Zwiespalt in unserer Natur, das gar nicht aufzuhebende radicale Böse sey: — und die Aufzieherei damit. Was ist dagegen zu thun? Eben den Verstand entscheiden lassen, durch die Ihnen jetzt dargelegte, ich denke wahre und klare Ansicht.

Zugleich ist ihr Vorgeben grundfalsch, und eine freche Lüge. Jener unordentliche Trieb ist gar nicht in dem *ordentlich* geborenen (nicht gerade aus einer verwilderten und verworfenen Familie abstammenden) Menschen. Er wird nicht mehr zu dieser Unordnung gereizt, als zu anderen, z. B. zum Stehlen. (Hier auch einzelne Ausnahmen, sodann die Kinder von Dieben: nicht aber das menschliche Geschlecht.) Jene, die es so ansehen, mögen für ihre Person zu solchen gehören. Wer heisst sie das Geschlecht so setzen? — Mit solchen soll man sich gar nicht abgeben, und die Berührung mit einer unreinen Phantasie, als das eigentliche Gift, vermeiden. — Es ist wie die Blattern: fliehe die Ansteckung! Selbst aber meide Müssiggang und Verweichlichung, und arbeite gehörig mit Geist, wie mit Körper.

6) Ein factischer Beweis für das Gesagte ist das von jener angeborenen Keuschheit Uebriggebliebene, das Gefühl der *Schamhaftigkeit*. — Sie erröthet und wird zurückgestossen von der Vorstellung, dass sie ihre Ehre entweihen könne, dass in irgend einer Vorstellung diese Möglichkeit gesetzt sey. — Sie flieht darum überhaupt alle deutlichen Vorstellungen dieses Gegenstandes, alles Erheben zum Begriffe, weil dieses nur durch den Gegensatz möglich ist; der rechte Zweck gesetzt werden kann nur durch Setzung und Negirung seines Gegentheils. Sie ist ein in das ganze Seyn verflochtenes und körperlich sich ausdrückendes, den Körper selbst modificirendes Sittliche.

Weiter in der Bestimmung des ursprünglichen Menschengeschlechts:

Aus dieser natürlichen Keuschheit desselben nun die *Ehe,* als die für das Leben dauernde und unabtrennliche Vereinigung eines Mannes und Weibes, als gebundene Zeugungskraft. Es findet in dieser Rücksicht eine ewige Bindung der Willen statt; die Freiheit ist abgeschlossen mit Einem Male für immer. — Dieser Begriff wird klar seyn, wenn ich zeige, wie die Ehe aus der Keuschheit nothwendig folgt. Keuschheit richtet die Zeugungskraft nur auf den Zweck der Erzeugung: dieser ist erreicht, wenn die Männlichkeit überhaupt die Weiblichkeit findet; sie siehet im Geschlechte nur das Geschlecht, nichts mehr. Sollte sie auch nach geschehener Wahl sich diese noch offen behalten, so müsste sie noch etwas anderes suchen, als den

Einen Zweck (wie dies in der späteren Welt geschieht, wohl auch geschehen muss). Reines Aufgehen im Zwecke und Unterordnen alles anderen unter ihn; Bestimmung rein und allein nach ihm. — Möglichkeit der *Scheidung* also setzt keine Ehe: diese hebt den Begriff ihrer *Ewigkeit* auf, und macht sie in der Zeit abhängig von anderen, willkürlich zu setzenden Nebenzwecken. — Hier, wo wir Geschichtliches behandeln, ein geschichtliches Beispiel. Jesus — der als ein Abkömmling der uranfänglichen sittlichen und religiösen Vorstellungen betrachtet wird — spricht: Moses hat euch erlaubet zu scheiden von eueren Weibern, von eueres Herzens Härtigkeit wegen; *vom Anbeginn aber ist es nicht so gewesen. Die Zwei sind durch einmal eingegangene Verbindung von nun an nur Ein Leib.**)

Durch diese Ehe nun wird constituirt die *Familie*. Das Kind durch seine Geburt aus der Mutter, dadurch, dass die erste Nahrung für dasselbe in ihr bereitet wird, welche sie ein ebenso grosses Bedürfniss hat zu geben, als das Kind, sie zu nehmen, bleibt selbst physisch mit derselben verbunden. Der Mann, durch die uranfängliche und ewigdauernde Verbindung an sie geknüpft, wird bewegt zu lieben, was sie liebt. So ist begründet, wodurch allein *Erziehung* möglich wird, die Theilnahme an fremder Einsicht und Bildung, wie an seiner eigenen: — so, wie wir oben dieses Glied gerade suchten. — Eine natürliche, ohne vorhergehende freie Ueberlegung und Ueberzeugung des Verstandes; worauf sich dieselbe Theilnahme wohl späterhin gründen mag.

Bemerken wir, dass in einer solchen Ordnung der Dinge alle Bildung schlechthin und einzig aus der Familie hervorgehe. Im Ganzen keine, die nicht ist eben in den einzelnen Familien. In ihr wird der Mensch fertig für die Gemeine. — Es kommt bei dieser Auseinandersetzung ganz besonders darauf an, die Unterschiede zwischen unserer, durch den Verstand auf den Begriff der Freiheit gegründeten Verfassung der Menschen, und der in diesem angeborenen Zustande gegebenen ins Auge zu fassen. Hier zeigt sich einer dieser Unterschiede. Dort — Bil-

---

*) S. Matth. 19, 3—9.

dung in der Familie; darum ungleiche, jenachdem die Familien ungleich seyn mögen. Bei uns — absolut gleiche Bildung aller durch die allgemeine Volkserziehung. — Alle Streitigkeiten in dieser Angelegenheit rühren daher, dass der eine Theil die Ureinrichtung ergreift und von ihr begeistert ist, der andere den Verstandesbegriff des Verhältnisses. Ein solcher Streit bricht aus, wenn einer der Gegensätze — und da hebt denn allemal der *Verstandes*begriff an, dem *Seyns*begriffe sein Recht des Besitzes und der Verjährung zu bestreiten — zur Sprache kommt. Durch Pestalozzi und andere ist Volkserziehung gefordert, wo allerdings die Voraussetzung ist, der Familie die Kinder zu nehmen Dagegen erheben sich andere, und klagen, als über die Trennung der heiligsten Bande. Ein solcher Streit ist nur so zu schlichten, indem man den Grund des Gegners (oft besser als er selbst) kennt und würdigt; ihn erst in sein volles Recht einsetzt, um das seinige dagegenzusetzen. — Wir werden an seinem Orte den Streit gründlich scheiden. Was wir wollen, ist indess schon oben ausgesprochen. — —

Diese Familien standen nun in einem *Rechtsvereine,* einem Staate, der eben schlechtweg war, so wie sie selber.

1) Es waren mehrere Familien, denn der Staat musste *uranfänglich* dargestellt seyn: ein *Volk* darum. Dies geht daraus hervor, dass die Vernunft zuvörderst sich darstellen muss in der Form des gegebenen Seyns: — hier der oben versprochene Beweis.

2) Sie alle von Natur rechtlich, jeder darum die Freiheit des Anderen achtend, sie nicht verletzen wollend: also keiner *Zwangsgewalt* bedürftig. — Aber was *gehört* jedem; welcher *Besitz* kommt jeder einzelnen Familie zu? — Es bedarf wohl also eines *Richterthums*. Die Einheit des Willens wird aber repräsentirt in der physischen Einheit einer Person: also Monarchie. Er — der Monarch — war es eben schlechthin durch sein Daseyn: er erkannte sich also, und sie erkannten ihn. So war es Gottes Wille, seine Entscheidung war durchaus keinem Zweifel unterworfen; denn darüber hinaus ging ihr Wille gar nicht.

3) Der Staat aus den Familien gebildet: diese die integri-

renden Theile des Rechtsganzen. Innerhalb der Familien kein Rechtsstreit, keine Absonderung, kein Mein und Dein, sondern ihre Mitglieder stehen unter dem Oberhaupte derselben, der Eigenthümer und Berechtigter ist. Was in jener vorgeht, gehört gar nicht für die Kundnehmung des Richters. Der Staat bestand aus den ewig lebenden, unsterblichen Stämmen: — *Erbe* — oder eigentlich ewiger, durch keinen Tod und keine Geburt unterbrochener Besitz des Stammes. (Ein Hauptbegriff, der indess bloss *historisch,* aus einer uranfänglichen Gegebenheit zu erklären ist, und aus Verstandesgesetzen sich nicht ableiten lässt: er hält auch, wie wir zu seiner Zeit sehen werden, gegen das Verstandes-, d. i. Freiheitsgesetz, gar nicht Stand.)

Aber — auch nur den ursprünglichen Unterschied des Richters und der zu Richtenden gesetzt — gab es eine Ungleichheit, sich zeigend in der Bildung der Familien und so sich fortpflanzend. Forterbung des Standes, Ursprung des Kastenwesens. In einer späteren Betrachtung wird dieser Ursprung der Ungleichheit sich noch schärfer ergeben. Wo es keine andere Bildung giebt, da bildet der Ackerbauer zu Ackerbauern, der Töpfer zum Töpfer, — der Priester zum Priester; und anders kann es bei ruhigem Fortgange ohne totale Revolution nicht werden zu ewigen Zeiten. Hier liegt auch einer der Grundunterschiede des geschichtlich und nach den Gesetzen des ursprünglich *Gegebenen* sich machenden Staates, und des Verstandes-Reiches. — Der erstere aus Stämmen bestehend, die sich ins Unendliche forterzeugen aus uranfänglichen Familien und so ist es immerfort gewesen, ohne dass es jemand gemerkt, weil der Gegensatz fehlte. In unseren Zeiten wollte die französische Revolution gerade die Stämme auflösen, und aus diesen zu Individuen aufgelösten den Staat constituiren. Da versicherte denn ein Deutscher: sie seyen ja toll; das sey eben das $\pi\varrho\tilde{\omega}\tau o\nu\ \psi\varepsilon\tilde{\upsilon}\delta o\varsigma$; der Staat bestehe nicht aus Individuen, sondern aus Stämmen. — Er hatte ganz recht, und das Gegebene wohl verstanden; und seine Belehrung hätte wohl den Dank der Revolutionirenden verdient, wenn sie es nicht gewusst hätten. Aber davon war eigentlich nicht die Rede, sondern davon: ob nach dem Freiheitsgesetze er aus Stämmen oder Individuen bestehen *solle;* ob also die Familien eben zu Individuen aufgelöst werden sollen? Wie *wir* es beurtheilen, das ist zum Theil schon deutlich, und soll zu seiner Zeit in scharfem Erweise gegeben werden.

4) Alles Obige ist nur möglich durch eine gemeinschaftliche, angeborene *Sprache,* die da fertig war vom Seyn aus, und verständlich vom Seyn aus, — für alle die Begriffe und Verhältnisse, deren Erkentniss angeboren war. Der Gedanke redete ohne dazwischentretende Willkür: die bewusste Welt gestaltete sich zugleich in einem allgemeinverständlichen Schallbilde. Der Gedanke, sagen wir; nicht etwa bloss die Empfindung. Man hat sich viel Mühe gegeben, die *Entstehung* der Sprache zu erklären. So gefasst, wäre es ein Cirkel: jene setzt voraus gebildeten Verstand; diese Verstandesbildung aber wieder Sprachzeichen. Von daher hätte man darauf kommen sollen: hat auch diese Ansicht aufgestellt, aber freilich nur bibelglaubend: bei uns anders. Es ist noch merklich in gewissen Grundbedeutungen einzelner Buchstaben, z. B. F. R. L., in allen Sprachen. Die Abweichungen wären historisch zu erklären. — Die Sprache ist verständiger, als *wir:* in ihr nach Herder, Jacobi, Reinhold die Weisheit niedergelegt. — Ja, wenn sie überall niedergelegt, und die Sprache nicht zugleich auch schöpferisches Product wäre der Freiheit aus nichts heraus! Die freizubildende ist durchaus eine andere, als die anerschaffene. Ein wichtiger Gedanke, welchen klarer zu machen wir wohl auch den Ort finden werden.

— Noch dies in Absicht der Wortbezeichnung, worin zugleich eine Revision liegt: vorher haben wir das Sittliche, was unmittelbar aus Gott und seinem Erscheinen ohne Freiheit im Menschen ist, Vorsehung genannt, und Wunder: es ist auch *Offenbarung* zu nennen. Diese Offenbarung nun bricht irgend einmal heraus in der Zeit und äussert sich; aber es *wird* nur ihre Erscheinung, *sie* selbst nicht; gerade so, wie wir oben unter der Benennung des Wunders dasselbe betrachtet haben. Die gewöhnliche Ansicht hat auch da Gott vermenschlicht, und in die *Zeit* herabgezogen; wohl gar mit *beiden* — mit Raum und Zeit — versehen. — Eine solche Vorstellung ist nun ohne Zweifel unrichtig.

Ein Urgeschlecht durch *Offenbarung*.

Ein solches Geschlecht nun bliebe stehen; kein Fortgang in ihm, keine eigentliche Geschichte: es könnte aus dem angeborenen Grundwillen sich nicht herausbewegen und ihn überschreiten. Die Familien — ein Stehendes und Unsterbliches, bleibend in ihrer Verfassung: das Regiment selbst — ein Familienerbe. (Das goldene Zeitalter ohne Geschichte.) Herabsinken etwa könnte es durch Mangelhaftigkeit der Erziehung, indem die Stammfamilien stets ihre unvollkommenere Fortsetzungen lieferten. Aber keine eigentliche Freiheit und Verstandesentwickelung. Darum keine *Sichtbarkeit* der Freiheitsentwickelung, für welche, als Bedingung, wir doch ganz allein ein solches Geschlecht annahmen.

Eine solche Sichtbarkeit ist möglich lediglich dadurch, wenn wir denken ein zweites Urgeschlecht ohne diese ursprünglich sittliche Einrichtung, also mit Freiheit und Bildbarkeit ins Unendliche und Unbedingte. — Ein Urgeschlecht *ohne Offenbarung*, ein freies. — Jenes *einzig*, weil die Anlage bestimmt ist; dieses ins *Unendliche verschieden*, weil eben gar keine Bestimmung da ist, die Nichtbestimmtheit aber ist eine unendlich mögliche.

Es ist hier der Ort, diesen Unterschied der beiden Urgeschlechter scharf anzugeben, und was bisher noch schwankend und unklar geblieben seyn dürfte, fest und sicher zu machen. Unsere Philosophie, ausser der Beschreibung durch Worte, die nur an schon Bekanntes erinnern, höchstens Analogien geben, hat noch das Vermögen der Construction des Bildes *a priori:* dieses wollen wir hier anwenden. Zugleich ist die Untersuchung höchst wichtig für die Einsicht in das gesammte System.

1) Das Wesen des *Sicherscheinens* (*so* sagen wir) ist ein unendliches Vermögen, Bilder zu entwerfen.

2) Hieraus nun entstände niemals ein wirklich *scyendes*,

factisches Bild (und so auch nicht der Ausdruck eines *ursprünglichen* Seyns), wenn nicht dieses Vermögen in seinem wirklichen Bilden erfasst würde von einem beschränkenden Gesetze, zufolge dessen das Bild gerade also und nicht anders ausfallen muss.

3) So nun zwei Grundweisen des Bildens, d. i. zwei Grundbegriffe der Bilder: einmal — des *gegebenen* und schlechthin *vorhandenen* Seyns; sodann des durch *Freiheit* hervorzubringenden Seyns: — *Natur* und *Sittlichkeit*.

4) In der ersten Hinsicht alle Individuen bestimmt auf gleiche Weise in der Einen Naturanschauung. (Was ist daher ihr Wesen, und wie entsteht sie? Das ewige Grundgesetz ihres Bildens ist für Alle dasselbe.)

5) In der zweiten Rücksicht ein doppeltes Verhältniss: Entweder das seyn sollende x ist gegeben als Bestimmtheit eines Willens, mit ihm gleich *synthetisch* vereint: in einem Wollen und an demselben anschaulich gemacht. Dies das Gesetz des Urgeschlechtes mit Offenbarung. — Der Wille als *Seyendes*, gleich der Natur, wie ich dies schon oben ausgesprochen habe. Ein solches fertiges Wollen braucht freilich auch nicht immer und ewig gegenwärtige Vorstellung zu seyn, sondern wird erscheinen auf Veranlassung; also die Vorstellung desselben ist auch ein in der Zeit Werdendes. — Oder: dasselbe wird gegeben ausdrücklich als etwas, das da seyn *soll in einem Willen;* der Wille darum abgesondert von ihm, und als eine freie, durch ihr blosses Seyn unbestimmte, und nur innerhalb ihres Seyns durch sich selbst zu bestimmende Kraft. — So beim Menschengeschlechte ohne Offenbarung.

Zuvörderst: — dieses letzte ist das rechte, eigentliche, der Zweck der Erscheinung, als *Freiheit*. — Dagegen das erstere, obwohl man etwa es sich als das edlere denkt, nur das Mittel und die Bedingung für das Daseyn des letzteren. Dort die wahre eigentliche Menschheit, die Erscheinung Gottes.

Sodann zur näheren Vergleichung: dem ersten Geschlechte ist x (der vernunftgemässe Zustand der Menschheit) gegeben als etwas, das da unmittelbar gewollt wird, und nicht anders kann, als gewollt werden, das darum schlechthin *ist* an der Menschheit. Das zweite fasst auf dasselbe x, falls es überhaupt an jenes kommt, als eines, das da *werden* soll, durch Freiheit; darum muss in seiner Anschauung auch die Freiheit erscheinen, durch die es werden soll, sammt den Mitteln und Weisen dazu, und der ganze Weg der Entwickelung. — *Dort* x die Welt, der Zustand selbst: *hier* eine x erst hervorbringende Freiheit. Darum erscheint auch x in der letzteren Anschauung als ein ganz anderes, — *mit seiner Genesis aus der Freiheit, als endliches, zeitliches, durch Mittelglieder bedingtes Freiheitsproduct:* — dort *als uranfängliches Seyn.* — a) Geschichte nun ist die Anschauung dieses Lebens der Freiheit, aus einem formalen und leeren Zustande sich entwickelnd zu x: — und dies die eigentliche. b) Die Geschichte des Menschengeschlechts, jenes *Seyn* von x mit dazugenommen, läuft darum in sich selbst zurück: endend, für dieses Leben nemlich, als einen hingestellten abzuschliessenden Umfang, in dasjenige Seyn, von dem sie anhob: die Menschheit erbaut in einem zweiten Geschlechte sich selbst zu dem, was sie in einem ersten schon uranfänglich war, das gegebene Seyn zum Producte der eigenen Freiheit machend. c) So müsste es seyn, und ich erkläre dadurch einen früheren Punct, der undeutlich geblieben seyn soll. — Wie soll denn dem zweiten Geschlechte, dem eigentlich daran liegt, und überhaupt der ganzen Menschheit jenes x, das, was da werden soll, und was hervorgeht aus dem reinen, unbildlichen Gesetze, sich stellen in einem *Bilde?* — Als Ordnung eines *Mannigfaltigen.* Offenbar kann es das nur in einer Erscheinung des *Seyns,* als bindend eben ein gegebenes Mannigfaltige eines schon gegebenen Seyns. Dieses Bild, das Vorbild für die Freiheit, ist nun gegeben an dem ursprünglichen Zustande des ersten Menschengeschlechts. Es ist Vorbild für sich selbst in dem zweiten freien Geschlechte.

Dies nun ist die Grundansicht, welche das Zeitleben der Menschen, die vergangene und zukünftige Geschichte vollkommen verständlich macht. Dasselbe existirt in der Form des

Seyns, wie in der Form der Genesis: Fortschreiten zur letzteren ist mithin Aufgeben der ersten. Die höchste Erkenntniss des Zeitalters ist nicht durchaus blind für dieses Verhältniss: die Elemente des Gegensatzes sind ihm allerdings erschienen. Der eine eifert einseitig für die Erhaltung des Seyns, darein setzend das höchste Gut: der andere für das durch Freiheit zu erringende. Mehrere stücken ihre Ansicht aus beiden Elementen, je nachdem sie an verschiedenen Theilen von dieser oder von jener stärker berührt sind, zu einem ungleichartigen Ganzen zusammen, u. s. f. Dass der Gegensatz in seinem Einheitsgrunde verstanden würde, ist mir nicht bekannt. Dahin eben möchte ich durch das Bisherige und Folgende Sie führen.

Grundcharakter dieses zweiten Urgeschlechts für sich wäre unbegrenzte Zügellosigkeit des Bildungsvermögens in Beziehung auf das Praktische, ohne irgend einen Anhalt und Gesetz in ihnen selber.

Jenes erste Geschlecht gab gar kein Werden, mithin auch nicht die Anschauung, die die Menschheit, als das göttliche Bild, geben soll.

Dieses zweite auch nicht, da in ihm zwar das Princip des *Werdens,* die Freiheit, aber keine Anwendung und Folge derselben lag.

Beide Urgeschlechter darum müssen noch vereint werden, um in ihrer *Vereinigung* das Schauspiel zu bilden, auf welches es ankommt. In dieser Vereinigung konnte nicht unterjochen, überwinden, bestimmen das zweite Geschlecht das erste; denn dann wäre überhaupt nur das zweite übrig geblieben, darum keine Ordnung und Gesetz; es wäre überhaupt der Untergang erfolgt. Wohl aber umgekehrt muss das erste Geschlecht bestimmen das zweite, jedoch mit Beibehaltung seiner Freiheit. — Diese Uebermacht und Herrschaft des ersten Geschlechtes über das zweite kann nicht dem Ohngefähr überlassen bleiben (indem auf ihr die Erscheinung Gottes beruht, die da ist schlechthin); sondern muss gesichert seyn durch ein *Gesetz:* durch das der *Achtung* für Ordnung; eine Vorstellung, die den freien

Naturmenschen zurücktreibt, und gleichsam zur Besinnung bringt; die erste Erscheinung im Menschen, an welche das absolut gebietende Soll sich anknüpft, und aus welcher es sich entwickelt.

Und jetzt an dem Zusammentreten der beiden Urgeschlechter ist der Anfangspunct der Geschichte, ihr eigentlicher Geist und ihr Grundgesetz, und alle Hauptmomente, die in derselben sich ereignen müssen, gegeben; und dies lässt sogar *a priori* sich erkennen. Mit einer solchen Erkenntniss haben wir als Philosophen es einzig zu thun; dieselben in den vorhandenen Erzählungen vom Leben unseres Geschlechts auffinden, mag nun jeder für sich selbst.

Dies darum der Grundriss der ganzen möglichen Menschengeschichte: Nach der Vereinigung bringen Abkömmlinge des ersten Geschlechts die ihnen bekannt gewordenen des zweiten zu *ihrer* Ordnung, welche in ihnen selbst sich gründet auf das nicht weiter zu begründende kategorische: *So ists sittlich nothwendig;* — die sittliche Nothwendigkeit Gott genannt, so ists *Gottes Wille.* Ihr Glaube — absoluter *Naturglaube.* — Sie können jenseits dieser Vorstellung ihr Wesen nicht weiter auflösen, und so sich nicht losreissen von jener Ansicht des Seyns. — (Man hat den Begriff des Glaubens nicht immer verstanden: Glaube geht allemal auf ein gegebenes Bild, demselben absolutes Seyn beimessend; und nur vom Bilde einer sittlichen Ordnung braucht man dieses Wort; — er geht darum allemal auf ein *geschichtlich Gegebenes.* Beimessen der Realität einem unbildlichen Gesetze dagegen ist *Einsicht,* nicht *Glaube.* — Mendelssohn, Jacobi: — was dabei weiter gesprochen worden, davon zu seiner Zeit.) Diese Umschaffung ist ihnen möglich durch die *Achtung,* welche ihre Ordnung dem zweiten Geschlecht gebietet. Sie imponirt diesem in ihrer Neuheit: — diese Achtung nemlich ist Suspension ihrer Freiheit (sich loszureissen und darüber hinauszugehen), gegründet auf das absolute Weltgesetz der Möglichkeit einer Geschichte, d. i. der Sichtbarkeit der Freiheit überhaupt. Sie sind betäubt und genöthigt, jenes Bild ebenso als absolutes zu setzen, wie die ersteren es thun; auch weil es ihnen am Gegensatze gebricht. Es ist eben die Unmöglichkeit, der fremden Ansicht nicht die seinige zu unterwerfen; doch so, dass sie uns eine fremde bleibt, weil das dunkel gefühlte, nur jetzt noch nicht ins Werk gesetzte Vermögen, dennoch darüber hinauszugehen, nicht vertilgt ist. — Auch ein Glaube, aber ein anderer, Autoritätsglaube; bedingt in seinem Daseyn durch die Betäubung von dem fremden Naturglauben.

Wie jedoch die Erscheinung ihre Neuheit verliert, weicht die Betäubung; die freie Phantasie des zweiten Geschlechts reisst sich los, wirft den Glauben ab, und bildet den Gegensatz gegen das, was bisher das einzig Mögliche schien, und erregt den Krieg dagegen: fürs erste innerlich, in seinen Vorstellungen; sodann auch äusserlich, gegen das ihm aufgedrungene fremde Gesetz und Ordnung. — Es sind zwei Fälle: entweder die andere Partei giebt nicht nach, oder sie giebt nach. Giebt sie nicht nach, so ist die Vereinigung getrennt, beide sind wieder sich selbst überlassen, wie vorher; alle die obigen Folgen treten wieder ein, es entsteht keine Geschichte: keine Erscheinung der Freiheit ist möglich, die da doch seyn soll *schlechthin*. — (*Getrennt* sind beide; denn was dem ersten Geschlechte das Uebergewicht versicherte, die *Achtung* und der *Glaube*, ist für diesen Punct verloren.)

Also — das Zweite allein bleibt übrig: die Partei des Glaubens giebt nach — zufolge eines *Gesetzes*. Auch lässt dieses Gesetz sich bestimmt nachweisen. Ist gleich gesagt, die Glieder des ersten Geschlechts hätten *durch sich* von jenem Bilde, als dem absolut seyn müssenden, sich nicht losreissen können, so ist doch nicht gesagt, dass sie dies nicht nach Anleitung anderer vermöchten, und wenn andere ihnen dies Losreissen vorconstruiren. Hier tritt wieder ein das allgemeine Gesetz der Geisterwelt, die Ausströmung nemlich des freien Verstandes, wenn er irgendwo durchgebrochen und Kraft gewonnen, und die geistige Urheberschaft und Fortpflanzung überhaupt. Die erste Partei sieht ein, dass die zweite Recht hat, macht sich selbt frei; und die Aufhebung des Autoritätsglaubens für diesen Punct wird zugleich die Aufhebung und Vernichtung des Naturglaubens. Die Rollen ändern sich: wie das erste Geschlecht die Wechselwirkung anfing durch das Gebot der *Achtung,* setzt das zweite sie fort durch Entwickelung des Verstandes, und wird nun Lehrer und Urheber an seinem Theile.

Wie wird der Streit in diesem Puncte, wo er angehoben hat, vermittelt werden? Auf diese Weise: die Vereinigung soll bleiben; Verfassung und Ordnung über die streitig gewordenen Verhältnisse, über die die bisherige Ordnung freilich keinen Streit mehr gelten liess, muss darum auch seyn: also ein *neues* Band. Die freigewordene Phantasie aber wird gebunden nur durch klare Einsicht. Also — es müsste über die streitigen Puncte eine Ordnung gefunden werden, die der Freiheit ihr Recht angedeihen lässt, und sie bindet nur durch Verstandesgründe, durch Ueberzeugung; welche Ordnung vielleicht von der ersteren gar sehr sich unterscheiden könnte. — Ein *neues* Band also, ein durch den Verstand gesetztes.

Diese freie Einsicht indess ist logische Folge aus festen Voraussetzungen; aber das vorhandene Feste ist *Glaube:* jene beruht also auf Folgerungen aus dem vorhandenen Naturglauben, in der Region, wo er noch hält, durch die freie Phantasie noch nicht aufgelöst, darum zugleich auch Autoritätsglaube ist. — Der Friede ist hergestellt; aber nur für gewisse Zeit: auch das neue Glaubensband, als Princip, ist dem folgenden Verstande zur Prüfung blossgestellt. Es kann gar nicht fehlen, dass dieser in denen, wo dieses Princip vorherrscht, durch die Gewohnheit von der Heiligkeit des Geglaubten nicht mehr geschreckt, nicht auch jenseits desselben sich versuche, das Princip auflöse und so streitig mache. Es wird erfolgen, was das erste Mal: der Verständige wird mit fortreissen den Gläubigen, es wird das Bedürfniss eintreten, die Einsicht zu finden, und eine neue Ordnung auch über diesen Punct auf Verstandeseinsicht aufgebaut werden: — Verstandeseinsicht, die darum, wie die erste, gegründet ist auf irgend einen Glaubensartikel im Hintergrunde, für den die Zeit der Anfechtung auch kommen wird, und der eben also genöthigt seyn wird, sich zu verwandeln in eine Verstandeseinsicht, und sich zu stützen auf einen im Hintergrunde liegenden Glaubensartikel: und dieses nach demselben Einen Gesetze immerfort; so lange bis der letzte Glaubensartikel und das letzte Resultat desselben im Zustande der Menschheit aufgehoben ist, und unser Geschlecht aus reiner und klarer Einsicht, darum mit reiner Freiheit sich selbst erbaut hat; womit denn wohl seine ganze Geschichte in diesem irdischen Daseyn abgeschlossen wäre, und es betreten dürfte die Sphären höherer Welten.

So darum verhält sich die Sache: Glaube und Verstand sind die beiden Grundprincipien der Menschheit, aus deren Wechselwirkung sich erzeugt die Geschichte. Durch den Glauben ist das Menschengeschlecht fertig, und erhält einen Anfangspunct seines Laufes: durch ihn wird es immerfort im Seyn erhalten, und ein Beständiges und der Grund einer Dauer ihm eingepflanzt: durch den Verstand erhält es Bewegung; ja dieser sich selbst überlassen, würde es fortreissen zu einer Bewegung ohne allen inneren Anhalt, und so es vernichten. Nur in der Vereinigung der beiden Principien wird ein wahrhafter Fortgang gewonnen, dadurch eben, wenn der Glaube in Verstand sich auflöst, der Verstand dagegen an einem Glauben sich hält. Dass, wenn der Glaube allein herrscht, kein Fortgang sey, haben wir schon ersehen; was da erfolge, wenn der Verstand den Glauben verlässt, werden wir zu seiner Zeit Gelegenheit haben, in Beispielen anzugeben. Das aber ist der Fortgang der Geschichte, dass immerfort der Verstand Feld gewinne über den Glauben, so lange bis der erste den letzten ganz vernichtet und seinen Inhalt aufgenommen hat in die edlere Form der klaren Einsicht: dass jener diesem immer mehr die Aussenwerke nehme, und ihn nöthige, ins Innere sich zurückzuziehen nach einer bestimmten Richtung und Regel. (Aus dem Besitze geworfener Glaube heisst seitdem *Aberglaube*. Seitdem: dies wird uns Veranlassung geben, eine wichtige Bemerkung zu machen.)

Man versteht ein geschichtliches Zeitalter, wenn man anzugeben vermag, wieweit dasselbe bestimmt sey durch den Verstand, wieweit durch den Glauben, und an welcher bestimmten Stelle die beiden Principien mit einander im Streite liegen? — Wie der Streit endigen werde, welches darum das Nächste seyn werde für diesen, lässt sich übersehen. Dies darum ist der Schlüssel zum Verständnisse aller Geschichte.

Beide Principien haben ihre geborenen Wortführer; im Beginne bestimmt durch die Abstammung aus dem ersten oder zweiten Urgeschlechte; nach geschehener inniger Verschmelzung nicht gerade dadurch mehr, sondern durch alle die besonderen Umstände, welche die individuelle Denkart der Menschen bestimmen. Beide sind abgesagte Widersacher; auch ist die Form der Beschuldigung immer dieselbe, hart ausgedrückt: Du Gottloser — du Dummkopf! Es sagt aber immer dasselbe: Dir gilt der Glaube nicht als höchstes Princip; dir gilt der Verstand nicht als höchstes Princip, — worin beide Theile Recht haben. Der Streit kann zu Ende gebracht werden nur durch den ganz aufs Reine gekommenen, d. i. den, allen Glauben aus sich ausscheidenden Verstand: denn das ist das Vorrecht des Verstandes, dass er sich selber *erkennt*, indem er *ist*, und darum auch erkennt, versteht und zu würdigen weiss seinen natürlichen Gegensatz, den Glauben: dagegen der Glaube nur *ist*, nicht aber sich erkennt, und eben darum auch nicht seinen Gegensatz. *Da* der Widerstreit völlig aufgehoben. Nicht bis ans Ende hindurchgedrungener Verstand nur befeindet den Glauben, durch einen anderen *Glauben*, an die Zulänglichkeit des Verstandes nemlich, die er doch nicht einsieht: — indem auch in der That unbedingt die Sache sich nicht also verhält. Der Verstand ist nie erschaffend, sondern, wie es das Wort bezeichnet, ein Ursprüngliches verstehend.

Dies alles gilt als der Gang der Cultur nur in denjenigen Theilen der Menschheit, wo jene Wechselwirkung stattfindet. — Bei der Absonderung des zweiten Geschlechts, das an sich ungezügelt ist, mit gesetzloser Phantasie und Freiheit, ohne Ordnung und Regel, entsteht Verwilderung, Abfall, da ursprünglich das zweite Geschlecht nur tugendleer ist, nicht aber lasterhaft.

Dies nur als Grenze und Ausnahme: *uns* geht es gar nicht an, da wir nur vom Gange der Cultur reden, — eigentlich auch nicht die Geschichte überhaupt. Die Wilden haben unter sich gar keine: erst von dem Zeitpuncte an fallen sie der allgemeinen Geschichte anheim, da sie mit der Cultur in Berührung kommen, und in den Process derselben verflochten werden.

Dies das Allgemeine, was erst feststehen muss. Wie nun insbesondere die Bildung des *Staats,* und die Geschichte dieses Staats daraus sich ergebe, davon zunächst!

Indess zur allgemeinen Uebersicht:

Davon ausgehend: wie das *Reich* beschaffen seyn solle, fanden wir, dass es factisch nicht so sey, auch füglich nicht so seyn könne. Warum nicht? — Ein *geschichtlicher* Zustand war zu erklären: dies nur dadurch, dass die Geschichte überhaupt verstanden würde, d. i. das Grundgesetz des gegebenen Seyns aufgestellt.

Hier nun fanden wir: Das Menschengeschlecht ist *frei,* d. i. sich selber erzeugend und fortentwickelnd nach einem Gesetze aus einem *gegebenen* Zustande, dem *terminus a quo.* Jeder Punct seines Lebens darum ist Resultat jener beiden Daten. — Der *terminus a quo* im Bewusstseyn, mit dem Zusatze, dass er ebenso seyn solle, ist *Glaube;* das Gesetz für die Freiheit im *Verstande.* — Jene Entwicklung aber ist die Geschichte, bestehend darum aus *Glauben* und *Verstand,* dem Streite beider, und dem Siege des letzten über den ersten.

Dies jetzt anzuwenden auf den *Staat!*

Entwicklung des Staates im Streite des Glaubens und des Verstandes. (Es ist dies die Geschichte schon in ihrer Mitte gefasst.)

Hauptepochen: I. Der Staat als absolutes im Glauben: — im Glauben, also in einer gegebenen Gestalt; für jeden in der, in welcher er ihm gegeben ist.

Fortbestimmung dieser Gestalt und Form durch den partiellen Verstand, indess der Glaube an den Staat überhaupt feststeht. — *Alte Welt.*

II. Gänzlicher Untergang des Staates durch das Princip des vollendeten Verstandes: *Beginn der neuen Welt.* — Er wird zu einem Uebel. Fortentwickelung des Verstandes. Gelten des Staats als eines Mittels, und als Vorbereitung der Bedingungen, um die für die freie Kunst entstandene Aufgabe — die Errichtung des Reichs — zu lösen. Neuere Weltgeschichte bis auf unsere Zeiten.

Alte Welt.

I.

Der *Beginn* des Staates in Mittelasien unbekannt der Geschichte. Wir finden ihn, ohne dass er Rechenschaft giebt, woher? — als Monarchie (also eigentlich hindeutend auf ein Seyn, das sich selbst nicht setzt und begreift, weil es ihm am Gegensatze mangelt, ein angeborenes), und sehen aus ihm Colonisten auswandern. Aegypten, falls es zu erforschen ist, nach Analogie der übrigen: Priester aus Nubien.

Das der Geschichte zugängliche Entstehen der Staaten verläuft allenthalben nach der gleichen Regel: Pflanzvölker aus den gebildeten Reichen kommen unter mehr oder minder Wilde, machen dieselben bekannt mit den Künsten des Lebens, Feuer, Getreide, Metalle; — Ehe, bilden sie zu einem *Staate*. — Grösstentheils die Wenigeren die Mehrheit aus einem zwanglosen, freilich gar dürftigen Leben zu einem gezwungenen bringend: nur durch Achtung zu erklären.

In diesem Staate werden die Ankömmlinge die Regenten, die Eingeborenen die Unterworfenen und Regierten. (Aristokratie der Familien, der Stämme.) — Sobald sich die Unterworfenen so weit besinnen, um die Frage aufzuwerfen: aus welchem Rechte dies? — so ist die Antwort: aus göttlichem; so ist es Gottes Wille, und wir sind seine Bevollmächtigten, und handeln in diesem Auftrage. Ist die Antwort einmal gefunden, der Glaubenssatz ausgesprochen und bekannt: so wird er auch wohl, ohne erst die Antwort zu erwarten, gleich bei der uranfänglichen Stiftung des Staates angekündigt. — Beispiele nachher.

Göttliche Bevollmächtigte! — *Betrüger?* Nichts seichter, denn dies! Wie waren sie denn so witzig, das Betrugsmittel zu erfinden, den Gott und die Eingänglichkeit ihrer Rede als sicher und auf ein Gesetz sich gründend, *vorauszusetzen?* Betrug ist ja Misbrauch eines Glaubens, der da schon *ist*. — Zwei Fälle sind: 1) Sie glaubten es entweder selbst ganz fest und unmittelbar, und *mussten* es, falls sie ihrer Abstammung vom ersten Geschlechte sich bewusst waren: — für die anderen *Achtung,* und allenfalls der bekannte Beweis.

2) Oder falls sie, nicht im Besitze des Selbstbewusstseyns jener Abstammung, es nicht so unmittelbar glauben konnten, so suchten sie ein *Zeichen,* um es zu erfahren.

Ich muss diesen aus dem gewöhnlichen Denken herausgekommenen Begriff erklären. Denken Sie sich einen Menschen, der gedrungen ist, einen Entschluss zu fassen zwischen dem *Ja* und *Nein*. Sein Verstand schweigt schlechthin und vermag ihn nicht zu leiten. Doch ist er sittlich, und will nicht folgen einem blinden Ohngefähr, sondern dem Willen Gottes; — setzen wir noch hinzu: weil er diesen als den allmächtigen sich denkt, und nur bei dessen Willen sich Glück verspricht. — Wenn er ihn nur wüsste! — Sollte Gott, denkt er, einer so redlichen Gesinnung, die ihm allein gehorchen will, und sich durchaus nicht weiter zu helfen weiss, eine Offenbarung versagen, wenn er ihn darum bittet, und ihm erklärt, das und das wolle er als Zeichen annehmen? So gewiss er nun wirklich so denkt, so ist ihm dies ein Zeichen, und er hat es durch seinen festen Glauben, er könne dabei nicht anders verfahren, und durch diese Ansicht von Gott, zu einem Zeichen, einer Stimme Gottes an ihn und Offenbarung seines Willens — zu einem Orakel gemacht. Nach seinem Gewissen — das wohl für einen höher Verständigen irren, d. h. nicht so verständig seyn mag — ist dies der Wille Gottes. — Die Apostel, die Brüdergemeine bis auf diesen Tag, werfen in diesem Falle das

Loos: dies, weil schon Moses, der keine Orakel, als die bei der Stiftshütte einzuholenden dulden wollte, die anderen üblichen verboten hatte. *Gideon* — das Fell (Richter, C. 6, V. 36) gegen Moses Gesetz; die nur sehr gewöhnliche Inconsequenz jener Schriften, dass ihm dies ungerügt hingeht.

(Was ich dafür halte? *Quod dubitas, ne feceris!* Der gesetzte Fall, dass man eben einen Entschluss fassen müsse, wird überall geläugnet. — Nun glaubt aber ein solcher, der dies nicht gehört hat, fest an die Offenbarung des göttlichen Willens durch das Loos; was kann denn daraus erfolgen? Fürs erste — *Er,* der er ist, ist durch seinen Glauben gerechtfertigt; obwohl er vor dem Verstande nicht darüber gerechtfertigt ist, dass er dieser ist. Sodann was er, durch das Loos berathen, thut, ist, da wir die Frage auf *Ja* oder *Nein* gesetzt haben, entweder das Rechte, d. i. was ihm ein hinlänglicher Verstand gerathen haben würde, oder nicht. Ist das erste der Fall, so ists gut. Wäre das letzte, so wird einmal der Verstand darüberkommen, und es bessern; weil es als unverständig in der Folge offenbar wird: es hat also doch zur Entwickelung des Verstandes geholfen, diesen gefördert durch einen Fehler: dazu ist ja aber eben alles da.)

Zum göttlichen Zeichen zu dienen sind aber passend alle Ereignisse, die durchaus gesetzlos erscheinen: Vogelflug, Eingeweide der Opferthiere, wer einem zuerst begegnet. So die bestimmten wirklichen Orakel an einem heiligen Orte, selbst sich gründend auf eine frühere Offenbarung. — Mögen *hinterher* wohl zum Betruge gemisbraucht seyn von den Ungläubigen: der Gläubige wagt es nicht! Aber jeder bestimmte Unglaube, als etwas Negatives, setzt einen Glauben voraus, den er abgeschüttelt hat.

Doch wohlgemerkt: — nach der ersten Ansicht bedeutet der Vogelflug u. dergl. nicht überhaupt etwas: dies ist Deutung des unwissenden Pöbels, und sein hochverpönter Aberglaube, wie es denn auch die Modernen nicht anders wissen. Nur wenn der Gott angerufen wird um Entscheidung in einem bestimmten Falle, bedeutet es; und zwar in öffentlichen Angelegenheiten, denn etwas anderes ist in diesem Systeme für den Gott nicht da — wie ich später erweisen werde.

Wenn nun Cecrops oder Kadmus glaubte, dass sein Gott, der Schutzherr seines natürlichen Reiches, ihn gesandt habe, um die Wilden von Attika oder Theben zu menschlicher Sitte zu bringen, so ist dies dem erleuchteten Menschen ebenso respectabel, als wenn Jahrtausende später Bonifacius glaubte, dass Gott ihn in die germanischen Wälder gesandt habe. Kein Bonifacius war möglich, ohne Cecrops und Kadmus: und so hat denn auch Bonifacius noch nicht die letzte Offenbarung Gottes ausgesprochen: die rechte eigentliche im Verstande will eben noch gar nicht an die Menschen kommen; auch er ist darum nur Mittel und bedingendes Glied in der grossen Kette der Menschenentwicklung, wie jene. — Ebenso, wenn Romulus nur fest glaubte an die Offenbarung des Gottes durch den Vogelflug, und jenes Augurium wirklich gehabt hatte (nur wenn Eines von beiden nicht war — war er ein Betrüger): so wusste er es gar nicht anders, als dass Gott ihn berufen und bevollmächtigt habe, und keiner, der denselben Glauben an Offenbarung hatte, konnte es ihm abstreiten, sondern musste überzeugt seyn davon, so wie er selber. Er hat zuerst den Gedanken gehabt, er den Gott gefragt, und dessen Bestätigung erhalten: nun steht es nicht mehr in seinen Gelüsten. Dass ein anderer nachher noch frage, geht nicht; er hat den Gedanken eben nicht gehabt, und Gott antwortet nicht auf das schon Beantwortete. — Dies seine Berechtigung vor aller Welt: von *Gottes* Gnaden Erbauer und Beherrscher Roms.

Resultat: *Der Staat und seine Verfassung eine absolut göttliche Anordnung:* worüber nicht weiter zu grübeln, *die den Verstand durchaus abweiset.* Eine *Glaubenssache* für alle Welt: für die Stifter *natürlicher Glaube,* für die Untergeordneten *Autoritätsglaube.*

Welche *Religion* gab dies, und welchen *Staat?* (Hier die Grundzüge der gesammten alten Religion, des gesammten alten Staates.)

1) Gott hatte durchaus keine Beziehung auf die Menschen, ausser mittelbar durch den Staat. Nur dieser für ihn da, als

sein eigentliches Werk und Wille, sein Anliegen und Leidenschaft. Die Individuen nur in der Staatsordnung, als Glieder des Vereins, und als Mittel für dessen Zweck. Nach dem Willen Gottes war das Individuum untergegangen im Staate. (Was einige neuere Spitzköpfe sagten: Gott sehe nur das Ganze, nicht die Individuen; ist ächtes Alterthum. Gott dann kein sittliches Wesen, kein Weltschöpfer.)

So alle Andeutungen der Gottheit bezogen auf den Staat. Wenn in meiner Heerde eine Misgeburt erzeugt wird, wem wird es, wenn ich abergläubisch bin, etwas bedeuten? Nach neueren Zeitbegriffen mir. Bei den Alten dem Staate, welchem die *prodigia* gemeldet werden mussten, und der sie procurirte *(procurare)*. Die Arroganz, die Gottheit des Staates in seine individuellen Angelegenheiten zu mischen, verhasst und verboten (daher besondere Haus- und Familiengötter — *Lares, Penates*). Unterschied zwischen *religio* und *superstitio*.

Wo der Staat zu Grunde gegangen war, der Glaube an die Götter desselben aber noch fortdauerte, wie dies mit Aegypten und Judäa geschah; da erhielten die Götter solche Privat-Angelegenheiten. — Beide Völker in Rom dafür bekannt; aber diese *peregrinae superstitiones* verpönt, — die Chaldäer, Juden so oft vertrieben.

Die Consequenz war, dass man durch Nachforschungen allerdings auch von diesen Göttern etwas über die Staatsschicksale herausbringen könne: sie wichen den Beschwörungen und Zauberformeln. Das sollten nun nur die thun, die dazu verordnet waren. Daher war es so sehr verpönt, und ein Majestätsverbrechen, nach dem Leben der Cäsaren und dem Schicksal des Staats zu forschen. Ein solcher musste Absichten einer Staatsumwälzung haben.

2) Dieser Gott war nun nicht ein metaphysischer, sondern ein *Erfahrungsbegriff:* der Gott, der nach dem Glauben der Völker sich so und so bezeugt haben sollte durch wirkliche Lebenszeichen, Begebenheiten und Aeusserungen, worauf sich eben seine Offenbarung gründet: — wie nemlich gerade diese Aeusserungen im Glauben der Völker sich vorfanden. (Chri-

sten fällt diese Einsicht schwer, und verwirrt die Offenbarungsgläubigen.)

Nun werden diese Offenbarungen bei verschiedenen Völkern höchst verschieden seyn. — Die *Einheit* Gottes, im völlig abgezogenen bildlosen Begriffe, ist metaphysisch — die eigentliche Metaphysik selbst, und noch jetzt — Zeuge die neuesten Streitigkeiten — fällt es den Menschen beinahe unmöglich, sich dazu zu erheben. Die persönliche bildliche Einheit der Israeliten und Christen, den letzteren eben nicht befohlen, ist eben kein Fortschritt des Verstandes. Jene waren weit davon entfernt: ihnen galt ein *Göttliches* überhaupt, bestimmt durch seinen Gegensatz mit dem Menschlichen; das sich nun gestaltete und personificirte, hier so, dort anders, durch seine Aeusserungen. Daher die *Vielgötterei,* d. h. die verschiedenen Erscheinungen des Einen Göttlichen, gegründet — durchaus nicht auf irgend eine Speculation, sondern auf wahr geglaubte Geschichte. (Hinterher erst kam der deutende Unglaube; deutend, weil er nicht glaubte; der auch noch unter uns herrscht, — das Allegorisiren und Metaphysiciren.) — Dies löst den bekannten mythologischen Streit. Widersprochen hat Voss richtig, nicht aber das Rechte an die Stelle gesetzt: selbst ungläubig, was ganz recht ist, nicht jedoch begreifend die Quelle möglichen Glaubens und Offenbarung.

Götter, wirkliche lebendige Naturen, die sich offenbart haben, und fortoffenbaren, leben und wirken.

3) Jeder glaubte nun natürlich am meisten *seinem* Gotte, hielt diesen für den mächtigsten (versteckt für den wahren und einzigen). Dazu hilft Selbstliebe und Selbstvertrauen. Jedoch konnte er den anderen nicht geradezu abläugnen, musste ihn indessen problematisch stehen lassen. Wie es damit stehe, musste sich finden. Jeder Gott nemlich hat die Tendenz zu werden der alleinige und rechte; das *Werkzeug* eines jeden sein auserwähltes Volk; welches darum besiegen und unterjochen wird die anderen, das wird den rechten Gott gehabt haben: der capitolinische Jupiter bekriegt so den delphischen Apollo. — Darum der Sieg zugleich ein Sieg über die Götter, die herausgerufen wurden: doch mit Achtung behandelt, denn

man konnte doch immer nicht wissen, ob sie sich nicht rächen könnten.

Dies lässt sich an einem merkwürdigen Beispiele darstellen.

Das Recht des Krieges und der Unterjochung war sonach ein göttliches Recht, sich gründend auf das Recht eines mächtigeren Gottes, sich zu unterwerfen einen untergeordneten: darum auf Verschiedenheit der Götter. So zwischen Griechen und Persern; zwischen Römern und Griechen und allen übrigen Nationen; weil jene eigentlich eine neue Gottheit hatten. (Bei den *Trojanern* etwa nur war es anders; diese waren aber zum Glück untergegangen.) Die Hellenen dagegen hatten gemeinsame Gottheiten (daher auch gemeinsame Spiele, Wettkämpfe, als deren gemeinschaftliche Verehrung: dies ihr eigentliches, natürliches *Volksband*). Darum hatten *sie* kein Kriegs- und Unterjochungsrecht gegen einander: — wohl aber das Recht der gegenseitigen Aufsicht, ob die gemeinsamen Stammgötter nicht zum Schaden des Ganzen von Einzelnen beleidigt würden: daher ihre heiligen Kriege. Der religiöseste Staat der spartanische, der irreligiöseste der athenische. Diese Einsicht giebt den wahren Grund von ihrer gegenseitigen Abneigung. Das erste Heilige, die *Aristokratie*, beizubehalten, und die Achtung vor der Unabhängigkeit hellenischer Staaten war spartanischer Geist. Die Athenienser verwandelten die Aristokratie in Demokratie, um eine grössere künstliche Macht zu haben (eine Seemacht), nach dem Princip, dessen Anwendung auch einen Charakterzug unserer gegenwärtigen Zeit ausmacht: dass dem bloss Regierten der Staat nicht eigene Angelegenheit ist, er darum für ihn nur thut, was er muss; dagegen der Regierende, was er irgend kann, und sich selber grösser und reicher macht, um mehr zu können. Sie machten die Einzelnen frei, und nahmen sie auf in den regierenden Körper, um sie fleissiger im Diensteifer, aufopfernder und das Staatsganze reicher und mächtiger zu machen. Diese Macht nun gebrauchten sie zur Unterdrückung der Freiheit anderer hellenischer Staaten, welche Operation, nach ihrem richtigen Principe, allemal von Einführung der Demokratie ausging. — Im entgegengesetzten Geiste die Spartaner, die mit ihrer natürlichen Macht und der ihrer Bundesgenossen sich begnügten, und nichts von ihnen begehrten, als die Ehre der Oberanführung. Daher jene Abneigung, daher der peloponnesische Krieg, daher die Parteilichkeit der grossen, selbst atheniensischen Schriftsteller gegen sich selbst für die Spartaner*); daher die Niederlagen Athens; daher endlich die Schwächung des Ganzen, bis sie zuletzt einer Gewalt anheimfielen, die durch gar nichts begeistert war, als durch die klare verständige Berechnung ihres Vortheils, der des macedonischen Königs Philippus, der jedoch bei allem dem, so wie sein Nachfolger, genöthigt war, die äussere Form unabhängiger Staaten stehen zu lassen.

Die Staaten des Alterthums darum *Theokratien;* das Volk Werkzeug Gottes, der seine Macht und Oberherrschaft offenbaren will, ausgehend auf ein Universalreich. Vom römischen Staate aus wurde der Zweck so ziemlich erreicht. An dem jüdischen Staate sieht man es ein, weil dies ein künstlicher, der Natur nachgeäffter Staat war, gleich nach dem Begriffe erbaut (weswegen es in der Wirklichkeit auch niemals zu ihm kam): sehe man es an den Naturstaaten des Alterthums nur auch ein, so wird auch über das Andere das Licht aufgehen, und man wird begreifen, was uns in der Regel so unbegreiflich ist. (So z. B. den Grund *römischer Grösse* — ihr Glaube, ihre Religiosität: darin ist Livius viel werth. — Diesen Grund führen römische Schriftsteller selbst an. Warum hat man sie denn nicht zu verstehen gesucht?)

II.

Was der Staat in seinem *Innern?* — Zuvörderst: die Grundlagen desselben sind die oben beschriebenen unsterblichen Familien, als die Bestandtheile, aus denen er sich zusammensetzte, die *Stämme;* zugleich das Vehiculum und die Gewährleistung der Erziehung der folgenden Geschlechter zu Menschen. (Dies

---

*) So besonders Xenophon (s. *de republ. Lacedaem.*, verglichen mit: *de republ. Atheniens.*), Thukydides (*L. 1. c.* 18. u. s. w.); auch Platon (*de Legg.* u. *de Republ.*) und Aristoteles (*Polit. L.* II. *c.* 6. 11.) stimmen diesem Urtheile bei.

lässt sich durchaus nicht trennen, ohne die Volkserziehung an die Stelle zu setzen: auf diese kommt man aber nicht, ohne den Verstand als das Höchste zu setzen, der durch das absolute Glaubensprincip eigentlich ausgeschlossen war und verpönt.) Unter diesen Stämmen galt nun der Unterschied zwischen den *Regierenden* und *Regierten,* wie er nun eben festgesetzt war, als durch göttliches und absolutes Recht bestimmt, worüber kein Grund weiter anzugeben.

Aristokratie: — Erinnern Sie sich an die Griechen. Veränderung der Verfassung in diesem Puncte, *Vergehen an den Göttern.* Alle ihre grossen Schriftsteller dieses Geistes. Platon meint nur, man solle die Lehre von den goldenen und silbernen Geschlechtern dem Volke *beibringen,* um doch ihrem einmal aufgeregten Verstande etwas hinzugeben; nicht dass er selbst es geglaubt hätte: sein Glaube war ganz ein anderer. Aristophanes; nur im Namen der Religion und gegen Gottlose konnte er sich das erlauben: die ganze griechische *Tragödie* ganz ausdrücklich dazu bestimmt, den unbedingten Glauben an den göttlichen Rathschluss zu predigen. (Wie viel ästhetischer Aberglaube, in dem die neuere Welt liegt, würde hinwegfallen, wenn man die angestaunten Erscheinungen unter den Alten, die wir gläubig wahrnehmen, historisch begreifen wollte, und etwa nebenbei auch seine eigene Zeit!) — Sokrates, indem er das Verstandesprincip bemerkbar machte, und diesen ansprach und bildete, und auf sittliche und religiöse Wahrheit richtete, griff das eigentliche Princip des Alterthums in der Wurzel an, und war auf dem Wege eine neue Zeit zu begründen. Den Sophisten, die mit dem Verstande nur spielten, Rednerkünste suchten, zu Täuschung in Privatprocessen u. dergl., den Naturphilosophen hätte es hingehen mögen. Ihm nicht. Sobald eine nur ein wenig ernstere und das wahre Princip des Staates erfassende, und zur Herstellung desselben von den Spartanern, bei denen es nie untergegangen war, eingesetzte Regierung kam, wie die 30 Tyrannen, musste er büssen. — *Mysterien* für die aristokratischen Stämme, die schon durch den Vortheil an die Verfassung gebunden waren: bei den Philosophen der Unterschied zwischen dem Exoterischen und Esoterischen: der erhabene Unwille Alexanders, als er die geheimeren Lehren der Philosophie vom Aristoteles bekannt gemacht sah: die Manier Platons. — Welcher christliche Philosoph dagegen wird etwas wahrfinden und vortragen, von dem er nicht wünschte, dass es je eher je lieber Antheil des ganzen menschlichen Geschlechts seyn, und bis zu dem niedrigsten Volke sich verbreiten möge? Wo der Unterschied im Princip liege, davon zu seiner Zeit!

Unter den *Regierten* — Vertheilung der verschiedenen Arbeitszweige an die Stämme, so eben das ganze *Kastenwesen* bildend.

Endlich: der Mensch für sich ist nichts, sondern nur der *Bürger,* und zwar nur als derjenige, und an der Stelle, welcher er zufolge seines Stammes zugehört. Wer darum kein Bürger ist, nicht in seinem Stamme umfasst ist im Bewusstseyn des den Staat errichtenden Gottes, hat gar keine Rechte; er ist *Sache* des Gebrauchs, ein Eigenthum der Bürger, über dessen Besitz nun die Gesetze entscheiden, und ihn entweder als Gemeinbesitz mögen bestehen lassen (bei den Spartanern z. B.), oder ihn an die einzelnen Bürger vertheilen. *Sklaverei* der Fremden, Besiegten u. s. f. — Diese daher keine *Ehe,* sondern nur *contubernium* (nach römischem Ausdruck); keine *Familie,* denn sie gehörten selbst zur Familie des Herrn.

Dies werde scharf gefasst durch den Gegensatz: Bei uns Grund der Rechte die Menschheit; diese darum auch Grund des Bürgerthumes, sie ist das Höhere. Wie diese Ansicht in der Welt wirklich geworden und in den allgemeinen Glauben eingetreten ist, davon zu seiner Zeit. Im Alterthume war von Menschheit gar nicht, sondern nur vom *Bürgerthume* die Rede: dies allein Grund des bedingten Rechtes des Einzelnen, das nur von seiner Stelle gilt; also keinesweges *Gleichheit* der Rechte, selbst nicht des Bürgers. — Dieses Bürgerthumes Grund der die Person umfassende Wille des Gottes: wen dieser eben nicht umfasst, hat kein Recht. — Daraus klar, wie der Thracier, der Syrer in seinem Lande beim Bestehen seines Staates Rechte hat; nicht wenn er in Rom ankommt. Da gilt der syrische, thracische Gott und sein Wille nichts, oder er ist überwunden und unterjocht, darum auch die Seinigen.

Um es an einem Beispiele des Gegentheils nachzuweisen: Ohne Zweifel bestand ein grosser Theil der ersten Bevölkerung Roms aus entlaufenen Sklaven, Vertriebenen und anderen herrenlosen Menschen ohne Bürgerthum: diese wären nach dem gemeinsamen Begriffe jenes Weltalters auch in Rom ohne Bürgerthum geblieben. Wie erhielten sie es? Wie traten sie ein in den Begriff des capitolinischen Jupiters? Antwort: durch das vom Romulus, als seinem Bevollmächtigten, und in seinem Namen eröffnete Asyl, die Erklärung, dass wer in Rom sich anbaue, was er auch vorher gewesen sey, frei seyn solle und Bürger. In dieser Erklärung war es Jupiter selbst, der ihn zum Bürger aufnahm, mit den im Decret liegenden Gerechtsamen. — Die eigentliche Stärke des Staates zusammengesetzt aus den anderwärts Bürgerschaftslosen. Dies Princip der Aufnahme dauerte fort: so Lucumo (Lucius Tarquinius), und Attus Clausus. (S. Liv. 1, 34. 2, 16.)

(Dadurch Vorbild eines anderen späteren Ereignisses, das den Staat zerstören sollte; und dadurch die feindliche Tendenz gegen andere Staaten, die zu einem anderen gewaltthätigen Acte, dem Weiberraube nöthigte, ihm die Kenntniss seiner Lage recht aufdrang, und ihn nöthigte, zu siegen, oder unterzugehen.)

Daraus Schilderung des Rechtsverhältnisses in der alten Welt. Rechte und gegenseitige Verbindlichkeiten durchaus nicht gleich, sondern höchst ungleich zwischen den Bürgern, bis herunter zur völligen Rechtslosigkeit der Sklaven, den Freien gegenüber. Diese Ungleichheit durch einen absoluten, nicht weiter begreiflichen Beschluss der Gottheit gesetzt, der sich eben offenbart hat in den bekannten Thatsachen. Und zwar hat der Gott in diesem seinem, Rechte ordnenden Begriffe erfasst die Väter der unsterblichen Stämme. Seit dieser Zeit nun behält jeder Stamm die Gerechtsame, die er ursprünglich hatte.

Für *uns* nun ist dies eine *Noth*verfassung, befestigt nur durch den Glauben daran: das bestimmte ungleiche Recht gründet sich eben auf einen bestimmten Offenbarungsglauben der Völker, und wird gehalten und allen erträglich gemacht durch diesen Glauben; in seinen beiden Grundformen (als Natur- und Autoritätsglaube).

("Ich stehe an diesem Platze, weil es Gott so gewollt." Wie wir noch jetzt, ebenso die Alten: so in der Komödie der Alten die Sklaven oft sich tröstend, wie unsere gemeinen Leute: wir können nicht alle reich seyn, der arme Mann machts wie er kann, u. dergl. Welch ein Grundunterschied jedoch sey in diesem Glauben der Alten, und dem der Neueren, an Gott, als den Urheber der Ungleichheit, werden wir zu seiner Zeit sehen.)

Ueber den Ursprung der Ungleichheit unter den Menschen war einst die Preisaufgabe einer Akademie: Rousseau. (Sie geben dies jetzt nicht mehr auf: die draussen sind den Akademien über den Kopf gewachsen, und haben vor ihnen den Respect verloren.) Bei diesen Fragen denken aber alle immer an *Kunst;* bei dem, was ihnen nicht ansteht, an List und Betrug: die Kunst kommt jedoch immer erst nach — der *Natur:* darum erst als Natürliches nachzuweisen. — Nach uns die Ungleichheit ursprünglich: zwei Grund- und Stammgeschlechter. In der Vereinigung dieser Ungleichheit und der Unterordnung der Stämme konnte es sich freilich auf mancherlei Weise gestalten; dies aber wurde angesehen als eine unbedingte Verfügung des Nationalgottes, und erfasst in diesem festen Glauben. — Die Gleichheit ist eine *Aufgabe* für die praktische Freiheit. Wie wir oben sagten: Fortgang der Menschheit vom Glauben zum Verstande sey Geschichte, ebenso könnte man sagen: von *Ungleichheit* zu *Gleichheit;* denn das erste Resultat des die menschlichen Verhältnisse durchaus ordnenden Verstandes ist die Gleichheit in denselben, wie wir gesehen haben.

Wohlgemerkt, — so verhielt es sich ursprünglich: allenthalben im Alterthume und ohne alle Ausnahme hat der Staat also begonnen. Wir haben — und dies ist eben der Vortheil einer verständigen Ansicht der Geschichte — den *Staat des Alterthums überhaupt und schlechtweg* geschildert.

(Dies prüfe nun jeder und suche es anzuerkennen. Es will im Grossen und Ganzen angesehen seyn. Was das Einzelne anbelangt, so kann man ebensowohl Belege dagegen, als dafür bringen: überhaupt diese nicht *zählen!* Es kommt nur darauf an, die *Grundregel* der *Entwicklung* zu fassen, — nicht todt die Anekdoten, sondern mit Leben das fortgehende Leben anzuschauen, was freilich nicht jedem gegeben ist. Erstreiten lässt hierin sich noch weit weniger, als in der strengen Wissenschaft: dies ist schon Anwendung des wissenschaftlich gebildeten Verstandes.)

―――――

So indessen *bleibt* es nicht. Der *Autoritäts*glaube, gegründet aufs Imponiren, unterdrückt und betäubt nur die Untergeordneten. — Sie sind doch gleichwohl Bürger, und haben ihren Antheil an den allgemeinen Pflichten. Ueber dieses *Besondere, in ihrem Umkreise Liegende,* den *Verstand* zu gebrauchen, untersagt ihnen der nur *allgemeine* Glaube nicht. Hier ist er nicht verschanzt, und giebt Blösse. Es kann nicht fehlen, dass die Regierten nicht häufig glauben sollten, bisweilen mit Unrecht, bisweilen auch wohl mit Recht, sie hätten dieses oder jenes besser verwaltet. So giebt sich ihnen der Unglaube an die Untrüglichkeit der Regenten von selbst in die Hände, besonders bei eigenem Leiden und Ungemach. (Um desto mehr, je mehr die Regierten für den Staat wirken, und für ihn dulden und tragen müssen: dies der durchgehende Maassstab. Ist der Staat im tiefen Frieden, oder giebt es eine eigene Kaste der Krieger, und die Regierten werden in die Werkstätten und an den Ackerbau verwiesen, so zeigt sich dies alles weniger.) Jetzt verlangen sie Theil an der Regierung. Es beginnt der Streit der Demokratie mit der Aristokratie. Ist auf jene Weise der Glaube einmal durchbrochen, so stellt sich ihnen die Einsicht, dass alle Glieder des Staats das gleiche Recht haben zur Theilnahme an der Regierung. In den leidenschaftlichen Verhandlungen darüber kann es nicht fehlen, dass, da mit Verstandeswaffen gestritten wird, die Aristokraten, wenn sie nur überhaupt auf dieses Feld sich begeben, vor sich selbst und in ihrer eigenen Einsicht *besiegt* werden, und nachgeben. — *Erweiterung* der Aristokratie; ein neues und zweites Geschlecht der Aristokraten, nicht durch den Willen Gottes, sondern durch die *Constitution* des Staates. Diese Constitution eröffnet nun mehr oder minder allen Bürgern die Möglichkeit des Eintritts in jenen Stand. — Bemerken Sie wohl den unterscheidenden Charakter derselben. Diese Veränderung in der Natur der Aristokratie bildet eine *Hauptepoche;* hier tritt nemlich zuerst ein Verstandesprincip in Kraft, die Constitution, gegründet auf Verstandesberechnungen. So das Ende der *Theokratie.* (Der Constitution geht nothwendig eine Zeit des Staats voraus, wo sie noch nicht ist.)

Constitution = Gesetz über Errichtung des regierenden Körpers. Errichtung, sage ich, *Genesis.* In der Theokratie *ist* er, und lebt unsterblich in den unsterblichen Stämmen.

Noch dies: Was bürgt für die Constitution? *Glauben* an gegenseitige Treue, gebaut selbst auf Glauben an die Religiosität, durch Eid u. dergl. Denn welch ein höheres Gesetz gäbe es noch über die Constitution? — Wer diesen Glauben verletzt, wird mit dem alten Worte ein *Tyrann,* mit dem neuen ein *Usurpator* genannt: ein Gewalthaber gegen die entweder deutlich ausgesprochene, oder in dem allgemeinen Glauben der Völker liegende Constitution. — Tyrannen nur im Zeitalter der Constitutionen.

(Das glänzendste und zum Glück uns zugänglichste und offen vor Augen liegende Beispiel dieses Krieges und seines Erfolges ist die *römische Geschichte.* Am Senate in seiner Erblichkeit, nach den Begriffen des Alterthums, war schon beim Beginne das Corps der Aristokraten festgesetzt und abgeschlossen: sie waren eine *vermittelnde* Macht zwischen den Königen und der *plebs.* Sie, nicht das Volk hoben die Königswürde auf; der erste Schritt zur Constitution und Demokratie. Sie, — dem Volke wäre es auch nicht *eingefallen.* (Unsittlichkeit, Vergreifung an keuschen Matronen vermochte, was alle Tyranneien des Superbus nicht konnten. So wiederholte es sich

nachher auch bei den Decemvirn. Nichts hebt den Glauben
so gewaltsam auf, als thierische Lust der Gottgebornen.) Dies
war nun nichts weiter, als Vernichtung eines Gliedes der Verfassung, dessen Gewalt überging an den Senat. — Ebenso erging es in Griechenland, ohngefähr aus den gleichen Gründen.
Der trojanische Krieg und seine Ereignisse stürzten das Königthum. — Die Aristokratie war nun innerlich verändert, ihres
persönlichen Einheitsbandes verlustig, an dessen Stelle ein inneres, constitutionelles trat, z. B. *Wahlgesetz,* da zu den Kö-
nigsrechten alle Aristokraten das gleiche Recht hatten. Nach
aussen also, in Beziehung auf die *plebs* blieb sie politisch dieselbe: factisch und historisch aber war das Verhältniss folgendermaassen verändert.

Der sonst fürs Leben bleibende geheiligte Ausfluss aller
Gewalt vom Könige aus, fiel hinweg. Die Einheit ward zum
blossen *Begriffe,* dargestellt in wandelnden Personen, die ausserdem auch auf andere Art bekannt waren (in denen die Majestät nur accidentell war, durch Zeit beschränkt, nicht substantiell ihnen beiwohnend). Ein Mittelglied war aufgehoben, und
das Höchste grenzte unmittelbar an das Niedrige.

Die Aristokratie war darum durch die Aufhebung des Kö-
nigthumes geschwächt, d. i. der Glaube an sie sichtlicher dem
prüfenden Verstande ausgesetzt. Ausser anderen Gründen er-
leichterten zu Rom den Angriff des letzteren die grössere An-
spannung des Volks für den Staat in den beständigen harten
Kriegen, sodann das tägliche Beisammenleben in Einer Stadt,
und die mögliche genaue Beobachtung der Persönlichkeiten. —
Er begann von Seiten der *plebs* mit Forderung persönlicher
Freiheit und Schutz gegen Gewaltthätigkeit an den Personen,
und hob in fortgesetzten Siegen sich bis zur Forderung der
curulischen Würden, als der Theile der eigentlichen königlichen
Gewalt, und der gemischten Ehen; mithin zur Forderung der
Aufhebung alles Unterschiedes zwischen ihnen und der Aristokratie selbst, zur Forderung der Rechtsgleichheit aller Bürger
durch die Geburt. — Bemerken Sie von der Einen Seite, zum
sichtlichen Beweise der Wahrheit meiner aufgestellten Theorie.
— (Sie können dies alles beim Livius nachlesen, dem unver-

dächtigsten Gewährsmanne, da er von unserer Theorie gewiss um die beinah zwei Jahrtausende entfernt ist, die zwischen uns liegen.) Die Gegengründe der wahrhaften, ächten Aristokraten waren religiöser Art: wie denn die Plebejer die Auspicien, Opfer, und alles Gottesdienstliche verwalten könnten; ob denn zu diesen die Götter redeten, diese für sie überhaupt da seyen, und sie von ihnen wüssten? Die gemischten Ehen betrachteten sie wie Vermischung mit Thieren. — Die Geschlechter (die göttlichen) würden dadurch ungewiss. Kurz: ausdrücklich nicht als ein Vergehen gegen *sie,* die Aristokraten, sondern als Auflehnung gegen die Götter. Da wurde eben der reine Glaube, der auch den anderen angemuthet wird, als anerkannt und offenbar vorausgesetzt. Wie der Plebejer, dem natürlichen Verstande folgend, dies gerade ergreift, um die Aristokraten verhasst zu machen: da höre man es; sie schlössen sogar die *plebs* aus von den gemeinsamen Göttern.

(Ich selbst habe in früherer Jugend dies oft mit Erbitterung gelesen: und so jeder Neuere, selbst der erklärteste Aristokrat. Alle moderne Aristokratie der Gesinnung ist nur ein Schatten gegen die alte! Woher dies, davon zu seiner Zeit. — Aber ich bitte: dachten diese Männer etwa boshafterweise sich nur so etwas aus, rein aus den Fingern es saugend; und warum fürchteten sie nicht, dass alles Volk sie steinige; und warum steinigte sie dieses nicht in der That, — oder schickte sie ins Tollhaus? Wie es, wenn wir nicht so gar zahm wären, heute gewiss jedem erginge, der eine solche Lehre von sich hören liesse. — Nein; sie mussten es wohl selbst fest glauben, mussten auch wissen, dass alle Welt wenigstens die Prämissen dieser Schlüsse fest glaube. Sie waren nicht die *Neuerer,* sondern die *Alt-* und *Recht-*Gläubigen: die Neuerer, Ketzer und Freigeister waren in der That ihre plebejischen Gegner.)

Bemerken Sie sodann von der andern Seite, dass, nachdem nicht nur durch die Kraft des Volkes, sondern durch den Uebertritt mehrerer der Aristokraten zur Ueberzeugung dieser Partei, die Neuerer gesetz- und constitutionsmässig ihre Forderung durchgesetzt hatten, und das Consulat z. B. aus den plebejischen Stämmen besetzt werden durfte, dennoch der alte Volksglaube so festhielt, dass sie von dieser Verstattung keinen Gebrauch machten, sondern fortfuhren nur aus den Patriciern zu wählen; so dass ihre Gegner, entschlossen die Revolution durchzusetzen, genöthigt wurden, eine andere höhere Obrigkeit, *tribunos militares consulari potestate* mit vier, fünf, sechs und mehreren Theilnehmern zu ernennen; dass Einer der Consuln ein Plebejer seyn *müsse*, um die curulischen Würden nur an sich zu bringen: und dies, während menschlicher Ansicht nach die plebejischen Consuln und Dictatoren mit ebenso viel Glück und Kraft den Staat verwalteten. (Livius nennt dies Mässigung. Persönliche Rücksichten auf die Patricier aber waren es sicher nicht; sondern es war religiöser Glaube. Doch welch ein unbilliges, der Majestät des wählenden Volkes selbst Eintrag thuendes Gesetz, nach welchem es gar wohl erlaubt war, zwei plebejische Consuln zu ernennen, durchaus aber nicht zwei patricische!)

Ferner, wie, nachdem nur dieser Satz des Verstandes sich geltend gemacht hatte, man hinterher das Gesetz einschlafen liess, und gewöhnlich nur aus schon senatorisch gewordenen Stämmen wählte; also, dass Cicero zu seiner Zeit es als ein seltenes Wunder preisen konnte, dass er als *novus homo* das Consulat erlangt habe, da doch schon Jahrhunderte vor seiner Geburt alle Jahr wenigstens ein *novus homo* zum Consulate erhoben werden musste.

Bleiben wir stehen bei der römischen Geschichte, um sogleich am Beispiele den Fortschritt von jenem Siege des Verstandes und den berechneten Constitutionen aus darstellen zu können.

Ich behaupte: Mit dem Einschlafenlassen jener Gesetze für die Anwendung ging der alte Staat zu Grunde, und bewies seine innere Erstorbenheit.

1) Der Analogie nach, wie der Senat das Königthum stürzte, das Volk den Senat besiegte, so hätten auch die *Sklaven* die *Bürger.* Dazu konnte es nun nicht kommen innerhalb

des Bürgerthums, da jene gar nicht Bürger waren. Dazu bedurfte es anderer erweiternder Principien, und einer tiefer greifenden Umkehrung der Begriffe, zu der es später auch kam. — Nachdem also die Bürger gesetzliche Gleichheit der Rechte errungen hatten, war der Fortschritt der alten Geschichte geschlossen.

2) Wie aber erstarben sie: und warum folgte aus jener Revolution nicht, was man hätte erwarten sollen? Aus folgenden Gründen:

Der Verstand will Recht haben und *behalten,* sich nicht für Unverstand, oder für ungültig ausgeben lassen. So weit begeistert er zur feurigen That. Wenn man ihm nun sein Recht widerfahren lässt, ist er befriedigt, und hat in sich unmittelbar keinen thatbegründenden Trieb. Er ist speculativ und betrachtend. Soll durch ihn das in der Erkenntniss Durchgesetzte auch im Leben errungen werden, so müssen mit ihm andere Antriebe sich vereinigen. Welche? Zuerst — was ihn auch vornehmlich entwickelt — die Sorge für persönliche Sicherheit und Wohlseyn. Diese *treibt* unmittelbar; ist sie aber ohne seine Dazwischenkunft befriedigt, so bleibt er ruhig. — Auch noch ein anderes: der *praktische* Trieb, — den wir Kunsttrieb nennen möchten, die Liebe zur Gestaltung des Verstandesgebildes rein um des Gestaltens willen. — Dieser tritt ein bei einer sehr hohen und sehr verbreiteten Ausbildung des Verstandes, und bei einer hohen Sicherheit und Ruhe des persönlichen Daseyns, und gehört nicht hierher.

In Rom nun war die Sorge für das persönliche Wohlseyn befriedigt nach jenen Siegen durch höchst begünstigende Gesetze: eher konnten die Plebejer die Vornehmen plagen, und thaten es. Auch durch die Eroberungen wurde ihre Ruhe nicht gefährdet; aus diesen Einkünfte und Truppen, ohne die souveränen Bürger der Hauptstadt zu belästigen, die nichts begehrten, denn *panem et circenses.* — Mithin: jene Sätze galten gesetzlich; keiner läugnete sie. Doch wirklich zu *regieren?* Dies konnte sie nur incommodiren; so hatten sie es besser. Der Staat war ihnen ein *Fremdes,* wie Tacitus später sagt. — So bei dem grossen Volke; — der Verstand ist kein treibendes Princip.

Bei den Aristokraten der Glaube und die Begeisterung daran veraltet, erbleicht, verschwunden: darum auch in ihnen kein Antrieb für den Staat zu wirken. Der Staat ist keinem mehr Gegenstand und Angelegenheit: weder um in ihm seine eigenen Angelegenheiten zu bedenken, weil diese schon bedacht sind, noch um in ihm das Werk des Gottes zu treiben, weil dieser den Gedanken entschwunden ist.

Was wird nun das Augenmerk? Das persönliche Wohlseyn. Was dadurch der Staat? Das Gehege, innerhalb dessen wir sicher sind. — Es tritt in die allgemeine Denkart die Ansicht ein: der Genuss des Lebens ist Zweck des Lebens; der Staat nur das Mittel dazu; kurz ganz und gar dasselbe System, das wir oben geschildert haben. Ehemals ist es dagewesen, jetzt wieder.

Der Staat *Mittel;* dies auf eine doppelte Weise: zur *Erhaltung* des Erworbenen, und um zu gewinnen, durch das Regieren selbst zu verdienen, weil man es sich gut bezahlen lässt. Das erste für das Volk, das zweite für die Vornehmen. Steht es auch dem Volke offen, so wissen diese doch nicht so Bescheid; sie würden auch mit ganz anderen Mitteln von der Habsucht und Raubgier abgewiesen werden. Diese, sich verbergen müssend, erlaubt sich auch verborgene krumme Wege, nicht mehr fechtend bloss mit den Waffen des Verstandes. (So ihre Vaterlandsliebe, wie ein Engländer sagt, gleich der Liebe zum Rinderbraten; jeder schneidet davon sein Stück!) — Dem Staate nun erging es in der Regel so: der Vornehme wollte allerdings die Staatswürden verwalten, die Heiligthümer u. s. f. innehaben (ihrer im Herzen lachend; siehe Cicero!); aber nicht um ihrer selbst willen, sondern um Proconsulate, Proprätüren zu erhalten, und in diesen die Provinzen zu plündern; diese vielleicht auch tapfer erobernd und vertheidigend, wie der Räuber seinen Raub: — weil jenes Erste die Bedingung, das Letzte der Lohn war. Die Plebs, durch die Wohlfeilheit der Lebensmittel, die öffentlichen Spiele, Triumphe, Gerichte,

Wahlversammlungen abgehalten und beschäftigt, begehrte nichts weiter.

Zeitalter des Luxus; dessen Princip, richtig erfasst, darin liegt: das irdische Leben und sein Genuss letzter Zweck, nicht Mittel; alles Andere nur Mittel dazu. Aus diesem folgt dann das Uebrige. — Die römischen Schriftsteller, Livius, Sallustius, setzen offenbar darein den Verfall des Staats von der ehemaligen inneren Stärke und Ehrwürdigkeit: *luxuria perditi mores.* — Nicht gerade die *grosse* Schwelgerei; darauf kommt es nicht an. Wir sind nicht so, weil wir die Mittel dazu nicht haben, auch nicht die physische Kraft; sind aber nicht um ein Haar besser. Jenes Princip, als das Leben bestimmende, macht es aus! — Diese Denkart nun ist nichts *Positives,* Ursprüngliches. Wäre dies, wie sollte der Mensch zu etwas Besserem kommen! Sie ist die negative. Wenn die Sittlichkeit, die eigentliche Kraft des Verstandes, die Kunsttriebe, die Religion verfällt, so tritt sie ein. Der Mensch muss irgend einen Mittelpunct haben, auf den er alles beziehe. Ist ihm alles Andere entzogen, so bleibt er sich selbst in seinem sinnlichen Daseyn. Dies ist ihm das Sichere, denn es ist das Allerletzte und Schlechteste. Livius hat es wenigstens gefühlt: der Verfall aus der *Verachtung* der Götter. Woher nun aber diese? Haben die Altvordern sich boshafterweise vorgenommen, sie zu verachten? — Es war nothwendig nach dem Gesetze der Zeit, durch den Angriff des Verstandes, der erst nach Jahrtausenden die Kraft gewinnen sollte, das scheinbare Uebel wieder gut zu machen, und an die Stelle der verschwundenen Theokratie eines praktischen Gottes zu setzen das Reich des wahren und ewigen Gottes.

Zeitalter des Eigennutzes, herbeigeführt durch den im Streite über Constitution erschütterten Glauben, indess der Verstand selbst keine begeisternde Kraft hat. Dieser letztere wird nun zum Berechner des Vortheiles: — Aufklärung. —

Wenn es nun einmal dazu gekommen ist nach diesem
Principe, dass eigentlich gar keiner mehr für den Staat, son-
dern alle nur für sich selbst sich interessiren: wie kann der
Staat fortdauern, leben und sich regen, vielleicht seine grösste
Wirkung nach aussen haben seit dieser Zeit, wie in Rom es
doch geschah?

Es tritt vielleicht ein *Genialität:* Begeisterung und Getrie-
benwerden durch das bewusstlose religiöse Princip.

1) Man hält dies für ein Zeichen einer guten Zeit: um es
umzukehren, begreifen Sie es als Zeichen einer bösen, verfal-
lenden. In der guten *alle ohne Ausnahme* begeistert vom Willen Gottes, und sich erfassend als sein Werkzeug. Da ists
keine Merkwürdigkeit; wird es gar nicht bemerkt: ein solcher
kein Genie, denn Einer eben wie alle. Denken Sie das Ur-
volk. — In der schlechten Zeit alles versunken; aber ein *Einzelner;* da ists Wunder! Livius bemerkt es als ein Besonderes
in den punischen Kriegen, dass, welchen man auch herausgegriffen,
alle den Staat gleich gut geführt. Dies als ein Eigenes ge-
priesen: ein Senat von Königen; im Vergleiche mit dem Auslande. Später, hätte man dem Marius, Sulla, Pompejus, Cäsar,
Antonius, Octavian jeden Ersten Besten aus dem Haufen ge-
genüberstellen können, wären sie denn das geworden, was sie
waren? Vergleichen Sie nur ihre Zeitgenossen, die öffentlich
geschändeten Räuber (Verres), Gauner, Wucherer, Gesetzver-
dreher und Umgeher, — Bestechende und Bestochene, gänzlich
aufgegangen im schamlosesten Eigennutze. Sie waren nicht
gross an sich; in jene alten Zeiten versetzt, der Mittelstab:
gross nur durch die Kleinheit der Umgebung.

2) Das religiöse Princip, *bewusstlos* wirkend: es bleibt
übrig fürs erste in der Sprache: ergreift so das jugendliche
Gemüth und entzündet da die Flamme. — Diese *Genialität*
folgt auf ein praktisch religiöses Zeitalter, und kann sich verstecken in Bildern der Nationalgrösse, der Nacheiferung, des
persönlichen Ehrgeizes. — Sie erzählen, dass den Themistokles
die Thaten des Miltiades nicht schlafen liessen. Ich bitte, waren denn die Thaten an der Schlaflosigkeit schuld, oder etwas im Themistokles selbst? Wenigstens tausend Philister zu

Athen wussten sie ebenso gut; tausend Philologen seitdem nicht minder. Warum denn diese nicht? Ei, dabei konnte man um seine gesunden Gliedmaassen kommen; ich lobe mir meine Ruhe und Bequemlichkeit, und mein Ordinäres an Speise, Trank und Schlaf. Was will der Mensch mehr! — Nein, *ihm* standen solche Thaten da als das, was schlechthin seyn solle, und ausser ihm nichts, als Bestimmung des Menschen, als das Einzige, was ihm Werth giebt: was ist denn dies nun, als das Göttliche im Menschen? — Dies die Prämisse, entwickelt, wer kann wissen, wie? Die Thaten des Miltiades waren nur das Bild, in dessen Beurtheilung sich jene tiefere Prämisse zeigte.

Durch dieses über die Eigennützigkeit sich erhebende Princip der genialen Begeisterung wurde in den letzten Zeiten der römischen Republik die Welteroberung (des Reiches des alten politischen Gottes) vollendet, und alles unterworfen dem Jupiter Capitolinus.

Welche Folge dies für den Culturstaat überhaupt hatte, davon sodann, nachdem ich erst die angegeben, welche es innerlich gehabt.

Der Geniale, der allein zu regieren versteht, will es auch *allein;* die, so es nicht verstehen, besonders, wenn nur für das, was allein sie begeistert, für ihre persönliche Sicherheit und Wohlseyn gesorgt ist, *können* nicht widerstehen, noch *wollen* sie; der Staat geht aus der Demokratie wieder über zur Oligarchie und Monarchie, — und endet hierin seinen Lauf: eine zweite ganz andere Herrschaft der *Genialen,* dort der *Gottgesandten.* Jener Recht das des geistig stärkeren. Dort das Opfer der Gleichheit dem göttlichen Willen, hier, das der schon errungenen der eigenen Faulheit, Feigheit, Nichtswürdigkeit gebracht. — Theokratie — Geniokratie. — (Nach Tacitus — *Müdigkeit,* also Feigheit: *incuria reipublicae ut alienae:* „Wen geht der Staat etwas an, wenn ich nur sicher bin meines Lebens und meine Nahrung habe, was will ich mehr! Ich halte es wenigstens für reichlichen Gewinn, für jenes nicht sorgen zu müssen.")

So der Ursprung der zweiten Monarchie — durch Genialität: aber nicht jede wird so fortgesetzt; denn: 1) Einem religiösen Zeitalter folgt das geniale. Der grösste Theil der Zeitgenossen der Genialen ist durchaus gemein, also ohne Heiliges. Diese letzteren selbst, obwohl ohne ihr Bewusstseyn getrieben durch das Göttliche, können in dem, was zum Bewusstseyn kommt, sehr profan und gottlos seyn; sind es auch gewöhnlich, als Kraftgenies. In einem solchen Zeitalter verstummen darum alle religiösen Anklänge, werden zu Einem, dessen man sich in guter Gesellschaft schämt. Da darum keine mehr umherfliegen, so können auch keine mehr herabfallen und zünden in jungen Gemüthern. Sprache und Begriff des Zeitalters gehen ganz auf mit der Sinnenwelt, und mit der Berechnung derselben durch den Eigennutz.

2) Ist es auch nicht nöthig. Es darf nur eine Form, die den abgegangenen Herrscher ersetzt, gefunden werden, und da findet sich ja aus der Urmonarchie die *Erblichkeit* im Stamme: und so wird ein solches dem Staate entfremdetes Volk sich sogar freuen, dass es auch mit Wahl und Ernennung keine Sorge habe, sondern dass sein Herrscher ihm im Wege der Natur ohne sein Zuthun geboren werde, wie ohne sein Zuthun die Sonne ihm aufgeht und untergeht. (Bemerken Sie, dass diese Erblichkeit hier *künstlich* constitutionirt ist.) — Wie nun einem solchen Staate sich solle aufhelfen lassen, ist durchaus nicht begreiflich: in ihm ist das Leben *erstorben*. Hat er keine auswärtigen Feinde, so kann er als dieses *corpus mortuum* fortdauern. Der erste Anfall derselben aber wirft ihn sicher über den Haufen. —

In dem eigentlichen Bürger die Religion aufgegangen in Sinnlichkeit. —

Aber das Bürgerthum umfasste nicht die Menschheit: denn im römischen Reiche 1) *Sklaven:* zum Theil mit hoher Ausbildung des Verstandes, — Künstler, Räthe, Freunde, Erzieher der Herren. — Diese hörten von der Gottheit, von Heiligkeit: sie selbst sollten keinen Theil daran haben. 2) Alle die *unterworfenen Völker:* ihre Voreltern verehrten einen starken und mächtigen Gott. — Wo ist er hin? Ist er todt, oder hat er uns verstossen? 3) Das gesammte *weibliche Geschlecht: unmittelbar* auch ausgestossen — nur Mütter der Kinder, nicht Bürger. Dennoch hörten sie davon, hatten zugleich die höchste Empfänglichkeit. Der Mann durch Thaten zerstreut: sie ruhend, bedürfend einer Liebe und Theilnahme: — superstitiös, so dass sie fast nicht zu bändigen waren. Sie auch hernachmals bei Verbreitung des Christenthums die ersten, und allen voraus! — So hatte sich gegen den Anfang der römischen Weltherrschaft überall verbreitet ein Erschrecken über die Sünde und Unheiligkeit, und ein angstvolles Streben, in das Bewusstseyn, den Schutz, die Liebe einer Gottheit aufgenommen zu werden: durch alle Mittel. So Einweihung in die ägyptischen, persischen, griechischen Mysterien; die Judengenossen; die Summe des Geldes, die aus allen Ländern im Tempel zu Jerusalem aufgehäuft war. Jeder, der so etwas versprach, willkommen. — Dieser Durst nun sollte auf eine ganz andere Weise befriedigt werden, wie er auch das Gelingen dieser Weise vorbereitete: ein Durst, der nur *zweimal* also sich zeigte in der Geschichte; damals, und zur Zeit der Reformation, und der zum *drittenmale* dereinst noch wiederkommen wird in einer anderen Gestalt. —

Neue Welt.

I.

Neuere Geschichte! Die Berechtigung zu dieser Trennung muss uns gegeben werden durch einen absoluten Gegensatz beider; diesen:

Die *alte* Welt hatte zum letzten Principe *einen mit absoluter Willkür das gesellschaftliche Verhältniss der Menschen ordnenden Gott:* — nach *uns,* damit überhaupt ein solches Verhältniss sey, als das schlechthin nothwendige für Sichtbarkeit der Freiheit. — Das Resultat dieses göttlichen Willens war darum ein *gegebenes* Seyn: — eines geordneten Menschengeschlechtes eben; denn vom Seyn einer objectiven Sinnenwelt ist da noch gar nicht die Rede.

Das Gegentheil: ein Gott, dessen Wille durchaus *nicht* geht auf ein *gegebenes* Seyn, sondern auf ein solches, das da seyn soll, — auf ein Werdendes, in alle Ewigkeit, und seyn soll nicht aus irgend einer Willkür Gottes, sondern zufolge seines inneren Wesens: dessen Wille darum, falls er absolut gesetzt ist, schlechthin ausser sich setzt absolute Freiheit: der darum für sich gar kein *Seyn* seines Objects begründet, indem, falls es zu einem solchen Objecte kommen sollte, dieses nur durch die ausser ihm, und nicht als die seinige gesetzte Freiheit möglich ist. Die *Freiheit* ist also die absolut sichtbare Substanz, als Sichtbarkeit — Bedingung des Gesehenwerdens — des göttlichen Willens, d. i. des inneren Wesens Gottes und seines Bildes. Nur in der Form der Freiheit ist Gott sichtbar, — wie er überhaupt sichtbar ist, im Bilde, im Gesichte!

Unmittelbar ist also Gott nur sittlicher Gesetzgeber: aber in der Form der Sichtbarkeit: darum mittelbar Urheber dieser Form selbst, d. i. der Welt (innerhalb dieser Form, d. i. im Bewusstseyn). Kurz, unsere oben vorgetragene Lehre von der Freiheit.

Ganz dieselbe ist aber die des Christenthums und dies darum das gesuchte Princip der neuen Geschichte; nur dass sie bei uns dasteht absolut, ausser allem historischen Zusammenhange, und anfangend als die einzige (wie sie selber dies *factisch* zu seyn vermag, davon geben wir, als Philosophen in reiner Wissenschaft, keine Rechenschaft, indem wir sie als *factisch* — als zufällig, ausser der auch noch eine andere möglich sey, — gar nicht denken: hier werden wir zu seiner Zeit auch auf diesen Punct merken müssen); im Christenthume dagegen als ein Factum, ablösend und aufhebend eine andere Lehre, und durch diesen Gegensatz bestimmt in ihrer Form. — Unsere Betrachtung desselben als solchen Gegensatzes dürfte freilich in den gewöhnlichen Ansichten darüber vieles ändern. —

Obiges giebt den Begriff des *Himmelreichs,* im Gegensatze des *Reiches von dieser Welt.* Dies die Grundansicht des Christenthums: dieser Gegensatz erscheint allenthalben als der eigentlich charakteristische.*)

Dadurch wird geändert 1) die stehengelassene Ansicht von *Gott.* Dieser ist nach *dem Alterthume* ein qualitativ unbegreiflicher Geschichts- und Natur-Anheber: — nach unserer Weise angesehen, grundlose Willkür, der man sich fügen muss: eine Zwangsgewalt. *Nach dem Christenthume,* ein durch sein inneres Wesen bestimmtes Heiliges, ohne alle Willkür.**)

---

*) Das Christenthum heisst darum schlechtweg das Evangelium vom Himmelreich. Matth. c. 13. v. 11 u. 19. c. 9. v. 35. c. 10. v. 7. c. 4. v. 17 u. 32. Lucas c. 4. v. 43. c. 8. v. 1. c. 9. v. 11. Marc. c. 1. v. 14. c. 4. v. 11. u. s. w.

**) Das Gesetz ist durch Mosen gegeben, die Gnade und Wahrheit ist durch Jesum Christum geworden. Joh. c. 1. v. 17. Gott hat uns wissen

2) Die Ansicht von der Menschheit. Diese stimmt mit dem göttlichen Willen überein nicht durch irgend ein gegebenes Seyn, sondern durch ein Thun: ist also schlechthin *frei:**) metaphysisch: jeder soll thun nach seinem *eigenen* Begriffe, zwischen welchem und dem Willen Gottes durchaus kein Mittelglied eintreten darf:**) er hat darum keinen Herrn ausser physisch sich selbst, sittlich Gott: ist also auch *politisch* frei und unabhängig von jeder Obergewalt. Menschheit ist nichts, denn diese mit dem göttlichen Willen übereinstimmensollende Freiheit. Darin besteht ihr — *der Menschheit* — Wesen. Schlechthin *alles* daher, was Mensch ist, ist gleich in Absicht der Freiheit: das Christenthum darum das Evangelium der Freiheit und *Gleichheit:* der ersteren nicht bloss im metaphysischen, sondern auch im bürgerlichen Sinne: Aufhebung aller Oberherrschaft und bürgerlichen Ungleichheit.***) So folgts aus dem Grundprincipe: was dabei noch zu bedenken ist, wird sich finden.

---

lassen das Geheimniss seines Willens. Ephes. c. 1. v. 9. Gott ist ein Licht, und in ihm ist keine Finsterniss. 1. Joh. c. 1. v. 5. Denn ihr habt nicht einen knechtischen Geist empfangen, dass ihr euch abermal fürchten müsstet, sondern ihr habt einen kindlichen Geist empfangen, durch welchen wir rufen: Abba, lieber Vater. Römer c. 8. v. 15. Desgl. 1. Joh. c. 4. v. 16 u. 18. 2. Timoth. c. 2. v. 7. Galat. c. 3. v. 13. Römer c. 2. v. 2. u. ff. c. 3. v. 4. 1. Petri 1, 16.

*) Denn auch die Creatur frei werden wird von dem Dienste des vergänglichen Wesens zu der herrlichen Freiheit der Kinder Gottes. Römer c. 1. v. 6. Und werdet die Wahrheit erkennen, und die Wahrheit wird euch frei machen. Joh. 8, 32. So euch der Sohn frei macht, so seyd ihr recht frei. ibid. 36. Desgl. Römer 8, 21. Desgl. ibid. v. 2. Das sind die zwei Testamente, eins von dem Berge Sinai, das zur Knechtschaft gebieret, und langet bis gen Jerusalem, das zu dieser Zeit ist, und ist dienstbar mit seinen Kindern. Aber das Jerusalem, das droben ist, das ist die Freie, die ist unser aller Mutter. Galat. c. 4. v 24—26. Desgl. c. 2. v. 19. u. c. 5. v. 1.

**) Und soll nicht lehren jemand seinen Nächsten, noch jemand seinen Bruder, und sagen: Erkenne den Herrn; denn sie sollen mich alle kennen von dem Kleinsten an bis zu dem Grössesten. Ebräer 8, 11. Vgl. Jacob. 1, 25.

***) Nachdem geschrieben stehet: So wahr ich lebe, spricht der Herr, mir sollen alle Kniee gebeugt werden, und alle Zungen sollen Gott bekennen, so wird nun ein jeglicher für sich selbst Gott Rechenschaft geben; darum lasset uns nicht mehr einer den anderen richten. Römer 14, 11—13. Die

Daraus ergiebt sich: Da alles, was Mensch ist, auf die gleiche Weise berufen ist durch Freiheit darzustellen den göttlichen Willen, so hängt alles ohne Ausnahme auf die gleiche Weise zusammen mit der Gottheit, und ist, falls Gott ein Bewusstseyn zugeschrieben wird, auf die gleiche Art befasst in diesem, allen Seinen auf dieselbe Weise geneigten und gnädigen Bewusstseyn.*) Nichts, was Menschengesicht trägt, ist ausgeschlossen von der gleichen Gnade, nichts sündig oder verworfen. Ein Evangelium der Versöhnung und Entsündigung — historisch genommen, nicht metaphysisch: d. h. nicht, als ob in Gottes ewigem Wesen bis auf Jesus wirklich es so ausgesehen hätte, wie in dem Gotte des Alterthumes, sondern nur, dass erst jetzt in der Erkenntniss der Menschen diese Ansicht von ihrem Verhältnisse zur Gottheit treten soll an die Stelle der früheren, tief eingewurzelten.

Folgerungen: Das Christenthum ist darum durchaus eine Sache des Verstandes, der klaren Einsicht: und zwar des individuellen Verstandes eines jeden Christen,**) keinesweges etwa

---

weltlichen Könige herrschen, und die Gewaltigen heisst man gnädige Herren: ihr aber nicht also: sondern der Grösseste unter euch soll seyn wie der Jüngste, und der Vornehmste wie ein Diener. Lucas c. 22. v. 25. 26. Desgl. Matth. 20, 25 bis 28. Marc. 10, 42 bis 45. 1. Petri 5, 3. Offenb. Joh. 17, 74. Jacob. 4, 12. Joh. 13, 13. u. s. w.

*) Weil ihr denn Kinder seyd, hat Gott gesandt den Geist seines Sohnes in eure Herzen, der schreiet: Abba, lieber Vater! also ist nun hier kein Knecht mehr, sondern eitel Kinder. Sind es aber Kinder, so sind es auch Erben Gottes durch Christum. Galat. 4, 6 u. 7. Gott hat uns mit ihm selber versöhnet durch Jesum Christum, und das Amt gegeben, das die Versöhnung prediget. Denn Gott war in Christo, und versöhnete die Welt mit ihm selber, und rechnete ihnen ihre Sünden nicht zu, und hat unter uns aufgerichtet das Wort von der Versöhnung. 2. Corinther 5, 18 u. 10. Desgl. Lucas 3, 18—21.

**) Gott will, dass allen Menschen geholfen werde, und zur Erkenntniss der Wahrheit kommen. 1. Timoth. 2, 4. Coloss. 2, 2. 3. 1. Corinth. 14, 20. Philipp. 3, 12. u. s. w. Nun aber spiegelt sich in uns allen des Herrn Klarheit mit aufgedecktem Angesicht und wir werden verkläret in dasselbige Bild von einer Klarheit zu der anderen, als vom Herrn, der der Geist ist. 2. Corinth. 3, 18. Desgl. Jacob. 1, 5. 1. Joh. 2, 27. Coloss. 1, 28. Römer 14, 12. u. c. 15. v. 14.

eines stellvertretenden. Denn schlechthin jeder soll gehorchen dem *von ihm selbst* als solchen verstandenen Willen Gottes,*) indem nur unter dieser Voraussetzung derselbe durch die Freiheit geschieht, wie er ja allein dadurch geschehen soll.

Aber der Verstand begründet sich nur in sich selbst, und hängt zusammen nur mit sich selbst. So wie oben gesagt worden, soll also der Christ überhaupt seyn auch nur zufolge seiner freien Einsicht. Jeder Christ darum muss zuvörderst einsehen, und klar verstehen, dass er den Willen Gottes nur nach seiner klaren Einsicht thun solle, einsehen und verstehen eben sein ganzes Verhältniss zur Gottheit.**)

1) Das Christenthum ist darum zuvörderst *Lehre*. Es setzt sich die Aufgabe zu bilden den Verstand der Menschen, und zwar den aller Menschen ohne Ausnahme, zu einer gewissen Einsicht, zur absoluten, des Verhältnisses der Menschheit zu Gott.***)

Es ist bisjetzt anerkannt und wird fast einseitig betrieben, dass es sey Mittheilung einer Erkenntniss, eines Systems. Doch stutzen sie wieder, wenn man es consequent durchsetzt. Darin besteht auch sein Gegensatz mit dem Alterthume, dem Heidenthume. Dort Glauben, hier unmittelbare, selbsteigene Einsicht eines Jeden: dort stellvertretende Offenbarung, die in den Inspirirten selbst sich nicht Rechenschaft geben konnte bei dem

---

*) Und sollt ihr sonst etwas halten, das lasst euch Gott offenbaren. Philipp. 3, 15. Und hören nicht auf für euch zu beten, und zu bitten, dass ihr erfüllet werdet mit Erkenntniss seines Willens in allerlei geistlicher Weisheit und Verstand. Coloss. 1, 9. Darum werdet nicht unverständig, sondern verständig, was da sey des Herrn Wille. Epheser 5, 17. Philipp. 4, 8.

**) Gott gebe euch den Geist der Weisheit und der Offenbarung zu seiner selbst Erkenntniss, und erleuchtete Augen eueres Verständnisses, dass ihr erkennen möget, welche da sey die Hoffnung eueres Berufes, und welcher da sey der Reichthum seines herrlichen Erbes an seinen Heiligen, und welche da sey die überschwängliche Grösse seiner Kraft an uns, die wir glauben, nach der Wirkung seiner mächtigen Stärke. Epheser 1, 17—19. Desgl. 1. Corinth. 2, 10—19.

***) Und lehren alle Menschen mit aller Weisheit, auf dass wir darstellen einen jeglichen Menschen vollkommen in Christo Jesu. Coloss. 1, 28. Desgl. 4, 6. Titus 3, 14. Philipper 1, 9.

zu Ende gekommenen Verstande, ebendarum von anderen auch nicht zu verstehen, sondern nur zu erfassen war in einem verstummenden und betäubten Autoritätsglauben; hier schlechthin unmittelbare Offenbarung in der individuellen Selbstanschauung eines Jeden.*) Dort Mittlerschaft zwischen Gott und dem Menschen, hier Aufhebung des Zwischengliedes, und so unmittelbarer Zusammenhang.**) So ists. Doch dieser Gegensatz mit dem richtigverstandenen Heidenthume ist fast gar nicht gemacht. — Was aber in den Aeusserungen des Christenthums selbst misverstanden, und zu der entgegengesetzten Meinung, es sey eine Religion des Glaubens, gedeutet wird, werden wir zu seiner Zeit ersehen.

2) Es ist Lehre. Aber dies nicht allein, dies nicht wahrhaft und in seiner letzten Bedeutung. Wenigstens können wir es so nicht nehmen wollen, indem wir es nicht zum Gegensatze einer Lehre in einer Geschichte der Lehre überhaupt, sondern zum Gegensatze einer Verfassung machen in einer Geschichte der Menschheit, als sich entwickelnder Freiheit überhaupt. Nach uns muss es darum selbst *Verfassung* seyn,***)

---

*) Und die Salbung, die ihr von ihm empfangen habt, bleibet bei euch, *und dürfet nicht, dass euch jemand lehre*, sondern wie euch die Salbung allerlei lehret, so ist es wahr, und ist keine Lüge; und wie sie euch gelehrt hat, so bleibet bei demselbigen. 1. Joh. 2, 27. Ich will mein Gesetz in ihr Herz geben, und in ihre Sinne will ich es schreiben. Ebräer 10, 16. Und der Geist ist es, der da zeuget, dass Geist Wahrheit ist. 1. Joh. 5 u. 6. Dass euch Gott Kraft gebe stark zu werden durch seinen Geist an dem inwendigen Menschen, auf dass ihr begreifen möget mit allen Heiligen, welches da sey die Breite und die Länge, und die Tiefe und die Höhe, und erkennen, dass Christum liebhaben viel besser ist, denn alles Wissen, auf dass ihr erfüllet werdet mit allerlei Gottesfülle. Epheser 3, 19.

**) Denn es ist Ein Gott, und Eine Mittlerschaft zwischen Gott und dem Menschen, nemlich der Mensch Jesus Christus, der sich selbst gegeben hat für Aller Erlösung. 1. Timoth. 2, 5 u. 6. Und soll nicht lehren jemand seinen Bruder, und sagen: Erkenne den Herrn. Denn sie sollen mich alle kennen, von dem Kleinsten an bis zum Grössesten. Ebräer 8, 11.

***) Gott hat Christum gesetzt über alle Fürstenthümer, Gewalt, Macht, Herrschaft und alles, was genannt werden mag, nicht allein in dieser Welt sondern auch in der zukünftigen. Epheser 1, 21. Desgl. Coloss. 2, 10. Epheser 1, 10. Römer 12, 4 u. 5. 1. Corinth. 6, 1—3. Apostelgesch. 17, 31.

durchgreifende historische Umschaffung des Menschengeschlechtes, bis hinein in die Wurzel, die durch den früheren Zustand nur vorbereitet und möglich gemacht wurde. Wir müssen es so nehmen, wobei uns freilich der Beweis obliegt, dass wir es auf diese Weise richtig gestellt und angesehen haben.

Also nicht nur Lehre, sondern *Verfassung*, Bestimmung des *wirklichen* Seyns des Menschengeschlechtes ist es. Auch dies giebt eine doppelte Ansicht. Zuvörderst und überhaupt: das Seyn des Menschen nach dem Christenthume besteht darin, dass er durchaus keinen Herrn habe ausser Gott, kein Gesetz anerkenne, als das göttliche, das da sich richtet nur an seine Freiheit. Das mit dem Bewusstseyn der Evidenz ergreifende Bild dieses Zustandes in allen beabsichtigt die Lehre. — Diese kann immer diesen Zustand setzen, als einen, der da seyn soll, und dadurch ist das wirkliche Seyn in nichts geändert: das Christenthum ist dann noch weiter nichts geworden, denn Lehre. — Es kann auch, welches die erste Weise des wirklichen Seyns ist, innerlich den *Willen* aller bestimmen, dass sie — mit diesem guten Willen — keinen Herrn und Gesetz anerkennen, als Gott, und fertig seyn würden, allein ihm zu gehorchen, wenn sein Gesetz sich nur zeigte, und jede andere Gesetzgebung aufhöbe. — Sodann ist das Christenthum innerlich realisirt in dem Willen des Menschen, und es folgt daraus, dass ein Staat nach alterthümlicher Form, wenn er auch etwa noch ist und die Menschen zwingt, wenigstens des inneren Beifalls und Glaubens entbehrt, und dass jene Gesinnung ihm feindselig ist, und ihn umstürzen würde, sobald sie äussere Thatkraft erhält. Oder, welches die zweite durch die erste bedingte Weise des wirklichen Seyns ist, Gott wird wirklich und in der That alleiniger Herr, ohne Zweifel durch den Umsturz jedwedes anderen Herrn, es tritt eine Verfassung ein, in der jeder gehorcht nur dem von ihm selbst deutlich erkannten Willen Gottes. Es ist wohl klar, dass nur im letzteren Falle das Christenthum wirkliche Verfassung des Menschengeschlechtes geworden wäre, und dass derjenige, der da sagt: das Christenthum ist nicht etwa blosse Lehre, sondern es ist wirkliche Verfassung des menschlichen Geschlechtes, sage: zu einer solchen Ordnung der Dinge soll es durch dasselbe kommen, muss es dadurch mit absoluter Nothwendigkeit kommen. Dies darum hätte ich durch das Bisherige gesagt, mit gutem Bedachte, es also sagen wollend. Ich hätte ein historisches Factum *a priori* abgeleitet, geweissagt: — der Beweis des Rechts liegt mir noch immer ob.

In Beziehung auf die dadurch gegebene Uebersicht der ganzen Geschichte wäre nun die Frage, ob ich mit dieser neuen Geschichte die ganze abzuschliessen gedenke, oder noch eine neuere und vielleicht allerneueste annehme. Im ersten Falle, worüber dann freilich der Beweis zu führen wäre, würde von unserem Standpuncte allerdings eine Uebersicht der gesammten Geschichte des menschlichen Geschlechtes auf der Erde möglich: sie zerfiele in Entwickelung der Freiheit und Aufgeben der entwickelten, Unterwerfung derselben unter die Herrschaft Gottes: beginnend von einer factischen Herrschaft desselben, einer Theokratie des Glaubens, als der alten Zeit, fortlaufend bis zu einem für jedermann verständlichen und verstandenen Reiche Gottes auf der Erde, als dem neuen und zweiten Weltalter.

Was nun insbesondere den ganzen Umfang der in diesen Vorlesungen vor Ihnen angestellten Betrachtung betrifft, falls sich etwa finden sollte, dass dasselbe, was ich Ihnen zu Anfange abgeleitet und hingestellt habe als das durch den Verstand schlechthin geforderte Reich des Verstandes, zugleich wäre das durch das Christenthum gesetzte, und in seiner Grundlage schon wirklich eingeführte Reich Gottes auf der Erde: so würde sich dasjenige, was erst erschien als eine willkürliche und mit Kunst zu lösende Aufgabe der Wissenschaft, verwandeln in eine absolut nothwendige Aufgabe der Zeit und der in derselben sich entwickelnden Geschichte, die nicht umhin kann gelöst zu werden. Anstatt Regeln zu geben irgend einer Freiheit, wie ich zu wollen schien, hätte ich bloss zu entwickeln ein historisches Gesetz, und Sie auf das ruhig zu erwartende Resultat desselben zu verweisen. Meine Untersuchung hätte ihre Natur geändert, und aus einer philosophischen sich verwandelt in eine historische. Die Hauptsache hierbei wäre freilich, die Wissenschaft selbst und die praktische Kunst derselben nicht, wie sie erst stand, absolut zu setzen, sondern sie selbst als ein Glied der Geschichte abzuleiten, und sie dieser, und insbesondere dem Christenthume, dessen eigentliche Aufgabe ja durch dieselbe gelöst werden soll, als Mittel unterzuordnen. So, sage ich, das Verstandesreich unter die Garantie des Christenthums, als eines historischen und mit historischer Nothwendigkeit sich entwickelnden Principes gesetzt, wird sich sagen lassen, warum es bisher zu demselben nicht kommen konnte, weil nemlich das Christenthum noch nicht so weit entwickelt war; dass es aber nothwendig, und aller menschlichen Freiheit zum Trotze zu ihm kommen muss, weil das Christenthum sich entwickeln muss bis zum Ende: wann es ferner dazu kommen wird, nicht in Jahreszahlen, sondern in Epochen, d. i. was vorher noch geschehen muss. Auf diese Weise darum werde ich meine wissenschaftliche Aufgabe lösen, und Sie haben hierin die Uebersicht dessen, was ich noch zu sagen habe.

II.

Der Gegensatz alter und neuer Welt besteht in ihrer Verfassung, der Bestimmtheit der Menschen als Gesellschaft: ihr Princip ist die Ansicht von Gott und seinem Verhältnisse zur Menschheit. Nach der *alten* Welt fordert Gott willkürlich einen *gegebenen Zustand* derselben: daraus Ungleichheit, mittelbare Herrschaft Gottes; d. i. Menschen hatten Menschen zu Herren. Dies Princip ist abgelaufen; wir bedurften darum ein anderes, dies: Gott fordert die Ergebung des Willens: ist sittlicher Gesetzgeber der Freiheit: dies sey das Christenthum, sagten wir, es dadurch hinstellend als Princip eines wirklichen Weltzustandes, eines Zustandes der Menschheit, als einer Gesellschaft. Unsere Aufgabe blieb darum zu zeigen, wie sie dies werden könne, also aus jenem, als Principe, dieses als das Principiat abzuleiten: wir werden darum die neue Zeit nicht, wie die alte abgelaufene, als gegeben auffassen, sondern sie ableitend weissagen. Dies ist von nun an unser Geschäft. Fände sich nun dieser Zustand als derselbe, den wir erst philosophisch gefordert; so wäre unsere Aufgabe: wie es zu ihm kommen solle, rein historisch (nicht als Aufgabe der Freiheit, sondern als nothwendiger Erfolg nach einem Gesetze) gelöst.

Zuerst darum hätten wir das Christenthum zu schildern, als eine geschichtliche Erscheinung es *auffassend* (nicht etwa erdenkend), es *richtig verstehend,* indem wir erstlich das Mannigfaltige aus seiner Grundeinheit ableiten, und diese Grundeinheit wieder aus jenem erfassen, nach der Regel: ein solches Mannigfaltige giebt eine solche Einheit, und umgekehrt; zweitens aber die Einheit selbst *verstehen* aus ihrem Gegensatze, dem Principe der alten Welt.

Das Erste wäre, wenn es vollständig auf alle Aeusserungen der biblischen Schriften, dann der Kirchengeschichte zurückgeführt werden sollte, ein umfassendes Unternehmen. Hier nur die Grundzüge; selber darin ausgeführter verfahrend, als es für unseren Zweck der Ableitung nöthig wäre, um die Irrthümer abzuweisen. Quell derselben ist der Mangel der Begriffseinheit, das nur Zusammenschichten des Mannigfaltigen ohne organische Einheit einer Ableitung, das Beieinander- und nicht Durcheinanderseyn desselben: sodann auch der Mangel des Gegensatzes, wodurch das Hauptmerkmal, dass das Christenthum ein historisches ist, zur unsäglichen Verwirrung verloren geht. Auch werden wir es nicht so machen, wie Neuere, die es recht gut zu machen suchen. Das Christenthum sey *Etwas,* nicht nichts, nicht ein solches, das in anderer Gestalt, z. B. der Philosophie, auch da ist, und darum *nur* das Unverständliche und Unverständige herausheben, das sie selbst durch ihr Nichtverstehen sich erst machen. Nach uns ist es durchaus verständlich, durch Wissenschaftslehre. Diese enthält den Lehrinhalt desselben in ihrer Form. — Aber wie denn, wenn die Wissenschaftslehre selbst nur durch das Christenthum factisch möglich wäre, seyn könnte nur als wissenschaftlicher Begriff, Exposition des vorausgegebenen Christenthums; wenn sie ferner, in sich selbst todt, nur durch jenes eine das Leben bestimmende Kraft bekommen könnte (wie sie diese erhalten werde, ist ja unsere versprochene Hauptableitung): wäre es denn sodann nichts?

Der *wesentliche Einheitsbegriff* des Christenthums ist *das Himmelreich*. (Auch dieser ist misgedeutet, und bis jetzt kaum richtig *verstanden*. — Auf immer für ähnliche Aeusserungen, die ohne diese Beschränkung hart erscheinen, und Hass erregen müssen, gemerkt: *gelebt* kann er seyn, und ists ohne allen Zweifel: aber ein anderes ist *Seyn,* ein anderes Verstehen, d. i. ein Bild haben dieses Seyns, das da ausdrückt dessen Gesetz.)

Himmel bedeutet das Uebersinnliche, durchaus nicht Erscheinende, rein Intelligible,*) die Freiheit**) (die — das setze *ich* hinzu zur Verdeutlichung, in jenem Begriffe ist darauf noch nicht Rücksicht genommen — zu einem Theile des Erscheinenden sich verhält wie Princip zum Principiat). Der Gegensatz ist das Erscheinende, Irdische, was da ist von der Welt.

Jene Freiheit wurde durch Christus verkündigt, der objectiven Bemerkung hingestellt, ferner ein Reich derselben Freiheit, und eine Beherrschung seiner durch Gott,***) gegenüber dem Reiche von dieser Welt, unter dem Fürsten der Welt, eben dem alten heidnischen Gotte. Gott ist unmittelbar und ohne Dazwischenkunft der Bestimmer desselben. — Dass es dazu komme, dazu gehört, dass der Mensch, das freie Subject, mit gänzlicher Absterbung des eigenen Willens sich ihm hingebe. —

---

*) Sehet das Reich Gottes ist inwendig in euch. Lucas 17, 21. Gelobt sey Gott, der mich gesegnet hat mit allerlei geistlichem Segen in himmlischen Gütern durch Christum. Epheser 1, 3. Desgl. Coloss. 1, 12. u. 3, 1. Römer 14, 17—19. 2. Corinth. 1, 17. 18.

**) Denn der Herr ist der Geist, wo aber der Geist des Herrn ist, da ist Freiheit. 2. Corinth. 3, 17. Aber das Jerusalem, das droben ist, das ist die Freie, die ist unser aller Mutter. Galater 4, 26. Vergl. Note *) S. 523.

***) Gott hat uns selig gemacht und berufen mit einem heiligen Rufe, nicht nach unseren Werken, sondern nach seinem Vorsatze und Gnade, die uns gegeben ist in Christo vor der Zeit der Welt, jetzt aber geoffenbaret durch die Erscheinung unseres Heilandes Jesu Christi, der dem Tode die Macht hat genommen, und das Leben und ein unvergängliches Wesen an das Licht gebracht, durch das Evangelium. 2. Timoth. 1, 9 u. 10. Und das Leben ist erschienen, das da von Anfang war, und wir haben gesehen, und zeugen, und verkündigen euch das Leben, das ewig ist, welches war bei dem Vater, und ist uns erschienen. 1. Joh. 1, 2. Vergl. Joh. 10, 11.

Dies *Gott:* und dies allein. Alle andere Aeusserungen desselben sind als unmittelbare fallen gelassen. Dies der *Mensch;* und nur unter dieser Bedingung ist er wahrhaft da. Dies das Verhältniss beider.

Zuvörderst die Umdeutung: der Wille Gottes ist ewig, unvergänglich. Was darum zu dessen Werkzeuge sich macht, ist gleichfalls über allen Tod,*) d. i. Untergang, oder Abänderung jener seiner wesentlichen Grundeigenschaft hinaus:**) es ist Etwas, das nothwendig, ewig und unveränderlich ist, und ihm selbst seine Unveränderlichkeit zusichert.***) — Dies kann jeder werden zur Stunde; darum zur Stunde vom Tode zum Leben durchdringen.†) Dies hat man nun umgedeutet und gesagt: — der Himmel nur nach dem Tode: den Ausdruck *Tod* nicht begreifend. Wahr ists, nur nach dem Tode, aber dem

---

*) Christus hat dem Tode die Macht genommen, und das Leben, und ein unvergängliches Wesen an das Licht gebracht. 2. Timoth. 1, 10. Ich sage euch: wer an mich glaubet, der *hat* das ewige Leben. Ich bin das Brot des Lebens. Eure Väter haben Manna gegessen in der Wüste, und sind gestorben: dies ist das Brot, das vom Himmel kommt, auf dass, wer davon isset, nicht sterbe. Joh. 6, 47—50. Wer mein Wort höret und glaubet, der *hat* das ewige Leben, und kommt nicht in das Gericht, sondern er *ist* vom Tode zum Leben hindurchgedrungen. Joh. 5, 24. Da wir *todt waren* in den Sünden, *hat er* uns sammt Christo *lebendig gemacht*, und hat uns sammt ihm auferwecket, und sammt ihm in das himmlische Wesen versetzt in Christo Jesu. Epheser 2, 5 u. 6. Vergl. Joh. 11, 25. 1. Joh. 5, 12. Joh. 8, 51. 1. Joh. 2, 17. 2. Corinth. 4, 15. Joh. 17, 3. Matth. 22, 31. Lucas 20, 38. Römer 6, 9. Colosser 2, 13.

**) Denn ich bin gewiss, dass weder Tod noch Leben, weder Engel noch Fürstenthum, noch Gewalt, weder Gegenwärtiges noch Zukünftiges, weder Hohes noch Tiefes, noch keine andere Creatur mag uns scheiden von der Liebe Gottes, die in Christo Jesu ist, unserem Herrn. Römer 8, 38 u. 39. Ich gebe meinen Schaafen das ewige Leben, und sie werden nimmermehr umkommen, und niemand wird sie aus meiner Hand reissen. Joh. 10, 28.

***) Durch welche Erkenntniss uns die theuren und allergrössesten Verheissungen geschenket sind, nemlich, dass ihr durch dasselbige theilhaftig werdet der göttlichen Natur, so ihr fliehet die vergängliche Lust der Welt. 2. Petri 1, 4.

†) Ich sage euch: es kommt die Stunde, *und ist schon jetzt*, dass die Todten werden die Stimme Gottes hören; und die sie hören werden, die werden leben. Joh. 5, 25.

Tode während des äusseren Lebens hienieden, dem Absterben der Welt.*) Dieses aber hat man verwechselt mit dem Tode, als einer äusseren Begebenheit, und gemeint, nur nach diesem: dies sey der Himmel; eine Verwechselung, wenigstens Vermengung, welche schon von den Aposteln gemacht worden. Falsch. In der Lehre Jesu unterscheiden sich zwei Zustände: der eine, das Getriebenseyn vom eigenen Willen; dieser, wie er auch seyn möge, wie sittlich und glänzend scheinbar, ist nichts, ausser Gott, der Tod, das Begrabenseyn.**) In diesem werden schlechthin alle Menschen geboren.***) Diesem nun muss man absterben;†) dies ist der *Tod* und die neue Geburt, der Durch-

---

*) Wisset ihr nicht, dass alle, die wir in Jesum getaufet sind, die sind in seinen Tod getauft? So sind wir ja mit ihm begraben durch die Taufe in den Tod, auf dass, gleichwie Christus ist auferwecket von den Todten, durch die Herrlichkeit des Vaters, also sollen auch wir in einem neuen Leben wandeln. Römer 6, 3 u. 4.

**) Fleischlich gesinnet seyn ist der Tod, und geistlich gesinnet seyn ist Leben und Frieden. Denn fleischlich gesinnet seyn ist eine Feindschaft wider Gott, sintemal es dem Gesetze Gottes nicht unterthan ist, denn es ver mag es auch nicht. Römer 8, 6 u. 7. Denn der Tod ist der Sünden Sold, aber die Gabe Gottes ist das ewige Leben. Röm. 16, 23. Lass die Todten ihre Todten begraben, du aber gehe hin, und verkündige das Reich Gottes. Lucas 9, 60. Matth. 8, 22. Joh. 5, 21.

***) Der erste Mensch, Adam, ist gemacht in das natürliche Leben, und der letzte Adam in das geistliche Leben: aber der geistliche Leib ist nicht der erste, sondern der natürliche, darnach der geistliche. Der erste Mensch ist von der Erde und irdisch, der andere Mensch ist der Herr vom Himmel. Welcherlei der irdische ist, solcherlei sind auch die irdischen, und welcherlei der himmlische ist, solcherlei sind auch die himmlischen. Und wie wir getragen haben das Bild des Irdischen, also werden wir auch tragen das Bild des Himmlischen. Davon sage ich aber, dass Fleisch und Blut nicht können das Reich Gottes ererben, auch wird das Verwesliche nicht erben das Unverwesliche. 1. Corinth. 15, 45—50.

†) Darum, ist jemand in Christo, so ist er eine neue Creatur; das Alte ist vergangen, siehe, es ist alles neu geworden. 2. Corinth. 5, 17. Wache auf, der du schläfst, und stehe auf von den Todten, so wird dich Christus erleuchten. Epheser 5, 14. Es sey denn, dass das Weizenkorn in die Erde falle, und ersterbe; so bleibt es allein; wo es aber erstirbt, so bringt es viele Früchte. Wer sein Leben lieb hat, der wird es verlieren, und wer sein Leben auf dieser Welt hasset, der wird es erhalten zum ewigen Leben. Joh. 12, 24 u. 25. Es sey denn, dass jemand von neuem geboren werde,

bruch zum wahren Seyn und Leben. Wer dies, — der hat das Leben in ihm selber,*) lebet in Ewigkeit, über ihn hat der Tod keine weitere Gewalt.**) Der äusserliche Tod macht im Christenthume gar keine Epoche,***) es wird von ihm nicht geredet, er ist versunken in das allgemeine Nichts der gehaltlosen, im Christenthume einmal für immer vernichteten Erscheinung.

Die in den Gräbern liegen, werden die Stimme hören und leben: hat man nicht aus dieser und ähnlichen Stellen einen jüngsten Tag, und eine allgemeine Todtenerweckung gemacht? So viel mir bekannt ist, bis jetzt allgemein. Es ist daran kein wahres Wort: so, wie gesagt, ists zu verstehen; Himmel ist ewiges Leben aus, von und durch sich; wer aber hier nicht dazu kommt, der nie. Wenn das Heidenthum ein künftiges Leben annahm, so war dies nur eine Fortsetzung des hiesigen sinnlichen, und der Tod die Verbindung beider. Anders das Christenthum, dies setzt das Ewige in das Zeitliche hinein, als den eigentlichen Anfang des Zeitlichen selbst.

Die Offenbarung dieses Reiches, die Einladung, Glieder desselben zu werden, und die allgemeine Anweisung, wie dies zu machen, das ist das *Wesen* des Christenthums, sein *absoluter, ewiger, von der Zeit unabhängiger Zweck* für alle Zeit.

---

kann er das Reich Gottes nicht sehen. Joh. 3, 3. 1. Petri 1, 23. Vergl. Matth. 18, 3. 10, 37. Lucas 14, 26. 1. Petri 5, 6 u. 7. Marcus 8, 34. Coloss. 3, 23. 2. Corinth. 4, 7. 1. Corinth. 10, 31. Ephesor 6, 7. Galater 6, 9. Matth. 10, 39.

*) Denn wie der Vater hat das Leben in ihm selbst; also hat er dem Sohne gegeben das Leben zu haben in ihm selber. Joh. 5, 26. Wer das Wasser trinken wird, das ich ihm gebe, den wird ewiglich nicht dürsten, sondern das Wasser, das ich ihm geben werde, das wird in ihm ein Brunnen des Wassers werden, das in das ewige Leben quillt. Joh. 4, 14.

**) So jemand mein Wort wird halten, der wird den Tod nicht sehen ewiglich. Joh. 8, 51. Und die Welt vergehet mit ihrer Lust; wer aber den Willen Gottes thut, der bleibet in Ewigkeit. 1. Joh. 2, 17. Vergl. Matth. 16, 28. Marc. 9, 1. Lucas 9, 27. 2. Corinth. 4, 16. Ebräer 2, 14.

***) Wer überwindet, dem soll kein Leid geschehen von dem anderen Tode. Offenb. Joh. 2, 11. Christus hat dem Tode die Macht genommen. 2. Timoth. 1, 10.

Dies auch der ganze: daraus ist alles abzuleiten, darauf zurückzuführen. Dies wird auch in den durch die sicherste Veranstaltung zur Erhaltung desselben vor uns liegenden unsterblichen Schriften des neuen Testamentes als die Hauptsache behandelt, und jene zwei Zustände als Wiedergeburt und Tod*) bei Johannes, als Leben im Geiste und im Fleische**) bei Paulus bezeichnet. Dasselbe ist auch von der durch ihre Früchte bestätigten Partei der sogenannten Mystiker vom Anfange an bis jetzt für die Hauptsache gehalten worden.

Aus ihm und durch dieses ist ein zweiter Haupttheil zu begreifen und abzuleiten, der *historische,* enthaltend Lehren, die nur im Gegensatze mit anderen, aus dem Zeitglauben hervorgehenden Behauptungen, um diese zu vernichten, gesagt wurden. Ihr Daseyn ist bedingt durch den Gegensatz; nur durch ihn, und mit ihm zusammengenommen, sind sie verständlich. Hat die Lehre Erfolg, so muss doch der Gegensatz einmal wegfallen; mit ihm aber fällt zugleich die Bestreitung. Will man sie, sie für ein Ewiges haltend, auch dann noch beibehalten, so wird man ihnen einen anderen Sinn geben müssen; oft keinen finden, und sodann genöthigt seyn, Unsinn zu reden.

Ich will das Wesentliche dieses historischen Inhaltes, dieser durch die Zeit bedingten Lehren *aus dem Gegensatze des Christenthums gegen die Zeit seiner Entstehung* sogar ableiten.

Jene Grundansicht des Christenthums, die rein geistige Welt, war durchaus *neu* in der Zeit, vorher unerhört.***) (Dies ist

---

*) Ev. Joh. 3, 3 ff. 12, 24 u. 25. 1. Petri 1, 23.

**) Römer 8, 4. Galater 5, 16—22. 1. Corinth. 3, 1 u. 3. u. s. w.

***) Das Geheimniss Christi ist nicht kund gethan in den vorigen Zeiten den Menschenkindern. Epheser 3, 5. Es ist verborgen gewesen in Gott, von der Welt her. Ebendaselbst 3, 9. Siehe es kommen die Tage, spricht der Herr, dass ich über das Haus Israel ein *neues* Testament machen will; indem er sagt: ein *neues*, macht er das erste alt. Was aber alt und bejahrt ist, das ist nahe bei seinem Ende. Ebräer 8, 8 u. 13. Auf die Frage, warum seine Jünger die Fasten nicht halten, antwortet Jesus: niemand flickt einen Lappen von neuem Tuche an ein altes Kleid; denn der neue Lappen reisst doch von dem alten, und der Riss wird ärger, u. s. w. Marc. 2, 21 u. 22. Matth. 9, 14—17. Vergl. Lucas 22, 20. Matth. 26, 28. Marc. 2, 21. Römer 16, 25. Ebräer 7, 11 u. 12. Coloss. 1, 26.

ein historisches Postulat, wovon der Widersprechende das Gegentheil beweisen müsste aus irgend einer vorchristlichen Aeusserung. Nur werde es nicht gemacht, wie gewöhnlich, hineingetragen, alles in *seinem* Sinne genommen. Diese verstehen keine Geschichte: sie geben gar keine zu: ihnen bleibt die Welt, wie sie ist: für das Fassen der eigentlichen Frage vom *Werden,* ja für das *Bild des Werdens* ist ihr Verstand verschlossen. So tragen sie auch wohl hier recht mit Kunst hinein durch Umdeutung der Schriften des alten Testamentes. Dies ist ein grober Misgriff, auch gegen ihr System, dass Christus sey aller *Vorbild.* — Wir sollten uns doch nicht so sehr gegen dieses Bekenntniss der Neuheit sträuben; denn für die Menge, für die *sichtbare* und anerkannte christliche Kirche ist sie noch heute, fast zweitausend Jahre nach Christo, neu in ihrer wahren Kraft und Reinheit.)

Auch Jesus hatte es nicht von einem anderen gehört oder überliefert bekommen, sondern es rein *in sich selbst angeschaut,* — wie wir mit gutem Fug postuliren. Rein *durch Anschauung und Begriff seiner selbst* war er dazu gekommen. Was heisst dies? Was denken wir durch eine solche Voraussetzung, nach den Gesetzen der Anschauung und des Begriffes überhaupt? Was heisst das, das Himmelreich erhalten durch *Verstehen* seiner selbst? Eine analytische Aufgabe. Dabei etwas tiefer zu gehen, indem wir Jesu seinen nothwendigen Begriff von sich selbst nachconstruiren: es ist der Mühe werth, theils um innerer Wichtigkeit, theils um des Lichtes willen, welches es über die ganze Menschengeschichte verbreitet. Es kommt dazu, dass wir einen der Sätze, die hierbei hervorgehen, auch noch anderwärts brauchen werden.

Verstehen heisst, das Gesetz sehen, wonach ein gewisses Seyn zu Stande kommt, — *genetische* Erkenntniss. — Ein solches Verstehen, als freie Kunst getrieben, wie es in der Philosophie getrieben wird, setzt ein Bild jenes Seyns voraus, über welchem man indifferent darüberschwebt, es darum nicht selbst ist. Dieses Bild, in seiner reinen Absonderung gefasst und festgehalten, steigert sich nach und nach zum Begriffe.

Auf diese Weise konnte es mit dem Verstehen des Himmelreiches im Verstande Jesu nicht zugehen; denn das vorausgesetzte Bild ist weder durch die sinnliche Erfahrung möglich, noch konnte es ihm als Aufgabe einer freien Construction durch einen anderen gestellt werden, wie es bei uns in Mittheilung der Wissenschaft geschieht, da der Voraussetzung nach dieses Bild vor ihm nie in eines Menschen Verstande wirklich geworden war.

Nicht ein Mögliches darum, sondern ein Wirkliches im unmittelbaren Bewusstseyn seiner selbst, sein unmittelbares, ihm also ohne alle sein Zuthun gegebenes Seyn musste er durch diesen Begriff begreifen. Wie musste sich dies Selbstbewusstseyn ausdrücken? Er war unmittelbar, ohne ihm bewusste Freiheit, durch sein Daseyn Bürger des Himmelreichs; sein Wille ging auf, und war gefangen in einem höheren Willen, er war dessen Werkzeug, und so wurde er seiner sich bewusst.*) Auf dieses erste Merkmal nun geachtet! Er war, was wir ein bestimmtes künstlerisches oder praktisches Genie nennen, mit einem angeborenen Triebe zu einem gewissen Thun. Kaum ist nöthig zu erinnern, dass dies ein bestimmter Trieb des Willens seyn musste, denn das Allgemeine ist nichts Wirkliches.

Nun aber würde er, dieses sein Seyn anschauend, sich begriffen haben als eben *getrieben,* damit gut, und sein Begriff wäre zu Ende: keinesweges aber, als getrieben durch das Absolute, Uebernatürliche, Gott. Also — seine Willensbestimmtheit musste zugleich den klaren Begriff ihrer selbst, ihren Exponenten mit sich bringen; nicht bloss den Begriff des Factums, sondern auch dessen Charakter; so dass jener organisch mit diesem vereinigt, und dadurch selbst gesetzt, letzterer nicht etwa ein blosser Zusatz zum ersteren war. Dies war möglich nur auf die Weise, wenn es die Bestimmung seines Willens

---

*) Ich kann nichts von mir selbst thun, denn ich suche nicht meinen Willen, sondern des Vaters Willen, der mich gesandt hat. Joh. 5, 30. Ich bin vom Himmel gekommen, nicht dass ich meinen Willen thue, sondern dess, der mich gesandt hat. Joh. 6, 38. Der Sohn kann nichts von ihm selbst thun, denn was er sieht den Vater thun; denn was derselbige thut, das thut gleich auch der Sohn. Joh. 5, 19. Vergl. Joh. 4, 34. u, 8, 16.

war, *Stifter* des Himmelreichs zu werden, alle Menschen ohne Ausnahme zu Bürgern desselben zu machen. Dann führte das Bewusstseyn seines eigenen Seyns seinen Exponenten bei sich, weil es ein Handeln nach diesem Exponenten war.

Stückweise: wie er von seinem Daseyn überzeugt war, so war er es von seinem Berufe, das Himmelreich zu stiften,*) d. i. die Menschen zu überzeugen, dass sie absolutes Princip wären; dieses hingegeben werden müsse an einen höheren, durchaus nicht in ihnen liegenden Antrieb, und sie zu vermögen, also sich hinzugeben, damit allein herrsche, und Princip alles Lebens sey Gott. Woher nun dieser sein Beruf? Der Inhalt desselben erklärte ihn: es war eben dieses Hingegebenseyn seines eigenen freien Willens an jenes höhere Princip, was er verkündigen sollte, er war durch sein *Seyn,* wie er alle *machen* wollte.**) Wiederum — jenes Verhältniss der Menschen zu Gott war ihm gewiss durch nichts anderes, als durch seinen *unmittelbar* gewissen Beruf, ein solches Verhältniss zu realisiren, und der Stifter des Himmelreichs zu werden. ***)

---

*) Denn ich habe nicht von mir selbst geredet, sondern der Vater, der mich gesandt hat, der hat mir ein Gebot gegeben, was ich thun und reden soll, und ich weiss, dass sein Gebot ist das ewige Leben. Joh. 12, 49 u. 50. Das ist aber der Wille des Vaters, der mich gesandt hat, dass ich nichts verliere von allem, das er mir gegeben hat, sondern dass ich es auferwecke am jüngsten Tage. Joh. 6, 39.

**) Denn ich bin vom Himmel gekommen, nicht dass ich meinen Willen thue, sondern dess, der mich gesandt hat. Joh. 6, 38. Und der mich gesandt hat, ist mit mir, der Vater lässt mich nicht allein, denn ich thue alle Zeit, was ihm gefällt. Joh. 8, 29. Meine Speise ist die, dass ich thue den Willen dess, der mich gesandt hat, und vollende sein Werk. Joh. 4, 34. Vergl. 8, 40 u. 55. u. 9, 4.

***) Der mich gesandt hat, ist wahrhaftig, und was ich von ihm gehört habe, das rede ich. Joh. 8, 26. Jesus wusste, dass ihm der Vater alles in seine Hände gegeben hatte, und dass er von Gott gekommen war, und zu Gott hinging. Joh. 13, 3. So ich von mir selbst zeuge, so ist mein Zeugniss nicht wahr. Ein anderer ist es, der von mir zeuget, und ich weiss, dass das Zeugniss wahr ist, das er von mir zeuget. Ich habe ein grösseres Zeugniss, denn Johannis Zeugniss: denn die Werke, die mir der Vater gegeben hat, dass ich sie vollende, diese, die ich thue, zeugen von mir, dass mich der Vater gesandt hat. Joh. 5, 31, 32—36. Vergl. 7, 16 u. 28. 8, 14, 18, 42.

Anders ist es dem Wissenschaftslehrer gewiss: ihm leuchtet es ein als Bedingung des Seyns der Menschen überhaupt; nur Gott ist, was ausser ihm, ist seine Erscheinung; aber nur also vermag er zu erscheinen, wie er aus dem allgemeinen Gesetze der Erscheinung selbst einsieht. So nicht bei Jesu, weil es bei ihm nicht also möglich war, weil diese Einsicht der Wissenschaftslehre einen Jesus in der Zeit voraussetzt. Bei ihm war es wahr, zufolge des unmittelbar gewissen Berufes, eine Verfassung zu stiften, welche dies als ihre Möglichkeit voraussetzt. Die Wahrheit darum abhängig von diesem Factum des Berufes.

Darum zuvörderst, — was für uns ein Metaphysisches ist, konnte nur für ihn ein Historisches seyn. Für ihn war es wahr durch seinen Beruf; da er über dieses sein Selbstbewusstseyn nicht zu Gesetzen hinausging, überhaupt *nur* durch seinen Beruf. Seit diesem Berufe erst ist dieses Verhältniss; die ganze frühere Zeit fällt anheim dem Zustande, der in ihrer Geschichte sich ausspricht, indem dieses gesammte Wahrfinden über unmittelbare Geschichte gar nicht hinausgeht.

„Gott sendet mich, das Himmelreich zu stiften; dessen bin ich unmittelbar gewiss. Gott kann nicht zu dem senden, was nicht möglich ist, mithin ist ein Himmelreich, so wie ich es stiften soll, möglich, und alle Bedingungen desselben sind gegeben. Warum? weil Gott gesendet hat; also nicht über die Sendung hinaus geht der Beweis: jenseits derselben behaupten wir gar nichts, und bescheiden uns unserer Unwissenheit."

Der *nervus*: die Einsicht des Verhältnisses und seiner allgemeinen Wahrheit ist gegründet lediglich auf den göttlichen Beruf, der innerlich klar ist, nicht auf Einsicht in ein Gesetz. Diesen umgestossen oder seine Gewissheit getrübt, so ist alles umgestossen.

Nochmals: Irgend einmal, in einem bestimmten Zeitpuncte in Jesu Leben fiel in Jesu Verstande die Begebenheit vor, dass ihm klar einleuchtete, als der an ihn gestellte Beruf, das Himmelreich, in dem erklärten Sinne des Wortes, zu stiften. Durch den Inhalt dieses Berufes wurde ihm nun klar desselben Form, indem er sich selbst als eingeborenen Bürger des Himmelreichs, und als ersten begriff. Beides durchaus in Einem Schlage, indem beides nur mit- und durcheinander möglich ist. Dieser Revolution in Jesu Verstande, diesem eigentlichen Durchbruche der Klarheit über sich selbst ging freilich ein Zustand der Unklarheit vorher, — denn ausserdem wäre jenes Selbstbegreifen, mit welchem eigentlich das Christenthum anhob, kein bemerkbares, durch seinen Gegensatz abstechendes Factum geworden; und vorbereitende Ueberlegungen, die ihm das Mittel, jenen Begriff zu bilden, die Bilderelemente angaben. Diese waren nun ohne Zweifel Betrachtungen der alttestamentlichen Lehren von Gott und seinem Verhältnisse zu den Menschen, die ihn nicht befriedigten.*) Warum nicht? weil in ihm dunkel und unentwickelt ein anderes höheres Bild lag. Woher? absolut durch sein individuelles Daseyn, aus Gott. — Dies ist bedeutend. An diesem Gegensatze gestaltete sich nun dieses Bild zur vollkommenen Klarheit und Bestimmtheit; nicht etwa durch den *Gegensatz,* durch Steigerung desselben, — aus nichts wird nichts, aus Irrthum keine Wahrheit. Jedes so erzeugte Bild aber ist zuerst problematisch: was gab ihm die Wahrheit? Für uns giebt sie demselben Bilde die alleinige Begreiflichkeit des vorfindlichen Seyns durch dasselbe; für ihn — die unmittelbare Anschauung desselben an einem Exempel: er selbst stand in diesem Verhältnisse zu Gott, und durch ihn schlechthin alle Menschen, die *mit* ihm und *nach* ihm lebten: also das Bild war in seiner Anschauung *realisirt.*

Die Einsicht in die Wahrheit des Himmelreichs war also eine absolute Fortbestimmung seiner *factischen* Anschauung und Verstandes durch ein *Ursprüngliches* aus seiner Individualität, d. i. aus Gott: — wie es in dieser Form durchaus mit allen tüchtigen Menschen auf der Welt hergeht.

---

*) Matth. 4, 1—11. u. s. w. Vergl. Joh. 7, 15.

Um der Sache die höchste Klarheit zu geben, — von einer anderen Seite, durch ein anderes Hülfsmittel. Aus der factischen Entwickelung des Menschengeschlechts lässt eine gewisse Person in der Geschichte, die eigentliche Hauptperson in derselben, der Anfänger aller wahren Geschichte, sich als schlechthin nothwendig nach einem Gesetze *a priori* ableiten. Diese schlechthin nothwendige Person stimmt überein mit dem, was die Erzählungen uns von Jesu berichten, und wir verstehen dies Gesetz und seine Anforderungen in einem organischen Zusammenhange nur, wenn wir Jesus als diese nothwendige Person denken.

Die Sache verhält sich so. Das Menschengeschlecht soll mit eigener Freiheit, ausgehend von einem entgegengesetzten Zustande und diesen vernichtend, sich erbauen zu einem Reiche Gottes, zu einer Welt, in der Gott allein Princip sey aller Thätigkeit, und nichts ausser ihm, indem alle menschliche Freiheit aufgegangen ist, und hingegeben an ihn. (Dies ist die Absicht des Erdenlebens, dieses ewige Sichmachen, nie abreissend wegen Tod und Geburt; dagegen in dem höheren Leben das Machen wegfällt, und das Seyn vorausgesetzt wird.) Dies geschieht einzeln durch jedes Individuum, indem die unmittelbar sich bestimmende Kraft der Freiheit nur in individueller Form vorkommt. — Aber dazu bedarf es eines Bildes dieser Bestimmung des sich Ertödtens und Hingebens. Dieses Bild könnte die Menschheit haben nur durch eine vorhergegangene Freiheit: — *sinnlich* nicht, denn das ganze Verhältniss ist ein übersinnliches. — Also die Freiheit setzt voraus das Bild, und das Bild setzt voraus die Freiheit. Dieser Cirkel löst sich nur so, dass das Bild einmal *Sache*, Realität sey, schlechthin ursprünglich und grundanfangend in einer Person sich verwirkliche. Dies nun bei Jesus.

Folgendermaassen darum begriff nothwendig der Erste, dem das wahrhafte Seyn klar wurde als ein Himmelreich, zuvörderst *sich* selbst, sein Verhältniss zu Gott, sodann sich gründend auf die Wahrhaftigkeit dieses *seines* Verhältnisses, das aller Menschen:

1) Er war *berufen* durch Gott. — Dies fand er factisch vor.

2) Der Inhalt seiner Berufung, seine Verkündigung und sein Geschäft an dem Menschengeschlecht war wahr — nicht aus allgemeinen Gründen, wie für uns, — sondern um der Wahrheit und Göttlichkeit seines Berufes willen. Dieser war eine Zeitbegebenheit, darum zufolge eines freien Entschlusses Gottes, — nicht, wie für uns, zufolge eines inneren Gesetzes des göttlichen Erscheinens. — Dass alle Menschen Bürger werden könnten und sollten, war nur dadurch wahr, dass Gott es durch Jesus versprechen liess,*) darum nur unter der Bedingung, dass er durch Jesus rede, diesen berufen habe, zu dieser Stiftung.**) Also das Himmelreich datirt von jener Zeit.

3) Jesus darum der *erste* Bürger des Reiches, in welcher Art, sogleich.

4) Setze man, wie man ohne Zweifel, durch den Zusammenhang genöthigt, setzen muss, es habe Jesu beigewohnt folgende Einsicht: was für die Entwickelung des Menschengeschlechts factisch gegeben seyn muss, wie nach unserer obigen Deduction ein Jesus, ist gegeben nur einmal in der Zeit, und wiederholt sich nicht (weil sodann das erste nur Probe wäre, und noch dazu verfehlte); es ist für das ganze Menschengeschlecht. Er ist darum in seiner Form einzig: alle, die in das Himmelreich kommen, gelangen dazu nur durch ihn, das durch ihn hergegebene Bild.***) Er darum der *erste,* und der ge-

---

*) Und ich habe noch andere Schaafe, die sind nicht aus diesem Stalle; und dieselbigen muss ich herführen, und sie werden meine Stimme hören, und wird Eine Heerde und Ein Hirte werden. Joh. 10, 16. Solches Gebot habe ich von meinem Vater empfangen. Joh. 10, 18.

**) Denn durch Jesum haben wir den Zugang, Heiden und Juden, beide in Einem Geiste zum Vater. So seyd ihr nun nicht mehr Gäste und Fremdlinge, sondern Bürger mit den Heiligen, und Gottes Hausgenossen, erbauet auf den Grund der Apostel und Propheten, davon Christus der Eckstein ist. Epheser 2, 18—20.

***) Ich bin der Weg und die Wahrheit, und das Leben, niemand kommt zum Vater, denn durch mich. Joh. 14, 6. Ich bin der Weinstock, ihr seyd die Reben. Wer in mir bleibet und ich in ihm, der bringet viele Frucht,

borene, und der einzige geborene, der eingeborene Bürger und Sohn,*) Werkzeug und geistige Effect:**) ausser ihm keiner geboren, weder vor ihm, weil er sodann nicht seyn konnte, noch nach ihm, weil er sodann vergebens, und nicht für das ganze Geschlecht da wäre.***) Alle darum sollen durch das von ihm in die Zeit eingeführte Bild, vermittelst der eigenen Freiheit, in dieses Reich kommen: *wiedergeboren* werden von ihm aus. (Diese Anforderung der Wiedergeburt an alle hat er ja nie von sich ausgesagt, wie er ja im entgegengesetzten Falle gesollt hätte.) Er war der eingeborene Sohn Gottes, durch den allein alle selig werden können, die es werden. Kein anderer Name, andere Person, andere Veranstaltung. Keine Botschaft, Evangelium nach ihm, weil dies das Evangelium der absoluten Wahrheit und Realität ist.†) (Wer ein anderes Evangelium predigt, sey es ein Engel vom Himmel, sey verflucht.)††)

Dieses, — die Bedingtheit alles göttlichen Reiches auf der Erde durch eine erste Erscheinung des Begriffes desselben in derjenigen Form, welche sie nach den Gesetzen der Erscheinung überhaupt haben musste, in der Form eines Christus, — ist nun eine ewig gültige historische Wahrheit für jeden, bis

---

denn ohne mich könnet ihr nichts thun. Joh. 15, 5. Es ist mir alles übergeben von meinem Vater, und niemand weiss, wer der Sohn sey, denn nur der Vater; noch wer der Vater sey, denn nur der Sohn, und welchem es der Sohn will offenbaren. Lucas 10, 22.

*) Joh. 3, 16 u. 17. Vergl. 1. Joh. 4, 9. Joh. 3, 35. 9, 38. 11, 27. Matth. 26, 54. Römer 1, 3, 4. 8, 14. 8, 31. Ebräer 1, 5 u. s. w.

**) Ich und der Vater sind Eins. Joh. 10, 30. Wer mich siehet, der siehet den Vater. Joh. 14, 9. Der Vater hat den Sohn lieb, und hat ihm alles in seine Hand gegeben. Joh. 3, 35. Mein Vater wirket bisher, und ich wirke auch. Joh. 5, 17. Der Sohn kann nichts von ihm selbst thun, denn was er siehet den Vater thun; denn was derselbige thut, das thut gleich auch der Sohn. Joh. 5, 19.

***) Offenb. Joh. 1, 17 u. 18.

†) Und ist in keinem anderen Heil, ist auch kein anderer Name den Menschen gegeben, darinnen wir sollen selig werden. Apostelgesch. 4, 12. Vergl. Joh. 8, 24. u. 14, 6.

††) Aber so auch wir, oder ein Engel vom Himmel euch würde ein Evangelium predigen anders, denn das wir euch gesagt haben, der sey verflucht. Galater 1, 18. Matth. 24, 24—27.

an das Ende der Tage, der jene Erscheinung als Factum erfassen, und als solches sich in der Reihe der Facten genetisch machen wird. Er wird auf einen einst vorhanden gewesenen Christus stossen, auf einen eingeborenen Sohn Gottes, einen Menschen, den Gott unmittelbar zu seinem Werkzeuge gemacht, um durch ihn alle einzuladen, sich selbst mit Freiheit, durch freie Hingebung, dazu zu machen. Wahr darum ist, dass es nothwendig einen Sohn Gottes giebt. So hat es sich auch in der nachfolgenden Geschichte bestätigt. Alle nachfolgende Entwickelung der Freiheit hat sich gegründet, und ist bedingt gewesen durch das Vorhandenseyn jenes Evangelii; von der Philosophie werde ich dies noch besonders zeigen. Wie wir uns stellen mögen, in den Boden der christlichen Zeit hinein sind wir gesetzt, durch seine Einflüsse ist das factische Grundseyn bestimmt, von welchem wir ausgehen.

Wer, sage ich, jenen Begriff nicht nur überhaupt erfasst, ihn vielleicht lebt, und sich ihm einbürgert, wozu es des einfachen Absterbens seiner selbst bedarf, sondern auch auf ihn als ein Factum reflectirt (was er ja unbeschadet des eigentlichen Inhaltes und der praktischen Anwendung sehr wohl unterlassen kann); wer ferner nicht bloss dies thut, und ihn nun eben stehen lässt, sondern auch ihn begreift, durchgeführt bis zum Ende, der wird Christus als Sohn Gottes anerkennen. Wer dies nun aber nicht thut? Was können wir von ihm sagen? Er ist nicht durchaus klar, versteht sich nicht im Zusammenhange der Erscheinung. Dies ist allerdings eine Unvollkommenheit, die vermieden werden soll, falls sie es kann. Aber er kann nicht in das Himmelreich kommen? Des Bildes bedarf es: dies ist wahr. Wenn nun dieses in seiner Umgebung allenthalben vorhanden ist, allenthalben ihm entgegenkommt, in einer Klarheit, Verständlichkeit, Ausbildung ihm entgegenkommt, wie Jesus selbst und seine Apostel durchaus nicht fähig waren, es aufzustellen, — dies nach dem eigenen Geständnisse und der Weissagung Jesu, die ich zu seiner Zeit anführen werde, — soll dann dieses Bild nicht gut seyn, und seine Dienste thun, wenn man nicht historisch begreift, woher es ist in seinen allerersten Anfängen?

Vom *Mittel zur Seligkeit* ist die Rede, von dem einzigen, ausser welchem kein Heil ist. Hierüber sollen alle Menschen unterwiesen werden. Dieses Mittel nun ist der Tod der Selbstheit, der Tod mit Jesu, die Wiedergeburt, u. s. f. Dieses hilft einzig, und dieses *ganz,* gründlich, durch und durch. — Dass man wisse, es sey dies der Tod mit *Jesu,* dass man neben jener Unterweisung zugleich die ganze Historie der Unterweisung mit kenne, das trägt zur Seligkeit durchaus nichts bei. Den Weg zur Seligkeit muss man *gehen:**) das ists: die Geschichte, wie er entdeckt und geebnet worden, ist wohl sonst gut, aber zum Gehen hilft sie nichts.

Ich hoffe, dies ist klar und durchgreifend. Man sage nicht, was schadets, wenn auch auf dieses Historische gehalten wird? Es schadet, wenn Nebensachen in gleichen Rang mit der Hauptsache gestellt, oder wohl gar für die Hauptsache ausgegeben, und diese dadurch unterdrückt und die Gewissen geängstiget werden, zu begreifen und zu glauben, was sie unter solcher Anweisung nimmermehr glauben können; wo sich darum die ganze Sache in das Hersagen unverstandener Formeln endiget. Es ist dies nur eine andere Verfälschung der Grundlehre des Christenthums von der Rechtfertigung, getreten an die Stelle anderer Verfälschungen, wie ich zu seiner Zeit zeigen werde. Zum Christenthume kommt es gar nicht eher, auch in der Theorie, bis jener Weg der Seligkeit als der einzige und ganze erkannt ist, und das Historische als historisch dem freien Verstande anheimgegeben wird.

---

*) Gebiete etlichen, dass sie nicht anders lehren, auch nicht Acht hätten auf die Fabeln und der Geschlechter Register, die kein Ende haben, und bringen Fragen auf mehr, denn Besserung zu Gott im Glauben. Denn die Hauptsumme des Gebotes ist Liebe von reinem Herzen, und von gutem Gewissen, und von ungefärbtem Glauben. 1 Timoth. 1, 4 und 5.

Unmittelbar bei der ersten Erscheinung Jesu war ein entscheidender Grund, auf die Erkenntniss dieser *Persönlichkeit* des Christus zu dringen. Es ist nöthig, dies auseinanderzusetzen, um einen anderen Haupttheil des Christenthums zu erklären, und von den darauf ruhenden Misverständnissen zu reinigen. — Die Wahrheit eines Himmelreichs überhaupt beruhte in Jesu auf der unmittelbaren Gewissheit, dass er von Gott berufen sey, es zu stiften: dies war ihm der Beweis; so hatte er auch für andere keinen anderen. Dies mussten sie vor allen Dingen mit ihm glauben: ihm glauben, wie Er sich, durch ein Nachbild ersetzen sein unmittelbares Selbstbewusstseyn. Dies ist nun der Glaube, den Jesus forderte, der Glaube an ihn, als von Gott berufenen Stifter, der wesentlich war, und ihm fürs erste also erschien.

Dies war nun eine ungeheure Forderung, wegen des gänzlich unbekannten und unerhörten Inhalts der Botschaft.*) Beides stand einander im Wege. Es zeigte sich darum, dass Jesus, ausser bei einigen Vertrauten, die eigentlich seiner Moralität glaubten, keinen Glauben fand. Es lag in dem Begriffe der alten Welt, und in der Praxis derselben, göttliche Sendung durch Zeichen und Wunder zu beweisen. Diese Forderung musste ihm gestellt werden,**) und er konnte sie auch vor seiner eigenen Erkenntniss nicht wohl abweisen.***) Dadurch gerieth nun Jesus in den Widerspruch der beiden Zeiten. Nach dem Princip der alten Zeit war diese Anforderung an ihn, an sich selbst, und an Gott durchaus passend und unabweislich. Nach dem Princip der neuen Zeit — ich bitte dies, obwohl

---

*) Selig ist, der sich nicht an mir ärgert. Matth. 11, 6. Vergl. Joh. 8, 51—53. 9, 16. 10, 20 u. 31.

**) Was zeigest du uns für ein Zeichen, dass du solches thun mögest? Joh. 2, 18. Vergl. 11, 47 u. 48. 6, 30. 19, 29. 1. Corinth. 1, 22. Matth. 12, 38. 16, 1. 2. Mose 4, 1—9.

***) Da hoben sie den Stein ab, da der Verstorbene lag. Jesus aber hob seine Augen empor, und sprach: Vater ich danke dir, dass du mich erhöret hast; doch ich weiss, dass du mich allezeit hörest; sondern um des Volkes willen, das umher steht, sage ich es, *dass sie glauben, du habest mich gesandt*. Joh. 11, 41 u. 42.

ich es kurz abthue, wohl zu merken, — ist eine solche Forderung absurd. Gott ist der Herr des Geistigen, nicht des Sinnlichen, das ihn gar nichts angeht. Zeichen und Wunder mag der Fürst der Welt thun, Beelzebub, der Oberste der Teufel, wie auch seine Zeitgenossen, gar nicht inconsequent, dies für wahrscheinlich ansahen:*) des himmlischen Vaters ist dies durchaus unwürdig.**) In seinem Reiche soll innerhalb dieser Sinnenwelt nichts geändert werden, ausser durch Freiheit unter dem göttlichen Pflichtgebote; und wer es anders will, und Wunder begehrt, der will sich seiner Pflicht entziehen. Ohne Zweifel ging Jesu, der bei seinem ersten Erscheinen auf den ersten Beweis bestand, und auch die Beweisführung versuchte, durch das Mislingen das Licht auf über das Zweite, wie ihm denn zugleich das Licht aufging über eine andere Beweisführung für die Realität des Himmelreichs, wovon sogleich. (Keine der Ehre Christi nachtheilige Behauptung.) Der *individuelle* Zweck war ihm aus Gott: die Welt kennen lernen und sie ihm subsumiren konnte er nur durch Erfahrung. Auch gestehens die Apostel zu: er sey versucht allenthalben, gleich wie wir.***) Daher ohne Zweifel die anscheinend widersprechenden Behauptungen Jesu über diesen Punct: einmal, wie es scheint, wirkliche Berufung auf seine Wunder, als Beweise seiner Göttlichkeit: †) an anderen Stellen klar und ganz unzweideutig Strafreden über den irdischen Sinn, der da Wunder fordere, diesen eine Beweiskraft zuschreibe. ††) Dies ist

---

*) Matth. 12, 24. 9, 34. Marc. 3, 22. Lucas 11, 15.

**) Du sollst Gott deinen Herrn nicht versuchen. Matth. 4, 7. Man vergleiche überhaupt die Versuchungsgeschichte daselbst.

***) Denn wir haben nicht einen Hohenpriester, der nicht könnte Mitleiden haben mit unserer Schwachheit, sondern versucht ist allenthalben, gleich wie wir, doch ohne Sünde. Ebräer 4, 15.

†) Thue ich nicht die Werke meines Vaters, so glaubet mir nicht; thue ich sie aber, glaubet doch den Werken, wollt ihr mir nicht glauben. Joh. 10, 37 u. 38.

††) Du sollst Gott deinen Herrn nicht versuchen. Lucas 4, 12. Dies ist eine arge Art, sie begehret ein Zeichen. Lucas 11, 29. Die böse und ehebrecherische Zucht sucht ein Zeichen, und es wird ihr kein Zeichen ge-

nun ganz richtig. Ehe dieser Sinn nicht ausgerottet ist bis auf die Wurzel, ist kein Christenthum. Der Wunderglaube und das Halten darauf sind rein heidnisch, verstossend gegen die ersten Principien des Christenthums.

Statt dessen bediente er sich nun der Verweisung an Moses und die Propheten,*) und an den *inneren* Beweis. Also es sind hierin zwei Epochen etwa in dem Leben Jesu, welche die Evangelisten, die über diesen Punct nie klar geworden, verwechselt haben. (Die Auferweckung des Lazarus ist freilich dagegen: dies mag nun ein anderer untersuchen.)

Jesus hat Wunderbares in Fülle gethan, weil er ein erhabener Mensch war; sein ganzes Daseyn ist das grösste Wunder im ganzen Verlaufe der Schöpfung; aber eigentliche Wunder hat er nicht gethan, nicht thun können, noch sollen, indem diese im geraden Widerspruche stehen mit seinem Begriffe von Gott und dem göttlichen Reiche. — Ebenso hat Jesus ja keine Erscheinungen, Gesichte, Träume, oder dess etwas gehabt, und darauf sich berufen, wie die alten Propheten. Wie ist ihnen denn das entfallen? Alles dies sind Hexenmittel, die einen willkürlichen Gott voraussetzen.

Der andere Beweis. Wenn es wahr war, dass eine göttliche Kraft ergreife und treibe jeden, der nur sich hingiebt, so musste sich dies in der Erfahrung eines Jeden, der sich hingab, bestätigen; er musste sich als einen durchaus anderen Menschen, mit nie gehabten Plänen und nie empfundener Kraft, fühlen. Dies führte ihm in ihm selber den Beweis, ebenso wie er Jesu geführt war in ihm selber. Für einen solchen nun fiel die Nothwendigkeit des unmittelbaren Glaubens an den Beruf

---

geben werden, denn das des Propheten Jonas. Matth. 12, 39. Und er seufzete in seinem Geist und sprach: was sucht doch dies Geschlecht Zeichen? Marcus 8, 12. Vergl. Matth. 8, 5. 16, 1—4. Joh. 4, 48.

*) Suchet in der Schrift, denn ihr meinet, ihr habet das ewige Leben darin, und sie ists, die von mir zeuget. Joh. 5, 39. Wenn ihr Mosi glaubtet, so glaubtet ihr auch mir, denn er hat von mir gezeuget. Ebend. 21, 46.

Jesu weg: er erhielt die Ueberzeugung von demselben mittelbar durch die unmittelbare Erfahrung an sich selbst, in umgekehrter Richtung der Beweisführung in Jesu. Wie viel bedurfte dieser? Nur die problematische Voraussetzung: auf diese hin sollte man es wagen. So erhält der Glaube an Jesu Beruf eine doppelte Gestalt: er ist theils kategorisch, theils problematisch: letzteren bedurfte Jesus: So jemand will dess Willen thun, der mich gesandt hat, der wird inne werden, ob diese Lehre von Gott sey, oder ob ich von mir selbst rede. (Joh. 7, 17.)

Die Jünger hatten, wie gesagt, den ersten Glauben, und hielten auf ihn. Zum zweiten Beweise kamen sie wenigstens bei dem Leben Jesu nicht. Wohl aber nach seinem Tode; und so führten sie denn neben dem ersten auch den zweiten, den sie den Beweis des *Geistes* und der *Kraft* nannten,*) *ihn* auch sogar zu einem äusseren machend.

Wie im Fortlaufe durch Verstandeseinsicht von der Realität des Himmelreichs ein dritter Beweis sich eingefunden habe, der die Person Jesu gänzlich überflüssig macht (für die Seligkeit der Individuen), werden wir sehen.

Dieser historische Satz: Jesus war durch seine Stellung in der Zeit, und durch sein Verhältniss zur Vorwelt, Mitwelt und Nachwelt der erstgeborne und eingeborne Sohn, wurde nun metaphysisch genommen. Gott erzeugte in der Zeit den Sohn, als sein Beruf ihm klar ward: dieser Moment war es, von welchem in der Zeit der Beginn des Himmelreichs datirte. *Klar ward,* sagen auch wir, und können nicht anders sagen, den Beruf an sich vor seiner Erscheinung im klaren Bewusstseyn voraussetzend. Nein, sagte man: die Dürftigkeit und Unzuläng-

---

*) Und mein Wort und meine Predigt war nicht in vernünftigen Reden menschlicher Weisheit, sondern in Beweisung des *Geistes* und der *Kraft*, auf dass euer Glaube bestehe nicht auf Menschen Weisheit, sondern auf Gottes Kraft. 1. Corinth. c. 2, v. 4 u. 5.

lichkeit der Zeit überhaupt fehlt; er hat ihn gezeugt von Ewigkeit. Richtig. Wir haben oben den strengen Beweis geführt. Ein Christus lag schlechthin nothwendig und nach ihrem inneren Gesetze in der Erscheinung: sie gesetzt, ist Er gesetzt.

Es geschieht oft, dass man, um einen einzelnen Fall bekümmert, ein allgemeines Gesetz findet, es aber nicht als allgemeines, sondern nur als dieses Falles Gesetz ansieht. So ging es hier. Alle Grundmomente der Menschengeschichte, durch die das Geschlecht in der That weiter kommt (nicht die Verzögerungen durch individuelle Freiheit), liegen im Gesetze der Erscheinung. Ebenso wie Christus, hat Gott von Ewigkeit z. B. die Mathematik, die Philosophie aus seinem Wesen gezeugt. Der Ehre Jesu geschieht dadurch kein Nachtheil. Grund- und Einheitspunct der Geschichte, zu welchem alles Vorhergegangene sich als Vorbereitung, und alles Künftige sich als Entwickelung verhält, bleibt er doch: der Eingeborene und Mittelpunct, in welchem und um deswillen alles Andere gezeugt ist.

Christus ist selbst Gott mit dem Vater und Geiste, sagte man ferner: Gott ist in wesentlicher Einheit ein Dreifaches. Dass dies nirgends mit diesen Worten in den auf uns gekommenen Urkunden steht, auch nicht irgendwo, ausser an einer einzigen Stelle des Paulus, *) Christus ist Gott; dass der Unterschied **) und die Unterordnung ***) des Sohnes unter den

---

*) Aus welchen Christus herkommt nach dem Fleisch, der ist Gott über Alles. Römer 9, 5. (Welche Stelle jedoch die vielen Varianten verdächtig machen.)

**) So haben wir doch nur *Einen* Gott, den Vater, von welchem alle Dinge sind, und wir in ihm, und *Einen* Herrn, Jesum Christum, durch welchen alle Dinge sind, und wir durch ihn. 1. Corinth. 8, 6. Christus ist das Ebenbild des unsichtbaren Gottes. Coloss. 1, 15.

***) Der Vater ist grösser, denn ich. Joh. 14, 28. Was heissest du mich gut? Niemand ist gut, denn der einige Gott. Lucas 18, 17. Matth. 19, 17. Christus ist eines jeglichen Mannes Haupt, der Mann aber ist des Weibes Haupt, Gott aber ist Christi Haupt. 1. Corinth. 11, 3. Wenn aber alles ihm unterthan seyn wird, alsdann wird auch der Sohn selbst unterthan seyn dem, der ihm alles untergethan hat, auf dass Gott sey alles in allem. 1. Corinth. 15, 28.

Vater, ebenso des Geistes unter den letzteren, *) oft unumwunden ausgesprochen wird, ist kein Widerspruch gegen jene Lehre. An den Buchstaben der Schrift, und das ewige Wiederholen derselben ohne Veränderung ist der Christ nicht gebunden. Die folgenden Lehrer hatten das Recht, in Einheit zu fassen, und den Sinn herauszuheben, wenn sie ihn nur nachweisen konnten, — was sie in diesem Falle, meines Erachtens, vollkommen können, — und diesen Sinn zu fassen in die Sprache ihrer Zeit; wir schreiben es uns zu, und unseren Nachfolgern. Nun aber könnte es doch seyn, dass sie, weil ihre Zeit eine gewisse Unterscheidung nicht machte, mit dem, was in dieser ihrer Sprache ganz richtig war, die Folgezeit, welche diese Unterscheidung macht, veranlasst hätten, ihnen Unsinn entweder zuzutrauen, oder, nach Befinden, auch nachzusagen. Nemlich Unsinn wäre es geworden in der sich eingestellt habenden neuen Sprache, gegründet auf eine neue Unterscheidung.

Kurz und scharf: die Sache verhält sich also. Mannigfaltigkeit, wäre es auch nur *Zweiheit,* ist nur im Begriffe, der die Einheit und das Zusammenfassen derselben ausmacht, ohne welches sie nicht ist, mithin nur im Bilde und der schon fertigen Erscheinung. Jenseits der Erscheinung, und mit völliger Abstraction von ihrem Gesetze, ist nur absolute Einfachheit. Wer darum sagen würde, Gott jenseits seiner Erscheinung, der Gegenstand des die Erscheinung schlechthin vernichtenden Gedankens, sey ein Mehrfaches, der würde absoluten Unsinn aussprechen, den reinen Widerspruch in der höchsten Potenz, wo die Erscheinung nicht seyn sollte, und doch auch seyn. Jenen Satz aussprechen konnten nicht Jesus, noch seine Apostel, noch die ersten Kirchenlehrer; denn von ihnen war jene Absonderung, durch welche ein Gott jenseits der Erscheinung entsteht, gar nicht gemacht; Jesus ging bis auf den in ihm erscheinenden Vater; dieser war ihm das Letzte, Unmittelbare:

---

*) Wenn aber der Tröster kommen wird, welchen ich euch senden werde vom Vater, der Geist der Wahrheit, *der vom Vater ausgehet,* der wird zeugen von mir. Joh. 15, 26.

und so seine Nachfolger. Sie reden darum von Dreiheit in Einheit des erscheinenden Gottes; wie es heisst: Gott hat sich *offenbaret* als Vater, Sohn und Geist. *Offenbaret:* nicht in Worten, sondern in der That ist er also erschienen. Und dies ist denn offenbar und klar: denn der Vater ist das absolut Vorausgegebene, der Spaltung der Individualität Vorhergehende in der Erscheinung: der Sohn ist die absolute Steigerung derselben zur Anschauung des Reichs Gottes, und der Geist ist die Vereinigung der beiden, und die Anwendung des ersten auf das letzte, *) wie ich dies tiefer unten, wo die einzig schickliche Stelle dazu kommen wird, zeigen werde. Die vom Christenthume ausgehenden Bestrebungen der Philosophie haben in der allgemeinen Ansicht der Christen an die Stelle des unmittelbar im Innern des Menschen erlebten, und so erscheinenden Gottes gesetzt den abstracten Gott des reinen Begriffs, den nicht erscheinenden, ohne jedoch, da bis auf die Wissenschaftslehre die Philosophie wohl anderes, aber nicht sich selber verstanden hat, dieses, und den Unterschied des erscheinenden recht zu wissen. Wird nun seit dieser Umwandlung des Grundbegriffs von einer Dreiheit in Gott gesprochen, so wird es verstanden von diesem allein gedachten Gotte: da ist es nun nicht zu construiren, weil es in dieser Weise dem Gesetze aller Construction widerspricht; der Schüchterne lässt es

---

*) Es sind mancherlei Gaben, aber es ist *Ein Geist*, und es sind mancherlei Aemter, aber es ist *Ein Herr*, und es sind mancherlei Kräfte, aber es ist *Ein Gott*, der da wirket alles in allem. In einem jeden erzeugen sich die Gaben zu gemeinem Nutzen. Einem wird gegeben durch den Geist zu reden von der Weisheit, dem anderen von der Erkenntniss, einem anderen der Glaube, einem anderen die Gabe gesund zu machen, einem anderen Wunder zu thun, einem anderen Weissagung, einem anderen Geister zu unterscheiden, einem anderen mancherlei Sprachen, einem anderen die Sprachen auszulegen. Das aber alles wirket derselbige Eine Geist, und theilet einem jeglichen seines zu, nachdem er will. Denn gleich wie Ein Leib ist, und hat doch viele Glieder, alle Glieder aber eines Leibes, wiewohl ihrer viele sind, sind sie doch Ein Leib, also auch Christus. Denn wir sind durch Einen Geist alle zu Einem Leibe getauft, wir seyen Juden oder Griechen, Knechte oder Freie, wir sind alle zu Einem Geiste getränket. Gott hat die Glieder gesetzt, ein jegliches sonderlich am Leibe, wie er gewollt hat. 1. Corinth. 12, 4—14 u. 18.

bei dem Worte bewenden, und spricht: es sey ein Geheimniss, der Muthigere gesteht sich: es sey das Unsinn; woran er, wenn es so genommen wird, wie die Urheber der Lehre es freilich niemals genommen, vollkommen recht hat. Solche Expositionen des Lehrbegriffs sind entstanden im Streite und durch Polemik; um sie zu verstehen, muss man den Streit als die geschichtliche Veranlassung kennen. So hier: den Kirchenlehrern und Concilien war es nicht zu thun um die Dreiheit, diese wurde zugestanden und gelebt: um die Einheit war es ihnen zu thun; diese wurde durch den Hang zum Polytheismus bestritten in den Ketzern, welche Zerspalter waren, zwei Naturen in Christo behaupteten, Manes — zwei Götter. Dies war gegen die Seligkeit, gegen die ruhige Hingebung, indem ja dieser Streit erst ausgemacht werden musste. — Wer also die Einheit in der Dreiheit nicht glaubt, der ist ohne allen Zweifel verloren, der Segnungen des Christenthums unfähig. Anders bei uns. Das Christenthum wird doch nicht an zweitausend Jahre vergebens in der Welt gewesen seyn, so dass es nicht einmal mit einem seiner Grundelemente hätte durchdringen können? Mit der Einheit hat es allgemein gesiegt, weil man es zum Gotte des Begriffs in allen Katechismen ohne Ausnahme gebracht hat. Diese ist jetzt nicht bestritten, wohl aber die *Dreiheit*. Diese den Menschen einzureden, ist also die Aufgabe der neuen Trinitarier. Auf jene Weise nun geht es nicht. Thun sies darum auf die wahre. Ist denn nun aber die Anerkennung der Ursprünglichkeit des Sohnes und Geistes so durchaus nothwendig zur Seligkeit? Wenn nun der Sohn und der Geist in uns wirkt, gilt das nichts, wenn es nicht im klaren Bewusstseyn anerkannt wird? Kann denn der Sohn und Geist nicht selig machen, ohne Wissen und Dank des Beseligten? Ich sollte doch denken. Ohne Sohn und Geist kommt keiner zu Gott, dies bleibt ewig wahr: dass man sie aber in seinem Bewusstseyn erfasse, ist nicht nothwendig zur Seligkeit, obwohl das Gegentheil eine Unklarheit ist, die als solche gehoben werden soll, wenn sie kann. Bei dem gegenwärtigen Zustande des Christenthums, d. i. nachdem die Einheit Gottes begriffen ist, die Lehre von der Dreieinigkeit, obwohl sie, von dem sich offenbarenden Gotte verstanden, dem gebildeten Verstande klar und offenbar ist, zur Bedingung der Seligkeit zu machen, ist durchaus gegen das Christenthum, und führt vom eigentlichen Christenthume ab, ebenso wie das Bestehen auf den Glauben an die Person Jesu.

Zusatz über einen Punct. Glaube an Wunder im gewöhnlichen Sinne, d. i. an ursprüngliches Eingreifen des Geistigen in die Sinnenwelt, ebenso wie an Erscheinungen, und überhaupt an eine magische Einwirkung des Uebersinnlichen auf das Sinnliche, sey grober heidnischer Aberglaube, unwürdig des christlichen Vaters im Himmel, und aufhebend die Reinheit des Glaubens an ihn, sagte ich oben. Ich weiss wohl, dass in diesem Stücke das Christenthum noch am allerwenigsten gesiegt, und den heidnischen Hang zum Wunderbaren ausgerottet hat. Wie oft habe ich sogar unter studirenden Jünglingen einen heiligen Eifer für den Wunderglauben bemerkt. Mit der Sinnenwelt hat der wahre Gott unmittelbar gar nicht zu thun; seine Sphäre ist der Wille des Menschen, und durch diesen erst wirkt er mittelbar auf jene. Wer darum diese anders will, der will sich dieser Wirkung entziehen, und seine Pflicht geändert haben. Auf diese Einsicht kommt es an. Zum Beispiel: Wenn Jesus wirklich seinen Vater um Wunder ersucht hätte: wie hätte ihm Gott antworten müssen? Bedenke doch, dass du nicht, wie meine Gesandten der alten Welt, die Menschen nur dahin bringen sollst, dass sie etwas äusserlich thun, wozu die Betäubung durch ein Wunder recht gut war, sondern dass sie es zufolge klarer Einsicht mit freiem Entschlusse thun, wobei jene Betäubung nur hinderlich und im Wege seyn wird. Wie du sie nun zu dieser Einsicht bringest, da siehe du zu; denn nur inwiefern du dies thust, erfüllst du deine Bestimmung, thust du deine Pflicht, und bist der Christus, der Stifter des neuen Bundes. Kannst du dies nicht, und bedarfst du der Wunder, so entziehst du dich deinem Berufe, und willst lieber seyn, was ich nicht begehre, ein Prophet der Vorzeit; du bist dann

gar nicht der Christus, und dieser muss erst nach dir kommen.
— Die Gelegenheit, wo das Wunder recht am Platze gewesen
wäre, war, sich vom Kreuzestode zu retten: so wie Elias, als
er gefangen werden sollte, Feuer vom Himmel fallen und die
Bewaffneten verzehren liess. Jesus erklärt sich auch darüber:
Meinet ihr nicht, dass ich meinen Vater bitten könnte um eine
Legion Engel? — wie er im Sinne des Alterthums allerdings die
Sache ansehen, und seinen Jüngern vorstellen konnte; — aber
das thue ich nicht, denn wie würde sodann die Schrift erfüllet, *) wie wäre ich sodann der Christus? Der an dieser
Stelle geführte Beweis aber ist allgemein: ein Wunderthäter
konnte seyn ein Moses, ein Elias, ein Romulus, aber niemals
ein Christus, ein Stifter des Himmelreichs.

Diese Wunder in der Sinnenwelt (vom Himmel) läugne
ich entschieden: lehrend übrigens einen lebendigen und wirkenden Gott in der Geisterwelt. Dass er allen, die zu ihm
sich nahen, ein neues Herz schafft, ist sein ewiges grosses Wunder, und einzelne Wunder in dieser Sphäre, dass ein Christus
kam, er Apostel fand, diese bis auf diese Stunde die ihrigen
gefunden, werden wir allenthalben zu bemerken Gelegenheit
haben.

Zu dem historisch dogmatischem Inhalte des Christenthums
gehört noch die Lehre von der *Rechtfertigung,* mit dem auf
die biblischen Ausdrücke gegründeten Worte des Systems.

Ihr Inhalt für uns, natürlich ausgesprochen, ist dieser: Jeder Mensch, ohne Ausnahme, dadurch, dass er ein Mensch geboren ist, und solches Angesicht trägt, ist fähig ins Himmelreich zu kommen: Gott ist bereit, ihn zu beleben und zu begeistern; denn nur dazu eben ist jeder Mensch da, und nur
unter dieser Bedingung ist er ein Mensch. **)

---

*) Matth. c. 26. v. 53 u. 54.
**) Nun erfahre ich mit Wahrheit, dass Gott die Person nicht ansieht,
sondern in allerlei Volk, wer ihn fürchtet und recht thut, der ist ihm angenehm. Apostelgesch. 10, 34 u. 35. Haltet nicht dafür, dass der Glaube an

So nicht nach den Begriffen der alten Zeit, und besonders des Judenthums. Nach diesen bedurfte es für diese Fähigkeit einen Gott zu haben und Theil an ihm erst einer besonderen Erwählung, Gnadenwahl*) durch Einverleibung in ein Bürgerthum, bei den Juden noch insbesondere durch die Beschneidung,**) als das Zeichen des Bundes und des auserwählten Volkes, Halten des Ceremonialgesetzes, und dergleichen. Dies liegt schon also in unserer früheren Darstellung.

Nach der Sprache der Juden nun insbesondere, welche diese Denkweise bis zu einem durchgeführten Systeme ausgebildet hatten, hiessen diese ausser Gott Seyenden *Sünder*. Sünde also Ausgestossenheit von der Gottheit, Unheiligkeit***); entsündigt wurde man darum durch Beschneidung, Aufnahme in Mysterien, Einweihung zu Isis, Osiris und dergleichen, wie denn dies bei der Bedrängniss der Gewissen Sitte wurde. Dass Gott einen Menschen ergreifen und begeistern könne, und umschaffen nach seinem Bilde, wie das Christenthum behauptete, konnten sie allenfalls noch zugeben: nur unter der Bedingung, dass er schon vorher ein Geweihter und Gerechter sey, in ihrem Sinne nicht ein Sünder: †) den Sünder hört Gott nicht, ††) und tritt mit ihm in keine Gemeinschaft. Dies ist die alte Bedeutung des Wortes Sünde, wie ich klar erweisen werde.

Jesum Christum unseren Herren Ansehen der Person leide. Jac. 2, 1 u. ff. — Und werden vor ihm alle Völker versammelt werden. Matth. 25, 32. 22, 30. Vergl. Römer 2, 11. 3, 29—30. 10, 12 u. s. w.

*) Wem aber ich gnädig bin, dem bin ich gnädig, und wess ich mich erbarme, dess erbarme ich mich. 2. Mose 33, 19.

**) 1. Mose 17, 11 u. 15.

***) Warum esset ihr mit den Zöllnern und Sündern? Lucas 5, 30. Du bist ganz in Sünden geboren, und lehrest uns? Joh. 9, 34.

†) Wo ihr euch nicht beschneiden lasset nach der Weise Mosis, so könnet ihr nicht selig werden. Apostelgesch. 15, 1. Da traten etliche auf von der Pharisäer Secte, die gläubig waren geworden, und sprachen: Man muss sie beschneiden, und gebieten zu halten das Gesetz Mosis. Ebendaselbst v. 5.

††) Wir wissen aber, dass Gott die Sünder nicht höret. Joh. 9, 31.

An die neuerdings untergeschobene *Unsittlichkeit* ist nicht zu denken.

Durch den oben aufgestellten Satz des Christenthums wurde dieser Unterschied zwischen Ausgestossenen und Auserwählten, Sündern und Gerechten gänzlich aufgehoben;*) im Zustande der Geburt und Abstammung keines lag ein Hinderniss gerecht zu seyn. Die Sünde darum, und mit ihr die Entsündigung war durch das Christenthum rein ausgetilgt und weggenommen aus der Welt. Seit dem durch Jesus erklärten Entschlusse Gottes, durchaus Jeden, der sich ihm nahe, aufzunehmen, gab es keine Sünder mehr, noch Entsündigung,**) noch dess etwas. Wir wissen, dass Gott die Sünder nicht hört. Antwort: Es giebt keine Sünder.

Dieser Lehrsatz und die Abläugnung des Gegensatzes waren wesentlich. Mit jenen Entsündigungsmitteln, Weihung, Be-

---

*) Christus hat uns erlöset vom Fluch des Gesetzes, auf dass der Segen Abrahams unter die Heiden käme in Christo Jesu, und wir also den verheissenen Geist empfingen durch den Glauben. Galater 3, 13. Denn wie viele euer alle Gottes Kinder durch den Glauben an Christo Jesu: denn wie viele euer getauft sind, die haben Christum angezogen. Hier ist kein Jude noch Grieche, hier ist kein Knecht noch Freier, hier ist kein Mann noch Weib, denn ihr seyd allzumal Einer in Christo. Ebendas. 26—28. Christus ist unser Friede, der uns Brüder Eins gemacht hat, und hat abgebrochen den Zaun, der dazwischen war in dem, dass er durch sein Fleisch wegnahm die Feindschaft, nemlich das Gesetz, so in Geboten gestellt war, auf dass er aus zweien Einen neuen Menschen in ihm selber schaffte, und Frieden machte. Denn durch ihn haben wir den Zugang alle beide in Einem Geist zum Vater. Epheser 2, 14—18. Denn es ist kein Ansehen der Person vor Gott. Römer 2, 11 u. ff. Es ist hier kein Unterschied unter Juden und Griechen; es ist aller zumal Ein Herr, reich über alle, die ihn anrufen. Römer 10, 12. Vergl. 11, 32. Matth. 3, 9.

**) So lasset nun niemand euch Gewissen machen über Speise, oder über Trank oder über bestimmte Feiertage, oder Neumonden oder Sabbathen. Coloss. 2, 16. Römer 14, 5 u. 6. Ihr wisset, wie ein ungewohntes Ding ist einem jüdischen Manne, sich zu thun oder zu kommen zu einem Fremdling; aber Gott hat mir gezeigt, keinen Menschen gemein oder unrein zu heissen. Apostelgesch. 10, 28.

schneidung,*) Taufe,**) oder was es sey,***) bleibt Gott der willkürliche, eigensinnige Despot, der ohne Grund befiehlt, und dem man gehorchen muss ohne Einsicht, nach dem Rechte des Stärkeren, der Fürst der Welt und Zaubergott; und wird nie der himmlische Vater des Christenthums, dem der Mensch, so wie er ist, kindlich und ohne Furcht sich nahen darf.

So ist überhaupt jeder dazu fähig, durch die Geburt als Mensch und mit menschlichem Angesichte. Dass nun aber jemand wirklich fähig sey, sich Gott zu nahen, dazu gehört, dass er die Lehre Jesu vom Himmelreich wisse, und dieselbe entweder mit kategorischem oder problematischem Glauben annehme. (Vergl. oben S. 549.) Also — der wirkliche Mensch *wird gerecht* allein durch den Glauben an das Evangelium, und ausser dieser Voraussetzung bedarf es keines anderen, weder vorhergehenden, noch nachfolgenden Mittels.

Diese Aufhebung der Sünde und Entsündigung war nun für Jesus und seine Nachfolger wahr lediglich zufolge des Factums seiner Sendung; keinesweges aber, wie für uns, zufolge der Einsicht eines Gesetzes. Aber ein Factum kann, wenn man nicht unbesonnen ist, ein gegenüberstehendes Factum aufheben nur der Zeit nach. „Mag wohl seyn, dass es ehemals einer Beschneidung bedurft habe; darüber weiss ich nichts,

---

*) Denn in Christo gilt weder Beschneidung noch Vorhaut etwas, sondern eine neue Creatur. Galater 6, 15. Ich zeuge abermal einem jeden, der sich beschneiden lässt, dass er noch das ganze Gesetz schuldig ist zu thun. Galater 5, 3. Die Beschneidung ist nichts und die Vorhaut ist nichts, sondern Gottes Gebot halten. 1. Corinth. 7, 19.

**) Denn Christus hat euch nicht gesandt zu taufen, sondern das Evangelium zu predigen. 1. Corinth. 1, 17. Ich taufe euch mit Wasser zur Busse: der aber nach mir kommt, ist stärker denn ich, der wird euch mit dem heiligen Geist und mit Feuer taufen. Matth. 3, 11. Vergl. Joh. 1, 33 u. 4, 2.

***) Es ist nichts ausser dem Menschen, das ihn könnte gemein machen, sondern das von ihm ausgehet, das ist es, das den Menschen gemein macht. Marcus 7 u. 8. Denn es ist unmöglich, durch Ochsen- oder Bocksblut Sünden zu vergeben. Ebräer 10, 4. Vergl. Coloss. 2, 20—23. Römer 14, 4. 3, 22, 26.

234 über das Verhältniss d. Urstaates zum Vernunftreiche.

es steht an seinem Ort, es geht mich nicht an." *) Jetzt, seitdem Gott durch Jesus das Gegentheil erklärt hat, ist es nicht mehr so. **) — Seit der Berufung ist es so: durch sie ist die Sünde aufgehoben. Die Jünger insbesondere datirten den Beginn des Reichs Gottes vom Tode Jesu, weil sie als die Bestimmung seines Lebens nur ihre Vorbereitung ansahen, und sie erst seit diesem Tode ausgesandt wurden an die ganze entsündigte Welt. Nach ihnen ist darum die Sünde durch den *Tod* Jesu aufgehoben, sein Blut hat sie weggenommen, im Bilde vom jüdischen Opferdienste, er ist das Sühnopfer für die Welt, er ist uns vorgestellt zum Gnadenstuhl, ***) in welchem Bildersysteme man sich nun ins Unendliche ergehen mag über diesen Gegenstand, für die, denen dieses Bildersystem geläufig ist, wie z. B. der Apostel Paulus recht mit Liebe sich also ergehet.

Dass dies so ist, und schlechthin nicht anders seyn kann, erhellet aus dem Unterschiede der Heiligung von der Rechtfertigung. Die Rechtfertigung geht nach alter Lehre vor der Heiligung voraus; durch diese aber erst, durch den von Gott erschaffenen neuen Menschen, wird man, falls man die natürliche Nichtigkeit des Menschen Sünde nennen will, der wirklichen Sünde los. Mithin muss diejenige, die man früher durch den Glauben los wird, eine andere seyn: und es ist eben die

---

*) Ihr Heiden denket daran, dass ihr waret ohne Christo, fremd und ausser der Bürgerschaft Israel, und fremd von dem Testamente der Verheissung, *daher ihr keine Hoffnung hattet, und waret ohne Gott in der Welt.* Epheser 2, 12. Christus hat euch mit ihm lebendig gemacht, da ihr todt waret in den Sünden, und in der Vorhaut des Fleisches und hat uns geschenket alle Sünden und ausgetilgt die Handschrift, so wider uns war Coloss. 2, 13 u. 14. Vergl. Galater 3, 23 u. 24. Römer 5, 13—15. Apostelgesch. 13, 38 u. 39.

**) Ihr seyd jetzt rein um des Wortes Willen, das ich zu euch geredet habe. Joh. 15, 3. Wir haben Frieden mit Gott durch unseren Herrn Jesu Christ. Römer 5, 1. Denn es ist das Wohlgefallen gewesen, dass in Christo alle Fülle wohnen sollte, und alles durch ihn versöhnt würde zu ihm selbst, es sey auf Erden oder im Himmel, damit er Frieden machte durch das Blut an seinem Kreuz durch sich selbst. Coloss. 1, 19 u. 25.

***) Römer 3, 25.

von der Vorwelt geglaubte Verworfenheit von Gott, die auch Erbsünde genannt wird.

Des *Geschlechts* Sünde: für diese ist Jesus das Opfer und die Genugthuung. So redet die Schrift. Zeige man mir doch nur eine einzige Stelle, wo dem Einzelnen gesagt wird: Jesus hat für deine persönliche Sünde genug gethan, wie aus Unverstand die Neueren sagen, und dabei recht fromm und erbaulich zu reden glauben.

Weniger von Jesus selbst, der den Gegensatz wenig beachtete, und das heidnische Princip des Judenthums ohne Schonung niederschlug, als von seinen Aposteln, die bei Errichtung einer Christengemeine die Berührung mit dem Judenthume nicht vermeiden konnten, wurde dieser Punct behandelt: besonders von Paulus, der, bei einigem Wankelmuthe der übrigen,*) das christliche Princip kräftig durchsetzte. Er hat den Gegenstand ausführlich und gründlich behandelt in den Episteln an die Römer, Galater und sonst mehr. Jene Sündhaftigkeit gesetzt, waren die Juden eben auch Sünder;**) denn es ist nicht wahr, dass die Beschneidung und das Halten des Gesetzes rechtfertiget: die ganze alte Welt bis auf Christus war in der Sünde.***) Nur seit Erscheinung des Evangeliums ist die Sünde vernichtet; und allein der Christenglaube macht in diesem Sinne gerecht. †) Dies ist der historische, die Bedeutung bestimmende Ursprung der Lehre von Erlösung, Genugthuung, Entsündigung u. s. f., ††)

---

*) Vergl. Apostelgesch. c. 15. v. 1—11. c. 11. v. 1—18. c. 10. c. 21, von v. 20. c. 22. Galater 2, 11—21.

**) Haben wir einen Vortheil? Gar keinen. Denn wir haben droben bewiesen, dass beides, Juden und Griechen, alle unter der Sünde sind. Römer 3, 9. Vergl. Joh. 9, 39—41.

***) Denn es ist hier kein Unterschied, sie sind allzumal Sünder, und mangeln des Ruhms, den sie an Gott haben sollten. Römer 3, 23.

†) Wer übertritt, und bleibet nicht in der Lehre Christi, der hat keinen Gott; wer in der Lehre Christi bleibet, der hat beide, den Vater und den Sohn. 2. Joh. 9.

††) Auf dass ihr wisset, dass des Menschen Sohn Macht hat Sünden zu vergeben. Matth. 9, 6.

und der polemische Gebrauch derselben gegen das von Grund aus nicht zu widerlegende heidnische Princip von einer Sündhaftigkeit des natürlichen (durch keine Einweihung gereinigten) Menschen vor den Augen Gottes.

Dermalen ist durch die Wirkung des Christenthums diese heidnische Voraussetzung aus der christlichen Welt rein und durchaus verschwunden; sie ist sogar vergessen und unverständlich geworden. Die Entsündigung und Rechtfertigung vor Gott ist Jesu durchaus gelungen. Wo findet sich wohl noch jemand, der sich vor Gott scheue? Wir nahen ihm, könnte man sagen, wenn man bedenkt, dass der allgemeinen Rechtfertigung so selten die Heiligung folgt, wir nahen Gott nur zu dreist. Das zarte Kind wird durch das Christenthum gewöhnt, jede Nahrung als ein Geschenk aus der Hand des himmlischen Vaters anzunehmen, und mit seinen kindischen Angelegenheiten vertrauensvoll im Gebete sich ihm zu nahen: was da ganz recht ist und gut, wenn nur hinterher die Heiligung folgt. Also die Sache, die Erlösung, ist da, und diese lasse man ja nicht untergehen: die sie beabzweckende Lehre, die sich selbst durch sich selbst vernichtet hat, wird eine ausgestorbene Formel.

Die nun aber doch, damit nichts umkomme, derselben ein künstliches Leben einflössen wollen, was müssen sie thun? Sie müssen dem Hauptworte Sünde einen anderen Begriff unterschieben. Sünde soll seyn die *Unsittlichkeit*. Dies ist ein philosophischer, durch Abstraction entstandener, durchaus kein historischer, und ein Factum bezeichnender Begriff, dessen die alte Welt, so auch Jesus und seine Apostel, durchaus unfähig waren (also kein christlicher Begriff). Wenn nemlich von der äusserlichen Gesetzlichkeit, welche allein der Vorwelt bekannt war, sodann auch von den Handlungen, aus Gott gethan, die *blosse Form* abgezogen wird, so heisst diese sittlich, das Gegentheil unsittlich, und die philosophische Wissenschaft, die diese Abstraction vollzieht, heisst die Sittenlehre. Nun aber ist keine lebendige Handlung blosse Form: es lebt sich darum niemals rein aus dem Begriffe der Sittlichkeit oder der Unsittlichkeit, obwohl allerdings die Handlung unter Einer dieser Formen stehen wird, sondern das eigentliche Leben hat einen anderen Antrieb. In dieser Rücksicht giebt es nun nach dem Christenthume, und nach vollendeter Philosophie zwei Lebensweisen: *aus der sinnlichen Persönlichkeit heraus:* da sey die Handlung noch so glänzend legal, so ist sie nichts, leerer Schein, ohne Gehalt,*) nicht einmal Sünde; denn es ist selbst ein sündlicher Hochmuth des Menschen, zu glauben, dass er sündigen und etwa den göttlichen Weltplan *realiter* stören könne.**) Doch, um mit Diesen nur fortreden zu können, mag diese Nichtigkeit einmal Sünde genannt werden. — Oder das Leben *lebet aus Gott,* ***) so ist es Gottes Erscheinung, und wer aus Gott geboren ist, sündiget nicht. †) Von der Sünde nun im ersten Sinne, von der Nichtigkeit des Fleisches,

---

*) Denn ich sage euch, dass unter denen, die von Weibern geboren sind, ist kein grösserer Prophet, denn Johannes der Täufer, der aber kleiner ist im Reich Gottes, der ist grösser denn er. Lucas 7, 28. Wer seine Hand an den Pflug legt, und siehet zurück, der ist nicht geschickt zum Reich Gottes. Lucas 9, 62. Es werden viele sagen an jenem Tage: Herr, Herr, haben wir nicht in deinem Namen geweissaget? Haben wir nicht in deinem Namen Teufel ausgetrieben? Haben wir nicht in deinem Namen viele Thaten gethan? Dann werde ich ihnen bekennen: ich habe euch noch nie erkannt, weichet alle von mir, ihr Uebelthäter. Matth. 7, 22 u. ff. Vergl. 11, 11. 16, 23. Vergl. Note **) S. 533.

**) Denn wir können nichts wider die Wahrheit, sondern für die Wahrheit. 2. Corinth. 13, 8. Denn fleischlich gesinnt seyn, ist eine Feindschaft wider Gott, sintemal es dem Gesetz Gottes nicht unterthan ist, denn es vermag es auch nicht. Römer 8, 8.

***) Denn welche der Geist Gottes treibt, die sind Gottes Kinder. Römer 8, 14. Ihr aber seyd nicht fleischlich, sondern geistlich, so anders der Geist Gottes in euch wohnet. Römer 8, 9. Denn unser keiner lebt ihm selber, und keiner stirbt ihm selber. Leben wir, so leben wir dem Herrn, sterben wir, so sterben wir dem Herrn. Darum, wir leben oder sterben, so sind wir des Herrn. Römer 4, 7 u. 8. Vergl. 7, 4.

†) Wer in Christo bleibet, der sündiget nicht, wer da sündiget, der hat ihn nicht gesehen noch erkannt. 1. Joh. 3, 6. Denn das Christus gestorben ist, das ist er der Sünde gestorben, das er aber lebet, das lebet er Gott: also auch ihr haltet euch dafür, dass ihr der Sünde gestorben seyd, und lebet Gott in Christo. Römer 6, 10 u. 11. Vergl. 6 u. 7 u. 14. Titus 1, 15. Wir wissen, dass wer von Gott geboren ist, der sündiget nicht. 1. Joh. 5, 18. Vergl. 3, 9. Römer 8, 33 u. 34.

werden wir erlöset doch wohl nur durch unsere eigene Heiligung; *) und von dieser wird doch hoffentlich Jesus uns nicht erlöst haben, und in dieser Rücksicht unsere Stelle vertreten, da ja seine eigene Heiligkeit nur eben darin besteht, dass durch ihn wir alle geheiligt werden.**) Also hat er uns auch nicht von *der* Sünde erlöst, die wir nur durch die eigene Heiligung los werden. Jenes erste wollen sie auch eben nicht sagen: doch müssten sie es sagen, wenn sie irgend etwas sagen wollen. Sie erscheinen darum in kläglichster Verwirrung, und wissen selbst nicht, was sie reden.

Da haben sie sich z. B. folgende Heilsordnung ersonnen, auf welche, als ein Höchstes, mancherlei Verwandtes unter sich Befassendes, zweckmässig seyn dürfte, Rücksicht zu nehmen. (Die Hallischen Theologen, und nach ihnen die Brüdergemeine. Es ist aber in der Lehre des Lutherthums sehr wohl begründet, nur dass sie rechten Ernst damit gemacht haben.)

Der Mensch solle vor allen Dingen seine Sündhaftigkeit recht innig erkennen, gleichsam Höllenangst über sie empfinden, und in dieser Angst seine Zuflucht nehmen zum Erlöser, — welches letztere hoffentlich der lebendige, heiligende Gott selbst seyn wird, und nicht wiederum ein verwirrendes Schattenbild. — Dies sey der Weg der Busse, Bekehrung und Rechtfertigung; und ausser diesem gebe es keinen. — Als Sünder er-

---

*) Es sey denn, dass jemand von neuem geboren werde, kann er das Reich Gottes nicht sehen; was vom Fleisch geboren ist, das ist Fleisch, was vom Geist geboren wird, das ist Geist. Joh. 3, 3 u. 6. Jaget nach dem Frieden gegen jedermann, und der *Heiligung*, ohne welche wird niemand den Herrn sehen. Ebräer 12, 14.

**) So wir sagen, dass wir Gemeinschaft mit Gott haben, und wandeln in Finsterniss, so lügen wir, und thun nicht die Wahrheit. So wir aber im Lichte wandeln, wie er im Lichte ist, so haben wir Gemeinschaft unter einander, und das Blut Jesu Christi, seines Sohnes, macht uns rein von aller Sünde. So wir sagen, wir haben keine Sünde, so verführen wir uns selbst, und die Wahrheit ist nicht in uns. So wir aber unsere Sünden bekennen, so ist er treu und gerecht, dass er uns die Sünden vergiebt, und reiniget uns von aller Untugend. 1. Joh. 1, 6—9. Christus heiliget seit der Zeit er auferstanden ist von den Todten. Römer 1, 4. Vergl. 2, 13. 6, 22. 1. Corinth. 7, 11.

kennen? Wie denn? Da muss er doch irgend ein Bild, ein Gesetz haben, gegen welches er in der Selbstprüfung sich halte, wie auch das System gesteht, und als dies Gesetz die heiligen zehn Gebote aufstellt. Diese soll er nicht gehalten haben? Wenn er sie nun gehalten und alles gethan hätte, was er zu thun schuldig ist, seine Habe den Armen gegeben, seinen Leib brennen lassen, wäre er denn dann weniger ein Sünder?*)
Die eigentliche Sünde hat ja ihren Sitz gar nicht in den Erscheinungen der grösseren oder kleineren Gesetzwidrigkeit, und zu deren Erkenntniss wird er durch keine empirische Selbstprüfung kommen, welche die eigentliche Sündlichkeit erst recht befestigt, sondern durch den schlechthin apriorischen Satz des Christenthums, dass alles, was aus dem eigenen Willen hervorgeht, und nicht aus Gott, nichtig sey und, wenn man so reden will, Sünde.**) Warum hebt ihr denn nicht gleich mit diesem Satze an, mit welchem ihr doch, falls ihr euren Pflegebefohlenen wirklich zum Christenthume bringen, und ihn nicht in einer nichtigen Werkheiligkeit wollt enden lassen, kommen müsst? Von Angst und Schrecken soll er ergriffen werden über die Sünde: also, falls ihr damit nicht etwa die möglichen Gesetzwidrigkeiten, sondern die eigentliche Sünde meint, darüber soll er Angst empfinden, dass er ausser Gott nichts ist, und ohne ihn nichts kann. Soll er denn dies wunderbar finden, und es anders gewollt haben? Soll er denn glauben,

---

*) Ist Abraham durch die Werke gerecht, so hat er wohl Ruhm, aber nicht vor Gott. Römer 4, 2. Und wenn ich alle meine Habe den Armen gäbe, und liesse meinen Leib brennen, und hätte der Liebe nicht, so wäre mir es nicht nütze. 1. Corinth. 13, 3. Habt ihr den Geist empfangen durch des Gesetzes Werke, oder durch die Predigt vom Glauben? seyd ihr so unverständig? Im Geiste habt ihr angefangen, wollt ihr es denn nun im Fleisch vollenden. Galater 3, 2 u. 3. Vergl. Römer 3, 27 u. 28. Galater 3, 5. Römer 3, 20. 11, 6. Titus 3, 5.

**) Daran erkennen wir, dass wir aus der Wahrheit sind, und können unser Herz vor ihm stillen, dass, so uns unser Herz verdammet, dass Gott grösser ist, denn unser Herz, und erkennet alle Dinge. 1. Joh. 3, 19 u. 20. Nicht um der Werke willen der Gerechtigkeit, die wir gethan haben, sondern nach seiner Barmherzigkeit machte er uns selig durch das Bad der Wiedergeburt, und Erneuerung des heiligen Geistes. 2. Timoth. 3, 5.

dass er sich selbst habe helfen können und auf sich laden, was Gottes Sache ist?*) Der Christ will eben nichts seyn ausser Gott, und ausser diesem seyend, will und mag er nichts Gutes an sich finden.**) Ihr aber schiebt ihm unter das antichristische Princip der Selbstliebe und Selbstobjectivirung, fordert auf dasselbe und bestärkt es, um daran das Geschäft eurer Bekehrung zu knüpfen. Ihr macht die Menschen zu Heiden, so gut ihr könnt, damit ihr Gelegenheit findet, euer Kunststück, zu Christo zu bekehren, auszuüben.

In Summa: Alle Heilsordnungen ohne Ausnahme, ausser der einfachen, dass man sich selbst verläugne und vernichte in jedem Sinne, mögen dieselben nun bestehen in historischen Erkenntnissen, oder in gewissen, auf dieses Historische gegründeten Uebungen,***) gehen hervor aus jenem Selbst, und sind Aufrechthaltungen desselben, mithin feindselig dem Christenthume, und antichristisch.

Wie die Juden stolz waren auf ihre Abkunft von Abraham, und die Menschen erst beschneiden wollten, ehe sie ihnen die Erlaubniss, sich Gott zu nahen, und die Empfänglichkeit für seine Einwirkung zugestanden, so sind bis auf den heutigen Tag die, welche dieser Art sind, stolz auf ihre Abkunft aus der Christenschule, und machen statt der Beschneidung das Erlernen und Bewundern ihres Katechismus zur Bedingung der Rechtfertigung. Was Paulus von den Juden, was Luther von den Papisten, in Absicht der Verfälschung der Lehre von

---

*) Denn aus Gnaden seyd ihr selig geworden durch den Glauben, und dasselbige nicht aus euch, Gottes Gabe ist es. Epheser 2, 8—9. Was kann der Mensch geben, damit er seine Seele löse. Marcus 8, 37. Da sprachen, die das höreten, wer kann denn selig werden? Jesus aber sprach: Was bei den Menschen unmöglich ist, das ist bei Gott möglich. Lucas 18, 26 u. 27. Vergl. Matth. 19, 26. Vergl. Joh. 3, 8. Römer 3, 24. 4—6. 1. Petri 1, 13.

**) Und wer sich selbst erniedriget, der soll erhöhet werden. Lucas 14, 11. Denn ich weiss, dass in mir, das ist in meinem Fleisch, wohnet nichts Gutes. Römer 7, 18. Nicht, dass wir tüchtig sind von uns selber, etwas zu denken, als von uns selber, sondern, dass wir tüchtig sind vor Gott. 2. Corinth. 3, 6.

***) Vergl. Lucas 11, 39—48. Matth. 23, 13—39. Römer 12, 14 u. 20. u. ff.

der Rechtfertigung allein durch den Glauben an Jesus, und der Verkleinerung des Verdienstes Jesu jemals Hartes gesagt, gilt also von diesen Christianern, nicht Christen. Die letzteren sind die, welche auf das Wesen der Lehre Jesu, welches man sehr gut in die Lehre von der Rechtfertigung, die ich oben vorgetragen, setzen kann, ausschliessend dringen: erstere dagegen, welche um den Buchstaben, den sie misverstehen, eifern, und die Person Jesus dem wahrhaften Christus und seiner Wirksamkeit in den Weg stellen.

Zum Verständnisse des Christenthums, als einer Begebenheit in der Zeit, gehören ganz vorzüglich die Weissagungen desselben von sich selber, als seine Aussage, wie es sich selbst als historisches Princip in der Welt ansieht. Die Weissagungen überhaupt gründen sich auf den früher abgeleiteten, nachher im Zusammenhange historisch eingeführten Satz, dass eine wahrhafte Fortentwickelung des Menschengeschlechtes nicht vergeblich, nicht ein blosser Versuch seyn könne, sondern, dass alles aus ihr erfolgen und durch sie geleistet werden müsse, was da könne und solle. Die Weissagung ist nur die Analyse dieser Einsicht: Voraussicht der Zukunft aus der Gegenwart nach einem Gesetze. So konnte denn Jesus weissagen, und so kann es eigentlich jeder, der etwas Tüchtiges beginnt, oder das von anderen Begonnene versteht.

Es giebt zwei Hauptweissagungen Jesu. Die eine, dass sein Werk, die Stiftung des Himmelreiches überhaupt durchgehen werde; die zweite, über das sichere und entscheidende Mittel, vermittelst dessen es werde durchgesetzt werden. Heben wir an bei der letzteren, die da früher erfüllt werden, und deren Gegenstand, als Mittel, natürlich in der Zeit früher erscheinen muss.

Jesus hatte, bald belehrt, dass er keinen allgemeinen Glauben finden werde, die Aufgabe seines Lebens bald darauf beschränkt, sich nur Apostel, als ein Lehrercollegium zu bilden.*)

---

*) Joh. 6, 66—70. Marc. 3, 14. u. ff.

Wie es mit dem Glauben und der Einsicht dieser bestellt sey, und, so lange er unter ihnen sey, bestellt seyn müsse,*) wie derselbe ohne alle Selbstständigkeit, sahe er wohl ein. Wie sollte nun durch solche, und ihre Nachfolger und deren, sein Werk ausgeführt werden, welches, er wusste es allgemein, ausgeführt werden würde? Er fand die Lösung der Frage, und sprach sie zum Troste seiner Jünger aus. *Es werde nach seinem Hinscheiden der heilige Geist gesendet werden, der vom Vater ausgehe;**) dieser werde zeugen von ihm: von dem Seinen werde er es nehmen,***) und ihnen alles sagen,* †) *sie in alle Wahrheit leiten.*††) So im Evangelium Johannis. Was heissen diese Worte? Wohlgemerkt, wir liefern durch die Erklärung derselben zugleich die oben versprochene Erörterung über die Art der Dreiheit im erscheinenden Gotte nach der Lehre des Christenthums.

Zuvörderst: *er geht vom Vater aus.* Ein Glück, dass die occidentalische Kirche, welche in dieser nicht verstandenen Stelle etwas gegen die Ehre des Sohnes witterte, und ihr zum Trotze festsetzte: der Geist gehe auch vom Sohne aus, diese Stelle nicht verfälschte, wie sie es mit anderen zum Schutze ihres Systemes that, und so uns die in die Augen springendste Aeusserung gewonnen hat, um in den Sinn Jesu einzudringen. Was heisst es? Eine Parallelstelle macht es ganz klar. Als nach einer entschiedenen und tiefergehenden Rede Jesu eine

---

*) Joh. 14, 8 u. 9. Matth. 15, 15 u. 16. 16, 6—8. u. s. f.

**) Wenn aber der Tröster kommen wird, welchen ich euch senden werde vom Vater, der Geist der Wahrheit, *der vom Vater ausgehet,* der wird zeugen von mir. Joh. 15, 26.

***) Derselbige wird mich verklären, denn von dem Meinen wird er es nehmen, und euch verkündigen. Joh. 16, 14.

†) Aber der Tröster, der heilige Geist, welchen mein Vater senden wird in meinem Namen, derselbige wird es euch alles lehren, und euch erinnern alles dess, das ich euch gesagt habe. Joh. 14, 26. Vergl. 16, 8—11. Lucas 12, 12.

††) Wenn aber jener, der Geist der Wahrheit kommen wird, der wird euch in alle Wahrheit leiten. Denn er wird nicht von ihm selbst reden, sondern was er hören wird, das wird er reden, und was zukünftig ist, wird er euch verkünden. Joh. 16, 13.

Menge von Menschen, die bisher an ihm gehangen hatten, aber durch diese geärgert wurden, ihn verliessen, es gänzlich aufgaben, ihn weiter zu vernehmen, erklärte er den noch bei ihm bleibenden Jüngern, die durch diese Erscheinung denn doch betroffen waren, dieselbe folgendermaassen: Es kann niemand zu mir kommen, es sey denn, *dass ihn ziehe der Vater*. Nur die der Vater mir gegeben hat, kommen zu mir.*) Also, die Lehre Jesu setzt eine Empfänglichkeit im Subjecte voraus, und ohne diese Empfänglichkeit vorzufinden, vermag sie nichts. Diese Empfänglichkeit nun, wo sie ist, ist ein Geschenk des Vaters,**) nicht des Sohnes, von welchem sie ja vorausgesetzt werden muss. Was ist sie darum? Eine durch die Geburt in den Individuen liegende Anlage, Verwandtschaft zur Lehre vom Himmelreiche; dunkele und unentwickelte Ahnungen, welche nur in der Lehre Jesu ihre Lösung und Klarheit finden, — eben so, wie in Jesu selbst das Bild des Himmelreichs lag; das nur durch das Verständniss seines Berufes zur Stiftung desselben die Lösung fand.

Was vom Vater ausgeht, ist darum eine natürlich und unabhängig von der Lehre Jesu in den Menschen liegende Verwandtschaft zur übersinnlichen Welt; was das Erste wäre.

Nun ist insbesondere in der Lehre vom heiligen Geiste die Rede nicht von etwas Natürlichem, das schon war unter den Christen, sondern das erst nach dem Hingange Jesu unter ihnen erscheinen sollte;***) und zwar unter den Christen als solchen, d. i. schlechthin bei allen Menschen, indem ja alle Menschen ohne Ausnahme zum Christenthume berufen sind: darum

---

*) Es kann niemand zu mir kommen, es sey denn, dass ihn ziehe der Vater, der mich gesandt hat. Joh. 6, 44. Ich habe deinen Namen geoffenbaret den Menschen, die du mir von der Welt gegeben hast. Sie waren dein, und du hast sie mir gegeben, und sie haben dein Wort behalten. Joh. 17, 6. Wer es höret vom Vater, und lernet es, der kommt zu mir. 6, 45. Niemand kann zu mir kommen, es sey ihm denn von meinem Vater gegeben. 6, 65. Vergl. daselbst v. 37, 39. c. 10. v. 30. c. 17. v. 2.

**) Das Sitzen zu meiner Rechten und Linken zu geben, stehet mir nicht zu, sondern denen es bereitet ist von meinem Vater. Matth. 20, 23.

***) Denn der heilige Geist war noch nicht da, denn Jesus war noch nicht verkläret. Joh. 7, 39.

durchaus nicht von den besonderen, individuellen, gleichsam genialischen Anlagen für dasselbe, wie sie sich schon bei Lebzeiten Jesu bei mehreren, und ganz sicher bei den eilf Aposteln fanden, die allerdings Gabe des Vaters sind, aber nicht der heilige Geist, — sondern von einer *im ganzen Menschengeschlechte* liegenden natürlichen Anlage für das Uebersinnliche, die damals noch nicht entwickelt war, und deren Entwickelung eben die Anwesenheit Christi im Wege stand.*) Welches ist denn nun diese? Der *natürliche allgemeine Verstand* ist es. Dieser Geist aus dem Vater, nicht aus dem Sohne, von dessen besonderer factischer Erscheinung unabhängig er durch die blosse Geburt ein Antheil des Menschen ist, werde es nehmen von dem Seinen; er bedürfe das factisch gelieferte Bild, welches er für sich nie gefunden haben würde, darin von ihm abhängig; dieses aber mache er durch die Einsicht seiner Gesetzmässigkeit (aus dem Gesetze *a priori*) klar, verständlich, und verkläre so Jesus, indem aus anderen, von ihm und seinem Zeugnisse ganz unabhängigen Gründen erhelle, dass Jesus die Wahrheit gesagt habe: Jesus erhalte nun einen Zeugen ausser sich. Durch diese Beschäftigung mit dem Himmelreiche wird er nun erst der *heilige* Geist, da er früher nur der Geist vom Vater ist, vielleicht ein profaner, der seinen Werth nur darin hat, dass er der heilige werden soll.

Hier die Erklärung der Dreiheit: der *Vater,* das Natürliche, Absolute in der Erscheinung, das Allgemeinvorausgegebene; der *Sohn,* die factische Steigerung dieses zum Bilde der übersinnlichen Welt; der *Geist,* die Anerkennung und Auffindung dieser Welt durch das natürliche Licht des Verstandes.

Ebenso liefert dieser Geist den dritten Beweis, der von Jesu, falls man historisch von ihm weiss, zeugt, und ihn verklärt, seiner aber als ein Glied in der Kette der Einsicht nicht mehr bedarf, weil er rein *a priori* aus dem Gesetze geführt wird.

Dieser vom Vater ausgehende Geist war nun schon vor

---

*) Es ist euch gut, dass ich hingehe, denn so ich nicht hingehe, so kommt der Tröster nicht zu euch. Joh. 16, 7.

Christus, ohne dass er es wusste, oder zu wissen brauchte, objectiv geworden, und in dieser Objectivität factisch herausgebrochen in dem Athenienser Sokrates; in ihm hatte der Verstand sich selbst zuerst ergriffen, und sich entdeckt, als eine eigenthümliche und rein apriorische Quelle von Erkenntnissen, und war also durch die Entwickelung von Wahrheit aus ihm gebraucht worden: in Beziehung auf die Form der Wahrheit gerade ein so grosses Wunder, und eine so mächtige Förderung der Menschheit, als das in Jesu in Beziehung auf ihren Gehalt. Dieser so bearbeitete Verstand, dies war der Sinn der Weissagung Jesu, sollte nun im Verfolge mit dem Christenthume vereinigt, und der christliche Gehalt aufgenommen werden in die Form der Sokratik, indem nur in dieser Vereinigung es sicher zur allgemeinen Klarheit der Erkenntniss kommt. So ist es denn erfolgt, bis endlich durch Kant der letzte Schritt geschah, dass jene Sokratik, jene Kunst des Verstandes sich selbst erkannte, und sich von anderer, von dem Verstehen in der Anschauung unterscheiden lernte, wodurch nun endlich die Verwirrung zwischen historischem Verstande und der Erkenntniss durchs Gesetz gehoben ist. Nun erst vermag der Geist ein heiliger zu werden, und den Christen *Alles* zu sagen, in alle Wahrheit sie zu leiten, und für den historischen Jesus, welchem gegenüber er seine Selbstständigkeit gewonnen hat, zu zeugen und ihn zu verklären. Diese Epoche tritt so recht eigentlich mit unserer Zeit ein, und durch sie erst ist jene Weissagung vollkommen erfüllt. — Wir haben, was auch zu unserer Aufgabe gehörte, die Zeit, in der wir stehen, in Beziehung auf den absoluten Endzweck des menschlichen Lebens gedeutet.

Wohlgemerkt, weil dies späterhin auf eine entscheidende Weise gültig gemacht werden wird. — Durch diese Epoche ist nun die Fortdauer und der letzte Endzweck des Christenthums durchaus gesichert. Vorher war dieselbe bedingt durch die zufällige Form des Glaubens, jener besonderen individuellen, und gleichsam genialischen Verwandtschaft zum Christenthume, die vom Vater gegeben ist, gestützt darum auf das fortdauernde Wunder, dass in der Christengemeine immer solche geboren wurden, welches Gott denn auch ohne Zweifel gethan hat, da das Christenthum bis jetzt erhalten worden ist. Seit dieser Zeit sind Jesu *Alle* vom Vater gegeben, und es bedarf keiner besonderen Genialität mehr, weil das Christenthum sich anknüpft an das, was eben allen gegeben ist, an den gemeinsamen Verstand aller. Jetzt erst ist alle Vernunft zu zwingen unter den Gehorsam des Glaubens, nicht *formaliter,* in dieser Hinsicht wird eben der Glaube seiner Dienste entlassen; sondern *materialiter.* Nachdem nun durch die Zeit diese Aufgabe gelöst ist, tritt freilich eine andere ein, von welcher zu seiner Zeit.

Ueberhaupt dies bei dieser Gelegenheit, weil es an dieser Stelle einzig klar wird. Wir sagten oben: der Fortgang der Weltgeschichte bestehe darin, dass durch den Verstand der Glaube aufgehoben werde. Dies geschieht nach einem verschiedenen Gesetze in der alten und in der neuen Welt. In jener wurde das durch den Glauben Gesetzte vom Verstande vernichtet, und das Gegentheil an die Stelle gesetzt: der Verstand war polemisch darum, weil die Anschauung der alten Welt gar nicht richtig ist, sondern nur vorbereitend auf ein künftiges Evangelium, Vorbild. In dieser wird der Glaube vom Verstande bestätigt, dasselbige durch ihn, wie durch jenen gesetzt, darum nur die Form aufgehoben, weil die Anschauung des Christenthums real ist, selbst das letzte Evangelium. Darum wäre der Eifer für die Form hier umsomehr kindischer Eigensinn, da der *Gehalt* ja bleibt. — Was bis jetzt freilich nicht so ganz klar und erweislich der Fall war.

So nun ist die Weissagung vom heiligen Geiste freilich durch die ersten Christen nicht verstanden worden; und vielleicht ist es jetzt das erste Mal, dass sie also erklärt wird (weil jede Weissagung erst durch ihre Erfüllung recht klar wird). Wir dürfen diese anderweitige Deutung nicht mit Stillschweigen übergehen. Die Jünger waren ebensowenig, als es irgend ein anderer Mensch an ihrer Stelle gewesen wäre, darauf gestellt, dem Geschäfte Jesu in Errichtung des Himmelreiches eine so lange Ausdehnung zu geben, als wir es nun wohl zu thun genöthigt sind, und doch nicht gern thun, böse werden, wenn man herrliche Sachen um Jahrtausende hinaussetzt. Gerade wie wir, wollten auch sie alles selbst erleben, und wenigstens nicht über ihr Leben hinaus sollten alle Weissagungen verziehen, wovon wir später ein treffendes Beispiel sehen werden. So auch mit der vom heiligen Geiste. Und so hielten sie denn diese Weissagung für erfüllt an sich in einem Phänomene anderer Art, in der Verwandlung und Umschaffung, die nach dem Tode Jesu mit ihnen sich zutrug, in dem neuen Menschen, der ihnen an die Stelle des anderen entstand. Dies ist nun allerdings eine hohe Gnadenwirkung, und die von Christo versprochene,*) aber sie ist nicht der heilige Geist, sondern sie ist der Vater selbst, und seine Einwirkung, durch die Lehre des Sohnes gesteigert, und möglich gemacht. Sie wurden seit diesem Zeitpuncte in der That wirksam für die Verbreitung des Evangeliums, opferten alles hin, litten und starben dafür, kein Irdisches mehr begehrend, und selig in der Hoffnung.**) So ihre Nachfolger in den ersten Jahrhunderten nach ihnen. Diese Erscheinung nun des eigentlichen Himmelreiches ist von den Aposteln, und von der Kirche nach ihnen für die Wirkung des verheissenen heiligen Geistes gehalten worden, weil es ihnen an scharfer Sonderung der Begriffe, Umsicht und Verbreitung der Kenntniss fehlte, um jene Weissagung in ihrem wahren Sinne zu fassen.

Diese übersinnliche Kraft und Erhebung in ihnen, sage ich, ist der *rechte* Beweis des Christenthums von der zweiten Art, der Beweis des Geistes und der Kraft. Dies nun nannten sie den heiligen Geist. Wenn sie nun ferner Wunderthätigkeiten da miteinmischten, und auch diese dem heiligen Geiste zu-

---

*) A. G. 2, 2—4. Vgl. Joh. 14, 18—20. 16, 20—23.

**) Bis auf diese Stunde leiden wir Hunger und Durst, und sind nakkend, und werden geschlagen, und haben keine gewisse Stätte, und arbeiten und wirken mit unseren eigenen Händen. Man schilt uns, so segnen wir, man verfolgt uns, so dulden wir es, man lästert uns, so flehen wir. Wir sind stets als ein Fluch der Welt, und ein Fegopfer aller Leute. 1. Corinth. 4, 9—13.

schrieben,*) jene Schweissläppchen,**) die aufgelegt die Kranken gesund machten, jene Berührung durch den Schatten der vorbeigehenden Apostel,***) die gleichfalls heilte, und dergleichen, so entrichteten sie darin die Schuld dem dicken Aberglauben ihrer Zeit und ihres Volkes. Wie er es darüber, und mit Schriftstellern, die so etwas ernsthaft berichten, zu halten, und welches Ansehen er ihnen bei sich zu gönnen habe, weiss der verständige Christ. Ebenso auch mit den späteren Ausgeburten des Aberglaubens, — alles jedoch nach der Liebe richtend, nicht nach blinder, sondern nach verständiger, welche jede Erscheinung in ihrem Zusammenhange begreift und beurtheilt, und keiner Zeit eine Erleuchtung anmuthet, die sie nicht haben kann. Der heilige Geist war ja in der That noch nicht erschienen, und hatte sie in alle Wahrheit geleitet: was Wunder, dass sie selbst über den heiligen Geist in unrichtige Ansichten fielen.

Die zweite Weissagung Jesu war über die sichere Ausführung seines Werkes. Jesu Beruf war, Stifter des Himmelreiches zu werden auf der Erde, nicht etwa bloss Lehrer, die Ewigkeit schon hienieden in der That allgemein anzufangen. So sahe er sich an: also allerdings als Stifter eines Reiches, obwohl *in* dieser Welt, nur nicht *von* dieser Welt, wo die Gewaltigen herrschen,†) sondern wo sie Diener sind aller.††) Wir werden zu seiner Zeit diesen Ausdruck verstehen und

---

*) Apostelgesch. 19, 12.
**) Apostelgesch. 8, 17.
***) Apostelgesch. 5, 15.
†) Die weltlichen Könige herrschen, und die Gewaltigen heisst man gnädige Herren. Ihr aber nicht also, sondern der Grösseste unter euch soll seyn wie der Jüngste, und der Vornehmste wie ein Diener. Lucas 22, 25 u. 26.

††) Aber viele, die da sind die ersten, werden die letzten seyn, und die letzten werden die ersten seyn. Matth. 19, 30. Vergl. Marc. 10, 31. Ihr wisset, dass die weltlichen Fürsten herrschen, und die Oberherren haben Gewalt. So soll es nicht seyn unter euch: sondern so jemand will unter euch gewaltig seyn, der sey euer Diener, und wer da will der Vornehmste seyn, der sey euer Knecht. Matth. 20, 25—27.

wahr finden: Er sey allerdings ein König.*) So hat er von jeher über sich gedacht. Was er nun auch etwa im Anfange seines Geschäftes über die Zeit dieser Stiftung geglaubt haben mag,**) so konnte sich ihm im Fortgange, als er das Verhältniss der vorhandenen Menschen zu seinem Antrage kennen lernte, nicht verbergen, dass eine solche Aufgabe über die Grenze jedes einzelnen Menschenlebens, geschweige des seinigen, dessen schleuniges, gewaltsames Ende er sich leicht prophezeien konnte, hinausliegen müsse.***) Nun sollte aber Er es thun, und kein Fremder. Dies war nur so zu vereinigen: er solle es thun durch seine Fortwirkung, durch die Folgen seines Daseyns, die er auf der Erde liesse; doch er selbst in eigener Selbstheit, indem er durch keinen anderen stellvertreten werden konnte. Aus dieser Sicherheit sagte er ihnen: er sey bei ihnen alle Tage, bis an der Welt Ende,†) zuvörderst im Lehrgeschäfte ihnen beiwohnend, und lehrend durch sie hindurch;††) am Ende aber dieser Lehrepoche werde er nicht in

---

*) Da sprach Pilatus zu ihm: So bist du dennoch ein König? Jesus antwortete: du sagst es: ich bin ein König. Joh. 18, 37. Vergl. Matth. 27, 11. Marc. 15, 2. Lucas 23, 3. Da wird der König sagen zu denen zu seiner Rechten: Kommt her, ihr Gesegneten meines Vaters, ererbet das Reich, das euch bereitet ist von Anbeginn der Welt. Matth. 25, 34. Siehe, dein König kommt zu dir sanftmüthig. Matth. 21, 5. Und er wird ein König seyn über das Haus Jacob's ewiglich, und seines Königreiches wird kein Ende seyn. Lucas 1, 33. Gelobet sey, der da kommt ein König im Namen des Herrn. Lucas 19, 38. Vergl. Joh. 12, 13. Coloss. 2, 10.

**) Hebet eure Augen auf, und sehet das Feld, denn es ist schon weiss zur Ernte. Joh. 4, 35. Gehet und sprechet: das Himmelreich ist nahe herbeigekommen. Matth. 10, 7.

***) Wenn ihr aber hören werdet von Kriegen und Empörungen, so entsetzet euch nicht: denn solches muss zuvor geschehen; aber das Ende ist noch nicht sobald da. Lucas 21, 9—12. Vergl. Matth. 10, 21—25.

†) Und siehe: ich bin bei euch bis an der Welt Ende. Matth. 28, 20. Ich will euch nicht Waisen lassen, ich komme zu euch. Joh. 14, 18.

††) Und es wird geprediget werden das Evangelium vom Reiche in der ganzen Welt zu einem Zeugnisse über alle Völker. Matth. 24, 14. Gehet hin und lehret alle Völker. Matth. 28, 19. Sie aber gingen aus, und predigten an allen Orten, der *Herr aber wirkte mit ihnen.* Marc. 16, 20. Und das Evangelium muss zuvor geprediget werden unter allen Völkern; wenn sie

der Schattengestalt der Lehre, sondern in aller Kraft realen Wirkens wieder erscheinen,*) und in der That und sichtbar auf der Erde sein vom Vater ihm beschiedenes Reich beginnen.**) Dann würden vor ihm alle Völker versammelt werden;***) es sey dies das Ende der *Welt,*†) des Reiches, das da ist von dieser Welt, der Ueberbleibsel des Staates, die, obwohl heidnischen Ursprunges, bisher aufbehalten würden im Christenthume, und neben demselben, als einer blossen vorbereitenden Lehranstalt, auch wohl bestehen konnten. In diesem Reiche werde alles unterworfen seyn dem Sohne; die Heiligen würden mit ihm regieren tausend Jahre,††) (eine unbestimmte, jedoch lange Zeit). Nach diesen tausend Jahren erst komme das eigentliche Ende,†††) von welchem an der Sohn

---

euch nun führen und überantworten werden, so sorget nicht, was ihr reden sollt, und bedenket euch nicht zuvor; sondern was euch zu derselbigen Stunde gegeben wird, das redet. Denn ihr seyd es nicht, die da reden, sondern der heilige Geist. Marc. 13, 10 u. 11.

*) Und dann werden sie sehen des Menschen Sohn kommen in den Wolken mit grosser Kraft und Herrlichkeit. Marc. 13, 26. Vergl. Matth. 24, 30. Darnach werden lebendig werden die Christo angehören, wenn er kommen wird. 1. Corinth. 15, 23.

**) Bis auf die Erscheinung unseres Herrn Jesu Christi, welche wird zeigen zu seiner Zeit der Selige und allein Gewaltige, der König aller Könige, und Herr aller Herren. 1. Timoth. 6, 14 u. 15.

***) Und werden vor ihm alle Völker versammelt werden. Matth. 25, 32. Denn wie der Blitz oben vom Himmel blitzt, und leuchtet über alles, das unter dem Himmel ist, also wird des Menschen Sohn an seinem Tage seyn. Lucas 17, 24. Vergl. Matth. 24, 27. Und es werden kommen von Morgen und von Abend, die zu Tische sitzen werden im Reiche Gottes. Lucas 13, 29.

†) Der Acker ist die Welt, der gute Saame sind die Kinder des Reichs; das Unkraut sind die Kinder der Bosheit. Der Feind, der sie säet, ist der Teufel. Die Ernte ist das Ende der Welt, die Schnitter sind die Engel. Matth. 13, 38 u. 39.

††) Offenb. Joh. 20, 2—6. Matth. 25, 31—34. 19, 28. 16, 27.

†††) Wenn kommen wird darnach das Ende, wenn er das Reich Gott und dem Vater überantworten wird. 1. Corinth. 15, 24. Siehe da, eine Hütte Gottes bei den Menschen; und er wird bei ihnen wohnen, und sie werden sein Volk seyn, und Er selbst, Gott mit ihnen, wird ihr Gott seyn, und Gott wird abwischen alle Thränen von ihren Augen; und der Tod wird

wieder unterthan seyn werde dem Vater, mit allen, die er dem Vater unterwürfig gemacht hat; und wie er noch weiter in allen Weissagungen, die unter uns bekannt sind unter dem Titel der Weissagungen vom Ende der Welt und dem jüngsten Tage, sich über diesen Gegenstand ausgedrückt hat.

Die Sicherheit dieser Vorhersagung gründete sich in Jesu lediglich auf das sichere Bewusstseyn, dass Gott das durch ihn angefangene Werk ausführen werde, nicht umhin könne, es auszuführen, so gewiss er Gott sey,*) und ist eigentlich nur die Analyse dieser Versicherung: keinesweges gründet sie sich auf eine Einsicht in den Zustand der Welt, von welcher er höchstens das Judenthum, das Heidenthum aber, welches ja in seinem Plane nicht minder befasst war, gar nicht kannte. Er konnte über jene Ausführung darum gar nichts Näheres specificiren, sondern nur im Allgemeinen sich darüber ausdrücken, umsomehr, da der heilige Geist erst kommen musste, und er war sich dessen deutlich bewusst: darum auf die Frage nach dem *Wann*, wie im Aeusseren Befangene und sich Bedenkende fragen, antwortet er: vom Tage und der Stunde weiss niemand, auch nicht die Engel im Himmel, auch der Sohn nicht, sondern allein der Vater. (Marc. 13, 32.)**) (Es liegt dies in dem allgemeinen schlechthin vorauszusetzenden Weltplane.)

---

nicht mehr seyn, noch Leid, noch Geschrei, noch Schmerzen wird mehr seyn, denn das erste ist vergangen. Offenb. Joh. 21, 3 u. 4. Vergl. ibid. 6, 7, 10 bis zu Ende, 22, 1—5. Wenn aber alles Gott unterthan seyn wird, dann wird auch der Sohn selbst unterthan seyn dem, der ihm alles unterthan hat, auf dass Gott sey alles in allem. 1. Corinth. 15, 28.

*) Dies Geschlecht wird nicht vergehen, bis dass dies alles geschehen. Himmel und Erde werden vergehen, aber meine Worte werden nicht vergehen. Matth. 24, 35. Marc. 13, 31. Lucas 21, 32 u. 33. Bis dass Himmel und Erde vergehen, wird nicht vergehen der kleinste Buchstabe noch ein Titel vom Gesetz, bis dass es alles geschehe. Matth. 5, 18. Ist Gott verkläret in Jesu, so wird ihn Gott auch verklären in ihm selbst, und wird ihn bald verklären. Joh. 13. 32.

**) Vergl. Matth. 24, 36 u. 42. Die aber, die zusammengekommen waren, fragten ihn, und sprachen: Herr, wirst du auf diese Zeit wieder aufrichten das Reich Israel? Er aber sprach zu ihnen: es gebühret euch nicht zu wissen Zeit oder Stunde, welche der Vater seiner Macht vorbehalten hat. Apostelgesch. 1, 6 u. 7.

(Wie klar und vollendet Jesus gewesen sey in seiner Beschränkung, seiner Anschauung, und wie eisern er sie durchgeführt und alles durch sie begriffen habe, zeigt sich hier. Daher, weil er nichts anderes war. Wie sehr verschieden von den Jüngern, die doch ein äusserliches, natürliches, durch die Umgebenheiten gebildetes Daseyn hatten zu der Lehre Jesu, welche verschiedene Bestandtheile wenig passten, und sich drängten. Auch nach ihrer Wiedergeburt: denn der neue Mensch knüpft denn doch sich an die persönliche Identität des alten.)

Diese Weissagung Jesu, — klar aussprechend, was wir sagten: das Christenthum ist nicht etwa bloss Lehre, es ist Princip einer Weltverfassung, und das erstere ist es nur für eine Zeit und als Mittelzustand, um zu werden das letztere, — ist, eben aus Mangel *dieser* Erkenntniss, nicht verstanden worden. Man dachte sich zuvörderst ein Verbrennen der Welt im Feuer,*) indem man einen bildlichen Ausdruck wörtlich nahm, eine persönliche Wiedererscheinung Jesu auf der Welt zur Auferweckung der Todten,**) und zur Abhaltung eines allgemeinen Verhörs und Gerichtstages über alle Menschen.***) Die Apostel konnten nicht umhin, diese Begebenheit noch bei ihren

---

*) Also auch der Himmel und die Erde werden durch sein Wort gesparet, dass sie zum Feuer behalten werden am Tage des Gerichts und der Verdammniss der gottlosen Menschen. Es wird aber des Herrn Tag kommen, wie ein Dieb in der Nacht, in welchem die Himmel zergehen werden mit grossem Krachen, die Elemente aber werden vor Hitze zerschmelzen, und die Erde, und die Werke, die darinnen sind, werden verbrennen. 2. Petri 3, 7—10.

**) Denn es wird die Posaune schallen, und die Todten werden auferstehen unverweslich, und wir werden verwandelt werden. 1. Corinth. 15, 52. Denn er selbst, der Herr, wird mit einem Feldgeschrei und Stimme des Erzengels und mit der Posaune Gottes hernieder kommen vom Himmel, und die Todten in Christo werden auferstehen zuerst. 1. Thessalon. 4, 16 u. 17.

***) Wenn Jesus wird geoffenbaret werden vom Himmel sammt den Engeln seiner Kraft, um mit Feuerflammen Rache zu geben über die, so Gott nicht erkennen, so nicht gehorsam sind dem Evangelio Christi. 2. Thessalon. 1, 7 u. 8. Christus ist zukünftig, zu richten die Lebendigen und die Todten mit seiner Erscheinung, und mit seinem Reich. 2. Timoth. 4, 1. Vergl. Matth. 25, 31—36.

Lebzeiten zu erwarten;*) späterhin erwartete man sie von Zeit zu Zeit bei wichtigen Epochen, z. B. mit dem Schlusse des ersten Jahrtausend. Ich selbst bin noch unterwiesen, das Hereinbrechen dieses jüngsten Tages mir jeden Morgen als möglich zu denken: sie herrscht besonders in christlichen Liedern, z. B. den Klopstockischen, der seine Phantasie davon, als von einem prächtigen Bilde, erfüllt hatte.

Da sichs doch verzogen hat, so wurde es ganz auf die Zerstörung Jerusalems gedeutet, wie es sich denn auch wohl nicht läugnen lässt, dass in den vorhandenen Evangelien Reden Jesu, die er bei verschiedenen Gelegenheiten über diese beiden abgesonderten Begebenheiten gehalten, zusammengeworfen, und mit einander verwechselt seyn mögen.**) Es ist allerdings wahrscheinlich, dass Jesus zur Nachachtung und Berathung der Seinigen nöthig gefunden, sie von der leicht vorauszusehenden Zerstörung Jerusalems unter anderen auch zu unterrichten: in dem Ganzen der Geschichte aber ist diese Zerstörung ein so durchaus unwichtiger Gegenstand, — Jerusalem mit seinem ganzen Wesen war schon längst ein blosses Schattenbild, und hatte in seiner grössten Herrlichkeit gegen andere Staaten in Beziehung auf das Ganze wenig zu bedeuten gehabt, und die einzige wahrhaft historische Bedeutung erhalten nur durch den Auftritt Jesu in seinen Mauern — dass man ein Jude seyn muss, oder ein durchaus zum Juden gewordener Christianer, und Jesum selbst, der übrigens niemals hohe Begriffe vom Judenthume zeigt, in einen solchen verwandeln muss,

---

*) Es ist aber nahe gekommen das Ende aller Dinge. 1 Petri 4, 7. Kinder, es ist die letzte Stunde, und wie ihr gehört habt, dass der Widerchrist kommt, und nun sind viele Widerchristen geworden; daher erkennen wir, dass die letzte Stunde ist. 1. Joh. 2, 18. Denn noch über eine kleine Weile, so wird kommen, der da kommen soll, und nicht verziehen. Ebräer 10, 37. Dagegen: Dass ihr euch nicht bald bewegen lasset von eurem Sinn weder durch Geist, noch durch Wort, noch durch Briefe, als von uns gesandt, dass der Tag Christi vorhanden sey. Lasset euch niemand verführen in keinerlei Weise. Denn er kommt nicht, es sey denn, dass zuvor der Abfall komme, und geoffenbaret werde der Mensch der Sünde, und das Kind des Verderbens. 2. Thessalon. 2, 2 u. 3.

**) Lucas 19, 41—44. Vergl. Matth. 24, 15—21. Marc. 13, 14—19.

um die über alles erhabenen Bilder jener Weissagung*) auf diese Begebenheit zu deuten.

Indem man auch dies gefühlt hat, nachdem ferner, durch aus der Philosophie stammende, und in allgemeinen Umlauf gekommene andere Ansichten von der menschlichen Fortdauer, die Ruhe der menschlichen Leiber in den Gräbern bis an den jüngsten Tag, und die Wiederbelebung derselben Leiber durch Jesu den Credit verloren, auch durch die lange Dauer der Welt seitdem die Begriffe über die Menge der lebenden Menschen sich so gesteigert haben, dass es der Phantasie nicht wohl gelingen will, einen Platz zu finden, um sie zu einem allgemeinen Gerichtstage zu versammeln; hat man neuerdings diese Weissagung so ziemlich an ihren Ort gestellt, sie aufgegeben, und sein Nichtverständniss derselben deutlich gefühlt. Wir nehmen dieselbe wieder auf, als den eigentlichen Schlussstein, und den Vollendungspunct des Christenthums, weil wir anderwärtsher, aus der durchgeführten Verstandeserkenntniss, ihren Inhalt erhalten, und die Nothwendigkeit desselben *a priori* einsehen. Das Christenthum ist nicht blosse Lehre, es soll eben dadurch werden Princip einer Verfassung; es muss dazu kommen noch auf dieser Welt, dass Gott allein und allgemein herrsche, als sittliches Wesen, durch freien Willen und Einsicht; dass schlechthin alle Menschen wahrhafte Christen, und Bür-

---

*) Und es werden Zeichen geschehen an Sonne, Mond und Sternen, und auf Erden wird den Leuten bange seyn und werden zagen, und das Meer und die Wasserwogen werden brausen, und die Menschen werden verschmachten vor Furcht, und vor Warten der Dinge, die da kommen sollen auf Erden, denn auch der Himmel Kräfte sich bewegen werden, und dann werden sie sehen des Menschen Sohn kommen in der Wolke mit grosser Kraft und Herrlichkeit. Lucas 21, 25—27. Sonne und Mond werden den Schein verlieren, und die Sterne werden vom Himmel fallen und die Kräfte der Himmel werden sich bewegen, und alsdann wird erscheinen das Zeichen des Menschensohnes im Himmel. Und alsdann werden heulen alle Geschlechter auf Erden, und werden sehen kommen des Menschen Sohn in den Wolken des Himmels mit grosser Kraft und Herrlichkeit. Und er wird senden seine Engel mit hellen Posaunen, und sie werden sammeln seine Auserwählten von den vier Winden, von einem Ende des Himmels zum anderen. Matth. 24, 29—31. Vergl. Marc. 13, 24—27. Offenb. Joh. 6, 12—17.

ger des Himmelreichs werden, und dass alle andere Herrschaft über die Menschen rein und lauter verschwinde. Dies ist der Sinn jener Weissagung, und muss der Sinn derselben seyn, weil es nur diesen Sinn über das letzte Ziel des Menschengeschlechtes auf der Erde giebt. Was Jesus ausgesagt, als eine nothwendige Begebenheit in der Zukunft, darum, weil Gott die Welt regiere, trifft mit dem, was wir zu Anfange dieser Vorlesungen, als eine Aufgabe der Freiheit von der Philosophie aus erkannt haben, zusammen. Dass Gott die Welt regiere, indem diese nur ist seine Erscheinung, anerkennt die Philosophie auch; sie darum und jene stimmen durchaus überein.

Was nun insbesondere die in jener Weissagung ausgesagte *persönliche* Wiederkunft Jesu zur Errichtung dieses Reiches anbetrifft, so muss man diesen Punct nur richtig verstehen. Nach derselben Weissagung ist Jesus ja auch bei uns *alle Tage;**) das versteht doch wohl keiner von persönlich-sinnlicher Gegenwart, sondern durch die Folgen seines einmaligen Daseyns. Wie er nun diese zweitausend Jahre immer gegenwärtig gewesen, und es heute ist, und in dieser Stunde unter uns, ebenso wird er auch bei jener Epoche gegenwärtig seyn, nur nicht als bloss lehrend, sondern als *wirkende* Kraft, wie in seinem Leben, was man nun ein Gegenwärtigseyn $\varkappa\alpha\tau$' $\dot{\varepsilon}\xi o\chi\dot{\eta}\nu$ und so ein Wiederkommen nennen mag. Unmittelbar werden sodann wirken diejenigen Werkzeuge Gottes, die zu dieser Zeit leben werden, da sie aber dies nicht könnten, wenn nicht einst ein Jesus dagewesen wäre, und ihr Werk doch nur die Vollendung ist des bisher sich fortentwickelt habenden Werkes,

---

*) Denn wo zween oder drei versammelt sind in meinem Namen, da bin ich mitten unter ihnen. Matth. 18, 20. Und siehe, ich bin bei euch bis an der Welt Ende. Matth. 28, 20. Und ob ich hinginge, euch die Stätte zu bereiten, will ich doch wiederkommen, und euch zu mir nehmen; auf dass ihr seyd, wo ich bin. Joh. 14, 3. Es ist noch um ein Kleines, so wird euch die Welt nicht mehr sehen. Ihr aber sollt mich sehen, denn ich lebe, und ihr sollt auch leben. An demselbigen Tage werdet ihr erkennen, dass ich in meinem Vater bin, und ihr in mir, und ich in euch. Joh. 14, 19 u. 20. Vergl. 16, 16. Vater, ich will, dass, wo ich bin, auch die bei mir seyn, die du mir gegeben hast, dass sie meine Herrlichkeit sehen, die du mir gegeben hast. Joh. 11, 24.

welches Gott durch Jesus *rein ursprünglich,* und an den absoluten Gegensatz es anknüpfend, anfing, so wird diese Wirksamkeit mit Recht Jesu, dessen Fortsetzungen sie bloss sind, zugeschrieben. Auch ist jene Einführung des Christenthums in die Welt nicht zu denken als eine einzige, momentane, blitzähnliche Begebenheit, sondern selbst sie mag ihren stillen, langsamen und der Welt unbemerkten Gang gehen, ebenso wie die Ausgiessung des heiligen Geistes ja auch Jahrhunderte gedauert hat, und noch dauern wird, ehe man so recht eigentlich und allgemein sagen kann: *Nun ist er da!*

III.

Eigentlich sind, indem ich hierdurch die Schilderung des Christenthums schliesse, mit derselben zugleich meine Vorlesungen geschlossen, und die eigentliche Aufgabe ist gelöst. Denn auf die Frage: wird es denn zu dem von uns beschriebenen Reiche der Freiheit und des eigentlichen Rechts kommen, werden die Bedingungen der Freiheit, die ja offenbar, bloss auf die Freiheit gesehen, auch nicht eintreten könnten, ganz gewiss eintreten? — (bemerken Sie: wenn etwas als Folge eines Naturgesetzes angesehen wird, so ist die Vergewisserung leicht, denn das Naturgesetz waltet schlechthin: wenn aber nun als des Freiheitsgesetzes; giebt es denn ein die Freiheit factisch Bindendes? Da müssen wir höher: von dieser Art ist nun unsere Untersuchung), — können wir auf diese Hoffnung ruhig sterben, können wir, falls wir zu diesem Zwecke beizutragen berufen sind, auch mit der Freudigkeit arbeiten, dass unser Werk, falls es nur in Gott gethan ist, und nicht aus uns, nicht verloren gehe? — ist die Antwort: *Ja!* Denn die Erscheinung Gottes als Erdenleben ist nichts anderes, denn jenes Reich Gottes; Gott aber erscheint nicht vergeblich, macht nicht einen mislingenden Versuch des Erscheinens; also kommt es sicher zu diesem Reiche Gottes, und kann nicht nicht zu ihm kommen.

Dies ist es eben, was die Freiheit auch factisch bindet, dass in ihr nicht Nichts erscheine, wie es in der That ohne dieses Band seyn würde, sondern Gott. Die Freiheit bleibt darum Freiheit; es ist ihr keine Zeit gegeben, sie kann in dem Leeren sich abtreiben, und das Rechte aufhalten; darin gilt ihr Recht: aber irgend einmal, wie lange es auch dauern möge, kommt es dennoch zu dem Rechten. Dieses geht einem nun nicht eher auf, als bis man das Princip der Geschichte begreift; denn dies ist eben das factische Gesetz der Freiheit, eine gewisse Geschichte zu bilden. — Das nimmt der Freiheit den Grund, den sie dem Zweifel darreicht: die Freiheit *muss*, nur nicht dieses oder jenes Freiheit, sondern die Freiheit überhaupt: der Rechte wird sich schon finden.

Wenn nun gefragt wird: *wie* und *wodurch* kommt es zum Reiche? so ist heute die Antwort: durch das in der Zeit schon vorlängst niedergelegte Princip des Christenthums, welches, zur grösseren Bestätigung, nach der Weissagung Jesu nun auch mit dem an sich davon verschiedenen Principe des Geistes, des zu einer Kunst erhobenen Verstandesgebrauchs, durchdrungen zu werden anfängt. —

Es bleibt darum bloss noch übrig, dieses *Wie* näher zu beschreiben.

Das von der Vernunft geforderte Reich des Rechts, und das vom Christenthume verheissene Reich des Himmels auf der Erde, ist Eins und dasselbe. Für das Erste darum bürgt das Zweite. Das *Dass* ist ohne Zweifel. — Nur zum Ueberflusse, und nächstdem für unsere eigene Belehrung und Berichtigung über die dahin einschlagenden Gegenstände, über das *Wie*.

Wir heben an mit einer genaueren Beschreibung dieses Reichs.

Das Himmelreich ist Theokratie in dem deutlichen Bewusstseyn eines Jeden, und durch dieses Bewusstseyn; wie das Reich der alten Zeit, mit welchem die Geschichte begann, Theokratie war für den blinden Glauben aller. — Jederman soll gehorchen nur Gott nach seiner eigenen klaren Einsicht von Gottes Willen an ihn; und inwiefern er doch gehorchen würde einem Menschen, so soll auch dies nur geschehen, zufolge seiner klaren Einsicht, dass dieses Menschen Stimme nicht sey des *Menschen,* sondern *Gottes* an ihn. Jede andere Macht auf den Willen der Menschen, ausser der des Gewissens eines Jeden, soll wegfallen. Wie lässt eine solche Verfassung *auf der Erde und in der gegenwärtigen Welt,* und unter dem Gesetze derselben sich denken? denn so ist die Frage gestellt.

1) Grundgesetz dieser Welt ist, dass die Menschen geboren werden mit unentwickeltem Verstande. Durch die Erfahrung der abgelaufenen Weltalter hat sichs bestätigt, dass dieser Verstand nicht durch sich selbst (und gleichsam nach einem Naturgesetze, so wie der Leib in die menschliche Gestalt hineinwächst) sich entwickelt zur richtigen Einsicht des Willens Gottes, sondern es hat dazu einer Kunst bedurft, die bisher nur wenigen Begünstigten gelungen. Es ist darum klar, dass für die Möglichkeit einer solchen Verfassung vorausgesetzt wird, dass *alle* zur Fähigkeit, den Willen Gottes an sie klar einzusehen, erzogen werden; und da *alle* ohne Ausnahme, die da geboren werden, zu dieser Einsicht gebildet werden sollen, ohne Unterschied (ohne etwa eine besondere Genialität und Verwandtschaft zum Uebersinnlichen vorauszusetzen); dass es eine sichere, unfehlbare, und an jedem gegebenen Individuum ihren Zweck erreichende *Kunst* einer solchen Menschenbildung geben müsse.

2) So lange die Welt unter diesem Reiche fortdauern wird, so lange wird fortdauern Tod und Geburt; darum die Nothwendigkeit der Erziehung der Nachgeborenen: es muss darum eine ununterbrochen fortdauernde Anstalt zu dieser Erziehung geben: diese Erziehungsanstalt ist darum ein das Reich in seiner Fortdauer begleitender, und von ihm unabtrennlicher Bestandtheil.

3) Diese Erziehung lässt durch ihren allgemeinen Zweck sich leicht bestimmen: Jeder soll mit klarer Einsicht verstehen den Willen Gottes an ihn: sich in klarer Selbstanschauung,

die kein Unterschied in ihm stellvertreten kann, subsumiren jenem allgemeinen Gesetze der Geisterwelt. Dies setzt voraus die klare allgemeine Einsicht, dass der Mensch unter dem Willen Gottes stehe, und dass er ohne den Gehorsam nichts sey, und eigentlich gar nicht da. Diese Einsicht ist nun die des Christenthums, oder auch, welches in diesem Zusammenhange gleichgeltend ist, der Wissenschaftslehre. Die geforderte Erziehung muss darum die Kunst besitzen, alle Menschen ohne Ausnahme unfehlbar zu dieser Einsicht zu bringen, und damit dies möglich sey, die Menschen von Beginn an, aus dem, was allen gemeinschaftlich ist, also zu bilden, dass diese Kenntniss mit Sicherheit an sie gebracht werden könne. — (Diese Kunst ist nun noch nicht erfunden: bis jetzt rechnet der Unterricht in der Wissenschaftslehre auf ein Ohngefähr, auf eine Verwandtschaft: ihr Besitz aber ist vorläufige Bedingung jenes Reichs.) Dies ist das *Allgemeine,* welches schlechthin jeder durch die Erziehung erhalten muss.

4) Unter dieses allgemeine Gesetz soll jeder in seiner Selbstanschauung sich subsumiren, um zu erkennen den Willen Gottes an ihn. Die durch Vernunft *a priori* eingesehene Voraussetzung ist nemlich die, dass jedem unter den freien Individuen im göttlichen Weltplane angewiesen sey seine bestimmte Stelle, die nicht sey die Stelle irgend eines anderen zu derselben Zeit in demselben Ganzen Lebenden, indem der göttliche Wille nicht mit sich selbst streiten kann; dass darum, wenn alle den Willen Gottes über diese ihre Stellen nur klar verstehen, ebensowenig zwischen ihnen selbst ein Widerstreit der Kräfte, der durch eine Rechtsverfassung vermittelt werden müsste, entstehen könnte.*) Diese seine Stelle soll eben jeder klar erkennen, und so würden sie an derselben arbeiten zum gemeinschaftlichen Zwecke ohne allen Streit unter einander.

5) Jene Erziehung der Menschen, zu der wir zurückkommen werden, die da ist die Unterwerfung der dem Menschen angeborenen Natur unter den Begriff, und dadurch unter den

---

*) Denn Gott ist nicht ein Gott der Unordnung, sondern des Friedens, wie in allen Gemeinden der Heiligen. 1. Corinth. 14, 33.

Willen Gottes, indessen abgerechnet, — bleibt dem Menschen als Auftrag des göttlichen Willens übrig die Unterwerfung der *äusseren* Natur, der Sinnenwelt unter den Begriff. In dieser Naturunterwerfung nun müsste im Plane Gottes jedem, den er nicht zur Erziehung bestimmt, sein Platz angewiesen seyn, und diesen müsste jedweder erkennen.

6) Die Erweiterung der Herrschaft der Vernunft über die Natur geht schrittweise. Es muss in einem gewissen Puncte erst durch gemeinsame Kraft die Herrschaft über sie errungen werden, und sodann erst ist von diesem Puncte aus möglich das Fortschreiten zu einem weiteren Siege nach einem klaren Zweckbegriffe des ganzen Geschlechts. Es bedarf darum in dieser regelmässigen Bearbeitung zweier Stücke: *a)* eines Verstandes, der die Gesammtarbeit an der Natur übersieht, und jedesmal den Punct erkennt, wie in der Unterwerfung derselben regelmässig fortgeschritten werden müsse, und *b)* der Gesammtkräfte, die unter der Anleitung jenes Verstandes arbeiten. Dieser Verstand braucht nicht in allen vorhanden zu seyn, indem sodann alle in dieser Rücksicht einen und ebendenselben Verstand haben würden, sondern es reicht hin, wenn er nur überhaupt immer während der Dauer der Welt unter diesem Reiche in der Welt vorhanden ist: nach seinem Plane aber müssen alle Kräfte der Einzelnen die Richtung erhalten. Jener Verstand wird darum in der That nicht bei allen, sondern nur bei einzelnen vorhanden seyn, und die letzteren werden in dieser Rücksicht der Einsicht der ersteren folgen müssen. Damit sie nun jedoch auch hierin nur folgen ihrer eigenen Einsicht, so wird entstehen müssen das gemeinsame, und durchaus übereinstimmende Bewusstseyn in allen, welche berufen seyen zum ersteren Geschäfte, zur Leitung, welche dagegen zum zweiten, dem Gehorchen der Leitung. Sehen die letzteren dieses in Beziehung auf sich selbst ein, sehen sie ferner ein, wie sich ihnen in ihrem Begriffe von Gott ja aufdringt, dass dieser Mangel in ihrer Verstandesanlage, dagegen der Besitz derselben bei jenen, auch Gottes Fügung sey: so erkennen sie klar, dass sie in der Verfügung jener nicht gehorchen ihnen,

sondern allein dem als Gesetz Gottes erkannten Naturgesetze ihrer verschiedenen Verstandesanlagen.

7) Wie soll die zuletzt geforderte Verstandeseinsicht und Subsumtion jedes Individuums unter dieses Grundgesetz möglich seyn? Ich sage also: Ausser jener religiös-sittlichen Bildung muss allen mitgetheilt werden ein bestimmtes Bild und eine Uebersicht des dermaligen Geschäfts der Freiheit an der Natur, als des zweiten Grundbestandtheils der allgemeinen Menschenbildung. Diese zerfällt natürlich in die zwei Theile, die Kenntniss der Natur, und der menschlichen Kraft, in wieweit sie bisjetzt entwickelt ist. Wenn dieses Bild an den Zögling gebracht und von demselben wohl gefasst ist, kann erfolgen nur zweierlei: entweder sein Verstand wird durch dasselbe befriedigt, und beruhigt sich dabei, oder das gegebene Bild wird ihm schöpferisch für ein höheres und neues. Durch das Letztere wird bewiesen der göttliche Ruf an dieses Individuum, den Fortgang und die Erweiterung der Verstandesherrschaft zu leiten; durch das Erstere dieser Beruf verneint und er angewiesen, an dem gemeinsamen Geschäfte, wie es bisjetzt vorliegt, seinen Antheil zu nehmen.

Dagegen, dass die schöpferische Fähigkeit, die wohl vorhanden sey, sich nicht etwa verstecke, und hinterher, nachdem der Stand schon entschieden ist, zum Vorschein komme, dass darum der Schluss vom sich nicht Zeigen in der Erziehung au das Nichtvorhandenseyn richtig sey und unfehlbar, ist gesorgt dadurch, dass die Erziehung eine sichere Kunst ist, wie denn auch nur unter der Bedingung, dass sie dies sey, sie bürgen kann für die Untrüglichkeit ihres Urtheils. Die bisherige Menschenbildung regt nicht die menschliche Kraft auf in ihrer Tiefe und in ihrem letzten Quellpuncte, und verfolgt nicht diese Aufregung in systematischer Ordnung, wie die Kraft nach ihrem Gesetze sich entwickelt, sondern sie greift ein, wohin sie trifft, wie die eigene Bildung des Lehrers, und darum seine Lust und Liebe es mit sich bringt, und so kann sich ihr gar leicht ein schlummerndes Talent verbergen; nicht aber derjenigen systematischen Kunst der Menschenbildung, welche das Daseyn des Reichs, von dem wir reden, voraussetzt.

In Absicht des besonderen Zweiges dieser Arbeit nun hat ja die Erziehung ihm ein Bild der ganzen gegeben, und versucht nach den Anleitungen, die ihr die Natur des Zöglings, besonders seine Neigung — da Neigung hier wohl, zumal da die Phantasie nicht durch Meinungen misleitet wird, für Können zeugt, — an die Hand gab, das Vermögen desselben. Wo sich dies am besten zeigt, dafür bestimmt ihn seine Natur oder Gott. Die Wahl eines bestimmten Geschäfts beschliesst seine Erziehung, die hierdurch sich selbst als vollendet ausspricht: und nun ist er freies Mitglied der Gemeine, da er bisher unter der Zucht der Erziehung stand. So lange diese Wahl sich nicht entscheidet, ist sie nicht geschlossen, und der Mensch bleibt unmündig: die geistige Individualität ist in ihm noch nicht reif, gesondert und anerkannt: er hat darum noch keine in einem Reiche des klaren Verstandes, sondern bleibt in der verschmolzenen Masse, aus welcher die Individuen erst durch die Kunst der Erziehung nach Anleitung Gottes — die Erziehung ist hier ein Erforschen des göttlichen Willens — herausgebildet werden.

8) Die Erziehung selbst fällt anheim der zweiten Klasse der schöpferischen Geister: denn zuvörderst ist man nur von dem recht sicher, dass er das Leben im Geiste und dessen Gesetze begreife, für dessen Auge sich auch sogar die leblose und durch ihr Gesetz abgeschlossene Natur in ein geistiges Fortschreiten verwandelt: sodann sollen ja die künftigen Generationen nicht gerade zur Wiederholung des Lebens der unmittelbar früheren, sondern vielleicht zu einer neuen Entwickelung desselben an der Natur gebildet werden; der Erzieher darum, der nicht bloss das Bild der früheren Erziehung wiederholen, sondern für das Fortschreiten bilden soll, muss bestimmt wissen, wie dieses Geschlecht in Bildung der Natur fortschreiten kann. Diese Erzieher organisiren sich in sich selbst und durch Ernennung unter sich, allenthalben sich gründend auf die in der Erziehung gezeigte Individualität, zu einem Regenten- und Lehrercorps.

9) Wissen ist nicht Thun, nicht freudige, nichts Anderes begehrende Unterwerfung: wie will man sich ihres Willens

versichern? Ich sage: In unserer Welt, und bei unserer Erziehung, in der man nicht einmal mit Sicherheit es zu irgend einem Erkennen bringt, sondern das gewöhnliche Erkennen nur ist ein an seinen Ort gestellt seyn Lassen, weil man nichts dagegen hat, ohne eigentliche Ergebung des Willens darein, weil es auch nicht bis zur Verbindung mit dem Willen fortgesetzt ist, ist diese Frage ganz gerecht. So aber nicht dort, wo der ganze Mensch aus Einem Stücke gebildet wird, wovon ja das Daseyn des Reiches abhängt. Auch lässt sich schon jetzt anzeigen, worauf diese Sicherheit der Willensbestimmung beruhen werde. Der Mensch sieht ein, dass er, ohne diese Ergebung seines Willens in den göttlichen, *nichts ist, dies sieht er ein lebendig,* so dass er von dem Gefühle dieses Nichts ergriffen ist; aber Niemand will nichts seyn: an dem Seyn halten wir Alle. Wir auch: nur uns stellt es sich in einer Täuschung dar. Diese Täuschung aufzuheben habe jene die vollkommene Kunst: es ist darum dem Menschen aller Anhalt geraubt. Dies der eigentliche und der einzige Zwang, der über ihn von der Erziehung ausgeübt wird, der aber auch allen anderen ersetzt.

(Wir sind durchaus das Entgegengesetzte eines solchen Zustandes. Zerflossen und der Realität beraubt in der Wurzel: ermangelnd der Anschauung, wie sie die alte Welt hatte, des lebendigen Begriffs, wie die geschilderte sie haben wird, leben wir nur in einem problematischen und probirenden Begreifen, so dass es uns sogar schwer wird, einen solchen besseren Zustand uns zu bilden. Doch wäre dies gut, um unseren Gegensatz desto deutlicher zu empfinden. Dieser Mangel muss nun von einigen aus, in denen er sich nicht findet, in allen ausgefüllt werden. Dies nicht bedacht, bleibt unverständlich und unglaublich, was ich über dieses Zeitalter sage.)

10) Hiermit ist nun das Reich Gottes wirklich dargestellt in der Welt. Jesus, d. i. die von ihm eingeführte und durchgesetzte Freiheit des Hingebens an Gott, herrscht. So wird nun die Natur fortschreitend unterworfen, bis sie es ganz ist, bis sie keinen Widerstand mehr leistet dem reinen Begriff, sondern dieser unmittelbar, wie er ist, heraustritt in der Erscheinung;

und nun betritt das Menschengeschlecht die höhere Sphäre des rein aus sich Erschaffens nach dem göttlichen Bilde. Nun ist auch die Natur in ihr selbst, d. i. in einem Willen, der doch widerstehen könnte, und sich losreissen könnte, ohnerachtet er es freilich nie wollen kann, aufgehoben, und der Mensch will durch sein blosses Seyn nichts anderes, als was Gott will. Es ist darum nun auch der Sohn, durch welchen bisher der Vater regierte, unterthan und aufgegangen im Vater, der nun allein, und unmittelbar durch sich, und ohne Zuthun eines Sohnes, als des die Freiheit bestimmenden, regiert. Die Heiligen aber, welche mit Jesu regieren tausend Jahre, sind die beschriebenen Regenten und Lehrer in diesem Reiche.

11) Die factischen Bedingungen dieses Reichs von einer Seite haben in dieser Darstellung sich gezeigt. Zuvörderst muss die Anerkennung des Himmelreichs unabhängig gemacht werden vom historischen Glauben und der besonderen Gemüthsverwandtschaft Einzelner dazu, und die Form annehmen eines von jederman, der nur menschlichen Verstand hat, zu Erzwingenden. Diese Bedingung ist wirklich erfüllt durch die Erscheinung der Wissenschaftslehre, die freilich noch ringt, und vielleicht noch Jahrhunderte ringen wird um ihr Verständniss und ihre Anerkenntniss unter den Gelehrten. Untergehen können ihre in der Welt begonnenen Anfänge nicht, denn sie ist eine absolute Forderung des Geschlechts durch Gott und aus Gott; sie muss aber die Beziehung nehmen auf das Reich Gottes, und ausdrücklich dies als ihren Grundpunct aussprechen, denn nur so nimmt sie in sich auf eine lebendige Kraft, und erhebt sich über die Leerheit an praktischer Wirksamkeit, die der blossen Speculation beiwohnt. Unter den *Gelehrten:* die Gelehrtengemeine ist das Lehrercorps des Christenthums, des Reiches Gottes, die angefangene Gesellschaft, aus deren ununterbrochener Fortdauer jene Regenten und Bildner im geschilderten Reiche hervorgehen werden; ob sie sich nun in einzelnen Gliedern dafür erkenne, oder nicht, davon geht sie aus, darauf geht sie hin: in der Mitte eines langen Weges kann man wohl den Anfangs- und Endpunct aus dem Auge verlieren. Eben durch die Schwierigkeit, welche die Wissenschaftslehre

finden wird, sich annehmlich zu machen, und dadurch, dass sich ihr der eigentliche Sitz dieser Schwierigkeit, ein Mangel in dem geistigen Auge selbst, nicht verbergen kann, führt sie bei sich die Aufgabe der Kunst, dieses Auge für den Zweck zu bilden; also der Erziehungskunst. Da diese Kunst sich wendet an das menschliche Auge schlechtweg und allgemein, so fällt, sie einmal gefunden, in dieser Rücksicht der Unterschied zwischen Gelehrten und Ungelehrten weg. (Die ersten Erfinder sind schöpferisch; das einmal Erfundene aber wird ein Gegebenes, das schlechthin an Alle zu bringen ist. Jetzt scheint es sonderbar, Bauernkinder in der Schule die Wissenschaftslehre zu lehren, doch ists nicht sonderbarer, als es etwa dem Ersten, dem darüber ein Licht aufging, gedäucht haben würde, dass sie einen Begriff von der Einheit Gottes, und von seinem Verhältnisse zu uns als gütigen Vaters in der That erhalten.) Diese Bildungskunst des Menschen, welcher durch die Wissenschaftslehre selbst erst ihr letztes Ziel, ihr *Anfangspunct, sich* als Geist zu erkennen, und das Mittel, sich selbst zu verstehen, gegeben ist, ist die nächste Aufgabe, die an der Zeit ist. (Unser Zeitalter hat sie in der That schon ausgesprochen in Pestalozzi. Ihr *Hauptcharakter ist Unfehlbarkeit.* Früher brachte man durch psychologisch-mechanische Hülfsmittel zum Lernen; hier durch den Begriff der eigenen Thätigkeit und die Regel derselben.)

Sodann bedarf es einer so gründlichen Uebersicht der Natur und des Verhältnisses der menschlichen Kraft zu ihr (der Bedürfnisse und ihrer Unterordnung), dass aus derselben ein gemeinschaftlicher Plan für eine jene bearbeitende vereinigte Menschenmasse sich entwerfen lasse. Das Zeitalter strebt mit aller Kraft einer solchen Natureinsicht entgegen, und ist durch glückliche Entdeckungen, um in das Innere derselben einzudringen, ausgezeichnet gewesen.

Diese begonnene und bis auf diese Höhe gediehene Bahn der Lehrergemeine bürgt nun durch sich selbst für ihre Fortdauer, für ihre Steigerung und für ihr Gelangen zum Ziele, ohne alle äussere Beihülfe oder Antrieb (allenthalben diese Garantie zu erblicken, darauf kommt es uns ja an). Die Erkenntniss ist darin wahrhaft göttlichen Geistes, dass sie aus sich selbst lebt, den Menschen, den sie einmal ergriffen hat, festhält, und in ihm sich fortbildet nach ihrem Gesetze. Es ist unmöglich, dass ein von ihr Ergriffener schlecht sey, und sinnlichen Zwecken diene, träg werde und abfalle. Wer also thut, der hat die Erkenntniss nie um ihrer selbst willen geliebt, sie auch niemals erhalten, sondern nur Traditionen derselben um eines äusserlichen Zwecks willen aufgefasst. Sie kündigt sich ferner an durchaus als nicht persönlicher Besitz, sondern als ein Gemeingut, sie treibt zur Mittheilung, und wer eine Wahrheit begriffen, der kann nicht ruhen, bis sie auch andere ausser ihm begriffen haben. Sie entwickelt sich so nach dem Gesetze des Verstandes nothwendig bis zum Ende. Man kann sagen, dass die Fortdauer und das Wachsen der Erkenntniss, wenn es nur einmal in einer stehenden Gelehrtenschule Wurzel gefasst, und die äusserlichen Bedingungen der Fortdauer einer solchen gegeben sind, der menschlichen Freiheit und Willkür ganz entnommen ist. Es ist ein geistiges Leben, das sich selbst gestaltet, und die Personen aus und durch sich Dieses innere Gesetz ist nun recht lebendig einzusehen.

12) Der Fortgang ist gesichert, wenn nur die äusseren Bedingungen einer stehenden Gelehrtenschule gegeben sind, sagte ich. Dies führt uns darauf, dass wir die Bedingungen des Reiches Gottes, und was für die Erscheinung desselben bürgt, wie wir auch gesagt, nur von Einer Seite betrachtet haben. Es bleibt die Frage übrig: — ob denn auch diese äusseren Bedingungen gegeben seyn werden, und was uns für diese bürgt? Da aber jenes von diesen abhängig ist, so fällt, wenn diese nicht nachzuweisen, auch das erst Erwiesene hin. — Wer sichert der Gelehrtenschule die Erhaltung, die Ruhe, die Musse? Da ferner wir wohl gezeigt haben, dass die von der Erkenntniss schon Ergriffenen freilich nicht wieder abfallen können, wir aber alles zur Erkenntniss versammeln wollen: wer vermittelt denn die Verbreitung, und bringt die, welche gar keine Lust haben (wie aller natürliche Mensch), in die Schule der Erkenntniss?

Von einer anderen Seite angesehen: — Durch das Reich

fällt aller äussere Rechtszwang weg (weil ein Widerstreit in ihm gar nicht mehr möglich ist); fällt überhaupt weg alle Ungleichheit durch die *Abstammung,* die Familie (Alle nur Eine), des persönlichen Eigenthums (alle Grundbesitzer und Gemeingeniesser); kurz alle die Erscheinungen des alten, durch die neuere Zeit fortgepflanzten Staates. Der Zwang aber, unter anderem auch zur Aufrechthaltung dieser Bestimmungen des herkömmlichen Staats, ist unter uns und dauert fort: welches sind denn seine Bedingungen, besonders unter der Regierung eines sein Reich vorbereitenden Gottes? Fallen diese Bedingungen weg, fällt er, und wie fällt er dann selber weg? Wie löst dem Reiche Gottes zu Gunsten der Staat, der von dieser Welt ist, sich auf? Dies der zweite Theil: der Rest unserer Untersuchung.

---

1) Das Christenthum wurde durch sich selbst eine Lehranstalt: so betrachtete Jesus sich selbst, so seine Jünger, so die ganze erste Kirche, und natürlich, so lange sie von Unchristen in der Gesellschaft, in der sie unmittelbar lebten, umgeben waren. Diese hat theils an ihrem Inhalte, theils an der formalen Beschaffenheit aller Erkenntniss eine Bürgschaft ihrer inneren Fortdauer. Der heidnische Staat, in dem sie zuerst sich bildete, war mit ihr im Widerstreit der Principien; erkennbar jedoch und erkannt, als gleichsam der um sie herumgezogene Zaun, der ihren Frieden und ihr Fortbestehen sicherte gegen die *Willkür der Einzelnen.* Jederman soll unterthan seyn der Ordnung des Staates; selbst Gewalt leiden, um erhalten zu werden; dies sey der Wille Gottes,*) aber

---

*) Jederman sey unterthan der Obrigkeit. Denn es ist keine Obrigkeit ohne von Gott, wo aber Obrigkeit ist, die ist von Gott verordnet. So seyd nun *aus Noth* unterthan, nicht allein um der Strafe willen, sondern auch um des Gewissens willen. Römer 13, 1—7. Bittet, jeder für die Könige und alle Obrigkeit, auf dass wir ein ruhiges und stilles Leben führen mögen in aller Gottseligkeit und Ehrbarkeit. 1. Timoth. 2, 2. Vergl. 1. Petri 2, 13—20.

nicht der *ordnende,* — dieser erst im Reiche Jesu, — sondern der zulassende;*) d. i. ein Stoff, der erst durch Freiheit bestimmt werden sollte.

So konnte es nicht bleiben: theils, das Christenthum würde durch die Entfernung in der Zeit von Jesu und die Verblassung seines persönlichen Andenkens schwächer, der heidnische Staat dagegen in seinem Kriege gegen dasselbe stärker geworden, und das Christenthum durch diese beiden Fortschritte ausgetilgt worden seyn. Sodann, die Zeitgeschichte, die mit einem absoluten Staate begann, sollte in einer absoluten Kirche enden; es bedurfte darum des Mittelzustandes eines Staates, der die Kirche anerkannte, und ihr in der Rücksicht, welche einst im Reiche zur höchsten sich entwickeln sollte, das Primat anerkannte. Dieser zweite Staat erzeugte sich aus den germanischen, und aus den nachher mit ihnen in den Völkerverein getretenen Nationen, welche den eigentlichen Staat gar nicht gekannt, sondern im Naturzustande gelebt hatten, und erst durch das Christenthum, und gleichzeitig mit der Annahme desselben, den Staat bildeten; darum den heidnischen Staatsgott nicht zu vergessen brauchten, weil sie ihn nie gehabt. Gott lernten sie kennen nicht als Stifter des Staates, und darin aufgehend, sondern als sittlichen Gesetzgeber: den Staat darum als eine nur *menschliche Einrichtung,* eine künstliche, unter den Grundgesetzen des Christenthums, und diesem nicht entgegen; als Einrichtung menschlicher Klugheit, und dieser freigegeben bis zu jenen Gesetzen: dies der Grundbegriff des *neueren* Staates, der sich allenthalben bestätigt. Nur unter der Bedingung des Christenthums, und damit dieses bestehen könne, wurde er anerkannt, sodann unter der Bedingung seines Grundgesetzes absoluter Gleichheit der Menschen in der Kirche, und der bürgerlichen, dass jene bestehen könne: so ferner der Gewissensfreiheit: kein Staatsgesetz gegen Gottes Gebot. Aus dem ersten folgte seine Pflicht, das Christenthum als eine Lehranstalt zu erhalten, und die Menschen in die Schule desselben

---

*) Gebet dem Kaiser, was des Kaisers ist, und Gott, was Gottes ist! Lucas 20, 25.

zu nöthigen. Staat und Kirche kamen dadurch in gegenseitige Wechselwirkung: der Staat wurde der Zwingherr der Kirche, inwiefern sie einen solchen bedurfte und zulassen konnte, nemlich zur Schule und zur Erhaltung derselben (zum Glauben und zur Erkenntniss nicht). Die Kirche hinwieder erleichterte dem Staate sein Geschäft, indem sie Gehorsam, nicht zwar als gegen ein unmittelbares göttliches Gebot, aber als ein mittelbares, als gegen eine menschliche Ordnung befahl. Dadurch, dass der Staat gleich im Grundbegriffe aufgestellt war als ein Werk menschlichen Verstandes, ohne alle höhere und göttliche Autorität, war der Fortschritt desselben gesichert, der Verstand in diesem Felde geradezu durch den Glauben selbst unabhängig gemacht vom Glauben, und durch diese freie Wirkungssphäre ihm ein kräftiges Bildungsmittel angewiesen, das der Kirche selbst zum Nutzen gereichen musste. So wurde der Staat durch diese seine Form auf eine andere Weise dienstbar der Kirche, die ihm erst diese Form gegeben und dadurch im voraus sich selbst gedient hatte. — Dass ich diese höchst wichtige Epoche in der Geschichte scharf bezeichne. Ursprünglicher Verstand war bei dieser Entstehung des christlichen Staats nirgends zu finden, weder im Staate selbst, der soeben erst ausging aus dem Naturstande, noch in der Kirche, die auf den factischen Glauben sich gründete. Der freigegebene Verstand musste darum gesucht werden in der alten Welt. Das war es auch eigentlich, was in der neueren Zeit erst zur Tradition, sodann zur Literatur des Alterthums führte: das Bestreben, die Regierungskunst von ihm zu lernen. (Das Studium des römischen Rechts war der eigentlich praktische Antrieb bei der Wiedererweckung der alten Literatur; dass Philologie angefangen wurde, geschah nur auf jene Veranlassung. — Nur auf den Verstand ging man aus, der allein begehrt wurde. Da geschah die Absonderung: den Glauben oder Aberglauben liess man liegen. So machen wir es noch immerfort. Daher meine Klage, dass das Alterthum sehr wenig verstanden werde.)

Diese Entwickelung des freien Verstandes an weltlichen Dingen, worüber die Kirche ihn freigegeben hatte, konnte nun nicht ermangeln, sich auch an die Kirche selbst zu wenden, und dadurch ein höchst wichtiges Werk in der menschlichen Entwickelung zu vollziehen. — Der heidnische Aberglaube nemlich konnte in der alten Welt durchaus nicht mit dem Verstande durchdrungen und aufgelöst werden; weil auf ihm der Staat beruhte, darum dieser zugleich aufgelöst worden und die Welt zu Grunde gegangen wäre. Wenn der Chemiker eine Gasart, vereinigt mit einem Stoffe, nicht verflüchtigen kann, so lockt er sie in Verbindung mit einem anderen: so der göttliche Weltplan mit dem Aberglauben. Nach dem Untergange des Heidenthums flüchtete er sich in das Christenthum. In diesem konnte er aufgelöst und verflüchtigt werden, weil dieses sich auch mit dem Verstande vereinigt, und der Staat durch dasselbe in jeder Form gesichert war. — Der neuere Staat also war zunächst das Mittel, durch welches, nach christlicher Sprache, der heilige Geist einkehren konnte in das Christenthum. Auf eine höchst merkwürdige Art wurde ein auffallender Anfang dieser Operation gemacht durch Luthers Reformation, indem sie abschaffte die Tradition und die Satzungen der Kirche, und allein band an den Inhalt der schriftlichen Urkunden. Dieses Band konnte kaum für die erste Betäubung und Ermattung von der grossen Anstrengung widerhalten: denn theils gründet sich ja die Aechtheit, das kanonische Ansehen und die Unfehlbarkeit dieser Bücher selbst auf Tradition und Satzungen; die Reformation lässt darum an dieser Stelle gelten, was sie überhaupt läugnet: theils ist, da der authentische Erklärer an der Kirche und ihrem Oberhaupte aufgehoben ist, die Erklärung anheimgefallen dem Verstande, der nicht umhin kann, die Analogie des Glaubens, d. i. was aus der Einheit des Begriffs folgt, als die Erklärungsregel aufzustellen, und so zu erklären, wie ich oben in der früheren Schilderung des Christenthums erklärt habe. Es kommt darum eben zu dem Resultate, welches wir vielfältig ausgesprochen haben.

2) Durch diese Entwickelung des Christenthums vom Staate aus geräth jedoch dasselbe mit diesem in eine Verlegenheit anderer Art. Wenn der Staat dasselbe als Lehranstalt aufrecht

erhält, und die Unterthanen in die Schule nöthigt, so thut er dies selber als ein Gläubiger, und aus dem Glauben; weil er durch die Unterlassung sich den Zorn Gottes, und alles Unglück zuzuziehen glaubt, oder weil er die Verstärkung des Gehorsams vom Christenthume aus erwartet, welches ein Staat, der sein Handwerk versteht, durchaus nicht bedarf. Fällt nun dieser Aberglaube weg, fällt er auch bei den Staatsbeamten weg, was soll sie denn ferner verbinden, die Kirche zu erhalten, und für sie Güter und Kräfte aufzuwenden, die wohl anderwärts für ihre Zwecke besser angewendet wären? Auf dem historischen Principe bestehend, wird die Kirche sogar läugnen, dass jene, das Historische im Christenthume nur als eine Sache der Verstandesbildung behandelnde und übrigens das Wesentliche nur auf den Verstand gründende Lehre überhaupt noch Christenthum sey, sondern menschliche Aufklärung, welcher der Schutz des Staates keinesweges versprochen, und welche unter die nach den Verkommnissen zu tolerirenden Confessionen auf keine Weise gehöre. Was soll denn sodann, nachdem die Lehranstalt selbst ihre bisherige Stütze im Staate sich hinweggezogen hat, dieselbe erhalten?

Ich antworte: ein ganz anderes Princip im christlichen Staate, das, nach Aufhebung jenes sich erst recht deutlich aussprechen und eine kräftige Wirksamkeit erhalten wird. Es verhält sich also: der christliche Staat, nach keinem Verstandesbegriffe gebaut, sondern durch das Ohngefähr hier und da auf den Boden des alten Reichs anschiessend, zerfiel in mehrere Staaten; so musste es kommen nach dem Naturgesetze, und nach der Absicht Gottes mit demselben. Die Unterthanen aller waren sich gleich in dem, was das Christenthum giebt, und das ist viel: waren darum zu brauchen, ohngefähr wie sie sind, mit nicht sehr bedeutenden Umbildungen in jedem Staate; daher die Tendenz, nicht, wie im Alterthume, zu zerstören, sondern sich *einzuverleiben,* und sich zu vergrössern: und die durch diese Tendenz allen auferlegte Nothwendigkeit, darum die Aufgabe, so volkreich, so reich, so stark zu seyn, als irgend möglich, für den Widerstand. Der Krieg aller gegen alle nöthigt sie mächtig zu seyn. Nun fängt es aber schon an deutlich zu werden, und wird, jemehr der Verstand sich verbreitet, es immer mehr werden, dass das sicherste Mittel für Macht und Reichthum eines Staates dieses ist, die verständigsten und gebildetsten Unterthanen zu haben. Dies wird ihnen von der Seite der Naturerkenntniss und der Kunstentwickelung ein fortdauerndes Interesse für die Erhaltung, Erhöhung und Verbesserung sogar der Schule geben, sie werden nicht Schulen genug haben können. Kümmern sie sich nicht um Christen, so kümmern sie sich um geschickte Handarbeiter und Ackerbauer, und alles dieses beruht auf Verstandeserkenntniss. Die Lehrer aber, durch den oben beschriebenen Geist geleitet, einsehend, dass der letztere nicht ist ohne den ersten, werden, um den letzten hervorzubringen, und überhaupt nach der Kunst des Ganzen verfahrend, den ersten bilden. So ist es schon geschehen. Arzneikunde und Staatswirthschaft bringt die Wissenschaft durch. Die letzte ist ein vortreffliches Surrogat für den eingegangenen Respect gegen das Christenthum. Was sonst der Beichtvater, ist jetzt der Leibarzt, und ganz besonders der Finanzminister.

Jenes Streben nach Macht hat noch einen Nebenvortheil, das Aufheben der Ungleichheit auch des persönlichen Besitzes. Der Staat will, dass alle ihm gleich unterworfen sind, und hat gar keine Lust, zugestandene Privilegien zu ehren, will über das Eigenthum aller verfügen, und macht sogleich, falls es nach seinem Sinne geht, dass keinem mehr übrig bleibt, als die blosse Nothdurft. Dazu hilft die Erkenntniss: da verschwindet Adel und Reichthum.

So lässt sich auf die Fortdauer des nothwendigsten Zwanges rechnen, so lange er nöthig seyn wird. Der Staat glaubt sich selbst zu dienen, und dient, ohne sein Wissen oder Willen, einem höheren Zwecke.

3) Dieser wesentliche Zwang wird unnöthig, sobald es keine Eltern mehr unter dem Volke giebt, die sich nöthigen lassen, die Ihrigen der Schule zu übergeben, und diese durch ihre Beiträge zu erhalten. Dadurch hat die Kunst der Menschenbildung die erste offenkundige Probe abgelegt, dass es ihr gelungen, wenn sie eine solche Liebe für Verstandesbildung

über die Nation verbreitet hat, dass keiner mehr ist, der seine Liebe gegen die aus ihm Geborenen anders auszusprechen wüsste, und die Aeusserung der Liebe des bei sich haben Wollens dagegen aufgiebt. Da diese Wirkung in der Kunst der Menschenbildung selbst liegt, so ist sicher, so gewiss diese Kunst nicht in Verfall gerathen kann, vielmehr durch Uebung steigen muss, dass sie fortdauern wird, und die Nothwendigkeit dieses Zwanges einmal aufgehoben, sie nie wiederkehren kann. Dass bei der Erkenntniss seiner besonderen Bestimmung durch jeden, und bei der Liebe, sie zu erfüllen, als dem nothwendigen Resultat der allgemeinen Volksbildung von nun an jedweder andere Zwang, das Unrecht zu vermeiden, wegfällt, indem ein Unrecht und eine Versuchung dazu gar nicht da ist, hat schon oben eingeleuchtet.

4) Noch ein Zwang, der zum *Kriege*. — Der Krieger bildet keinen besonderen Stand, und kann im Reiche Gottes auf der Erde kein besonderer Stand werden, und zum Kriege werden, ausser in besonderen Fällen, die ich schon in einer früheren Vorlesung angezeigt habe, die Menschen niemals willig seyn. — Es müsste darum, um die Zeit des ersten Durchbruchs des Reichs Gottes in einem christlichen Volke, der christliche Völkerverein in der Lage gegeneinander seyn, dass zwar die Bereitschaft zum Kriege fortdauerte (um das Interesse der Staaten für ihre Macht, und so für die Schule zu erhalten), des wirklichen Krieges aber alle herzlich müde wären, weil eben keiner, bei dem allgemeinen Eifer, sich so mächtig als möglich zu machen, des Sieges sicher ist, jeder darum sich scheute anzufangen, und so ein sehr langwieriger Friede entstände. In eine solche Epoche, wo bloss des inneren Zwanges Möglichkeit stattfände, müsste die erste deutliche Wahrnehmung eintreten, dass keiner mehr nöthig sey, indem die Zwingenden und Regierenden ohne alle Beschäftigung blieben, und alles schon gethan fänden, wenn sie es gebieten, und unterlassen fänden, wenn sie es verbieten wollten, durch die Kraft der allgemeinen Bildung. — Eine solche Abneigung und Scheu vor dem Kriege kann eintreten, wir haben sie in der That an dem in gleichmässiger Geschichte fortschreitenden

Staate gesehen, der durch die frechsten Griffe eines revolutionirenden Staates kaum aufgeregt wurde.

Auf diese Weise wird irgend einmal irgendwo im Reiche des Christenthumes die hergebrachte Zwangsregierung allmählig einschlafen, weil sie durchaus nichts mehr zu thun findet. Was der gute und wackere Mensch schon jetzt kann, und wovon es unter uns nicht an Beispielen fehlt, dem Richter, der Polizei, und aller nöthigenden Gewalt mit sich gar kein Geschäft zu machen, das werden sie dann alle so halten, und so wird denn die Obrigkeit Jahr aus Jahr ein kein Geschäft finden. Die Angestellten werden sich darum ein anderes suchen: und es ist zu hoffen, dass der Uebrigbleibende, der etwa durch Geburt für diesen Platz sich bestimmt hält, wenn auch etwa in einer künftigen Generation, müde werden wird, eine Prätension fortzusetzen, von der kein Mensch ausser ihm mehr Kunde nimmt. So wird der dermalige Zwangsstaat ohne alle Kraftäusserung gegen ihn an seiner eigenen, durch die Zeit herbeigeführten Nichtigkeit ruhig absterben, und der letzte Erbe der Souveränität, falls ein solcher vorhanden, wird eintreten müssen in die allgemeine Gleichheit, sich der Volksschule übergebend, und sehend, was diese aus ihm zu machen vermag. Zum Troste, falls etwas von dieser Weissagung vor ihnen verlauten sollte, lässt sich hinzusetzen, dass sie weichen werden nur Gott und seinem Sohne Jesu Christo.

5) Dies, sage ich, wird eintreten in einem Zwischenraume, da äusserer Krieg und darum Zwang zu demselben nicht stattfindet. Wäre die Möglichkeit desselben in der Welt dennoch nicht gänzlich aufgehoben, und würde späterhin ein Volk, in welchem die Theokratie schon feste Wurzel gefasst, mit demselben überzogen, so ist keine Frage, ob nicht dieses Volk ebenso gegen den äusseren Feind stehen werde mit gemeinschaftlicher Kraft, als Ein Mann, wie es gegen den inneren Feind, die Natur, immerfort steht, und ob es nicht bei seiner überwiegenden Naturkenntniss, Kunstfertigkeit und gottbegeisterten Muthe entschiedener Sieger seyn werde. — Wenn nicht anderes, so wird dies die übrigen christlichen Völker anreizen, ihm nachzufolgen, und von ihm die Bedingungen seiner Ver-

fassung und die Verfassung selbst sich anzueignen: und so wird sie denn allmählig sich über alle Völker des Christenthums verbreiten. Solche Völker aber bekriegen sich nicht, und unter ihnen ist ewiger Friede und ewiges Bündniss da. Mit den übrigen noch unchristlichen, ungebildeten Völkern stehen sie im natürlichen Kriege, oder diese vielmehr mit ihnen. Es kann nicht fehlen, dass sie nicht Sieger seyen: und dieser Sieg kann keine andere Wirkung haben, als dass auch sie aufgenommen werden in den Schooss des Christenthums, und durch Nachbildung in die Verfassung desselben, und so das ganze Menschengeschlecht auf der Erde umfasst werde durch einen einzigen innig verbündeten christlichen Staat, der nun nach einem gemeinsamen Plane besiege die Natur, und dann betrete die höhere Sphäre eines anderen Lebens.

So ist unsere Aufgabe vollständig gelöst. — Ueber die Weltereignisse können wir ruhig seyn, sogar unsere Ruhe verstehen, und über den Grund derselben Rechenschaft ablegen. Die sich rein den Wissenschaften widmen, haben das beste Theil erwählt: ein Ewiges, Unberührtes von dem verworrenen, und zuletzt doch in nichts endenden Treiben der Welt. Ich schliesse, und wünsche allen die Früchte, die ich Ihnen dabei zudachte.

J. G. Fichte's
Rede an seine Zuhörer,

bei

Abbrechung der Vorlesungen über die Wissenschaftslehre
am 19. Februar 1813.

Ich sehe mich bestimmt, die begonnenen Vorträge über die Wissenschaftslehre zu beschliessen; und bei dieser Gelegenheit Ihnen einige Worte zu sagen über meine Ansicht der Zeitumstände, die mich zu diesem Schlusse bewegen.

Denn, Vereinigung zu redlicher Forschung vereinigt die Gemüther auch sonst. Es entsteht Freundschaft. Es ist mir von vielen unter Ihnen bekannt, dass sie mit herzlicher Liebe und Vertrauen an mir hängen; und ich habe Proben davon: ich darf es auch wohl von manchen andern voraussetzen, die zu Beweisen nicht Gelegenheit gehabt haben; und ich kann Ihnen versichern, dass diese Zuneigung von mir herzlich erwiedert wird. In schwierigen Vorfällen wünscht man dieselben mit einem Freunde, besonders mit einem solchen, der sich in ähnlicher Lage mit uns befindet, laut durchzudenken: oder sie einen solchen gemeinschaftlich vor uns laut durchdenken zu lassen. Ich bin Ihrem Vertrauen zu mir, meiner herzlichen Liebe zu Ihnen dieses schuldig. Eher habe ich es nicht gethan: weil ich eher nicht in mir selbst gewiss war, nicht zwar über die Grundsätze der Beurtheilung, aber über den zur Beurtheilung vorliegenden Fall. Ich werde dies mit aller der Freimüthigkeit thun, die Sie aus meinen übrigen wissenschaftlichen Vorträgen gewohnt sind, und die für ein Freundesgespräch gehört. Meine Aeusserungen sind ja keine amtsmässigen Mittheilungen, und ohnerachtet sie sich nicht gerade scheuen, weiter gesagt zu werden, so beabsichtigen sie auch dieses nicht, sondern sind berechnet auf den bestimmten Umkreis dieser meiner Zuhörer.

Ich kann Ihnen natürlich nur sagen wollen, wie *ich* aus meinem Standpuncte den gegenwärtigen Zeitmoment ansehe, und mich selbst ansehe ihm gegenüber: keinesweges aber will ich irgend einem vorschreiben, wie er sich selbst demselben Momente gegenüber ansehen solle, oder seine Ansicht auf mein Gewissen nehmen. Nemlich: obwohl die Gesetze der Sittlichkeit allgemein sind, und ohne Ausnahme gültig, so ist doch der Fall ihrer Anwendung allemal ein einzelner, und in diesem liegt allemal eines jeden persönliches Ich, nicht zwar seinen Neigungen nach, die wegfallen müssen, aber doch seinem Vermögen nach, als mögliches Werkzeug für den sittlichen Zweck. — Und darum kann in Gegenständen dieser Art keiner absolut gemeingültig urtheilen für irgend einen anderen. Ich will darum keinem unter Ihnen rathen; ich will nur, die es bedürfen, durch Darlegung der Rechnung, die ich mit mir selbst angestellt, leiten, sich selber zu rathen.

1) Ich weiss sehr gut, und bin durchdrungen von der Ueberzeugung, dass dem Reiche des alten Erbfeindes der Menschheit, dem Bösen überhaupt, welcher Feind in verschiedenen Zeitaltern in den verschiedensten Gestaltungen erscheint, durch nichts so sicherer und grösserer Abbruch geschieht, als durch die Ausbildung der Wissenschaft im Menschengeschlechte. Dass ich darunter nicht verstehe ein historisches Wissen, sondern die Verwandlung des Wissens, der Vernunft, der Weisheit in das Leben selbst, und in dessen höchsten Quell und Antrieb, ist Ihnen bekannt.

Die Siege, durch diese Waffen erfochten, erstrecken sich über alle Zeit, indem sie fortdauern durch alle Zeit, und in jeder Folgezeit sich durch sich selbst vermehren. Wer einen einzigen lichten und thatbegründenden Gedanken in der Menschheit einheimisch macht, thut dem Feinde grösseren Schaden, als ob er hunderttausend Feinde erschlüge; denn er verhindert Millionen, dass sie auf eine gewisse Weise gar nicht feindlich werden können. — Nur treten diese Siege, weil sie sich über alle

Zeit erstrecken, und das Verkehrte vor seiner Entstehung vernichten, nicht sehr sichtbar und merklich ein in irgend eine Zeit, und für die gewöhnlichen Augen: jedoch thut dies in denen, die das Verdienst wahrhaft zu schätzen wissen, dem Werthe derselben keinen Abbruch.

Es könnte darum gar keine Frage seyn, worauf, in dem Falle, da alles andere gleichstände, derjenige, der beides auf die gleiche Weise könnte, eingreifen mit persönlicher Kraft in die vorliegende Zeit, oder mit der allgemeinen, rein geistigen Kraft zu gestalten alle Zeit, ein solcher seine Kräfte und seine Aufmerksamkeit richten müsse: die erste Wirksamkeit trägt den Zeitcharakter, und vergeht mit derselben; die zweite erstreckt sich über alle Zeit, und gestaltet und bildet alle die nach ihr kommenden Zeiten.

2) Aber dieser geistige Krieg gegen das Böse erfordert äusseren Frieden, Ruhe, Stille, Sicherheit der Personen, die ihn führen. Wenn diese gefährdet wäre, wenn freie Geistesausbildung in der Welt gar nicht mehr erlaubt und geduldet werden sollte, dann müsste vor allen Dingen diese Freiheit erkämpft, und nichts geschont, und Gut und Blut dafür aufgeopfert werden. Denn wenn sie nicht erkämpft würde, und so lange bis sie erkämpft wäre, liesse irgend eine Verbesserung der menschlichen Verhältnisse sich nicht erwarten, und das Menschengeschlecht wäre so lange vergebens, ohne Zweck, und nur sich selbst zur Schmach da. Wäre das Böse jemals consequent, so müsste es freilich die Geistesbildung aus der Welt austilgen, denn diese ist sein kräftiger, und einzig beharrlicher Feind, der es in jeglicher Gestalt, die es annimmt, sicher überlebt. Aber das Böse kann niemals consequent seyn bis ans Ende, weil sein Gesichtskreis selbst nicht bis ans Ende, und bis in die Wurzel hineingeht. Uebel es meinen mit Geistesbildung und scheel zu derselben sehen, wird es immer. Aber immer ist es viel zu kurzsichtig, das wahrhaft für sich Gefährliche in derselben zu entdecken; dieses gerade verachtet es, und sieht vornehm herab auf dasselbe.

So ist es immer gewesen, so *muss* es fast seyn, und so hat es sich meiner ehemals auch bestimmt ausgesprochenen

Ansicht zufolge auch gegenwärtig verhalten. Niemand hat uns verhindert, frei zu forschen, in jeder Tiefe, und nach allen Richtungen hin, und die Resultate dieser Forschung auszusprechen; und in jeder Weise zu arbeiten, um das aufblühende Geschlecht besser zu bilden, als das gegenwärtige gebildet war.

In dem soeben gesetzten Falle befindet darum unsere Zeit sich nicht. Für Eroberung der Freiheit zur Geistesbildung bedarf es nicht, die Waffen zu ergreifen. Wir *haben* diese Freiheit; und es bedürfte bloss, dass wir uns derselben recht emsig bedienten.

3) Aber ferner, wenn nun zwar diese gewährt wird, aber die wirklichen und lebendigen Weltkräfte, welche von jener Geistesbildung nach ihren Zwecken gestaltet werden sollen, durch andere nichtswürdige Zwecke unterjocht und gefangen genommen werden; sonach der Geistesbildung ihr eigentlicher Zweck für das Leben geraubt wird, — was sollen, was können die Freunde der Geistesbildung sodann thun? Dass ich den Fall deutlicher bezeichne: man hat selbst das Verhältniss ausgesprochen in diesen Worten: *mens agitat molem,* und eine Erklärung dieser Worte in der Anwendung auf unsere Zeit drückt dieselbe, meines Erachtens, treffend aus. *Moles* sind die *unbestimmten,* in sich ihre feste Richtung nicht tragenden Weltkräfte, die darum wenigstens aufhorchen, und suchen, und der Bestimmung durch den höheren Geist, durch das Gesicht allerdings fähig wären. Solche Kräfte müssen dem, der gar nicht weiss und niemals davon etwas vernommen hat, dass es auch ein Gesicht gebe, erscheinen als rohe und ungebundene Massen und Kräfte. Diesen glaubt nun ein solcher durch seine *mens,* durch seinen verkehrten Eigendünkel, durch seine aus thörichter Ansicht der Geschichte entstandene Sucht, auch einer ihrer Heroen zu werden, durch seine aus gereizter Eitelkeit entstandene Rachsucht, und wie die verkehrten Leidenschaften noch alle heissen mögen, durch diese *mens,* Einheit und Richtung geben zu müssen: und entzieht dadurch diese Kraft allerdings der Bildung durch das Gesicht, welche letztere auf ihr Fortbestehen in dieser Bestimmbarkeit, und auf die

ruhige Fortentwickelung der Zeit in ihrem gleichmässigen Gange rechnet.

In einer solchen Lage nun, was können die Freunde der Geistesbildung thun? Ich habe schon früher meine Ueberzeugung ausgesprochen, dass, wenn die Gesellschaft, der Inhaber dieser materiellen Kräfte, dieses so will, und sich gefallen lässt, sie dagegen durchaus nichts thun können, oder sollen, als was sie ohnedies thun würden, sich und andere mit allem Eifer bilden. Sie sind ein höchst unbedeutender, gegen das Ganze in nichts verschwindender Theil der vorhandenen Körperkraft; wohl aber sind sie *alle* bis auf ihren bildenden Punct entwickelte Geisteskraft, die vorhanden ist. In ihnen ist niedergelegt das Unterpfand eines einstigen besseren Zustandes. Zeit kann verlorengehen, aber auf diese kommt nichts an, denn wir haben eine unendliche vor uns: dass aber die in ihnen niedergelegten, und aus ihnen sich entwickelnden Principien eines besseren Zustandes nicht verlorengehen, darauf kommt alles an. Sie müssen darum sich selbst, ihre äussere Ruhe und Sicherheit, und, was sie eigentlich schützt, ihre scheinbare Unbedeutsamkeit erhalten, so gut sie können, und durch nichts die öffentliche Aufmerksamkeit auf sich ziehen wollen.

Wir haben ein leuchtendes Bild dieses Betragens an denen, die wir als die Fortpflanzer der höchsten auf uns herabgekommenen geistigen Bildung betrachten müssen, an den ersten Christen. Dass in ihrem Zeitalter ihre Grundsätze hätten eingreifen sollen, und umbilden die der Welt gebietende Kraft, war ein durchaus unausführbarer Zweck. Sie mussten nur suchen, sich selbst zu erhalten, so lange als es gehen mochte, um im Stillen zu entwickeln die Grundsätze, welche Jahrhunderte nach ihrem Tode allerdings eine weltgestaltende Kraft werden sollten und wurden, und mussten darum dulden und tragen.

Dieses gerade ist, meiner nicht verhehlten, sondern auch im öffentlichen Drucke ausgesprochenen Ansicht zufolge bis jetzt unsere Lage gewesen.

4) Wenn nun aber in dieser Lage die neue Veränderung einträte, dass die Gesellschaft diese Unterjochung ihrer Kräfte

für fremde Zwecke nicht mehr dulden, sondern diese Kräfte
frei machen wollte für selbst zu wählende Zwecke; die nun
auch wohl, wenn auch nicht sogleich und auf der Stelle, die
Zwecke der höheren Ansicht seyn oder werden könnten: was
könnten und sollten die Freunde der Geistesbildung sodann thun?

Ich glaube, folgende Betrachtungen müssten in der Fassung eines Entschlusses sie leiten.

Zuvörderst, wie aus dem schon gesagten hervorgeht, wird
der Kampf begonnen im letzten Grunde für *ihr* Interesse; ob
auch nicht jeder es so meint, und versteht; *sie* können es so
verstehen; denn die gebundenen und gemisbrauchten Kräfte
sollen befreit werden, und es kann gar nicht fehlen, dass nach
dieser Befreiung auch der Geist, wenn er nur seine Zeit erwarten, und nichts ungeduldig übereilen will, auf die Bestimmung derselben einfliessen werde.

Sodann soll das Ganze von der Schmach, welche die Unterdrückung auf dasselbe warf, gereinigt werden. Diese Schmach
ist auch auf sie mit gefallen; freilich unverdient, ja zu ihrer
Ehre, weil um höherer Zwecke willen sie dieselbe frei und
entschlossen duldeten. Diese höheren Zwecke der Duldung
fallen nun weg; sie sind durch die herrschende Kraft selbst
aufgefordert, nicht mehr zu dulden. Jetzt möchte es scheinen,
als ob der, der nicht das Seinige thut, die Schmach abzuwälzen, gern geduldet hätte, nicht um höherer Zwecke willen, sondern aus Mangel an Muth geduldet hätte.

Doch, so möchte es auch nur scheinen, und wer nur seines wahren Muthes sich bewusst wäre, könnte auch den haben, über diesen Schein sich hinwegzusetzen; Ehre, Muth,
Werthachtung dessen in seiner Person, was allein zu achten
ist, der sittlichen Würde, kann er fortzeigen durch rücksichtslose Bearbeitung seiner Wissenschaft, und Erfüllung seines Berufes. Um Muth zu zeigen, bedarf es nicht, dass man die Waffen ergreife; den weit höheren Muth, mit Verachtung des Urtheils der Menge treu zu bleiben seiner Ueberzeugung, muthet
uns das Leben oft genug an.

Aber, wenn ihnen die Theilnahme an dem Widerstande

nicht nur freigelassen wird, wenn sie sogar zu derselben aufgefordert werden; wie verhält es sich sodann? —

Der Entschluss der Befreiung ist in jedem Falle achtungswürdig, und muss Achtung und Vertrauen einflössen zu denen, die ihn fassen, in jedem, der sich auf Achtungswürdiges versteht.

Die Masse der zum Widerstande nöthigen Kräfte können nur diejenigen beurtheilen, die jenen Entschluss fassten, und die an der Spitze des Unternehmens stehen. Nehmen sie Kräfte in Anspruch, die in der Regel nicht dazu bestimmt sind, so müssen wir, nachdem wir überhaupt Vertrauen zu ihnen haben können, ihnen auch darin glauben, dass diese Kräfte nöthig sind. — Und wer möchte, in dem Falle, dass das Unternehmen scheitern sollte, oder nicht auf die gehoffte Weise gelingen sollte, den Gedanken auf sich laden, dass durch sein *Sichausschliessen* und durch das Beispiel, das er dadurch gegeben habe, das Mislingen veranlasst sey? Das Bewusstseyn, meine Streitkraft ist nur klein, wenn es auch ganz gegründet wäre, könnte dabei nicht beruhigen: denn wie, wenn nicht sowohl auf die Streitkraft, als auf den durch das Ganze zu verbreitenden Geist gerechnet wäre, der hoffentlich aus den Schulen der Wissenschaft ausgehend ein guter Geist seyn wird; wie wenn gerechnet wäre auf das grosse, den verbrüderten deutschen Stämmen zu gebende Beispiel eines Stammes, der einmüthig und in allen seinen Ständen ohne Ausnahme sich erhebt, um sich zu befreien?

Endlich kann ja auch dies nicht die Meinung seyn, dass jeder ohne Ausnahme nur als Massenkraft wirke; es giebt ja da so viele andere Geschäfte; nur dies scheint gefordert zu werden, dass jeder, mit Beiseitsetzung weit aussehender Zwecke, seine Kräfte dem dargebotenen grossen Momente widme, zu jedem, wozu sie in diesem Momente am tauglichsten sind.

5) Endlich falls alles dieses noch nicht entscheiden sollte, dasjenige, was bei den weit stärkeren Aufforderungen, die ich hatte, meinen angelegten Lebensplan nicht unterbrechen zu lassen, mich bewogen hat, ihn dennoch zu unterbrechen, und die zwischen uns stattfindende Vereinigung aufzuheben, ist folgendes.

Ernsthafte und tiefe Beschäftigung mit der Wissenschaft bedarf der Ruhe, der äusseren, in den Umgebungen, der inneren in den Gemüthern. Bis jetzt ist es mir für meine Person gelungen, die letztere über mich zu erhalten. Sie werden es nicht als Tadel ansehen — wie unbillig wäre dieser! — sondern bloss als Geschichtserklärung, wenn ich bemerkt zu haben glaube, dass sie durch alle die Bewegungen, die in uns vorgegangen sind, in den letzten Stunden doch einige Male ein wenig unterbrochen worden ist. In der Zukunft, nachdem so viele unserer geliebten Freunde und Bekannten abgegangen sind, von deren Schicksalen wir Nachrichten, vielleicht falsche beunruhigende Gerüchte vernehmen werden, nachdem auf alle Fälle entscheidende Vorgänge vorfallen müssen, die aus der Ferne und getrübt uns zukommen werden, wie könnten wir die zu dieser Abstraction der Wissenschaftslehre nöthige Fassung behalten? Ich selbst wenigstens, ohnerachtet ich mich vielfältig in der Kunst der Selbstbesinnung geübt, traue es mir nicht zu. Dies ist die entscheidende Betrachtung, die mir den schweren Entschluss abgenöthigt hat, dermalen diese Betrachtung zu unterbrechen. Schon einmal, im Jahre 1806, bin ich durch den Krieg genöthigt worden, eine sehr glückliche Bearbeitung der Wissenschaftslehre abzubrechen. — Jetzt hatte ich von neuem eine Klarheit errungen, wie noch nie, und ich hoffte diese in der Mittheilung an Sie, meine Herren, ein vorbereitetes, empfängliches, und tief ergriffenes Auditorium, wie ich auch noch nie gehabt habe, zur allgemeinen Mittheilbarkeit zu erheben. Es thut mir weh, diese Hoffnungen weiter hinauszuschieben.

Aber wir müssen alle der Nothwendigkeit gehorchen, und dieser muss denn auch ich mich fügen. Vielleicht geht durch Anstrengung aller diese bald vorüber. Vielleicht sehe ich Sie im künftigen Winterhalbjahre wieder zu demselben Zwecke vereint vor mir. Damit richte ich mich auf in dieser unangenehmen Stunde des Abschieds. Was Sie auch thun, lassen Sie die geistige Gemeinschaft zwischen uns, die sich erzeugt hat, fortdauern.